Franz Resch et al.

Entwicklungspsychopathologie des Kindes- und Jugendalters

Die Mitautoren sind an der Gestaltung folgender Kapitel beteiligt:
P. Parzer: Gesamtgestaltung, Abbildungen und Tabellen,
Diskussion und Revision aller Kapitel.
R. Brunner: Kap. 3.5, 9, 26 und 28.
J. Haffner: Kap. 2.8 und 5.3.
E. Koch: Kap. 4.1, 4.3, 6.2, 6.3, 10.4, 23, 25 und 29.
R. Oelkers: Kap. 1.12, 4.4.6 und 26.1.1.
B. Schuch: Kap. 3 und 4.2.
U. Strehlow: Kap. 11.

Franz Resch et al.

Entwicklungs-psychopathologie des Kindes- und Jugendalters

Ein Lehrbuch

2. überarbeitete und erweiterte Auflage

Unter Mitarbeit von
Peter Parzer, Romuald M. Brunner,
Johann Haffner, Eginhard Koch, Rieke Oelkers,
Bibiana Schuch, Ulrich Strehlow

BELTZ
PsychologieVerlagsUnion

Anschrift des Autors:

Prof. Dr. Franz Resch
Psychiatrische Klinik der Universität Heidelberg
Abteilung für Kinder- und Jugendpsychiatrie
Blumenstr. 8
69115 Heidelberg

Lektorat: Gerhard Tinger

1. Aufl. 1996 Psychologie Verlags Union
2., überarb. und erw. Aufl. 1999

Umschlaggestaltung: Dieter Vollendorf, München
Druck und Bindung: Druckhaus Thomas Müntzer, Bad Langensalza

ISBN 3-621-27445-6

Inhaltsverzeichnis

Tabellenverzeichnis

Abbildungsverzeichnis

Vorwort zur 2. Auflage

Dank des breiten und positiven Echos kann das Buch in eine zweite Auflage gehen. In einer Zeit zunehmenden Konkurrenzdrucks zwischen den Helfersystemen für Kinder und Jugendliche mit psychischen Störungen erscheinen integrative Sichtweisen immer notwendiger. Die Wissensvielfalt wird unüberschaubar und bietet oft keine Entscheidungsgrundlage mehr. Unterschiedliche Professionen mit unterschiedlichen historischen Wurzeln und distinkten Erfahrungshorizonten bleiben ihren eng umschriebenen Standpunkten verhaftet, um therapeutische Alltagsfragen zu beantworten, nicht selten werden ideologisch getönte Brillen aufgesetzt, um Handlungsorientierung zu gewährleisten. Demgegenüber geben sich Lehrbücher völlig wertungsfrei in ihrer Darstellung der Vielfalt, der Kern klinischer Entscheidungen wird nicht getroffen, kohärente Sinngebilde entstehen nicht im suchenden Leser, er bleibt orientierungslos. Hier wird in neuer Begrifflichkeit das Rad neu erfunden, dort entzieht sich ein wichtiges neues Detail in fremdem Kontext dem Zugriff. Dieses Buch will einen Brückenschlag von der klassischen medizinisch-klinischen Psychopathologie zur modernen Psychologie versuchen. Das positive Echo gibt uns Mut, klar erkennbar neben Detailwissen eine kohärente Gesamtdarstellung zu bevorzugen, die auch Meinung und Haltung zu wichtigen klinischen Fragen nicht scheut. Ein Anspruch auf Vollständigkeit wird nicht erhoben, aber die Ganzheit eines therapeutisch tätigen Alltagslebens soll zumindest durchschimmern.

Psychopathologische Entitäten ergeben sich aus historisch gewachsenen Begriffen und Beschreibungen von Verhaltens- und Erlebnisaspekten, die zur Grundlage definierter Syndrome der Psychiatrie geworden sind (z. B. Angst oder Schlafstörungen). Psychopathologische Entitäten ergeben sich aber auch aus (neuro-) psychologischen Testergebnissen, die Störungen funktioneller Leistungen aufzeigen (z. B. Gedächtnisstörungen, Leseschwäche oder Konkretismus). Zwei Aufgaben sollen moderne psychopathologische Entitäten erfüllen, sie sollen einerseits die unterschiedlichen subjektiven und objektivierbaren Störungen so beschreiben und unterscheidbar machen, daß sich daraus sinnvolle und erfolgreiche Hilfestellungen ableiten lassen, und sie sollen andererseits mit cerebralen Strukturen und Funktionen soweit kompatibel sein, daß sie z. B. in funktionellen bildgebenden Verfahren (wie Positronenemissionstomographie oder funktioneller Magnetresonanztomographie) sinnvoll einzelnen Hirnregionen zugeordnet werden können. Diese beiden Postulate sind nicht immer zu erfüllen, wobei uns das klinische — unmittelbar therapierelevante — Postulat wichtiger erscheint. Wissenschaft ist nicht wertfrei. Leidenszustände und Anpassungsprobleme von Kindern und Jugendlichen müssen ernst genommen werden, auch wenn das pathogenetische Verständnis noch unvollständig ist. Als Therapeuten sind wir aufgerufen, möglichst ideologisch unvoreingenommen ein Verständnis für die Innenwelt unserer Patienten und Klienten zu gewinnen. Der entwicklungsorientierte klinische Standpunkt mag uns dabei helfen. Wissenschaftliche Forschung und Praxiserfahrung gehen in jedem Einzelfall eine Synthese ein.

In der zweiten Auflage wurden mehrere Kapitel neu überarbeitet, aktualisiert und gestrafft. Das Gesamtbuch wurde in zwei Teile gegliedert, einem allgemeinen Teil, der Risiken und Ressourcen im Entwicklungsprozeß darstellt, werden psychopathologische Phänomene gegenübergestellt, die definiert und in ihrer klinischen Bedeutsamkeit beschrieben werden.

Für eine Fülle wertvoller Anregungen möchte ich meinen Kollegen des DFG-geförderten Graduiertenkollegs „Klinische Emotionsforschung“ danken: Christoph Mundt, Gerd Rudolf, Rainer Krause, Reiner Bastine und Peter Fiedler. Die fachübergreifenden Diskussionen mit ihnen waren immer offen, konstruktiv, fruchtbar und fanden in einer Atmosphäre wechselseitigen Interesses statt. Ich hoffe, daß wir uns dieses wissenschaftliche Gesprächsklima erhalten können.

Herrn Tinger und seinen Mitarbeitern sei für die Kooperation herzlich gedankt, meine Mitarbeiter und Koautoren — allen voran mein Freund Peter Parzer — haben zum Gelingen dieser Neuauflage beigetragen. Wir wollen Lernen und Wissen weitergeben. Wir wollen Kinder verstehen.

Heidelberg, März 1999 Franz Resch für die Autoren

Vorwort

Wir leben in einer Zeit, in der unsere hochtechnisierte Zivilisation einen Zenit an Machbarkeit erreicht hat. Erzeugbare Kommunikations- aber auch Vernichtungsmittel stehen in nie dagewesenem Ausmaß zur Verfügung. Unser Wissen über neurobiologische Mechanismen des Verhaltens wächst. Trotzdem stehen wir verzweifelt und ohnmächtig vor den Abgründen menschlicher Kriegsleidenschaft, demütigender Menschenverachtung und ungezügelter Aggressivität im Alltag. Unseren Kindern werden mit epidemiologischer Genauigkeit Verhaltensstörungen attestiert, Familien, Schulen und andere Institutionen sind an den Grenzen der Belastbarkeit angelangt. Pädagogische und sozialpsychologische Beeinflussungsmodelle und Erklärungskonstrukte hinken den Entwicklungen hinterher, multidisziplinäre Expertengremien suchen nach Lösungen. Welche Stellung nimmt die Kinder- und Jugendpsychiatrie zu diesen Fragen und Problemen ein?

Das vorliegende Buch wagt den Versuch, zwischen unterschiedlichen Betrachtungsformen einen Brückenschlag zu riskieren, die Sprachvielfalt, die inzwischen das Ausmaß einer Sprachverwirrung angenommen hat, reduzieren zu helfen. Wir brauchen Übersetzungsschlüssel! Es soll versucht werden, in unterschiedlichen Theoriegebäuden das Übereinstimmende, das Kompatible zu erkennen und vom Unübersetzbaren zu trennen. Nicht holistische Gleichmacherei und oberflächliches Spiel mit Begriffen, sondern kritische Reflexion unterschiedlicher Theorien anhand der Praxis soll unser Ziel sein.

Dies ist beim gegenwärtigen Stand des Wissens eine Gratwanderung. Dieses Lehrbuch für Studenten, die später einmal als Therapeuten und Helfer, Pädagogen und Berater in professioneller Weise für Kinder in schwierigen Lebenssituationen zur Verfügung stehen wollen, ist als Lehrbuch einer entwicklungsbezogenen und damit dynamischen Kinder- und Jugendpsychiatrie verpflichtet. Ausgangspunkt soll das Kind selbst und nicht das (Fehl-)Verhalten sein:

Wie erlebt das Kind seine Umwelt, was sind die vermittelnden Strukturen? Was sind die Grundannahmen, Denkschritte und Einsichten, die das kindliche Verhalten begleiten? Wie kontrolliert das Kind sein Erleben und Verhalten?

Wir können davon ausgehen, daß kindlicher Rückzug, die Verwendung ritueller Schutzmaßnahmen, die Übertretung sozialer Regeln, aber auch einfach Lästigkeit, Anhänglichkeit oder Mißmut nicht ohne innere Begründung vorkommen.

Wenn wir die Innenseite kindlichen Verhaltens nicht zu entschlüsseln versuchen, bleibt uns das Kind bei allem Wissen um Risikofaktoren und cerebrale Mechanismen fremd! Eine innere Vergegenwärtigung der kindlichen Vorstellungswelt im Erwachsenen wird jedoch immer wieder als unmöglich abgetan. Obwohl selbst einmal einer Kindheit anheimgegeben, können wir uns nicht mehr einfach zurückversetzen. Als Psychotherapeuten des Kindes nehmen wir aber mit dessen Innenseite Kontakt auf. Wir müssen uns um eine Perspektivenübernahme bemühen und

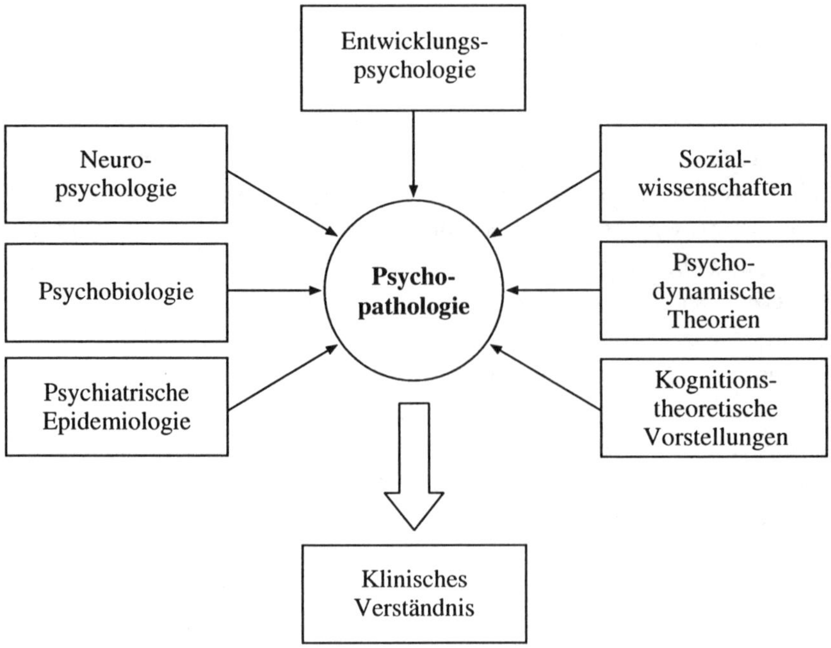

über das Wissen um kognitive Strukturierungen unterschiedlicher Repräsentationen und Konzeptbildungen zu einem solchen intrinsischen Verständnis über die Empathie hinaus vordringen.

Wir sprechen von kindlicher Aggression. Wie ist das Welt- und Menschenbild kindlicher Gewalttäter?

Wir sprechen von kindlicher Depression. Wie steht ein depressives Kind zu sich selbst, zur Welt und zur Zukunft?

Nach welchen Kriterien suchen Kinder Vorbilder und Identifikationsfiguren?

Viele dieser Problemkreise sind von unterschiedlichen Disziplinen auf unterschiedliche Weise untersucht worden. Das vorliegende Buch versucht, aus der Fülle empirischer Befunde zur Entwicklung des Kindes jene Erkenntnisse besonders hervorzuheben, die für ein intrinsisches Verstehen kindlichen und jugendlichen Verhaltens Beiträge leisten.

Bezugsrahmen ist ein therapeutischer Alltag. Es soll versucht werden, Befunde zur Psychobiologie, Neuropsychologie, Epidemiologie und aus den Sozial- und Kommunikationswissenschaften so darzustellen und zu gewichten, daß sie dem Zugang zum einzelnen Kind dienen. Über die entwicklungspsychologische Schiene soll versucht werden, hermeneutische Verstehenstheorien der Psychodynamik so aufzuschließen, daß letztlich eine schulenübergreifende psychodynamische Verstehensbasis unter Einschluß empirischer Wissensbestände entstehen könnte (s. Abbildung).

Mediator zwischen empirischen und hermeneutischen Ansätzen ist die Psychopathologie, die wir nicht als altmodisches Relikt einer vergangenen Zeit psychiatrischer Grundlagenbildung betrachten, sondern als notwendige Akribie der Beschreibung von Ausdrucksphänomenen in der Interaktion, da wir nur auf diese Weise eine interprofessionelle Reliabilität und eine Generalisierbarkeit von Einzelbeobachtungen ermöglichen können. Wir müssen ein überindividuelles Erfahrungswissen zu Entstehung, Verlauf und Therapieansprechbarkeit psychischer Leidenszustände und Ausdrucksformen sammeln, das wieder auf den Punkt des Einzelfalls gebracht werden kann.

Gerade in mehrdimensionalen Therapieangeboten wäre eine Abkehr von Symptomen zugunsten von Risikokonstellationen fatal. Therapie bleibt immer symptombezogen und ist nicht risikobezogen. Auch Prophylaxe enthält eine Spezifität nur durch Symptomverhütung.

Ein Versuch des Brückenschlages muß sich dem Vorwurf des leichtfertigen Eklektizismus stellen. Wenn aus jedem Theoriegebäude ein Bruchstück genommen wird, entbehrt dieses in Verbindung mit anderen Theoriestücken — durch Verlust der übergeordneten theoretischen Fundierung — der Sinnhaftigkeit. Es wird zwar vieles oberflächlich erklärbar, letztlich bleibt man aber wegen der Parallelität und Gleichwertigkeit von Interpretationsteilen handlungsunfähig! Im kinderpsychiatrischen Alltag müssen unsere theoretischen Erklärungen aber immer handlungsleitend sein. Es muß letztlich eine handlungsbestimmende übergeordnete Theorie geben! Diese darf aber unterschiedliche Sichtweisen zur Erhellung von Handlungsentscheidungen verwenden. Wir versuchen also eine Integration unterschiedlicher Betrachtungsformen unter dem Primat einer interaktionistischen Entwicklungspsychologie, die den Menschen vor seinem genetischen Hintergrund aus Anpassungs- und Handlungsbereitschaften in Wechselwirkung mit Entwicklungsaufgaben und Umweltanforderungen als ein sich höher entwickelndes und ausdifferenzierendes Wesen zeigt. Diese entwicklungspsychopathologische Synthese ermöglicht eine therapeutische Handlungs- und Entscheidungsfähigkeit.

Philosophische Basis ist die Identitätstheorie, die den Menschen als leibseelische Einheit sieht, wodurch die Kombination biologischer, psychologischer und sozialer Interventionen in synergistischer Weise möglich und sinnvoll erscheint.

Das Buch stellt die Grundlagen einer entwicklungspsychopathologischen Sicht dar. Es dient dem Erkennen und Verstehen von Leidensphänomenen und Symptomen seelischer Überforderung vor dem Hintergrund normaler und gestörter Entwicklungen. In einem weiteren geplanten Buch sollen diese Phänomene dann zu bekannten Syndromen gefaßt und therapeutische Richtlinien erarbeitet werden.

Das vorliegende Buch kann keinen Anspruch auf Vollständigkeit und Geschlossenheit erheben. Es soll jedoch einen Überblick ermöglichen, Denkanstößе geben und zur Vertiefung in einzelnen Bereichen anregen. Es sollte ein erstes Rüstzeug liefern, Kinder im Alltag besser verstehen zu lernen. Vielleicht kann es dazu beitragen, das Interesse an und die Liebe zu dem schwierigen Kind gerade vor uns zu wecken.

An dieser Stelle möchte ich allen danken, die die Entstehung des Buches möglich gemacht haben. Der Dank richtet sich in erster Linie an meine Mitautoren, die geholfen haben die Fülle von Literatur zum Thema durchzuarbeiten, bis wir das Wissen in fruchtbaren Diskussionen auf den Punkt unserer eigenen gemeinsamen Praxissicht bringen konnten. Herrn Parzer möchte ich besonders für sein inhaltliches Engagement, seine Beiträge zur formalen Gestaltung und die kritische Bearbeitung aller Abbildungen danken. Ohne den regelmäßigen Gedankenaustausch mit ihm hätte das Vorhaben nicht realisiert werden können. Weiters richtet sich der Dank an Herrn Tinger von der Psychologie Verlags Union, dessen kompetente, kooperative und freundliche Betreuung unseres Buchprojektes uns immer wieder ermuntert und angeregt hat. Der Dank richtet sich auch an Frau Wesch, deren Kunst unsere Manuskripte in lesbarer Form zu Papier zu bringen, zum Gelingen wesentlich beitrug. Allen jenen, die die Vorentwürfe und Buchteile kritisch gesichtet und Anregungen eingebracht haben, sei ebenfalls gedankt. Meine Söhne haben ihren Vater wohl öfters vermissen müssen, ich danke ihnen für das Verständnis, den Vater — statt ihn zum „Bolzen" oder „Drachensteigen" mitzunehmen — zum Schreiben fortzulassen. Ich danke meiner Frau für Geduld und Unterstützung in Zeiten des Zweifels.

Das Buch widme ich meinem Wiener Lehrer und Mentor Prof. Walter Spiel, auf dessen Entwicklungsorientierung ich hier versucht habe aufzubauen. Wir interessieren uns für Kinder und möchten nicht aufhören, sie verstehen zu lernen.

Heidelberg, Dezember 1995 Franz Resch

Teil I

Grundlagen

KAPITEL 1

Zur Entwicklungspsychopathologie

Die Kinder- und Jugendpsychiatrie ist als eigenständiges Fachgebiet im Rahmen der medizinischen Disziplinen beheimatet. Aber nicht nur Erkenntnisse der Medizin und Biologie, sondern auch der Psychologie, der Soziologie und der Philosophie gehen in das Gedankengebäude kinder- und jugendpsychiatrischen Wissens ein (Knölker et al., 1997). Fundamentales Ziel ist die Therapie, also die Hilfestellung bei psychischer Krankheit, darüber hinaus auch die Linderung seelischer Not beim in Entwicklung begriffenen Menschen. Kinder- und Jugendpsychiatrie versteht sich daher nicht nur als Wissenschaft vom Menschen, seinen Lebensgrundlagen und Lebensbedingungen, sondern hat immer auch die praktische Anwendung von Erkenntnis im Blickfeld. Die therapeutische Hilfeleistung des Mediziners setzt immer einen Krankheitsbegriff und eine Vorstellung über Genese, Verlauf und Veränderlichkeit der zu behandelnden Phänomene voraus. Wesentliches Anliegen für den kinder- und jugendpsychiatrisch Tätigen ist — neben allem abstrakten Wissen über mögliche Entstehungswege seelischer Erkrankungen — das Erleben und Verhalten des Individuums in seinem lebensgeschichtlichen und soziokulturellen Kontext möglichst genau zu erfassen und ein intrinsisches Verständnis für die Hintergründe und motivationalen Grundlagen des kindlichen und jugendlichen Verhaltens zu entwickeln. Ohne dieses tiefe Wissen bleiben unsere Interventionen oberflächliche Manipulation und entbehren jener Menschlichkeit, die allein doch jedes psychiatrisch-therapeutische Tun bestimmen sollte.

Im Rahmen der Psychiatrie nimmt unser Fach nicht nur durch die besondere Fokussierung auf ein bestimmtes Lebensalter eine Sonderstellung ein. Es gibt auch Besonderheiten des methodischen Gerüsts. Psychopathologische Phänomene sind im Kindes- und Jugendalter oft nur im Entwicklungskontext zu erkennen und zu verstehen. Dazu mag das folgende Kapitel die konzeptuellen Rahmenbedingungen abstecken.

1.1 Definition, Aufgaben und Fragestellungen der Entwicklungspsychopathologie

Die Entwicklungspsychopathologie als konzeptuelles Grundgerüst psychiatrischen Handelns wurde erst in den letzten Jahrzehnten des Jahrhunderts entwickelt und hat sich schließlich als eigenständige wissenschaftliche Disziplin etabliert (Cicchetti, 1984; Rutter, 1987a; Achenbach, 1990; Remschmidt & Schmidt, 1992; Resch, 1992; Petermann, 1995; Cicchetti & Toth, 1995; Luthar et al., 1997; Resch, 1998a).

Entwicklungspsychopathologie kennzeichnet eine *Sichtweise*, die versucht, Erkenntnisse der Entwicklungspsychologie und anderer nicht medizinischer Wissenschaften für die psychiatrische Forschung unter einem ganz bestimmten Blickwinkel nutzbar zu machen: Einerseits betrachtet sie *Einflüsse der normalen Entwicklung* auf die Genese psychopathologischer Symptome und andererseits den Einfluß *psychopathologischer Symptome* auf die normale Entwicklung. Das setzt voraus, daß über die normale Entwicklung und über die in bestimmten Lebensabschnitten typischerweise auftretenden Problemstellungen Wissen gesammelt wird. Schließlich muß durch die epidemiologische Forschung ein Entscheidungskriterium geliefert werden, was in einer bestimmten Altersperiode noch als normale Anpassungsproblematik und was bereits als psychische Störung aufzufassen ist (Achenbach, 1997). Daß diese Grenze oftmals nicht scharf zu ziehen ist, muß uns in unserem alltäglichen Tun immer wieder bewußt bleiben.

Die Entwicklungspsychopathologie hat sich daher einerseits mit der Frage der Entwicklungskonzeptualisierung und andererseits mit der normativen Frage — was ist ein psychopathologisches Symptom? — auseinanderzusetzen. Entwicklungspsychopathologie stellt den Versuch dar, Ursachenbedingungen und Verlauf individueller Muster von Fehlanpassung im Laufe der Entwicklung zu untersuchen. Der Fokus ist dabei auf die spezifischen Problemstellungen einer Bewältigung von entwicklungsbedingten Anpassungsnotwendigkeiten gerichtet. Psychopathologische Symptome, die therapeutische Interventionen erfordern, werden so vor dem Hintergrund von Entwicklungs- und Anpassungsaufgaben des Individuums gesehen.

Im einzelnen interessiert uns der *Einfluß der altersbedingten Entwicklung auf die Symptomgestalt*: welche biologischen, affektiven, kognitiven und sozialen Entwicklungsvoraussetzungen benötigt beispielsweise die Ausbildung eines Wahnsyndroms oder einer Halluzination? Kann es überhaupt unterhalb einer gewissen Entwicklungsstufe bestimmte Symptome geben?

Ein weiteres Interesse gilt dem Konzept der *Entwicklungsaufgaben*, die sich als Anpassungsaufgaben und -erfordernisse in einer bestimmten Lebensperiode des Individuums definieren (Kap. 1.4). Bemerkenswert erscheint dabei, daß die reale Anpassung des Menschen niemals nur durch die Auseinandersetzung mit dem Hier und Jetzt der Umgebung bestimmt wird, sondern immer auch durch die Bemühung um Erreichen eines in der Zukunft liegenden Entwicklungszieles gekennzeichnet ist.

Das *adaptive Potential*, das ein Individuum im Entwicklungsprozeß mitbringt, ist als Konstellation von *protektiven Faktoren* und Risikofaktoren in jeder Entwicklungsphase zu definieren (Kap. 1.5 und Kap. 1.6). Als *Vulnerabilität* wird jene Konstellation bezeichnet, die ein Individuum gegenüber negativen Entwicklungseinflüssen in besonderer Weise empfindlich macht, wobei dadurch unter ungünstigen Entwicklungsbedingungen ein negativer Entwicklungsverlauf geradezu vorhergesagt werden kann (Kap. 1.7). Grundsätzlich muß immer gefragt werden, ob die Ausbildung psychopathologischer Symptome immer nur als ein Scheitern der

Anpassung gesehen werden soll, oder ob nicht gerade auch die Ausbildung psychopathologischer Symptome als Anpassungsversuch auf anderer Ebene bewertet werden kann.

Wird nun der Entwicklungsaspekt in die Psychopathologie selbst hineingetragen, stellen sich folgende Fragen: Gibt es eine *Kontinuität* oder *Diskontinuität* zwischen normalem und psychiatrisch auffälligem Verhalten? Wir wissen, daß es eine breite Grauzone an der Grenze zwischen Normalität und psychischer Erkrankung gibt. Dies hat auf die Forschung folgenden Einfluß genommen: Von manchen Autoren wird die Verwendung von Forschungskriterien (wie sie im DSM-IV (1994) oder der ICD-10 (Dilling et al., 1991) als klassifikatorische Systeme verankert wurden) zur Klassifikation postuliert. Es wird empfohlen, nur jene Patienten, die eindeutig gewissen Kriterien — beispielsweise der Anorexie oder Depression — gehorchen, für pathogenetische Untersuchungen zuzulassen („select by diagnosis"). Dies führt zur Frage, was denn mit jenen Patienten ist, die diese strengen Kriterien nicht erfüllen, sich aber in der schon erwähnten Grauzone der Normalität bewegen. Andere Forschergruppen empfehlen psychiatrische Kategorisierungen nicht schon im Vorfeld vorzunehmen, sondern die einzelnen Symptome in ihrem Ausprägungsgrad, also dimensional zu erheben („select by symptom"). Auf diese Weise können auch Patienten mit leichtesten Ausprägungen des Symptoms — als Patienten der Grauzone — mit erfaßt werden (s. Kap. 2.2).

Aber nicht nur für die Forschung ist diese Frage von Brisanz. Auch als Therapeut muß ich fragen, ob ein Patient psychiatrischer Hilfe bedarf oder ob er von sich aus Entwicklungsprobleme, die mit leichten Symptomen einhergehen, meistern könnte. Eine nosologische Kategorisierung mag dabei hilfreich sein, greift aber bei jenen Patienten der Grauzone ebenfalls zu kurz. So kann ein Kind unter ungünstigen Entwicklungsbedingungen auch bei leichter Symptomausprägung massiv in seiner Persönlichkeitsentwicklung Schaden nehmen im Vergleich zu einem anderen Kind mit gleicher Symptomatik, das durch eine Reihe protektiver Faktoren geschützt ist. Auf diese Fragen wird auch im Kapitel über Diagnostik (2) eingegangen werden.

Welchen Verlauf nimmt die normale Entwicklung, bis sie schließlich zu psychopathologischer Symptomatik Anlaß gibt? Wie findet schließlich die *Symptomgenese* statt? Unter welchen Anpassungsnotwendigkeiten und aus welchen Anpassungsversuchen entstehen schließlich psychopathologische Symptome? Welche adaptiven Mechanismen, Copingstrategien, Abwehrformen etc. spielen dabei eine Rolle? Schließlich ist zu fragen, welche Konstellationen von Risikofaktoren und protektiven Faktoren mit einer erhöhten Auftrittswahrscheinlichkeit von psychopathologischen Symptomen verbunden sind.

Schließlich geht es um die Frage der *situativen Spezifität*. Wann und unter welchen Bedingungen werden psychopathologische Symptome faßbar? Ist ein symptomatisches Verhalten situationsspezifisch oder vollkommen situationsunabhängig? Dies ist beispielsweise eine der wesentlichen Fragen zur Diagnostik des hyperkinetischen Syndroms. Welchen Beitrag leistet die Situation, der Kontext für Entstehung und Aufrechterhaltung von Symptomen?

Könnten Symptome auch einen Sinn haben? Vielleicht ist es unter bestimmten familiären Verhältnissen geradezu anpassungsnotwendig und einer gesunden Persönlichkeitsentwicklung zuträglich, ein psychopathologisches Symptom (z. B. in spiegelbildlicher Weise wie die angstkranke Mutter) zu entwickeln. Könnte es also sein, daß ein vom Psychiater diagnostiziertes Symptom im familiären Kontext der Entwicklung eines Kindes für einen Zeitabschnitt sogar dienlich sein könnte, weil auf diese Weise ärgere Risiken, wie z. B. dauernde Streit- oder Überforderungssituationen, abgewendet werden. Symptome haben also Signalcharakter für bestimmte Anpassungsprobleme. Sie müssen erst übersetzt und verstanden werden (situative und biographische Analyse, s. Kap. 2.6).

Eine weitere Frage ist die von *Auslösemechanismen.* Gibt es eindeutig definierbare Auslösemechanismen für psychopathologische Symptome?

In den folgenden Kapiteln sollen nach heutigem Wissensstand Antworten gegeben werden. Für viele dieser Fragen gibt es noch keine empirisch fundierten, d. h. in Zahlen abgesicherten Faktennachweise. Aus therapieorientierter Sicht können wir uns aber nicht auf den Standpunkt zurückziehen, daß wir nur dort tätig werden, wo unsere Bücher über die Wirksamkeit von Interventionen auf der Basis bestimmter Konzepte Zahlenbelege liefern. Die moderne Therapieforschung ist erst eine in Entwicklung begriffene wissenschaftliche Disziplin, und wir sind auch weiterhin auf Einzelerfahrungen und persönliches klinisches Erlebniswissen angewiesen. Die persönliche Erfahrung im Umgang mit Kindern und Jugendlichen unter kundiger Supervision kann durch Faktenwissen nicht ersetzt werden. Für den kinder- und jugendpsychiatrischen Therapeuten bleiben die persönliche Wahrnehmungsfähigkeit und die besonnene Formulierung von Hypothesen im interaktionellen Kontext das wichtigste Rüstzeug. Der therapeutisch Tätige ist dabei nicht nur Rezeptor und Verarbeiter von Fakten, sondern auch die anklingende Saite eines Instrumentes, denn die therapeutisch relevante Entscheidung schließt immer auch emotionale Komponenten mit ein.

1.2 Entwicklungsmodelle

Die Entwicklungspsychopathologie stützt sich auf die derzeit gültigen Vorstellungen von Entwicklung, die wir in verschiedenen Entwicklungsmodellen niedergelegt finden. Diese Modelle haben in der Regel zur besseren Veranschaulichung den an sich kontinuierlichen Entwicklungsprozeß in unterschiedliche Phasen oder Perioden aufgeteilt. Wenn auch der Bezug auf diese Phasen nützlich ist, darf nicht vergessen werden, daß der Entwicklungsprozeß bei jedem einzelnen Individuum in unterschiedlichen Entwicklungsbereichen mit unterschiedlichem Tempo ablaufen kann und daher ein zu starres Phasendenken unseren Patienten nicht gerecht

Theorie	*Stichwort*	*Individuum*	*Umwelt*
Endogenistische Theorien	Reifung	passiv	passiv
Exogenistische Theorien	Prägung	passiv	aktiv
Früh-Konstruktivistische Theorien	Selbstkonstruktion	aktiv	passiv
Interaktionistische Theorien	Mensch-Umwelt Gesamtsystem	aktiv	aktiv

Tabelle 1.1: Entwicklungstheorien

werden könnte. Vielmehr empfiehlt es sich, die interessanten Wechselbeziehungen zwischen kognitiver, emotionaler und psychosozialer Entwicklung in unterschiedlichen Lebensabschnitten für die Frage von Fehlanpassung und Symptombildung im Kindesalter aufzugreifen. Die Entwicklungspsychologie hat in den letzten Jahrzehnten einen enormen Aufschwung erlebt. Der Grad der Differenzierung und Diversifikation im Hinblick auf unterschiedliche Themen und methodische Vorgangsweisen läßt es unmöglich erscheinen, einen vollständigen Überblick zu vermitteln. Nach Montada (1987b) kann man in didaktischer Vereinfachung vier theoretische Grundrichtungen von Entwicklungsmodellen je nach Person-Umwelt-Bezug unterscheiden (Tab. 1.1).

Endogenistische Theorien: Endogenistische Theorien erachten weder die Aktivität des Kindes noch aktive Umwelteinflüsse für die Entwicklung als bedeutsam. Im Zentrum dieser Theorien steht der Begriff der Reifung. Unter diesem Aspekt wird festgestellt, daß für einen Lebensabschnitt spezifische Merkmale über Kulturgrenzen und unterschiedliche Umwelteinflüsse hinweg unwandelbar gleichbleiben. Reifung wird als anlagemäßig und einem inneren Programm notwendigerweise folgend angesehen. Die Umwelt dient dabei nur zur Unterstützung, ist aber für eine Ausbildung der Merkmale nicht essentiell notwendig.

Exogenistische Theorien: Diese Theorien gehen davon aus, daß aktive Umwelteinflüsse auf den Menschen, der quasi als „tabula rasa“ geboren ist, Einfluß nehmen. Die äußere Wirklichkeit, ihre Objekte, Ereignisse und Wesenszusammenhänge teilen sich dem passiven Menschen mit. In diesen Modellen ist das sich entwickelnde Kind Spielball und Rezeptionsorgan einer aktiven Umwelt zugleich. Wie in eine Wachstafel gravieren sich gleichsam die Umweltkonstellationen und erzeugen so Erkenntnis, Wissen und innere Abbilder. Obwohl dieses Entwicklungsmodell heute als obsolet gelten kann, findet es versteckt immer noch Anwendung, wenn wir beispielsweise in kinderpsychologischen oder pädagogischen Fragestellungen davon ausgehen, daß sich gewisse Sozialisations- oder Bildungsbedingungen direkt kausal auf Schemata und Verhaltensweisen des Kindes auswirken könnten.

Früh-Konstruktivistische Theorien: In diesen wird die Entwicklung als „Selbstkonstruktion" angesehen. Der Mensch braucht die Umwelt als Anregung und Matrix zur Entwicklung, die wesentlichen Impulse gehen jedoch vom Menschen selbst aus. Die Umwelt spielt nur eine passive Rolle. Piaget kann als wesentlichster Vertreter der früh-konstruktivistischen Theorie gelten. Der sich entwickelnde Mensch sucht aktiv nach dem, was ihm in seiner Umwelt zum Problem wird, und schreitet nach Lösung dieses Problems in die nächsthöhere Entwicklungsstufe fort. Auf dieser stellt sich ihm die Umwelt wieder in neuer Weise dar. Die heutigen neo-konstruktivistischen Theorien (z. B. Maturana & Varela, 1987) leiten sich von kybernetischen Modellvorstellungen her und gehören somit — wie alle systemischen Ansätze — zu der Familie der interaktionistischen Theorien.

Interaktionistische Theorien: Diese sind die komplexesten Theoriegebäude. Sie verbinden ein aktives, selbstmotiviertes und seine Entwicklung selbst vorantreibendes Individuum mit einer ebenso aktiven, fordernden und erfüllenden Umwelt. Auf diese Weise wirken kulturelle Anforderungen, Normen, Wünsche anderer Menschen und materielle Umgebungsbedingungen als Entwicklungsanreize und Herausforderungen, die die individuelle Entwicklung günstig oder ungünstig beeinflussen können. Die interaktionistische Theorie räumt aber dem Individuum eine aktive Rolle bei der Gestaltung der Umwelt ein. Das Individuum sucht und formt die Umweltbedingungen nach seinem Gutdünken in gleichem Maße, wie es von diesen geformt wird.

Die interaktionistischen Theorien haben auf das medizinische Theoriegebäude und die Entwicklungspsychopathologie einen großen Einfluß: Wenn die normale Entwicklung des Menschen von politischen, gesellschaftlichen und ideengeschichtlichen Einflüssen abhängig ist, muß in jeder neuen Generation die Norm der gelungenen Entwicklung und Anpassung neu bestimmt werden. Es gibt dann keine zeitlos gültige Vorstellung von Normalität, und das was in der nächsten Generation Hilfeschrei und Ausdruck für seelische Krankheit ist, müßte immer anhand der normalen Entwicklung der Kinder unter veränderten soziokulturellen Bedingungen neu evaluiert werden. Wir sehen, daß die naturwissenschaftlich orientierte Medizin hier im Bereich der Entwicklungspsychopathologie an eine kulturphilosophische Grenze stößt. Diese nicht zu beachten, hieße, wieder auf frühkonstruktivistische oder endogenistische Theorien überzugehen.

Vom entwicklungspsychopathologischen Standpunkt aus muß dazu noch eine prozessuale Sichtweise gefordert werden, die bei der Evaluierung psychopa-

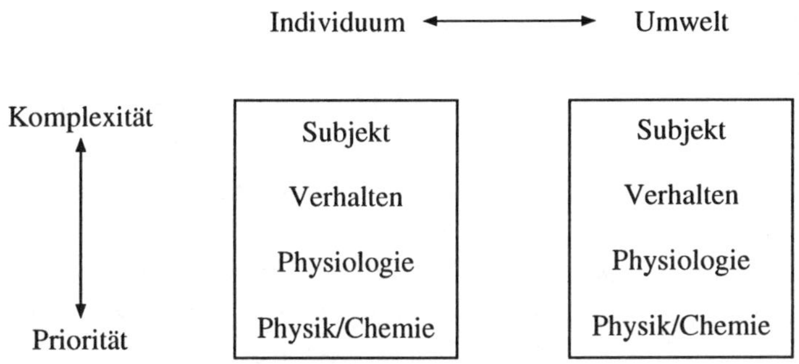

Abbildung 1.1: Wechselbeziehungen zwischen den Ebenen von Individuum und Umwelt

---

thologischer Symptome das Kind in seinen unterschiedlichen Entwicklungs- und Lebensphasen berücksichtigt. Eine *interaktionistische* und *prozessuale* Sichtweise ließe sich in zweierlei Hinsicht spezifizieren:

Einerseits müßte sie die Interaktion zwischen Individuum und Umwelt berücksichtigen und andererseits den Wechselwirkungen zwischen unterschiedlichen Ebenen der möglichen Betrachtungsweisen von Entwicklung im Zeitverlauf Rechnung tragen. Wir treten als Therapeuten und Forscher mit unseren Patienten in eine Wechselwirkung und untersuchen Wechselbeziehungen zwischen einzelnen Ebenen des Individuums im Kontext unserer Beziehung (Abb. 1.1). Forschungsstrategien zur Erfassung dieser komplexen Wechselwirkungen werden heute als *Mehrebenenforschungsansätze* unter Berücksichtigung prozessualer Sichtweisen bezeichnet.

Entwicklung kann auf verschiedenen Ebenen untersucht werden. Auf einer *physikalisch-chemischen Ebene*, z. B. der Ebene der Nukleinsäuren, der Proteinsynthese, also der Ebene, die heute durch die molekularbiologische Forschung auf höchstem naturwissenschaftlichen Niveau repräsentiert wird.

Darüber gibt es eine Betrachtungsebene der *Körperfunktionen*, die auf die Entwicklung von Organsystemen und Strukturformationen (z. B. des Gehirns) abhebt. Untersuchungen zur Morphologie des Gehirns, aber auch die funktionellen Untersuchungen mittels bildgebender Verfahren spielen dabei eine große Rolle. Die Suche nach Wirkmechanismen von Psychopharmaka findet auf dieser Ebene statt, neuroendokrine, neuroimmunologische und psychophysiologische Untersuchungen liegen ebenfalls auf diesem Niveau der Betrachtung.

Schließlich ist die *Verhaltensebene* zu nennen, die ihren Fokus auf die Entwicklung des Sozialverhaltens und der Mutter-Kind-Interaktion richtet. Aber auch alle anderen der Meßbarkeit zugänglichen Aspekte der kognitiven Entwicklung, des Affektausdrucks, der Leistung und Aktualisierung finden hier statt. Hier befindet sich die Domäne der empirischen Psychologie.

Letztlich hat Entwicklung aber auch eine *Innenseite*, die wir als psychische Strukturbildung verstehen können. Jene psychische Struktur, die mit zunehmendem Alter gleichsam als Bibliothek oder Videothek gelebter Erfahrungen, Gedanken und Gefühle in einem Selbstkonstruktionsprozeß anhand der durch die Umwelt vermittelten Erlebnisgehalte entsteht. Wir sprechen von Selbst- und Objektrepräsentanzen, von affektlogischen Schemata, also Wirklichkeitskonstruktionen und -konzepten, die sich anhand der Interaktionserfahrungen mit der Umwelt entwickeln. Auf dieser Ebene finden wir die psychopathologische Symptomatik, die Psychodynamik, also die Innenseite des Verhaltens, die ja das Leid und die existentielle Betroffenheit unserer Patienten ausmacht.

Im folgenden sollen drei Probleme der Mehrebenensicht unter Prozeßgesichtspunkten herausgearbeitet werden:

- Das *Prinzip der Wiederholbarkeit*, also das Grundprinzip experimenteller Forschung, beliebig oft einen Zusammenhang überprüfen zu können, ist unter dem Prozeßgesichtspunkt nicht uneingeschränkt gültig. Prozesse sind historisch und insofern bleiben einmal abgelaufene Ereignisse für die Zukunft wirksam.

  Betrachtet man beispielsweise den Verlauf einer psychischen Erkrankung, so kann die einmal aufgetretene Episode für die Zukunft eine Veränderung der Erlebnisbereitschaft bewirken.

  Die Gültigkeit des Prinzips Wiederholbarkeit muß daher erst geprüft werden. Eine radikale Abkehr von der Idee, im Entwicklungsverlauf überhaupt wiederholbare Akte mit immer den gleichen Konsequenzen sehen zu können, würde uns als Ärzte und Wissenschaftler handlungsunfähig machen, und es gibt viele Regelungsprinzipien beim Menschen auf allen Betrachtungsebenen, die trotz des Entwicklungseinflusses unter dem Aspekt einer alltagsbezogenen Gesetzmäßigkeit gleichbleiben.

  So können pädagogische Maßnahmen in Kombination mit medikamentösen Interventionen, beispielsweise bei jugendlichen Patienten mit Realitätsverlust im Rahmen einer schizophrenen Psychose, zu regelhaften Verbesserungen führen, wobei dieselben Interventionen bei einer weiteren Episode wieder erfolgreich eingesetzt werden können.

- Zwischen den unterschiedlichen Betrachtungsebenen können *Unterschiede der Zeitstruktur* bestehen. Jeder Funktionskreis und Prozeß auf jeder Betrachtungsebene hat seine eigene Zeitstruktur. Einfache Korrelationen zwischen seelischem Zustand und Körperfunktion zerstreuen sich daher erfahrungsgemäß bei wiederholten Untersuchungen und in verschiedenen Untersuchungsdesigns. Erst die Wechselbeziehungen unterschiedlicher Prozesse im Zeitverlauf können therapierelevante Befunde erbringen. Dazu zwei Beispiele: Die Gabe von Medikamenten kann in unterschiedlicher Zeitgestalt zuerst biologische Veränderungen und mit zeitlicher Verzögerung Wirkungen auf subjektive Befindlichkeit und die psychischen Repräsentanzen entfalten. So ist das für die Wirkung der Antidepressiva anzunehmen. Ganz anders können psychosoziale Interventionen in unterschiedlicher Zeit auf psychische Mechanismen und schließlich körperliche Funktionsparameter einwirken.

Ein anderes Beispiel: Die biologische Entwicklung in Form der cerebralen Reifung des Kindes läßt einerseits beim Kind die psychopathologische Symptomgestalt in unterschiedlichen Lebensphasen unterschiedlich zur Ausprägung kommen, sie kann aber auch dazu führen, daß beim Erwachsenen nachgewiesene pathophysiologische Korrespondenzen beim Kind oder Jugendlichen nicht in derselben Form anzutreffen sind.

Unterschiedliche Ebenen des Untersuchungsgegenstandes Mensch reagieren mit unterschiedlicher Zeitfolge und Geschwindigkeit auf die normale Entwicklung und auf die sich darüber legenden Entwicklungen von Vulnerabilitäten und Krankheiten. Nur an einzelnen Zeitpunkten erhobene korrelative Zusammenhänge zwischen einzelnen Ebenen sind aus dieser Sicht also erwartungsgemäß in Gruppenvergleichen widersprüchlich.

- Ebenfalls ungelöst bleibt die Frage nach den *Wechselbeziehungen der einzelnen Betrachtungsebenen.* Ist das Psychische ein kausalbedingtes Epiphänomen biologischer Prozesse, d. h. ist Seelisches vom Körperlichen quasi ferngelenkt? Diese Denkschule hat sich bis heute bei vielen Neurobiologen erhalten.

  Oder ist Psychisches und Biologisches dasselbe, nur je nach Betrachtungsweise unterschiedlich? Dann müßte letztlich ein Prinzip der Gleichzeitigkeit feinster biologischer und psychischer Prozesse gefordert werden. Sicher ist jedenfalls, daß die Sprachen unterschiedlicher Forschungszugänge zum Menschen unterschiedlich sind und daher selbst bei Annahme der Identitätstheorie die Ergebnisse der unterschiedlichen Betrachtungsformen unterschiedliche Konstrukte sind, die erst aufeinander — manchmal mühsam — abgestimmt werden müssen.

Wir sprechen heute allgemein von Wechselbeziehungen zwischen den unterschiedlichen Betrachtungsebenen, wobei man derzeit keine Punkt zu Punkt-Zuordnung kausaler Gebundenheit findet, sondern nur eine partiell entschlüsselbare Interdependenz zwischen den Ebenen unter hierarchischen Gesichtspunkten. Ob diese nur mangelhafte Entschlüsselung der Wechselbeziehungen zwischen den Betrachtungsebenen auf unterschiedliche Systemeigenschaften real unterschiedlicher Prozesse (also hie Biologisches, da Psychisches) zurückzuführen ist, wie es von Dualisten behauptet wird, oder nur ein Problem der Betrachtungsweisen und unterschiedlichen Abstraktionen bei der Betrachtung ein und desselben Individuums darstellt, muß weiterhin als Philosophenstreit dahingestellt bleiben. Wir selbst neigen der 2. Betrachtungsweise zu.

Unter dem Begriff *Hierarchie der Betrachtungsebenen* ist folgendes gemeint. Prozesse der tieferen Betrachtungsebenen haben Priorität. Ihre Funktionstüchtigkeit, also die Balance von Regelkreisen auf der physikalisch-chemischen und physiologischen Ebene, ist eine minimal notwendige Voraussetzung für ein funktionelles Gleichgewicht auf den höheren Ebenen, nicht zuletzt auch der seelischen.

Imbalancen auf der komplexeren Ebene können aber auch Rückwirkungen auf die tieferen haben und ihre Entwicklung mitbestimmen. Viele Entwicklungsschritte auf der biologischen Ebene werden ja im Lichte von seelischen Erfahrungen getan, die über psychobiologisch faßbare Wechselwirkungen auch körperliche Auswirkungen haben können (Kap. 1.9).

Zum Begriff *affekt-logischer Schemata* (Ciompi, 1982, 1988, 1997): Von einem interaktionistischen Paradigma aus wurde schließlich versucht, Vorstellungen von Piaget (1978) und tiefenpychologische Konzeptionen unter Bezugnahme auf einen systemtheoretischen Betrachtungsmodus in einen Gesamtzusammenhang zu bringen: Unter diesem entwicklungstheoretischen Ansatz geht man davon aus, daß im Zuge der Ontogenese des Menschen ein Gefüge von strukturgewordenen, also stabilisierten Relationen entsteht, wobei diese inneren Relationen als Schema die äußeren Gegebenheiten widerspiegeln — d. h. repräsentieren. Der Mensch entwickelt also eine innere Struktur gemäß seinen Interaktionserfahrungen mit der Umwelt. Diese Schemata werden aus affektiv-kognitiven Erfahrungsbausteinen — manche Autoren sprechen auch von Erlebniseinheiten — gebildet und schließlich immer weiter ausdifferenziert. Solche affektlogischen Schemata formieren schließlich ein integriertes Gesamtsystem, in dem das Weltbild, das Selbstbild und das Bild von anderen Menschen weiter ausdifferenziert und verallgemeinert werden kann. Betont werden muß dabei der unlösbare Zusammenhang zwischen affektiven und kognitiven Bedeutungsvalenzen, die nur Manifestationen desselben strukturbildenden Anpassungsprozesses sind. Affekt und Logik wären also zwar unterschiedliche, aber untrennbar miteinander verbundene Bewertungsmöglichkeiten der Welt, die ein gemeinsames Konstruktionsprinzip für unsere repräsentativen Bestände abgeben. Das eine Mal steht der affektive Anteil im Vordergrund, das andere Mal der kognitive. Die Theorie der Affektlogik postuliert die Entwicklung eines globalen Bezugssystems mit beiden Valenzen, wobei das Bezugssystem das integrale Ergebnis der gesamten Umwelterfahrung des Menschen darstellt. Emotionale Strukturierungen des Weltbezugs sind phylogenetisch älter, globaler, in der Modulation träger, haben aber Priorität. Kognitive Strukturierungen können die emotionalen überformen, sie sind phylogenetisch jünger, von momentanen Befindlichkeiten abhebbar (= Abstraktion) und rasch modulierbar. Affekt und Kognition wirken zusammen, um den Menschen entscheidungs- und handlungsfähig zu

Assimilation: Aufnahme und Organisation von Erfahrungen über die Umwelt nach Maßgabe der im Individuum verfügbaren affektiv-kognitiven Strukturen. Jede neue Interaktionserfahrung mit der Umwelt wird in ein bereits bestehendes Schema, in eine bereits bestehende Struktur integriert. Durch aktive Organisations- und Verarbeitungsleistungen des Individuums wird Information an bisheriges Wissen „angeglichen".

Akkommodation: Modifikation von bereits existierenden affektiv-kognitiven Strukturen anhand von Umwelterfahrungen, so daß die Auseinandersetzung mit der Umwelt mit Hilfe der geänderten Schemata mehr den Umweltgegebenheiten und -relationen angepaßt ist.

Majorisierende Äquilibration: Entwicklung im Sinne einer majorisierenden Äquilibration wäre der Prozeß einer Ausdifferenzierung und Komplexitätszunahme affektlogischer Schemata im Rahmen der immerwährenden Anpassungsleistungen des — um stabilisierende Aufrechterhaltung eines optimalen Spannungsbereiches bemühten — Individuums. Kinder suchen nicht den Zustand der Spannungslosigkeit und Ruhe, sie lassen sich aktiv von der Umwelt „herausfordern". Zu hohe Anpassungsspannung ist aber dysfunktional und bedarf eines aktiven Ausgleichs- und Lösungsversuchs.

Abbildung 1.2: Assimilation und Akkommodation

machen. Affekte beeinflussen kognitive Prozesse, Kognitionen können umgekehrt Affekte auslösen (s. Kap. 4).

Das *affektlogische Bezugssystem* ist ein sinnstiftendes Weltbezugssystem, das neue Erfahrungsinhalte durch Assimilation an vorhandene Schemata mit Bedeutungen versieht und auf diese Weise die Komplexität der eintreffenden Sinneserfahrungen reduziert. Das Prinzip der majorisierenden Äquilibration von Piaget gilt auch für die affektlogischen Schemata. Es besagt, daß das Individuum in jedem Anpassungsmoment nach einem Gleichgewicht ringt, wobei der Impuls zur inneren Koordination und zum Aufbau immer komplexerer Strukturen aus der Erfahrung des Ungleichgewichts, des Widerspruchs oder des kognitiven Konfliktes resultiert. Die Entwicklung affektlogischer Strukturen von einem leicht störbaren vulnerablen System der Sinnfindung zu immer stabileren kann man als majorisierenden Äquilibrationsprozeß bezeichnen. Bezüglich weiterer Begriffsdefinitionen und Mechanismen der Subjektentwicklung siehe Kap. 1.3 und Abb. 1.2.

Zum Abschluß sollen noch zwei Wege aufgezeigt werden, wie Entwicklungstheorien gebildet werden. Der eine ist als rekonstruktiver Weg aufzufassen: *Retrospektiv* werden dabei im Erwachsenenalter durch Rückblick auf Kindheitserlebnisse und Entwicklungsstationen bei Probanden oder Patienten die Entwicklungsschritte faßbar gemacht. In freien Assoziationen auftauchende subjektiv relevante Rückerinnerungen werden dabei verwertet. Dies ist der Weg, den die psychoanalytische Entwicklungspsychologie gewählt hat.

Der andere Weg ist ein *prospektiver* Untersuchungsweg, der durch Verhaltensbeobachtung, Befragung und empirische Tests bei Kindern in unterschiedlichen Lebensaltern den Entwicklungsgang empirisch rekonstruieren läßt.

Sinnvoll für ein klinisches Verständnis von Kindern mit Entwicklungsproblemen wäre eine Synthese aus beiden Zugangswegen (Freud, 1982; Oerter & Montada, 1987, 1995; Stern, 1985; Lichtenberg, 1991; Dornes, 1993, 1997).

Tab. 1.2 gibt einen Überblick über psychologische Entwicklungsmodelle.

1.3 Entwicklungsmechanismen der Subjektentwicklung

Das subjektive Erleben stützt sich auf bestimmte Technologien, die strukturell festgelegt als entwicklungsbezogene Fertigkeiten dem Kind zur Verfügung stehen. Diese Technologien bestimmen und beeinflussen den aktuellen Zugang zur Welt. In der kognitiven Psychologie spricht man von *Performanzen*, klinisch können wir von *Aktualisierungen* sprechen. Nur die gelungene Aktualisierung potentiell zur Verfügung stehender Technologien (Fertigkeiten) wirkt sich in der aktuellen Anpassung und damit entwicklungsbestimmend aus. Die Unterscheidung ist wissenschaftlich wie diagnostisch fundamental. So entsprechen eben den Fertigkeiten potentielle Aktualisierungen, also Erlebnis- und Handlungsmöglichkeiten, während die unmittelbar situativen Reaktionen oft nicht den Fertigkeiten Rechnung tragen.

Ein Beispiel: Ein hochintelligentes Mädchen litt unter solchen massiven Trennungsängsten von ihrer überängstlichen Mutter, daß sie im Rahmen von Prüfungssituationen trotz ihrer kognitiven Ressourcen massive schulische Mißerfolge erlitt und im weiteren Verlauf eine Schulverweigerung entwickelte.

Der Philosoph Foucault (1993) beschreibt spezielle Techniken, welche die Menschen gebrauchen, um sich selbst zu verstehen. Es sind vier Typen von Technologien, deren jede eine Matrix praktischer Vernunft bildet:

- Die *Technologien der Produktion*, des produktiven Handelns, die den Menschen in die Lage versetzen, Dinge zu produzieren, zu verändern und zu manipulieren.

- *Technologien von Zeichensystemen*, die dem Menschen ermöglichen, mit Zeichen und Symbolen Sinn und Bedeutung abzubilden, aber auch sich mit Hilfe von Zeichen in Form der Sprache und Schrift interindividuell und überindividuell zu verständigen. Ich meine, daß der Mensch überhaupt das Bewußtsein über das, was wir als „Realität" bezeichnen, ohne Fähigkeiten des Umgangs mit Symbolen nicht erwerben kann.

Alter	*Kognitive Entwicklung* (Piaget)	*Repräsentationsformen* (Bruner)	*Weltinterpretation*	*psychosexuelle Phasen* (Freud)	*psychodynamische Entwicklungsstufen* (Rudolf)	*fundamentale Wandlungsschritte* (Spiel)	*psychosoziale Konflikte* (Erikson)
0–2	sensomotorisch	aktional, ikonisch	hedon/algisch	oral, anal	Aufbau des Kommunikationssystems, Aufbau des Bindungssystems, Aufbau des Autonomiesystems	präobjektal — objektal, präverbal — verbal	Vertrauen vs. Mißtrauen, Autonomie vs. Scham und Zweifel
2–6	präoperational	symbolisch	magisch-animistisch, logisch-kausal	phallisch, ödipal	psychosexuelle und soziale Identität	präreal — real	Initiative vs. Schuldgefühl
6–11	konkret-operational			latenz		präkollegial — kollegial	Leistung vs. Minderwertigkeitsgefühl
12–20	formal-operational			genital	Pubertät, Adoleszenz	präexistentiell — existentiell	Identität vs. Rollenkonfusion

Tabelle 1.2: Entwicklungsmodelle (nach Erikson, 1965; Bruner, 1968; Piaget & Inhelder, 1972; Piaget, 1973; Erikson, 1974, 1976; Freud, 1982; Spiel & Spiel, 1987; Rudolf, 1993)

- Weiters beschreibt Foucault eine *Technologie der Macht*, die das Verhalten von Individuen prägt und sie bestimmten Zwecken oder einer Herrschaft unterwirft. Eine Technologie, die das andere Subjekt zum Objekt macht. In allgemeinerer Formulierung können wir sie als *Technologie der Interaktion* bezeichnen, als Technologie sozialer Fertigkeiten, die es uns ermöglichen, im hierarchisierten Kräftespiel gemeinschaftlichen Lebens unseren Platz, unsere Lebensnische zu finden und zu behaupten.

- Schließlich beschreibt Foucault noch die *Technologien des Selbst* im eigentlichen Sinne, die es dem einzelnen ermöglichen, „... aus eigener Kraft oder mit Hilfe anderer eine Reihe von Operationen an seinem Körper oder seiner Seele, seinem Denken, seinem Verhalten oder seiner Existenzweise vorzunehmen, mit dem Ziel, sich so zu verändern, daß er einen gewissen Zustand des Glücks, der Reinheit, der Weisheit, der Vollkommenheit oder der Unsterblichkeit erlangt." (Foucault, 1993, S. 26).

Diese vier Technologien vereinen sich im alltäglichen Handeln, beeinflussen einander und lassen schließlich das Weltbild des Menschen entstehen, in dem dingliche und soziale Objekterfahrungen sich zu einem Ganzen fügen. In der Technologie der Zeichensysteme finden sich Ritus und Gestus als erste Setzungen, die schließlich in Sprache und Schrift höchste Vollkommenheit der Symbolisierung erlangen. Alle vier Technologien, insbesondere aber die Technologie der Zeichensysteme hilft bei der Formierung dessen, was wir „Realität" nennen. Die Technologien der Interaktion erwirbt das Kind in dyadischen Beziehungen, Triangulierung, Gruppenerfahrungen unter Gleichaltrigen (Kap. 3), sie schließen Konkurrenz, Solidarität und Hierarchieerfahrung mit ein, Freundschaft und Partnerschaft gehören ebenso dazu. Die Technologie des Selbst verhilft nicht nur zu Kompetenz und Fertigkeit, sondern schließt auch die Fähigkeit zur Selbstaktualisierung, die die Grundlage von Selbstwert, Identität und autonomer Lebensbewältigung bildet, mit ein.

Die Entwicklung entsprechender Kompetenzen erfolgt immer im Spannungsfeld von drei Aufgaben:

- Der aktuellen Anpassungsbewältigung,

- der Optimierung vorhandener Schemata, die die Kompetenzen repräsentieren und

- einer Desaktualisierung des unmittelbaren Erlebens, d. h. einer Freimachung des Erlebnisfeldes.

Die Anpassungsbewältigung erfolgt durch Aktualisierung von Verhaltensbereitschaften anhand einer konkreten Lebensproblemstellung. Diese Aktualisierung geht mit kognitiven und affektiven Prozessen einher. Vorhandene Erfahrungsschemata werden aktiviert. Wir können diese Schrittfolge der Informationsaufnahme,

-verarbeitung und Handlungsantwort im Rahmen der Umweltauseinandersetzung und -anpassung als assimilatorischen Akt erkennen. Wenn der assimilatorische Akt unter gegenwärtigen Wissensbedingungen nicht gelingt, kommt es im Erlebnisfeld zu einer weiteren Erregungssteigerung. Schließlich erfolgt je nach Altersstufe und Intensität der Irritation ein Rückgriff auf Abwehrmechanismen, und wenn auch diese nicht erfolgreich sind, ein Einsatz archaischer Bewältigungsschemata (s. dazu Kap. 8). In jedem Falle ist der Einsatz eines Bewältigungsschemas nur aufgrund eines assimilatorischen Aktes, d. h. der Annäherung und Angleichung der Information aus dem Wahrnehmungsbereich an das Schema, möglich. Übermäßige assimilatorische Aktivität kann zu einer Verzerrung und Veränderung wahrgenommener Fakten führen.

Das optimierende Weiterwachsen repräsentativer Schemata kann als akkommodatorische Aktivität aufgefaßt werden (Erfahrungsniederschlag). Die Veränderung der Schemata kann sich auf eine Erweiterung im Detailbereich beziehen oder aber auf eine Erweiterung des Gültigkeitsbereichs im Sinne einer Grundlage für Generalisierung. Neben solchen quasi evolutionären akkommodatorischen Veränderungen repräsentativer Schemata kann es auch zu revolutionären Veränderungen im Sinne von völligen Neugestaltungen und konzeptionellen Umformungen der Schemata im Entwicklungsprozeß kommen. Ein solcher Schritt ist beispielsweise beim Übergang zur symbolischen Repräsentation in der zweiten Hälfte des 2. Lebensjahres gegeben (Kap. 4.5).

Durch Einsetzen der Anpassungshandlung nach assimilatorischer Erkenntnis kommt es zu einer Desaktualisierung des Anpassungsproblems. Die Desaktualisierung ist unbedingt notwendig, um das Wahrnehmungs- und Erlebnisfeld, in dem die aktuellen Entwicklungs- und Anpassungsprozesse in Form assimilatorischer und akkommodatorischer Aktivitäten stattfinden, von bisherigen Erlebnisgehalten freizumachen. Die Abspeicherung unzureichend desaktualisierter Erlebniskonstellationen, z. B. im Rahmen einer Bewältigung durch Abwehrmechanismen, kann zu Sensibilisierungen und Reaktivierungen in weiterer Folge führen (Kap. 4.4).

Die Entwicklungsmechanismen der Subjektentwicklung sind also durch zunehmende *Internalisierung* von äußeren Relationen gekennzeichnet. Durch Wahrnehmungs- und Erlebnisprozesse werden Außenprozesse abgebildet, oder besser gesagt, Abbilder von Außenprozessen konstruiert. Wir können davon ausgehen, daß unsere inneren Abbilder nicht einfach den äußeren Bedingungen analog sind, also diese schlicht widerspiegeln, sondern daß unsere inneren Bilder eigenständige Konstruktionen sind, bei deren Aufbau die äußeren Bedingungen gestaltend eingewirkt haben. Auf diese Weise gibt es regelhafte Entsprechungen zwischen innen und außen. Internalisierungsprozesse können auf folgende Weise differenziert werden:

Imitation oder Nachahmung: Diese ist schon biologisch präformiert. So wissen wir, daß Kinder bereits im Säuglingsalter entsprechende Gesichtsausdrücke wie z. B. Freude oder Kummer im Gesicht ihrer Bezugspersonen erkennen und in der gleichen Weise mimisch reagieren können. Imitative Prozesse helfen die Bewältigungsschemata rasch zu erweitern und auf diese Weise Anpassungsaufgaben zu lösen.

Introjektionsprozesse führen zur Rezeption von Sichtweisen, Regeln und Erlebnisformen von Bezugspersonen und gestalten die Übernahme in eigene Gewissensinstanzen oder Regelbereiche, die nach Freud als Über-Ich zu bezeichnen wären. Es können jedoch auch fremde Verhaltensweisen und Ausdrucksformen in das Selbst introjiziert werden und auf diese Weise in die personale Eigentlichkeit übergehen. Durch Introjektion kann man sich Fremdes „zu eigen machen". Introjektionsprozesse laufen mit Sicherheit nicht nur im Lichte kontrollierenden Bewußtseins ab, müssen aber in irgendeiner Weise doch als Erlebnisfolgen, d. h. als Ergebnis affektiver Bewertungsprozesse, angesehen werden.

Identifikation kennzeichnet die Übernahme von sozialen Rollen, aber auch die Internalisierung von Ausdrucksformen, Zielen und Verhaltensweisen jener Menschen, die solche Rollen ausfüllen.

Die Entwicklung der kindlichen Persönlichkeit kann als progressive Internalisierung aufgefaßt werden. Nicht zuletzt muß aber bedacht werden, daß auch das Kind auf seine Umgebung in spezifischer Weise aufgrund seiner Erlebnis- und Verhaltensmöglichkeiten einwirkt, so daß das, was das Kind erlebt, schon zuvor durch quasi externalisierende Prozesse in bestimmter Richtung beeinflußt ist. Dies bezieht sich insbesondere auf soziale Interaktionsprozesse.

1.4 Entwicklungsaufgaben und Entwicklungsthemen

In jeder Entwicklungsphase finden sich ganz spezielle Anpassungsaufgaben, die für diese bestimmte Lebensperiode typisch sind. Die erfolgreiche Bewältigung solcher Entwicklungsaufgaben führt zur harmonischen Weiterentwicklung, das Versagen im Rahmen einer Entwicklungsaufgabe macht das Individuum unglücklich, stößt auf Ablehnung durch die gesellschaftliche Umgebung oder führt zu Schwierigkeiten bei der Bewältigung späterer Aufgaben. Als Quellen der Entwicklungsaufgaben sind die physische Reife, also die zunehmende *cerebrale Organisation*, der *kulturelle Druck* (Erwartungen, Forderungen und Angebote der Umgebung) sowie *individuelle Zielsetzungen* und Werte zu nennen.

Die Entwicklung des Individuums wird dabei durch die konzeptionelle Vorwegnahme eines künftigen Entwicklungsstandes im Individuum, also ein Zukunftsziel bestimmt. Anpassung ist eben nicht nur durch die Auseinandersetzung mit dem Hier und Jetzt der Umgebung bestimmt, sondern gründet auf bisherigen Erfahrungen und ist immer auch durch die Bemühung um Erreichen eines in der Zukunft liegenden Entwicklungszieles gekennzeichnet. In jeder Lebensperiode gibt es spezifische Aufgaben, deren Bewältigung die normale Entwicklung erfordert (Tab. 1.3 gibt einen Überblick über verschiedene Entwicklungsaufgaben). Von der Kontrolle der Ausscheidungsfunktionen, dem Ertragen einer Trennung von der Betreuungsperson, der Anpassung an schulische Anforderungen, der Auseinandersetzung mit der Ausbildung sekundärer Geschlechtsmerkmale bis zur Bewältigung des Verlustes sozialer Rollen im späteren Lebensalter ist das menschliche Dasein als eine Abfolge von zum Teil geschlechtsspezifischen Entwicklungsaufgaben zu verstehen (siehe auch Bastine, 1998; Seiffge-Krenke, 1998).

Unter Zuhilfenahme dieser Sichtweise ist es verständlich, daß eine relativ stabile Entwicklung und Anpassung auch ohne gravierendes äußeres Trauma nur durch den zeitlichen Fortschritt und das Heraufdämmern neuer Entwicklungsaufgaben, die das Individuum herausfordern und neue Anpassungsleistungen notwendig machen, aus dem Lot geraten kann.

Im Gegensatz zu früheren Annahmen (z. B. Erikson, 1974), daß auch die normale Entwicklung immer wieder durch Krisen und Konflikte gekennzeichnet sei, gibt es heute die übereinstimmende Meinung, daß die Entwicklungsaufgabe auch ohne dramatische Überspitzung gelingen kann. Gerade in der Arbeit mit kindlichen und vor allem jugendlichen Patienten wissen wir aber, daß eine Rückbesinnung auf Entwicklungskonflikte für das Verständnis aktueller psychopathologischer Symptome bereichernd ist (Tab. 1.4).

Wichtig erscheint, daß die Lösung von Entwicklungsaufgaben nicht mit der Adoleszenz beendet ist, so daß bestimmte Aufgaben und Entwicklungsthemen auch im Erwachsenenalter eine fundamentale Bedeutung besitzen.

1.5 Risikofaktoren der Entwicklung

Die individuelle Anpassungsfähigkeit kann mit dem Begriff des „adaptiven Potentials“ erfaßt werden. Das adaptive Potential definiert sich als Resultante von Vulnerabilitätsfaktoren und protektiven Faktoren im Angesicht von Entwicklungsrisiken. Als allgemeine Risikofaktoren der Entwicklung können gelten: biologische Risiken, die pränatal (also während der Embryonal- und Fetalzeit), perinatal (also rund um die Geburt) und postnatal (d. h. in den ersten Lebensjahren) Schädigungen setzen.

Biologische Risikofaktoren: Es gibt für eine Reihe von Erkrankungen Hinweise auf eine *genetische* Weitergabe: bspw. bei Erkrankungen der Eltern (oder Großeltern und Onkel/Tanten) mit Schizophrenie, manisch-depressiven Erkrankungen. Es wird jedoch nicht die Krankheit selbst, sondern nur eine Vulnerabilität vererbt (Kap. 9). Auch für kinderpsychiatrische Erkrankungen wie Enuresis und Eßstörungen werden genetische Faktoren in ihrer Bedeutung für die Genese diskutiert.

Alter	*Fertigkeiten und Verhaltensweisen* (nach Havighurst, 1972; Achenbach, 1990)	*Psychodynamik* (nach Spiel & Spiel, 1987; Rudolf, 1993)
0–1 1–2 2–3	Essen, Schlafen, Verdauung, Bewegung, sensomotorische Organisation, soziale Responsivität, Bindung Sprache, sprachliche Kommunikation Sauberkeit, Selbstversorgung im Alltag, Sicherheitsregeln	Intentionalität, Differenzierung von Ich und Nicht-Ich, positive und negative Affekte, Objektpermanenz und Konstanz Selbst-Konstituierung, Selbstachtung, Selbstwert Identifikation mit Eltern und sozialen Rollen, sprachlich-logische Ordnung der Welt, Konfrontation mit Normen und Regeln
3–4 4–5 5–6	Selbstkontrolle, Selbststeuerung Beziehungen zu Gleichaltrigen soziale Kooperation	Selbstbewußtheit beginnende Realitätsprüfung ödipale Triangulierung, soziale Rücksichten, Loyalitäten, Standpunktwechsel
6–11	Schulfertigkeiten, Schulregeln, Regelspiele, Hobbies, Geldgebrauch, einfache Verpflichtungen	Selbstwertstabilisierung, Selbstaktualisierung, Entwicklung eines Wertesystems und der Moral
12–20	Beziehung zum anderen Geschlecht, Übernahme von Verantwortlichkeit, Ablösung von der Familie	Auseinandersetzung mit der körperlichen Reifung, psychosoziale und psychosexuelle Identität, Identifikation, Intimität, existenzielle Autonomie, Entwicklung einer Ideologie

Tabelle 1.3: Entwicklungsaufgaben und Entwicklungsthemen

Alter	*Ergebnisse der Entwicklungs-aufgaben*	*Einleitung psychischer Störungen*	*Extrempositionen „Verfehlter" Entwicklungser-gebnisse*
0–1	*Vertrauen* „ich bin, was man mir gibt"	Gefühl des Verlassenseins, Angst zu verhungern, emotionale Verwahrlosung, Sucht, Psychose	*Mißtrauen* „ich bin ohne Halt"
1–3	*Autonomie* „ich bin was ich will"	Gefühl eigener Wertlosigkeit, Angst vor Unzulänglichkeit und vor drohender Schande, Zwangsneurose	*Scham/Zweifel* „ich bin wertlos"
3–5	*Initiative* „ich bin was ich mir zu sein vorstelle"	Gefühl, nicht liebenswert zu sein, Angst vor Strafe, Hysterie	*Schuldgefühle* „ich bin schlecht"
6–11	*Leistung/Fleiß* „ich bin was ich lerne"	Angst vor Unfähigkeit, Gefühl, zu nichts zu taugen, Angst vor Unkenntnis, Entwicklung zum Außenseiter	*Minderwertigkeits-gefühl* „ich bin unfähig"
12–18	*Identität* „ich weiß wer ich bin"	Angst, bei der Meisterung neuer und widersprüchlicher Triebregungen zu versagen, Gefühl, die Welt sei nicht gut genug, Identitätsstörung	*Identitätsverlust* „ich verliere mein Selbst"
19–40	*Intimität, Generativität* „ich nehme aktiv am Leben teil"	Angst vor Spontaneität, vor Beziehungen zu anderen, Gefühl, im Leben nur eine Rolle zu spielen, Gefühl der Unzulänglichkeit, Vermeidung von Konkurrenz und Kooperation	*Isolierung, Selbst-beschäftigung* „ich entziehe mich den Lebensaufgaben"
40–65	*Rekreation* „ich weiß wozu ich da bin"	Angst vor Übernahme von Autorität, Gefühl, unkonstruktiv zu sein, das Leben vergeudet zu haben	*Stagnation* „ich fühle den Fluß der Entwicklung versanden ..."
>65	*Integrität* „ich nehme mein Leben als das eigene an"	Angst vor dem Tod, Gefühl der Resignation, Abscheu, Zynismus, Übernahme pessimistischer Vorurteile hinsichtlich Altern, Rollenverlust	*Verzweiflung* „ich trage meines Lebens ganze Last"

Tabelle 1.4: Entwicklung im Lebenszyklus (nach Erikson, 1965, 1974, 1976)

Als *pränatales* Schädigungsmuster gelten beispielsweise Infektionen der Kindesmutter während der Schwangerschaft (eine Bedeutung von Infektionen der Kindesmutter im 2. Trimenon für die mögliche Entstehung von schizophrener Vulnerabilität in Form eines Strukturdefizits in der Regio entorhinalis wird diskutiert), auch Blutungen, Rhesusunverträglichkeit oder cerebrale Krampfanfälle der Kindesmutter während der Schwangerschaft sind zu nennen.

Perinatal kann eine verlängerte oder erschwerte Geburt unter Risikobedingungen zu cerebraler Traumatisierung führen. Es gibt auch Hinweise, daß die genetische Ausstattung des Kindes mit dem Risiko von perinatalen Komplikationen Zusammenhänge aufweisen kann. So ist denkbar, daß die Geburt nicht nur von mütterlichen Faktoren, sondern auch von kindlichen Faktoren mit bestimmt wird.

Postnatale Risikofaktoren wären bspw. Schädelhirntraumen, Hirnentzündung, Tumoren oder Vergiftungen.

Alle diese Faktoren haben letztlich eine Schädigung der Hirnsubstanz zur Folge, wodurch die neuronale Plastizität ungünstig beeinflußt wird. Dadurch steigt das Risiko für eine mangelnde Ausdifferenzierung von speziellen Hirnleistungen und Kompetenzen, die von manchen Autoren als „funktionelle Hirnorgane" bezeichnet werden. Biologische Risiken beeinträchtigen also die Ausbildung funktioneller Hirnorgane.

Soziale Risikofaktoren: An sozialen Risikofaktoren können nach Poustka et al. (1994) die Items der neuesten Version der Achse V der ICD-10 (Dilling et al., 1991) genannt werden (Abb. 1.5).

Empirische Untersuchungen zu den Risikofaktoren und ihren Wechselwirkungen mit biologischen Faktoren liegen in reichlicher Zahl vor (siehe Übersichten bei Lewis & Miller, 1990; Petermann, 1995; Cicchetti & Toth, 1995; Luthar et al., 1997).

1.6 Protektive Faktoren im Entwicklungsverlauf

An protektiven Faktoren haben sich nach Werner (1989); Werner & Smith (1992) drei Typen herauskristallisiert:

- Individuelle Faktoren wie z. B. Aktivierungsgrad, Temperamentseigenschaften wie gute Selbstberuhigungstendenz, Grad des sozialen Interesses, weiters Intelligenzfaktoren, Kompetenz im sozialen Bereich und Fähigkeiten zur Kommunikation (Sprache, Lesefähigkeit). Die Entwicklung des Selbst zu Selbstvertrauen und Handlungskontrolle wirkt ebenfalls im weiteren Verlauf protektiv.

1.	**Abnorme intrafamiliäre Beziehungen**
1.0	Mangel an Wärme in der Eltern-Kind Beziehung
1.1	Disharmonie in der Familie zwischen Erwachsenen
1.2	Feindliche Ablehnung oder Sündenbockzuweisung gegenüber dem Kind
1.3	Körperliche Kindesmißhandlung
1.4	Sexueller Mißbrauch (innerhalb der Familie)
2.	**Psychische Störung, abweichendes Verhalten oder Behinderung in der Familie**
2.0	Psychische Störung, abweichendes Verhalten eines Elternteils
2.1	Behinderung eines Elternteils
2.2	Behinderung der Geschwister
3.	**Inadäquate oder verzerrte intrafamiliäre Kommunikation**
4.	**Abnorme Erziehungsbedingungen**
4.0	Elterliche Überfürsorge
4.1	Unzureichende elterliche Aufsicht und Steuerung
4.2	Erziehung, die eine unzureichende Erfahrung vermittelt
4.3.	Unangemessene Anforderungen und Nötigung durch die Eltern
5.	**Abnorme unmittelbare Umgebung**
5.0	Erziehung in einer Institution
5.1	Abweichende Elternsituation
5.2	Isolierte Familie
5.3	Lebensbedingungen mit möglicher psychosozialer Gefährdung
6.	**Akute, belastende Lebensereignisse**
6.0	Verlust einer Liebes- oder engen Beziehung
6.1	Bedrohliche Umstände infolge von Fremdunterbringung
6.2	Negativ veränderte familiäre Beziehungen durch neue Familienmitglieder
6.3	Ereignisse, die zur Herabsetzung der Selbstachtung führen
6.4	Sexueller Mißbrauch (außerhalb der Familie)
6.5	Unmittelbare, beängstigende Erlebnisse
7.	**Gesellschaftliche Belastungsfaktoren**
7.0	Verfolgung oder Diskriminierung
7.1	Migration oder soziale Verpflanzung
8.	**Chronische Belastungen im Zusammenhang mit Schule und Arbeit**
8.0	Abnorme Streitbeziehungen zwischen Schülern, Mitarbeitern
8.1	Sündenbockzuweisung durch Lehrer, Ausbilder
8.2	Allgemeine Unruhe in der Schule, Arbeitssituation
9.	**Belastende Lebensereignisse infolge von Verhaltensstörungen oder Behinderung des Kindes**
9.0	Institutionelle Erziehung
9.1	Bedrohliche Umstände infolge Fremdunterbringung
9.2	Abhängige Ereignisse, die zur Herabsetzung der Selbstachtung führen

Tabelle 1.5: Achse V des ICD-10: Abnorme psychosoziale Umstände

Kindliche Faktoren:

- Temperament: „difficult temperament" mit vermehrt negativen Affekten, verminderter Adaptivität, verminderter Selbstberuhigungstendenz.
- Neuropsychologische Defizite: Störungen der Sprachentwicklung und sprachlichen Intelligenz, Teilleistungsschwächen.
- Subklinische Verhaltensstörungen schon im Vorschulalter: Neigung zu aggressiven Durchbrüchen, soziale Regelübertretungen in verschiedenen Lebenskontexten (zu Hause, Schule, bei Freunden).
- Mißerfolge im Bildungs- und Ausbildungsbereich.

Familiäre Faktoren:

- Pränatale und perinatale Komplikationen (z. B. mütterliche Infektionen, geringes Geburtsgewicht, etc.).
- Psychopathologie und Kriminalität in der Familie (Alkoholismus, antisoziale Persönlichkeitsstörung eines Elternteils).
- Harte Bestrafungen, inkonsistente Bestrafungen der Kinder.
- Mangel an Aufsicht und Grenzensetzung.
- Wenig Wärme und emotionale Unterstützung.
- Unsichere Bindung.
- Elterliche Auseinandersetzungen und Konflikte.
- Elterliche Aggression.
- Geschwister mit antisozialen Verhaltensweisen.
- Sozioökonomische Probleme: Armut, Raumnot, Arbeitslosigkeit.

Schulische Faktoren: Schule mit wenig Leistungsbezug, Lehrer zu wenig vorbereitet, wenig Lob und Anerkennung durch den Lehrer, wenig Bezug auf Selbstverantwortung der Schüler, desolate Raumverhältnisse (Mobiliar), Unerreichbarkeit des Lehrers bei Problemen, geringe Erfolgserwartungen beim Lehrer.

Abbildung 1.3: Risikofaktoren bei Kindern für die Entstehung von Verhaltensstörungen (modif. nach Kazdin, 1997; Haffner et al., 1998a)

- Affektive Bindungen innerhalb und außerhalb der Familie, die emotionale Unterstützungen in Belastungszeiten ermöglichen, wirken als protektive Mechanismen, egal ob diese von einem Elternteil, einem anderen Familienmitglied, Verwandten oder Freunden kommen.
- Externe soziale Unterstützungen im Sinne des sozialen Netzwerks, die Möglichkeit zur Integration in Gruppen, Schule oder Arbeitsfeld können sich ebenfalls günstig auf Kinder unter Risikobedingungen auswirken.

Protektive Faktoren können also zusammenfassend folgendermaßen definiert werden: Sie sind in der Lage, unter Risikobedingungen — in der Interaktion mit eventuellen Vulnerabilitätsfaktoren — das Individuum vor einer negativen Entwicklung zu schützen (Rutter, 1985, 1987b; Luthar et al., 1997).

Von manchen Autoren wird kritisch angemerkt, daß der Begriff Faktor im Bereich der Risikoforschung nicht ganz gerechtfertigt erscheint und der Begriff Mechanismus eher angebracht wäre, da der Einfluß von Risiken auf die Entwicklung nicht konstant und vom Entwicklungsstadium des Kindes abhängig ist. Schließlich kann bei kumulativen Risiken (Mehrfachrisiken) eine Unterscheidung zwischen einander verstärkenden Risikofaktoren und dem Einfluß von Vulnerabilitäten unmöglich werden.

1.7 Zum Begriff der Vulnerabilität

Als Vulnerabilität wird die individuelle Bereitschaft definiert, unter Risikobedingungen einen negativen Entwicklungsverlauf zu nehmen. Im Gegensatz dazu gilt als Resilienz (Spannkraft oder Prallkraft) bzw. Resistenz, wenn eine erfolgreiche Lebensbewältigung auch unter Entwicklungsbedingungen, die durch Risikofaktoren überschattet sind, möglich ist (Werner, 1989). Abb. 1.4 zeigt das Vulnerabilitätskonzept zur Entstehung von schizophrenen Psychosen. In ähnlicher Weise gibt es Modelle für die Entstehung von depressiven Syndromen, Anorexia nervosa oder Risikoverhaltensweisen im Jugendalter (Kap. 9).

Das Vulnerabilitätsprinzip hat sich als ein fundamentales Entwicklungsprinzip zur Erklärung der Genese einer Reihe von kinder- und jugendpsychiatrischen Erkrankungen herauskristallisiert. Es ist als übergeordnetes Denkkonstrukt (Metamodell) in der Lage, eine Fülle von empirischen Ergebnissen zur Entstehung, biologischen Fundierung und therapeutischen Ansprechbarkeit in ein Gesamtsystem zu integrieren.

Prinzipiell geht das Vulnerabilitätsprinzip davon aus, daß genetische oder frühkindliche Risikofaktoren nicht direkt zu klinisch manifesten psychischen Erkrankungen führen, wofür eine Reihe von Familien- und Zwillingsstudien sowie Untersuchungen an adoptierten Kindern von Familien mit affektiven und schizophrenen Störungen sprechen. Vielmehr wird eine besondere Umweltempfindlichkeit vererbt, die ungünstige Entwicklungsfaktoren, also Risiken auf biologischer

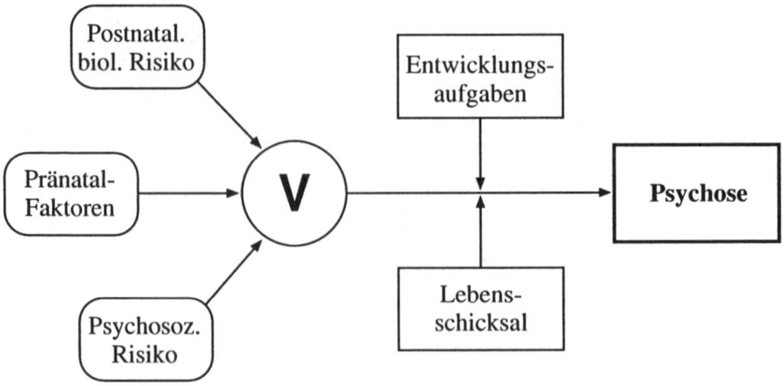

Abbildung 1.4: Vulnerabilitätskonzept zur Entstehung von schizophrenen Psychosen

und psychosozialer Ebene, in besonderer Weise zur Wirkung kommen lassen, so daß schließlich eine zunehmende Labilisierung der Umweltanpassung des betreffenden Individuums eintritt. Bereits geringfügige Anlässe oder neu zu bewältigende Entwicklungsaufgaben im Lebenszyklus können schließlich das in spezifischer Weise vulnerable Individuum zur Dekompensation bringen. Die von uns beobachtete klinische Manifestation ist dann bereits End- und Folgezustand der Wechselwirkung zwischen genetisch bedingten Risikofaktoren, die im Zusammenwirken mit anderen biologischen und/oder psychosozialen Faktoren im Entwicklungsverlauf Vulnerabilität hervorrufen. Diese Vulnerabilität ist selbst aus komplexen Risikokonstellationen und bestimmten biopsychosozialen Strukturen des Individuums zusammengesetzt. Das Vulnerabilitätsprinzip kann in Verallgemeinerung als fundamentales Entwicklungsprinzip für psychische Störungen des Kindes- und Jugendalters angesehen werden, so daß die entwicklungspsychopathologische Sichtweise immer wieder darauf rekurriert. Angeborene Risiken allein machen noch keine seelische Erkrankung.

Das Entwicklungsmodell auf der Basis des Vulnerabilitätsprinzips (wir werden im folgenden allgemeiner von Disposition sprechen) entspricht einem interaktionellen Prozeßmodell und erfüllt damit alle Kriterien für ein klinisch relevantes pathogenetisches Vorstellungsgerüst.

1.8 Störungen der Entwicklung

Zum *Störungsbeginn*: Ein früher Störungsbeginn durch neurobiologische und neuropsychologische Risiken wird von einem späteren Störungsbeginn, der vor allem durch psychosoziale Risiken gekennzeichnet ist, abgegrenzt (Petermann, 1995). „Frühe Starter“ zeigen autonome, neuroendokrine und neurobiologische Auffällig-

* Steigerung (*Progredienz*),
* Stabilisierung (*Konstanz*),
* Rückgang
  - der Häufigkeit (*Deklaration*),
  - auf wenige Merkmale (*Spezialisation*),
  - der Intensität (*Deeskalation*),
* *Diversifikation*
  - komorbide Symptome,
  - Ausbildung von Vulnerabilitäten.

Symptommuster können *kontinuierlich* oder *diskontinuierlich* (freie Intervalle) sein.

Abbildung 1.5: Entwicklungsverläufe psychischer Störungen (modifiziert nach Kusch & Petermann, 1995)

keiten, außerdem können die Entwicklungsaufgaben der ersten Lebensjahre (wie z. B. die Etablierung von Bindung) nicht befriedigend gelöst werden. Interessant ist eine Geschlechtsdifferenzierung bezüglich kinder- und jugendpsychiatrischer Auffälligkeiten. So finden sich im Kindesalter vermehrt psychiatrische Störungen bei Jungen und im Jugendalter vermehrt bei Mädchen. In der Übergangszeit von Präpubertät und Pubertät scheinen sich die Häufigkeiten kinder- und jugendpsychiatrischer Auffälligkeiten bei beiden Geschlechtern die Waage zu halten.

Als *Retardation* wird die Verlangsamung des gesamten Entwicklungsprozesses oder einer seiner Komponenten bezeichnet.

Als *Akzeleration* wird die Beschleunigung des Entwicklungsprozesses oder einer seiner Komponenten benannt. Beispielsweise kann die Akzeleration der körperlichen Entwicklung mit Ausbildung der sekundären Geschlechtsmerkmale bei Retardation der psychosozialen Entwicklung zu massiven Spannungen des heranwachsenden Individuums führen.

Als *Deviation* wird eine Fehlentwicklung unter Risikobedingungen bezeichnet. Bei der Diagnose von Entwicklungsstörungen ist immer notwendig, die differentiellen Einzelkomponenten in ihrem Zusammenspiel zu beachten. So können einzelne Leistungskomponenten wie Sprache oder räumliches Vorstellungsvermögen gegenüber anderen Kompetenzen zurückbleiben.

Eine Beeinträchtigung aller Entwicklungskomponenten wird als *globale Entwicklungsstörung* bezeichnet. Differentielle Entwicklungsstörungen von kognitiven Fertigkeiten werden als *Teilleistungsstörungen* unter Leistungsanforderungen faßbar. Mögliche Entwicklungsverläufe sind in Abb. 1.5 aufgeführt.

1.9 Zum Begriff der neuronalen Plastizität

Der Mensch als komplexes, vielzelliges Biowesen bedarf zur Kontrolle seiner vitalen Funktionen eines Kommunikationsnetzes, das lebenswichtige Informationen über die Außen- und Innenzustände des Organismus an die einzelnen hochspezialisierten organgebundenen Zellen weiterleitet. Der Mensch hat mehrere solcher Kommunikationssysteme, z. B. das Blutkreislaufsystem, das Nahrung und Sauerstoff an einzelne Organstrukturen heranbringt, oder das Immunsystem, das Abwehrfunktionen wahrnimmt und den Organismus vor Fremdstrukturen schützt. Als Informationssysteme im engeren Sinne fungieren beispielsweise das Hormonsystem und in komplexester und übergeordneter Form das Nervensystem. Neben der Funktion, innere und äußere Veränderungen zu erkennen und weiterzuleiten, hat das Nervensystem noch eine dritte Funktion, nämlich Stimuli zu deuten, die aus der Umgebung an es herangetragen werden, wodurch das Verhalten des Gesamtorganismus entsprechend angepaßt werden kann. Das Zentralnervensystem kann daher als Kontroll- und Deutungszentrum verstanden werden.

Das Nervensystem wird grundsätzlich in ein zentrales und ein peripheres eingeteilt. Das zentrale Nervensystem oder ZNS besteht aus den beiden cerebralen Hemisphären, dem Kleinhirn, dem Gehirnstamm und dem Rückenmark. Das periphere Nervensystem besteht aus den efferenten und afferenten Nervenbahnen.

Eine andere Einteilung, je nach der willentlichen Kontrollmöglichkeit, ist die in ein sensomotorisches Nervensystem (willkürliches Nervensystem) und ein autonomes (unwillkürliches) Nervensystem. Das autonome System kontrolliert beispielsweise vitale Funktionen wie den Herzschlag. Teile von Steuerzentren dieses Systems liegen auch außerhalb des zentralen Nervensystems (z. B. in unterschiedlichen Ganglien).

Unterschiedliche Phasen der Entwicklung des ZNS werden beschrieben.

- Induktionsphase mit Anregung der Zellbildung (Neuralplatte) in der 3. bis 6. Schwangerschaftswoche

- Proliferationsphase: Vermehrung der Zellen und Verdickung der Wand des Neuralrohres im 2. bis 6. Lunarmonat.

- Migrationsphase: Es kommt zu Wanderungsprozessen der Nervenzellen und damit zur Ausbildung der Schichtstruktur des ZNS (3. bis 6. Lunarmonat).

- Organisationsphase: Ausbildung eines Netzwerks interneuronaler Verbindungen (ab dem 6. Lunarmonat).

- Myelinisation: Ausbildung der Nervenhüllen (Myelinscheiden) etwa ab dem 4. Lunarmonat bis ins Erwachsenenalter.

Die kleinste Funktions- und Struktureinheit des Gehirns ist das Neuron. Es besteht aus dem Zellkörper und den Fortsätzen. Dendriten sind afferente Fortsätze, der

Neurit ist ein efferenter langer und wenig verzweigter Fortsatz zur Impulsweiterleitung (Axon). Die Erregungsleitung entlang eines Neuriten erfolgt elektrisch. Die Erregungsübertragung am Ende des Neuriten zum nächsten Neuron oder zum Effektororgan (z. B. Muskelzelle) geschieht auf elektrochemischem Wege. Die Übergangsstelle zum nächsten Neuron nennt man Synapse. Aufgrund von Erregungsimpulsen wird im präsynaptischen Anteil des Neuriten eine bestimmte Transmittersubstanz freigesetzt, die den synaptischen Spalt überwindet und an der postsynaptischen Membran (z. B. dem Dendriten des nächsten Neurons) über bestimmte Rezeptorstrukturen biochemische Veränderungen hervorrufen kann. Kommt es im Folgeneuron zur Überschreitung eines elektrochemischen Schwellenwertes, so erfolgt die Exzitation dieses Neurons, das schließlich die Erregung weiterleitet.

Strukturelle Gegebenheiten des Gehirns im Sinne neuronaler Vernetzungen und Verschaltungen bilden die biologische Matrix der Kindesentwicklung. Die biologischen Funktionskreise des ZNS stellen eine notwendige Voraussetzung zur Ausbildung von Verhaltens- und Gedächtnisstrukturen, Wahrnehmungs- und Denkvorgängen, Objekt- und Selbstrepräsentanzen dar. Genetische Vorbedingungen des Menschen können nur über die Formierung von biologischen Strukturen verstanden werden. Die Ausbildung vielfältiger Nervenverflechtungen und synaptischer Verknüpfungen ist eng mit einer gewissen Stimulation durch Umweltreize verbunden. Zur Theorie der Entwicklung neuronaler Netzwerke unter Stimulationsbedingungen siehe Kap. 1.11.

Wir können davon ausgehen, daß es cerebrale Strukturentwicklungen unabhängig von Umwelteinwirkungen lediglich als Folge der Geninstruktion gibt. Weiters sind Vernetzungen wahrscheinlich, für die eine Geninstruktion maßgeblich ist, die sich jedoch nur dort manifestiert, wo entsprechende Umweltreize wirksam werden. Weiters sind Verflechtungen und Aussprossungen zu postulieren, die primär durch Umweltreize angestoßen werden, und schließlich mag es Aussprossungen geben, die sich rein zufällig entwickeln und bei mangelnder Inbetriebnahme wieder rückentwickelt werden.

Die neurologischen Mechanismen, die für die Analyse von Sinneswahrnehmungen verantwortlich sind, eine Gedächtnisspeicherung ermöglichen und dem Aufbau von affektlogischen Sinnstrukturen im Sinne von Repräsentanzen zugrunde liegen, sind von enormer Komplexität. Die Analyse der Außenwelt-Informationen, die durch die Sinnesorgane geliefert werden, umfaßt eine Interaktion zwischen diesen sinnesvermittelten Informationen und anderen Informationen, die das Gehirn selbst erzeugt. Nach Laszlo (1994) gibt es im Gehirn mehr bereits vorgeformte Informationen als jene, die es von außen erreichen.

Alles, was wir als Erfahrungsbestände speichern, muß in einer Art „Engramm" im Gehirn strukturell festgehalten werden. Nach Eccles (1979) können wir davon ausgehen, daß Langzeiterinnerungen in den neuronalen Verknüpfungen des Gehirns kodiert sind. Es besteht die Vermutung, daß als strukturelle Basis des Gedächtnisses eine Modifikation funktioneller Verbindungen zwischen den Nervenzellen anzusehen ist. In diesem Zusammenhang sind die Netzwerktheorien zu nennen, wobei Gerald Edelman (1993) eine der bekanntesten neuronalen Netzwerktheorien entwickelte. Netzwerktheorien gehen davon aus, daß die Neuronen des Gehirns als Konstituenten funktioneller Einheiten von Zellverbänden anzusehen sind. Edelman erklärt psychische Funktionen auf der Basis von Neuronengruppen, die zwischen hundert und einer Million Zellen umfassen. Jede dieser Gruppen reagiert als Einheit auf ihnen übermittelte Signale. Bestimmte Signale wählen bestimmte Neuronengruppen aus, und so scheint es, daß unterschiedliche Gruppen im Hinblick auf ihre Aktivierung miteinander konkurrieren, so daß Edelman seine Theorie „*Neuronaler Darwinismus*" bezeichnet hat.

Basisneuronengruppen stellen das „primäre Repertoire" des Gehirns dar. Diese sind genetisch kodiert und in ihrer Struktur angeboren festgelegt. Nach Edelman (1993) wird eine einmal aktivierte Gruppe aus dem primären Repertoire häufiger als andere Gruppen von denselben oder ähnlichen Signalen wieder aktiviert (sozusagen ausgewählt). Dadurch kommt es zur fortschreitenden Bildung von Teilgruppen, die untereinander enger vernetzt sind als andere Gruppen des primären Repertoires, wobei diese besonders eng vernetzten Teilgruppen das „sekundäre Repertoire" des Gehirns darstellen. Weil solche Neuronengruppen auf bestimmte Signale deutlicher reagieren als auf andere, bestimmt ihr selektiver Konkurrenzkampf (eine Gruppe verstärkt ihre Vernetzung durch Aktivität, eine andere bildet sich zurück und ihre Neuronen werden von anderen Gruppen rekrutiert) die Ausbildung von funktionellen Netzwerken als Grundlage psychischer Strukturen. Eintreffende Signale führen auf diese Weise zur Auswahl von bereits vorgegebenen Neuronengruppen, und es können unter dem Druck von Umweltsignalen unterschiedliche Gruppen zu Konfigurationen höherer Ordnung zusammenwachsen. Die Mechanismen der Auswahl durch spezifische Signale und der Gruppenbildung von Neuronen aufgrund von Umweltreizen stellen die Basis für kognitive Fähigkeiten des Menschen dar.

Neuronale Netzwerktheorien versuchen auf diese Weise die Gedächtnisfunktionen und Lernfunktionen des Gehirns zu erklären. Das primäre Repertoire bildet die genetisch kodierte Grundstruktur des Gehirns, das sekundäre Repertoire zeigt schließlich die Lernfähigkeit an, da es ja aufgrund der Umweltsignale aus dem primären Repertoire entsteht. Das Gehirn ist dabei nach Laszlo (1994) nicht wie eine passive Kamera zu sehen, es registriert erhaltene Informationen nicht lediglich, sondern erzeugt die Phänomene, die es erkennt und wiedererkennt mit. Das Gehirn ist damit eher ein Interpretationssystem, das integrativ ganzheitlich Information schafft und verarbeitet. Eine solche Sichtweise der Funktionsabläufe im Gehirn ist mit den Entwicklungsregeln psychischer Strukturen in Form der Assimilation und Akkommodation kompatibel. Das Gehirn ist also weder ein passives System, „das der Außenwelt gegenüber so offen ist, daß seine Eigenstruktur bei Wahrnehmungs- und Denkvorgängen unberücksichtigt bliebe, noch ist es ein so geschlossenes System, daß nur die „intern" geleistete Arbeit ins Bewußtsein dringen würde. Es ist vielmehr lebender Teil eines lebenden Systems, das die Beziehungen zwischen System und Außenwelt ständig überwacht und reguliert." (Laszlo, 1994, S. 56).

Daß das seelische Leben und die Entwicklung der psychischen Struktur durch das Gehirn und seine Funktion grundlegend beeinflußt wird, dafür gibt es ja im Allgemeinverständnis keine Zweifel. Veränderungen der Hirnfunktion durch Entzündungen, Tumoren, berauschende Toxine oder Alterungsprozesse haben erkennbare Auswirkungen auf Verhalten und Erleben, wie die Wissenschaft seit Jahrzehnten immer wieder belegt. Wie aber können seelische Prozesse, differenzierte Gefühle, Betroffenheit in der Interaktion — also Innenwelten — sich denn körperlich auf neuronaler Ebene auswirken? Diese Frage bleibt auch weiterhin unbeantwortet. Wir müssen uns damit behelfen, neuronale Aktivitätsmuster, die wir parallel zu psychischen Phänomenen feststellen, als notwendige Biosubstrate und -korrelate des Erlebens zu sehen. Seelenleben ist damit an die — ausreichende — Funktionstüchtigkeit des neuronalen Zellapparatesystems gebunden. Das Gehirn hat in bezug auf die seelische Entwicklung des Menschen Priorität, es ist die notwendige biologische Voraussetzung für die Entwicklung psychischer Strukturen. In diesem Zusammenhang erweist sich der Begriff der *neuronalen Plastizität* als wertvoll. Er besagt, daß in gewissem Ausmaß seelisches Erleben auf die cerebralen Funktionen und schließlich die strukturelle Ausgestaltung des Gehirns im Entwicklungsprozeß Einfluß nehmen kann. Das Konzept der neuronalen Netzwerke beruft sich bei der Ausbildung des sekundären Repertoires ganz grundsätzlich auf das Prinzip der neuronalen Plastizität.

Im folgenden soll eine Skizze präsentiert werden, die von Post (1992) in die psychiatrische Literatur eingeführt wurde und als Möglichkeit einer neuronalen Beeinflussungskette auf der Ebene der Zelle selbst gelten könnte (s. Abb. 1.6).

Unter dem Eindruck besonders starker Außenreize bleiben manche neuronalen Netzstrukturen auf hohem Erregungsniveau. Durch intensive und repetitive Erregung des einen (präsynaptischen) Neurons wird immer wieder der postsynaptische Rezeptor des Folgeneurons durch Neurotransmitter aktiviert. In diesem Folgeneuron kommt es aufgrund der Rezeptoraktivierung zur Aktivierung sogenannter *second messenger Systeme*, also intrazellulärer Botensysteme, die als Ausdruck der Erregung von seiten des präsynaptischen Neurons in der Zelle Wirkungen entfalten. Es kommt zur Bildung von zyklischem Adenosinmonophosphat (C-AMP), welches wiederum intrazelluläre Enzyme (z. B. Proteinkinasen wie Proteinkinase C) aktiviert. Untersuchungen an der Meeresschnecke (Aplysia) haben ergeben, daß solche Proteinkinasen an der Nervenzelloberfläche, wo es Kanäle für Kaliumionen gibt, an kanalbildende Proteine Phosphatgruppen anhängen können. Diese Kaliumkanäle werden durch die Phosphorilierung weniger durchlässig für Kaliumionen, was Folgen für die neuronale Funktionsfähigkeit hat. Wird also das Neuron wiederholt durch eine vorgeschaltete Nervenzelle gereizt, dann wird das Aktionspotential der beobachteten Zelle verlängert, so daß dieses in verstärkter Wei-

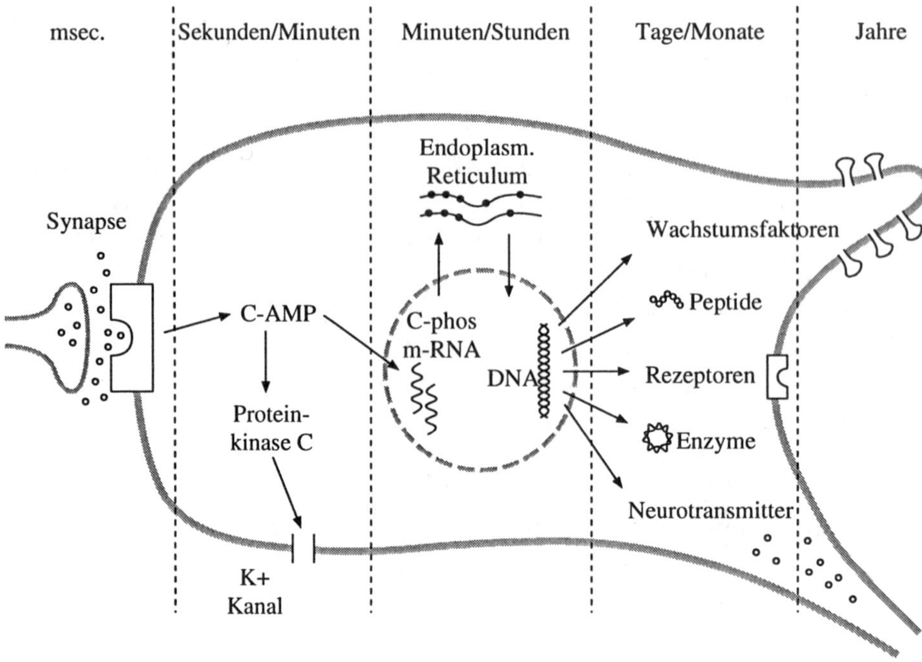

Abbildung 1.6: Neuronale Mechanismen der kurz- und langfristigen synaptischen Veränderungen (modifiziert nach Post, 1992)

se die Anregung weiterleitet und damit die Informationsübermittlung verdeutlicht und verbessert wird. Wenn das Schneckenneuron wiederholt Impulse von anderen Nerven erhält, werden die Kaliumkanäle durch die intrazellulären Proteinkinasen phosphoriliert und dadurch verschlossen. Dieser Vorgang bedingt, daß das Aktionspotential in der beobachteten Zelle verlängert wird und dieses eine intensivere Weiterleitung betreibt, wodurch die Biokommunikation mit der nachgeschalteten Zelle forciert wird. Auf diese Weise kann ein Neuron „lernen", stärker auf den Reiz zu reagieren, wenn er wiederholt auftritt.

Schließlich können durch solche second messenger Systeme weitere Botensysteme angeregt werden. So gibt es ein *tertiäres messenger System*, das Minuten bis Stunden nach der Erregung seine Wirkungen entfaltet: im Zellkern kommt es zur Induktion von Transkriptionsfaktoren und zwar in Form von — aus der DNA des Genoms im Zellkern abgeschriebenen — messenger RNA-Ketten (wie z. B. der Kette C-phos). Diese messenger RNA-Kette C-phos bildet wiederum Agglomerate, Dimere, und lagert sich an andere Transkriptionsfaktoren an (wird also im endoplasmatischen Retikulum noch transformiert). Schließlich dringen solche Transkriptionsfaktoren wiederum in den Zellkern ein und lagern sich an die DNA der Gensubstanz an, wodurch die Produktion von messenger RNA zur Erzeugung von Peptiden, Enzymen und Neurotransmittern direkt beeinflußt werden kann. Dadurch kann es in dem beobachteten Neuron zu einer Veränderung des Gleichgewichtes verschiedener Neurotransmitter und Neurohormonsysteme kommen. Die veränderten Syntheseleistungen bezüglich Neuropeptiden, Neurotransmittern oder neuronalen Wachstumsfaktoren (nerve growth factor) im Neuron werden als sogenanntes *viertes messenger System* mit einem Wirkzeitraum von Tagen bis Monaten angesehen. Aufgrund dieses vierten messenger Systems kann es durch funktionelle Veränderungen der Vernetzung zu anatomischen Strukturänderungen des Gehirns im Sinne einer Veränderung neuronaler Aussprossungen bis hin zu Umgestaltungen ganzer neuronaler Netzwerke kommen. Auch bleibende Veränderungen der Körperfunktion über hormonelle Faktoren und nicht zuletzt Veränderungen der körperlichen Abwehrkräfte durch neuronale Beeinflussung des Immungewebes können eine Folge darstellen.

Solche sequentiellen anatomischen Veränderungen wären dann als *fünfte Stufe* des messenger Systems mit der Auswirkung auf Jahre hinaus anzusehen. Während also die Rezeptorreaktion auf den Transmitter in Millisekunden erfolgt, sind Veränderungen des second messenger Systems im Minutenbereich darstellbar. Die Bildung transkriptionaler Faktoren ist im Minuten- bis Stundenbereich gelegen, Veränderungen im Transmitter-, Enzym- und Peptidbereich dauern Tage bis Monate an und anatomische Modifikationen sind die letzte Folge. Auf diese Weise ist es vorstellbar, daß neuronale Vernetzungen je nach Aktivitätsmustern, die wiederum von Erlebnisfaktoren abhängig sind, anatomische Festschreibungen erfahren können. Protrahierte Aktivierungen bestimmter Regelkreise, die mit spezifischen Erlebnisformen einhergehen, können auf diese Weise eine intensive Aktivierung der zellulären Übertragung bewirken, so daß es dann über die beschriebenen Schritte in unterschiedlichen Zeitenfolgen zu anatomischen Veränderungen des Gehirns kommt. Wie stark genetische Faktoren diese Prozesse mitbeeinflussen, ist derzeit Gegenstand intensiver Forschungsbemühungen. Eine differenzierte entwicklungspsychopathologische Sicht darf niemals die funktionellen und strukturellen Voraussetzungen des Erlebens in Gehirn und Nervensystem vernachlässigen, da sie sonst nicht zu einer realistischen Bewertung der aktuellen Disposition im Anpassungsprozeß vordringen kann.

1.10 Evolutionsbiologische Perspektive

Eine evolutionsbiologische Perspektive von psychopathologischen Symptomen geht von der These aus, daß bestimmte neurobehaviorale Systeme des Menschen im Laufe der Phylogenese zwar entsprechende Überlebensvorteile boten, aber auch gleichzeitig damit verbundene Vulnerabilitäten tradiert haben könnten. Auf diese Weise wird ganz entschieden einem eugenischen Konzept entgegengetreten — das davon ausgeht, psychische Vulnerabilitäten durch Genmanipulation

Ursache	*Störung*
Defekt von neurobehavioralen Systemen	mentale Retardation, Teilleistungsstörungen, tiefgreifende Entwicklungsstörungen, Autismus, Schizophrenie?
Dysregulation von neurobehavioralen Systemen	Angststörungen, Zwangssyndrome, andere emotionale Störungen
Kooptierung von neurobehavioralen Systemen	Substanzmißbrauch
Dysfunktionalität von Verhaltensmustern im aktuellen Kontext vs. Funktionalität in anderen Kontexten	Aufmerksamkeitsstörung, Hyperkinese
Heterosis oder Heterozygoter Entwicklungsvorteil	Schizophrenie? Bipolare affektive Störung?

Tabelle 1.6: Evolutionäre Mechanismen (modif. nach Leckman & Mayes, 1998)

vielleicht einmal therapeutisch günstig beeinflussen zu können bzw. vulnerabilitätstragende Gene durch Eingriffe in die Keimbahn des Menschen nachhaltig zu verändern — weil nämlich die Eliminierung von Vulnerabilitäten für bestimmte psychopathologische Zustände ganz massiv mit speziesspezifischen Erkenntnis- und Verhaltensweisen interferieren müßte, welche sich evolutionär als überlebenswichtig herauskristallisiert haben (Leckman & Mayes, 1998). Mehrere Möglichkeiten der Entstehung von Symptomen sind in Tab. 1.6 angeführt. Psychopathologische Zustände können die Folge einer Störung der Entwicklung von umschriebenen neurobehavioralen Systemen sein (z. B. mentale Retardation oder Autismus). Genetische Mechanismen könnten dabei insofern eine Rolle spielen, als durch Mutationen oder epigenetische Einflüsse die Entwicklung von normalen Verhaltens- und Erlebensmustern schon auf neuraler Basis gestört würde. So gibt es beispielsweise die Hypothese, daß bei manchen autistischen Kindern die Neuronenkerne des Facialisnervs bilateral beeinträchtigt sind, so daß eine Neuronenreduktion vorliegt (Rodier et al., 1996). Wenn man bedenkt, wie wichtig der Facialisnerv für die Expression von Affekten ist und daß Autismus durch Störungen des Dekodierens von Affekten gekennzeichnet ist, wird deutlich, daß psychiatrische Syndrome in komplexer Weise als Folge organbiologisch beeinträchtigter Anpassungsprozesse entstehen könnten.

Andere Symptome (z. B. Angst) wären als Ausdruck einer überschießenden Reagibilität von wichtigen neurobehavioralen Systemen (z. B. affektiven Alarmreaktionen) interpretierbar; solch eine erhöhte Reagibilität kann sich aufgrund der hohen Plastizität affektbezogener Systeme ergeben.

Drogen können mit neurobehavioralen Systemen interferieren, weil sie endo-

Stress: Störung neuro-humoraler Regelkreise durch Abweichung der aktuellen von den bisherigen oder erwarteten Entwicklungsbedingungen: dadurch kommt es zu vermehrter Ausschüttung von Neurotransmittern und Neuromodulatoren (wie z. B. Corticotropin-Releasing-Faktor, Katecholaminen, Serotonin, Vasopressin u. a.) sowie zur Aktivierung des peripheren sympathischen adrenomedullären (SAM) Systems sowie des hypothalamo-hypophysär-adrenocortikalen (HPA) Systems mit Ausschüttung von Corticoidhormonen. Die Stressantwort ist Teil einer emotionalen Reaktion (s. Kap. 4.4) im Sinne einer Alarmierung des Individuums. Stressoren führen zu emotionalen Veränderungen, die als Aktivierungsprozesse Einflüsse auf die Genexpression von Neuronen und die Produktion von Wachstumsfaktoren nehmen (s. Kap. 1.9). Je nach Kontrollierbarkeit des Stressors kommt es zur Stabilisierung (Eu-Stress = kontrollierbarer Stress) oder Löschung (Distress = unkontrollierbarer Stress) von neurobehavioralen Verhaltensprogrammen.

Abbildung 1.7: Stress und Stressregulation

gene Signalträger (z. B. Endorphine) imitieren, und so exogene Einflüsse auf innere Regulationssysteme ausüben, Abhängigkeiten und Suchtmechanismen könnten so eine Erklärung auf neuraler Basis finden.

Bestimmte Verhaltensmuster wiederum (z. B. Hyperkinese) mögen in der Evolution durch eine erhöhte Reaktionsbereitschaft unter unsicheren, gefahrvollen Lebensbedingungen gute Anpassungschancen bewirkt haben, in komplexen kulturellen Umwelten jedoch als Störung imponieren.

Heterosis bedeutet „heterozygote Entwicklungsvorteile“, wenn z. B. — wie bei der Sichelzellanämie — ein entsprechendes Allel vorliegt, wäre dies von besonderen Entwicklungsvorteilen geprägt (z. B. Resistenz gegen Malaria), während zwei entsprechende Allele Krankheit oder Störungen nach sich zögen (z. B. Hämolyse). Auch für psychische Störungen wurde dieses Konzept wiederholt diskutiert, für Schizophrenie beispielsweise von Crow (1995, 1997).

1.11 Stress und Stressverarbeitung

Wir gehen davon aus, daß die innere Repräsentation der äußeren Welt als Information in unterschiedlichen Aktivitätsmustern neuronaler Netzwerke abgebildet ist. Je häufiger ein bestimmtes neuronales Aktivierungsmuster auftritt, desto dauerhafter würde die innere Repräsentation (Perry et al., 1998). Je stärker die Aktivierung eines neuronalen Netzwerks, desto stärker die gebrauchsabhängige Internalisierung der Information.

Da die Gehirnentwicklung beim Kind in sequentieller und hierarchischer Weise verläuft, müssen wir davon ausgehen, daß in verschiedenen Phasen des Kindesalters verschiedene Bereiche besonders intensiv in Vernetzung begriffen sind. So müssen bei der Geburt z. B. die Stammhirnbereiche, die für die Regulierung des Herz-Kreislaufsystems und der Atmungsfunktion verantwortlich sind, bereits voll funktionstüchtig sein, damit der Säugling überhaupt überleben kann. Im Gegensatz dazu dauert es Jahre, bis die Kortexbereiche, die für die abstrakte Wahrnehmung zuständig sind, ihre volle Funktionstüchtigkeit erreicht haben, sie sind bei der Geburt noch in intensiver Entwicklung begriffen. Daraus kann man ableiten, daß in unterschiedlichen Zeiträumen unterschiedliche Bereiche des zentralen Nervensystems unterschiedlich sensibel auf günstige oder ungünstige Umwelteinflüsse reagieren (Perry et al., 1998; Nelson & Bloom, 1997). Unter der Annahme der neuronalen Plastizität könnten Anomalien oder Defizite der Reifungsentwicklung des Gehirns auch auf einen Mangel an sensorischen Erlebnissen während kritischer Phasen oder auf atypische oder abnorme Aktivierungsmuster infolge extremer Erfahrungen zurückzuführen sein. Nach Perry et al. (1998) ist der Mangel an kritischen Erfahrungen während der Entwicklung möglicherweise einer der destruktivsten und noch viel zu wenig verstandene Aspekt der Kindesmißhandlung. Eine emotionale Vernachlässigung im Säuglings- und Kindesalter könnte irreversible Veränderungen von neuronalen Netzwerken bewirken und so eine organische Festschreibung von traumatischen Erfahrungen vornehmen. Kinder in ungünstigen Umwelten, die unter Mißhandlung und Vernachlässigung leiden, haben oft nicht nur das Fehlen spezifischer sensorischer Erfahrungen zu verkraften, sondern müssen auch extreme emotionale Erfahrungen in Kauf nehmen, die mit spezifischen Mustern der Überaktivierung einhergehen können.

Stresserlebnisse können im Tierversuch geradezu zerstörerische Einflüsse auf emotionsrelevante Hirnstrukturen ausüben. Beim Kind wird einerseits ein *Übererregungskontinuum* beschrieben, das Kampf-Flucht-Reaktionen nach sich zieht, weiters wird ein *Dissoziationskontinuum* angegeben, das als Erstarrungs- und Ergebungsreaktion im Sinne einer Kapitulation vor einer übermächtigen Bedrohung zu verstehen ist. Die zu Kampf-Flucht-Verhaltensweisen führende Übererregung könnte Hyperaktivität, Impulsivität und verstärkte Angstreaktionen nach sich ziehen. Dissoziative Reaktionen führen zu einer vorübergehenden Distanzierung von äußeren Reizen (siehe Abwehrmechanismen) und haben eine Konzentration auf die Innenwelt zur Folge. Während die Kampf-Flucht-Reaktion mit einer Erhöhung des zirkulierenden Adrenalins und der damit zusammenhängenden Stress-Steroide einhergeht, scheint in der Dissoziation der Vagotonus dramatisch anzusteigen, auch dopaminerge Systeme der mesolimbischen und mesokortikalen Hirnbereiche scheinen eine Rolle zu spielen. Die Neurobiologie des Dissoziationskontinuums scheint der Kapitulation im Tierreich zu entsprechen.

Zwei frontal-subkortikale Regelkreise können als neurobehaviorale Systeme angesehen werden. Dem lateralen orbitofrontalen Regelkreis werden am ehesten Irritabilität und Enthemmungsverhalten, d. h. externalisierende Verhaltensmuster, zugeordnet. Der anteriore cinguläre Regelkreis scheint mit Initiativlosigkeit, Zwanghaftigkeit und Traurigkeit, also internalisierenden Verhaltensweisen in Zusammenhang zu stehen (Cummings, 1993).

Von Gray wurden bereits 1982 *behaviorale Inhibition* und *behaviorale Aktivierung* beschrieben, die beiden Systeme seien mutuell inhibitorisch. Das behavioral inhibitorische System wäre durch eine erhöhte Sensitivität für Bestrafung, für Nichtbelohnung, für Neuheit und Angststimulatoren gekennzeichnet. Neuroanatomisch wird das System mit der Amygdala, dem orbitofrontalen Kortex, medialseptalen Arealen und dem Hippocampus in Verbindung gebracht. Das behaviorale Aktivierungssystem ist durch eine erhöhte Sensitivität für Belohnung gekennzeichnet. Es definiert sich durch Aktivierung, antizipatorisches Interesse, Suche nach Neuem und exploratives Verhalten. Das Aktivierungssystem ist ein selbststimulatorisches System, das neuroanatomisch mit dem medialen Vorderhirnbündel und dem lateralen Hypothalamus in Verbindung gebracht wird (Übersicht bei Rothbart et al., 1995).

Hüther (1996) unterscheidet zwei Konsequenzen der Aktivierung stresssensitiver Systeme im Zuge psychischer Herausforderungen bzw. Belastungen. So scheint es, daß kontrollierbare Stressreaktionen, die mit einer kurzzeitigen Aktivierung kortikaler und limbischer Hirnstrukturen und einer Stimulation des zentralen und peripheren noradrenergen Systems einhergehen, die Abgabe neurotropher Faktoren noch stimulieren und letztlich eine plastische Veränderung durch Modulation von Genexpressionen induzieren. So kommt es zur Stimulation von neuronalen Differenzierungsprozessen mit Vergrößerung der Dendritenbäume und erhöhter Synapsendichte. Wiederholt auftretende kontrollierbare psychosoziale Belastungen könnten so zu einer sukzessiven Stabilisierung und verbesserten Effizienz der involvierten neuronalen Netzwerke und Verbindungen führen. Werden jedoch psychosoziale Belastungen als unkontrollierbare Stressreaktion erlebt, gehen sie mit einer langanhaltenden Aktivierung kortikaler und limbischer Strukturen sowie des zentralen und peripheren noradrenergen Systems einher, daß es schließlich auch zur Aktivierung des HPA-Systems mit Stimulation der Cortisolausschüttung durch die Nebennierenrinde kommt. Solche unkontrollierbaren Belastungen haben weitreichende Konsequenzen für das sich entwickelnde Gehirn. Es kommt zur Antagonisierung katecholaminmodulierter Effekte, zur Hemmung der Bildung von neurotrophen Faktoren und zur Hemmung des Auswachsens von Nervenzellenfortsätzen. Schließlich werden zytotoxische Effekte verstärkt und eine Degeneration von Pyramidenzellen im Hippocampus gefödert. Lern- und Gedächtnisleistungen werden verschlechtert, so daß unkontrollierbarer Stress (Distress) über hohe Spiegel von Glukokortikoiden eher zur Auslöschung von erlernten Verhaltensweisen führt, was die Elimination von solchen Verhaltensweisen bedingen könnte. Die Akquisition neuer Bewertungs- und Bewältigungsstrategien würde durch eine solche vorangehende Destabilisierung und Auslöschung unbrauchbar gewordener Muster ermöglicht (Rothenberger & Hüther, 1997). Auf diese Weise könnte in physiologischem Wechselspiel durch kontrollierte und unkontrollierte Stressreaktionen die Selbstorganisation neuronaler Netzwerke beeinflußt werden. Überschießende langanhaltende unkontrollierbare Stressreaktionen wären jedoch mit einer Destabilisierung und Degeneration neuronaler Netzwerke längerfristig verbunden.

1.12 Funktionelle Grundlagen von Nozizeption und Schmerz

1.12.1 Peripherer Nerv

Die Nozizeptoren („Schmerzempfänger") sind mit Abstand die größte Gruppe von spezialisierten peripheren Rezeptorzellen des somatosensorischen Systems. Dabei handelt es sich um freie Nervenendigungen, die an zahlreichen Stellen im Bindegewebe von Haut und Unterhaut vorkommen, ferner in Muskeln, Knochen, Blutgefäßen und inneren Organen. Die sensorischen Reizimpulse werden zunächst im peripheren Nervensystem über afferente Fasern zum Hinterhorn des Rückenmarks geleitet, und zwar über schnelleitende myelinisierte A-Delta-Fasern (Leitungsgeschwindigkeit 15 m/s) der erste „helle" Schmerz (nach 0.5-1 s) und über unmyelinisierte C-Fasern (Leitungsgeschwindigkeit 1 m/s) der nachfolgende „dumpfe" Schmerz, der länger anhält und weniger gut lokalisierbar ist. Der erste Schmerz führt vorwiegend zu Fluchtreflexen, der zweite eher zu Schonhaltungen. Im Gegensatz zu anderen Rezeptorzellen adaptieren Schmerzrezeptoren bei langandauernder Reizung nicht (tagelange Zahnschmerzen!), da eine andauernde Schädigung sonst schnell in Vergessenheit geriete. Eine Gewebeschädigung führt sogar zu einer erhöhten Empfindlichkeit vieler Nozizeptoren, deren Erregungsschwelle stark von den Umgebungsbedingungen abhängig ist: Über Erniedrigung des pH-Wertes und Freisetzung von biochemischen Botenstoffen wie z. B. Histamin, Bradykinin, Serotonin, Prostaglandinen, Substanz P, Thromboxan und Leukotrienen werden unmyelinisierte C-Fasern sensibilisiert, so daß ihre Reaktionsbereitschaft größer wird. Diese sogenannte „periphere Sensibilisierung" (im Gegensatz zur „zentralen Sensibilisierung", die am Hinterhorn des Rückenmarks stattfindet) führt dazu, daß immer schwächere, auch normalerweise nicht-schmerzhafte Reize als deutlich schmerzhaft empfunden werden (Allodynie, Hyperalgesie).

1.12.2 Hinterhorn des Rückenmarks

Im Hinterhorn des Rückenmarks erfolgt Umschaltung über Rückenmarks-Interneurone auf Projektionsneurone, die die Schmerzimpulse zu höheren ZNS-Strukturen weiterleiten. Die Erregungsübertragung ist ausgesprochen komplex und bezieht diverse Neurotransmitter (z. B. exzitatorisch: Substanz P, Glutamat, inhibitorisch: Endorphine, GABA, beides: Serotonin, Noradrenalin) und Nervenzellverbindungen mit ein. Schon hier ist multiple Modulation der Informationsweiterleitung möglich, sowohl im Sinne einer Erregungsverstärkung (z. B. „wind-up") als auch im Sinne einer Erregungshemmung.

Die Verstärkung der Erregung kann kurzanhaltend sein, z. B. durch verstärkte Aktivierung von Rezeptoren („wind-up") bei anhaltenden noxischen Reizen mit zeitlicher Summation, sie kann jedoch auch länger anhalten und sogar strukturelle Veränderungen zur Folge haben. So kann z. B. veränderte Gen-Expression nicht nur die Neurotransmitter-Produktion, sondern auch die Verbindungen zwischen Nervenzellen verändern, extrasynaptische Ausbreitung von Neurotransmittern kann zu langdauernder Potenzierung („long term potentiation") führen, die wiederum längerfristig Erregbarkeit und Gen-Expression der Neuronen beeinflußt, durch strukturelle Reorganisation kann weiterhin eine „abnormale" Ausbreitung des Schmerzes entstehen, indem ein primär vom Schmerzreiz nicht betroffenes Gebiet durch Miterregung afferenter Fasern ebenfalls überempfindlich wird.

Hemmende Modulation findet vor allem durch absteigende zentrale Bahnen statt, was in der „Gate-Control-Theorie" von Melzack & Wall (1965, 1983) erstmals beschrieben wurde: Bei noxischer Stimulation wird der periphere Impulsstrom durch einen neuronalen hemmenden Mechanismus im Rückenmarks-Hinterhorn („Pain Gate") gesteuert, der unter dem (absteigenden) Einfluß höherer zentralnervöser Instanzen steht. Damit wurde erstmals die Rolle psychisch-mentaler Vermittlungsprozesse bei der Schmerzverarbeitung theoretisch erklärt.

Außerdem findet im Hinterhorn eine Verschaltung der Schmerzimpulse auf Neuronen des somatomotorischen und sympathischen Systems statt, die automatische motorische (Flucht wie z. B. Rückziehreflex) oder vegetative Reaktionen (Vasokonstriktion, Schwitzen, Herzklopfen etc.) auslösen können.

1.12.3 Aufsteigende Bahnen

Die vom Rückenmarks-Hinterhorn aufsteigenden Schmerzbahnen projizieren in verschiedene Hirnareale, die an den wichtigsten Dimensionen der Schmerzwahrnehmung beteiligt sind:

- Der *Tractus spinothalamicus* projiziert über den ventrobasalen Thalamuskern in die somatosensorischen kortikalen Projektionsfelder SI und SII, wo jede Körperstelle in einer somatotopischen Ordnung an einer bestimmten Stelle der Hirnrinde repräsentiert ist. Diese Bahn ermöglicht also die topische Zuordnung, die Ortung von Schmerzreizen und ist mit der *sensorischen Komponente* des Phänomens Schmerz verbunden.

- Der *Tractus spinoreticularis* projiziert ebenfalls in den Thalamus (intralaminäre Kerne), wo die Informationen an viele verschiedene Hirnregionen weitergeleitet werden (Verteilerfunktion des Thalamus), so z. B. zum limbischen System, das als „Zentrum der Gefühle" vermutlich das physiologische Substrat der emotional-affektiven Komponente des Schmerzerlebens darstellt, und zum Hypothalamus-Hypophysensystem, das zuständig ist für die Regulation des endokrinen Systems, die Ausschüttung von Hormonen und Endorphinen. Der Tractus spinoreticularis trägt zur *affektiven Komponente* des Phänomens Schmerz bei und wird daher auch als „Leidensbahn" („Suffering Pathway") bezeichnet.

- Außerdem projizieren verschiedene andere Bahnen über den Hirnstamm zu Hypothalamus und verschiedenen Teilen des limbischen Systems. Weiterhin werden im Hirnstamm einerseits die eintreffenden Impulse mit der absteigenden Regulation vegetativer Vorgänge (z. B. Atmung, Kreislauf) koordiniert und andererseits das aufsteigende retikuläre Aktivierungssystem (ARAS) aktiviert, das zum Kortex projiziert und Weck- und Aufmerksamkeitsreaktionen auslöst („arousal"). Schmerzen haben im Gegensatz zu häufig neutralen anderen Sinnesreizen einen starken Aktivierungseffekt.

1.12.4 Absteigende Bahnen und endogenes Schmerzkontrollsystem

Im Hirnstamm können die Informationen aus der Peripherie außerdem in bestimmten Kerngebieten (periaquäduktales Höhlengrau, Raphe-Kerne, Locus coeruleus) die absteigende Kontrolle aktivieren, die an Synapsen im Hinterhorn des Rückenmarks die Ausschüttung modulierender Transmitter auslöst (z. B. Serotonin, Noradrenalin, Dopamin, endogene Opioide). Durch dieses Kontrollsystem, welches seinerseits unter dem Einfluß von Kortex und Limbischen System steht, kann die Impulsübertragung der nozizeptiven Informationen in Hinterhorn des Rückenmarks gehemmt werden („gate control"). So wird eine sinnvolle Informationsselektion möglich und ein Überflutetwerden der zentralen Strukturen mit nozizeptiven Informationen verhindert. Gestörte Funktion dieses Hemmsystems führt zu einer Sensibilisierung gegenüber Schmerzempfindungen, was möglicherweise mitbeteiligt ist bei der Entstehung von chronischen Schmerzsyndromen.

Psychischer und physischer Streß, der z. B. durch Schmerzempfindungen oder die Vorstellung von Schmerzen ausgelöst wird, kann zur Ausschüttung und Aktivierung körpereigenener Opioide (Endorphine = „endogenes Morphin") führen. Diese wirken (1) gezielt schmerzhemmend, indem sie an Opioidrezeptoren an verschiedenen Stellen des nozizeptiven System (in der Peripherie und im ZNS) binden, vermitteln (2) eine absteigende Hemmung im Rückenmarks-Hinterhorn (Angriff u. a. am Hinterhorn, Thalamus, periaquäduktalen Grau und anderen Kerngebieten des Hirnstamms, s. o.) und greifen (3) über Bindungsstellen an verschiedenen Stellen des limbischen Systems in die affektiv-kognitive Verarbeitung ein, können darüber z. B. euphorische Gefühle hervorrufen.

Schmerzhemmung kann auf der Ebene des Rückenmarks, des Hirnstamms und des endokrinen Systems induziert werden (Handwerker, 1998):

- Durch Erregung von myelinisierten Afferenzen von Mechanosensoren der Haut wird im Rückenmarks-Hinterhorn die Erregung nozizeptiver Neurone segmental gehemmt. Diese Hemmung ist vermutlich nicht endorphinerg. Sie kann klinisch genutzt werden, z. B. durch leichte (nicht-schmerzhafte) Stimulation der betroffenen Körperregion, z. B. durch Streicheln („Heile, heile Segen ...“) oder elektrische transkutane Nervenstimulation (TENS).

- Durch Erregung nozizeptiver Afferenzen anderer Körperregionen wird nach dem Phänomen der Gegenirritation eine Schmerzhemmung im Hirnstamm vermittelt. Diese Hemmung wird beispielsweise genutzt, wenn durch Auf-die-Knöchel-Beißen ein Schmerz an einer anderen Körperstelle unterdrückt wird. Möglicherweise wirkt auch die Akupunktur über das Phänomen der Gegenirritation.

- Bei starkem körperlichem oder psychischem Streß findet man eine verminderte Schmerzempfindlichkeit. Wahrscheinlich wird neben der (bzw. über die) CRF-ACTH-Glucocorticoid-Achse das endorphinerge System mitaktiviert.

1.12.5 „Kortikales Schmerzzentrum“

Dieser Begriff ist in Anführungsstriche gesetzt, da es kein kortikales Schmerzzentrum gibt. PET-Aufnahmen während schmerzhafter Stimulation bei Freiwilligen zeigten vermehrte Aktivität in vielfältigen kortikalen (sensorischer Kortex, motorischer Kortex, prämotorischer Kortex, andere Bereiche von parietalem und frontalem Kortex, Cingulum, Insula und Okzipitallappen) und subkortikalen Regionen (Thalamus, Putamen, Nucleus caudatus, Hypothalamus, Amygdala, periaquäduktales Grau, Hippocampus, Nucleus ruber, Kleinhirnwurm). Dieses Zusammenwirken von kortikalen und subkortikalen Regionen ermöglicht die Verarbeitung und Bewertung der einströmenden Informationen als „Schmerz“ vor dem Hintergrund individueller Erfahrungen, Kognitionen und Bewältigungsmuster.

Zusammenfassend ist also zu sagen, daß im Gegensatz zu den Sinnesqualitäten Sehen oder Hören in anatomischer und physiologischer Hinsicht kein eigentlicher „Schmerz-Sinn“ besteht: Die Rezeptoren sind über den gesamten Organismus verteilt, afferente Fasern verlaufen in den unterschiedlichsten Bahnen, im Gehirn existiert kein „Schmerzzentrum“, sondern große Teile kortikaler und subkortikaler Regionen sind in die Schmerzverarbeitung involviert (Mühlig, 1997).

1.12.6 Neuroplastizität und Schmerzgedächtnis

Wie oben beschrieben, ist das schmerzverarbeitende System auf verschiedenen Ebenen in der Lage, auf sensorische Erfahrungen mit Veränderungen von Strukturen und Funktionen zu reagieren (Zimmermann, 1993). Diese Fähigkeit auch zu dauerhaften Veränderungen wird als Neuroplastizität bezeichnet (s. Kap. 1.9). Sie kann z. B. auf Rückenmarksebene als „wind-up“ auftreten (s. o.). Im Zentralnervensystem konnten nach längerdauernder noxischer Stimulation ebenfalls langfristige physiologische und biochemische Veränderungen nachgewiesen werden z. B. in Form langfristiger Erregbarkeitssteigerungen, die in Form eines „Schmerz-Engramms“ (Gedächtnisspur für Schmerz) wirksam werden. Dabei kann es im Kortex zu einer „Kortikalisierung des Schmerzes“ kommen, d. h. Schmerzen können durch repetitive kortikale Speicherung auch ohne peripheren Input entstehen (Flor et al., 1995). Chronischer Schmerz führt außerdem in Tierexperimenten zur vermehrten Ausprägung von Proto-Onkogenen wie c-fos als „third messenger“ in Rückenmark, Hirnstamm, Thalamus und Kortex (Anand et al., 1997). Verschiedene biochemische Stoffe, wie Steroidhormone, Zytokine, trophische Faktoren, Arachidonsäuremetaboliten und NO sind wahrscheinlich an neuroplastischen Veränderungen im nozizeptiven System beteiligt (Zieglgänsberger & Tölle, 1993).

KAPITEL 2

Der diagnostische Prozeß

2.1 Zum Krankheitsbegriff in der Entwicklungspsychopathologie

Ausgehend von der Definition der Kinder- und Jugendpsychiatrie als Anwendungswissenschaft stößt man sehr rasch zur normativen Frage vor: Was ist Gegenstand der Forschungsbemühungen und des therapeutischen Handelns?

Epidemiologische Studien zeigen, daß psychische Störungen und Erkrankungen im Kindes- und Jugendalter bis zum 18. Lebensjahr bei etwa 7% bis 15% der Individuen auftreten (Remschmidt, 1995). Aber wonach sind die Begriffe psychische Störung oder Krankheit definiert? Zur tiefergehenden Auseinandersetzung mit der Frage von psychischer Normalität und Krankheit sei auf Scharfetter (1991) verwiesen.

Grundsätzlich stellt sich die Frage, ob eine seelische Störung als statistische Abweichung in Verhaltensparametern von einer gegebenen oder festgesetzten Norm operationalisierbar ist. Im Versuch, die klinische Diagnostik zu objektivieren, hat man gerade im kinder- und jugendpsychiatrischen Bereich begonnen, Auffälligkeiten im Verhalten zur Grundlage von Definitionen psychischer Störungen zu machen. Dies nicht zuletzt deswegen, weil die Einsichtsfähigkeit in die Symptomatik und ihre Auswirkungen bei Kindern und Jugendlichen anders betrachtet wird als im Erwachsenenalter. Dem wiederum ist entgegenzuhalten, daß auch Kinder auf ihre Weise zur Introspektion fähig sind und über Befindlichkeit und Motive Auskunft geben können.

Nach Remschmidt (1995) können wir folgenden Krankheitsbegriff für die Kinder- und Jugendpsychiatrie übernehmen: „Als kinder- und jugendpsychiatrische Erkrankung bezeichnen wir einen Zustand unwillkürlich gestörter Lebensfunktionen, der durch Beginn, Verlauf und gegebenenfalls auch Ende eine zeitliche Dimension aufweist und ein Kind oder einen Jugendlichen entscheidend daran hindert, an den alterstypischen Lebensvollzügen aktiv teilzunehmen und diese zu bewältigen" (S. 5).

Wir sehen, daß diese allgemeine Formulierung erst im Hinblick auf den Einzelfall spezifiziert werden muß. Psychische Krankheit definiert sich dabei eben nicht durch das „Anderssein" eines Menschen, sondern durch die Entwicklungsbeeinträchtigungen und Einschränkungen der aktiven Teilnahme an den alterstypischen Lebensvollzügen, die Ausdruck und Folge gestörter Lebensfunktionen sind.

Egal ob körperliche, seelische oder soziale Risikofaktoren wirksam sind, muß letztlich eine psychopathologisch definierbare, also aus Symptomen aufgebaute Störung vorliegen, damit der Kinder- und Jugendpsychiater tätig werden kann und soll. Wie im weiteren noch zu erklären sein wird, kann sich die Psychopathologie aber nicht auf reine Verhaltensbeschreibungen beschränken, sondern muß auch Erkenntnisse über subjektive Wahrnehmungs- und Erlebnisqualitäten des Betroffenen einschließen.

Vor einer Ausweitung des Krankheitsbegriffes auf Kinder unter Risikobedingungen, beispielsweise mit sozialen Schwierigkeiten und Lebensproblemen, muß ausdrücklich gewarnt werden. Wenn auch die Prophylaxe, d. h. die Verhinderung seelischer Störungen und Krankheiten unser vordringliches Ziel sein muß, ist es nicht ratsam, Kinder mit Entwicklungsrisiken prinzipiell einem medizinischen Krankheitsbegriff zu unterstellen. Die Gefahr einer Pathologisierung von gesunden Bewältigungs- und Verarbeitungsprozessen könnte die Folge sein. Zur Erreichung des Ziels einer Prophylaxe müßte eine intensive Zusammenarbeit von allen Verantwortlichen der Jugendhilfe, der Kindergärten, Lehrern und Pädagogen mit Kinder- und Jugendpsychiatern angestrebt werden. Das medizinische Wissen um die Pathogenese psychischer Störungen könnte somit beitragen, schon im Vorfeld, solange Kinder noch nicht psychisch geschädigt oder krank sind, durch psychosoziale und pädagogische Maßnahmen einer drohenden seelischen Störung entgegenzuwirken.

Grundlage des Erkennens einer psychischen Störung bildet das Wissen der Psychopathologie. Psychopathologische Symptome sind aber wiederum nicht schlechthin krankhaft, sondern nur im Kontext von Anpassung und Entwicklung zu interpretieren. Das macht die Unterscheidung zwischen „krank“ und „nicht krank“ manchmal schwierig. Während es kein Problem ist, einen jugendlichen Schizophrenen mit halluzinatorischen Erlebnissen und einem Wahnsyndrom als krank zu sehen, kann die Frage einer psychischen Störung bei einem Kind, dessen Selbstvertrauen durch eine Legasthenie und daraus folgende Schulprobleme Einbußen erlitten hat, nurmehr unter Berücksichtigung des gesamten Wissens um das Kind, seine Lebensbedingungen, alterstypischen Aktivitäten und Veränderungen des Verhaltens im Alltag in abwägender und differenzierender Weise beantwortet werden.

Wir müssen davon ausgehen, daß unsere kinder- und jugendpsychiatrischen Krankheitseinheiten Konstrukte sind, die uns fälschlicherweise eine Einheitlichkeit bezüglich Verursachung und Pathogenese nahelegen. Bisher haben sich aber bei den meisten nosologischen Einheiten nur pathogenetische Teilstrecken erhellen lassen. Eine medizinische Fundierung unserer Krankheitseinheiten steht derzeit noch aus. Nosologische Konstrukte sind übergeordnete Einheiten, die sich wiederum aus Syndromen, d. h. regelhaft gemeinsam auftretenden Symptomkonstellationen, Symptomgruppen und Einzelsymptomen aufbauen. Tab. 2.1 gibt einen Überblick über die derzeit gültige Einteilung psychischer Erkrankungen gemäß ICD-10 (Dilling et al., 1991). So sehr die Einteilung psychischer Störungen einerseits als *ätiopathogeneseunabhängige Syndromatik* gedacht war, ist sie doch heterogen geblieben und enthält auch ätiologische Konzepte. Symptome und Syndrome allein,

F0	Organische einschließlich symptomatischer psychischer Störungen
F1	Psychische und Verhaltensstörungen durch psychotrope Substanzen
F2	Schizophrenie, schizotype und wahnhafte Störungen
F3	Affektive Störungen
F4	Neurotische, Belastungs- und somatoforme Störungen
F5	Verhaltensauffälligkeiten mit körperlichen Störungen und Faktoren
F6	Persönlichkeits- und Verhaltensstörungen
F7	Intelligenzminderung
F8	Umschriebene Entwicklungsstörungen
F9	Verhaltens- und emotionale Störungen mit Beginn in der Kindheit und Jugend
F99	Nicht näher bezeichnete psychische Störungen

Tabelle 2.1: Internationale Klassifikation psychischer Störungen nach ICD-10

auch eine Diagnose in der ICD-10, haben oft noch keine therapierelevante Bestimmung. Anders als sonst in der Medizin, wo eine bestimmte Diagnose schon eine bestimmte therapeutische Vorgangsweise induziert, ist dies im Feld der Entwicklungspsychopathologie nicht so. Die psychopathologische Diagnose ist nur ein Schritt im diagnostischen Prozeß, dem die situative, biographische und strukturelle Analyse folgen muß, damit letztlich eine therapierelevante entwicklungspsychopathologische Arbeitshypothese erfolgen kann!

Man darf jedoch psychopathologische Phänomene nicht als sinnlose Etiketten und entbehrliche Pseudokategorisierungen abtun, die nur einer empathischen Verstehensweise und einer interpretativen Deutung die Sicht verstellen. Ohne psychopathologische Fundierung und Präzisierung wäre die entwicklungspsychopathologische Suche nach komplexen pathogenetischen Bedingungskonstellationen unmöglich. Auch die Vergleichbarkeit von Einzelfällen wäre erschwert und nicht zuletzt die interpretative Deutung ohne Bezugs- und Angelpunkt. Deutungen über Erlebnisse und Motive des Kindes ohne psychopathologischen Ausgangspunkt bleiben dann gleichsam im luftleeren Raum, für den Patienten und die Kollegen unüberprüfbar. Gerade bei mehrdimensionalen Therapieverfahren (z. B. Psychotherapie, Pharmakotherapie und Soziotherapie), die heute immer häufiger zur Anwendung kommen, können die Gesamtbehandlungspläne nur über psychopathologische Bestimmungen erstellt werden. So ist der diagnostische Ausgangspunkt und das Therapieziel ohne psychopathologische Fundierung undenkbar. Scharfetter (1991) betont in seinem Vorwort zur 3. Auflage der Allgemeinen Psychopathologie: „Wir brauchen eine Ordnung des Beschreibbaren, eine Sorgfalt des Beschreibens und der Begriffsverwendung. Beschreiben und verstehendes Interpretieren sollte nach Möglichkeit nicht vermengt werden" (S. v). Er formuliert weiter, „die Psychiatrie bedarf des idiographisch-kasuistischen Einlebens und des nomo-

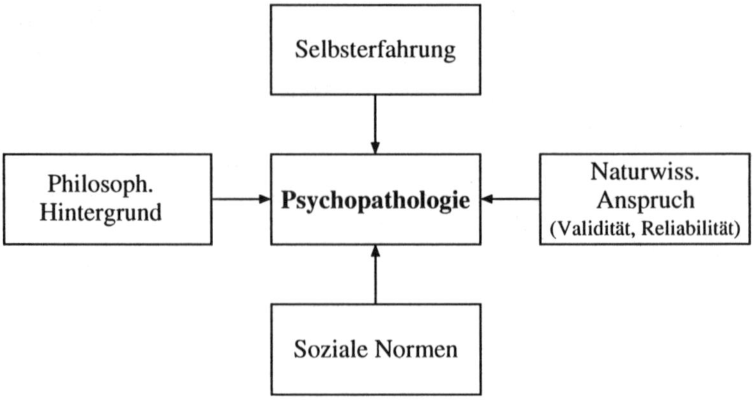

Abbildung 2.1: Empathische Kontaktaufnahme

---

thetischen Forschens nach regelhaften Zusammenhängen" (S. 2). Dies ist für die Kinder- und Jugendpsychiatrie in gleicher Weise gültig. Empathische Kontaktaufnahme, die auch eine affektive Beteiligung des Untersuchers mit einschließt, muß gleichzeitig mit einer intellektuell rationalen Kenntnisnahme, Verarbeitung und Ordnung von Beobachtbarem einhergehen. Abb. 2.1 soll dies noch einmal verdeutlichen.

Vier Quellen beeinflussen den Strom des Bewußtseins und die Erkenntnisfähigkeit beim psychopathologisch orientierten Untersucher: Einerseits der philosophische Hintergrund, das Menschenbild, das der Untersucher hat. Je instrumentalisierter und objektivierender dieses Menschenbild ist, um so weniger wird er sich auf die ganzheitlichen Aspekte existentiellen Leidens bei Kindern und Jugendlichen mit psychischen Störungen einlassen können. Weiters beeinflussen soziale Normen und gesellschaftliche Randbedingungen die Einstellungen des Untersuchers, was nun im einzelnen eine „gestörte Lebensfunktion" oder „alterstypische Lebensvollzüge" ausmacht. Schließlich ist es die wissenschaftliche Vorbildung und die Möglichkeit eines Rückgriffs auf diagnostische Instrumentarien, die die Validität und Reliabilität der vom Untersucher erhobenen psychopathologischen Symptome mitbestimmen. Nicht zuletzt ist es aber auch ein Aspekt der Selbsterfahrung, der den Untersucher in seiner Wahrnehmungs- und Bewertungsfähigkeit psychopathologischer Phänomene beeinflußt. So kann eine tendenziöse Apperzeption, also eine bereits präformierte, aus eigenen Lebensumständen erklärbare Voreinstellung, den psychopathologischen Erkenntnisprozeß stören. Selbsterkenntnis, das Kennenlernen eigener Abwehrprozesse und Wunschvorstellungen ist unbedingt notwendig, um den Untersucher für die vom Patienten ausgehenden, manchmal auch versteckten, Signale und Zeichen empfänglich zu machen, die dann in der Interaktion erhellt werden können.

2.2 Funktionelle Psychopathologie

Um den Stellenwert eines psychopathologischen Symptoms definieren zu können, bedarf es einer Bezugnahme auf die Anpassungsfunktion: Die Störung definiert sich nicht absolut aus einem Symptom allein, sondern aus einem Wechselverhältnis zwischen Anpassungsnotwendigkeiten (Problemsituation) und den Anpassungsmöglichkeiten (Ressourcen). Pathologie ist somit ein relativer Begriff. Was in einem Erlebnisbereich als Störung imponiert (z. B. Angst in der Kommunikation) kann in einem anderen Bereich der Persönlichkeit (Selbstkonzept, uneingestandene Motive oder Schuldgefühle) einen Zweck erfüllen. Psychopathologische Symptome sind also nicht schlechthin Krankheitszeichen, sondern kennzeichnen aktuelle Probleme im Anpassungsprozeß. Das klassische Krankheitsverständnis für psychische Störungen erscheint zu kurz gegriffen: Es kann nicht nur darum gehen, eine bekannte Kausalkette retrograd aufzulösen, um damit das Symptom zum Verschwinden zu bringen, sondern wir stehen als Therapeuten vor komplexen Bedingungsgefügen, in denen wir durch unsere Interventionen kybernetische Veränderungen (d. h. Veränderungen von Regelkreisen) anstoßen. Der Mensch als mehrdimensionales Wesen hat Systemeigenschaften. Er ist keine Maschine, in der psychische Prozesse nach Kausalgesetzen determiniert ablaufen. Der Mensch hat als handelndes Subjekt einen Entscheidungsspielraum. Er ist nicht an deterministische Prozesse seines Körpers und der Umwelt gefesselt. Genetische Faktoren und Umwelteinflüsse zeigen vielmehr probabilistische Gesetzmäßigkeiten, d. h. sie erhöhen die Wahrscheinlichkeit für die eine oder andere Erlebnis- oder Verhaltensweise. Kausal definierbare Einflüsse schränken lediglich den Handlungsspielraum ein. Therapie bedeutet dabei nicht nur eine Beeinflussung solcher Störgrößen, sondern auch die Unterstützung des Kindes und Jugendlichen in Entscheidungs- und Willensbildungsprozessen.

Wenn kausale Erklärungen Anhaltspunkte für Einschränkungen des Verhaltensrepertoires im situativen Kontext bieten, darf darüber die Bedeutung von persönlichen Handlungszielen des Individuums nicht übersehen werden, denn alle Aktionen des Individuums in der Auseinandersetzung mit der Umwelt erfolgen unter der Zugwirkung einer persönlichen Zielgröße (z. B. Selbstbestätigung, Kontaktwunsch etc.). So zeigt sich, daß Kinder und Jugendliche nicht nur Opfer, Spielball und passives Ausführungsorgan von — in Vergangenheit und Gegenwart wirksamen — Einflußfaktoren sind, sondern trotz Risikobedingungen immer noch einen Verhaltensspielraum als Konsequenz bisheriger Erfahrungen besitzen. Dieser Spielraum eröffnet sich dem Therapeuten durch eine finale Betrachtungsweise, d. h. welcher Zielgröße dient das gegenwärtige Verhalten? Auf diese Weise könnte auch durch eine Veränderung von Zielgrößen die Handlungsentscheidung eines Patienten im aktuellen Kontext positiv verändert werden.

Welche Bedeutung hat die funktionelle Psychopathologie im Licht kausaler, finaler und systemischer Betrachtungsweisen?

Psychopathologische Symptome sind einerseits das seelische Substrat, für welches wir durch die modernen bildgebenden Verfahren Funktionsänderungen in bestimmten Gehirnarealen suchen. Wir studieren andererseits Symptome in ihrer Anpassungsfunktion im situativen Kontext vor dem Hintergrund der biographischen Gewordenheit. Psychopathologische Symptome definieren umschriebene Erlebnis- und Verhaltensweisen, die sich in besonderer Intensität und Persistenz im allgemeinen Verhalten hervorheben lassen. Die Wertigkeit einzelner Symptome wird sich in Zukunft daran messen lassen müssen, in wie weit diese tatsächlich Zusammenhänge mit veränderten Hirnfunktionen besitzen. Manche der heute hervorgehobenen psychopathologischen Phänomene werden daher in Zukunft vielleicht als unbedeutsam beurteilt werden, während andere unmittelbar in meßbaren Hirnfunktionen widergespiegelte Erlebnis- und Verhaltensweisen noch viel breitere klinische Bedeutsamkeit erlangen werden.

Zwei Sichtweisen kennzeichnen die gegenwärtige psychopathologische Diskussion (Döpfner & Lehmkuhl, 1997): Eine *kategoriale Sicht* betrachtet Kinder mit psychopathologischen Symptomen in ihren Unterschieden zu Gesunden. Symptome stellen dabei fundamentale Hinweise für eine differentielle nosologische Klassifikation dar. Zwischen Gesundheit und Störung soll eine klare Grenze bestehen. Die zweite, *dimensionale Sicht* macht hingegen psychopathologische Symptome als unspezifische Reaktionsmuster erkennbar, die Überforderungen der Anpassungskapazität des Individuums aufgrund unterschiedlicher pathogenetischer Bedingungen widerspiegeln. Die Grenze zwischen Gesundheit und Störung ist fließend.

Die dimensionale Betrachtung von Feldstichproben zeigt, daß subklinische Formen und Verdünnungsstufen zehn bis zwanzig mal häufiger als definierte klinische Vollbilder sind (s. Übersicht bei Resch, 1998a). Nicht alle psychopathologischen Störungen sind Vorstadien schwerer psychischer Erkrankungen. Zwischen unterschiedlichen Symptomkonstellationen gibt es eine hohe Komorbidität und Interkorrelation: zeigt ein Kind ein spezifisches Symptom (z. B. Depression), hat es auch mit erhöhter Wahrscheinlichkeit Symptome aus dem Bereich der Angststörungen, Verhaltensstörungen oder hyperkinetischen Symptomatik. Da man gerade im Feld der subklinischen Störungen nicht von Multimorbidität sprechen sollte und nur wenige dieser Kinder später wirklich eine psychiatrische Erkrankung im engeren Sinne bekommen, scheint die Annahme berechtigt, daß Symptome Ausdruck von übersteigerten Anpassungsversuchen sind. Mehrdimensionale Betrachtungsweisen zur Pathogenese psychischer Störungen sind angezeigt (s. Kap. 2.6). Abb. 2.2 gibt einen Überblick zum Paradigmenwechsel in der Entwicklungspsychopathologie.

Die Entwicklungspsychopathologie ist durch einen Perspektivenwechsel vom klassischen Krankheitsmodell zu einem Entwicklungsstörungsmodell gekennzeichnet. Symptome werden dabei als gemeinsame Endstrecke unterschiedlicher pathogenetischer Entwicklungen angesehen (Resch et al., 1999). Symptome sind

1. Klassisches Krankheitsmodell → Störungsmodell
2. Anpassungsfunktion der Symptomatik
3. Entwicklungsaufgaben als Stressoren
4. Kontextabhängigkeit der Symptomatik
5. Pathogenetische Bedeutung emotionaler Prozesse
6. Ressourcenorientierung

Abbildung 2.2: Paradigmenwechsel in der Entwicklungspsychopathologie

das Ergebnis von Dekompensationen menschlicher Anpassungssysteme und rekompensatorischer Aktivitäten. Symptome besitzen also eine Anpassungsfunktion für das sich entwickelnde Kind. Angst, Depressivität oder Verhaltensauffälligkeiten sind nicht nur das Ergebnis eines Scheiterns bisheriger Anpassungsversuche, sondern haben auch den Sinn, das Individuum in seiner Lebenssituation möglichst zu stabilisieren. Nicht nur „life events", Traumen oder katastrophale Umweltverhältnisse erzeugen bei einem Kind Anpassungsstress, sondern auch die Entwicklungsaufgaben — d. h. die in jeder Lebensphase typischerweise zu bewältigenden biologischen und kulturellen Anforderungen — können das Kind stresshaft herausfordern. Psychopathologische Symptome haben immer auch einen interaktionellen Aspekt. Sie wirken als Signal für Mitmenschen und stellen eine Anpassungsleistung in der Beziehungsgestaltung zu anderen dar. Auf diese Weise kann durch die Reaktion des Umfeldes eine Symptomatik kontextuell mitgestaltet werden. Je nach Reaktion der Umwelt verändert sich das Symptom. So können beispielsweise Ängste oder Suizidgedanken nicht nur Ausdruck eigener Befindlichkeitsstörungen sein, sondern einen interaktionell manipulativen Charakter annehmen. Für ein Verständnis psychopathologischer Phänomene greifen kognitive Rahmentheorien zu kurz. Eine Kenntnis emotionaler Prozesse, eine nähere Betrachtung affektiver Entscheidungs- und Bewertungsprozesse erscheinen zur Erklärung psychischer Problemlagen und für ein Verständnis von psychischen Störungsbildern unbedingt notwendig! (Siehe Kap. 4.4). Die Entwicklungspsychopathologie ist durch eine Prophylaxe- und Ressourcenorientierung gekennzeichnet. Der Fokus ist nicht nur auf Defizite und Devianzen gerichtet, es sollen auch entwickelte Stärken und mobilisierbare Fertigkeiten eines Kindes in die psychotherapeutischen Interventionen einbezogen werden.

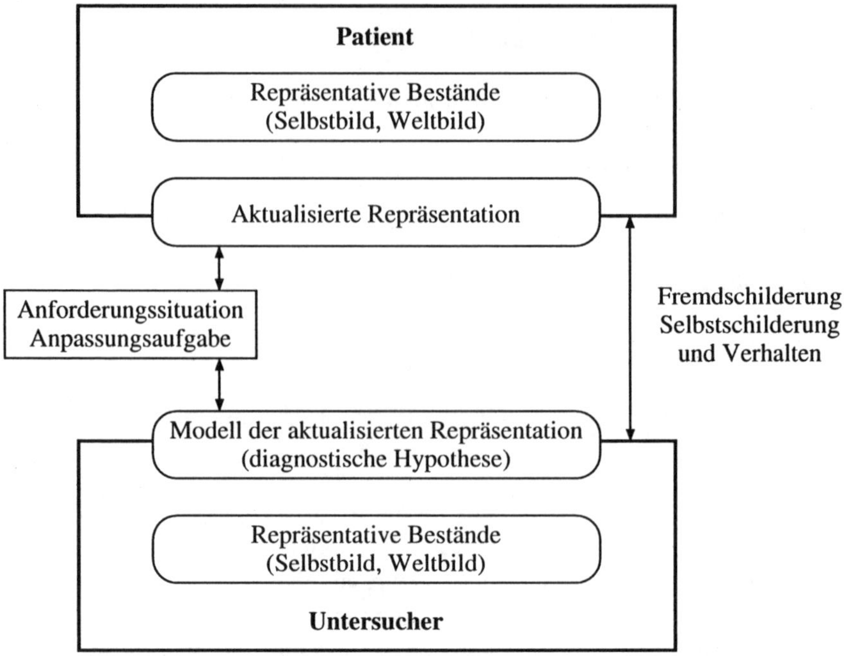

Abbildung 2.3: Interaktionsmodell der Diagnostik

2.3 Diagnose als Wechselwirkung

In der klinischen Situation möchte der Untersucher über Verhalten und Erlebnisweisen des Kindes oder Jugendlichen Informationen gewinnen. So gibt es der Verhaltensbeschreibung gut direkt zugängliche Aspekte wie Mimik, Motorik und Sprechverhalten. Doch schon Informationen über Wahrnehmungsarten, Stimmung und Sprachverständnis bedürfen einer aktiven Beteiligung des Untersuchers durch empathisches Fragen. Nicht zuletzt können Motive, Erlebnisgehalte, Träume, Phantasien und Gedanken nur im interaktiven Kontext entschlüsselt werden. Gerade für die subjektive Innenseite des Patienten bedarf es einer hohen Aufmerksamkeit. So ist es von großer Bedeutung für ein Verständnis von kindlichen Verhaltensweisen zu erfahren, welche affektive Beteiligung und motivationale Voraussetzung ein bestimmtes Verhalten in Gang gesetzt hat. Es ist schließlich ein Unterschied, ob ein Kind im Rahmen eines hyperkinetischen Syndroms eine ihm selbst unverständliche und beunruhigend erscheinende Überaktivität auslebt, oder ob es einen agitiert depressiven oder ängstlich getriebenen motorischen Überschuß hat. Während die reine Verhaltensbeschreibung eine Beteiligung des Untersuchers nicht notwendig macht, so ist die Erschließung von motivationalen und Erlebnisfaktoren nur durch eine aktive Beteiligung des Untersuchers möglich.

Jaspers (1973) hat als Grundlage der Psychopathologie die phänomenologische Forschungsrichtung gesetzt. Er sagt: „Die Phänomenologie hat die Aufgabe, die seelischen Zustände, die die Kranken wirklich erleben, als anschaulich zu vergegenwärtigen, nach ihren Verwandtschaftsverhältnissen zu betrachten, sie möglichst scharf zu begrenzen, zu unterscheiden und mit festen Termini zu belegen“ (S. 47). Eine wesentliche Begriffsbestimmung betrifft dabei die anschauliche Vergegenwärtigung, die eben nicht nur kognitives Wissen über Krankheiten im allgemeinen und den Patienten im besonderen, sondern auch die eigene emotionale Reaktion des Untersuchers auf das Wahrgenommene mit einschließt (Abb. 2.3). Das Kind aktualisiert aus seinen eigenen affektlogischen repräsentativen Beständen Handlungen unter Anforderungssituationen (z. B. es zeigt Angst), in diesem Falle der Untersuchungssituation. Durch Selbstschilderungen der Kinder und direkte Verhaltensbeobachtung macht sich der Untersucher in Aktualisierung seiner eigenen repräsentativen Bestände ein Modell der vom Kind aktualisierten Repräsentationen (z. B. eine Vorstellung über kindliche Ängste, Erwartungen und Wünsche in der Untersuchungssituation). Wir können auch von einer diagnostischen Hypothese sprechen. Ein solches durch innere Vergegenwärtigung erstelltes Modell kann durch Wissen um die Problemsituation, um Selbst- und Weltbild des Kindes in anderen Lebenssituationen, kognitive Fertigkeiten, biologische Randbedingungen und Entwicklungsstatus ebenso bereichert und verbessert werden, wie durch Selbsterfahrung und verstärkte Binnendifferenzierung der eigenen Gefühlswahrnehmung beim Untersucher. Der Untersucher macht sich sein Modell in einer für den Patienten nicht typischen Lebenssituation, sondern in einem interaktiven Kontext, in dem das Verhalten des Untersuchers auch wesentlich mitbestimmen kann, was der kindliche Patient äußert und wie er sich verhält. So wird beispielsweise ein strenger, unfreundlicher, mit vorgefaßten Meinungen behafteter Untersucher den Patienten situativ anders erleben, als ein ruhiger, geduldiger und empathisch vorgehender Untersucher. Grundsätzlich kann festgestellt werden, daß ein normal um Rapport und Kontakt bemühter („good enough“) Untersucher mit hoher Reliabilität psychische Probleme bei Kindern erfassen kann; dies gilt vor allem für deutlich ausgeprägte Störungen. Andererseits kann die Intensität der Symptomatik durch einen fordernden und invasiv explorierenden Untersucher gesteigert werden. So kann ein Patient mit psychotischen Symptomen unter einer solchen Untersuchungssituation mit katatonem Bewegungssturm reagieren, oder ein ängstliches Kind mit mutistischer Verweigerung antworten.

2.4 Der klinische Standpunkt

Der diagnostische Prozeß oszilliert also zwischen den Polen Verstehen und Ordnen, Empfinden und Objektivieren. Eine wissenschaftlich befriedigende, vollkommene Standardisierung einer Untersuchungssituation ist daher im klinischen Bereich per se ausgeschlossen. Je mehr die emotionale Komponente im diagnostischen Prozeß verleugnet oder mißachtet wird, um so stärker kann sie unbemerkt in unser Diagnoseverhalten Eingang finden. Als Wissenschaftler, die wir uns der Empirie verpflichtet fühlen, muß uns der klinische Standpunkt fragwürdig erscheinen. Zu sehr ist dem Subjekt des Untersuchers auch eine Bedeutung im diagnostischen Prozeß zugemessen. Ist die methodische Grundlage der Psychopathologie nur eine banalisierte, dem Subjektiven gegenüber ungeschützt geöffnete Abschrift von empirischen Vorlagen?

Die kognitive Psychologie hält sich an experimentelle Methoden und ihr Prinzip der Wiederholbarkeit. Auch sie macht trotzdem — im Gegensatz zu den strengen Behavioristen — Phänomene zu ihrem Gegenstand, die nicht unmittelbar beobachtbar sind.

Psychoanalytische Denker vertrauen auf ihr Theoriegebäude — auch wenn es empirischen Beobachtungen zuwiderlaufen mag — unter dem Gesichtspunkt, damit eine handlungsgerechte Interpretationsvorlage zu besitzen, die Vorstellungen vom Innenleben des Patienten ermöglicht und auf diese Weise therapeutisch erfolgreiche Interaktionen zuläßt.

Wo befindet sich der Psychopathologe im erkenntnistheoretischen Spannungsfeld? Wird er nicht im klinischen Alltag zwischen Empirie[1] und Hermeneutik[2] zerrieben? Von beiden Seiten als methodisch ungenau, ja sogar altmodisch verachtet? Kam doch die klassische Psychopathologie, die dachte, Einzelsymptome aus dem Kontext und der Lebensgeschichte des Patienten abheben zu können, einem Schmetterlingssammler gleich, der Phänomene sammelt, die er vom Lebenshintergrund abgehoben nicht mehr interpretieren kann? In naivem Glauben, daß das, was er an der Stecknadel ordnender Genauigkeit festhält, überhaupt noch Ähnlichkeit mit dem farbenprächtigen Wesen im biographischen Zusammenhang besitzt?

Doch was bleibt dem Kliniker vor dem Hintergrund des therapeutischen Anspruchs? Hebt er in zu phantasiereichen Deutungen des Verhaltens seiner Patienten ab und verläßt das wissenschaftlich abgesteckte Terrain, dann verliert er die Überprüfbarkeit und Legitimation im Rahmen der medizinischen Disziplinen. Die Möglichkeit zu mehrdimensionalen Therapieformen geht ihm ebenso verloren.

Bleibt er zu streng wissenschaftlich, vermißt er den Zugang zum einzelnen Patienten. Nur die Psychopathologie ist der Ort des gemeinsamen Verständnisses, der Verständigungsmöglichkeiten um Reliabilität und Validität der gebildeten Hypothesen.

Eine hohe Integrationsleistung ist gefordert, die ebenso klinisch notwendig wie aus dem Blickwinkel theoretischer Puristen verdächtig erscheint. Zusammenfassend läßt sich feststellen, daß der klinische Standpunkt niemals selbst wissenschaftlich endgültig zu sichern ist. Er muß vielmehr im Spannungsfeld ver-

[1] Wissenschaftliche Methode, die Erfahrungen zergliedert oder zusammenfaßt, beschreibt und auswertet. Erkenntnis durch Erfahrung, durch experimentell ermittelte Wahrnehmungsdaten

[2] Die Lehre vom Verstehen

schiedenster Wissensgebiete immer wieder neu bestimmt, geortet und verankert werden. Darin liegt die große Verantwortung psychiatrischer Therapeuten. Da ihr Ausgangspunkt dem Wandel der Zeiten unterworfen sein kann, können sie die Legitimation ihrer Arbeit nicht allein aus der wissenschaftlichen Begründung ihrer Hypothesen ableiten, sondern müssen sich auch der ethischen und gesellschaftspolitischen Dimension ihres Tuns immer wieder bewußt werden.

2.5 Zugänge zum kindlichen Erleben

Die kritische Frage ist, was wir uns als Therapeuten zum Ziel erklären. Ob wir ein als dysfunktional eingeschätztes Verhalten modifizieren wollen, oder ob wir Zugang zum kindlichen Erleben finden wollen, dem solche Verhaltensweisen zugrunde liegen.

Zurückgehend auf das mehrdimensionale Interaktionsmodell (Kap. 1.2) können wir auf jeder Erkenntnisebene Informationen über unsere kindlichen Patienten sammeln. So ist es uns möglich, biographische Details oder apparativ gewonnene Fakten über die biologische Ausstattung des Gehirns, des Neuroendokrinums und des Neurovegetativums zu gewinnen. Schließlich können wir in Leistungstests und Verhaltensanalysen direkte und indirekte Informationen über kognitive und affektive Reagibilitäten erheben. Über die sprachliche Interaktion kann uns das Kind von seinen dem Bewußtsein zugänglichen Motiven und Erlebnisdimensionen berichten, und schließlich ist es uns möglich, die gesamte Information in phänomenaler innerer Vergegenwärtigung uns selbst so zu veranschaulichen, daß wir die Phänomene nicht nur beschreiben, sondern auch in ihrer für das Kind subjektiven Bedeutsamkeit evaluieren können.

Wir wissen, daß der Zugang zur Innenseite anderer Menschen immer nur über einen methodischen Doppelstrang, also „zweigleisig" erfolgen kann:

- Durch Analyse und Bewertung äußerer Faktoren, z. B. Verhalten, Sprache etc.
- und durch Vergleich der daraus gewonnen Information mit introspektiv erfahrbaren eigenen Erlebnisqualitäten.

Das setzt die Annahme voraus, daß so wie wir erleben, auch andere erleben, daß wir also von unseren Erlebnisgehalten auf die unseres Gegenübers schließen dürfen. Diese Annahme ist grundsätzlich erkenntnistheoretisch nicht zu sichern und unterliegt auch der massiven wissenschaftsmethodischen Kritik. Andererseits haben wir in der Psychopathologie, Psychiatrie und Psychotherapie gar keine andere Chance als ihre Gültigkeit — zumindest unter den Rahmenbedingungen psychotherapeutischer Interventionen — vorauszusetzen.

Wir können uns ein Bild vom Innenleben, d. h. den Erlebnisformen, Motiven, Ängsten und Abgründen des anderen nur über unser eigenes Erleben, die eigenen

Abgründe machen. Die Romanliteratur, die Lyrik und die bildende Kunst setzen ja ebenfalls auf diese Annahme, daß eine gelungene Darstellung introspektiv getragener Gefühlswelten im Leser oder Betrachter zumindest Ähnliches induzieren kann.

Als Therapeuten dürfen wir die eigenen Gefühle nicht vernachlässigen, auch wenn wir sie vom wissenschaftstheoretischen Hintergrund her immer wieder in Frage stellen müssen. Im therapeutischen Kontext scheint die absolute Exaktheit in der Ergründung des anderen gegenüber einer Betonung der Ähnlichkeiten zwischen dem eigenen und anderen Innenleben zurückzutreten, so daß Extrapolationen des Therapeuten für den Patienten fruchtbar gemacht werden können. In diesem Sinne muß der Psychiater und Therapeut seine wissenschaftlichen Grenzen immer wieder vorübergehend öffnen, auch dem weniger Exakten, dem Intuitiven seinen Platz zuweisen. Trotzdem braucht und darf er darob nicht seine innere Disziplin, seine dauernde Bestimmung und Abstimmung von Gültigkeit hintanstellen.

Unkontrolliertes Phantasieren über Patientenempfindungen ist therapeutisch nicht hilfreich. Aus Beobachtungen von Mutter-Kind-Interaktionen wissen wir aber, daß schon in früher Zeit das Innenleben der Kinder wesentlich von den mütterlichen Interpretationen mitbestimmt wird. Ohne Hypothesen über das Innere des Kindes bleiben wir als Therapeuten in kalter Distanz und degradieren das Kind zur Verhaltensmaschine. Dadurch können wir dem Kind auch keine Hilfestellung bei der Verbesserung der eigenen Binnenwahrnehmung und emotionalen Differenzierung geben. Ohne Emotion des Therapeuten bleibt die Interaktion stumpf und letztlich erfolglos. Je mehr Wissen wir über Krankheiten, Denkformen, biographische Risiken und familiäre Interaktionen gewinnen können, um so treffender kann unsere Vorstellung, unsere innere Vergegenwärtigung des kindlichen Erlebens werden und um so besser können wir das Kind bei der Exploration und Erfassung seiner eigenen Innenwelt begleiten und unterstützen.

Eine Arbeitsgruppe zur Operationalisierung psychodynamischer Diagnostik (OPD) im Kindes- und Jugendalter erarbeitet derzeit ein Instrument mit dem Ziel auf vier psychodynamischen Achsen zu Krankheitserleben, Beziehungsgestaltung, intrapsychischen Konflikten und der psychischen Struktur von Kindern entwicklungsbezogene, reliable, psychodynamische Befunderhebungen zu ermöglichen (Resch et al., 1998b). Den Ausgangspunkt bildet dabei die Überlegung, daß Kinder nicht an den Normen adaptiver Leistungen von Erwachsenen gemessen werden dürfen, sondern in jedem Lebensalter hochangepaßt und psychisch gut strukturiert sein können.

2.6 Pathogenetische Modellvorstellungen

Während für eine Reihe von psychischen Störungen im Kindes- und Jugendalter Risikofaktoren bekannt sind, bleibt das Zusammenwirken solcher Störfaktoren

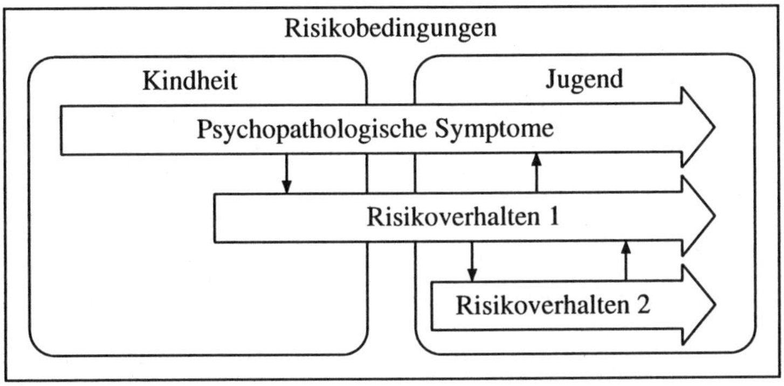

Abbildung 2.4: Risikoverhalten im Jugendalter

auf den einzelnen Entwicklungsebenen bei der Entstehung von krankhaften Syndromen noch unklar (Hay & Angold, 1993).

Die *Ätiologie* sucht Ursachen zu erfassen, die *Pathogenese* den Entstehungsweg. Aus entwicklungspsychopathologischer Sicht ist nicht nur die Frage nach den Entstehungsbedingungen psychischer Störungen, sondern auch nach den Bedingungen der Aufrechterhaltung und des Verlaufs von Relevanz. Psychische Störungen können beispielsweise Risikoverhaltensweisen wie Drogenkonsum oder Delinquenz begünstigen und in komplexe Wechselwirkungen mit diesen treten (Abb. 2.4).

So spricht die Ontario Child Health Study (Boyle et al., 1993) davon, daß die von Lehrern bei Kindern im Alter von 8 bis 12 Jahren festgestellten Verhaltensstörungen den Gebrauch von harten Drogen vier Jahre später vorhersagen lassen. Bei Inanspruchnahmepopulationen besteht eine Komorbidität zwischen Dissozialität und Drogenmißbrauch von gut 50%. Die Mannheimer Studie (Laucht et al., 1992, 1993) zeigt, daß expansive Störungen bei Dreijährigen in 50% bis zum Vorschulalter stabil bleiben. Mehr als 50% der Achtjährigen mit dissozialer Symptomatik werden mit 18 Jahren ebenfalls als dissozial beschrieben.

Vor allem Kinder mit hyperkinetischem Syndrom (HKS) sind gefährdet, eine dissoziale Entwicklung zu nehmen. Das belegen mehrere Studien aus dem angloamerikanischen, aber auch aus dem kontinental-europäischen Raum. So zeigt sich in der Mannheimer Untersuchung, daß etwa 40% der Achtjährigen mit der Diagnose eines hyperkinetischen Syndroms mit 18 Jahren eine dissoziale Symptomatik aufweisen. Ein zusammenfassendes Entwicklungsschema wurde von Patterson et al. (1989) erstellt (Abb. 2.5).

Grundsätzlich sind heute mehrdimensionale Betrachtungsweisen zur Pathogenese psychischer Störungen angezeigt, um der Komplexität ihrer prozessualen Natur in Entwicklung und Anpassung gerecht zu werden (Kap. 1.7), d. h. die alte Einteilung in psychogene, endogene und organisch bedingte psychische Störungen ist obsolet.

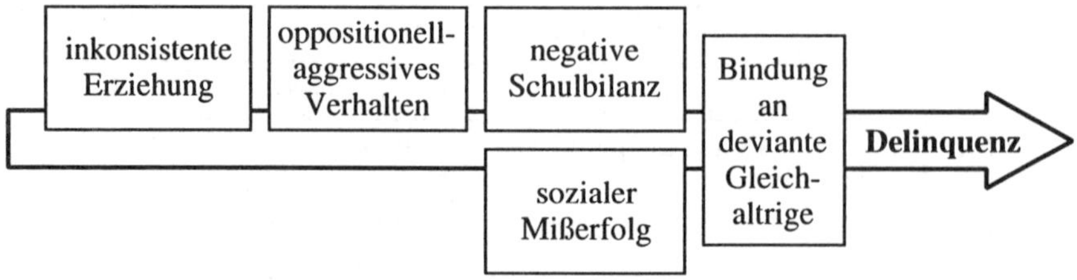

Abbildung 2.5: Entwicklung von delinquentem Verhalten

Vielmehr ist zwischen präformierten, im bisherigen Entwicklungsweg entstandenen strukturellen Bereitschaften („Dispositionen") und aktuellen Auslösemechanismen zu unterscheiden (Abb. 2.6 und 2.7).

Dispositionen können auf allen Betrachtungsebenen, chemisch-physikalisch, morphologisch, in kognitiven und Verhaltensbereitschaften sowie in Erlebnisbetonungen und motivationalen Gerichtetheiten, ihren Ausdruck finden. Über die Entstehung von Vulnerabilität aus genetischen Determinanten siehe auch Kap. 9.

Auch die Auslöser können sich primär auf unterschiedlichen Betrachtungsebenen manifestieren und erst sekundär zum Vollbild der seelischen Störung führen. Zum Beispiel kann eine Drogeneinnahme über Störung des cerebralen Metabolismus bei entsprechend disponierten Jugendlichen die Entstehung einer schizophrenen Psychose „triggern".

In welcher Form und Symptomgestalt die psychische Störung dann zum Ausdruck kommt, ist wiederum vom aktuellen Stand der kognitiven, affektiven und die Repräsentanzen betreffenden Entwicklung abhängig.

Synopsis und Bewertung der äußeren Risikofaktoren unter dispositionalen Bedingungen im aktuellen Entwicklungskontext obliegen dem Therapeuten und stellen eine wesentliche Komponente der Diagnosefindung dar (Abb. 2.8 gibt einen Überblick über die unterschiedlichen Datenquellen für diese Synopsis).

Ausgangspunkt ist die aktuelle Störung in der Lebensbewältigung und Anpassung: In welchem Kontext mißlingt die Anpassung? Zu Hause, in der Schule, gegenüber den Eltern, im sozialen oder im Leistungsbereich?

Neben der situativen Analyse muß die biographische Analyse und die strukturelle Analyse erfolgen (Abb. 2.9).

Als Entwicklungspsychopathologen gehen wir davon aus, daß intrapsychische Strukturen nicht bloß Ausdruck angeborener Triebkräfte und ihrer Auswirkungen auf die individuelle Entwicklung sind, sondern aus einem interaktiven Prozeß zwischen angeborenen Reaktions- und Entwicklungsbereitschaften mit den umgebenden Milieubedingungen entstanden sind. Der therapieorientierte Kliniker legt dabei seinen Betrachtungsschwerpunkt auf die Entwicklung intrapsychischer Strukturen unter unterschiedlichen Milieubedingungen, wobei dabei neben

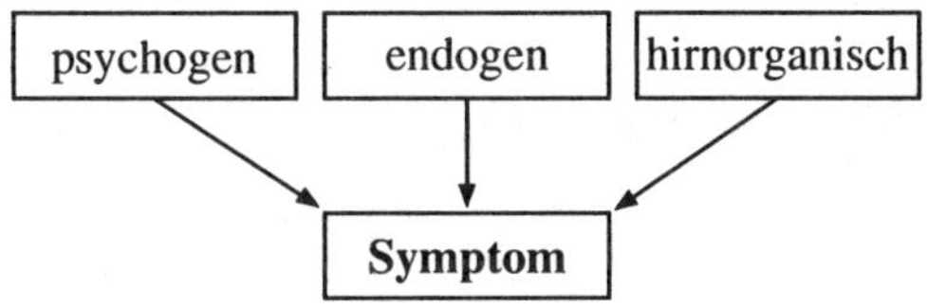

Abbildung 2.6: Alte Sicht der Ätiologie

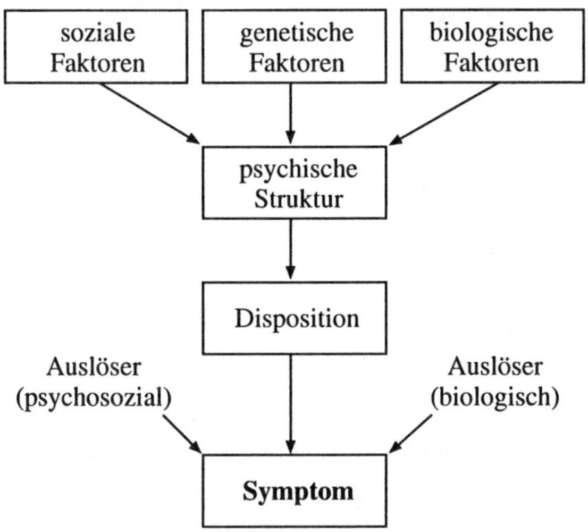

Abbildung 2.7: Entwicklungspsychopathologische Sicht der Ätiologie

---

bisherigen Traumatisierungen, aktuellen Konflikten und Problemstellungen, sowie der Selbstintegration und dem Lebensstil in Abwehr und Bewältigungsformen große Bedeutung zukommt. Die Integration kausaler und finaler Betrachtungsweisen wird dabei angestrebt. Durch kausale Analysen wird folgendes zu erhellen versucht:

Wie hat die aktuelle Dekompensation, das aktuelle Scheitern sich im bisherigen Entwicklungsverlauf bereits im Vorfeld abgezeichnet? Wie ist die Notwendigkeit des aktuellen Scheiterns aus dem bisherigen Erleben und Handeln abzuleiten? Wie hat sich der aktuelle Bewältigungsstil oder ein dysfunktionales Selbst oder Weltbild entwickelt? Wie ist das Wechselspiel zwischen Vulnerabilität (genetisch, cerebral, psychostrukturell, psychosozial) und protektiven Faktoren im Angesicht der erlebnisweltlichen Auslöseereignisse (life events, every day hassels) zu interpretieren?

Die finale Analyse geht den Fragen nach, welchen Zweck und welche Bedeutung die aktuellen Symptome für die Aufrechterhaltung des Selbst und der Anpassung haben, ferner, was diese Art der Weltbewältigung für die weitere Entwicklung

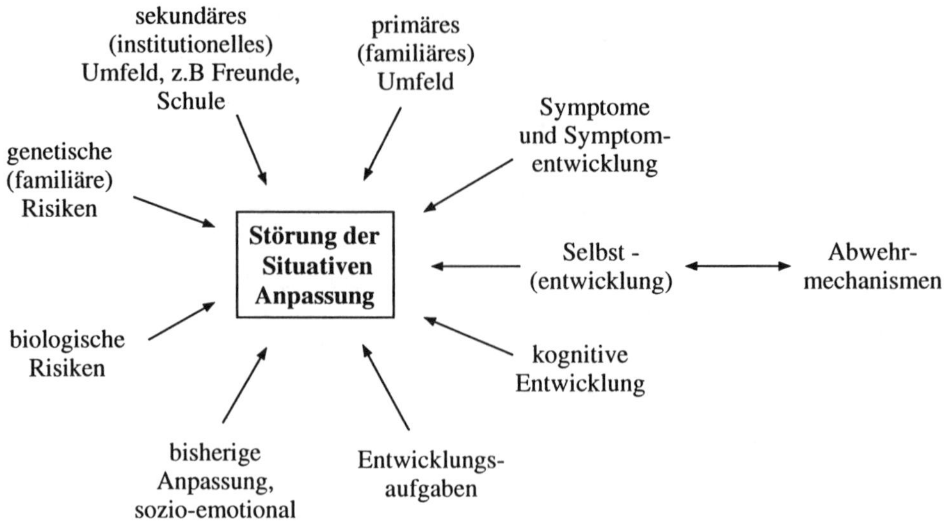

Abbildung 2.8: Synopsis der Problemfelder bei Störung der Anpassung

bedeuten könnte, und schließlich welche Ressourcen für positive Veränderungen individuell, aber auch im sozialen Netzwerk, vorhanden sind. Die Mechanismen, die zum Auftreten psychopathologischer Symptome führen, können sich von denen, die die Symptomatik aufrechterhalten lassen, unterscheiden. Eine prospektive Betrachtung über mögliche Risiken und Ressourcen im weiteren Entwicklungsverlauf ist daher für die Erstellung eines Therapiekonzeptes unbedingt notwendig. Es wäre ein Kunstfehler, ein Kind, das unter massiven Risikobedingungen aufwächst, in isolierter Betrachtung einer psychopathologischen Symptomatologie bloß individuell zu behandeln, ohne den Faktoren in der Familie oder im weiteren sozialen Feld Rechnung zu tragen. Gerade im Kindesalter ist daher oft auch ein mehrdimensionaler therapeutischer Zugang auf individueller und familiärer Ebene notwendig, der gelegentlich noch durch ein Förderprogramm zur Verbesserung der kognitiven Ressourcen oder zum Ausgleich kognitiver Defekte ergänzt werden muß.

Die ätiologische Unspezifität psychopathologischer Symptome ist zu beachten. So kann im Extremfall ein und dieselbe Symptomatik einmal aktueller Ausdruck einer erlebnisreaktiven Störung, ein andermal Ausdruck eines hirnorganisch ausgelösten akuten exogenen Reaktionstyps (z. B. Intoxikation) sein. Nur eine sehr differenzierte Klärung der Begleitumstände (z. B. Tabletteneinnahme) und Begleitsymptome (wie z. B. Störungen der Orientierung, eine undulierende Bewußtseinslage oder ein begleitendes amentielles Syndrom mit Desorientierung, Unruhe und Ratlosigkeit) können dann die klinische Entscheidung ermöglichen.

Nach der ersten Klärung, ob eine akute protektive Intervention notwendig ist, soll die biographische und strukturelle Analyse der psychopathologischen und si-

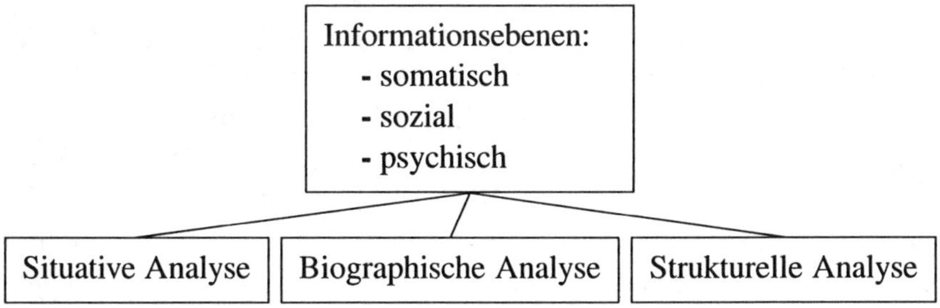

Situative Analyse: Aktuelle Randbedingungen in einem Zeitraum von 4–8 Wochen zurück.

Beispiele: „Auslöser" wie Entwicklungsaufgaben, aktuelle Konflikte und/oder Probleme, körperliche Erkrankung, Intoxikation, Kulturtransfer.

Biographische Analyse: Bisherige Entwicklungsbedingungen von der Geburt bis jetzt. Für ein tieferes psychodynamisches Verständnis auch Entwicklungsbedingungen der Bezugspersonen (biographische Analyse der Elternentwicklung).

Beispiele: Bisherige sozio-emotionale Anpassung, Risikofaktoren, protektive Faktoren, Vulnerabilität, primäres und sekundäres soziales Umfeld, genetische Belastung, Traumen.

Strukturelle Analyse: Aktueller Entwicklungsstand.

Beispiele: Kognitiv, sozio-emotional, „life skills", Selbstintegration, Integration der Objektrepräsentanzen, Realitätskontrolle, Bewältigungsstile, Abwehrmechanismen.

Abbildung 2.9: Entwicklungspsychopathologische Analyseschritte zur Erstellung eines pathogenetischen Modells bei Vorliegen einer psychopathologischen Symptomatik

tuativen immer folgen: Da auch exogene Reaktionstypen (durch hirnorganische Beeinträchtigung, z. B. intoxikationsinduzierte psychische Störungen) sich auf der Basis bestimmter psychostruktureller Gegebenheiten entwickeln und über Risikoverhaltensweisen, Persönlichkeitsentwicklungsstörungen, Identitätskrisen vor dem Hintergrund biographischer Risikofaktoren einem therapieorientierten Verständnis besser zugänglich sind. Auch chronische hirnorganische Beeinträchtigungen — wie z. B. angeborene Stoffwechselstörungen — oder Entwicklungsstörungen haben psychische Irritationen, Reaktionen und Anpassungsstörungen im Entwicklungsverlauf, die dann besser durch Klärung der Familiendynamik (z. B. überprotektive Behandlung der Kinder im Familienverband) als durch falsche Betonung einer fraglichen organischen Ätiologie zu behandeln sind. Psychische Störungen haben nicht eine einzige ätiologische Bestimmung. Vielmehr wirken organbezogene, angeborene und umweltbezogene Faktoren in der Pathogenese zusammen!

Im Bereich der seelischen Erkrankungen ist die Tiefe der Beeinträchtigung am Symptom oder Syndrom allein oft nicht erkennbar. Erst individuell regelhaft auftretende Symptomkonstellationen, das Anpassungsniveau im Alltag, das Ausmaß an Lebensbewältigungsmöglichkeiten und kommunikativen Fähigkeiten, die Integration des Selbst und die Art der Abwehrmechanismen lassen dann eine entwicklungspsychopathologische Diagnose zu. Das Symptom (z. B. Zwang oder Angst) allein läßt noch keine Aussage über die Tiefendimension der psychostrukturellen Beteiligung oder Beeinträchtigung erkennen. Es gibt also auch kein „neurotisches Symptom“. Generell können wir bei den psychischen Störungen des Kindes- und Jugendalters zwischen internalisierenden oder emotionalen und externalisierenden oder expansiven Schwerpunktbildungen in der Symptomausprägung unterscheiden. Sehr häufig finden wir aber bei erlebnisreaktiven Störungen eine Kombination von emotionalen Störungen und Störungen im Bereich des Sozialverhaltens (Abb. 2.10 gibt Ihnen darüber Aufschluß). Die Art der Ichprozesse und die Beeinträchtigung der Selbstintegration sind ebenfalls aus der Abbildung ersichtlich.

2.7 Schrittweise klinische Diagnostik

Auch die Diagnostik selbst ist ein prozessuales Geschehen, das durch wiederholtes Hypothesengenerieren und Hypothesenprüfen gekennzeichnet ist. Die Diagnostik sollte mit dem ersten Explorationsgespräch beginnen und immer Beziehungs- und Beurteilungsaspekte in dynamischer Wechselwirkung beinhalten. Folgende Stadien der Diagnostik können herausgearbeitet werden:

2.7.1 Exploratives Gespräch mit dem Kind

Herstellen eines Rapports. Dies gelingt durch empathische Weise, bei der der Untersucher das Kind in seinen momentanen Gefühlen und Verhaltensweisen annimmt und zu verstehen versucht. Wichtig dabei ist die Einhaltung der Generatio-

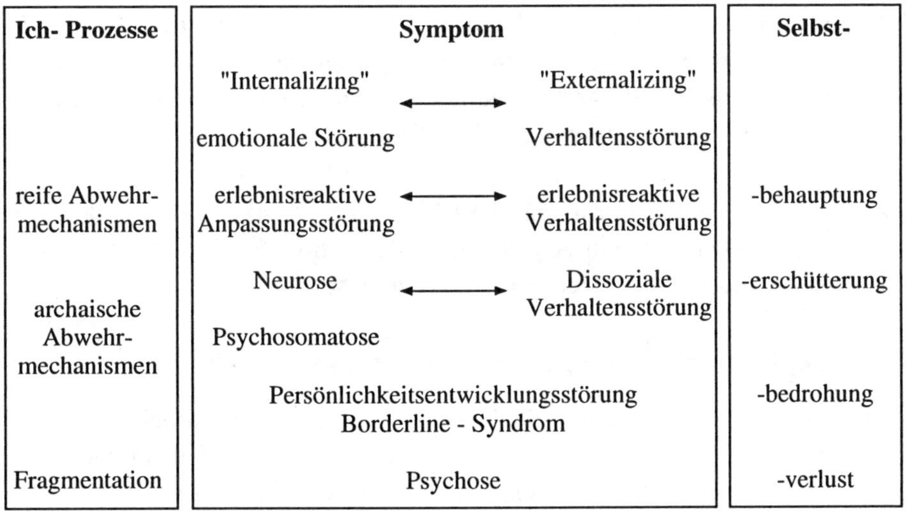

Abbildung 2.10: Symptomatik

nengrenze, es ist unangebracht, sich Kindern und Jugendlichen anzubiedern, auch Distanz, Scham und Betroffenheitsgrenzen müssen gewahrt bleiben. Die Erfahrung lehrt, daß eine offene Haltung, in der man für das Kind klar als Untersucher und Person kenntlich wird, für den Aufbau einer Vertrauensbeziehung günstiger ist, als eine sich selbst verschleiernde, immer bestätigende, grenzenverwischende Art und Weise.

Einschätzung der Dringlichkeit/Aktualität der Anpassungsproblematik. Es gilt rasch zu klären, ob das Kind Hilfe wünscht oder nur über elterliche Empfehlung zur Untersuchung kommt. Wichtig ist auch, das Kind darüber aufzuklären, was man in der Untersuchung machen wird, da wir immer wieder erleben, daß Kinder unter Vorspiegelung körperlicher Untersuchungen zum Psychiater gebracht werden. Es empfiehlt sich, auf den Leidensdruck des Kindes einzugehen und die Exploration danach zu gestalten, auch wenn die Eltern das Kind wegen einer anderen Problematik zur Untersuchung gebracht haben.

Beobachtung des Verhaltens. Das Verhalten des Kindes in der Untersuchungssituation gegenüber dem Untersucher, die Art der Kontaktaufnahme, die Art, sich im Raum zu bewegen, bereitliegendes Spielzeug aufzugreifen, die Weise, sich dem Untersucher gegenüberzusetzen, und die mimische und gestische Begleitung der Selbstschilderungen sind von Bedeutung.

Wahrnehmung und Bewertung der geschilderten Beschwerden und Probleme im Kontext des aktuellen Verhaltens. Stimmigkeit oder Widersprüchlichkeit des Verhaltens in der Untersuchungssituation gegenüber den geschilderten Bewältigungsschwierigkeiten werden dabei beurteilt.

Motivation zur weiteren Zusammenarbeit. Der Erstkontakt mit dem Kind sollte immer auch unter dem Aspekt einer Motivation des Kindes zur weiteren Untersuchung und eventuell Behandlung gestaltet werden.

2.7.2 Exploratives Gespräch mit den Bezugspersonen

Herstellen einer kooperativen Beziehung. Die Zusammenarbeit mit den Eltern ist für die Untersuchung und Behandlung eines Kindes und Jugendlichen eine unbedingt notwendige Voraussetzung. Koalitionen mit dem Kind gegenüber den Eltern oder Koalitionen mit den Eltern gegen das Kind sollten zugunsten der Herstellung eines Vertrauensverhältnisses gegenüber allen Beteiligten vermieden werden. Ein guter Kontakt zum Kind allein kann therapeutisch unfruchtbar bleiben, wenn die Eltern dem Therapeuten gegenüber Mißtrauen und Vorbehalte haben.

Schilderung der Probleme und Beschwerden des Kindes aus der Sicht der Eltern. Auf diese Weise entsteht eine Konkordanz oder Diskrepanz bezüglich der kindlichen Darstellungsform. Über die Eltern werden oft auch noch weitere Außendarstellungen, z. B. durch Lehrer, an den Untersucher herangebracht.

Beobachtung des Elternverhaltens. Aus familiendynamischer Sicht kann bereits im ersten Gespräch aus dem Verhalten der Bezugspersonen zueinander und gegenüber dem Untersucher auf mögliche Interaktionsprobleme und — konflikte geschlossen werden.

Die explorativen Gespräche mit Kind (Jugendlichen) und Bezugspersonen können auch in einer gemeinsamen Sitzung erfolgen. Gespräche mit den Eltern allein im Sinne von Elternberatung können dem Erstkontakt mit einem Kind oder Jugendlichen vorangehen. Es empfiehlt sich jedoch nicht, die Eltern zum explorativen Gespräch vorzuziehen, wenn das betroffene Kind (der betroffene Jugendliche) zum Termin mitgekommen ist!

2.7.3 Anamnese

Nach der explorativen Phase, die die situativen Aspekte des Vorstellungsgrundes erhellt, ist ein halbstrukturiertes Vorgehen zur Erhebung der Anamnese sinnvoll. Die Anamnese kann mit dem betroffenen Patienten und seinen Eltern gemeinsam oder in getrennten Sitzungen erfolgen. Die anamnestischen Gespräche sind Datenquellen für die biographische Analyse (Tab. 2.11 gibt einen Überblick über die

Symptomatik Beginn, Intensität situativer Kontext Vorgeschichte, Auslöser	*Familie (biologisch/sozial)* Familiensituation ökonomischer Status Psycho-soziale Risiken
Modus Grund der Intervention Überweisung Vorbehandlungen	*Erweitertes soziales Umfeld* Kindergarten, Schule Lehre Freizeit
Genese Biologische Risikofaktoren Genetische Belastung Entwicklungslinien	*Beziehungsgeschichte* Eltern Geschwister (Reihe) Gleichaltrige

Abbildung 2.11: Überblick über die wichtigsten anamnestischen Themen

---

wichtigsten anamnestischen Themen). Ziel ist, Risikofaktoren, protektive Faktoren und mögliche Hinweise auf Vulnerabilitäten (z. B. genetische Belastung) zu gewinnen.

2.7.4 Synopsis auf der ersten Abstraktionsebene. Erstellung einer entwicklungspsychopathologischen Hypothese

Auf dieser ersten Hypothesenstufe wird der aktuelle psychopathologische Befund, die vorläufige situative Analyse, biographische Analyse und strukturelle Analyse berücksichtigt. Es erfolgt eine Vorentscheidung einer syndromalen Zuordnung und eine Entscheidung bezüglich Akuität und weiterem Vorgehen. So kann im akuten Falle die sofortige Einleitung einer Therapiemaßnahme, eventuell die stationäre Aufnahme des Patienten erfolgen. Im anderen Falle dient der Kontakt mit Eltern und Kind im Rahmen der ersten Hypothesenstufe einer vorläufigen Bilanzierung und Beratung bezüglich des weiteren Vorgehens. Alle Beteiligten werden für weitere Untersuchungsschritte und zu einer Fortführung des diagnostischen (und/oder therapeutischen) Prozesses motiviert.

2.7.5 Überprüfung der ersten Hypothesenstufe

Diese erfolgt mit klar strukturierter Anamnese, die bisher nicht zur Sprache gekommene Nebenbefunde ergänzt, somatische und neurologische Untersuchung des Patienten, die mögliche weitere Einleitung von körperlichen Untersuchungsverfahren, wie Elektroencephalographie oder bildgebende Verfahren oder konsiliarische Spezialuntersuchungen. Die entwicklungspsychopathologische Hypothese wird schließlich durch standardisierte Fragebögen mit syndromalem Schwerpunkt und durch psychologische Testverfahren ergänzt, erweitert, spezifiziert oder revidiert.

2.7.6 Hypothesenbildung der Stufe 2: Festlegung einer Arbeitsdiagnose im Rahmen eines der nosologischen Klassifikationssysteme (im klinischen Bereich nach der ICD-10)

Es erfolgt eine neuerliche Bilanzierung mit Patienten und Eltern. Ein Gesamtbehandlungsplan wird erstellt, der psychotherapeutische, soziotherapeutische oder medikamentöse Interventionen, pädagogische Fördermaßnahmen oder Maßnahmen der Erziehungsberatung vorsieht. Die Entscheidung zu einem ambulanten oder stationären therapeutischen Angebot wird gemeinsam mit der Familie gefällt. Wichtig erscheint nochmals zu betonen, daß nicht allein die Zuordnung zu einem nosologischen Kategoriensystem die Therapie indiziert, sondern daß aus situativer, biographischer und struktureller Analyse der entwicklungspsychopathologische Hintergrund das Symptom als behandlungsbedürftig ausweist und zugleich auch die Richtung der aussichtsreichsten therapeutischen Möglichkeit angibt. Diese Art der Diagnostik steht im Gegensatz zu klassisch psychiatrischen Vorgehensweisen, bei denen die Diagnose allein therapiebestimmend ist. Vor dem entwicklungspsychopathologischen Hintergrund kann im Konsens mit der betroffenen Familie auch eine unsichere nosologische Zuordnung ein weiteres therapeutisches Vorgehen nach sich ziehen, wenn massive Risikofaktoren gefunden wurden. In schwierigen Fällen ist es ratsam, Helferkonferenzen mit beteiligten Institutionen, wie Schule, Jugendamt und der Familie einzuberufen, um ein weiteres Vorgehen zu besprechen.

2.7.7 Evaluierung der therapeutischen Arbeitshypothese

Es erscheint unbedingt notwendig, im weiteren Verlauf des Therapieprozesses (alle etwa sechs bis acht Wochen) einerseits die psychopathologische Arbeitshypothese und andererseits das therapeutische Setting auf seine Gültigkeit hin zu überprüfen. Solche Bilanzgespräche mit Patienten und ihren Angehörigen fördern die Transparenz bezüglich der vom Helfer vorgeschlagenen Maßnahmen und tragen zur Sicherung der diagnostischen Bemühungen bei. Ein neues Arbeits- und Forschungsfeld in den psychiatrischen Fächern unter dem Titel *Qualitätssicherung* wird dieser Art der Vorgangsweise — im Hinblick auf empirische Überprüfbarkeit des Erfolges unterschiedlicher Maßnahmen — in Zukunft besonderes Augenmerk schenken.

2.8 Psychologische Diagnostik

Amelang & Zielinski (1997) geben in ihrem „Lehrbuch zur psychologischen Diagnostik und Intervention“ einen aktuellen und umfassenden Überblick über das Gesamtgebiet allgemeiner psychologischer Diagnostik. Neben Aufgabenbereichen, Fragestellungen und Arten von Diagnostik werden dabei die Grundlagen diagnostischer Verfahren detailliert dargelegt und anhand ausgewählter Beispiele erläutert. Die Autoren beschreiben und diskutieren ausführlich den diagnostischen Prozeß in verschiedenen Arbeitsfeldern, insbesondere der Arbeits-, Betriebs- und Organisationspsychologie sowie in der pädagogischen und klinischen Psychologie.

Die psychologische Diagnostik in der Entwicklungspsychopathologie weist als Spezialfall der allgemeinen psychologischen Diagnostik eine Reihe von Besonderheiten hinsichtlich der Rahmenbedingungen, Zielsetzungen und praktischen Durchführung auf. Zum einen handelt es sich durch die Arbeit mit Kindern und Jugendlichen aller Altersstufen immer um Entwicklungsdiagnostik, also um Fragen der körperlichen, geistigen, emotionalen und psychosozialen/seelischen Entwicklung unter Berücksichtigung von Lebensalter und bisherigen Lernerfahrungen. Zum anderen erfordert die Arbeit mit Kindern und Jugendlichen mit Entwicklungsproblemen häufig eine individualisierte Vorgehensweise und eine sehr flexible Gestaltung des diagnostischen Prozesses in Abstimmung mit klinischen Gesichtspunkten.

2.8.1 Rahmenbedingungen

Als Teil einer umfassenden entwicklungspsychopathologischen Diagnostik kommt der psychologischen Untersuchung im klinischen Bereich die Funktion weiterführender Informationsgewinnung zu. Ziel der klinisch psychologischen Diagnostik ist es dabei, mit Hilfe psychologischer (Test-) Verfahren und Methoden, spezifische Fragen zur kognitiven, emotionalen und psychosozialen Entwicklung, zur Persönlichkeit und zur aktuellen Lebenssituation abzuklären und damit zum besseren Verständnis der Kinder und Jugendlichen beizutragen. Als wichtige Einflußgrößen sind in diesem Prozeß folgende Aspekte besonders zu beachten:

- Voraussetzungen auf Seiten des Untersuchers und des Kindes,
- Gestaltung der Situation und Beziehung,
- Gestaltung des Untersuchungsablaufes,
- Besonderheiten der Testdurchführung bei schwierigen und verhaltensauffälligen Kindern.

Auf Seiten des Untersuchers stellen vielseitige Erfahrungen und Kenntnisse im Umgang mit psychologischen Testverfahren bei Kindern und Jugendlichen eine wichtige Grundvoraussetzung einer effektiven Diagnostik dar. Generell muß sich die Auswahl, Anzahl und Reihenfolge der Testverfahren aber auch die Art ihrer Durchführung stark an den individuellen Möglichkeiten und Bedürfnissen des Kindes orientieren, um allgemeine Über- oder Unterforderung oder unnötige Konflikte in der Testsituation zu vermeiden. Flexibilität im Umgang mit dem Testmaterial erfordert dabei eine sichere Beherrschung der Tests durch den Untersucher. Die Kenntnis vieler unterschiedlicher Verfahren ermöglicht eine individuelle Auswahl geeigneter (Unter-) Tests und eine Gestaltung der Untersuchungssituation, die den Besonderheiten des Kindes oder Jugendlichen Rechnung trägt. Auf Seiten des Kindes oder Jugendlichen ist vorab zu klären ob überhaupt eine ausreichende Bereitschaft zur Mitarbeit vorliegt, oder zu gewinnen ist.

Das Bemühen um Aufbau und Aufrechterhaltung einer positiven, im Rahmen der Situation möglichen Beziehung ist eine wichtige Voraussetzung und Grundlage einer validen Testdiagnostik. Der Verlauf der Untersuchung hängt auch davon ab, wie feinfühlig der Untersucher auf die Signale des Kindes im Anfangsgespräch und auf seine Bedürfnisse nach Nähe oder Distanz reagieren kann und inwieweit eine konstruktive Interaktion gelingt. Der Untersucher sollte während der gesamten Testung darauf achten, ob sich das Kind auf die Aufgabenstellungen einläßt und in welchem Ausmaß Mitarbeit und Motivation gegeben sind. Dazu können die Verfahren und deren Funktion in kurzer verständlicher Form dem Kind jeweils vorab erklärt werden. Während der Durchführung sind Anzeichen von Ermüdung, Unlust oder Abwehr wie Gähnen, negative Kommentare, Ablenkbarkeit, Rückzug, Unruhe, Aufgeregtheit, Kaspereien usw. stets zu beachten und bei der Gestaltung des weiteren Ablaufes zu berücksichtigen. Auf diese Signale des Kindes kann der Untersucher u. a. in Form von Pausen, Aufmunterungen, Nachfragen über Befinden und Motivation, Erklärungen über Dauer der Aufgaben und falls nötig mit Wechsel oder Abbruch der Aufgabenstellung reagieren.

Die Gestaltung des Untersuchungsablaufes ist von hoher Bedeutung für den diagnostischen Prozeß. Wichtige Einflußfaktoren sind hierbei u. a. die äußeren Bedingungen unter denen die Untersuchung stattfindet, die Fragestellung, sowie das Alter und Verhalten des Kindes/Jugendlichen. Im Rahmen ambulanter Abklärung wird häufig ein einmaliger psychologischer Test-Termin einberaumt. Bei komplexeren Fragestellungen oder Kindern mit besonderen Schwierigkeiten können auch mehrmalige Termine erforderlich sein. Die Untersuchungszeit ist bei jüngeren Kindern eher kürzer und kann sich ab dem Schulalter mit Pausen auf zwei bis zweieinhalb Stunden pro Sitzung ausdehnen. Bei Fragen zur Leistungsfähigkeit sind Termine am Vormittag günstiger. In der Regel empfiehlt es sich zur Kontaktaufnahme ein kurzes Gespräch über die aktuelle Lebenssituation (Schule, Freizeit, Gleichaltrige, Familie, Interessen etc. und evtl. Sorgen und Vorstellungsanlaß) zu führen und dem Kind/Jugendlichen den Untersuchungsablauf zu erklären. Üblicherweise wird man Leistungsaufgaben zu Beginn der Untersuchung, nach dem Einführungsgespräch durchführen und Verfahren zur Persönlichkeit, zu Einstellungen und emotionalem Erleben daran anschließen. Leistungssituationen sind älteren Kindern und Jugendlichen aufgrund der Schulerfahrung vertraut und während der Durchführung der Leistungstests ergeben sich vielfältige Interaktionsmöglichkeiten. Der Beziehungsaufbau in der Leistungssituation schafft oft günstige Voraussetzungen für spätere Fragen über emotionale Themen. Am Ende der Untersuchung sollte der Untersucher nachfragen wie die Situation erlebt wurde und dem Kind/Jugendlichen seinerseits Gelegenheit geben noch Fragen zu stellen. Bei Kindern kann ein Lob für die Mitarbeit und evtl. eine kleine Belohnung/Anerkennung, bei Jugendlichen Dank für die Mitarbeit und eine Absprache wann und in welcher Form die Ergebnisse besprochen werden, die Untersuchungssituation abschließen.

Die Auswahl der Testverfahren hängt sowohl von der Fragestellung, als auch vom Verhalten des Kindes ab. Für Kinder im Kindergartenalter oder Kleinkinder nehmen spielerische Elemente und Verhaltensbeobachtung einen besonders breiten Raum ein. Im Leistungsbereich werden in der Regel die zur Fragestellung passenden altersspezifischen Aufgabenstellungen vorgegeben. Bei leistungsschwachen oder sehr begabten Kindern ist es oft sinnvoll auch Verfahren niedrigerer oder höherer Altersstufen einzusetzen, um die Leistungsgrenzen genauer und anschaulicher abzuklären. Im emotionalen Bereich ist es primäres Ziel, Zugang zum individuellen Erleben und Verhalten des Kindes zu gewinnen. Vor allem die projektiven Testverfahren stellen dabei eher Hilfen und Ausdrucksmittel und weniger Meßverfahren im engeren Sinne dar. In der Praxis wird man versuchen, solche Verfahren auszuwählen, die der Eigenart und Ausdrucksmöglichkeit des Kindes entgegenkommen und auf die das Kind positiv reagiert. Bei einem Kind das gerne erzählt, sind Gespräche oder Verfahren die freie verbale Äußerungen begünstigen oft informativ, während bei stillen, ängstlich gehemmten Kindern evtl. handlungsorientierte Verfahren, wie z. B. der Scenotest oder Verfahren die stilles Arbeiten ermöglichen, sich als günstiger erweisen können. Je nach Alter, Entwicklungsstand und Verhalten des Kindes können spielerische Verfahren, Fragen und Fragebogenverfahren, zeichnerische Gestaltung oder projektive Verfahren angeboten werden. Der Gesamtablauf der Untersuchung wird im wesentlichen durch den Untersucher anhand der Fragestellung geplant, strukturiert und vorgegeben. Die Umsetzung und konkrete Realisierung wird jedoch immer die individuellen Eigenschaften des Kindes mitberücksichtigen und entsprechende Abwandlungen beinhalten.

Bei der Testung psychisch auffälliger Kinder sind eine Reihe von Besonderheiten der Beziehungsgestaltung und Testdurchführung in Abweichung zur üblichen standardisierten Vorgehensweise zu beachten. Eine streng standardisierte Durchführung der Tests ist bei Kindern mit psychischen Auffälligkeiten oft nicht, oder nur teilweise, möglich. So kann man unter Einhaltung der notwendigen inhaltlichen und zeitlichen Testvorgaben, z. B. bei besonders ängstlichen Kindern vermehrt Lob und Unterstützung einsetzen, die Untersuchung mit besonders einfachen, motivierenden Aufgabenstellungen beginnen und das Kind im Antwortverhalten verstärken. Während ängstlich gehemmte Kinder oft mehr Zeit und Raum benötigen mit möglichst wenig Druck bei der Testdurchführung, kann es bei sehr lebhaften, expansiv auffälligen Kindern günstiger sein, den Untersuchungsablauf eher rasch, zügig und mit klaren Vorgaben zu gestalten. So müssen z. B. bei jüngeren Kindern mit Konzentrations- oder Verhaltensproblemen Leistungsaufgaben oft spielerisch, mit das Kind individuell ansprechenden Anweisungen, Lob und positiver Rückmeldung durchgeführt werden, um sicherzustellen, daß Aufmerksamkeit und Motivation als Grundvoraussetzungen einer sinnvollen Einschätzung von Fähigkeiten und Kenntnissen überhaupt gegeben sind. Generell muß der Untersucher bemüht sein, einen intensiven Kontakt herzustellen und dabei sehr flexibel auf die Eigenarten des Kindes einzugehen. Ob dies gelingt, läßt sich daran ablesen, inwieweit sich das Kind in der Untersuchung wohl fühlen kann. Die Befindlichkeit des Kindes ist während der gesamten psychologischen Untersuchung stets ein zentraler wichtiger Faktor den es zu beachten gilt. Testungen gegen den Widerstand des Kindes oder unter Druck und Spannung sind nicht sinnvoll und führen in der Regel auch nicht zu validen Ergebnissen.

2.8.2 Klassifikation der Testverfahren

Nachfolgend soll ein grober Überblick über Bedeutung und Einsatzmöglichkeiten verschiedener psychologischer Methoden und Testverfahren im Rahmen der Entwicklungspsychopathologie gegeben werden. Eine Ordnung und Klassifizierung kann dabei über die Informationsinhalte sowie über Art und Struktur der Verfahren erfolgen. Die Informationsinhalte stehen in enger Beziehung zu den jeweiligen Fragestellungen und werden in der Regel in zwei übergeordnete Themenbereiche eingeteilt:

- kognitive Entwicklung und Leistungsprofil,
- Verhalten, emotionale/psychosoziale Entwicklung und Persönlichkeit.

Die angewandten psychologischen Methoden und Testverfahren lassen sich nach Art und Struktur unter folgenden Gesichtspunkten gliedern:

- informelle Verfahren,
- halbstandardisierte Verfahren,
- psychometrische Tests,
- projektive Tests.

Als informelle Verfahren bezeichnet man Arten der Informationsgewinnung, die nicht an genau definierte Interaktionsabläufe oder spezifisches Testmaterial gebunden sind. Sie entsprechen damit einer ergänzenden klinisch psychopathologischen Vorgehensweise, wie z. B. einem frei geführten Explorationsgespräch, Verhaltensbeobachtungen in verschiedenen Situationen ohne Verwendung eines Beobachtungsschemas, gemeinsamem Spiel, freiem Malen oder einfachen Funktionsprüfungen zur kognitiven Entwicklung. Vorteile dieser informellen Verfahren liegen darin, daß sie meist leicht, sehr flexibel und ohne hohen Zeitaufwand durchgeführt werden können. Sie liefern wertvolle individuelle Informationen und geben einen raschen Überblick über wichtige Eigenschaften oder Fähigkeiten der Kinder in Ergänzung zum klinisch psychopathologischen Status aus ressourcenorientierter Perspektive. Einfache Fragen zur Lebenssituation, zu Vorlieben, Interessen oder Ärgernissen, Beschreibung von Verhaltensweisen des Kindes/Jugendlichen in Spiel-, Leistungs- und Interaktionssituationen sowie einfache Prüfungen von Kenntnissen wie Lesen, Schreiben, Rechnen, Qualität von Zeichnungen oder Beschreibung von Wortschatz und sprachlichem Ausdrucksvermögen liefern oft einen orientierenden Überblick über Entwicklungsstand, Eigenschaften und Erlebniswelt des Kindes/Jugendlichen. Sie setzen weniger Ausdauer und Bereitschaft zur systematischen Mitarbeit voraus und können in jedem Alter eingesetzt werden. Als Nachteil oder Einschränkung wird hierbei in Kauf genommen, daß die Beobachtungen und Beurteilungen eher selektiv, unsystematisch, subjektiv und teilweise ungenau erfolgen (siehe dazu Kap. 2.3–2.5 und 2.7).

Halbstandardisierte Verfahren beinhalten auf Seiten der Durchführung und/oder Auswertung engere Vorgaben, lassen jedoch einen gewissen Antwort- und Beurteilungsspielraum zu. Als Beispiele hierfür wären vorgegebene Einschätzungsskalen zur Verhaltensbeurteilung oder vorgegebene Fragen mit offenen Antwortmöglichkeiten zu nennen. Durch die Verwendung der stets gleichen Fragen, gleichen Materials oder einheitlicher Beurteilungsskalen wird eine gewisse Vergleichbarkeit der Ergebnisse erreicht, aber dennoch ein individueller Spielraum auf Seiten des Kindes und Beurteilers zugelassen. Halbstandardisierte Tests nehmen eine mittlere Stellung zwischen den informellen und projektiven Verfahren auf der einen Seite und psychometrischen Tests auf der anderen Seite ein, mit jeweils Vor- und Nachteilen in beiden Richtungen.

Psychometrische Testverfahren sind in Material, Durchführung und Auswertung weitgehend standardisiert und objektiv, d. h. es gibt genau definierte Anweisungen und Richtlinien zur Durchführung und Auswertung. Es werden anhand von feststehenden Fragen und Aufgaben Testwerte ermittelt, die in der Regel im Vergleich zu repräsentativen Altersnormen beurteilt werden können. Ziel dabei ist es, zuverlässige, objektive und gültige Meßwerte über definierte Fähigkeiten oder Eigenschaften zu erhalten, wie z. B. Meßwerte zur Intelligenz, Rechtschreibleistung, Aggressivität oder Ängstlichkeit.

Projektive Tests arbeiten meist mit vorgegebenem einheitlichem Reizmaterial, lassen jedoch auf der Antwortseite dem Kind oder Jugendlichen alle Freiheiten. So kann das Kind beim Scenotest mit dem angebotenen Spielmaterial beliebig umgehen oder beim TGT anhand von Bildtafeln Geschichten frei erfinden. Die Reaktionen und Antworten werden anschließend einer Analyse unterzogen wobei neben formalen Aspekten vor allem die Beurteilung inhaltlicher und psychodynamischer Gesichtspunkte durch den Untersucher eine wesentliche Rolle spielen.

Insgesamt existieren sowohl im Bereich der Leistungs- als auch der Persönlichkeitsdiagnostik für Kinder- und Jugendliche eine Vielzahl von Testverfahren, die an dieser Stelle nicht umfassend dargestellt werden können. Die Beschreibungen verschiedener psychologischer Methoden, Instrumente und Testverfahren in den nachfolgenden Abschnitten sind daher allenfalls als Beispiele möglicher Vorgehensweisen und Verfahren, die sich in der klinischen Arbeit bewährt haben, zu verstehen, ohne Anspruch auf Vollständigkeit zu erheben. Eine Übersicht und ausführliche Beschreibung verschiedener Testverfahren findet sich bei Brickenkamp (1997) oder Amelang & Zielinski (1997).

2.8.3 Explorationsgespräch und Verhaltensbeurteilung

Explorationsgespräch: In der Regel bewährt es sich die psychologische Untersuchung mit einem kurzen Gespräch zu beginnen. Fragen zur Lebenssituation in den Bereichen Schule (Kindergarten), Familie und Freizeit, zu momentanen Sorgen und dem Grund des aktuellen Hierseins vermitteln einen ersten Eindruck über das Verhalten und Erleben des Kindes und seine Möglichkeit oder Bereitschaft sich mitzuteilen und auf die Situation einzulassen. Dieser ersten Beziehungsgestaltung im Gespräch kommt ein hoher Stellenwert zu, der oft über den weiteren Verlauf der Untersuchung mitentscheidet. Hierbei sollte der Untersucher darauf achten dem Kind/Jugendlichen eine offene freundliche Grundhaltung mit Entgegenkommen und Aufmerksamkeit aber auch Respekt vor dessen Grenzen zu signalisieren. Hat ein Kind ein hohes Mitteilungsbedürfnis, so kann schon das Gespräch einen breiten Raum einnehmen und wichtige Informationen über die Situation und Erlebniswelt des Kindes liefern. Zeigt sich ein Kind eher verschlossen, so kann man weniger und einfacher zu beantwortende Fragen formulieren. Generell gilt, daß dem Kind überlassen bleibt was und wieviel es mitteilt. Die Fragen stellen grundsätzlich ein Beziehungs- und Gesprächsangebot dar, wobei das Kind entscheidet in welcher Form es sich darauf einlassen will. Signalisiert das Kind anfangs keine, oder nur wenig, Gesprächsbereitschaft, sollte dies respektiert werden. Ein vermehrtes insistierendes Nachfragen erscheint eher kontraproduktiv für die Beziehungsgestaltung.

Verhaltensbeobachtung: Eine detaillierte und umfassende Beobachtung und Beschreibung des Verhaltens in der Untersuchungssituation ist wichtiger Bestandteil der psychologischen Diagnostik zur Beurteilung von Verhaltens- und Persönlichkeitsmerkmalen des Kindes/Jugendlichen. Dazu empfiehlt es sich Beobachtungen und Eindrücke während der Untersuchung zu verschiedenen Zeitpunkten und in verschiedenen Situationen (Gespräch, Leistungstest, Spielsituation, im Kontakt zu Begleitpersonen usw.) zwischenzeitlich kurz zu notieren und direkt im Anschluß in ausführlicher und möglichst systematischer Form schriftlich auszuformulieren. Die Verwendung eines Beobachtungsschemas kann dabei helfen, die Eindrücke und Beobachtungen zu systematisieren. In Anlehnung an ein Schema zur qualitativen Beurteilung des Arbeits- und Kontaktverhaltens aus dem Adaptiven Intelligenz Diagnostikum (AID) von Kubinger & Wurst (1991) lassen sich gemäß Tab. 2.2 Dimensionen und Kategorien zur Verhaltensbeurteilung in der Test- und Untersuchungssituation in abgestufter (quantifizierter) Ausprägung beschreiben.

Die drei Kategorien zu jeder Dimension beschreiben Auffälligkeiten in Richtung introversiver (linke Kategorie) oder expansiver (rechte Kategorie) Störungen oder unauffälliges Verhalten (mittlere Kategorie). Das Ausmaß der Auffälligkeit kann zusätzlich anhand von zwei oder mehr Ausprägungsgraden (z. B. leicht, mittel, schwer) abgestuft beurteilt werden, wodurch sich ein Verhaltensprofil sowie Richtung und Gesamtausmaß an Auffälligkeiten quantifizieren läßt. Ergänzend zu diesen vorgegebenen Dimensionen sollten weitere Auffälligkeiten im motorischen Bereich (Ticks, Stereotypien, andere Bewegungsstörungen usw.), sprachlichen Bereich (stottern, poltern, stammeln, undeutliche/verwaschene Aussprache, Artikulationsstörungen, Dysgrammatismen, Fremdsprache, Akzent, Dialekt usw.) oder sonstiger Art (spezielle Verhaltensformen, Interaktion, Kommunikation, Affekt, körperliche Befindlichkeit/Erkrankungen usw.) erfaßt, genau beschrieben und eingestuft werden. Ebenso wichtig wie die Erfassung von Problemverhalten ist die Dokumentation von Kompetenzen, Ressourcen, besonderen Fähigkeiten und Stärken des Kindes/Jugendlichen, da sich diese positiv für entwicklungsfördernde Maßnahmen oder Therapieschritte nutzen lassen.

2.8.4 Leistungsdiagnostik und Leistungstests

Bei Erwachsenen wird im Leistungsbereich üblicherweise zwischen Intelligenztests und Tests zur Erfassung spezieller kognitiver Fähigkeiten oder Fertigkeiten unterschieden. Diese Unterscheidung bleibt jedoch aufgrund sehr divergenter Intelligenzmodelle oft unklar. In der Literatur finden sich Definitionsvorschläge, die eine Gleichsetzung von Intelligenz und Denkfähigkeit vorschlagen (Klix, 1983; Jäger & Petermann, 1992) bis hin zu sehr weit gefaßten Konstrukten, die Intelligenz als die Gesamtheit aller kognitiver Funktionen verstehen, mit deren Hilfe sich ein Individuum mit seiner Umwelt auseinandersetzt (Wechsler, 1964; Piaget, 1973). In der Intelligenz- und Leistungsdiagnostik bei Kindern und Jugendlichen erscheint es — unabhängig von diesen begrifflichen Streitigkeiten — wichtig, auch

	auffällig	angemessen, unauffällig	auffällig
Kooperation	überangepaßt	arbeitet problemlos mit	unkooperativ, verweigernd, Abwehrhaltung
Motivation, Interesse	übermotiviert, übertrieben leistungsorientiert	bemüht, leistungsfreudig	lustlos, desinteressiert, wenig Anstrengung
Arbeitstempo	langsam, schleppend	angemessen, zügig	hektisch, hastig
Arbeitsgenauigkeit	pedantisch, perfektionistisch	sorgfältig, genau	oberflächlich, flüchtig
Ausdauer	verbissen, findet kein Ende	gut ausdauernd	gibt rasch auf, ermüdet schnell
Frustrationstoleranz	verzagt, resigniert rasch, Rückzugsverhalten	strengt sich verstärkt an, akzeptiert Versagen	wird aggressiv, albert, schimpft, lenkt ab
Aufmerksamkeit, Konzentration	eingeengt, rigid	gut konzentriert	fluktuierend, leicht ablenkbar
Impulskontrolle	überkontrolliert, zögerlich	gut kontrolliert	impulsiv, unkontrolliert, übereilt
Grobmotorik, Antrieb	bewegungsarm, antriebsschwach	ruhig	unruhig, zappelig, überaktiv

	auffällig	angemessen, unauffällig	auffällig
Feinmotorik	verkrampft, zittrig	geschickt	undifferenziert, unkoordiniert
Sprechtempo und Lautstärke	verlangsamt, leise	unauffällig	hastig, laut
Sprachverhalten, Kommunikation	wortkarg, sprachscheu	kommuniziert angemessen	gesprächig, spricht übertrieben viel
Emotionaler Ausdruck	affektarm, verschlossen	offen, reagibel	exaltiert, affektlabil
Grundstimmung	dysphorisch, gereizt, traurig, ängstlich	ausgeglichen	gesteigert heiter, ausgelassen, albern
Selbsteinschätzung	unsicher, traut sich wenig zu	sicher	überschätzt sich
Aufmerksamkeitsheischendes Verhalten	regressiv, jammernd, klagsam	angemessen	angeberisch, kaspernd
Regelverhalten	überfolgsam, ordnet sich stark unter	angemessen	Grenzüberschreitungen, sehr eigenwillig
Kontaktverhalten	gehemmt, schüchtern, distanziert	gut kontaktfähig	ungehemmt, distanzlos

Tabelle 2.2: Schema zur Verhaltensbeurteilung in der Test- und Untersuchungssituation

entwicklungspsychologisch frühe Komponenten kognitiver Leistungen zu berücksichtigen und Wahrnehmung, Gedächtnis und Lernen als wichtige primäre Grundfunktionen in die Intelligenz- und Leistungsdiagnostik einzubeziehen (vgl. hierzu auch Kap. 5). Ziel der Leistungsdiagnostik bei Kindern und Jugendlichen sollte es sein, ein breites Spektrum kognitiver Leistungen zu erfassen, um ein möglichst umfassendes und differenziertes Intelligenz/Leistungsprofil zu erstellen, das Auskunft über Stärken und Schwächen bei verschiedenen Inhalten (Handlungsebene, visuelle, soziale, sprachliche, symbolische Reizverarbeitung) und Funktionen (Wahrnehmung, Gedächtnis, Fertigkeiten/Wissen, Denken, Kreativität) liefert. Ob entsprechende Testverfahren als Entwicklungstests, Intelligenztests, allgemeine oder spezielle Leistungstests bezeichnet werden erscheint hierbei sekundär. Wichtiger ist es vielmehr eine klare Beschreibung mitzuliefern was die jeweiligen Verfahren genau messen und auf welche kognitiven Aspekte sich die Ergebnisse beziehen.

In der Leistungsdiagnostik bei Kindern spielt das Alter eine besonders zentrale Rolle. Die gleiche Leistung ist bei unterschiedlichem Lebensalter völlig unterschiedlich zu werten. Ob ein drei-, sechs- oder neunjähriges Kind beginnt Lesen und Schreiben zu lernen, spiegelt eine frühe, normale oder verzögerte spezifische Entwicklung/Leistung wider. Testverfahren, Durchführungsbedingungen, Gültigkeit, Stabilität und Aussagekraft der Ergebnisse sind stark altersabhängig, wobei die Leistungsdiagnostik in sehr frühem Lebensalter zunehmend unsicherer und schwieriger wird.

Kleinkindalter (1. bis 3. Lebensjahr): Bis zum Alter von drei Jahren ist eine Testung im engeren Sinne meist nur eingeschränkt möglich. Einfache Funktionsprüfungen im Sinne eines Screenings zur Entwicklung von Motorik, Sprache, Formwahrnehmung und Gedächtnis können dennoch schon klare Hinweise auf bestehende Entwicklungsverzögerungen und notwendige Fördermaßnahmen liefern. Vor dem Kindergartenalter zeigen die meisten Kinder noch wenig oder keine Leistungsmotivation, so daß die Funktionsprüfungen spielerisch und für das Kind in interessanter Form erfolgen müssen. Nur bei ausreichender Aufmerksamkeit und Konzentration, wenn ein Kind mit Neugier, Interesse und Spaß bei der Sache ist, können valide Ergebnisse erwartet werden. Um dies zu erreichen ist die Verwendung kindgemäßen Reizmaterials wie Bilderbücher, Spielsachen, Bälle, Luftballons, Bausteine, Puppen, Autos usw. und altersgerechter Aufgaben wie zeigen, benennen, verstecken, suchen, bauen und hantieren, sowie Ausführung einfacher Handlungsanweisungen im Rahmen eines gemeinsamen Spieles indiziert. Für das erste bis dritte Lebensjahr liefern allgemeine Entwicklungstests standardisiertes Material und Bewertungskriterien, um Entwicklungsauffälligkeiten im Vergleich zur Altersnorm in verschiedenen Funktionsbereichen (z. B. Feinmotorik, Grobmotorik, optische Wahrnehmung, akustische Wahrnehmung, Sprache, Sozialkontakt) in den ersten Lebensjahren zu beurteilen. Beispiele hierfür sind:

- *Münchner Funktionelle Entwicklungsdiagnostik (MFED)* von Hellbrügge et al. (1994),
- *Denver-Entwicklungsskalen* von Flehmig et al. (1973),
- *Sensomotorische Entwicklungsgitter* von Kiphard (1975).

Kindergartenalter (4. bis 6. Lebensjahr): Im Kindergartenalter in der Spanne von 3 bis 6 Jahren lassen sich bereits standardisierte Testverfahren für die Entwicklungs- und Leistungsdiagnostik einsetzen. Zwar sind die Kinder dieser Altersstufe noch sehr verspielt und besitzen eine begrenzte Ausdauer bei Leistungsaufgaben, sie wollen jedoch meist schon zeigen was sie können und lassen erste Ansätze von Leistungsmotivation erkennen. Mit viel Lob und Aufmunterung, kleinen Pausen und abwechslungsreichen Aufgaben ist eine Leistungsdiagnostik in Grenzen bereits gut möglich. Als neuere differenzierte und umfassend normierte Verfahren zur Beurteilung der allgemeinen kognitiven Entwicklung stehen z. B. zur Verfügung:

- *Kaufman-Assessment Battery for Children (K-ABC)* von Melchers & Preuß (1991),
- *Wiener Entwicklungstest (WET)* von Kastner-Koller & Deimann (1998).

Als Spezielle Tests zur Prüfung der Entwicklung von Sprache und Motorik, die ab 3 bzw. 4 Jahren ebenfalls relevante Aspekte der frühen kognitiven Entwicklung erfassen, können z. B. folgende Verfahren einsetzt werden:

- *Heidelberger Sprachentwicklungstest (HSET)* von Grimm & Schöler (1978),
- *Psycholinguistischer Entwicklungstest (PET)* von Angermaier (1977),
- *Frostigs Entwicklungstest der visuellen Wahrnehmung (FEW)* von Frostig (1979),
- *Motoriktest für vier- bis sechsjährige Kinder (MOT 4–6)* von Zimmer & Volkamer (1987),
- *Graphomotorische Testbatterie (GMT)* von Rudolf (1986).

Schulalter (ab dem 7. Lebensjahr): Ab dem Schulalter läßt sich eine standardisierte Intelligenz- und Leistungsdiagnostik in der Regel problemlos und zuverlässig durchführen. Durch den Schulbesuch sind die Kinder und Jugendlichen mit Leistungsaufgaben vertraut. Leistungsmotivation und Arbeitshaltung, sowie Konzentration auf vorgegebene Aufgabenstellungen, sind ab dem Alter von 7 Jahren überwiegend gegeben. Etwa ab dem 16. Lebensjahr können zusätzlich auch die meisten der im Erwachsenenbereich entwickelten Testverfahren (die hier nicht weiter dargestellt werden) eingesetzt werden. Als in der klinischen Arbeit bewährte, differentielle Intelligenztests, mit einer Auswahl verschiedener Untertests, bieten sich z. B. an:

- *Hamburg Wechsler Intelligenztest für Kinder (HAWIK-R, bzw. HAWIK-III in Vorbereitung)* von Tewes (1983),
- *Adaptives Intelligenz Diagnostikum (AID)* von Kubinger & Wurst (1991),
- *Kaufman-Assessment Battery for Children (K-ABC)* von Melchers & Preuß (1991).

Je nach Fragestellung lassen sich die Befunde der Intelligenztests durch weitere Leistungstests ergänzen. Hierbei spielen Schulleistungstests zur Erfassung von Lesen, Rechtschreibung und Rechnen eine wichtige Rolle, z. B.:

- *Diagnostischer Lesetest zur Frühdiagnose (DLF 1–2)* von Müller (1984),
- *Salzburger Lese- und Rechtschreibtest (SLRT)* von Landerl et al. (1997),
- *Diagnostische Rechtschreibtests (DRT 1–5)* siehe z. B. Müller (1990),
- *Weingartener Grundwortschatz Rechtschreib-Tests (WRT 1–3)*, siehe z. B. Birkel (1995),
- *Grundwortschatz Rechtschreib-Test für 4. und 5. Klassen (GRT4+)* von Birkel (1990),
- *Westermann Rechtschreibtests (WRT 4/5, 6+)* von Rathenow (1979),

weiterhin Tests zu Konzentration und Arbeitstempo, z. B.:

- *Aufmerksamkeitsbelastungstest (d2)* von Brickenkamp (1981),
- *Differentieller Leistungstest (DL-KE bzw. DL-KG)* von Kleber & Kleber (1974); Kleber et al. (1975),
- *Zahlen Verbindungs Test (ZVT)* von Oswald & Roth (1978),

oder Tests zur Erfassung spezieller kognitiver Funktionen. Wichtige Bereiche sind hierbei Lern- und Gedächtnisleistungen, z. B. durch:

- *Mottier-Test* von Welte (1981),
- *Benton-Test* von Benton (1981),
- *Diagnostikum für Cerebralschädigung (DCS)* von Weidlich & Lamberti (1993),

- *Lern- und Merkfähigkeitstest (LMT)* von Seyfried (1990),

die Motorik und Visumotorik z. B.

- *Lincoln-Oseretzky Skala Kurzform (LOS KF 18)* von Eggert (1974),
- *Frostigs Entwicklungstest der visuellen Wahrnehmung (FEW)* von Frostig (1979),
- *Göttinger Formreproduktions Test (GFT)* von Schlange et al. (1973),

sowie Sprache und phonologische Reizverarbeitung z. B.

- *Heidelberger Sprachentwicklungstest (HSET)* von Grimm & Schöler (1978),
- *Psycholinguistischer Entwicklungstest (PET)* von Angermaier (1977),
- *Heidelberger Lautanalyse- und Differenzierungstest (H-LAD)* von Brunner et al. (1999a).

Bei Kindern und Jugendlichen mit seelischen und/oder Verhaltensproblemen, sowie bei Kindern mit Entwicklungsrückständen, Teilleistungsschwächen oder Schulschwierigkeiten sind im Rahmen der Leistungsdiagnostik eine Reihe von besonderen Aspekten hinsichtlich der Testdurchführung und Testinterpretation zu beachten. Das Verhalten in Leistungssituationen dieser Kinder/Jugendlichen ist oft durch Störfaktoren, die sich negativ auf die Testwerte auswirken, überlagert, wodurch es leicht zu einer Unterschätzung ihrer Intelligenz und ihrer kognitiven Möglichkeiten kommt. Die Zielsetzung und Fragestellung bei der Leistungsdiagnostik im Rahmen der Entwicklungspsychopathologie ist primär die Erfassung der maximalen Leistungskapazität, bzw. die Beantwortung der Frage: was könnte das Kind unter günstigen oder optimalen Bedingungen leisten? Wenn ein Kind z. B. wegen Leistungsproblemen in der Schule vorgestellt wird, kann man bei streng standardisierter Testung zwar das Ausmaß der bestehenden Schwächen genau quantifizieren, erfährt jedoch wenig über deren Ursachen. Schafft man individuell günstige Testbedingungen, die den emotionalen, motivationalen oder Verhaltensproblemen der Kinder in besonderem Maße Rechnung tragen, so sind streng genommen die Standard-Normen nicht gültig, da man unter individuell günstigeren Bedingungen testet, was tendenziell zu einer Überschätzung der Testwerte führt. Diese beiden Fehlerquellen gilt es gegeneinander abzuschätzen, bzw. im anschließenden Ergebnisbericht darzustellen und zu beurteilen. Bei manchen Störungsbildern besteht die Möglichkeit zur wiederholten Testung, z. B. während und nach einer Krankheitsphase oder mit und ohne Medikament (z. B. Ritalin bei Aufmerksamkeitsstörungen) um den Einfluß der Störung auf die Leistungsergebnisse abzuschätzen. Häufig ist dies jedoch nicht möglich, so daß das Ausmaß der Auffälligkeit und deren Einfluß auf das Leistungsverhalten vom Untersucher zu beurteilen und bei Testdurchführung und Ergebnisinterpretation zu berücksichtigen ist. Wenn z. B. ein vierjähriges hyperaktives Kind mit Aufmerksamkeitsproblemen unter standardisierter Testung wenig mitarbeitet, vorzeitig abbricht, wegläuft oder ständig abgelenkt und mit anderen Dingen befaßt ist, sagen unterdurchschnittliche Testwerte zwar etwas über das Leistungsverhalten, jedoch nur indirekt etwas über die Intelligenz des Kindes aus. Wenn das gleiche Kind bei veränderter Testdurchführung, mit Pausen, häufiger verbaler Anweisung, Lob und Bestätigung, evtl. auch kleiner materieller Anreize zur Mitarbeit, durchschnittliche Testwerte erzielt, so ist anzunehmen, daß primär die Verhaltensprobleme für die Minderleistungen unter Normalbedingungen verantwortlich sind. Der Versuchsleiter muß in jedem Fall abschätzen inwieweit in der Testsituation ausreichende Voraussetzungen für eine valide Leistungsbeurteilung geschaffen werden können und muß im Zweifelsfall bei ausgeprägten Störeinflüssen die Interpretation der Ergebnisse stark einschränken oder aussetzen.

Störeinflüsse sind typischerweise vom Störungsbild abhängig. So trauen sich ängstliche, depressive oder sozial unsichere Kinder oft wenig zu. Sie geben im Zweifelsfall lieber keine, als eine falsche Antwort, trauen sich nicht zu raten oder sagen „ich weiß nicht" wenn sie sich ihrer Antwort nicht sicher sind, d. h. sie wissen oder können mehr als sie unter Leistungsdruck zeigen. Hier gilt es den Kindern/Jugendlichen Sicherheit zu vermitteln, sie zur Antwort zu ermutigen und zu erklären und zu zeigen, daß Fehler nicht sanktioniert werden. Durch Beginn mit leichten Aufgaben und häufige positive Rückmeldungen in Form von Lob, Bestätigung, Aufmunterung oder Anerkennung läßt sich hierbei eine eher angstfreie Atmosphäre schaffen. Bei Kindern mit Hyperaktivität oder Aufmerksamkeitsproblemen stellt die unzureichende Konzentration auf die Aufgabenstellung eine häufige Schwierigkeit dar. Hier ist eine ständige und intensive Interaktion zwischen Kind und Untersucher erforderlich um sicherzustellen, daß das Kind bei der Sache ist. Der Untersucher kann dabei der mangelnden Aufmerksamkeitssteuerung des Kindes durch ständige Rückführung zur Aufgabenstellung entgegenwirken. Bei Kindern mit Mißerfolgserfahrungen in der Schule können sich erhebliche Motivations- und Arbeitsprobleme ergeben. Hier empfiehlt es sich in besonderem Maße das Kind für seine Mitarbeit und nicht für die Leistung zu belohnen. Erfolgserlebnisse in der Testsituation lassen sich durch Hervorhebung der Stärken des Kindes und Vermeidung von Fehlerrückmeldungen vermitteln. Als generelle Aspekte bei der Leistungsdiagnostik von Kindern und Jugendlichen mit seelischen Problemen oder Verhaltensauffälligkeiten lassen sich folgende weitere Punkte nennen: Individualtests, die eine direkte Beobachtung des Lösungsverhaltens und Nachfragen seitens des Untersuchers erlauben, sind zu bevorzugen, da sie wertvolle Informationen über Lösungsstrategien und Arbeitsverhalten vermitteln. Tests, die stilles Arbeiten erfordern, können in Ergänzung durchgeführt werden. Bei Individualtests empfiehlt es sich, alle Antworten ausführlich zu protokollieren und eine sichtbare Punktvergabe erst nach der Testung durchzuführen.

2.8.5 Beurteilung der emotionalen/psychosozialen Entwicklung und Persönlichkeit

Persönlichkeitstests: Unter dem Oberbegriff Persönlichkeitstest werden in der Regel eine Vielzahl von Verfahren die keine kognitive Leistung erfassen subsumiert. Neben standardisierten Persönlichkeitstests im engeren Sinne werden hierzu auch Verfahren gerechnet, die Informationen über Einstellungen, Motivation, Interessen, Befindlichkeit, spezielle Eigenschaften und Verhaltensformen (im klinischen Bereich z. B. Angst, Depression, aggressives Verhalten, Selbstbild, Körperwahrnehmung, Eßverhalten, Attributionsstil usw.) sowie über Konfliktinhalte, Konfliktlösungsstrategien und Abwehrmechanismen, Interaktionsverhalten, Bindungs- und Beziehungsstrukturen liefern.

Psychometrische Verfahren: Bei psychometrischen Verfahren im Persönlichkeitsbereich handelt es sich zumeist um Fragebogenverfahren. Die erhobenen Meßwerte liefern Informationen zum Ausprägungsgrad verschiedener Eigenschaften im Vergleich zu einer Normpopulation. In der Regel wird dabei vorausgesetzt, daß der Proband ausreichend rasch und sicher lesen kann, wodurch die untere Altersgrenze bei 8–9 Jahren liegt. Ausnahmen bilden der

- *Familiy Relations Test (FRT)* mit einer Standardisierung der deutschen Fassung an Kindern von 6–11 Jahren von Flämig & Wörner (1977) und das
- *Soziale Beziehungsverfahren für Kinder (SOBEKI)* von Roos et al. (1995) für Kinder von 6–12 Jahren (Berger, 1996),

da beide Verfahren interaktiv mit dem Kind durchgeführt werden. Als mehrdimensionale Persönlichkeitstests für Kinder sind z. B

- *der Persönlichkeitsfragebogen für Kinder zwischen 9 und 14 Jahren (PFK 9–14)* von Seitz & Rausche (1992), oder der
- *Hamburger Persönlichkeitsfragebogen für Kinder (HAPEF-K)* von Wagner & Baumgärtel (1978)

zu nennen. Hierbei werden mehrere unterschiedliche Eigenschaften wie emotionale Probleme, Aggression, Neurotizismus, Extraversion oder Skalen zu Verhaltensstilen, Motivation und Selbstbild erhoben. Neben diesen eher allgemeinen Persönlichkeitstests existieren eine Vielzahl von Verfahren, die spezielle Eigenschaften (Interessen, Attributionsstil, Körperbild, Selbsterleben, Streßverarbeitung, Konfliktlösungsstrategien usw.) oder klinische Aspekte (Angst, Depression, Eßverhalten, Somatisierungstendenzen, aggressives Verhalten, usw.) erfassen. An dieser Stelle können nur exemplarisch einzelne Beispiele von Verfahren genannt werden, die im Rahmen der klinischen Diagnostik zum Einsatz kommen können. So bietet z. B. für Jugendliche das

- *Narzißmusinventar (NI)* von Deneke & Hilgenstock (1989)

umfassende Informationen zu Selbstbild, Werte-Idealen und Erleben der Umwelt auf der Basis psychometrischer Skalen die psychoanalytische Konzepte abbilden. Dabei geben sowohl einzelne Items als auch Skalenwerte Auskunft über spezifische Problembereiche, Ressourcen und Gefährdungen. Der

- *Problemfragebogen für 11- bis 14jährige* von Westhoff et al. (1982) sowie der

- *Problemfragebogen für Jugendliche* von Roth et al. (1967)

liefern sehr detaillierte Informationen über Sorgen und Probleme in den Bereichen Selbsterleben, Familie, Peer group, Schule, berufliche Vorstellungen, Partnerbeziehung, Gesundheit und Allgemeine Lebensfragen. Als weitere psychometrische Verfahren zur Selbst- oder Fremdbeurteilung von Kindern und Jugendlichen hinsichtliche klinisch relevanter Dimensionen lassen sich nennen:

- *Kinder-Angst-Test (K-A-T)* von Thurner & Tewes (1975),

- *Depressionsinventar für Kinder und Jugendliche (DIKJ)* von Stiensmeier-Pelster et al. (1989),

- *Fragebogen für Jugendliche (YSR) und der Elternfragebogen über das Verhalten von Kindern und Jugendlichen (CBCL/4–18)* der Arbeitsgruppe Kinder-, Jugendlichen- und Familiendiagnostik (Döpfner et al., 1994).

Informelle, halbstandardisierte und projektive Verfahren: Im Gegensatz zu psychometrischen Tests liefern informelle, halbstandardisierte und projektive Verfahren im Rahmen der Persönlichkeitsdiagnostik keine Meßwerte, sondern eher individuelle Informationen, deren Bedeutung in Form von Beurteilungen und Interpretationen durch den Auswerter eingeschätzt wird. Beispiele informeller Verfahren sind

- *die Analyse von Kinderzeichnungen,*

- *die Analyse von Spielsituationen* oder die

- *Wunschprobe*, bei der das Kind gefragt wird was es sich wünschte, wenn es wie im Märchen drei Wünsche frei hätte.

Als halbstandardisierte Verfahren mit vorgegebenen Reizen/Fragen aber offenen, individuellen Antwortmöglichkeiten liefern

- *Assoziations- oder Satzergänzungstests*

eher direkte bewußtseinsnahe Aussagen zu sehr unterschiedlichen Themenbereichen und geben oft einen vielfältigen Einblick in die Erlebniswelt des Kindes/Jugendlichen. Das Kind soll dabei auf einzelne Reizwörter, Themen oder angefangene Sätze hin seine eigenen Einfälle in freier Form mitteilen. Bei interaktiver Vorgehensweise, indem der Untersucher dem Kind die Satzanfänge vorliest und dessen Antworten protokolliert, können auch jüngere Kinder ab dem Schulalter teilnehmen, und es ergibt sich die Möglichkeit bei wichtigen Themen oder auffälligen Antworten ausführlicher nachzufragen.

Projektive Verfahren im engeren Sinne, die sich in der klinischen Arbeit mit Kindern und Jugendlichen bewährt haben, sind z. B.:

- *Scenotest* von von Staabs (1964),
- *Familie in Tieren* von Brem-Gräser (1995),
- *Die verzauberte Familie* von Biermann & Kos-Robes (1986),
- *Kinder-Apperzeptions-Test (CAT)* und der
- *Children's Apperception Test with Human Figures (CAT-H)* von Bellak & Bellak (1955, 1979),
- *Thematischer Gestaltungs Test (TGT)* von Revers & Allesch (1985),
- *Geschichten Erzählen projektiv (GEP)* von Preuß & Landsberg (1996),
- *Rorschach-Test* von Rorschach (1992).

Der Scenotest eignet sich besonders gut bei jüngeren Kindern ab ca. 3 Jahren bis zum Ende des Grundschulalters und wird zumeist sehr gerne bearbeitet. Das Kind darf mit vielfältigem Spielmaterial (Menschen, Tiere, Pflanzen, Gegenstände, Autos, Bausteine usw.) nach eigener Wahl frei spielen. Je nach Fragestellung kann auch im Anschluß an ein freies Spiel noch eine Spielsequenz zu einem vorgegebenem Thema (z. B. meine Familie, in der Schule, usw.) angeregt werden. Der Untersucher protokolliert Spielablauf und verbale Äußerungen und befragt das Kind am Ende zu seinem Spiel oder Bildaufbau. Ziel des Verfahrens ist es das Spielverhalten unter Verwendung standardisierten Materials zu erfassen und anschließend nach formalen, inhaltlichen und evtl. auch psychodynamischen Gesichtspunkten zu beurteilen (zur psychodynamischen Diagnostik siehe auch Kap. 2.3). Bei den Verfahren „Familie in Tieren“ und „verzauberte Familie“ werden die Familienmitglieder in Form von Tieren oder in beliebiger Gestalt vom Kind dargestellt. Ausgehend von den Tieren oder Objekten, die für die einzelnen Personen ausgewählt wurden, kann man dabei mit dem Kind über die Gründe seiner Wahl und typische Eigenschaften und Verhaltensweisen der Familienmitglieder sprechen. Die entstehenden Bilder, Vorstellungen und Zeichnungen und zugehörigen Erläuterungen liefern dabei oft wertvolle Informationen über die Familienkonstellation und die eigene Position innerhalb der Familie aus Sicht des Kindes/Jugendlichen. Die Verfahren „Kinder-Apperzeptions-Test“ (CAT), „Children's Apperception Test with Human Figures“ (CAT-H), der „Thematische Gestaltungs Test“ (TGT) und der Test „Geschichten Erzählen projektiv“ (GEP) unterscheiden sich nur im Bildmaterial bei gleicher Vorgehensweise. Dem Kind/Jugendlichen werden jeweils Bildtafeln mit Menschen (beim CAT mit Tieren) in unterschiedlichen, eher offenen, mehrdeutigen Situationen gezeigt mit der Bitte sich zu jedem Bild eine kurze Handlung oder Geschichte auszudenken. Der CAT und CAT-H enthält Bildmaterial für jüngere Kinder, der TGT für Kinder im Schulalter und Jugendalter und der GEP Bilder, die auch spezielle Themen wie sexueller Mißbrauch, Mißhandlung, Vernachlässigung, Eltern-, Schul- und Gleichaltrigenkonflikte etc. ansprechen. Die Verfahren gehen davon aus, daß die Geschichten der Kinder typischerweise deren eigene Erfahrungen, Vorstellungen, Konflikte und Beziehungskonstellationen widerspiegeln. Anhand einer inhaltlichen Analyse lassen sich zentrale Themen und Konflikte, aber auch sehr spezielle individuelle Erlebnisse, Wünsche und Ängste erkennen. Beim TGT liefern die Vorstellungen zur carte blanche, einer leeren Tafel zu der das Kind sich sein eigenes Bild vorstellen soll, oft besonders Ich-nahe wichtige Informationen. Weiterhin kann man nach Vorgabe ausgewählter Tafeln das Kind bitten sich aus den restlichen Tafeln zwei bis drei Tafeln auszuwählen, zu denen es noch etwas erzählen möchte. Dadurch hat das Kind zusätzlich zur carte blanche nochmals die Möglichkeit eigene wichtige Themen auszusuchen und anzusprechen.

Ein Verfahren bei dem Projektionsmechanismen in besonderem Maße zum tragen kommen ist der Rorschach-Test. Die Psychodiagnostik mit Hilfe der Rorschach-Tafeln wurde in langjähriger experimenteller Arbeit von Hermann Rorschach in der Schweiz entwickelt und 1921 publiziert. Dem Probanden werden zehn Kleckstafeln mit Zufallsformen vorgelegt, mit der Bitte, alles was er/sie darauf sehen kann mitzuteilen. Beim Rorschachtest bilden sowohl formale Befunde (z. B. Zahl der Form-, Farb-, Bewegungs-, Ganzheits- und Detailantworten) als auch inhaltliche Befunde (Menschdeutungen, Defektantworten, Konfabulationen, kreative Originaldeutungen mit entsprechenden Beispielen) das objektivierbare Ausgangsmaterial der Testauswertung für die nachfolgende Interpretation und Bewertung. Der Autor H. Rorschach hat in seinem von W. Morgenthaler herausgegebenen Buch zur Rorschach-Psychodiagnostik (Rorschach, 1992) ein komplexes Auswertungsverfahren entwickelt und beschrieben, das methodisch nicht unumstritten geblieben ist. Sicherlich handelt es sich beim Rorschach-Test um ein wahrnehmungspsychologisches Experiment, das dem individuellen Erleben in besonderem Maße Rechnung trägt. Ein psychometrischer Auswertungsansatz, wie er von Rorschach selbst und später von anderen Autoren (Bohm, 1951; Klopfer & Davidson, 1974) weiterverfolgt wurde kann derzeit nicht im wissenschaftlichen Sinne als ausreichend empirisch belegt angesehen werden. In der klinischen Arbeit liefern die individuellen Wahrnehmungsbilder und Deutungen dennoch einen sehr wertvollen Zugang zu individuellen Sicht- und Erlebnisweisen. Betrachtet man den Rorschachtest weniger als Meßverfahren und eher als individuelles Ausdrucksmittel in Form von Wahrnehmungs- und Phantasiebildern, so kann er im Zusammenhang mit klinischer Erfahrung in der Praxis durchaus von großem Nutzen sein.

Während die psychometrischen Verfahren im Bereich der „Persönlichkeitsdiagnostik“ (hier als Oberbegriff aller nicht leistungsbezogenen Aspekte der Persönlichkeit verstanden) es ermöglichen, die Ausprägungsgrade verschiedener Eigenschaften im Vergleich zur Altersnorm einzuschätzen, tragen halbstandardisierte und projektive Verfahren mehr zum individuellen Verständnis der Lebenssituation des Kindes/Jugendlichen bei. Beide Arten der Informationsgewinnung schließen sich nicht gegenseitig aus, sondern ergänzen sich oft in sinnvoller Weise. Welche Verfahren in welcher Kombination Anwendung finden, hängt im wesentlichen von der jeweiligen Fragestellung ab. Bei wissenschaftlichen Fragestellungen mit Untersuchung von Stichproben oder Populationen wird man üblicherweise vermehrt auf standardisierte, psychometrische Testverfahren zurückgreifen. Demgegenüber kann bei der klinischen Einzelfalldiagnostik die individuelle Ausdrucksmöglichkeit über halbstandardisierte und projektive Verfahren oft von besonderem Nutzen sein.

2.8.6 Zur Bedeutung und Interpretation von Testwerten

Exkurs über statistische Grundlagen von Meßwerten: Bei der Durchführung psychometrischer Testverfahren ergeben sich individuelle Meßwerte, deren jeweilige Bedeutung beurteilt werden muß. In der Regel geschieht dies anhand eines Vergleichs des individuellen Meßwertes mit der Verteilung der Meßwerte in der Altersnorm. Als Altersnorm sollten Vergleichswerte für eine möglichst große und repräsentative Stichprobe der jeweiligen Altersstufe vorliegen.

Verteilung von Meßwerten: Bei den meisten Eigenschaften im Bereich psychologischer Diagnostik (Leistung, Persönlichkeit, Befindlichkeit, Interessen etc.) geht man von der Modellannahme einer Normalverteilung der Eigenschaftswerte in der Grundgesamtheit der Alterspopulation aus (s. Abb. 2.12).

Bei einer Normalverteilung tritt ein mittlerer Ausprägungsgrad der jeweiligen Eigenschaft (Mittelwert) am häufigsten auf. Die Auftretenswahrscheinlichkeit für empirische Meßwerte oberhalb und unterhalb des Mittelwertes nimmt mit wachsendem Abstand vom Mittelwert stetig ab, d. h. daß Meßwerte nahe des Mittelwertes relativ häufig und Meßwerte mit zunehmend weiterem Abstand zum Mittelwert immer seltener zu erwarten und empirisch zu beobachten sind. Dies gilt in Annäherung bei empirisch endlicher Anzahl von Meßwertausprägungen sowie im mathematischen Sinne bei kontinuierlicher Merkmalsausprägung für kleine Meßwertintervalle. Annähernd Normalverteilungen der Meß-/Eigenschaftswerte findet

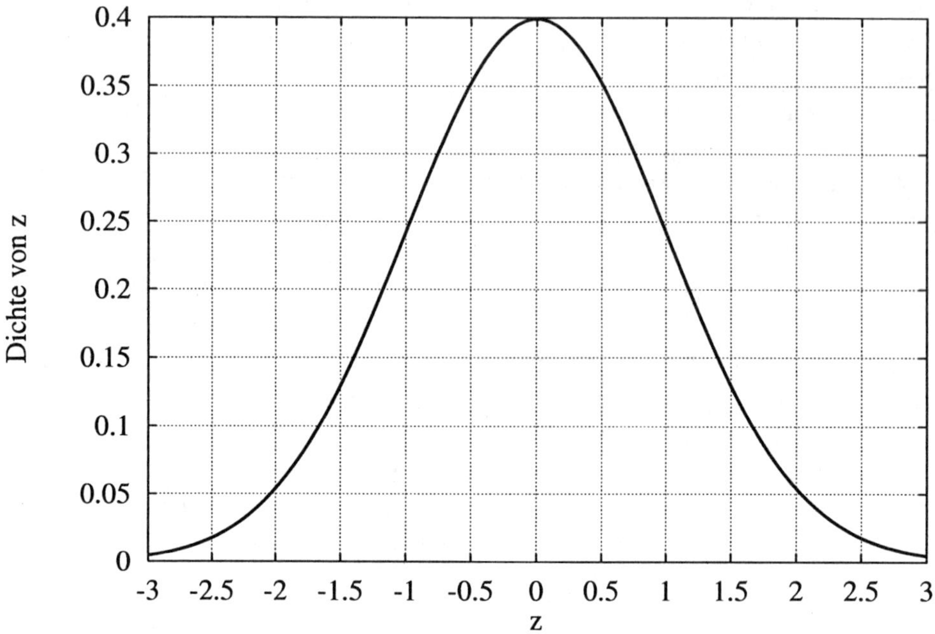

Abbildung 2.12: Dichtefunktion der Standardnormalverteilung

man bei einer Reihe körperlicher Eigenschaften (z. B. Körpergröße, Körpergewicht oder körperliche Leistungswerte), wenn man altershomogene Populationen betrachtet. So beträgt z. B. die aktuelle mittlere Körpergröße (Mittelwert) 18 jähriger in Deutschland ca. 180 cm bei Männern und 168 cm bei Frauen (Reinken & van Oost, 1992). Größere oder kleinere Werte treten mit wachsendem Abstand von der jeweiligen Durchschnittsgröße immer seltener auf (Standardabweichung ca. $\sigma = 6$ cm bei beiden Geschlechtern). Extremwerte, die mehr als 18 cm (drei Standardabweichungseinheiten) vom Mittelwert abweichen (bei Männern kleiner als 162 cm oder größer als 198 cm, bei Frauen kleiner als 150 cm oder größer als 186 cm) sind selten und treten bei weniger als 1% der Population 18-jähriger auf. Auch bei psychometrischen Testverfahren im Bereich der Psychologie ist man bestrebt Instrumente zu entwickeln deren Meßwerte in großen (repräsentativen) Stichproben einer Normalverteilung folgen. Wenn die Verteilung der empirisch beobachtbaren Meßwerte (Rohwerte) in einer Normstichprobe nicht einer Standardnormalverteilung folgt (beispielsweise bei einer asymmetrischen/schiefen Verteilung der Rohwerte), so werden die Rohwerte in der Regel in standardisierte normalverteilte Werte (z. B. z-Werte, T-Werte, IQ-Werte usw.) transformiert (zum Vorgehen siehe Lienert & Raatz, 1994).

Skala	Mittelwert μ	Standardabweichung σ
Intelligenzquotient (*IQ*)	100	15
Standardwerte (*SW*)	100	10
T-Werte (*T*)	50	10
Wertpunkte (*WP*)	10	3
Staninewerte (*SN*)	5	2
C-Werte (*C*)	5	2

Tabelle 2.3: Mittelwerte und Standardabweichungen gängiger Standardskalen

---

Standardisierte Meßwerte: Ein einheitliches Maß zur Bestimmung des Abstandes eines Meßwertes vom Mittelwert ist die Standardabweichung. Die Standardabweichung (σ) ist ein Maß, das die Variabilität der Meßwerte in Form der mittleren Streubreite (mit σ^2 definiert als mittlere quadrierte Abweichung der Meßwerte vom Populationsmittelwert) beschreibt. Bei normalverteilten Meßwerten ist die Gesamtverteilung durch Mittelwert und Standardabweichung mathematisch vollständig definiert. Standardisierte Meßwerte lassen den Abstand zum Mittelwert in Standardabweichungseinheiten erkennen und es läßt sich berechnen wieviel Prozent der Gesamtpopulation oberhalb oder unterhalb eines jeweiligen standardisierten Meßwertes liegen.

Die einfachste Form standardisierter Meßwerte sind z-Werte, die einen Mittelwert von 0 und eine Standardabweichung von 1 aufweisen. Ein z-Wert gibt an wieviel Standardabweichungseinheiten der Meßwert vom Mittelwert entfernt liegt. Negative z-Werte liegen unterhalb, positive z-Werte oberhalb des Mittelwertes. Der z-Wert 0 kennzeichnet den Mittelwert. Liegt eine Normalverteilung der Meßwerte vor, so liegen stets ca. 68% der Populationswerte innerhalb des Abstands von einer Standardabweichung zum Mittelwert (standardisierte z-Werte zwischen -1 und $+1$). Innerhalb von zwei Standardabweichungen vom Mittelwert (standardisierte z-Werte zwischen -2 und $+2$) liegen ca. 95.5%, innerhalb von drei Standardabweichungen vom Mittelwert (standardisierte z-Werte zwischen -3 und $+3$) liegen ca. 99.7% und innerhalb von vier Standardabweichungen vom Mittelwert (standardisierte z-Werte zwischen -4 und $+4$) liegen 99.994% aller Werte.

In der Praxis werden an Stelle von z-Werten meist andere standardisierte Skalenwerte wie z. B. T-Werte, IQ-Werte oder Wertpunkte verwendet. Da bei z-Werten unhandliche Kommazahlen und negative Werte auftreten, werden sie durch einfache lineare Transformationen in Skalen mit positivem Mittelwert und ganzzahligen Wertebereich umgerechnet. Mittelwerte und Standardabweichungen gängiger Standardskalen sind in Tab. 2.3 dargestellt:

Indem man den z-Wert mit der Standardabweichung multipliziert und anschließend den Mittelwert addiert erhält man die jeweiligen standardisierten Skalenwerte

x ($x = z\sigma + \mu$). Umgekehrt kann man jeden Skalenwert x in den z-Wert zurückrechnen wenn man den Mittelwert der Skala abzieht und durch die Standardabweichung teilt ($z = \frac{x-\mu}{\sigma}$). Multipliziert man z. B. die z-Werte mit 15 und zählt 100 dazu so erhält man IQ-Werte ($IQ = 15z + 100$) oder multipliziert man die z-Werte mit 10 und zählt 50 dazu so erhält man T-Werte ($T = 10z + 50$). Ein z-Wert von -1, ein IQ-Wert von 85, ein T-Wert von 40 und ein Wertpunkt von 7 beinhaltet demnach genau die gleiche Information und besagt, daß der Wert eine Standardabweichung unterhalb des Mittelwertes liegt. Alle von standardisierten z-Werten abgeleiteten Skalen lassen sich leicht über die zugrundeliegenden z-Werte ineinander umrechnen. So entspricht z. B. ein IQ-Wert von 120 einem z-Wert von 1.33 ($z = \frac{120-100}{15}$) und damit einem T-Wert von 63.3 oder einem Wertpunkt von 14.

Prozentrangwerte: Der Prozentrang gibt an wieviel Prozent der Gesamtpopulation (Normpopulation) einen gleichen oder niedrigeren Meßwert aufweisen. Ein Prozentrangwert von $PR = 10$ besagt, daß 10% aller Vergleichspersonen der Normstichprobe einen gleichen oder noch niedrigeren Testwert erreichen. Ein Prozentrangwert von $PR = 99$ besagt, daß 99% aller Vergleichspersonen der Normstichprobe einen gleichen oder niedrigeren und nur 1% einen noch höheren Testwert erzielen. Der Prozentrangwert reicht von 0–100. Bei normalverteilten Skalenwerten entspricht der Mittelwert einem Prozentrang von $PR = 50$, für Skalenwerte die genau eine Standardabweichung unterhalb des Mittelwertes liegen ist $PR = 16$, für Werte die genau zwei Standardabweichungseinheiten unterhalb des Mittelwertes liegen ist $PR = 2.3$. Für Abweichungen von ein und zwei Standardabweichungseinheiten oberhalb des Mittelwertes gilt entsprechend $PR = 84$ und $PR = 97.7$. Jedem standardisierten Meßwert läßt sich ein Prozentrangwert zuordnen, der seine Bedeutung veranschaulicht. Die Zuordnung von standardisiertem Meßwert (z-Wert) und Prozentrangwert ist in Abb. 2.13 veranschaulicht. Anhand der graphischen Funktion kann für jeden z-Wert der zugehörige Prozentrangwert (Perzentilwert) abgelesen oder umgekehrt für jeden Prozentrangwert eindeutig der zugehörige z-Wert bestimmt werden. Zum Beispiel läßt sich für einen IQ-Wert von 120 über den zugehörigen z-Wert von $z = 1.33$ in der Grafik ein Prozentrangwert von ca. $PR = 91$ ablesen. Die meisten psychologischen Testverfahren stellen Normtabellen für (standardisierte) Meßwerte mit zugehörigen Prozentrangwerten zur Verfügung.

Der Durchschnittsbereich: Der Bereich innerhalb einer Standardabweichung oberhalb und unterhalb vom Mittelwert (z von -1 bis $+1$; IQ von 85 bis 115; T von 40 bis 60 oder WP von 7 bis 13) wird üblicherweise als Durchschnittsbereich definiert. In diesem Durchschnittsbereich liegen bei normalverteilten Meßwerten immer ca. 68% aller Fälle (PR von 16 bis 84). Werte die mehr als eine Standardabweichungen vom Mittelwert abweichen ($z < -1$ oder $z > +1$) gelten

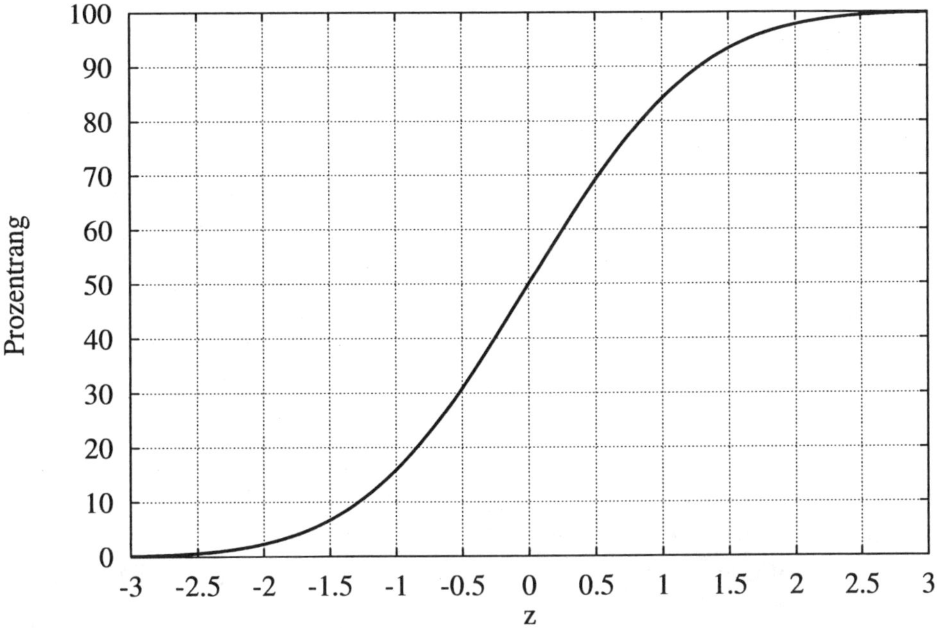

Abbildung 2.13: Prozentränge der Standardnormalverteilung

als unter- oder überdurchschnittlich. Werte die mehr als zwei Standardabweichungen vom Mittelwert abweichen ($z < -2$ oder $z > +2$) gelten als weit unter- oder weit überdurchschnittlich. Demnach ergeben sich bei normalverteilten Merkmalen per Definition stets bei ca. 16% aller Fälle unterdurchschnittliche und bei ca. 2.3% aller Fälle weit unterdurchschnittliche Meßwerte. Ebenso liegen definitionsgemäß ca. 16% aller Meßwerte im überdurchschnittlichen und 2.3% im weit überdurchschnittlichen Meß-/Wertebereich. Meßwerte lassen sich anhand der zugehörigen standardisierten Skalenwerte und Prozentrangwerte wie in Abb. 2.14 dargestellt klassifizieren.

Der Durchschnittsbereich, der insgesamt von *PR* 16 bis 84 reicht, läßt sich noch zusätzlich in einen unteren (*PR* 16 bis 24.9), mittleren (*PR* 25 bis 75) und oberen (*PR* 75.1 bis 84) Durchschnittsbereich untergliedern.

Testnormen: Bei der Beurteilung von individuellen Meßwerten psychometrischer Tests spielt der Vergleich zur Altersnorm eine grundlegende Rolle. Die Frage der Normierungsstichprobe und des Normierungszeitpunktes sind dabei Faktoren, die die Zuverlässigkeit und Gültigkeit der Meßwertinterpretation erheblich mitbestimmen. Probleme für die Individualdiagnostik können sich durch eine (zu) kleine Normierungsstichprobe, fehlende Repräsentativität oder veraltete Testnormen ergeben. Da sich Testnormen im zeitlichen Wandel erheblich verändern können,

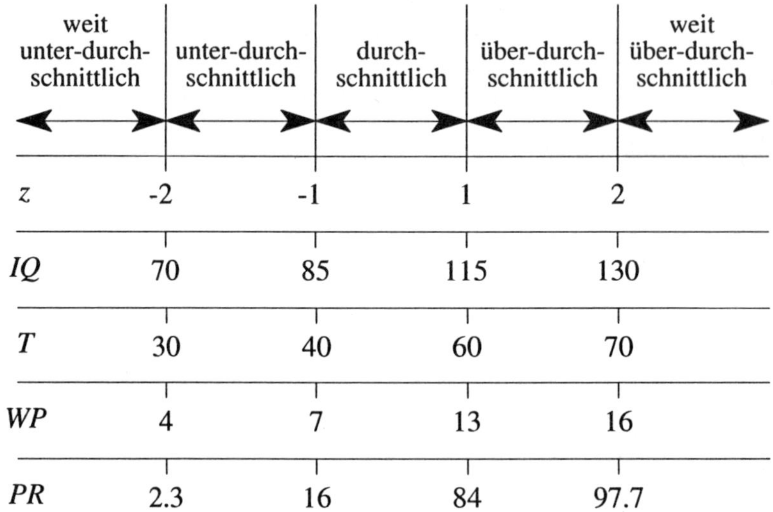

Abbildung 2.14: Klassifizierung der Wertebereiche standardisierter Skalenwerte: z-Skala, Intelligenzquotient (IQ), T-Wertskala, Wertpunktskala (WP), Prozentrangskala (PR).

---

empfehlen Amelang & Zielinski (1997) Testnormen alle 10 Jahre zu aktualisieren. In einer epidemiologischen Stichprobe junger Erwachsener im Jahr 1996 zeigten sich in der Allgemeinbevölkerung ausgeprägte Normverschiebungen mit einem Anstieg der Testleistungen zur sprachfreien Intelligenz über einen Zeitraum von zwanzig Jahren um etwa 0.7 Standardabweichungseinheiten (10 *IQ*-Punkte) und einer Verschlechterung der Rechtschreibleistung von ca. 1.2 Standardabweichungen über einen Zeitraum von dreißig Jahren. Diese gegenläufigen Normverschiebungseffekte führen hinsichtlich der Diagnose einer spezifischen Rechtschreibschwäche zu einem additiven Fehler. Bei Verwendung veralteter Testnormen ergibt sich eine erhebliche Überschätzung der Fallzahlen (5–10 fach je nach Falldefinition) im Vergleich zu den aktuellen Normen einer Neunormierung (Haffner et al., 1998b). Generell zeigen Befunde zur Normverschiebung (Flynn, 1987), daß Testnormen die älter als 10 Jahre sind, zu erheblichen Fehleinschätzungen in der Individualdiagnostik führen können.

2.8.7 Auswertung, Interpretation und Befunddarstellung

Auswertung und Interpretation: Während die Auswertung psychometrischer Tests über die Ermittlung der entsprechenden Roh- und Standardwerte relativ unproblematisch ist, sind bei Beschreibung von Verhalten, Gesprächsangaben sowie bei halbstandardisierten und projektiven Verfahren Auswertung und Interpretation oft nur schwer zu trennen. Es empfiehlt sich dennoch der Versuch deskriptive Inhalte und deren Interpretation möglichst explizit voneinander abzugrenzen. So können detaillierte Verhaltensbeschreibungen als Hinweise oder Beispiele für die Interpretation bestimmter Merkmale oder Eigenschaften dienen: z. B. „rutscht ständig auf dem Stuhl, steht oft auf, rennt mehrfach spontan durchs Zimmer, zappelt die meiste Zeit über mit Armen und Beinen" als Indikatoren für Hyperaktivität oder „spricht *grei* statt *drei* oder *Tich* statt *Tisch*" als Hinweise für das Vorliegen einer Artikulationsstörung. Eine beispielhafte Darstellung typischer Gesprächsinhalte, eine Zusammenfassung der Themenschwerpunkte im Satzergänzungstest oder eine inhaltliche Beschreibung des Spielverhaltens im Scenotest (z. B. „befaßt sich nur mit den Spielzeugautos läßt diese minutenlang aufeinanderprallen und verunglücken" oder „verwendet Menschen und Tiere, gestaltet einen Bauernhof und beschäftigt sich schwerpunktmäßig mit der Versorgung des Babys das abwechselnd von beiden Elternfiguren gefüttert und herumgetragen wird") sind für den Leser des Ergebnisberichtes relativ sachliche, objektivierbare Informationen. Die Interpretationen sollten daraus in nachvollziehbarer Form abgeleitet werden, so daß dem Leser die Möglichkeit einer eigenen Urteilsbildung bleibt. Beim TGT können z. B. typische Geschichten oder Äußerungen zu den Bildtafeln im Originaltext mitgeteilt werden mit anschließender Ableitung von Schlußfolgerungen und Interpretationen des Auswerters. Generell sollte für alle Testverfahren und Informationsquellen explizit dargestellt und mitgeteilt werden auf welche Fakten, Inhalte und Informationen sich die Interpretation der Ergebnisse bezieht und stützt.

Befunddarstellung: Im Befundbericht zu den Ergebnissen der psychologischen Diagnostik wird üblicherweise nach den Personendaten ein tabellarischer Überblick über die verwendeten Testverfahren und Untersuchungsmethoden gegeben. Die anschließende Verhaltensbeschreibung sollte neben typischen Verhaltenstendenzen, Auffälligkeiten und Kompetenzen des Kindes/Jugendlichen auch Angaben zu Motivation, Mitarbeit und eventuellen Störfaktoren des Untersuchungsablaufes enthalten, um die allgemeine Gültigkeit der Befunde einschätzen zu können. Die wichtigsten Informationen aus dem Explorationsgespräch können in einem kurzen eigenen Absatz den Untersuchungsbefunden vorangestellt werden. Bei den testpsychologischen Ergebnissen empfiehlt es sich zunächst, die Einzelbefunde zum kognitiven Entwicklungs- und Leistungsstand darzustellen. Wichtige Informationen sind hierbei eine kurze Beschreibung der Meßinhalte der jeweiligen durchgeführten Testverfahren, Mitteilung der standardisierten Testwerte mit zugehörigen Prozentrangwerten und eine verbale Erläuterung der Befunde, die auch für einen Leser, der mit Statistik und Fachtermini nicht vertraut ist, verständlich bleibt. Neben der Einschätzung des Begabungsniveaus, das bei heterogenem Leistungsprofil oft nicht einfach zu bestimmen ist, kommt der detaillierten Beschreibung des Leistungsprofils mit Angaben zu Stärken, Schwächen und der Verteilung der Test- und Subtestwerte im Vergleich zur Altersnorm eine zentrale Bedeutung zu. Bei Vorliegen allgemeiner Entwicklungsverzögerungen können auch

Angaben zum kognitiven Entwicklungsalter hilfreich sein, um den Leistungsstand des Kindes zu veranschaulichen (z. B. das Kind erreicht Testergebnisse die vom Gesamtniveau etwa dem Leistungsstand eines 6-jährigen Kindes entsprechen, als Veranschaulichung der unterdurchschnittlichen Leistungen eines 10-jährigen Kindes mit einem Gesamt-*IQ* von 60). Bei der Interpretation der Leistungsergebnisse, also beim Schluß von den Testleistungen auf zugrundeliegende Fähigkeiten und Fertigkeiten, sind stets gewisse Einschränkungen und Fehlerquellen gegeben und sollten deshalb auch explizit angesprochen werden. Zurückhaltung bei der Bewertung ist besonders geboten, wenn nur wenige orientierende Verfahren durchgeführt wurden, bei Test-/Subtestwerten mit niedriger Reliabilität und/oder wenn starke Störeinflüsse erkennbar oder zu vermuten sind. Im Bereich von Verhalten, Emotionalität und Persönlichkeit gilt es bei der Interpretation der Ergebnisse, ohne Überinterpretation von Einzelheiten, generelle oder klare Befunde, Trends, Konfliktthemen oder Auffälligkeiten zu beschreiben und im Hinblick auf Ressourcen oder Risiken für die Entwicklung des Kindes/Jugendlichen einzuschätzen. Neben Extremwerten bei Fragebogenverfahren sind bei projektiven Tests Themen oder Problemfelder (z. B. Geschwisterrivalität, Elternkonflikte, soziale Ängste, Schulprobleme, Kontaktprobleme, emotionale Vernachlässigung, aggressive Reaktionsmuster usw.) die sich wiederholt, in besonders gravierender Form oder in mehreren unabhängigen Verfahren zeigen, von besonderer diagnostischer Bedeutung.

In einer abschließenden Zusammenfassung lassen sich die wichtigsten Einzelbefunde in knapper und übersichtlicher Form einander gegenüberstellen und im Hinblick auf die ursprüngliche Fragestellung bewerten. Im Leistungsbereich können die Befunde zum Entwicklungsstand, Begabungsniveau, zu Stärken und Teilleistungsschwächen die Entscheidungsgrundlage für Fragen wie z. B. Einschulung, Schulform oder notwendige Fördermaßnahmen liefern. Im Bereich von Verhalten, Emotionalität und Persönlichkeit gilt es, Ausmaß und Art vorhandener Auffälligkeiten, Konflikte und Probleme aufgrund der Untersuchungsbefunde mit den Ergebnissen der klinischen Exploration und Anamnesedaten in Beziehung zu setzen und gegebenenfalls aufgrund der entwichlungspsychopathologischen Gesamteinschätzung entsprechende Interventionen oder Behandlungsmaßnahmen zu empfehlen (s. Kap. 2.7.6).

KAPITEL 3

Die interaktionelle Matrix

3.1 Die Familie als Kontext

Der Mensch bedarf als „Zoon politicon" eines sozialen Rahmens für seine Entwicklung. Alle Entwicklungsschritte werden nicht nur in der Auseinandersetzung mit den Erfordernissen der materiellen Umwelt getan, sondern stehen immer auch in einem unlösbaren Zusammenhang mit sozialen Notwendigkeiten und Angeboten. So gesehen kann ein Akt menschlicher Handlung zwei Aspekte besitzen: einen materiellen, der auf Veränderungen in der physikalischen Welt abzielt, und einen sozialen, der auf Veränderungen von menschlichen Beziehungen ausgerichtet ist (siehe dazu die Überlegungen von Wygotski, 1964).

Der Mensch ist praktisch in ein Gefüge von zwischenmenschlichen Relationen eingebettet, wobei diese einen wesentlichen Einfluß auf das innere Weltverständnis und das Selbstbild nehmen. In diesem Kapitel sollen Aspekte dieser interaktionellen Matrix näher beleuchtet werden. Einflüsse derselben auf die normale und pathologische Entwicklung des Kindes sollen faßbar gemacht werden. Das intentionale Handeln des Kindes, d. h. die zielgerichtete, problemorientierte und auf eine zwischenmenschliche Kommunikation ausgerichtete Vorgangsweise, ist ohne Berücksichtigung der Einflüsse von seiten der interaktionellen Matrix nicht zu verstehen.

Es stellt sich die Frage, ob gerade die frühe Kindheit eine kritische Periode darstellt, oder ob die interaktionelle Matrix nicht das ganze Leben hindurch als wirksame Variable berücksichtigt werden muß. Entgegen den heute noch vorherrschenden Ansichten, daß gerade die frühe Kindheit eine kritische Periode darstellt, zeigt sich in mehreren prospektiven Untersuchungen eine überraschende Diskontinuität der Entwicklung hinsichtlich Intelligenz, Spracherwerb, sozialer Kompetenz, aber auch späterer psychiatrischer Auffälligkeiten (Literatur bei Papoušek, 1987, 1989). Diese unsichere Vorhersagbarkeit späterer psychiatrischer Auffälligkeiten aufgrund früh erlebter Mangelerfahrungen sollte jedoch nicht dahingehend mißinterpretiert werden, daß gar keine Zusammenhänge mit den Milieufaktoren bestünden. Vielmehr muß auf den Prozeßcharakter der Entwicklung verwiesen werden und die diesem innewohnende Plastizität. So können in der Entwicklung Mangelerfahrungen und Zustände wieder ausgeglichen werden (Gesundungspotential). Die Entwicklung ist jedoch auch nicht nach gut überstandenen frühen Jahren auf der positiven Seite festgemacht. Der Blick sollte von der Annahme einer schicksalshaften Bedeutung früher Beziehungserfahrungen weg auf kompensatorische protektive, stabilisierende und heilende Faktoren im je aktuellen Umfeld gerichtet werden. Es wäre falsch, die früheste Kindheit in ihrer Bedeutung für

Mikrosystem: Unmittelbare sozio-emotionale Umgebung, die die interaktionelle Matrix bildet. Im Mikrosystem finden Bindung, affektive Regulationsprozesse und soziale Referenzierungsprozesse statt. Nach Cicchetti & Toth (1997) kann jedes Umweltsetting, das die Person umgibt, ein Mikrosystem bilden, also auch Schule oder Arbeitsplatz, wenn dort affektive Austauschprozesse und proximale Interaktionen stattfinden.

Mesosystem: Wechselwirkungen zwischen mehreren Mikrosystemen, sowie Verbindungen der Mikrosysteme mit dem weiteren Umfeld wie Schule, Kirche, Peer-Gruppe, etc.

Exosystem: Enthält soziale Strukturen wie Nachbarschaft, Arbeitswelt, Schule als Institution, denen das Kind nur mittelbar ausgesetzt ist, die es aber indirekt beeinflussen können (ökologischer Stress).

Makrosystem: Umfaßt das gesellschaftliche und politische System von Nationen, das über Ideologien, Normen- und Wertesysteme auf die Entwicklungsbedingungen von Kindern Einfluß nimmt.

Abbildung 3.1: Umweltsysteme (nach Bronfenbrenner, 1979, 1986)

die Entwicklung abzuwerten, aber es sollten die Entwicklungsphasen der späteren Kindheit, Pubertät und Adoleszenz von einer dynamischen Entwicklungspsychopathologie gleichermaßen beachtet werden und eine individuelle Entwicklungsgeschichte ungünstiger und günstiger Lebenserfahrungen nachgezeichnet werden.

Die wichtigste frühe Umgebung des Kindes, also das primäre Umfeld, ist die Familie mit Mutter, Vater und Geschwistern. Von dieser heute idealtypischen Familienkonstellation zeigt die heutige Realität der Lebensbedingungen von Kindern oft dramatische Abweichungen. Wachstums- und Erziehungsbedingungen des Kindes werden überdies aufgrund moderner Fertilisationstechniken nicht mehr durch die biologische Notwendigkeit menschlicher Elternschaft determiniert. Fest steht, daß in unserem Jahrhundert technische Möglichkeiten geschaffen wurden, auch ohne biologische Elternschaft und ohne Formierung einer Kernfamilie Kinder quasi ex vitro zur Welt zu bringen. Diese Entwicklungen müssen uns wachsam sein lassen, denn die möglichen psychischen Auswirkungen auf die Kinder und die gesellschaftlichen Konsequenzen sind unüberblickbar.

Die Zusammensetzung des primären Umfeldes, der Kernfamilie, ist somit nicht biologisch determiniert, sondern es spielen ökologische Faktoren und Kulturspezifika in der Gestaltung familiärer Situationen eine wesentliche Rolle (Oppolzer & Spiel, 1991). Im historischen Überblick findet sich ein Trend, demzufolge Ende des letzten Jahrhunderts ein Abbau der patriarchalischen Familienstrukturen quer durch alle Gesellschaftsschichten hin begonnen hat, der nun in diesem Jahr-

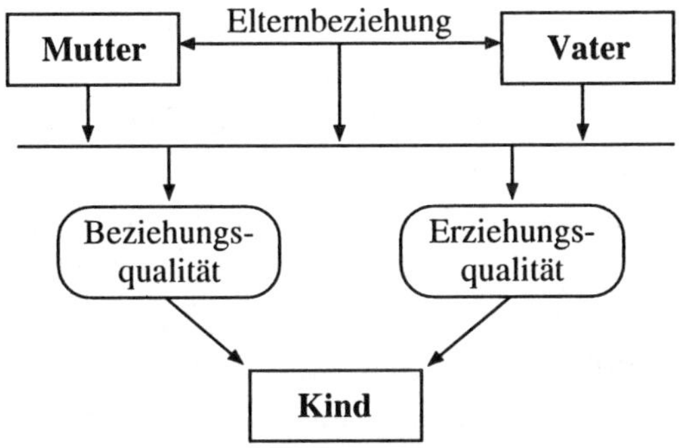

Abbildung 3.2: Die Familie als Kontext

hundert zur Emanzipation der Frau und zur Wiederbelebung eines starken weiblichen Prinzips geführt hat. Unser Jahrhundert bleibt jedoch an seinem Ausgang in vielen Widersprüchen stecken, Rollenkonfusionen und Legitimationskrisen sind im partnerschaftlichen Bereich nachweisbar. Die Realität der Scheidungspraxis (in manchen Großstädten werden bereits mehr als die Hälfte der Ehen geschieden) straft den Idealtypus der traditionellen Familie Lügen. Mancherorts wird die Kernfamilie in ihrer Funktion und Sinnhaftigkeit radikal in Frage gestellt, ohne daß generalisierbare funktionierende Alternativmodelle vorliegen.

Betrachtet man die Familie im Entwicklungskontext, so ist der elterliche Einfluß auf das Kind durch die zwei Begriffe *Beziehung* und *Erziehung* beschreibbar. Sowohl die Beziehungsqualität wie die Erziehungsqualität sind von individuellen Faktoren der elterlichen Personen, aber auch von deren wechselseitiger Beziehung abhängig (s. Abb. 3.2).

Die Eltern-Kind-Interaktion hat immer Beziehungsqualitäten und Erziehungsqualitäten. Obwohl die Unterscheidung dieser beiden Qualitäten nur willkürlich sein kann, soll im folgenden versucht werden, differentielle Aspekte des interaktionellen Entwicklungseinflusses herauszuarbeiten. Erziehung als ein bestimmtes Set von Verhaltensweisen zur Förderung der kindlichen Entwicklung findet immer in einem Beziehungsrahmen statt.

Hofer et al. (1992) und Bürgin (1998) beschreiben den Übergang einer Paargemeinschaft zur Elternschaft und betonen, wie die Anwesenheit eines Kindes zur grundlegenden Umstrukturierung einer Zweier- zu einer Dreierbeziehung führt. Die Integration des Kindes und die Umstrukturierung der Beziehungen gelten als die zentralen spezifischen Entwicklungsaufgaben von Familien in diesem Stadium. Die Eltern-Kind-Beziehung wird nicht als einseitige Einflußnahme zu verstehen sein. Eltern und Kind stehen in einer reziproken sozialisatorischen Beziehung zueinander. Insgesamt bestehen drei dyadische Beziehungen zwischen Vater, Mutter und Kind. Die Einflüsse zwischen den Mitgliedern einer solchen Triade sind wechselseitig. Hofer nennt vier wichtige Einflußgrößen, die sich insbesondere auf die kindliche Entwicklung auswirken können. Es handelt sich dabei um die Synchronizität der Interaktion, die Persönlichkeit der Eltern, die Beziehungsqualität der Partner, sowie die affektive und kognitive Ausstattung des Kindes selbst.

Die frühen Interaktionsprozesse werden also durch mütterliche und väterliche Faktoren ebenso beeinflußt wie durch kindliche. In Diskussion steht die Möglichkeit einer genetischen Disposition zur Erlangung der Fähigkeit einer „primären Mütterlichkeit". Mütterliches Verhalten wird, wie aus Tierversuchen bekannt ist, über hormonelle Stimulation beeinflußt (Fleming & Corter, 1988). Dem gegenüber weist nach Sohni (1991) die neonatologische Forschung die Einengung auf die Vorstellung einer primären Mütterlichkeit (nach Winnicott, 1965) zurück und betont, daß eine spezifische Reaktionsbereitschaft in der Kommunikation mit dem Säugling bei beiden Eltern vorhanden ist, und zwar unterschiedlich zwischen Eltern und Nichteltern und unabhängig von Vorerfahrungen. Die bei beiden Eltern vorhandene Reaktionsbereitschaft scheint so offensichtlich eine biologisch verankerte elterliche Fürsorge zu sein (s. Kap. 3.4). Auch soziale Einstellungen und Rollenerwartungen können die elterliche Fürsorge beeinflussen.

Temperamentsfaktoren und biorhythmische Aspekte entscheiden ebenfalls über die Ausgestaltung der frühen Kindheit mit. Eine Annäherung des mütterlichen Biorhythmus an den des Kindes ist notwendig, um einen synchronen Beziehungsmodus leben zu können. Psychische Störungen auf seiten der Mutter können massive Beeinträchtigungen dieser frühen Interaktionsprozesse nach sich ziehen. So ist bekannt, daß Kinder depressiver Mütter ein hohes Risiko zu expansiven Verhaltensstörungen aber auch emotionalen Störungen haben, wobei diese nicht nur auf genetischem Wege zu interpretieren sind, sondern wesentlich aus einer Störung der Mutter-Kind-Interaktion heraus resultieren (Cummings & Davies, 1994).

Auch kindliche Faktoren beeinflussen die frühen Interaktionen deutlich. Das Kind ist schon sehr früh in der Lage, selektiv und adäquat auf die emotionalen Ausdrucksformen der Bezugspersonen zu reagieren (Harris, 1994). Weiters haben Kinder die Tendenz, bereits im Säuglingsalter von ihren Bezugspersonen zu erwarten, daß diese sich auf ihre eigenen Gefühlsausdrücke responsiv erweisen. Diese angeborene Erwartungshaltung ermöglicht bereits dem Säugling, einen Informationsaustausch mit frühen Bezugspersonen. Schließlich ist das Kind in der Lage, intentionale Objekte oder Ziele je nach dem emotionalen Zustand und der emotionalen Ausdrucksgebung der Bezugsperson aufzusuchen. Das Kind wird sich an ein Objekt annähern oder es bleiben lassen, je nach dem Gefühlsausdruck der Bezugsperson. So entscheidet die Signalgebung durch affektiven Ausdruck beim Erwachsenen, ob sich das Kind einer Situation aussetzt oder nicht. Man bezeichnet diesen Vorgang als soziale Vergewisserung (social referencing) und meint damit, daß ein Kind nach einer Beantwortung seiner affektiven Gestimmtheit sucht, wenn es sich zu seiner Mutter wendet und diese mit einem fragenden, etwas angstvollen Gesicht anblickt. Es fühlt sich im ungewissen über die Bedeutung eines besonderen Ereignisses und konsultiert den Gesichtsausdruck seiner Mutter, um für diesen unbekannten Prozeß eine Sinnzuschreibung (meaning attribution) zu ermöglichen. Wenn die Mutter lächelt, wendet sich das Kind dem Reiz weiter zu. Mütterliche Angst läßt das Kind zurückschrecken.

Diese frühen *affektiven Regulatoren* der Interaktion haben daher auch starken Einfluß auf die Entwicklung des kindlichen Interesses und der kindlichen Bewertungsschemata. Je nach emotionalem Austausch wird das Kind eine Kohärenz in seinen Erwartungen entwickeln oder nicht.

So ist heute anzunehmen, daß beispielsweise Kinder mit autistischen Störungen von Geburt an eine Störung der affektiven Austauschmöglichkeiten haben, wobei sie die mütterlichen affektiven Signale nicht erkennen und in eigene Gefühlsregungen umsetzen können. Das Kind bringt also mit seiner angeborenen Ausstattung, seiner Temperamentslage und seiner Biorhythmik ebensoviel in die Interaktionsmatrix ein wie die Bezugspersonen.

Aus den frühen Interaktionserfahrungen wird das Kind die Annahme entwickeln, daß auch potentiell bedrohliche Situationen (z. B. Trennungen) wieder zu einem guten Ende führen können oder aber eine Katastrophe (z. B. einen Verlust) nach sich ziehen. Wenn ein Kind emotional gesichert ist, wird es auch auf der kognitiven Ebene strukturierte Welterwartungen ausbilden. Wenn die kindlichen emotionalen Signale adäquat beantwortet werden, entsteht daraus eine viel günstigere Matrix des Erfahrungslernens als aus Interaktionen, in denen kindliche Signale mit inkonsistenten Reaktionen der Bezugspersonen beantwortet werden (s. dazu Kap. 3.4). Auf diese Weise konstituiert die emotionale Kommunikation das kindliche Weltbild in Form von Selbst- und Objektrepräsentanzen, gestaltet aber auch das Weltbild der physikalischen Welt mit. Inkonsistenter emotionaler Austausch führt zu weniger kohärenten und weniger vorhersagekräftigen inneren Schemata der Welt. Es gibt Befunde (Main, 1991), daß beispielsweise frühe Interaktionserfahrungen mit ambivalenten Beziehungsmustern dazu führen, daß Kinder die Erwartungshaltung akquirieren, die Bezugspersonen könnten ihre innersten Gefühle wahrnehmen, und daß sie selbst quasi die Gedanken ihrer Eltern lesen könnten. Kontingenz und Konsistenz erscheinen auch in der psychologischen Grundlagenforschung als die zentralen Faktoren und Mechanismen allen Lernens. Das Theoriengebäude der Lern- und Verhaltenstheorie erklärt einen wesentlichen Teil menschlichen Lernens anhand der unterschiedlichen Beziehungen zwischen Reaktionen und Verstärkern (Kontingenzen) (Zimbardo, 1983, Kapitel Lernen). Experimentell läßt sich im Tierversuch zeigen, daß mangelnde Vorhersagbarkeit und Inkonsistenz von Belohnung oder Bestrafung zu Lernstörungen und Verhaltensauffälligkeiten führen. Nur eine berechenbare und vorhersagbare physikalische und soziale Umwelt ermöglicht demnach Lernen, Anpassung und eine konsistente Selbstentwicklung.

Die *Gestaltung der Welterfahrung* beginnt mit emotionalen Austauschprozessen. Da das Kind in den ersten 18 Lebensmonaten nicht auf symbolischer Ebene (über Sprachvermittlung) kommunizieren kann, muß die Mutter (oder eine andere Bezugsperson) die kindlichen Verhaltenssignale deuten und in eine Bedürfnisformulierung bringen. Auf diesem Deutungswege können mütterliche Ängste und Phantasien in diese Formulierungen Eingang finden. Im extremen Falle sind die mütterlichen Deutungen nicht mehr an den realen kindlichen Verhaltensweisen und Signalen orientiert, in bezug auf das Kind also uneinfühlsam und intrusiv, wobei die Deutungen immer noch den mütterlichen Phantasien über ihr Kind in hohem Maße entsprechen können (s. dazu Kap. 3.4). Aus dem realen Kind ist dann ein phantasmatisches Kind geworden (Dornes, 1993). Auf diese Weise bestimmt das aktuelle Selbst der Mutter die Gestaltung der Welterfahrung des Kindes in der Frühphase. Über frühe Interaktionen werden auch Gefahren formuliert sowie Spaß und Freude im gemeinsamen spielerischen Tun entwickelt (Lichtenberg, 1991).

Neben dieser in der psychodynamischen Literatur verdeutlichten und durch die empirische Säuglingsforschung mit neuen Gesichtspunkten hervorgehobenen Gestaltung der Welterfahrung durch die frühen Interaktionen finden sich in der Literatur der empirischen Interaktionsforschung noch zwei weitere Mechanismen von klinischer Relevanz. Der eine davon ist die *Induktion* von kindlichen Gefühlszuständen und Verhaltensmustern durch elterliche Reaktionen. So können aggressive Reaktionen der Bezugspersonen soziale Rückzugsphänomene beim Kind hervorrufen (Literatur bei Cummings & Davies, 1994). Depressive elterliche Reaktionen, panikartige oder psychotische Verhaltensweisen der Bezugspersonen haben ebenfalls eine Irritation des Kindes zur Folge. Intrusive feindliche und unsensitive Elternreaktionen bewirken negativ getönte Erregungsprozesse in den Kindern, so daß sich ungünstige Interferenzen mit den sich entwickelnden Fähigkeiten des Kindes ergeben, seine eigenen Erregungsimpulse zu modulieren und zu regulieren. Übererregbarkeit muß also nicht nur ein angeborenes Phänomen sein, sondern kann auch interaktionelle Determinanten besitzen.

Der dritte Interaktionseinfluß auf die Kindesentwicklung ist durch die *Modellbildung* im Kind aufgrund des elterlichen Verhaltens gegeben. Über Imitationsprozesse und in späteren Lebensaltern auch identifikatorische Prozesse werden elterliche Verhaltensweisen und Sichtweisen gegenüber der Welt internalisiert und so direkt in kindliche Repräsentanzen umgesetzt. Schließlich kommt es auch durch eine — vornehmlich durch die Lerntheorien beschriebene — Übernahme von sozialen Einstellungen und Weltbildern zu Festschreibungen in den Bewertungsschemata des Kindes. Die Eltern beeinflussen daher das Werden des Kindes nicht nur als direkte Akteure, sondern auch durch ihre Vorbildwirkung.

Im folgenden sollen frühe Interaktionsmodi zwischen Bezugspersonen und Kind vorgestellt werden: Nach Lichtenberg (1991) und Stern (1985) können die frühen Mutter-Kind-Interaktionen in unterschiedlichen *Interaktionsmodi* beschrieben werden:

- So findet sich ein *komplementärer Modus*, in dem das Kind ein Bedürfnis äußert, das von der Mutter befriedigt wird. Diese übernimmt somit in der Interaktion die Kompetenz. Tätige Unterstützung und ein „für den anderen Tun" kennzeichnen diesen Modus.

- Ein *synchroner Modus* findet sich dann, wenn Bezugsperson und Kind sich in einer Interaktion befinden, die einer gemeinsamen Vorgangsweise gegenüber einem Umweltaspekt entspricht. Beide Beteiligten erleben sich dabei als vereint kompetent oder inkompetent.
- Ein *alternierender Modus* zeigt die wechselseitige Übernahme der Schwerpunkte interaktioneller Aktivität: „Einmal ich, einmal du — ergibt uns."
- Ein *sequentieller Spielmodus* erlaubt dem Kind das „wenn-dann Erkennen". Das kindliche Spiel wird durch die Bezugsperson abgesichert. In einem von der Bezugsperson abgesteckten Erfahrungsraum kann das Kind somit persönliche Erfahrung akquirieren. Die Bezugsperson bleibt absichernd im Hintergrund.

Nach Lichtenberg kann man sich „den Komplementärmodus als ein großes Du und ein kleines Ich vorstellen, den synchronen sozialen Modus als ein Wir, den alternierenden sozialen Modus als ein Du und ein Ich, welches Uns ergibt und den sequentiellen Modus stellt man sich als ein Ich mit einem Etwas vor, wobei ein Du im unterstützenden Hintergrund bleibt" (Lichtenberg, 1991, S. 53).

Jede dieser differenzierten Verhaltensmodalitäten entwickelt sich weiter. In der zweiten Hälfte des 1. Lebensjahres kommt es zu einer Verschiebung der interaktionellen Matrix, die von einer Vorherrschaft des Erlebens von Synchronismus und Komplementarität zu einem stärkeren Erleben von Kausalsequenzen und geplanten Handlungen führt (Lichtenberg, 1991). Der alternierende und vor allem der sequentielle Modus treten im 2. Lebensjahr also in den Vordergrund. Dies ist für die normale Selbstentwicklung grundlegend notwendig. Die Erfahrung der eigenen Handlungsfähigkeit und Kontrolle über Situationen ist ein notwendiger Entwicklungsbaustein, der in den frühen synchronen und komplementären Modi dem Kind nicht ausreichend genug verfügbar werden kann (Resch & Schuch, 1995). Es kann postuliert werden, daß bei symbiotischen Mutter-Kind-Beziehungen der synchrone und der komplementäre Modus zu lange mit zu großem Schwerpunkt bestehen bleiben. Das Vorherrschen dieser Modi im Beziehungsraum läßt die Grenzen zwischen dem kindlichen Selbst und der Bezugsperson vor allem dann verwischen, wenn frühe Regungen zur Selbständigkeit des Kindes eingeschränkt, als gefährlich interpretiert, unterbrochen oder mit Angst erfüllt werden (Dornes, 1993). So kann man die frühe Symbiose als den „Zufluchtsort des überforderten Säuglings" sehen (Dornes, 1993).

Nach Sohni (1991) und Abelin (1986) sollte die Erforschung affektiver Kommunikation zwischen Mutter und Säugling auf die *Triade Vater-Mutter-*

Kind ausgedehnt werden. Dabei gilt es, eine Brücke zwischen Kommunikations-, Entwicklungs- und Familienmodellen zu schlagen (Bürgin, 1998).

Ist eine triadische Einheit z. B. durch einen Ehekonflikt belastet, ergeben sich massive Schwierigkeiten in der Koordination zwischen den Interaktionspartnern. So zeigen sich Eltern in diesem Fall viel weniger klar, kongruent und synchronisiert in der Kontaktaufnahme zu ihrem Kind. Dies hat dann zur Folge, daß Säuglinge widersprüchliche oder verschwommene Botschaften erhalten, was es ihnen (wie oben schon betont) schwierig macht zu verstehen, was von ihnen erwartet wird. Wie negative Affekte, die durch Konflikte zwischen Eltern und Kind oder zwischen den Eltern in Anwesenheit des Kindes bedingt sind, in den entsprechenden Situationen ausagiert oder geklärt werden, gilt als eine Variable mit der höchsten Voraussagekraft im Familienprozeß (nach Emde, 1992). So sehr dyadische Beziehungsmodelle im gegenwärtigen Verständnis psychodynamischer Prozesse noch immer den Fokus darstellen, muß die Beschränkung auf Aspekte der Zweierbeziehung als unangemessen betrachtet werden. Rohde-Dachser (1990) zeigt sogar die Konsequenzen auf, wenn in der Analyse nur die Mutter-Kind-Beziehung im Mittelpunkt steht. Als eine Implikation dieser Einschränkung auf eine exklusive dyadische Mutter-Kind-Beziehung entsteht eine Schuldzuweisung an die Mutter. Diese wird entwertet, und jede Unvollkommenheit in der Entwicklung des Kindes fällt auf sie zurück. Beachtet werden muß aber immer auch der Einfluß des Kindes und anderer Familienmitglieder. Bereits im 1. Lebensmonat unterscheiden sich die Muster von Vater-Kind-Interaktionen in ihrer Mikrostruktur deutlich von Mutter-Kind-Interaktionen, und darüber hinaus besteht die Fähigkeit einer besonderen Kontaktgestaltung mit Geschwistern. Es existieren für den Säugling offenbar sehr früh bereits multiple primäre Objekte!

Die Beziehungsaufnahme des Säuglings in der Welt geschieht von Anfang an nicht selektiv bezogen auf die Mutter. Die empirische Säuglingsforschung betont den Einfluß Dritter auf die Interaktion bei Beziehungen zwischen Zweien. Die Anwesenheit der Säuglinge fördert z. B. elterliche Interaktionen, die Qualität der Beziehung zwischen Vater und Mutter wirkt sich wiederum auf die Effektivität aus, mit der die Mutter z. B. das Kind füttert. Zusammenfassend kann man sagen, daß die psychische Entwicklung des Kindes in Wechselbeziehung zu beiden Elternteilen von Anfang an erfolgt, und daß die Paarbeziehung der Eltern entscheidend die psychische Entwicklung mit beeinflußt.

3.2 Bindung und Bindungsverhalten

Bindung ist eine besondere Art einer affektiv getragenen sozialen Beziehung zwischen dem Kind und einer bevorzugten, von anderen unterschiedenen Person, die als stärker und klüger angesehen wird (Biringen, 1994). Diese besondere Gefühlsbeziehung zwischen Kind und primärer Bezugsperson wird auch als dyadische

Beziehung in der psychoanalytischen Literatur beschrieben. Die Bindungstheorie wurde von Bowlby (1969, 1973, 1988) und Ainsworth et al. (1978) konzeptualisiert. Sie beschreibt die angeborene Tendenz des menschlichen Individuums, starke Gefühlsbande zu spezifischen Personen der Umgebung auszubilden. Ein Zerreißen dieser Gefühlsbande durch Trennung oder Verlust solcher Bezugspersonen kann zu massiven affektiven Störungen Anlaß geben. Die Theorie wurde interdisziplinär formuliert und hat ihre Wurzeln in psychoanalytischen, ethologischen und kognitiven Wissenschaften. Die Bindungstheorie ist von eminenter klinisch-psychiatrischer Bedeutsamkeit.

Bindung ist also durch die Präferenz einer Bezugsperson gekennzeichnet, wobei das Kind zu unterschiedlichen Bezugspersonen unterschiedliche Bindungsarten ausbilden kann. Bindung hat vier Hauptcharakteristika:

- Angst inhibiert das Spiel- und Probierverhalten und verstärkt die Bindung.
- Die Anwesenheit einer Bezugsperson fördert das Explorationsverhalten des Kindes in der Umgebung (secure base phenomenon).
- Die Anwesenheit der Bezugsperson verringert die Angst des Kindes in Krisensituationen und ungewohnten Situationen.
- Bei Trennung von der Bezugsperson erfolgt ein Protest.

Das Beziehungsphänomen der Bindung findet durch das Bindungsverhalten sichtbaren Ausdruck. Das Bindungsverhalten ist die universelle Tendenz des Kindes, nach Nähe und Zuwendung einer Bezugsperson in Belastungssituationen zu suchen. In Ermangelung einer Bezugsperson kann das Kind auf dieser Suche auch Ersatzobjekte mit Bindung belegen. Ein selektives Bindungsverhalten findet sich etwa ab dem 6. bis 8. Lebensmonat.

Die Phasen des Bindungsverhaltens können folgendermaßen beschrieben werden:

- In der Vorbindungsphase (1. Lebenswoche) reagiert das Kind auf alle Personen seiner Umgebung mit einem universellen Muster.
- In der Folgezeit unterscheidet das Kind immer deutlicher zwischen vertrauten und weniger vertrauten Personen (Bindungsentwicklung).
- Ab dem 6. bis 8. Lebensmonat zeigt das Kind ein selektives Bindungsverhalten. Es sucht die Nähe der Bezugsperson. Auf kognitiver Ebene scheint das Bindungsverhalten mit der Objektpermanenz einherzugehen, so daß das Kind das innere Abbild einer liebenden Bezugsperson auch bei deren Abwesenheit gültig aufrechterhält.

- Im Stadium der zielkorrigierten Partnerschaft etwa um das 3. Lebensjahr herum kann das Kind sich auch in die Rolle der Mutter versetzen. Es ist zu Empathie fähig und beginnt, einzelne mütterliche Gefühle, Handlungen und Motive zu verstehen (Stadium des Rollenspiels). Eine soziale Perspektivenübernahme gelingt erst später (s. Kap. 6.5).

Bindung darf nicht mit Abhängigkeit verwechselt werden (Schmidt & Strauß, 1996). Im Gegenteil dazu scheint Bindung die Autonomieentwicklung des Kindes zu fördern. Bindung beruht auf einer geglückten gegenseitigen Beziehung, ist somit ein Merkmal der Interaktion und nicht ein individueller Faktor. Die Qualität der Bindung zu einem Elternteil scheint die zu einem anderen nicht zu beeinflussen. Sichere Beziehungen im Alter von 12 bis 18 Monaten machen starke Abhängigkeiten im Vorschulalter unwahrscheinlich (Sroufe, 1983). Vier Typen von Bindung können beschrieben werden:

Sichere Bindung (Typ B): Das sicher gebundene Kind hält eine ausgewogene Balance zwischen Suche nach Nähe und Explorationsverhalten im Beisein der Hauptbezugsperson. Bei Trennung zeigt es eine Irritation, sucht nach Kontakt, hält diesen Kontakt und ist nach Rückkehr der Hauptbezugsperson leicht zu beruhigen.

Unsicher vermeidende Bindung (Typ A): Das unsicher vermeidende Kind zeigt im Beisein der Bezugsperson eine Pseudounabhängigkeit und nimmt wenig Bezug in seinen Handlungen. Bei Trennung zeigt es nur geringe Irritation, bei Wiedervereinigung mit der Bezugsperson jedoch äußert das Kind deutliche Ablehnungsbekundungen. Dieses äußere Desinteresse an der Bezugsperson ist jedoch mit einer erhöhten inneren Erregung verbunden, wie Studien mit Messung der Herzschlagfrequenz ergeben haben (Biringen, 1994).

Die ambivalent unsichere Bindung (Typ C): Dieser Bindungstyp ist durch eine besondere Anhänglichkeit des Kindes an seine Bezugsperson gekennzeichnet. Bei der Trennung ist das Kind sehr irritiert und zeigt eine Kombination von Kontaktsuche, Kontakthalten, aber auch Gefühlsausbrüchen — also Naheverhältnis und Verweigerung — bei der Wiedervereinigung mit der Bezugsperson. Die Beruhigung gelingt nur schwer.

Disorganisierter Bindungstyp (Typ D): In diesem Bindungstyp zeigt das kindliche Verhalten Zeichen der Desorientierung und der Fluktuation verschiedener Bindungsstrategien. Dazu gehören Erstarren bei der Wiedervereinigung sowie das unbewegte Anstarren der Bezugsperson, intensive Suche nach Nähe, die von einer ebenso intensiven Ablehnung gefolgt ist, oder simultane Äußerungen widersprüchlicher Verhaltensmuster wie Nähesuche und gleichzeitiges Wegschauen (Main & Solomon, 1990).

Diese Bindungstypen wurden durch ein besonderes Untersuchungsverfahren, das von Mary Ainsworth (1978) entwickelt wurde, nämlich die „Strange Situation Procedure“ erhoben. Dabei fand sich in nicht-klinischen Gruppen, daß etwa 57% der Kinder ein sicheres Bindungsmuster, 26% ein unsicher-vermeidendes und 17% ein ambivalent-unsicheres Bindungsmuster aufweisen. Das vierte Bindungsmuster wird nur selten und vornehmlich in sogenannten high-risk Gruppen von Kindern gefunden, d. h. bei Kindern psychisch schwer geschädigter Eltern.

Die Stabilität der Bindungsmuster liegt bei etwa 75% (Zeanah & Emde, 1994). Nach Bowlby's (1988) Annahme gelingt die Integration solcher frühen Bindungsmuster in ein Schema im Sinne eines repräsentationalen internalen Modells. Wir würden aus psychodynamischer Sicht von Objektrepräsentanzen sprechen. Das Kind internalisiert also nicht primär Eigenschaften von Bezugspersonen, sondern Qualitäten von Beziehungen zu denselben.

Auch im Erwachsenenalter werden Bindungsmuster beschrieben, die den Ergebnissen der Kurztrennungsuntersuchungen entsprechen. Die intergenerationale Weiterentwicklung unterschiedlicher Bindungsmuster ist Gegenstand derzeitiger Forschungsbemühungen.

Sicher gebundene Kinder zeigen später ein adäquateres Sozialverhalten in Kindergarten und Schule, mehr Phantasie und positive Affekte beim Spiel, ein höheres Selbstwertgefühl, weniger depressive Symptome und eine längere Aufmerksamkeitsspanne (eine Literaturübersicht bieten Dornes, 1993; Zeanah & Emde, 1994). Frühe Bindungen werden in Form von „Übertragung“ als Bindungserfahrungen verallgemeinert und in den Objektrepräsentanzen niedergelegt. Sicher gebundene Kinder erscheinen im späteren Lebensalter offener und aufgeschlossener für neue Sozialkontakte mit Gleichaltrigen und Erwachsenen als vermeidend- oder ambivalent-unsichere Kinder. Immer wieder wurden auch Zusammenhänge zwischen Bindungsqualität und kindlicher Psychopathologie hergestellt. So zeigen Kinder, die mit 1 Jahr als sicher gebunden eingeschätzt wurden, mit 6 Jahren signifikant weniger Psychopathologie als unsicher gebundene (Lewis et al., 1984). Wenn die Eltern das Verhalten ihrer Kinder beschreiben, sind die Ergebnisse inkonsistenter als in den Beschreibungen durch Lehrer. Auch in high-risk Untersuchungen konnte nachgewiesen werden, daß ein disorganisierter Bindungstyp im Kleinkindalter eine hohe prädiktive Kraft für Verhaltensprobleme im Vorschulalter besitzt (Lyons-Ruth et al., 1993).

3.3 Interaktionelle Affektregulation

Die frühe Interaktion mit einer Bezugsperson dient auch der interaktionellen Affektregulation. Während nach Dornes (1993, 1997) bei frühen Interaktionen zwischen Mutter und Kind affekthaltige Handlungen ausgetauscht werden, ist in späteren Beziehungsformen der Affekt selbst Ziel und Gegenstand des Austausches.

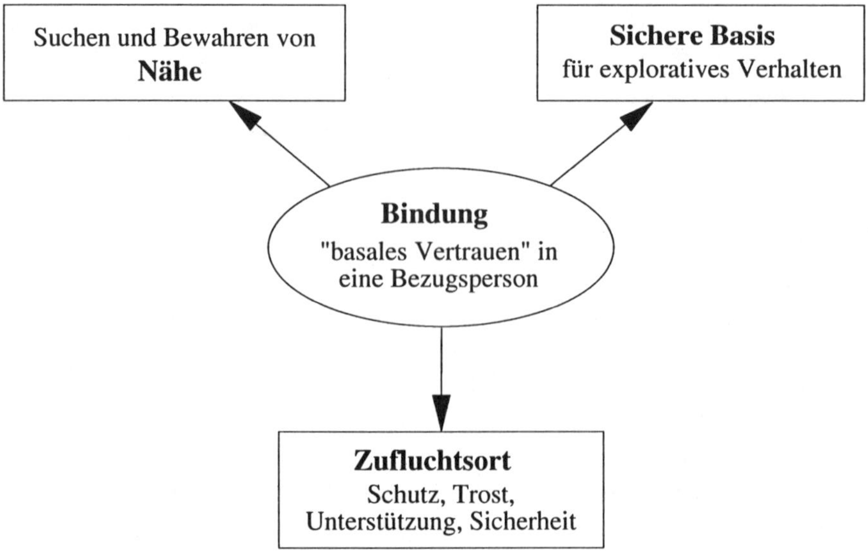

Abbildung 3.3: Bindung (nach Hazan & Shaver, 1994)

Das Kind kann dann seine inneren Erfahrungen mit einem anderen Menschen teilen und mit diesem darüber kommunizieren.

Eine Form der affektiven Kommunikation wird von Stern (1985) als *Affektabstimmung* („affective attunement") bezeichnet. Beim affektiven Tuning wird auf bestimmte Gefühlsäußerungen des Kindes von der Mutter differenziert geantwortet, wobei die Antwort etwas stärker oder schwächer ausfällt als der kindliche Ausdruck. So kann die Mutter das rhythmische Schlagen eines Spielzeugs mit entsprechenden Ausrufen kommentieren oder das fröhliche Hochwerfen der Arme bei ihrem Kind mit spiegelbildlichen Bewegungen beantworten, daß daraus ein gemeinsames Spiel entsteht. Auch das affektive Tuning wird stark durch mütterliche Wahrnehmungsfaktoren sowie Phantasien und Ängste mitbestimmt. Nach Dornes (1993) sind verschiedene Varianten der Affektabstimmung Kanäle, auf denen Eltern ihre Kinder auch in erzieherischer Weise beeinflussen können. Durch gezieltes Abdämpfen oder Stimulieren kindlicher Gefühlsausdrücke und Aktionen können Erlebnis- und Handlungsfolgen akzentuiert oder abgedämpft, ja schließlich ausgelöscht werden. Wenn Bezugspersonen unsensibel auf das Kind reagieren und Handlungsintentionen immer wieder unterbrechen, abdämpfen oder durch unberechenbare Verhaltensweisen beantworten, dann kann dies auf das Kind negative Auswirkungen haben. Kinder können nur soziale Lernprozesse aufnehmen, wenn das Zeitintervall zwischen kindlichem Signal und mütterlicher Reaktion unter einer Sekunde bleibt. Das Kind erlebt nicht nur dann eine Deprivation, wenn es in seiner Bedürfnisäußerung übergangen wird, sondern auch dann, wenn unempathische Erwachsene spontane Aktivitäten unvorhersehbar unterbrechen oder durch unberechenbare Aktionen in andere Bahnen lenken. Auch die Regulation innerer Erregungszustände und Spannungen (arousal) wird wesentlich durch die Bezugspersonen mit beeinflußt. So können positive Interaktionszyklen beim Kind die Fähigkeit zur Desaktualisierung affektiver Zustände fördern, andererseits ist es denkbar, daß wiederholte emotionale Aufschaukelungsprozesse und unvorhersehbare irritierende Elternreaktionen eine Störung der Desaktualisierungsfähigkeit beim Kind bahnen können. Desaktualisierung von affektiv getragenen Erlebnisinhalten ist eine wichtige psychische Basisfunktion (s. dazu auch Kap. 4).

3.4 Zum Begriff der Kontingenz

Kontingenz ist die wechselseitige Bedingtheit des Verhaltens von Menschen in der Interaktion. Gemeint ist die regelhafte Aufeinanderfolge der einzelnen Verhaltensschritte. Kontingentes Verhalten ist von den Beteiligten nach mehreren Interaktionszyklen regelhaft verstehbar und antizipierbar. Papoušek (1987, 1989) betont die Wichtigkeit kontingenten Beantwortens kindlicher Signale vor allem in der Anfangsphase der Eltern-Kind-Beziehung. Kontingenz bedeutet dabei zeitliche und inhaltliche Passung, also eine Abstimmung der elterlichen Reaktion in der zeitlichen Folge und in der inhaltlichen (emotionalen) Entsprechung. Nachahmung des Kindes und gemeinsames Spiel schaffen einen Erlebnisrahmen, in dem sich die kommunikativen und integrativen Fähigkeiten des Kindes optimal entfalten können. Die frühe Entwicklung des kindlichen Selbst, also die kindliche Individuation erfolgt in der interaktionellen Matrix. Ein wesentlicher Motivationsfaktor des Kindes ist nach Papoušek (1987, 1989) die Kontingenz zwischen dem eigenen Tun und dessen Konsequenzen auf seiten der Umwelt, deren Erfahrung eng mit einer inneren Motivation zum aktiven Erkunden der Welt verbunden ist. Die Erlebnisverarbeitung des Säuglings läßt sich an Mimik, Stimme und Gesamtverhalten ablesen. Über die Aktion teilt das Kind der Umwelt sein Interesse oder Desinteresse, seine Freude am Erfolg, seine Erschöpfung, seine Ambivalenz oder Ablehnung in allen feinen Schwankungen mit. Die frühe Verständigung zwischen Eltern und Kind würde nicht gelingen, wenn sich nicht die Eltern auf vielseitige Weise kompensatorisch an die begrenzten kindlichen Voraussetzungen anpassen würden. Mit Hilfe von Mikroanalysen von Eltern-Kind-Interaktionen ist es gelungen, eine Reihe von Verhaltensanpassungen aufzuspüren, die flüchtig, fast unbemerkt ablaufen und intuitiv und ohne bewußte Kontrolle ausgeübt werden. Diese spezifischen Formen der elterlichen Anpassung schaffen die Voraussetzung für eine Kommunikation mit dem Säugling im vorsprachlichen Alter. Wichtig dabei erscheint, daß die elterlichen Fähigkeiten die noch rudimentären Kommunikationsformen des Kindes so unterstützen, daß sich im kommunikativen Verhalten Verständlichkeit einstellt und eine kontingente, also passende Antwort erfolgt. Kontingente Antworten von seiten der Bezugspersonen ermöglichen eine Kohärenz der Interaktion, die schließlich zu dem subjektiven Gefühl der Kontrolle beim Kind führt. Auf diese Weise wird die Erlebnisverarbeitung des Kindes im Hinblick auf Selbstwahrnehmung und Individuation gefördert. Zur intuitiv elterlichen Fürsorge zählt Papoušek (1987, 1989):

- Das Lesen der kindlichen Signale, also z. B. das Erkennen visueller und taktiler Informationen aus Tonus und Haltung des Kindes, so daß eine Reaktionsbereitschaft interpretierbar wird.

- Die Einübung der kommunikativen Fähigkeiten des Kindes. Hier ist vor allem die Einübung der kindlichen Kontrolle des Blickverhaltens als eine basale kommunikative Fähigkeit gemeint.

- Verständlichkeit des elterlichen Verhaltens, z. B. Vertrautwerden des Kindes mit melodischen Mustern der elterlichen Sprache oder immer wiederkehrenden motorischen Reaktionsweisen.

- Förderung der Erlebnisverarbeitung. Hier ist vor allem die elterliche Nachahmung zu nennen. Nachahmen und Modellgeben der Eltern scheint vor allem auch die Entwicklung der kindlichen Vokalisation in Richtung auf den Spracherwerb zu unterstützen.

Nicht zu trennen sind nach Stern (1985) von diesen primär instruktiven, das Erlernen und Einüben fördernden Funktionen der elterlichen Nachahmung seine affektiven Funktionen. Durch beide Funktionen, die instruktiven und die affektiven, trägt die Nachahmung gemeinsam mit anderen Formen des intuitiven elterlichen Verhaltens dazu bei, daß die Eltern dem Kind vertraut, voraussagbar, verständlich und kontrollierbar erscheinen. Nach Papoušek (1987, 1989) gehört die intuitive elterliche Fürsorge zu etwas spezifisch Menschlichem, das dem Kind ermöglicht, die Beziehung zwischen seinem eigenen Verhalten und dessen Konsequenzen auf seiten der Eltern durch Regelhaftigkeit differenzieren und erkennen zu können.

Papoušek (1989) faßt zusammen: „Anstelle der psychoanalytisch konzipierten Stadienfolge von primärem Autismus, Symbiose und Individuation müssen wir daher heute davon ausgehen, daß die Individuation in früheren Vorstufen der Selbstwahrnehmung, Differenzierung von Selbst und Umwelt, Autonomie und Intentionalität untrennbar von der Entwicklung der Eltern-Kind-Beziehungen im Neugeborenenalter beginnt“ (S. 119).

Diese Sichtweise wird von modernen psychodynamischen Forschern (Stern, 1985; Lichtenberg, 1991; Emde, 1981; Dornes, 1993, 1997) geteilt. Transkulturelle Studien haben gezeigt, daß die Formen der frühen elterlichen Fürsorge durch Kultur und Sprache nur wenig beeinflußt werden. In allen intuitiven Verhaltensanpassungen an die Bedürfnisse des Säuglings zeigten sich keine Unterschiede zwischen Müttern und Vätern! Gestörte Eltern-Kind-Beziehungen entwickeln sich in einem Beziehungsgeflecht, zu dem alle Teile mit eigenem Gewicht, Temperament, Konstitution, eigener psychischer Struktur und biographischem Hintergrund beitragen. Ebenso kann ein Einfluß des weiteren sozialen Umfeldes auf die Kernfamilie weitreichende Folgen für die Eltern-Kind-Beziehung besitzen.

3.5 Die Beziehung zu „Gleichen“ (Peer-Beziehungen)

Das Kennzeichen von Peer-Beziehungen ist nach Noack (1992), daß sie freiwillig aufgenommen und unterhalten werden sowie eine Ähnlichkeit der Beteiligten nach Alter, Entwicklungsstand, Erfahrungshorizont sowie Interessen- und Problemlagen aufweisen. Üblicherweise wird der Begriff Peer mit Gleichaltrigen übersetzt. Nach Oerter (1987b) kann man Peer-Beziehungen auf drei Ebenen unterscheiden: der Freundschaftsbeziehung, dem Kontakt zu einer konkreten Interessensgruppe (wobei die Mitglieder hinsichtlich Alter, Aktivitätsmuster, Interaktionsform und gemeinsamen Zielvorstellungen homogen sind) sowie der Großgruppe (bspw. einer Subkultur), deren Mitglieder nicht direkten persönlichen Umgang pflegen, sondern durch gemeinsame Zielvorstellungen verbunden sind.

Der Umgang mit bekannten oder befreundeten Gleichaltrigen beeinflußt die Entwicklung des Kindes ebenso entscheidend wie die Eltern-Kind-Beziehung. Wie das Kind sich in der Gleichaltrigengruppe behauptet, Kontakte aufnimmt, Freunde findet oder Außenseiter bleibt, nimmt Einfluß auf das Selbstkonzept, die Lebenszufriedenheit, die Problembewältigungsfähigkeit sowie die körperliche und seelische Gesundheit. Gute Beziehungen zu den Eltern sind wesentliche protektive Faktoren der Entwicklung, sie reichen aber nicht aus, um eine erfolgreiche Lebenslaufbahn zu sichern. Den besten Entwicklungsverlauf nahmen Jugendliche, die positive Beziehungen zu ihren Eltern und zu Peers unterhielten (Noack, 1992). Vielfach prägen Eltern die Peer-Beziehungen ihrer Kinder, wobei dieser Einfluß mit dem Alter von Söhnen und Töchtern zunehmend indirekter wird. Zumeist ergibt sich als Resultat, daß sich der familiale und der Peer-Kontext in vielen Merkmalen entsprechen! Bei einem hohen Maß an häuslichen Konflikten oder elterlicher Strenge können Peer-Beziehungen auch kompensatorischen Charakter annehmen. Empirische Belege widersprechen allerdings der Hypothese, daß die Peer-Orientierung regelhaft mit einer schwindenden Eltern- und Erwachsenenorientierung einherginge. Im Gegenteil scheint es der Fall zu sein, daß Kinder mit gesicherten Bindungen zum Elternhaus leichter Peer-Kontakte aufnehmen können.

Die Bedeutung der Peer-Gruppe für den *Sozialisationsprozeß* ist folgendermaßen hervorzuheben:

- Das Kind lernt sich selbst einzuschätzen. Es sieht sich so, wie es von seiner Gruppe gesehen wird. Schon ab dem Kindergartenalter geht von der Peer-Gruppe eine wesentliche Wirkung auf die Entwicklung des Selbstgefühls aus. Die frühe Anerkennung, die das Kind von den Eltern erfährt, ist ja noch nicht an bestimmte Leistungsmerkmale geknüpft. Gerade die positive Bindungsqualität bietet dem Kind ja die sichere Basis für den Erwerb von Kompetenz und die Möglichkeit, sich im Leistungsbereich selbst zu versuchen. Aus der Peer-Gruppe kommt jedoch die kritische Rückmeldung. Aus klinischer Sicht wissen wir, wie gravierend sich Außenseiterpositionen auf die Selbstwertentwicklung bei Kindern auswirken können.

- Das Kind übt soziale Kompetenz und erlernt soziale Fertigkeiten und neue Verhaltensweisen. Einerseits müssen Gefühle kontrolliert, Aggressionen kanalisiert und Frustrationen ertragen werden. In der Gleichaltrigengruppe wird Verantwortungsbewußtsein gefordert und Normen werden geübt, Gerechtigkeit im gegenseitigen Umgang wird zum gelebten Prinzip. Kooperatives Verhalten führt zu Anerkennung, und Wettbewerb wird unter definierten Bedingungen akzeptiert.

- Das Kind übt in der Gleichaltrigengruppe Unabhängigkeit. Es beginnt der Ablösungsprozeß von den Erwachsenen in dem Maße, in dem Gleichaltrige als mögliche Quelle für soziale Geborgenheit anerkannt werden. Hierarchisierte sichere Beziehungsmuster werden damit im Laufe der Entwicklung zunehmend durch symmetrische Beziehungsmuster ergänzt. Fertigkeiten in der Peer-Gruppe legen den Grundstein für die spätere Kompetenz zur Ablösung im Adoleszentenalter.

- In der Gruppe kann das Kind geschlechtstypisches Verhalten einüben. Die Formierung einer außerfamiliären Gruppe, in der Anerkennung durch Gleichaltrige gewährt wird, spielt eine entscheidende Rolle. Das Einüben geschlechtstypischen Rollenverhaltens ist für die Selbstwertentwicklung und die Identitätsentwicklung notwendig. In der Grundschulzeit bevorzugen Mädchen beispielsweise intensivere Eins-zu-Eins-Beziehungen, während Jungen eher extensive Peer-Kontakte im Sinne von Gruppeninteraktionen pflegen. Dieses Muster scheint sich auch bis ins Jugendalter fortzusetzen. So berichteten befreundete Mädchen im Vergleich zu männlichen Jugendlichen ein höheres Maß an Intimität und Offenheit. Sie waren voneinander abhängiger und litten stärker, wenn die Freundschaft zerbrach (Literaturübersicht bei Noack, 1992).

Die Peer-Gruppe schafft ein spürbares Zusammengehörigkeitsgefühl bei jedem einzelnen Mitglied. Es entsteht eine neu ausgehandelte vertikale Gliederung im Sinne einer Rangordnung, wobei die eigene Stellung jedem einzelnen bewußt ist. Diese Gruppenordnung hat ein für alle verbindliches Wertesystem, an dessen Spitze in Vorschul- und Schulalter Gerechtigkeit und Kameradschaftlichkeit stehen.

In der Peer-Gruppe entsteht auch so etwas wie eine öffentliche Meinung, ein Common sense, mit dem man sich identifizieren muß, um dazuzugehören. Auf verschiedenen Rivalitätsebenen kann Prestige und Ansehen erworben werden. Das Wechselspiel von Kompetenz des einzelnen und Akzeptanz durch die Gleichaltrigengruppe hat wesentlichen Einfluß auf die Entwicklung einer realitätsorientierten Selbstrepräsentanz, die mit dem Gefühl eines positiven Selbstwertes einhergeht. Die Peer-Gruppe ist also ein entwicklungsförderliches Übungsfeld, das gesellschaftliche Anforderungen an das Kind in dosierter Form heranträgt.

Schon im 1. Lebensjahr kommt es zu Blickkontakten, sozialen Berührungen und Lächeln des Kindes im Anblick von Gleichaltrigen. Interaktionen werden jedoch kaum über eine längere Zeitstrecke aufrechterhalten, da solche sozialen Signale von anderen Neugeborenen nicht regelhaft erwidert werden. Erst ab dem 2. Lebensjahr ergeben sich Ansätze kooperativer Interaktionsformen. Im Laufe der Kindergartenzeit entwickeln sich soziale Fertigkeiten und positives Interaktionsverhalten weiter. Peer-Gruppenkontakte sind dabei auch für die Fähigkeit zur Perspektivenübernahme wichtig. Diese wird gegen Ende der Kindergartenzeit erreicht.

Bei 3- bis 4jährigen bilden sich Gruppen mit Binnendifferenzierungen und hierarchischen Strukturen. Sie können als Vorläufer von Freundschaften und Gruppenbildungen der Schulzeit gelten. Peer-Kontakte in der Schulzeit und im Jugendalter sind zuerst durch Kontakte zwischen verschiedenen gleichgeschlechtlichen „Cliquen" geprägt. Schließlich kommt es zu immer engeren Interaktionen zwischen gleichgeschlechtlichen Gruppen und ersten Ausbildungen von gemischtgeschlechtlichen „Crowds". Praktisch während des gesamten Zeitraums von der späten Kindheit bis zum frühen Erwachsenenalter finden sich mehr oder weniger enge Kontakte zu einzelnen Peers. Am Ende der Grundschule überwiegen Beziehungen zu gleichgeschlechtlichen Partnern. Spätestens von der frühen Adoleszenz an kann man von Partnerschaften reden. In der Adoleszenz tritt die Aufnahme gegengeschlechtlicher Beziehungen immer mehr ins Zentrum. Die Gruppe hat die Funktion einer Erleichterung von neuen Kontakten und bildet somit die Matrix der notwendigen Entwicklungsaufgabe von Intimität in der Adoleszenz.

Selmann (1980; Selmann & Schultz 1988) hat verschiedene *Entwicklungsstufen der interpersonellen Orientierung* beschrieben. Stufe 0 ist die egozentrisch impulsive Ebene, Stufe 1 die subjektiv unilaterale, Stufe 2 die selbstreflexiv reziproke und Stufe 3 die wechselseitig kollaborative Ebene. Auf der *impulsiven Stufe* wird die interpersonale Orientierung nach Angriffs- und Fluchtverhalten bestimmt. Entweder mit physischer Aggression gekämpft oder durch Verstecken, Flüchten oder Weinen die Beziehung im Sinne einer Selbsttransformierung beantwortet. Auf *Stufe 1* geht es um offenes Ausspielen der Rangreihe. Es wird kommandiert und geordert oder gehorcht und nachgegeben. Auf *Stufe 2* wird die soziale Ordnung durch vernünftige Gründe und Überzeugungsversuche hergestellt und erst auf der *kollaborativen Stufe* werden die einzelnen Bedürfnisse zu einem Spiel integriert, in dem alle Beteiligten persönliche Gewinne erzielen.

Die wesentlichen Beziehungsmuster der Peer-Gruppe lassen sich also in den fünf Begriffen festhalten: *Konkurrenz, Kollegialität, Solidarität, Freundschaft, Partnerschaft*. Durch Konkurrenz und Rivalität wird das Prestige in der Gruppe erworben. Konkurrenz kann Triebfeder sein, aber auch Ausschluß und Entwertungskriterien hervorbringen. Kollegialität beinhaltet das Einhalten von Spielregeln im Gruppenprozeß. Fairness im Umgang und Vertragsverantwortlichkeit sowie Anerkennung der Leistungen des anderen und der eigenen Position in der Gesamtgruppe kennzeichnen diesen Begriff. Konkurrenz ohne Kollegialität kann menschenverachtende Dimensionen erreichen. Solidarität stellt die Schutzfunktion der Gruppe gegenüber einzelnen Mitgliedern nach außen dar. Freundschaft ist hochselektiv und vertrauensvoll, so daß wechselseitige Bindungsmuster wie zu primären Bezugspersonen entstehen können. Partnerschaft geht über Bindungen durch Verliebtheit und Sexualität noch hinaus und ist durch den Wunsch wechselseitiger Förderung, Kümmernis und Sorge um das Wohlergehen des anderen gekennzeichnet. Partnerschaft, die den Charakter von Intimität und Bindung gegenüber freundschaftlicher Beziehung noch vertieft, bildet die Voraussetzung für neue Elternschaft.

In der Lebensphase der Adoleszenz tragen Beziehungserfahrungen zu Peers zentral zur Persönlichkeitsentwicklung bei. Bei diesem Prozeß der fortschreitenden Individuation werden Beziehungserfahrungen strukturbildend, die dann eine besondere Matrix für die Arbeit an Entwicklungsaufgaben in der nächsten Lebensphase darstellen (vgl. Fend, 1998). Erfahrungen mit Gleichaltrigen stellen ein zentrales Lernfeld mit Chancen und Risiken dar. Aus entwicklungspsychologischer Sicht bietet nur die Gruppe Gleichaltriger folgende Lernchancen (Sullivan, 1953, zitiert nach Fend, S. 229):

Die Gruppe gestattet eine konsistente Validierung von Interessen, Hoffnungen und Befürchtungen, unterstützt die Gefühle des eigenen Selbstwertes, kann eine emotionale Stützung bieten, um das Innerste in einem geschützten Raum zu öffnen (self-disclosure), die Gruppe bietet aber auch die Möglichkeit zur Perspektivenübernahme, erlaubt es Intimität zu lernen, fördert die Fähigkeit einer interpersonalen Sensivitität und erschließt das Erfahrungsfeld für spätere gegengeschlechtliche Beziehungen.

Ein Teil dieser Lernprozesse ist eben nur im Kontakt mit Gleichaltrigen möglich. Fend (1998) charakterisiert die unterschiedlichen Beziehungsqualitäten im Eltern- und Gleichaltrigenkontext: Während die Beziehungen zu Eltern durch eine „Erwartungserfüllung" charakterisiert werden können, ist die Beziehung zu den Peers durch „Aushandlung" gekennzeichnet. Konfliktvermeidung oder Konformität in Gruppen können auch Folge der Tatsache sein, daß in der Peer-Gruppe Zuwendung stärker „verdient" werden muß. Selbst wenn die Beendigung von Freundschaftsbeziehungen mit Enttäuschung und Verlusterfahrungen und potentieller Isolation einhergehen kann, handelt es sich hierbei um kündbare Beziehungen im Gegensatz zu elterlichen Beziehungen. Auch können Beziehungsfähigkeiten, solidarisches Handeln und Normen der Reziprozität im latent immer autoritativen

Verhältnis zu den Eltern nur unzureichend erlernt werden.

Ob die Beziehungsqualität in dem einen Kontext sich auf die Beziehungsqualität in dem anderen auswirkt, ist in Anlehnung an die Bindungstheorien untersucht worden. Dabei wird von einem Übertragungseffekt von der Eltern-Kind-Beziehung auf Freundschaftsbeziehungen ausgegangen. Muster sicherer oder unsicherer Bindungen werden in den Freundschaftsbeziehungen reproduziert (Sroufe & Fleeson, 1986). Empirische Untersuchungen (vgl. Fend, 1998) weisen darauf hin, daß Beziehungserfahrungen mit Eltern als Muster der erwarteten Beziehungen (internal working models) die Beziehungsgeschichte mit Gleichaltrigen und schließlich mit Partnern des anderen Geschlechtes beeinflussen (Sroufe & Jacobvitz, 1989).

Conger (1991) kommt zu dem Schluß, daß unsichere Eltern, die ihren Einfluß sehr zurücknehmen und keine Positionsbestimmungen wagen, bei ihren Kindern eine stärkere Abhängigkeit von Peers erzeugen und daß Vernachlässigung und Desinteresse von Seiten der Eltern stärker noch als eine autoritäre Führung Kinder zu Altersgleichen drängt. Gegen diese Transfereffekte sprechen empirische Untersuchungen von Fend (1998), der keinen deutlichen Zusammenhang zwischen den objektiven Indikatoren der sozialen Akzeptanz durch Gleichaltrige und der wahrgenommenen Beziehungsqualität zu den Eltern nachweisen konnte. Jungen und Mädchen, die Distanz gegenüber ihren Eltern empfanden und wenig sozial integriert waren, zeigten ein deutlich erniedrigtes Selbstwertgefühl, eine Depressionsneigung und somatoforme Beschwerden. Gute Beziehungen zu Eltern ersetzten jedoch nicht Freundschaftsbeziehungen. Jugendliche mit diesem Beziehungsmuster wiesen ein deutlich reduziertes Selbstwertgefühl und geringes Selbstvertrauen auf. Jugendliche mit positiven Beziehungen zu Eltern und Gleichaltrigen schienen im Sinne eines additiven Modells zu profitieren. Ihre psychosoziale Entwicklung war besonders durch eine hohe Lebenszufriedenheit, positive Lerneinstellung und jugendtypischen Verhaltensweisen, die ohne ausgeprägte adolezenztypische Risikoverhaltensweisen einhergingen, gekennzeichnet.

Nach Fend (1998) und Seiffge-Krenke (1994) werden die Eltern als Gesprächspartner und Beratungsinstanz im Übergang von der Kindheit in die Adoleszenz zunehmend durch gleichgeschlechtliche und später gegengeschlechtliche Freunde abgelöst. Jedoch geschieht dies in Abhängigkeit persönlicher, sozialer oder sachlich politischer Themenbereiche. Freunde als Vertrauenspersonen und Enthüllungspartner (self-disclosure partnership) gewinnen schon in der Frühadoleszenz eine große Bedeutung. So wenden sich Mädchen im Alter von 12–16 Jahren deutlich früher und häufiger mit persönlichen und sozialen Problemen an ihre Freundschaftsbeziehungen im Gegensatz zu Jungen (Fend, 1998, S. 266). Soziale und persönliche Probleme werden schon früh mit gleichgeschlechtlichen Freunden besprochen oder später durch die Beziehungen zu Freunden des anderen Geschlechtes ergänzt. In Fragen der politischen Meinungsbildung erschienen die Eltern jedoch als die bedeutsamste zentrale Norm- und Meinungsinstanz. Die inner-

und außerschulische soziale Integration erscheint nach der Studie von Fend (1998) kaum zu konkurrieren: Bei der Untersuchung kompensatorischer Prozesse schulischer und außerschulischer sozialer Integrations- bzw. Ablehnungserfahrungen zeigte sich, daß eine gute soziale Einbettung in der Schule weniger bedeutsam erschien. Einen deutlich positiven kompensatorischen Effekt für schulische Integrationsprobleme wies eine gute außerschulische Integration auf. Eine geringe außerschulische Integration wird durch eine schulinterne Akzeptanz jedoch nicht kompensiert. Damit scheinen soziale Kontakte außerhalb der Schule für grundlegende Orientierungen der Jugendlichen eine größere Bedeutung zu besitzen als die Akzeptanz in der Klasse (Fend, 1998, S. 338). Fehlende oder unzureichende elterliche und/oder innerschulische Akzeptanz konnten zwar durch eine ausgeprägte Cliquenintegration vor Selbstwertverlusten schützen, jedoch war dies häufig mit dem Preis eines erhöhten Risikoverhaltens mit Alkoholkonsum, Rauchen und verminderter Lernanstrenung und Distanzdemonstration gegenüber der Schule (Schwänzen, Lehrer provozieren etc.) verbunden. Als Folge sozialer Mißachtungserfahrungen können Risikoverhaltensweisen externalisierender Art (Aggressivität, Disziplinarprobleme etc.) oder internalisierender Art (psychosomatische Beschwerdekomplexe, Leistungsangst) entstehen. Chronische Ablehnungserfahrungen signalisieren geringen Wert und versperren dem Adoleszenten den Weg in ein notwendiges Erfahrungsfeld zum Erwerb sozialer Kompetenzen, die zum Aufbau langfristiger sozialer Bindungen erforderlich sind (Fend, 1998, S. 360). Die perzeptierte soziale Akzeptanz durch Gleichaltrige erscheint für das generalisierte Selbstwertgefühl entscheidend. Ein ausgeprägtes Wirksamkeitsbewußtsein im sozialen Handlungsbereich, d. h. Einschätzung der eigenen Fähigkeiten, selbstgesetzte soziale Ziele zu erreichen, verbunden mit der entsprechenden Kontaktfähigkeit und sozialen Durchsetzungsfähigkeit erscheinen als die zentralen Parameter für die Entwicklung des Selbstwertes (Fend, 1998). Siehe dazu Kapitel 7.9.

Peerbeziehungen bei Kindern und Jugendlichen mit psychiatrischen Erkrankungen und ihre Bedeutung für die Entstehung und Aufrechterhaltung, bzw. Abschwächung dieser Störungen wurden bisher unzureichend empirisch untersucht (vgl. Parker et al., 1995). Während die Zurückweisung durch Peers bei Kindern mit einer hyperkinetischen Störung oder Verhaltenstörung (die häufig mit einer Störung der Einhaltung sozialer Normen und Regeln vergesellschaftet ist) erwartungsgemäß zu eskalierenden Prozessen führt (Cole & Carpentieri, 1990; Hinshaw et al., 1993), ist die Bedeutung der Peers bei internalisierenden Störungen unklar. Longitudinalstudien konnten jedoch im Bereich depressiver Erkrankungen eine mangelnde Integration in der Gruppe der Gleichaltrigen als auslösenden und/oder aggravierenden Faktor belegen, ebenso das Vorhandensein einer sozialen Unterstützung durch Peers als protektiven Faktor (Cillessen et al., 1992; Peterson et al., 1993).

Auch erschienen die Auswirkungen akut auftretender belastender Lebensereignisse in der Adoleszenz deutlich abgeschwächt (stress-buffering effect) beim Vorliegen unterstützender Gleichaltrigenbeziehungen (Ystgaard et al., 1999). Dieser Effekt erschien jedoch geschlechtsspezifisch. Während Jungen von den Peerbeziehungen profitierten, schien dies für die Mädchen nicht zuzutreffen. Diese Geschlechtsdifferenz könnte auf einen mangelndem Zusammenhang zwischen der Art des Stressors und der Art der sozialen Unterstützung beruhen. In Anlehnung an das Modell von Gore & Aseltine (1995), daß soziale Unterstützung nur als Schutz (buffer) wirkt, wenn ein Zusammenspiel (matching theory) zwischen der Art des Stressors und der Art der Unterstützung besteht, interpretieren Ystgaard et al. (1999) den Geschlechtseffekt: Mädchen hatten in der Untersuchung von gleichzeitig bestehenden Problemen in ihren Beziehungen zu Gleichaltrigen und Eltern berichtet. Ebenso hypothetisieren Ystgaard et al. (1999), daß bei den Mädchen eine geschlechtsspezifische Emotionsregulierung (den traditionellen Geschlechtsrollen entsprechend mit passiven und gefühlsbetonten Reaktionen) den Coping-Prozess möglicherweise behindert. Die Bedeutung von Gleichaltrigenbeziehungen bei spezifischen psychiatrischen Erkankungen, sowie die Analyse von Alters- und Geschlechtseffekten stellen wichtige Forschungsaufgaben dar, mit weitreichenden Implikationen für die Prävention und Therapie psychischer Störungen im Kindes- und Jugendalter.

3.6 Grenzen und Grenzensetzung

Grenzen definieren Gebiete, sie kennzeichnen als Konturen Objekte und Gestalten. An ihren Begrenzungen können in Raum und Zeit einzelne Strukturen erkannt und von einem „Rauschhintergrund" (noise) abgehoben werden. Das Beziehungsverhältnis einzelner Strukturen im Sinne von Nähe-Distanz oder zeitlicher Aufeinanderfolge kann durch Beachtung der jeweiligen Außengrenzen dieser Strukturen ermittelt werden. Dehnt man den Begriff Grenze auch auf menschliche Beziehungsstrukturen aus, so geht es ebenfalls um die Bestimmung von Nähe-Distanz-Relationen, wobei im Falle von Beziehungsstrukturen die Grenzqualität sich auch in den Dimensionen Starrheit (Rigidität) und Durchlässigkeit (Permeabilität) ausdrückt (Cierpka, 1987, 1989).

Ein individuumzentrierter Ansatz läßt durch Grenzen Strukturen des Selbst und des anderen hervortreten. Eine geglückte Selbst-Objekt-Differenzierung macht die Grenze zwischen „Ich" und „Du" deutlich. Grenzverwischungen zwischen Selbst und anderen führen zu Störungen der Identität bis hin zum Verlust des Selbstgefühls und der Selbstevidenz (über verschiedene Interaktionszonen des Selbst s. Kap. 7).

Aus entwicklungstheoretischer Sicht bilden sich intrapersonale Strukturen im Rahmen von interpersonalen Interaktionen. Aus interpersonaler Sicht bestimmen Grenzen die Nähe-Distanz-Regulation zwischen Menschen. Aus systemischer

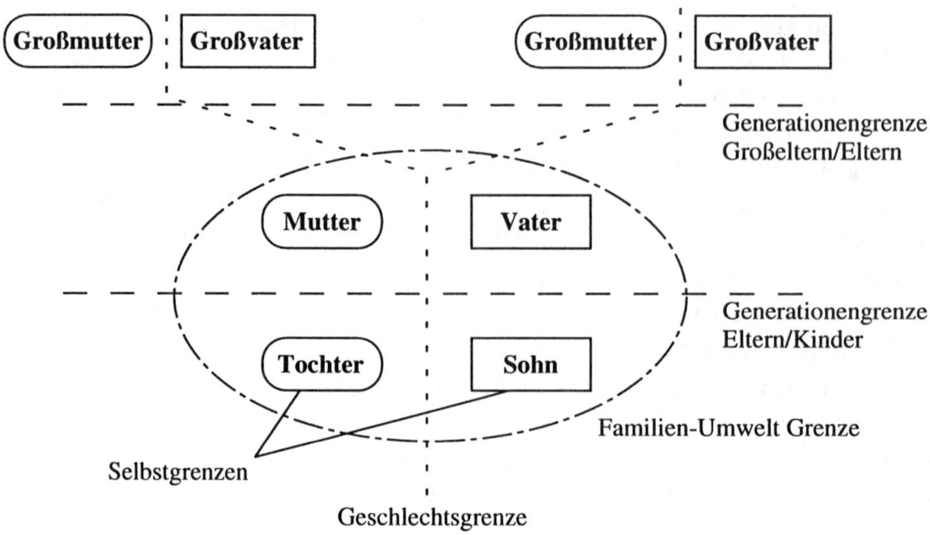

Abbildung 3.4: Grenzen der Familie (modifiziert nach Cierpka, 1989)

Sicht können die Grenzen ganzer Familienstrukturen gegenüber der Außenwelt faßbar gemacht werden (Cierpka, 1989). Abb. 3.4 zeigt die Grenzen in Familien auf. Es wird unterschieden zwischen Selbstgrenzen, Geschlechtsgrenzen, Generationsgrenzen zwischen Eltern und Kindern sowie Großeltern, Eltern und Kindern. Schließlich ist noch eine Familien-Umwelt-Grenze zu beschreiben. Notwendigkeiten zu individuellen Veränderungen der Familienmitglieder und zur Veränderung des Familiensystems ergeben sich durch die individuellen Wachstums- und Reifungsprozesse. Verschiedene Phasen im Lebenszyklus machen es erforderlich, daß das familiäre System sich ständig weiterentwickeln muß. Die innerfamiliäre Dynamik stellt sich somit zum Teil aus den individuellen Wachstumsprozessen und den damit verbundenen Anpassungsleistungen im Lebenszyklus dar. In der Familiendiagnostik wird ein Bild von der Struktur der Rollenzuweisungen und Übernahmen und die Angemessenheit der Rollen in bezug auf Bündnisse, Generations- und Geschlechtsgrenzen bedeutsam. Wechselseitige Beziehungen zwischen den Subsystemen (Strukturen) und der Gesamtfamilie mit anderen Systemen werden zu erfassen versucht. Relationen zwischen dem Entwicklungsstand einzelner Familienmitglieder, der Familie als Gesamtes und der Außenwelt müssen hergestellt werden.

Grenzenüberschreitungen markieren die kritischen Stellen im Entwicklungsprozeß, zwingen die Familie zu Veränderungen ihrer Rollen und der damit im Zusammenhang stehenden Regeln. Die Grenzenregulation bestimmt somit das Potential an Flexibilität und Anpassungsfähigkeit der Familie. Wichtig dabei ist, entwicklungsstörende Grenzenverletzungen von solchen zu unterscheiden, die vom

Familiensystem noch toleriert werden können (und die sogar noch Entwicklungsanreize zu bilden vermögen). Die in jeder dualen Beziehung ausbalancierten Grenzen determinieren die Nähe oder Distanz der einzelnen Dyaden. In der Entwicklung werden automatisch neue Standortbestimmungen und Grenzsetzungen erfordert. Extrem rigide Grenzen einer Dyade schließen einen Dritten aus. Extrem durchlässige Grenzen können zu Beziehungsverstrickungen führen. Triangulierung bedeutet immer also auch Definition von drei Dyaden im Wechselprozeß.

Verschiedene Grenzstörungen der Familien können wie folgt beschrieben werden (Joraschky & Cierpka, 1987): In Anlehnung an Wynne (1988) wird eine Familie Pseudogemeinschaft genannt, in der nur freundschaftliche, harmonisierende Gefühle und Verhaltensweisen gezeigt und wahrgenommen werden. Jegliche Abweichung und Andersartigkeit wird in diesen Familien verleugnet und bekämpft. In die harmonischen Beziehungen wird emotional von den einzelnen Familienangehörigen viel investiert, Ambivalenzen werden ausgeblendet. Diese Beschränkung auf den familiären Zusammenschluß geht auf Kosten der Differenzierung und Identität jedes einzelnen Beteiligten, so daß zunehmend die gegenseitige Abgrenzung und Individuation erschwert wird. Beziehungen müssen also um jeden Preis aufrechterhalten werden und dürfen sich nicht entfalten. Der Auflösung intrafamiliärer Grenzen steht oft eine rigide Außenabgrenzung gegenüber, so daß eine Einflußnahme auf die rigiden familiären Formen unmöglich gemacht wird.

Eine besondere familiäre Kommunikationsweise ist das kollektive kognitive Chaos. Eine Kommunikationsweise, die vor allem in Familien mit schizophrenen Mitgliedern beobachtet wird. Transaktionale Abläufe erscheinen in solchen Familien unzusammenhängend und fragmentiert. Es findet sich ein unberechenbarer und unsteter Stil des sich Beziehens und der Herstellung des richtigen Abstands voneinander. Zwischen Verschmelzung und extremer Distanzierung wird oft sprunghaft hin und her gependelt. Wie schon betont, entwickeln sich menschliche Denkstrukturen in enger Wechselbeziehung zu den kommunikativen Prozessen. Wo inkongruent kommuniziert wird, bleiben auch die Denkstrukturen inkonsistent und chaotisch.

Eine weitere Typologie von Familien mit Grenzstörungen ist die Familie, die verstrickt erscheint: Die Beziehungen der einzelnen Mitglieder sind eng verflochten. Diese scheinen überstark miteinander beschäftigt. Die interpersonalen Grenzen sind ebenso unscharf wie diejenigen zwischen den Generationen. Es findet eine gegenseitige Vermischung in Gedanken, Gefühlen und in der Kommunikation statt. Direkte Kommunikation wird oft blockiert. Dafür kann ein Familienmitglied Botschaften eines zweiten dem dritten mitteilen. Selbstwahrnehmung und Wahrnehmung der Bedürfnisse des anderen sind in diesem Familientypus nur schwach differenziert.

Zusammenfassend kann ausgesagt werden, daß familienbildende Normen, die dieser eine unterschiedslose Gemeinsamkeit vorgeben, zur Verwischung der Subsysteme führen und die individuelle Abgrenzung und Entwicklung erschweren. Da es zu keiner Festlegung eigener Standpunkte kommen kann und die kognitiv-emotionale Differenzierung und Diskriminierung verwischt wird, bleibt eine kohärente und konsistente Selbstentwicklung aus. (Für diese Behauptung sprechen auch empirische Hinweise. Nicht vergessen werden darf jedoch, daß zwischen individuellen Bereitschaften und familiären Systemeigenschaften Wechselwirkungen bestehen.)

Die Generationsgrenzen sind für die Funktionalität einer Familie von großer Bedeutung. Vor allem aus der Anerkennung und Einhaltung von Unterschieden in elterlichen und kindlichen Rollen und aus unterschiedlichen Regelsystemen von Eltern und Kindern ergibt sich dieser Umstand. Bei Generationsgrenzenstörungen finden sich immer wieder besondere Rigiditäten und eine über mehrere Generationen tradierte Interaktionsstruktur. Nicht nur die Klarheit und Abgrenzung von Generationen erscheint sinnvoll. Es muß auch die Flexibilität zur Neuorientierung vorhanden sein. Prozesse der Individuation erfordern nach Joraschky & Cierpka (1987) teilweise auch die Verwischung von Generationsgrenzen, wenn Kinder aus der komplementären Beziehung zwischen Eltern und Kleinkindern schließlich in eine symmetrische Beziehung zu den Eltern überwechseln. Generationsgrenzenstörungen können also in bestimmten Lebensphasen funktionell notwendig sein und den Ausdruck einer Neuorientierung und Co-Evolution der Familie bilden.

Zu den klassischen Generationsgrenzenstörungen zählt die Parentifizierung, die das Kind als Elternersatz oder Partner in eine ihm nicht angemessene Rolle zwingt. Es handelt sich dabei um eine Form der Rollenumkehr, die immer mit einer Störung der Generationsgrenzen verbunden ist. Während die Parentifizierung im eigentlichen Sinne das „Kind als Elternsubstitut faßt", zieht das „Kind als Partnersubstitut" oft auch noch Geschlechtsgrenzenstörungen nach sich.

Wenn Eltern, die sich in einem offenen oder versteckten Konflikt befinden, versuchen, die Sympathie und Unterstützung des Kindes gegen den jeweils anderen Elternteil zu gewinnen, kann dies im Rahmen triangulierter Beziehungen zu gravierenden Loyalitätskonflikten beim Kind führen. Minuchin (1977) hat diese Zusammenhänge deutlich beschrieben.

Mit Delegation sind nach Stierlin (1975, 1979) generationsgrenzenüberschreitende Aufträge der Eltern an das Kind gemeint, die von den Bedürfnissen der Eltern bestimmt sind, mit Hilfe des Kindes die ungelösten und fortgesetzten Konflikte aus deren eigener Entwicklung zu bewältigen. Mit elterlichen Delegationsaufträgen befrachtet, übernimmt das Kind Ausgleichs-, Entlastungs- und Stützfunktionen für zentrale Defizite der Eltern.

Nur wenn die Selbststrukturen und Beziehungsstrukturen der Familie sich in einem stabilisierten Fließgleichgewicht befinden, kann eine optimale Grenzensetzung und Rahmengebung zur Erfahrungsraumgestaltung des Kindes erfolgen. Diese Erfahrungsraumgestaltung wird durch Beziehungsaspekte ermöglicht und getragen und kann als Nähe-Distanz- und Rollenverhalten in der komplementären Eltern-Kind-Beziehung wie folgt faßbar gemacht werden:

Wohlwollende und liebevolle erzieherische Grenzensetzung ist für die Strukturentwicklung des Kindes unbedingt notwendig! Fehlt eine solche Grenzensetzung, entstehen beim Kind unrealistische Erwartungen von Erfüllbarkeit, werden Größenphantasien genährt, und das Kind ohne Hilfe und Anleitung bis zum persönlichen Mißerfolg geführt, der unberechenbar bleibt, so daß letztlich für das Kind die Möglichkeit zur Kontrolle über die Situation eingeschränkt wird. Mangelnde Frustrationstoleranz und mangelnde soziale Kompetenz können die Folge sein.

Wenn ein Kind die sichernde Bezugsperson immer wieder vermeintlich besiegt und entwerten kann und damit die liebevolle Bezugsperson den Charakter von Schwäche bekommt, wird schließlich das Kind ohne Schutzmantel und Zufluchtsmöglichkeit der Außenwelt entgegentreten. Es entsteht eine sich verstärkende Diskrepanz zwischen Familiensituation und Außenwelt. Jeder Widerstandskonflikt und jede lieblose Umgangserfahrung in der Außenwelt wird dann von der Gewißheit getragen, sich immer selbst in einer möglicherweise feindlichen Außenwelt zurechtfinden zu müssen, da von seiten der entwerteten Bezugsperson keine Hilfe angeboten wird. Die Bezugsperson begibt sich auch der Möglichkeit, identifikatorisches Vorbild zu sein. Erzieherische Grenzensetzung, d. h. das Verdeutlichen von Spielregeln, Rollen und Nähe-Distanz-Verhältnissen in der Eltern-Kind-Beziehung kann in vier Punkten beschrieben werden:

- Nach außen hin bietet die Grenzensetzung Schutz und Geborgenheit, weil die grenzensetzende Person, die zugleich liebevoll ist, als beschützend und sichernd erlebt werden kann. So kann die grenzensetzende Bezugsperson als stark und zugleich zugewandt erfahren werden. Weil sie stark, kompetent und zugewandt ist, steht sie für Internalisierungen und Identifikationen zur Verfügung. Spielregeln und regelhafte Zuschreibungen (das ist so, das gehört so) werden auf diese Weise in die Selbststrukturen aufgenommen, Vorbildfunktionen (ich bin auch so, könnte so sein, will auch so sein) werden ermöglicht.

- Die berechenbare, d. h. kontingent gesetzte Grenze, die immer wieder regelhaft anzutreffen ist, bei jedem Versuch einer Überschreitung eingemahnt wird, bietet Verläßlichkeit. Bis dorthin kann der Erfahrungsraum ausgedehnt, erforscht und erobert werden.

- Die Grenze ist auch Hindernis und Widerstand, eine Setzung des anderen, die nicht Züge von Bedrohung, Gewalt und Übegriff trägt, sondern liebevoll, aber bestimmt erlebt wird. Die Grenze ist dadurch Herausforderung zum Anrennen, dagegen Ankämpfen, so kann das Kind eigene Willenskundgebungen zur Auseinandersetzung mit Regeln und Rollen in gefahrloser Weise benützen. Um diese Grenzen wird gerungen, kleine Alltagsmachtspiele werden ausgetragen, die das sich Durchsetzen, Argumentieren, aber auch das Einsehen und Akzeptieren von unverrückbaren Notwendigkeiten erlernbar machen. Mit zunehmendem Alter wird es dem Kinde gelingen, sich auch gegenüber den Eltern Spielräume und Grenzenverschiebungen zu erarbeiten. Überzeugungskraft und Frustrationstoleranz können dabei gefördert werden. Eltern sollten nicht zu rasch altersinadäquate (vermeintliche) Freiheiten geben, dann geht der beschützende Rahmen verloren und die Kinder laufen „ins Leere". Keinerlei Grenzen zu setzen ist auch eine Form der emotionalen Verwahrlosung.

- Der durch Grenzen abgesteckte Erfahrungsraum wird überblickbar, bietet Anregung und läßt der Neugier im gegebenen Rahmen freien Lauf. Durch Reizbeschränkung und Gefahrenbeschränkung wird die Wahrscheinlichkeit für Erfolgserlebnisse vergrößert, die Kontrollierbarkeit durch das Kind ermöglicht und das vorhandene Handlungsrepertoire des Kindes besser nützbar, da dieses angstfrei Neues erforschen kann. Schließlich ist noch zu betonen, daß dem Kind, das keinen von liebevollen Bezugspersonen gestalteten Erfahrungsraum hat, die Grenzen durch andere Menschen (durch die Außenwelt) zumeist in viel weniger verständnisvoller Weise gesteckt werden! Soziale situative Grenzen fördern bei entsprechender Permeabilität und Flexibilität somit beim Kind Kontrolle, Orientierung, Sicherheit, Vorhersagbarkeit und nicht zuletzt Selbstwert und Identität.

Über Störungen der interaktionellen Matrix gibt es eine zunehmend wachsende Literatur. So wird beispielsweise dem Problem von Kindern depressiver Elternteile zunehmendes Interesse entgegengebracht. Gerade depressive Eltern nehmen gegenüber ihren Kindern eine negative, nicht unterstützende Haltung ein, üben vermehrt Kritik bei mangelndem persönlichem Engagement, sind erhöht reizbar und irritabel und evozieren dadurch emotionale Eskalationen. Der niedrige Selbstwert der Eltern und deren eingeschränktes Gefühl, ihrem Kind überhaupt Grenzen setzen zu können, haben einen ebenso ungünstigen Einfluß auf das kindliche Verhalten wie das eingeschränkte Vertrauen der Eltern in ihre eigene Handlungskompetenz. Negative Zukunftserwartungen und ein gestörter affektiver Austausch zwischen Mutter und Kind behindern die Bildung eines tragfähigen Selbst- und Weltbildes bei diesem. Depressive Eltern sind feindlich gereizt, üben vermehrt Kritik, zeigen weniger Fürsorge und Responsibilität und sind auch in der Erziehung durch Nachgiebigkeit bei Überbetonung von Leistungsaspekten unverläßlich. Dieses Manko in der Erziehung führt bei Kindern depressiver Eltern jedoch nicht dazu, primär auch depressiv zu reagieren, sondern im Schulalter eher aggressive Verhaltensstörungen zu entwickeln.

Eskalationszyklen im Eltern-Kind-Bezugssystem können nach Cummings & Davies (1994) und Döpfner (1995) wie folgt beschrieben werden: Irritierbare Eltern hören nach einigen Ermahnungen, die von den Kindern unbefolgt bleiben, wiederholt auf zu mahnen und lassen die Kinder in resignierender Weise das Verbotene tun. Das bestärkt die Kinder, es nur möglichst lange zu versuchen und sich beim nächsten Mal wieder durchsetzen. Neben der Resignation ist als andere Möglichkeit die wütende Überreaktion zu nennen. Eltern setzen sich dann mit Gewalt durch, d. h. die Grenze wird physisch erzwungen, und die Kinder machen die Erfahrung, daß physische Gewalt zur Durchsetzung eigener Ziele legitim und notwendig ist. Im Wechsel zwischen Resignation und Überreaktion werden die Grenzen in inkonsistenter Weise gesetzt. Andererseits entstehen eskalierende Problemzyklen, und die Kinder erarbeiten sich eine Tendenz zu Ungehorsam bzw. Gewaltbereitschaft in der Interaktion mit ihren irritierbaren Eltern.

Hinzu kommt noch, daß Eltern, die vornehmlich mit sich selbst und eigenen Problemen beschäftigt sind, in Zeiten familiären Friedens, in denen Platz für Spiel und Freude sein könnte, dem Kind nur wenig oder gar kein Augenmerk schenken. Kinder erhalten daher wenig Anregung, müssen sich mit sich selbst beschäftigen, verspüren Langeweile und müssen um Aufmerksamkeit zu erregen, die Eltern provozieren. An dieser Stelle beginnt wieder die Schleife aus Ermahnung und Ungehorsam. Dieses Beispiel mag verdeutlichen, wie fehlerhaft es wäre, das Kind in seinem Verhalten isoliert zu interpretieren und es nicht vor dem Hintergrund seiner interaktionellen Matrix zu erkennen.

KAPITEL 4

Entwicklung der basalen psychischen Funktionen

4.1 Motorik

Grundprinzip der Entwicklung motorischer Abläufe ist der Übergang von reflexhaften, starren motorischen Reizreaktionsmustern zu willentlich gelenkten motorischen Handlungen. So hat das Kind bei Geburt den Greifreflex, der sich zunehmend lösen läßt, bis das Kind schließlich im 6. bis 8. Monat Gegenstände willentlich ergreifen und festhalten kann. Das zielsichere Ergreifen und Festhalten mit Daumen und Zeigefinger (der sogenannte Pinzettengriff) wird etwa gegen Ende des 1. Lebensjahres erreicht. Die motorische Entwicklung ist insofern für die psychische Entwicklung von Bedeutung, als die persönliche „Eroberung" des Erfahrungsraumes, das Kennenlernen von Gegenständen und das interaktive Spiel mit Bezugspersonen funktionstüchtige motorische Abläufe benötigt. Entwicklungsstörungen der Motorik können sich darin auswirken, daß das Kind in seiner Fähigkeit, den Erfahrungs- und Beziehungsraum zu explorieren, eingeschränkt ist. Im folgenden ein Überblick über die Schritte der motorischen Entwicklung (nach Holle, 1992).

- Kopfkontrolle
  - 1–2 Wochen: Kopf fällt zurück.
  - 2–4 Monate: Kopf kann in Mitte gehalten und in Bauchlage um 90° gehoben werden.
  - 4–6 Monate: Kopfhaltung stabil.

- Armmuster
  - 1–2 Wochen: Alle Gelenke gebeugt, Reflexbewegungen.
  - 2–4 Monate: Unterarmstütze in Bauchlage und Finger gebeugt.
  - 4–6 Monate: In Bauchlage Stütze auf gestreckte Arme und Finger.
  - 8–10 Monate: Im Fersensitz, Arme gestreckt.
  - 10–12 Monate: Vierfüßlerstand.

- Beinmuster
  - 1–2 Wochen: Alle drei Gelenke gebeugt, Strampelbewegungen.
  - 2–4 Monate: In Bauchlage Hüfte fast immer gestreckt.
  - 4–6 Monate: In Rückenlage erreicht Fußsohle die Unterlage.
  - 8–10 Monate: Fersensitz.
  - 10–12 Monate: Vierfüßlerstand.

- Greifbewegung
  - 1–2 Wochen: Hand gefäustelt, kann nicht loßlassen.
  - 2–4 Monate: Greifreflex läßt sich passiv lösen, hält mit drei, vier und fünf Fingern.
  - 4–6 Monate: Führt Gegenstand zur Mittellinie, läßt Gegenstand los.
  - 6–8 Monate: Umschließt den Gegenstand mit der Handfläche, Festhalten.
  - 8–10 Monate: Daumenopposition.
  - 10–12 Monate: Zielsicheres Greifen mit Daumen und Zeigefinger.
  - 1 Jahr: Ißt alleine mit Löffel.
  - 2 Jahre: Ißt alleine mit Gabel, richtungsbestimmtes Werfen.
- Sitzen
  - 1–2 Wochen: Fällt vornüber.
  - 6–8 Monate: Abstützreaktion nach vorn, sitzt kurze Zeit.
  - 8–10 Monate: Sitzt lange mit geradem Rücken.
  - 10–12 Monate: Kommt vom Sitzen zum Liegen.
- Gehen, Stehen, Laufen
  - 1–2 Wochen: Fußgreif- und Babinskireflex, keine Gewichtsübernahme.
  - 4–6 Monate: Beginnende Gewichtsübernahme, oft Spitzfuß.
  - 8–10 Monate: Beginn der Gehbewegungen (gehalten).
  - 10–12 Monate: Zieht sich hoch, geht wenige Schritte mit Stütze.
  - 1 Jahr: Steht alleine, läuft.
  - 2 Jahre: Treppensteigen mit Nachstellschritt.
  - 3 Jahre: Ohne Anhalten Treppe hinauf und hinunter steigen.
- Gleichgewicht
  - 4–6 Monate: Kopfkontrolle.
  - 8–10 Monate: Sitzt mit geradem Rücken.
  - 2 Jahre: Hüpft (mit Stütze), geht rückwärts.
  - 3 Jahre: Fährt Dreirad, geht auf gemalter Linie.

4.2 Sprache

Abb. 4.1 gibt Ihnen einen Überblick über die einzelnen Schritte der Sprachentwicklung in der Differenzierung von Sprachproduktion und Sprachverständnis. Wenn das Kind in den ersten paar Monaten nur eine beschränkte Anzahl von Lauten (k, g, x, i, a) kennt, kommt es ab dem 6. Monat zu komplexen Lautverbindungen (Lallperiode). Ende des 1. Lebensjahres finden sich einzelne Wörter. Solche

Einzelworte bedeuten ganz komplexe Gefühlszustände oder Situationen und bilden somit ganze Sätze oder Geschichten ab (z. B. Mama, Papa). Diese Tatsache wird als *holophrastisches* oder *synkretisches* Sprechen bezeichnet. Mit 18 bis 24 Monaten kommt es zur Kombination von Wörtern, wobei vielfach noch ein Telegrammstil angewandt wird. Im 4. bis 6. Lebensjahr wird die Grammatik perfektioniert. Der Wortschatz nimmt zu: während ein 2jähriges Kind noch etwa 300 Wörter gebraucht, kennt die Sprache des 3jährigen bereits 1000 Wörter. Zwischen dem 3. und 5. Lebensjahr ist ein monatlicher Zuwachs von 50 Wörtern nachzuweisen. Manche Aspekte der Grammatik wie Konjunktivformen und die Verwendung von „haben" als Hilfsverb oder der Einsatz von Verben als Substantiv können erst ab dem 7. Lebensjahr realisiert werden. Das Verständis des Passivum beginnt mit dem 5. Lebensjahr, die aktive Verwendung ab dem siebenten. Ab dem späteren Grundschulalter werden Wörter mit ihren Doppelbedeutungen erkannt und differenziert (z. B. Worte, die zugleich physikalische als auch psychologische Bedeutung haben). Erst dadurch wird das Spiel mit Doppelbedeutungen möglich und ein Verständnis für Sprichworte erworben. (Beispiel: „Von etwas Wind bekommen").

Wenn frühere Sprachentwicklungstheorien (Chomsky, 1965) die Bedeutung der vorsprachlichen Zeit des 1. Lebensjahres als irrelevant ansahen und diese Zeit vorwiegend der Hirnreifung gewidmet beurteilten, stellten kognitive Theorien schon Zusammenhänge zwischen der kognitiven Entwicklung und der Sprache her. Vorsprachliche kognitive Prozesse wurden bereits als wichtig für den Spracherwerb angesehen (Bloom, 1973). Die neuesten Entwicklungstheorien können unter dem Begriff Kommunikationstheorien zusammengefaßt werden. Sprache wird darin als Erweiterung kooperativen Handelns gesehen (Bruner, 1987). Der Rolle der Umwelt wird eine aktive Bedeutung für den Spracherwerb im interaktiven Kontext zugemessen (Papoušek, 1994). Sprache hat neurobiologische und anatomische Voraussetzungen, wie die Entwicklung des peripheren Stimmapparates, die Entwicklung des neuromotorischen Systems und der Wahrnehmungssysteme. Schließlich kommt es beim Menschen zu einer Hemisphärenspezialisierung. So haben 92% der Menschen eine Spezialisierung der linken Hemisphäre für sensorische und motorische Sprachfunktionen zu verzeichnen. Nur 8% sind linkshemisphärisch spezialisiert oder zeigen keine Hemisphärenunterscheidung. Auch im Bereich der Händigkeit findet sich eine Hemisphärenspezialisierung (so sind 92% der Menschen Rechtshänder). Es kann angenommen werden, daß anatomische und funktionelle Spezialisierungen bereits bei Feten und Neugeborenen vorliegen. Als Grundlage der Sprachentwicklung kann das Erfassen von Kontingenzen zwischen eigenem Handeln und Reaktionen der Umwelt angesehen werden. Nach Papoušek (1994) besitzen Eltern eine intuitive Didaktik in der vorsprachlichen Kommunikation, die die Sprachwerdung beim Kind unterstützt. Die vorsprachlichen Vokalisationen des Kindes haben bereits eine Doppelnatur. Sie sind einerseits vokaler Ausdruck der Befindlichkeit als auch der Kontingenzerfahrungen. Auch die frühen Vokalisationen schon des zweimonatigen Säuglings sind kommunikativ. Sie lösen

* Funktion (Cooke & Williams, 1992)
  - 3–8 Monate: Interaktionell.
  - 8–10 Monate: Persönlich.
  - 10–15 Monate: Instrumentell, regulativ.
  - 15–18 Monate: Heuristisch.
  - 18–21 Monate: Informativ, imaginativ.
  - Ab 21 Monate: Diaglogisch.
* Sprachproduktion
  - 1 Monat: Gibt Laute von sich.
  - 2–6 Monate: Schreien, Lachen, Quietschen.
  - 6–9 Monate: „Papa" oder „Mama" ungezielt, imitiert Sprachlaute.
  - 9–12 Monate: Anpassung der Lautbildung an die Umgangssprache, „Papa" und „Mama" gezielt.
  - 12–15 Monate: Einwortsätze, Silbenzuordnungen zu Dingen („Dada").
  - 15–18 Monate: Einwortsätze.
  - 18–21 Monate: Zwei- und Mehrwortsätze, benennt ein Bild.
  - 2–3 Jahre: Verwendet Mehrzahl, sagt Vor- und Nachnamen, erstes Fragen.
  - 3–4 Jahre: Benennt Gegensätze.
  - 4–6 Jahre: Zunahme des Wortschatzes, benützt korrekte grammatikalische Formen.
* Sprachverständnis
  - 1 Monat: Reagiert auf Geräusche.
  - 2–9 Monate: Aufmerksamkeitszuwendung, wendet sich nach der Stimme.
  - 9–12 Monate: Reagiert auf Redewendungen.
  - 12–15 Monate: Befolgt Aufforderungen.
  - 15–18 Monate: Versteht Tätigkeitsworte und Namen vertrauter Dinge.
  - 18–24 Monate: Versteht Satzstrukturen.
  - 2–4 Jahre: Definiert Wörter, versteht Präpositionen.
  - 4–6 Jahre: Versteht grammatikalische Formen.

Abbildung 4.1: Die Entwicklung der Sprache

bei der Bezugsperson adäquate Reaktionen aus, d. h. das Kind erprobt seine phonatorischen und artikulatorischen Fähigkeiten anhand der kontingenten Reaktionen mit seiner Umwelt. Die Kontingenzen der Eltern steuern die Art der vokalen Äußerungen des Kindes. Die Doppelnatur der vorsprachlichen Vokalisationen rückt diese in die Nähe der Bedeutung menschlicher Affekte.

Die Vorbereitung des Spracherwerbs beginnt also bereits vor der Geburt und setzt sich dann fort. Es kommt zum Zusammenwirken genetischer Programme mit Reifungsprozessen und dem Erwerb von Erfahrungen. Der menschliche Säugling verfügt über eine optimale Ausstattung für den Erwerb der Sprache, benötigt aber eine kommunikative Matrix, um diese Ausstattung zum Tragen zu bringen. Die Bezugspersonen verfügen über intuitive, didaktisch wirksame Förderungsmöglichkeiten, die das Kind beim Erwerb der Sprachfähigkeit unterstützen.

4.3 Kognition

Wir verstehen unter der Intelligenz die Struktur der Erkenntnistätigkeit als Gesamtheit von allgemeinen verhaltensformenden Plänen (s. Erörterungen zum Intelligenzbegriff und zur Phylogenese des Denkens Kap. 5.3). Nach Piaget (1975) besteht heute kein Zweifel mehr darüber, daß sich Affektivität und Intelligenz beständig gegenseitig beeinflussen und unlösbar miteinander in Verbindung stehen. So ist außer Frage, daß die Affektivität einen beschleunigenden, modulierenden oder störenden Einfluß auf die Operationen der Intelligenz haben kann. Piaget vertritt die These, daß die Beziehungen zwischen Intelligenz und Affektivität nur funktioneller Natur sind. Affektivität spiele die Rolle einer Energiequelle, von der zwar das Funktionieren, nicht aber die Strukturen der Intelligenz abhängen. Der Affektivität komme eine strukturverändernde, nicht aber eine strukturgenerierende Kraft zu (näheres zur Bedeutung der Affekte und affektiv-kognitiven Interaktionen s. Kap. 4.4).

In Anlehnung an die Interaktionstheorien von Furth (1972) und deren Weiterentwicklung durch Janet (1936) und Claparède (1937) verstehen wir unter Verhalten in seiner allgemeinsten Ausprägung den Gesamtkomplex der funktionellen Austauschprozesse zwischen Subjekt und Objekt, deren Ziel immer die Equilibration, d. h. die Wiederherstellung eines gestörten Gleichgewichts ist (s. dazu Kap. 1.3). Verhalten ist immer Aktion mit Anpassungsfunktion (mit den beiden Polen Assimiliation und Akkommodation). Jede gelungene Anpassung ist die Wiederherstellung des Gleichgewichts zwischen dem Organismus und der Umwelt. Unter *Assimilation* verstehen wir die Tendenz des Organismus, seine Strukturen und Formen im Anpassungsprozeß zu erhalten, und unter *Akkommodation* die Einstellung auf die äußere Situation. Des weiteren fordert Piaget eine präzise Unterscheidung zwischen dem weit gefaßten Begriff der kognitiven Funktionen, der einen Bogen spannt von der Wahrnehmung über die sensomotorischen Handlungsweisen bis hin zum abstrakten Denken im Sinne der formalen Operationen, und dem Begriff der affektiven Funktionen. Menschliches Verhalten, das als Anpassung mit den Polen Assimilation und Akkommodation begriffen wurde, weist immer sowohl kognitive als auch affektive Faktoren auf. Kognitive Assimilation bedeutet, daß ein Gegenstand in bereits gebildete Verhaltensschemata einbezogen wird. Gemäß der weiten Fassung des Begriffs der kognitiven Funktionen muß hier zwischen der wahrnehmungsbezogenen Assimilation — wonach der Gegenstand entsprechend bereits ausgebildeter Wahrnehmungsschemata erfaßt wird —, der sensomotorischen Assimilation — die zurückgreift auf sensomotorische Verhaltensschemata —, und der begrifflichen Assimilation unterschieden werden: ein neuer Gegenstand wird nur dann erfaßt und verstanden, wenn er an bereits gebildete Begriffsschemata, d. h. an die Gesamtheit der geistigen Operationen, über die das Subjekt verfügt, assimiliert ist. Kognitive Akkommodation findet im Gegensatz dazu statt, wenn sich das Objekt widersetzt, in ein vorhandenes Schema einbezogen zu werden. Nun muß von neuem Arbeit geleistet werden, um die bisherigen Schemata, die hinsichtlich der Eigentümlichkeit des neuen Objekts unzulänglich sind, diesem entsprechend umzubilden. Man kann dann von Anpassung sprechen, wenn das Objekt keinen allzu großen Widerstand leistet, um assimilierbar zu sein, aber dennoch soviel, daß Akkommodation stattfindet. Anpassung besteht also immer in einem Gleichgewicht zwischen Akkommodation und Assimilation. Wir gehen davon aus, daß Affekte die Dringlichkeit hervorrufen, mit der Assimilation im Anpassungsprozeß notwendig ist. Ein gelungener *Anpassungsprozeß* führt schließlich zum Abklingen des Affektes und zur Desaktualisierung. Kap. 8 bietet eine Übersicht über Zusammenhänge von Bewältigung und Abwehr.

Elementare (spontane) Gefühle sind also Ausdruck der Reaktion des Individuums auf sein eigenes Primärverhalten. In den sogenannten Sekundärakten reguliert der Mensch Gedanken und externe Handlungen und richtet sich zugleich nach bestimmten Wert-, Zweck- und Zielvorgaben aus. Der zweite affektiv-motivationale Verhaltensaspekt wird von Piaget der kognitiven Entwicklung als untrennbar zur Seite gestellt. Assimilation und Akkommodation sind also die Modi unserer strukturellen Erkenntnistätigkeit. Die Wissensbestände strukturieren sich schließlich als affektiv-kognitive Schemata, in denen neben kognitiven Wissensinhalten auch affektive Erlebnisbereitschaften erfahrungsmäßig integriert sind.

Tab. 4.1 zeigt in der Übersicht die Stadien der kognitiven Entwicklung nach Piaget. Die Erkenntnistätigkeit und ihre Struktur, die Intelligenz, differenzieren sich in etwa 16 Jahren nach der Geburt — in Erfüllung eines Prozesses, der die Jahrmillionen der Evolutionsgeschichte und die Jahrtausende der menschlichen Zivilisation umgreift — zur „höchsten Form der geistigen Anpassung an die Umwelt". Jede Phase umfaßt die Bildung einer bestimmten Erkenntnisstruktur, welche wieder Voraussetzung für die nächste Stufe ist. Dieses Prinzip der Implikation besagt, daß die Errungenschaften früherer Stufen integrale Bestandteile der Intelligenzstruktur höherer Stufen sind und von diesen nicht einfach chronologisch

Stadien	Alter	Sensomotorische Entwicklung
1	0–1 M.	*Ererbte Anlagen:* Reflexe, Instinkte, „subjektives Objekt“.
2	1–6 M.	*Erste Erwerbungen:* Primäre Zirkulärreaktionen, erste Bildungen von Schemata, Empfindungskoordination, differenzierte Wahrnehmung.
3	6–8 M.	*Sensomotorische Intelligenz:* Sekundäre Zirkulärreaktionen, imitative Akkommodation, egozentrische Assimilation.
4	8–12 M.	Erste Objektpermanenz, „A-B-Irrtum“.
5	12–18 M.	Eigene Objektpermanenz, kein „A-B-Irrtum“ mehr.
6	18–24 M.	Stabile Objektpermanenz.
		Verbale Intelligenz
7	2–6 J.	*Präoperative Repräsentationen:* Verinnerlichung von Handlungen in Form noch nicht reversiblen Denkens. Animismus, Artifizialismus, magisch-animistische Partizipation.
8	6–11 J.	*Konkrete Operationen (anschauliches Denken):* Einfache Operationen bezüglich Klassen und Relationen.
9	11–16 J.	*Formale Operationen (abstrakt-logisches Denken):* Propositionales, inhaltsfreies logisches Denken. Arithmetisches, räumlich-zeitliches Denken.

Tabelle 4.1: Stadien der kognitiven Entwicklung nach Piaget

abgelöst werden. Das Alter beim Erreichen einer Stufe kann innerhalb bestimmter Grenzen in Abhängigkeit von Faktoren der Motivation, Förderung und Übung sowie kulturellem Umfeld variieren.

Piaget unterteilt in den ersten zwei Jahren der Entwicklung des Menschen verschiedene Stadien:

- Das erste Stadium (0–1. Lebensmonat) beinhaltet die Anwendung von Reflexen auf Objekte. Ausgangspunkt der Entwicklung ist die spontane Tätigkeit des Organismus, wobei Reflexe diese Tätigkeit differenzieren lassen. Die spontane Tätigkeit des Kindes führt also dazu, daß reflexauslösende Wahrnehmungen gemacht und beantwortet werden. Der Organismus beantwortet nicht passiv Umweltanforderungen, sondern ist spontan und global in einer rhythmischen Weise tätig. Die spontane Tätigkeit ist es, die den Reflex vom reinen Automatismus generalisieren läßt und zur Ausbildung erster Gewohnheiten führen kann. Piagets Annahme, daß die Empfindungen des Säuglings in der Frühphase noch nicht koordiniert sind und bspw.

Schmecken, Riechen und Tasten noch nicht als Einheit erlebt werden, muß nach neueren Ergebnissen der Säuglingsforschung bezweifelt werden. Es scheint, daß gerade die Affekte eine vereinheitlichende Funktion haben.

- Im zweiten Stadium (1.–6. Lebensmonat) beginnt der Säugling, Handlungen, die zu angenehmen Empfindungen geführt haben, zu wiederholen. Es kommt dadurch zu verallgemeinernden Assimilationen (leeres Saugen zwischen den Mahlzeiten oder Saugen an neuen Gegenständen). Dies wird von Piaget als primäre zirkuläre Reaktion bezeichnet. Es kommt zur Bildung von ersten Schemata und zur Koordination von Empfindungen.

- Im dritten Stadium (6.–8. Lebensmonat) setzt das ein, was Piaget die sekundäre Zirkulärreaktion nennt: Das Kind ist in der Lage, erste einfache Handlungen an Objekten der Außenwelt durchzuführen. Erlebt der Säugling eine Reaktion auf eigene Handlungen, versucht er diese Handlung zu wiederholen, wendet sich jedoch, wenn keine weiteren Reaktionen folgen, wieder ab. Die Objekte werden in dieser Phase, wenn sie einmal aus dem Blickfeld des Säuglings verschwunden sind, nicht mehr als weiter existierende erlebt. Objekte haben noch keine von den Handlungen des Säuglings unabhängige Existenz.

- Erst im vierten Stadium (8.–12. Lebensmonat) kann man von einer ersten Objektpermanenz sprechen. Die Objekte sind jedoch nach wie vor Teil der Handlung. Piaget beschreibt in diesem Stadium den sogenannten A-B-Irrtum, der zeigt, daß ein Objekt, das an einer bestimmten Stelle (Punkt A) verschwunden ist, vom Säugling immer dort gesucht werden wird, auch wenn es für den Säugling sichtbar nach mehrmaligem Verstecken an einer anderen Stelle (Punkt B) verschwindet. Dies zeigt, daß nach wie vor das Objekt Teil der kindlichen Handlung ist. Es besteht jedoch nun eine erste Objektpermanenz. Der Säugling sucht nach einem Objekt, das nicht ins seinem Blickfeld ist.

- In der fünften Phase (12.–18. Lebensmonat) wird das Objekt vollständig von den Handlungen unabhängig. Es besteht eine eigene Objektpermanenz, die dann im

- sechsten Stadium (18.–24. Lebensmonat) in eine stabile übergeht. Nun sind die Objekte von den Handlungen unabhängig, da das Kind in dieser Zeit eine symbolische Vorstellung vom verschwundenen Gegenstand entwickeln und sich diesen bildhaft vorstellen kann. Das Kind wird fähig, neue Mittel nicht mehr nur durch äußere und materielle tastende Versuche, sondern durch Verstehen und innere Kombination zu finden. Piaget spricht auch von diesem letzten Stadium als Stadium der plötzlichen Einsicht oder „insight“.

Bis zum 2. Lebensjahr sprechen wir also von der *sensomotorischen Phase*, in der das kindliche Universum eine Welt ohne Gegenstände ist. Das Kind erlebt bewegliche und unbeständige Bilder, die erst durch den Aufbau des Schemas des permanenten Gegenstandes eine stabile raumzeitliche Organisation ermöglichen. Erst gegen Ende des 1. Lebensjahres lebt das Kind in einer Welt von Objekten.

Die *präoperationale Phase* (2.–7./8. Lebensjahr) hat als wesentliche Voraussetzung das Auftauchen der Symbolfunktion. Das Bezeichnete (le signifié) wird dann durch ein Bezeichnendes (le signifiant) repräsentiert. Grundlage dafür ist die Vorstellung eines nicht vorhandenen Gegenstandes oder eines nicht derzeit stattfindenen Ereignisses. Kennzeichen für die Symbolfunktion ist das symbolische Spiel oder Fiktionsspiel, in dem ein Kind tut, als ob es schliefe, oder als ob es eine Tätigkeit ausführte. Auch die aufgeschobene Nachahmung, bei der das Kind bspw. eine Geste der Bezugsperson nachahmt, obwohl diese gar nicht im Raum ist, kennzeichnet das Vorhandensein eines Vorstellungsbildes. Diesem inneren Bild folgt schließlich die verbale Erwähnung. Das Kind erlernt, Dinge und Sachverhalte durch Worte zu bezeichnen. Diese Aufgabe des Erlernens von sprachlichen, aber auch nichtsprachlichen Signifikanten oder Bezeichnungen ist ein wichtiger Teil des Spracherwerbs. Sprache ist demnach Ausdruck der symbolischen Tätigkeit des Kindes. Nachdem in der präoperativen Phase Handlungen in bezug auf die Objekte verinnerlicht werden, diese verinnerlichten Handlungen aber noch nicht umkehrbar sind, finden wir erst im Stadium der *konkreten Operationen* reversible Operationen (wenn $A > B$, dann $B < A$) und Operationen, die sich in eine strukturelle Ganzheit höherer Ordnung integrieren lassen. Das Denken geht in diesem Stadium schließlich konform mit den logischen Regeln: Teiloperationen wie Klassifizieren, Aufreihen und der Umgang mit Zahlen werden zu einer Gesamtstruktur (structure d'ensemble) zusammengefügt. Der letzte Schritt erfolgt als Übergang vom konkret-operativen Denken zu den formalen Operationen.

Die präoperative oder präoperationale Stufe kennzeichnet den Übergang von der unmittelbaren Aktion zur Operation, also vom Handlungsakt zum Denkakt. Piaget versteht unter Operationen übergeordnete Koordinationsschemata für die einzelnen Aktionen. Im präoperationalen Stadium ist das Kind zwar schon zur Symbolisation fähig, aber noch ganz stark an seine Affekte und Aktionen im Anpassungsprozeß gebunden.

Im Stadium der konkreten Operationen ist das Kind zum logisch-anschaulichen Denken fähig. Erst im Stadium der *formalen Operationen* ist ein Umgang mit Hypothesen und das Nachdenken über Aussagen, die von konkreten und aktuellen Feststellungen losgelöst sind, möglich. Dadurch entsteht die Fähigkeit zu abstraktem Denken, zum Denken in Konzepten, zum Vergleich von Hypothesen. Erst dann entsteht die kognitive Fähigkeit zu Introspektion, Selbstreflexion und Selbstevaluation auf dem Niveau des Erwachsenen.

Die Entwicklung der Intelligenz weist nach Demetriou et al. (1993) eine bestimmte Achitektur auf. Drei Dimensionen werden beschrieben:

- Die erste Dimension ist die Entwicklungsdimension, d. h. die Veränderung des Denkens über die Zeitachse hinweg. Sie ist durch eine zunehmende Stufenfolge gekennzeichnet. Die Entwicklungsdimension wird auch als vertikale Achse in Richtung einer Zunahme an Effizienz und Komplexität beschrieben.

- Die zweite Dimension ist als horizontale Dimension durch die Fähigkeit zur formalen Gestaltung und Verarbeitung von Information gekennzeichnet. Auf dieser Dimension sind alle Schemataregeln und Operationen zur Organisation kognitiver Schemata angesiedelt.

- Eine dritte Dimension kennzeichnet unterschiedliche Inhalte und symbolische Bedeutungen, die in einer bestimmten Form der mentalen Repräsentation festgeschrieben sind.

Piaget ging davon aus, daß der Mensch in allen Lebensfeldern je nach Entwicklungsstadium eine gleichartige Strukturierung seines Wissens besitzt. Diese Annahme ist heute nicht mehr aufrechtzuerhalten (Sodian, 1995). Wir müssen davon ausgehen, daß in unterschiedlichen Wissensfeldern (auch „Domänen" genannt) eine Entwicklungsspezifität besteht. Einer Mehrfachheit der Realität steht auch eine Diversifizierung der kognitiven Strukturierung gegenüber. Unterschiedliche Wirklichkeitsdomänen, z. B. der physikalischen Welt oder der sozialen Beziehungsdomäne, können sich in der Entwicklung von kognitiven Schemata unterscheiden. Repräsentative Bestände sind also je nach der interaktionellen Erfahrung in den einzelnen Domänen anders strukturiert und können auch zu anderen Handlungskonsequenzen führen. Jede Domäne hat somit ihre Entwicklungsspezifität. Das Wissen um physikalische Zusammenhänge kann zum selben Zeitpunkt anders strukturiert sein als das Wissen über menschliche Beziehungen. Jedes Element der mehrfachen Realität kann in unterschiedlichen Domänen mit unterschiedlichen Eigenschaften auftauchen. So kann die physikalische Bedeutung einer Stoffpuppe ganz anders kognitiv strukturiert sein, als die Bedeutung der Stoffpuppe als Übergangsobjekt in der menschlichen Interaktion. Diese Spezifität der formalen Gestaltung in unterschiedlichen Wissensfeldern muß betont werden. So ist für psychotherapeutische Belange die kognitive Entwicklung der sozialen Domäne ausschlaggebend. In allen Wissensfeldern sind jedoch die Phänomene der Assimilation und Akkommodation gültig und auch das Prinzip der assimilatorischen Verfälschung von Inhalten durch Angleichung an vorhandene Schemata von Bedeutung (s. Kap. 8).

4.4 Emotion

Gefühle — d. h. Emotionen — bilden eine ganz wesentliche Ausdrucksform und Entscheidungsgrundlage für den Menschen. Wir werden sehen, daß Gefühle eine eminente Bedeutung für die Entwicklung der Innenwelt besitzen und auf diese Weise mit der Kognition als Teile eines eigenen körpernahen Entscheidungssystems untrennbar verbunden sind. Emotionale Prozesse haben Priorität — sind sie beeinträchtigt, leidet auch die kognitive Entwicklung. Umgekehrt überformen und modifizieren kognitive Prozesse das emotionale System. Beide Prozesse sind für die Entwicklung der Innenwelt unerläßlich. Affektive und emotionale Störungen spielen in der Psychiatrie eine große Rolle (Flack & Laird, 1998).

Affekte sind angeborene psychobiologische Reaktionsformen, die sich im Laufe der Phylogenese und Gehirnentwicklung aus Reflex- und Instinktprogrammen herausgebildet haben. Angeborene fixierte Reiz-Reaktionsmuster wurden durchbrochen und ermöglichten damit geplante und intentionale Handlungsmuster. Durch die Abkoppelung von Signal- und Handlungskomponente im System der Affekte können Handlungen flexibel gesetzt werden, was die Entstehung einer Innenwelt als Entscheidungsinstanz und die Differenzierung kommunikativer Prozesse ermöglicht. So wird die Entwicklung von Gedächtnisabbildern der Welt und des Selbst in der Interaktion ganz wesentlich durch die Möglichkeit einer affektiven Evaluation (also Bedeutungsgebung) angebahnt. Affekte und die daraus differenzierten Emotionen dienen ebenso der äußeren Darstellung wie der inneren Bewertung. Da affektive Signale generell — auf angeborene Weise — verstehbar sind und eine Deutung zulassen, kann eine innere Bewertung über den Befindlichkeitszustand eines anderen Menschen mit dem Anspruch auf Gültigkeit erfolgen.

Emotionen: Dieser Begriff bezieht sich sowohl auf die Ausdruckskomponente wie die Erlebniskomponente von affektiver Zuständlichkeit und stellt dahingehend eine Erweiterung des Affektbegriffs dar. Während affektive Grundtönungen über die Lebensspanne hinweg relativ konstant bleiben, werden Emotionen durch die zunehmende Ausdifferenzierung expressiver (z. B. mimischer Komponenten) und kognitiver Bewertungs- und Begleitphänomene immer mehr ausgestaltet. Manche Autoren sprechen dann von Gefühlsfamilien (z. B. der Freude und Beglückung oder der Trauer, Sorge und Kümmernis) um einen biologisch verankerten Affektkern. Das Kind fühlt und denkt: Um zu „verstehen“, müssen Denken und Fühlen in besonderer Weise zusammen wirken. Eine Übersicht über Definitionen von Emotion geben Kleinginna & Kleinginna (1981).

4.4.1 Struktur des Affektsystems

Im Affektsystem kann man 6 verschiedene Komponenten beschreiben (siehe auch Krause, 1997, 1998):

- Eine physiologische und neurohumorale Komponente, die mit Erregungsprozessen und selektiven Veränderungen im Hormonsystem einhergeht.

- Eine Handlungskomponente mit Innervation der Skelettmuskulatur.

- Eine Ausdruckskomponente, die in Gesichtsausdruck, Körperhaltung und Stimme ihren Niederschlag findet.

  Die letzteren zwei Komponenten können auch als expressive Affektkomponenten zusammengefaßt werden.

- Eine subjektive Empfindung geht mit den neurophysiologischen und expressiven Komponenten einher. Im Rahmen dieser subjektiven Empfindung werden diese Zustandsänderungen nochmals wahrgenommen.

- Schließlich erfolgt eine Interpretation und Bewertung der subjektiven Empfindung mit Auswirkungen auf Aufmerksamkeit und Gedächtnisleistung.

- Wahrnehmung der situativen und vor allem sozialen Bedeutung der Emotion.

  Die letzten 3 subjektiven Komponenten werden auch als phänomenologische Komponenten zusammengefaßt.

Bereits der emotionale Gesichtsausdruck von Säuglingen ist außerordentlich differenziert. Als interpersonelles Signal hat dies auch eine kommunikative Bedeutung. Die Frage ist, ob vom Ausdruck zuverlässig auf das Vorhandensein eines entsprechenden inneren Gefühls geschlossen werden kann (Dornes, 1993). So wird von manchen Autoren zwischen Affektausdruck und Affekterleben unterschieden. Es wird dabei bezweifelt, ob ein Schluß von Gefühlsausdruck auf das motivational wirksame innere Erleben zulässig ist. Die Auseinandersetzungen unterschiedlicher Autoren lassen sich insofern auf einen Nenner bringen, als von der Abwesenheit eines bestimmten sichtbaren Gesichtsausdrucks nicht auf die Abwesenheit des entsprechenden Gefühls geschlossen werden darf. Umgekehrt aber erscheint es legitim und notwendig von der Anwesenheit des Gefühlsausdrucks auf die Anwesenheit des Gefühls selbst schließen zu dürfen. Gerade im frühen Kindesalter, wo Maskierungen und emotionale Doppelbödigkeiten noch nicht anzutreffen sind, erscheint der Gesichtsausdruck legitimerweise ein Indikator für das vorhandene Gefühl zu sein.

Vorstellungen von Gefühlszuständen und ihre intrapsychischen Aktivierungen gibt es erst ab $1\frac{1}{2}$ Jahren. Vorher ist die Affektauslösung entweder an sensomotorische Empfindungen gebunden, und eine Handlung muß tatsächlich ausgeführt werden, damit der mit ihr verknüpfte Affekt entsteht (Dornes, 1993). Affekterlebnisse können auch an Wahrnehmung gebunden sein, die aber ebenfalls tatsächlich gemacht werden müssen. Affekte aufgrund von Vorstellungen scheinen erst gegen Ende des 2. Lebensjahres zu existieren.

Ab dem Erwerb des Ich-Bewußtseins und der Symbolfunktion haben Gefühle des Kindes eine größere Ähnlichkeit mit denen von Erwachsenen, denn Affekte existieren damit auf zweierlei Weise: einerseits in einer durch Handlungen und

Wahrnehmungen ausgelösten sensorischen Form und andererseits in einer durch Phantasien auslösbaren symbolischen Form.

Nach Dornes (1993) muß betont werden, daß Affekte und ihre Veränderungen schon vom kleinsten Säugling an als differentielle Gefühle gespürt und wahrgenommen werden, und daß die evaluative Funktion sensorischer und perzeptueller Daten, die über Gefühlsdimensionen wirksam wird, auf elementarer Ebene kein kognitiver Prozeß ist.

4.4.2 Bedeutung der Affekte

- Affekte sind als *primäres Motivationssystem* anzusehen. Damit ist die Aktualisierung von Verhaltensbereitschaften verbunden. Affekte dienen nach Tomkins (1981) zur Intensivierung von Dringlichkeit, d. h. durch Gefühle soll Achtsamkeit bewirkt werden. Affekte selbst enthalten noch keinen Motivkern, aber wichtige Informationen der Sinnesorgane, des propriozeptiven Systems und des Triebsystems erhalten durch affektive Intensivierung eine „bedrängende Qualität“ (Lichtenberg, 1991). Informationen über die Außenwelt oder über innere Mangelzustände werden durch Affekte zu einer handlungsrelevanten subjektiven Intensität gesteigert. Auf diese Weise steuern Affekte den Fokus des Wahrnehmungsfeldes und des bewußten Erlebens. Aufmerksamkeit wird dadurch gewährleistet, eine Prioritätensetzung in Wahrnehmung und Denken durchgeführt, die die Hierarchisierung der Denkinhalte zur Folge hat und eine wichtige präkognitive Komplexitätsreduktion der Umweltinformation bewirkt (s. a. Ciompi, 1997). Affekte lösen Betroffenheit aus und führen zur Aktualisierung von Handlungsbereitschaften. Durch Affekte entsteht daher eine erste evaluative Funktion, die den momentanen Informationsstand je nach Handlungsrelevanz ordnet. Was nicht durch Affekte aktualisiert ist, tritt in den Hintergrund.

- Eine weitere Funktion der Affekte ist die *Regulation der Interaktion* beispielsweise zwischen primärer Bezugsperson und Kind. Das Wechselspiel zwischen Eltern und Kind geschieht wesentlich über den Austausch von Affekten, die das Kind bereits in angeborener Weise imitieren und beantworten kann. Über den Affektaustausch entsteht die Möglichkeit einer ersten Informationsübermittlung von Mensch zu Mensch. Damit dienen die Affekte als erstes Medium, sich im sozialen Kontext auszudrücken, verstanden zu werden und Botschaften zu übermitteln.

- Affekte dienen auch der *Gedächtnisbildung*. Was aktiviert und aktualisiert wird, also Betroffenheit auslöst, bleibt eher im Gedächtnis haften als affektiv Unbedeutendes. Die Speicherung szenischer Inhalte in affektiv getönten Erlebniseinheiten wird dadurch gefördert. Gedächtnisinhalte werden in affektiv gesteuerten übergeordneten Zusammenhängen gefaßt, so daß den Af-

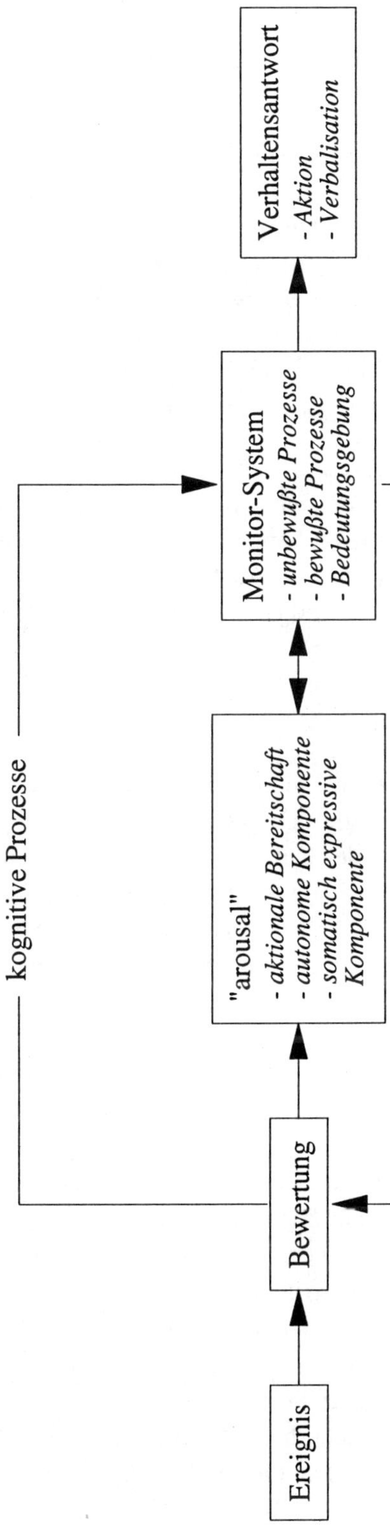

Abbildung 4.2: Modell des Emotionssystems (modif. nach LeDoux, 1989; Frijda, 1993; Lazarus, 1993; Scherer, 1993)

fekten eine Schleusenfunktion zukommt (Ciompi, 1997): in bestimmten affektiven Zuständen („States“) hat man Zugang zu bestimmten Erfahrungen, zu anderen nicht. Siehe dazu Näheres im Kap. 4.5.1.

- Affekte dienen auch der *supramodalen Integration*, da jede Information über unterschiedliche Sinneskanäle in die Einheitlichkeit einer Bewertung durch das Affektsystem mündet. Man könnte spekulieren, daß die ersten „Gestalten“ unseres Erlebens über Wahrnehmungsprozesse unterschiedlicher Sinnesmodalitäten durch affektive Bewertung und Vereinheitlichung zustande kommen. Die überflutende Vielfalt von Sinnesreizen erhält durch die Einmündung in den Kanal affektiver Bewertung eine eindimensionale — und damit Handlungen ermöglichende — Ordnung.

- Nicht zuletzt dienen Affekte durch die Einheitlichkeit ihrer Empfindungsqualität der Bildung von *Identität* („ich bin das, was ich fühle“). Extreme Divergenzen von Gefühlsintensitäten bei gleichem thematischem Gehalt des Erlebens, Widersprüche in emotionalen Austauschprozessen könnten so zu Störungen der Identitätsbildung Anlaß geben. Dies ist ein Feld notwendiger weiterer Forschungsbemühungen.

4.4.3 Einteilung der Emotionen

In einem stark an neurophysiologischen und neuroendokrinen Mechanismen orientierten Schema teilt Henry (1986) die Emotionen in zwei große Gruppen, nämlich positive und negative Emotionen. Zu den negativen zählen Wut, Angst und Depression, zu den positiven Zufriedenheit und Freude. In einem zugegebenermaßen sehr vereinfachenden, aber nichtsdestoweniger illustrativen Schema kann man nach Henry (1982, 1986) diese Emotionen in einem Koordinatensystem von zwei Achsen auftragen. Jeder dieser Koordinaten entspricht einer bestimmten neurovegetativen Struktur (s. Abb. 4.3). Die vertikale Achse kann als Achse des Erregungsniveaus aufgefaßt werden. Sie entspricht der Aktivierung von Sympathikus bzw. Parasympathikus im vegetativen Nervensystem. Aktivierung des Sympathikus fördert Handlungsmuster, die der territorialen Überwachung und der sozialen Auseinandersetzung dienen. Den anderen Pol dieser Achse bilden Ruhe und Entspannung in Zeiten des territorialen und sozialen Friedens. Henry (1982, 1986) setzt die Gefühle Angst mit Aktivierungen des Adrenalinsystems und Wut mit Aktivierungen des Noradrenalinsystems in Verbindung.

Die horizontale Achse würde durch Aktivierungen limbischer Strukturen sowie der Hypophysen-Nebennierenrinden-Achse gekennzeichnet. Aktivierungen dieses Streßregulationssystems führen zur Ausschüttung von Corticoiden (Nebennierenrindenhormon) und sind mit Unsicherheit, Kontrollverlust und Hilflosigkeit verbunden. Kummer und Depression sind an diesem Pol angesiedelt. Andererseits

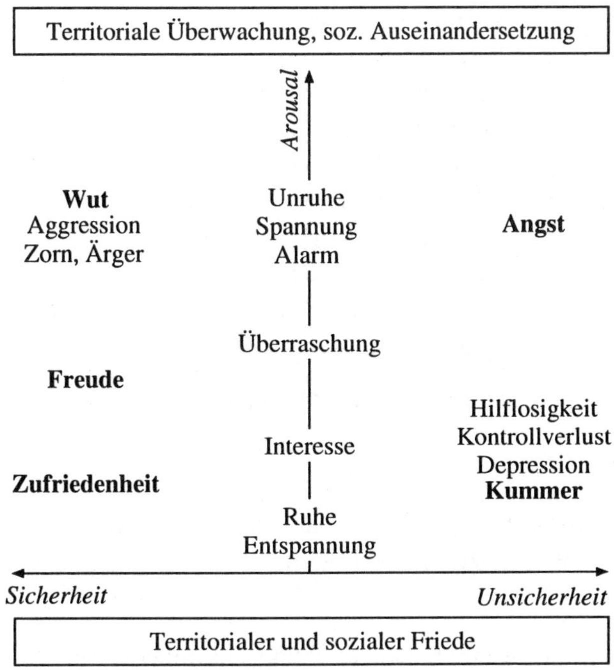

Abbildung 4.3: Neuroendokrine Theorie der Emotionen (modifiziert nach Henry, 1982, 1986)

---

sind Gefühle der Sicherheit, des Erfolges und der Kontrolle mit Freude und Zufriedenheit verbunden. Sie werden mit niedrigen Cortisolspiegeln in Verbindung gebracht. Ungeachtet der Tatsache, daß die neurophysiologischen und neuroendokrinen Mechanismen emotionaler Prozesse noch nicht entschlüsselt sind und sicher viel komplexer als in dem dargestellten Schema sein müssen (man bedenke nur die vielfältigen Wechselwirkungen mit Geschlechtshormonen), so bietet uns das Schema doch einen groben Überblick über mögliche Reaktionsmuster des Menschen. Auffällig ist, daß sowohl Freude und Zufriedenheit als auch Kummer und Depression mit einem mittleren Erregungsniveau verbunden sind. Bei zunehmender territorialer und sozialer Unsicherheit kommt es zu Alarmreaktionen, die schließlich je nach Einschätzung des persönlichen Kräfteverhältnisses in Aggression, Angst oder bei Unentschiedenheit zwischen Angriffs- und Fluchtverhalten in Irritation münden. Viele psychopathologische Phänomene des Kindes- und Jugendalters sind Übersteigerungen negativer emotionaler Zustände, die entweder mit expansiven oder introversiven Verhaltensweisen verbunden sind. Neben der allgemeinen Operatorfunktion, die jeder Emotion zukommt (s. dazu Kap. 4.4.2), finden sich ganz spezifische Bewertungskriterien und Verhaltensbereitschaften als Ausdruck einzelner Emotionen (zitiert nach Ciompi, 1997):

1.	Interesse — Erregung
2.	Vergnügen — Freude
3.	Überraschung — Schreck
4.	Kummer — Schmerz
5.	Zorn — Wut
6.	Ekel — Abscheu
7.	Geringschätzung — Verachtung
8.	Furcht — Entsetzen
9.	Scham/Schüchternheit — Erniedrigung
10.	Schuld — Reue

Tabelle 4.2: Fundamentale Emotionen (nach Izard, 1994)

- Interesse und Appetenz steigern die Aufmerksamkeit, bewirken eine selektive Orientierungsreaktion und fördern das Neugier- und Explorationsverhalten.
- Angst dient der persönlichen Warnung, der inneren Abschreckung und Repulsion, sie fördert das Fluchtverhalten.
- Wut und Aggression dienen der Verteidigung des Lebensraumes, der Vergrößerung des Handlungsspielraumes und der Sicherung psychologischer Grenzen.
- Trauer und Kummer fördern die Verarbeitung von Verlust- und Trennungserlebnissen. Dadurch kommt es zur langsamen Lösung von bisher starken Bindungen, Trauerreaktionen fördern auf diese Weise die längerfristige Neuanknüpfung von Bindungen in der Zukunft. Depression wäre bereits Ausdruck einer nicht gelingenden bzw. dysfunktionalen Trauerarbeit.
- Zufriedenheit und Freude sind Ausdruck von Vergnügen und Lust, sie dienen der Kontaktaufnahme, fördern die Kommunikation und helfen, neue Bindungen zu schaffen.

Eine andere Einteilung (Izard, 1994) beschreibt zehn fundamentale Emotionen (s. Tab. 4.2). Für jede fundamentale Emotion werden zwei Bezeichnungen angegeben. Dies soll auf eine Intensitätsdimension hinweisen, entlang der jede Emotion variiert werden kann. Die erste Bezeichnung repräsentiert die niedrigere Intensitätsstufe, die zweite die höhere. Diese zehn fundamentalen Emotionen können in unterschiedlichen Mischungsverhältnissen interagieren und auf diese Weise Gefühlskomplexe bilden. Regelmäßiges oder häufiges Auftreten von zwei oder mehreren fundamentalen Emotionen, die schließlich mit einer bestimmten

Gruppe von Kognitionen interagieren, können eine affektiv-kognitive Struktur erzeugen.

Aus entwicklungspsychologischer Sicht besteht eine enge Wechselwirkung zwischen emotionaler Ausdrucksform und kognitiver Leistungsstufe. Im folgenden soll die Entwicklung der Emotionen beschrieben werden.

4.4.4 Entwicklung der Emotionen

Es gibt Hinweise, daß nicht alle emotionalen Ausdrucksformen schon bei Geburt vorhanden sind. So wurde zwischen primären Emotionen, die als basal angesehen werden, und sekundären oder abgeleiteten Emotionen unterschieden (Plutchik, 1970). Es gibt Modelle, die annehmen, daß spätere Emotionen sich einfach aus früheren basalen herausbilden oder aus Kompositionen der primären Emotionen bestehen. Es sieht aber so aus, daß Emotionen nicht nur wie Farbmischungen aus Grundtönungen komponiert werden können, sondern daß alle emotionalen Prozesse in enger Verzahnung mit kognitiven Prozessen zu beurteilen sind. Lewis et al. (1989) geben ein Modell der Entwicklung von Emotionen aus primären im Zusammenhang mit kognitiven Reifungsschritten (s. Abb. 4.4).

Carlson & Hatfield (1992) beschreiben in Anlehnung an Stanley und Nancy Greenspan (Greenspan & Greenspan, 1985) folgende Meilensteine der emotionalen Entwicklung:

1. Selbstregulation und Interesse an der (sozialen) Umwelt (Geburt bis 3. Lebensmonat).
2. Beginn einer Liebesbeziehung (Bindung) (2–7 Monate).
3. Entwicklung einer intentional gesteuerten Kommunikation (3–10 Monate).
4. Die Entwicklung eines organisierten Selbstbewußtseins (9–18 Monate).
5. Kreation von Gefühlsvorstellungen (18–36 Monate).
6. Emotionales Denken, Basislegung für Phantasie, Wirklichkeitssinn und Selbstvertrauen (30–48 Monate).

Scham ist eine zentrale Emotion der sozialen Regulation und spielt in der Psychopathologie eine wichtige Rolle. Scham und Schamabwehr können zu Rückzug, Vermeidung und Resignation Anlaß geben, aber ebenso auch globale aggressive wie autoaggressive Verhaltensweisen nach sich ziehen. Scham führt zur Infragestellung und Bedrohung des vitalen Selbst (Identitätsproblematik) ebenso wie des definitorischen Selbst (s. dazu Kap. 7). Schamaffekte beeinträchtigen die Kohärenz des handelnden Selbst, stellen die Wertigkeit und Integrität des Körperselbst in Frage und bedrohen den Status des sozialen Selbst mit Beeinträchtigung

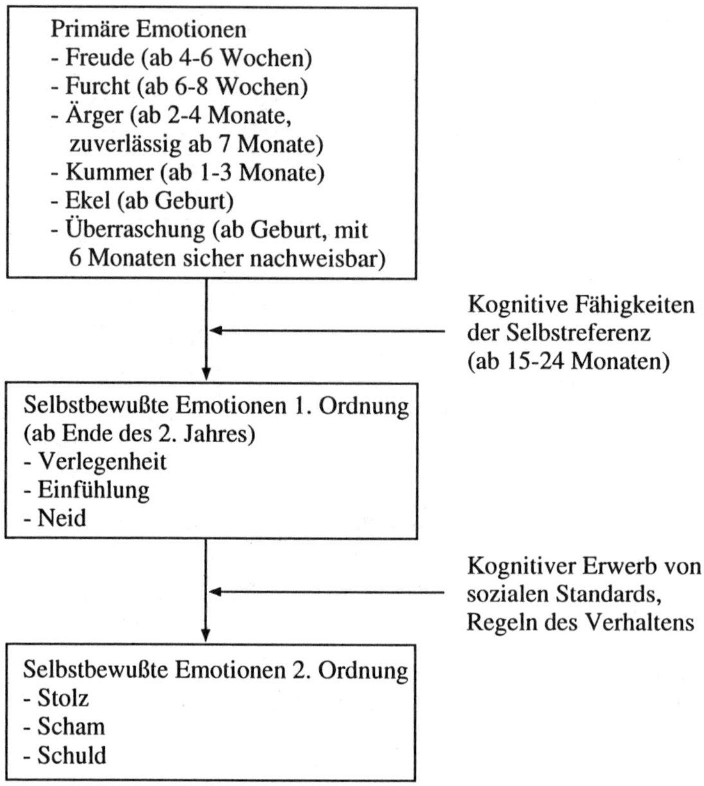

Abbildung 4.4: Schema der Emotionsentwicklung

des Selbstwertes und des Gefühls der Selbstwirksamkeit. Sowohl die Fertigkeiten der Selbstaktualisierung wie die soziale Wertschätzung und Akzeptanz werden dabei global in Frage gestellt und bedroht, d. h. im Lichte der anderen erscheint das Selbst nicht akzeptabel. Lewis et al. (1989) betonen zurecht die notwendigen kognitiven Voraussetzungen von „selfconcious emotions" (Tangney & Fischer, 1995). Die soziale Perspektivenübernahme am Übergang zur Stufe der konkreten Operationen (4–6 Jahre) gibt der sozialen Scham nochmals eine neue Tiefendimension (s. auch Kap. 6.5). Probleme des Selbstwertes im Grundschulalter sollten unbedingt ernst genommen werden. Siehe dazu Kap. 10.3.

Nach Lewis et al. (1989) sind Schamgefühle im engeren Sinne als selbstbewußte Emotionen zweiter Ordnung erst beim Kind im zweiten Lebensjahr zu finden. Demgegenüber betont Nathanson (1987), daß Schamvorläufer schon in früheren Entwicklungsstadien auftreten. Solche Schamvorläufer reduzieren die Erregung im interpersonellen Kontext, wenn kindliche Erwartungen nicht erfüllt werden. Schamvorläufer hätten die Bedeutung, Unterscheidungen zwischen Selbst und Nicht-Selbst zu verdeutlichen; in der Interaktion mit Bezugspersonen differen-

	Scham	*Schuld*
Fokus der Evaluation	globales Selbst	spezifisches Verhalten
Distress	++	+
Selbst	Spaltung in Bewertendes und Bewertetes Selbst	einheitliches Selbst
Auswirkung	globale Infragestellung und Entwertung des Selbst	Reparationsbestrebung
Handlungstendez	Rückzug, Vermeidung, eventuell auch „blinde" Aggression	Aktionsdrang, kommunikative Annäherung

Tabelle 4.3: Scham und Schuld (Resch 1998b, nach Tangney & Fischer 1995)

zieren sich Schuldgefühle — als Emotionen, die Reparationsbestrebungen fördern — gegenüber den global das Selbst in Frage stellenden Schamaffekten heraus (s. Tab. 4.3). Die Auseinandersetzung mit sozialen Regeln fördert die Ausdifferenzierung von Schuldgefühlen vor dem Hintergrund der Beziehungserfahrungen mit wichtigen Anderen. Die kognitiven Fähigkeiten der Selbstreferenz ebenso wie soziale Standards und Regeln des Verhaltens werden aufgrund von interaktionellen Erfahrungen erworben, wobei die Beziehungsqualität auf diese kognitiven Parameter Einfluß nimmt. Die Gewissensbildung des Kindes zeigt Zusammenhänge mit Bindungsfaktoren, dem Gefühl persönlicher Sicherheit und Geborgenheit sowie den Entwicklungslinien der Fähigkeit zur Empathie (Stilwell et al., 1997).

4.4.5 Zur Differenzierung von Trieben und Emotionen

Es besteht vor allem in der psychodynamischen Literatur Uneinigkeit darüber, ob nun Triebe oder Affekte die basaleren Funktionselemente sind. Nach klassisch psychoanalytischer Sicht sind einzig die Triebe fundamental. Nach neueren Sichtweisen (z. B. Stern, 1985; Kernberg, 1988; Lichtenberg, 1991; Dornes, 1993, 1997) sind die Affekte als fundamentale Regulatoren aufzufassen. Im folgenden soll eine Darstellung gegeben werden, die versucht, triebtheoretische und affekttheoretische Aspekte auf einen Nenner zu bringen.

Triebe ergeben sich aus biologischen Spannungen und/oder Defiziten, die als Mangelzustände einen Impuls zum Ausgleich erzwingen. Triebe sind in ihrem Auftreten und in ihrer Intensität von meist zyklischer Natur, sie dienen der Selbst- und Arterhaltung. Als basale Triebe sind beispielsweise Hunger, Durst und Sexualität aufzufassen. Triebe werden auch aktualisiert, ohne daß diese Mangelzustände ins Bewußtsein gelangen. Man kann Triebe auch als Instinktkreise auffassen, die

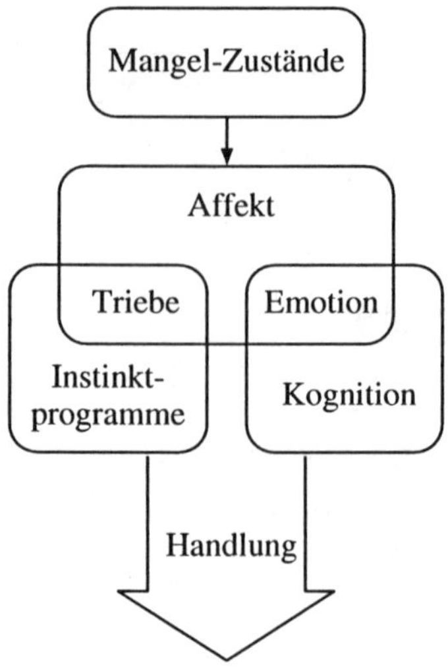

Abbildung 4.5: Triebe und Emotionen

festlegen, daß bei bestimmten inneren oder äußeren Mangelzuständen eine bestimmte Handlungsabfolge ausgelöst wird. Die Aktualisierung und Aktivierung von Trieben geht immer mit affektiven Prozessen einher.

Affekte können in ihrer Eigenschaft zielgerichteter Aktivierung unterschiedliche Triebsysteme aktualisieren und Triebansprüche als Gefühle begleiten. Affekte wären in diesem Zusammenhang als die zentralen Regulatoren anzusehen, die Wahrnehmungsfunktionen und Triebfunktionen soweit auf einen Nenner bringen, daß daraus Handlungsentscheidungen möglich werden.

Durch Affekte aktualisierte Verhaltensmuster können in Verschränkung mit Kognitionen (Erinnerungen, Begriffen, Szenen und Vorstellungen) schließlich Motive, Wünsche und Bewertungskriterien hervorbringen oder Bedeutungen konstituieren, welche schließlich als Voreinstellungen das Wahrnehmungsfeld beeinflussen und auf diese Weise die ankommenden Sinneseindrücke bereits selektiv beeinflussen (assimilatorischer Akt).

4.4.6 Rolle des Schmerzes

Schmerz = Nozizeption + Affekt: Begriffsklärung

Schon seit der Antike wird diskutiert, ob der Schmerz eher den Emotionen oder der somatosensorischen Wahrnehmung zugeordnet werden kann. Die Standarddefinition des Begriffs „Schmerz" stammt von der *International Association for the Study of Pain* (IASP, 1979) und umfaßt beides: Schmerz ist danach „eine unangenehme sensorische und emotionale Erfahrung, die in Verbindung mit tatsächlichen oder drohenden Gewebsschädigungen auftritt oder mit Begriffen einer solchen Schädigung beschrieben wird". Das Phänomen Schmerz hat somit zwei Hauptmerkmale: eine körperliche Sensation und einen aversiven Affekt. Die somatosensorische Wahrnehmungskomponente wird dabei auch als *Nozizeption* bezeichnet und umfaßt die Aktivität von peripheren und zentralnervösen Neuronengruppen, die zu Schmerz führen kann. Diese (Sinnes-)Wahrnehmung wird dann in komplexer Weise weitergeleitet, bewertet und transformiert, bis sie als erlebtes Phänomen Schmerz neben der sensorischen auch kognitiv-evaluative (Bewertung als bedrohlich oder harmlos) und emotionale (Erleben als angsterregend, schlimm, quälend etc.) Komponenten beinhaltet.

Sensorische und emotionale Komponente der Schmerzwahrnehmung werden durch zwei unterschiedliche funktionelle Systeme vermittelt und treten daher auch zeitlich verschoben auf, was sich in Untersuchungen mit schmerzevozierten kortikalen Potentialen abbildet: Frühe Potentiale werden über schnelleitende Bahnen vermittelt und korrelieren mit der objektiven Reizintensität, spätere Potentiale korrelieren mit der subjektiven Schmerzintensität und der aversiven Erlebnisqualität. „Nozizeption wird im Hinterhorn des Rückenmarks geboren, aber wir nennen es/sie erst Schmerz, wenn sie/es das Gehirn erreicht hat" (Kenneth L. Casey, auf der Konferenz der *International Association for the Study of Pain*, Vancouver, August 1996).

Eine zumindest potentielle Gewebeschädigung kann dem Phänomen Schmerz zugrunde liegen, muß dies jedoch nicht. Damit ergeben sich zumindest drei Möglichkeiten für einen Zusammenhang:

- Noxe → Schmerz,
- Noxe ohne Schmerz,
- Schmerz ohne Noxe.

Schmerz ist nach dem heutigen Verständnis auch ohne auslösende Noxen möglich, in diese dritte Gruppe fallen die Begriffe „zentraler", „neuropathischer" und „psychogener" Schmerz. Zwischen diesen Begriffen gibt es Überlappungen, eine Trennung erscheint dennoch sinnvoll. Zentraler Schmerz rührt von einer pathologischen Veränderung des Zentralnervensystems her, einer primären ZNS-Dysfunktion, neuropathischer Schmerz geht mit strukturellen und/oder funktionellen Veränderungen des zentralen oder peripheren Nervensystems einher, während psychogener Schmerz als in der Psyche begründet und durch seelische Vorgänge verursacht aufgefaßt wird. Zentraler Schmerz kann demnach neuropathischer oder psychogener Natur sein. In den Bereich der psychogenen Schmerzen fallen u. a. funktionale Schmerzsyndrome und Somatisierungsstörungen (vgl. Kap. 26).

Schließlich kennen wir auch noxische Reize bis zu einer Stärke, die ernsthafte Verletzungen verursachen, aber dennoch ohne oder mit stark verminderter

Schmerzempfindung einhergehen, z. B. beim Leistungssport, im Krieg, aber auch in psychischen Ausnahmesituationen wie z. B. bei Fakiren.

Der durch einen noxischen Reiz ausgelöste Schmerz wird auch als „nozizeptiver" Schmerz bezeichnet: ein funktionsfähiger Nerv übermittelt Information über ein Trauma ans Zentralnervensystem. Doch auch für diesen Teilbereich des „nozizeptiven" Schmerzes greift ein Reiz-Reaktions-Modell zu kurz, da Schmerz eher eine aktive und multidimensionale Antwort des Organismus auf einen peripheren Reiz darstellt als eine passive und reflexartig durch Außenreize verursachte Reaktion (Jänig, 1993). Die Schmerzwahrnehmung bildet nicht bloß externe noxische Reizmuster ab, sondern ist Produkt eines konstruktiven kognitiv-affektiven Aktes.

Damit ist der unidirektionale, monokausale Erklärungsansatz heute aufgegeben, der bis in die sechziger Jahre hinein im Sinne eines reinen Reiz-Reaktions-Konzepts die Grundlage der physiologischen Schmerztheorien gebildet hat.

Ein weiterer kritischer Punkt ist die Beschränkung des Schmerzbegriffs auf bewußtseinsabhängige Wahrnehmungsphänomene in der Definition der *International Association for the Study of Pain*. Heute wird im wesentlichen davon ausgegangen, daß der Schmerzbegriff hinsichtlich des Bewußtseins zu eng gefaßt ist, da Schmerz als subjektiver Leidenszustand auch unterhalb der Schwelle bewußter Reflexionsfähigkeit existiert. Prozesse der Schmerzreaktion sind nicht an ein waches und sprachbasiertes Bewußtsein gebunden, sondern finden sich auch z. B. im Koma, unter Vollnarkose, bei desorientierten Patienten sowie vor Spracherwerb, z. B. bei Säuglingen, Frühgeborenen und Feten.

Einfluß von klassisch konditioniertem und operantem Lernen

Schmerzverstärkende und hemmende Systeme (z. B. die Endorphinausschüttung) werden entscheidend durch Umweltreize beeinflußt, wobei sich die Konzepte vom klassisch konditionierten und operanten Lernen anwenden lassen: So konnte gezeigt werden, daß Patienten mit chronischen Schmerzen ihre Muskeln schlechter entspannen können als gesunde Kontrollpersonen (Flor et al., 1992). Hierbei spielt neben dem klassisch konditionierten Lernen (das reflexhafte Erhöhen der Muskelspannung tritt dann nicht nur beim Reiz selbst, sondern allein bei den ihn sonst begleitenden Umständen auf) auch das operante Lernen durch Belohnung und Bestrafung eine wesentliche Rolle. Wenn nämlich ein Betroffener seinen Schmerz deutlich ausdrückt, eine Schonhaltung einnimmt und dadurch von seiner Umwelt Aufmerksamkeit, Zuwendung und Schonung erwirkt, verfällt er häufiger in dieses Schmerzverhalten. Entsprechend fand Birbaumer, daß Patienten ihrem Schmerz nicht übermäßig Ausdruck gaben, wenn der Ehepartner Demonstrationen einer Mißempfindung eher ignorierte und dafür auf gesundes Verhalten positiv reagierte.

Entwicklungspsychologische Besonderheiten: Schmerz bei Kindern

Schmerzen bei Kindern unterscheiden sich in einigen wesentlichen Aspekten vom Phänomen Schmerz bei Erwachsenen, und zwar bezüglich:

- **sensorischer Diskrimination**

  Die Diskriminationsfähigkeit für unterschiedliche noxische Stimuli (Schmerzart, -qualität, -lokalisation etc.) wird erst nach und nach ausgebildet, da die Reifung des Nervensystems in den ersten Lebensjahren noch nicht abgeschlossen ist.

  Auf der Grundlage dieses Arguments wurden bis in die 70er Jahre hinein Reaktionen auf Schmerzreize bei Säuglingen als einfache subkortikale Reflexe gedeutet (Mühlig, 1997). Deswegen wurde ihnen bis ins Kleinkindalter hinein bei kleineren Eingriffen eine angemessene Anästhesie und Analgesie häufig vorenthalten (Bush & Harkins, 1991), da man ihnen eine Schmerzempfindung generell absprach. Heute gilt aufgrund zahlreicher Untersuchungen als gesichert, daß schon pränatal Schmerz erfahren werden kann: Spätestens ab der 30. Schwangerschaftswoche sind schmerzleitende Bahnen in Rückenmark und Hirnstamm komplett myelinisiert (Anand et al., 1997). Die sensorische Komponente von Schmerz wird also sehr früh schon erfahren, wenn auch die Fähigkeit zu Unterscheidung und Lokalisation erst allmählich entwickelt wird.

- **kognitiv-affektiver Bewertung und behavioralem Ausdruck**

  Was die affektiv-kognitive Komponente des Phänomens Schmerz anbetrifft, so reift die gesamte dazu nötige Modulationseinheit erst allmählich im Verlauf der Kindheit. Ein Schmerzkonzept wird erst allmählich entwickelt, d. h. ein Verständnis des Kindes über Wesen, Ursachen und Behandlungsmöglichkeiten von Schmerzen, ein Bezugssystem zur Einordnung von Schmerzerfahrungen entsteht auf dem Boden der persönlichen Lebensgeschichte, und in Wechselwirkung mit beidem bilden sich Bewertungs- und Interpretationsvorgänge zur angemessenen Qualifizierung des Schmerzerlebens heraus. Auch das von außen beobachtbare Schmerzverhalten unterliegt einer Transformation, zum einen durch den Erwerb von Sprache und damit einer wachsenden Fähigkeit zur Kommunikation über Schmerzen, zum anderen wachsen eigene Bewältigungskompetenzen zum Umgang mit den Beschwerden sowie positive Erfahrungen zu Selbstwirksamkeit und -kontrolle (Mühlig, 1997).

  Die oben angesprochene Diskriminationsfähigkeit muß im Verlauf der frühen Kindheit auch auf dem Gebiet der Affekte erst ausgebildet werden: Auch wenn Säuglinge unterschiedliche aversive Affekte schon differenzieren können, scheinen doch die Verhaltensreaktionen bei intersubjektiv aversiven Affekten und schmerzbezogenen Affekten gleichartig zu sein. Auf der Verhaltensebene ist es nahezu unmöglich, zwischen Komponenten des Schmerz- und Angsterlebens zu unterscheiden, weswegen manche Autoren beide Phänomene unter dem Begriff des „behavioral distress" zusammenfassen (z .B. Johnson, 1988).

Im Kleinkindesalter beginnt dann auch eine begriffliche Unterscheidung durch das Kind selbst, wobei immer noch keine durchgehende Trennung von körperlichen und seelischen Schmerzen erfolgt. Es werden einfache Schmerzbegriffe als mehr oder weniger passende Oberbegriffe für Schmerzerfahrungen oder Zustände von Unlust oder Unwohlsein gebildet, z. B. „Bauchschmerzen" als Benennung für Bauch-, Kopf- oder Halsschmerzen sowie Unbehagen, „Kopfschmerzen" für Schwindel etc.). Auffällig ist dabei, daß die meisten Kleinkinder körperliche Schmerzen der unterschiedlichsten Lokalisation in den Bauchbereich projizieren, dies geht wahrscheinlich auf die zentrale Bedeutung des Verdauungstrakts im weiteren Sinne für Wohlfühlen und Unbehagen in der frühen Kindheit zurück. Unter bestimmten Bedingungen bleibt der enge Zusammenhang zwischen körperlichem und seelischem Unwohlsein bis ins Erwachsenenalter hinein bestehen, z. B. als körperliche Symptomatik bei einer majoren Depression oder bei einer Somatisierungsstörung.

- **Schmerzgedächtnis**

Die Erinnerungsfähigkeit für Schmerzreize entwickelt sich schon vorgeburtlich und damit bewußtseinsunabhängig, neuere Untersuchungsergebnisse belegen die Existenz eines Schmerzgedächtnisses bei Neugeborenen und Feten (Droste & Büttner, 1992; Zimmermann, 1991). Dabei handelt es sich wahrscheinlich um ein präverbal kodierendes nondeklaratives Gedächtnis (Nelson et al., 1993, vgl. auch Kap. 4.5.1). Das ausgereifte Erwachsenengedächtnis mit seinen bevorzugt deklarativen Abrufformaten kann auf die frühkindlich-impliziten Speicherungen nicht willentlich zugreifen, so daß die Inhalte nur als „unbewußte Gedächtnisspur" noch weiterwirken (Mühlig, 1997). Aufgrund der noch extremen Plastizität des frühkindlichen Nervensystems sind die Folgen für die Entwicklung des Nervensystems und des Verhaltens möglicherweise sowohl gravierend als auch langfristig. Untersuchungen konnten zeigen, daß längerfristige Schmerzexposition bei Früh- und Neugeborenen zu Änderungen auf der physiologischen und auf der behavioralen Ebene führen, die Schmerzreaktionen, andere Entwicklungsaspekte und die Mutter-Kind-Interaktion beeinflussen (Anand et al., 1997). Möglicherweise können sich in der fetalen und neonatalen Phase langfristige Schmerzengramme ausbilden, die zwar später nicht mehr bewußt abrufbar sind, jedoch emotional-affektive Streßzustände (z. B. Angst, „Traumatisierung") reaktivieren können (Zimmermann, 1994).

- **Modulation**

  Auch die Modulationsmöglichkeiten innerhalb des schmerzverarbeitenden Systems unterliegen einer Reifung in den ersten Lebensmonaten und -jahren. Erregungssteigerung durch „wind-up“ auf Ebene des Rückenmarks kann schon bei Frühgeborenen beobachtet werden, die wiederholten schmerzhaften Prozeduren ausgesetzt sind und dazu führen, daß primär nicht schmerzauslösende Manipulationen (wie z. B. Hochnehmen, körperliche Untersuchung etc.) als schmerzhaft erlebt werden. Im Gegensatz dazu sind die absteigenden hemmenden Systeme bei Früh- und Neugeborenen noch nicht voll funktionsfähig, was sie gegenüber schmerzhafter Stimulation noch anfälliger macht als ältere Kinder (Anand et al., 1997).

Interdependenz Schmerz — Angst — Depression oder: Akuter und chronischer Schmerz

Hinsichtlich der Funktion von Schmerz ist es sinnvoll, zwischen akuten und chronischen Schmerzen zu unterscheiden: Akuter Schmerz hat eine klare Funktion als Warnsignal und Handlungsaufforderung und dient damit dem Schutz des Organismus. Bei akutem (häufig nozizeptivem) Schmerz ist Ursachenbekämpfung im allgemeinen sinnvoller als die Bekämpfung des Schmerzes selbst, z. B. die Hand von der heißen Herdplatte zu ziehen (was schon vorbewußt auf der Ebene von Rückenmarksreflexen geschieht) oder einen schmerzenden Zahn behandeln zu lassen, anstatt Schmerzmittel einzunehmen.

Andererseits gibt es viele Arten von Schmerzen, die sicherlich keine sinnvollen Warnsignale mehr sind, dies gilt vor allem für die chronischen und die immer wiederkehrenden Schmerzen. Bei diesen Schmerzen ist meist kein noxischer Reiz als Auslöser erkennbar, häufig findet sich auch keine sogenannte organische Ursache, was sich in den Bezeichnungen „idiopathischer“ oder „psychogener“ Schmerz niederschlägt. Bei diesen Schmerzen ist Schmerzbekämpfung sinnvoll. Anhaltende oder wiederkehrende Schmerzen sind oft mit erhöhter Angst und Depressivität verbunden, wobei die Kausalitätsrichtung für den Zusammenhang bisher umstritten ist: chronische Schmerzzustände werden als Ursache bzw. Auslöser, als Variante („larvierte Depression“) oder als Folge einer zugrundeliegenden Psychopathologie wie z. B. einer majoren Depression betrachtet (Mühlig, 1997). Stärker biologisch orientierte Ansätze sehen als gemeinsame Ursache von Angst-, Depressions- und Schmerzphänomenen ein gestörtes Gleichgewicht im biochemischen Regulationssystem. Chronischer Schmerz wird von Swanson (1984) der gleichen Erlebniskategorie zugeordnet wie Angst und Depression und als „dritte pathologische Emotion“ bezeichnet.

Der akute Schmerz zeigt hingegen physiologische, durch das sympathische Nervensystem vermittelte Begleitphänomene, die bei der typischen Angstreaktion nahezu identisch sind (Erhöhung von Blutdruck, Herzfrequenz, Atemfrequenz, peripherer Vasokonstriktion etc.) und wird daher von manchen Autoren (z. B. Wahl & Hautzinger, 1994) als direktes Angstäquivalent begriffen.

Schmerz beinhaltet also immer eine sensorische und eine affektive Komponente, dies trifft auch für akuten, durch einen noxischen Reiz ausgelösten Schmerz zu. Schmerzen können jedoch, nicht zuletzt aufgrund der Fähigkeit des Nervensystems zur Plastizität, auch unabhängig von noxischen Auslösern auftreten bzw. persistieren. Solcherart chronifizierte Schmerzen können unter manchen Umständen (z. B. Somatisierungsstörung) als direkte Affektäquivalente aufgefaßt werden (vgl. S. 386).

4.4.7 Affektiv-kognitive Interaktionen

Triebe und Affekte kommen beim heranwachsenden Kind und beim Erwachsenen nurmehr in Verschränkung mit kognitiven Prozessen zum Tragen. Selbst bei Affekthandlungen oder Triebdurchbrüchen gibt es mit der Handlung verbundene Vorstellungen, Phantasien und Denkprozesse. Diese dienen in solchem Falle mehr der Erfüllung und Ausgestaltung der motivationalen Vorgabe, denn einer Entscheidungsfindung zwischen unterschiedlichen Motiven.

Stark vom Affekt bestimmte Aktualisierungen nennen wir Emotionen. In ihnen sind Bewertung von Erlebtem und Handlungsvorgaben ganz wesentlich vom Affekt getragen. Kognitive Prozesse bleiben darin eingebettet und besitzen keine handlungsentscheidende Funktion. Solche emotionsgeleiteten Bewertungsprozesse von Wahrnehmungen müßte man nach Janzarik (1988) dem „impressiven Wahrnehmungsmodus" zuordnen. Ab der Stufe der Symbolisierungsfähigkeit kann aber auch ein intrinsisches, mit Phantasien ausgestaltetes Gefühl zur Ausprägung kommen. Gefühle können die Wahrnehmung verzerren und zu „unüberlegten" Handlungen führen.

Bei jenen Prozessen, die wir „kognitiv" im eigentlichen Sinne oder vernünftig und besonnen nennen, bleibt der Affekt in ein kognitives Gerüst eingebettet und kann durch logische Denkgesetze beherrscht, kontrolliert und verändert werden. Es ist aber der Affekt, der letztlich durch seine Intensität und Ausbreitungstendenz im psychischen Feld darüber bestimmt, ob der Vernunft die Führung überlassen bleibt oder nicht. Unter heftigen Angst- oder Wutreaktionen wird die kognitive Bewältigungsfähigkeit eingeschränkt.

Kognitionen können Affekte auslösen (z. B. kann eine positive Nachricht die bestehende Stimmungslage positiv beeinflussen, während eine traurige Nachricht auch abrupt negative Gefühle auszulösen vermag). Die kognitive Verhaltenstheorie (Ellis, 1962; Beck et al., 1981) geht davon aus, daß kognitive Interpretationen die affektive Reaktion bestimmen („Primat der Kognitionen"). Demgegenüber kennen wir aus psychobiologischer Sicht auch das Phänomen, daß Menschen zu ihren Gefühlszuständen nur bestimmte Denkinhalte zur Verfügung haben. So ist es möglich, durch Antidepressiva und eine dadurch veränderte Stimmungslage auch

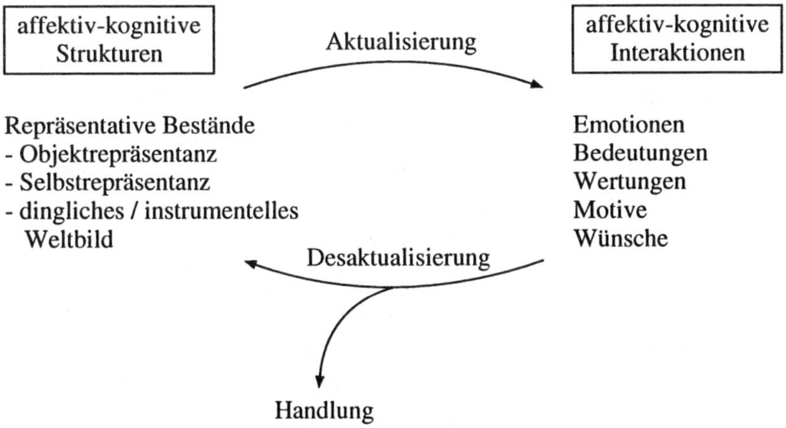

Abbildung 4.6: Affektiv-kognitive Interaktionen

Denkformen und -inhalte zu verändern. („Primat des Affekts"). Die therapeutische Praxis läßt Zugangsweisen aus beiden Richtungen zu: Medikamentöse Hilfe und psychotherapeutische Hilfe.

Desaktualisierung bedeutet das Abklingen von Affekten: Außer den beschriebenen kognitiven oder direkt biologischen Eingriffen (z. B. Psychopharmaka) gibt es noch die Ebene der Ausführung von Handlungen zur Affektregulation. So können direkte Affekthandlungen (z. B. wütendes Schlagen) oder Ersatzhandlungen (z. B. Auf- und abgehen) zur Desaktualisierung beitragen. Über die Bedeutung der Hinwendung zu Bezugspersonen und die soziale Referenzierung für den Desaktualisierungsprozeß wurde in Kap. 3 bereits berichtet.

Gerade beim Kind dürfen wir nicht übersehen, daß das Denken zumeist im Dienste der Gefühle steht und daher das Phantasieren oder die konkreten Wirklichkeitsanschauungen nicht einfach unreif, dumm oder falsch sind, sondern für den operationalen Rahmen des Kindes und die Entwicklung seiner Repräsentationen angemessen und funktional erscheinen. Nach van der Meer (1989, 1990) können wir auch von adaptiver Rationalität sprechen.

Emotionen zeigen besonders dann eine intensive Wechselwirkung mit Kognitionen, wenn es um die Notwendigkeit des Handelns geht. Jede Tat, jede Aktion ist das Ergebnis einer Entscheidung, die auf Bewertungsprozessen beruht. Emotionen kommen also bei jedem Übergang von der Kognition zur Handlung, bei der Interpretation von Wahrnehmungen und bei der Bedeutungsgebung und Sinnsetzung im interaktionellen Kontext ins Spiel. Emotionen sind Teil von Bewertungsprozessen, Entscheidungsprozessen, intentionalen Akten, der Sinnkonstituierung sowie der Realitätskontrolle. Auch bei höchsten Vernunftleistungen spielen emotionale Rahmenbedingungen eine Rolle. Immer wieder finden sich im Alltag „kurzschlüssige", nach logischen Gesetzlichkeiten nicht sinnvolle Handlungsentscheidungen, die aber der Affektökonomie dienen! Auch intuitive Entscheidungen blenden oft selektiv nach nicht-logischen Gesetzlichkeiten verfügbare Informationen der Umwelt aus. Solche Entscheidungen „aus dem Bauch heraus“ können sehr erfolgreich und retrospektiv gesehen in höherem Sinne „intelligent“ sein (Damasio, 1994).

Affektiv-kognitive Interaktionen sind immer mit Aktualisierungen der affektiv-kognitiven Strukturen verbunden. Über assimilatorische Prozesse werden Wege einer möglichst guten aktuellen Anpassung gesucht. Nach Ausführung entsprechender Handlungen oder erklärender Denkprozesse kommt es zur Erweiterung und Umgestaltung der repräsentativen Bestände und zur Desaktualisierung von Erlebniskomplexen im Bewußtsein. Im Rahmen affektiv-kognitiver Interaktionen sind sowohl bewußte als auch unbewußte Motive und Evaluationen wirksam. Nicht zuletzt bleiben einige affektiv-kognitive Bewertungsprozesse außerhalb des Bewußtseinskegels. Man muß annehmen, daß manche dieser Bewertungsprozesse auch niemals einem selbstreflektiven Erkennen zugänglich werden. Man nennt diese prozeduralen Funktionen außerbewußt. Menschliche Handlungen sind nur in ganz seltenen Fällen reflexhaft und instinktprogrammiert, sie gehen aber immer mit affektiven Beteiligungen einher. Die überschießende Gewalthandlung des Kindes und das besonnene Wohlverhalten sind nur über die zugrundeliegenden affektiv-kognitiven Interaktionen und entsprechende Aktualisierungen von repräsentativen Beständen einem Verstehen zugänglich.

4.5 Mentale Repräsentationen

Wir haben bis jetzt über wichtige Entwicklungsschritte im motorischen und sprachlichen Bereich sowie in den Domänen des Denkens und der Emotionen gesprochen und wollen nun zu einer Synthese dieser Einzelbetrachtungen voranschreiten.

Wir müssen uns vergegenwärtigen, daß die Trennung in kognitive und affektive Bereiche des Erlebens künstlich sind, und wir immer beide zu berücksichtigen haben, wenn wir von Gedächtnis, Lernvorgängen und psychischer Strukturbildung sprechen. Tab. 4.4 soll nochmals einen Überblick über klinisch relevante Entwicklungsschritte der kognitiven Anpassungsmöglichkeiten und des emotionalen Verständnisses liefern (siehe auch Kap. 4.3). Im Säuglingsalter stellen die „Objektpermanenz“ und Antizipationsfähigkeit wichtige Entwicklungsbausteine dar.

Die präoperationale Stufe ist bezüglich der Strukturierung von Wissen durch ein rasches Anwachsen von Begriffen und Begriffssystemen gekennzeichnet, die dem Kind dienen, Umweltereignisse zu verstehen. Es ist aber noch so, daß die Assimilationen nur an die eigene Aktion, die eigene Sichtweise erfolgen. Der eigene Standpunkt ist der einzige, den das Kind in diesem Alter kennt (Egozentrismus). *Finalismus* bedeutet die kindliche Annahme, daß Naturphänomene (z. B. Wolken, Regen) aus eigener Absicht zweckgerichtet handeln und nicht einfach ablaufen,

sensomotorische Stufe	Objektpermanenz, Antizipation	Selbst-andere Differenzierung, Intentionalität, Sprache	Selektive, passende emotionale Reaktionen auf emotionale Äußerungen. Erwartung von emotionaler Responsivität bei Bezugspersonen. Soziale Referenzierung.
präoperationale Stufe	Finalismus, Animismus, Artifizialismus, Egozentrismus	„Magisches Denken", Rollenwechsel, Rollenspiel	Gefühle sind externe Phänomene, durch ein Ereignis ausgelöst. Gefühle sind Gefühlsausdruck. Nur ein Gefühl zur selben Zeit möglich.
konkret operatorische Stufe	Klassifikation, Seriation, Zahl, Fläche, Gewicht, Volumen	Standpunktwechsel (Übernahme von Sichtweisen, Perspektivenwechsel), Überstiegsfähigkeit, Haupt- und Nebenrealität	Gefühle sind internale Prozesse, die von externen oder internen Ereignissen ausgelöst werden. Gefühle sind im Körper lokalisiert, vom Selbst kontrollierbar.
formal operatorische Stufe	abstraktes Denken, Hypothesenbildung	Selbstreflexion	Gefühle sind internale Prozesse, durch die äußere und innere Situationen bewertet und Affektäußerungen gesteuert werden.

Tabelle 4.4: Kognitive und emotionale Entwicklungsschritte (nach Nannis, 1988; Harris, 1994)

Animismus ist die Zuschreibung menschlicher Eigenschaften an dingliche Objekte (Gefühle, Absichten). *Artifizialismus* meint, daß die Naturphänomene durch eine bestimmte Macht beeinflußt sind und gehorchen (Artifizialismus und Animismus sind eng verbunden). Die dingliche Welt wird sozial erklärt (siehe auch Kap. 5.2).

In der modernen Entwicklungspsychologie werden wiederholt Zweifel an der Piaget'schen Hypothese des präkausalen Denkens geäußert (Pauen, 1997). Kinder scheinen schon sehr früh systematische Unterschiede zwischen Lebewesen und unbelebten Objekten zu entdecken. Egozentrisches Denken wird mehr auf Wissensdefizite zurückgeführt als auf eine systematische kognitive Perspektive. Andererseits finden sich animistische Weltperspektiven auch bei Naturvölkern und Erwachsenen der westlichen Industrienationen. Je vertrauter ein unbelebtes Objekt ist, um so seltener wird es für lebendig gehalten. Dieser vermeintliche Widerspruch klärt sich dann auf, wenn man die streng kognitivistische Perspektive zugunsten einer affekt-logischen verläßt. Das präkausale Denken tritt beim Kind — und in viel seltenerer Weise auch beim Erwachsenen — dann auf, wenn ein Entscheidungsdruck in Richtung Handeln vorliegt. Auch unter dem Druck, eine Erklärung finden zu müssen, oder einen unangenehmen Affekt zu verarbeiten, greifen Kinder eher auf Erklärungen ihrer affektiv-vermittelten Umwelt zurück, dann wird die dingliche Welt sozial interpretiert.

Die konkret operatorische Stufe ist durch den Erwerb von Konzepten und Operationsschemata gekennzeichnet. Diese koordinieren die Aktionen des Kindes. Assimilation erfolgt nicht mehr an die persönliche Aktion sondern an die übergeordnete Organisationsstruktur (Operation). Erst auf der formal operatorischen Stufe kann das Kinds sich schließlich von der Beobachtung und der Beobachtbarkeit so lösen, daß ein rein abstraktes Denken möglich wird.

Nicht vergessen werden darf, daß diese schematische Stufeneinteilung nur ein Denkgerüst sein kann, weil die moderne Forschung gezeigt hat, daß in unterschiedlichen Wissensfeldern (Domänen) unterschiedliche Entwicklungsstufen beim selben Kind zum gleichen Zeitpunkt nachweisbar sind. So kann die Entwicklung auf physikalischem Gebiet schon viel weiter als auf sozio-emotionalem gediehen sein! Trotzdem bietet diese Übersicht ein klinisch anwendbares Raster, das uns hilft, psychopathologische Phänomene vor dem Hintergrund der Fähigkeit zum Wissenserwerb zu interpretieren. Die Entwicklung schreitet immer in Richtung zunehmender Introspektion und interner Selbstkontrolle fort.

Ein Kind, das noch dem magisch-animistischen Denken verhaftet ist und nicht zwischen Phantasien und realen Wahrnehmungen in bezug auf seine emotionale Responsivität unterscheidet, muß anders interpretiert werden als ein Jugendlicher, der plötzlich von überwertigen Vorstellungen mit Wahrnehmungscharakter geplagt wird. So können für Kinder Befürchtungen denselben Charakter wie tatsächlich eingetretene Ereignisse haben. Während wir beim Jugendlichen, der von wahnhaften Ideen okkupiert ist, von Realitätsverlust sprechen, müssen wir beim Kind, das sich beispielsweise vor dem Ausguß fürchtet, weil dieser es hinabziehen könnte, nicht von Realitätsverlust sprechen. Es wird in den Kapiteln 6.2 und 6.3 zu zeigen sein, daß sich so etwas wie eine realistische Perspektive erst im Stadium der konkreten Operationen vollständig entwickeln kann. Damit verbundene kognitive Fertigkeiten sind der Standpunktwechsel, die Übernahme anderer Sichtweisen, die Fähigkeit der Intuition, die eine Perspektivenübernahme anderer ermöglicht. Erst dadurch wird ein Überstieg zwischen Haupt- und Nebenrealität, zwischen wirklichen und phantasierten Phänomenen möglich. In der emotionalen Bewertung ist für das Kind der präoperationalen Stufe eine unrealistische Befürchtung bspw. mit dem Badewasser durch den Ausguß gesogen zu werden ebenso „wirklich" wie die Gefahr, sich in heißem Wasser zu verbrennen. Erst mit Erreichen der formal operatorischen Stufe und der Vervollkommnung von Introspektion und selbstreflexiver Standpunktübernahme hat das Kind die Fähigkeit erreicht, die Welt mit den Augen der Erwachsenen zu sehen. Ab diesem Zeitpunkt finden wir auch alle psychopathologischen Phänomene des Erwachsenenalters. Auf diese Entwicklungsbezogenheit unterschiedlicher psychopathologischer Phänomene wird in Teil II noch ausführlich eingegangen.

4.5.1 Lernen und Gedächtnis

Schon in den 60er Jahren (Mowrer, 1960) wurde von Forschern festgestellt, daß die Emotionen eine zentrale, unentbehrliche Rolle bei all jenen Veränderungen in Verhalten und Leistung spielen, von denen man annehmen kann, daß sie Lernen verkörpern. Damit wird festgehalten, daß der jeweils vorhandene Motivationszustand, der das Verhalten von Augenblick zu Augenblick steuert, von einem erlebten Affekt hergestellt wird. Man kann auch von dem subjektiven Feld oder Erlebnisfeld sprechen, in dem Verhalten stattfindet. Lernprozesse und Gedächtnisprozesse sind nicht voneinander trennbar. Nur durch das Festhalten von Informationen in irgendeiner Form, d. h. nur durch strukturelle Modifikationen, kann individuelles Verhalten sich auf späteres Verhalten auswirken. Solche Phänomene sind bereits auf materieller Ebene verwirklicht. So haben wir gesehen, daß schon die Nervenzelle auf Rezeptorebene dem Lernen ähnliche Modifikationen bei wiederholter Stimulation vornehmen kann. Wir wissen auch aus der Immunologie, daß memory cells Informationen über antigene Strukturen über lange Zeiträume bewahren können und damit ein Wiedererkennen solcher Strukturen ermöglichen. Auf dieser Fähigkeit basieren ja beispielsweise Impfstrategien.

Wir wollen uns nicht mit diesen basalen Mechanismen auseinandersetzen, sondern jene Lern- und Gedächtnisprozesse näher beleuchten, die mit der Entwicklung mentaler Repräsentation verbunden sind.

Das Gedächtnis läßt sich grobschematisch in drei wesentliche Funktionseinheiten gliedern (s. Tab. 4.5). So wird ein sensorischer Informationsspeicher genannt, der für Bruchteile einer Sekunde Sinnesdaten so lange festhält, bis eine Mustererkennung und eine Auswahl von relevanten Merkmalen erfolgen kann.

Speichertyp		*Zeitdauer*	*Bedeutung*
Sensorischer Informationsspeicher (SIS, sensorischer Buffer)		Bruchteile einer Sekunde	Mustererkennung, Merkmalsauswahl
Kurzzeit- oder Arbeitsspeicher		bis 30 Sekunden	Arbeitsspeicher für Einprägung und Abrufen von Gedächtnismaterial, für Denken und Vorstellung, 7 ± 2 Speicherplätze.
Langzeitspeicher	sekundäres Gedächtnis	Minuten bis Tage	Wissensstrukturen, affektlogische Schemata, Repräsentanzen
	tertiäres Gedächtnis	unbegrenzt	

Tabelle 4.5: Funktionseinheiten des Gedächtnisses (nach Oerter & Schuster-Oeltzschner, 1987)

Durch die Tätigkeit des sensorischen Informationsspeichers werden im Wahrnehmungsakt notwendige Selektionsprozesse zur Informationsgewinnung vorgenommen. Die assimilatorische Tätigkeit beginnt hier.

Weiters wird ein Kurzzeit- oder Arbeitsspeicher beschrieben, der Informationen bis zu etwa 30 Sekunden festhält. Dieser Kurzzeitspeicher dient dem Einprägen und Abrufen von Gedächtnisinhalten. Er ist also für die notwendige Bereitstellung von Informationsmaterial in Vorstellungs- und Denkprozessen verantwortlich. Der Kurzzeitspeicher enthält 7 ± 2 Speicherplätze. Es ist daher notwendig, Informationselemente bei komplexeren Denkvorgängen zu Einheiten (die auch als „chunks" bezeichnet werden) zusammenzufassen. Im Kurzzeitspeicher wird die Informationsverarbeitung in verschiedenen Medien (z. B. bildhaft oder symbolisch) möglich. Der Kurzzeitspeicher scheint nicht von Geburt an vorhanden zu sein, er baut sich beim Kleinkind mit etwa 8 Monaten auf und geht mit dem Phänomen der Objektpermanenz einher.

Schließlich ist noch der Langzeitspeicher zu nennen, der als sekundäres Gedächtnis Minuten bis Tage Informationsspeicherung ermöglicht und als tertiäres Gedächtnis eine praktisch unbegrenzte Speicherung von Wissen erlaubt. Im Langzeitspeicher müssen also unsere Wissensstrukturen, die affektlogischen Schemata und Repräsentanzen liegen. Der Langzeitspeicher ist bereits in der frühen Kindheit voll funktionstüchtig. Wie aber noch in Kap. 4.5.2 zu zeigen sein wird, ändert sich die Struktur des Wissens, so daß von der Kindheit ins Erwachsenenalter nicht nur Erfahrungen angehäuft werden, sondern Wissensbestände immer wieder in neue Ordnungsstrukturen eingegliedert werden.

Eine andere Einteilung des Gedächtnisses unterscheidet ein *rekognitives* (Wiedererkennungsgedächtnis) und ein *evokatives* (reproduzierendes) Gedächtnis. Das Wiedererkennen wird durch einen Wahrnehmungshinweis abgerufen. Es werden dabei keine inneren Repräsentanzen ohne äußere Hinweisreize aktualisiert (Lichtenberg, 1991). Vor allem in der Frühzeit der kindlichen Entwicklung sind die Wiedererkennungsleistungen für das interaktive Wechselspiel mit Bezugspersonen von eminenter Bedeutung. Wiedererkennen ist die einfachste Gedächtnisleistung des Langzeitgedächtnisses.

Solche Wiedererkennungsleistungen konnten bei Kindern schon nach 6 bis 8 Wochen empirisch nachgewiesen werden (Oerter & Schuster-Oeltzschner, 1987). Da das Wiedererkennen über das ganze Leben hinweg eine hohe Stabilität zeigt, wird postuliert, daß diese Leistung eine allgemeine Funktionstüchtigkeit auf neurostruktureller Grundlage widerspiegelt und nicht Entwicklungsveränderungen unterworfen zu sein scheint. Im Gegensatz dazu bedarf das evokative Gedächtnis innerer Abbilder, die durch zusätzliche Prozesse des Abrufens aus dem Langzeitspeicher aktualisierbar sind. Erinnern und Reproduzieren entwickeln sich später als das Wiedererkennen und unterliegen Entwicklungsmechanismen. In höherem Alter nehmen die Leistungen wieder ab (Literatur bei Oerter & Montada, 1987). Eine entwicklungspsychologisch relevante Frage liegt darin, ob Gedächtnisinhalte, die als affektiv handlungsbezogene Wiedererkennungsmuster codiert sind, später durch abrufbare Erinnerungen auf der Vorstellungsebene ersetzt werden. Gibt es Gedächtnisinhalte in der Form von Wiedererkennungsmustern, die später nicht eine entsprechende symbolische Repräsentanz erhalten? Wenn das Kind mit $1\frac{1}{2}$ Jahren in der Lage ist, seine Erfahrungen auf symbolischer Ebene neu zu encodieren, wird es nicht alle frühen Gedächtnisspuren auf diese Weise umgestalten. Ob solche frühen Gedächtnisspuren, die nicht ohne weiteres verbal abrufbar sind, jenen Urgrund bilden, in dem sich unser Unbewußtes finden könnte, bleibt eine interessante aber spekulative Frage. Sicher ist, daß neben all unserem abrufbaren Wissen auch solche gefühlswirksamen und handlungsbestimmenden Wissensanteile in uns sind, die wir nicht jederzeit im Lichte des Bewußtseins reproduzieren können.

Nach Lichtenberg (1991) ist zu erwarten, daß jegliche Form von Abwehrmechanismen mit irgendeiner Art von Repräsentationsfähigkeit verknüpft sein muß, und er unterscheidet daher zwischen Abwehrmaßnahmen der ersten $1\frac{1}{2}$ Lebensjahre und Abwehrmechanismen nach Entwicklung symbolischer Repräsentationsmöglichkeiten (s. Kap. 8).

Dies führt uns zu einer weiteren Unterteilung von Gedächtnis in das szenische oder episodische und das semantische Gedächtnis. Diese Einteilung betrifft den Langzeitspeicher. Unter *episodischem Gedächtnis* kann man die Speicherung und Reproduktion von zeitlich datierten, räumlich lokalisierten und persönlich erfahrenen Ereignissen oder Episoden verstehen (s. dazu Brown, 1975). Frühe Repräsentanzen für zwischenmenschliche Interaktionen sind im episodischen Gedächtnis festgehalten. Diese frühen Szenen enthalten optische und akustische Muster sowie körperliche und vegetative Informationen ebenso wie emotionale Bestimmungsstücke. Das episodische Gedächtnis ist in der Lage, kognitive und affektive Eindrücke in gleicher Weise festzuhalten. Es ist als Gedächtnis aber unökonomisch und nicht in der Lage, in größerem Umfang Inhalte auf diese Weise zu speichern. Möglicherweise werden frühe Szenen immer wieder neu überschrieben, so daß sich nur invariante Muster längerfristig bis in höhere Lebensalter erhalten. Andererseits wissen wir, daß starke affektive Beteiligung die Engrammierung im episodischen Gedächtnis bahnt. Affekte werden daher auch als primäre Gedächtnisspur faßbar gemacht.

Das *semantische Gedächtnis* behält die Information nicht so spezifisch wie das episodische. Informationen werden abstrahiert, nach Bedeutungszusammenhängen klassifiziert und gruppiert. Auch phonetische Merkmale können bei der Gruppierung eine Rolle spielen. Schulisches und berufliches Wissen, auch das Wissen über Regeln und Gesetze sind auf diese Form gespeichert. Im Entwicklungsprozeß gewinnt das semantische Gedächtnis über das episodische die Oberhand (Oerter & Schuster-Oeltzschner, 1987). Jüngere Kinder sind bei der Verarbeitung von Informationen noch viel stärker kontextgebunden als ältere. Das semantische Gedächtnis ermöglicht ein dekontextualisiertes Speichern von Informationen. Es gibt kognitiven Aspekten von Erlebnissen gegenüber den affektiven weit mehr Speicherraum als das episodische Gedächtnis.

Deklaratives Wissen kann bewußt — verbal — erinnert werden und enthält das, was wir lernen, demgegenüber betrifft *prozedurale* Information Fertigkeiten und Gewohnheiten, wie Wissen angeeignet wird — Folge ist eine Verhaltensänderung, die nicht bewußt werden muß. *Explizite* Gedächtnisfunktionen bewirken die bewußte Ansammlung von Erfahrungen, das *implizite* Gedächtnis zeigt sich an Verhaltensänderungen und muß nicht bewußt erinnert werden. Das *intentionale* Gedächtnis steht unter flexibler, bewußter Kontrolle des Individuums, wobei die Aufmerksamkeit darauf gerichtet ist, *automatische* Prozesse sind unintentional, unwillentlich, autonom und finden außerhalb des Bewußtseinskegels statt. *System I* ist auf die Erkennung und Registrierung von Invarianzen in der Umwelt gerichtet, es vernachlässigt die spezifische Eigenart der Momentsituation. *System II* ist ein episodisch-repräsentationales System, das Kontexte abbildet und die Unterschiede zwischen Episoden besonders faßbar macht (s. Tab. 4.6).

Zum Begriff der *Erlebniseinheiten*: Im episodischen Gedächtnis finden sich also kleinste Erfahrungseinheiten, die ein Bild vom Selbst, von belebten und unbelebten Anderen enthalten, dazu einen Affekt sowie andere perzeptuell-kognitive Bausteine (assoziierte Gedanken, Phantasien, Orientierungsmarken in Zeit und Raum). Eine solche minimale Erlebniskonfiguration wird von Lichtenberg (1991) Erlebniseinheit genannt. Das biographische Wissen ist in seinen frühen Formen wesentlich aus solchen Erlebniseinheiten konstituiert, wobei spätere Wissensstrukturen diese erlebnisbezogenen Bauelemente nur überformen können. Da wir zum Handeln immer einen evaluativen Prozeß, d. h. einen affektgebundenen Entschei-

deklarativ	⟷	non-deklarativ	(Squire, 1982)
deklarativ	⟷	prozedural	(Cohen, 1984)
semantisch	⟷	episodisch	(Tulving, 1983)
explizit	⟷	implizit	(Schacter, 1987)
intentional	⟷	automatisch	(Posner & Snyder, 1975)
System I	⟷	System II	(Sherry & Schacter, 1987)

Tabelle 4.6: Funktionale Gedächtnissysteme (nach Bucci, 1997)

dungsprozeß durchlaufen müssen, läßt sich denken, daß Erfahrungseinheiten des episodischen Gedächtnisses eine höhere Dringlichkeit erwirken können als Erfahrungen des semantischen Gedächtnisses. Werden im Gedächtnis starke Affektspuren repräsentiert, so können diese bei entsprechendem Wiederabrufen durch Schlüsselreize das Wahrnehmungsfeld, das Erlebnisfeld, überfluten!

Gedächtnis und Selbstentwicklung sind ohne einander nicht denkbar. Zum Aufbau des Selbst sind Gedächtnisfunktionen für Wahrnehmungen, eigene Bewegungen und erlebte Affekte unbedingt notwendig. Nach einer Übersicht bei Dornes (1993, 1997) gibt es von Geburt an ein Gedächtnis für Wahrnehmungen. Auch ein Gedächtnis für eigene Bewegungen ist ab spätestens 3 Monaten empirisch nachweisbar. Der experimentelle Nachweis eines Gedächtnisses für erlebte Affekte gelang im Alter zwischen 3 und 6 Monaten (s. dazu Stern, 1985).

4.5.2 Die Entwicklung von Begriffen

Begriffe sind gleichsam Abbreviaturen von Konzepten. Begriffe selbst sind damit operative Schemata, Handlungsschablonen vergleichbar, mit denen die Welt aktiv erkundet werden kann. Begriffe sind abstrahierende und selektive Modelle der Wirklichkeit. Sie ermöglichen eine aktive Konstruktion von Antizipationen der Welt (Bullens, 1982). Das Kind konstruiert seine Begriffe zunächst ganz stark im Zusammenhang mit subjektiv gefärbten äußerlichen Eindrücken, um später zu immer abstrakter werdenden Merkmalen vorzudringen. Jedes Denken erfordert eine innere Vergegenwärtigung von Information. Diese innere Vergegenwärtigung kann nach Bruner (1966) *Repräsentation* genannt werden. Bruner beschreibt drei unterschiedliche Medien, in denen Information vergegenwärtigt werden kann. Diese drei Medien bilden sich in der Ontogenese nach- und übereinander heraus. Die erste Form der Repräsentation wird als aktionale — handlungsmäßige — oder *enaktive Repräsentationsform* beschrieben. Sie entwickelt sich bereits früh im 1. Lebensjahr. Als präverbale, nondeklarative Gedächtnisleistung ist sie vielleicht schon vorgeburtlich angelegt. Es erfolgt dabei ein Übergang von einem starren sequentiellen Ablaufschema von Handlungen, die noch reflexhaften oder instinkthaften Regelkreisen ähneln, zu räumlichen Beziehungsschemata, die eine simultane Organisation von Bewegung und Wahrnehmung möglich machen. Das enaktive Repräsentationssystem dient als erstes inneres Bezugssystem für eigene Handlungen. Dieses ist die Grundlage für die Differenzierung zwischen Ich und Nicht-Ich und für den Aufbau der ersten Objektbeziehungen. Die aktionale Repräsentationsform stellt ein Handlungsrepertoire zur Verfügung und ermöglicht daher eine flexiblere Organisation des kindlichen Verhaltens. Im aktionalen Repräsentationsmodus ist die begriffliche Vorstellung von Objekten ausschließlich durch die an ihnen vorgenommenen Handlungen definiert. „Der kindliche Begriff ist im wahrsten Sinne des Wortes das Ergebnis des Begreifens" (Bullens, 1982, S. 437). Die aktionale Repräsentation ist von der Altersstufe her mit den Stadien der sensomotorischen Entwicklung nach Piaget vergleichbar. Die Bruner'sche Sicht geht davon aus, daß der Ursprung des menschlichen Denkens in Wahrnehmungen, Handlungen und Rückmeldungen auf kinästhetischem Gebiet liegt. Das erste Medium des Denkens ist damit die Aktion.

Später (Ende des 1. und zu Beginn des 2. Lebensjahres) wird diese erste Repräsentationsform von der bildhaften oder *ikonischen Repräsentationsform* überlagert. Diese bildhafte Darstellung ermöglicht die sensorische Repräsentation von Erfahrungen aller Sinneskanäle. Innere Bilder oder Szenen werden im ikonischen Repräsentationsmodus als episodische Gedächtnisformen abgebildet. Mit dieser neuen Darstellungsform kann das Kind sich allmählich von der an unmittelbare Handlungen gebundenen Repräsentation lösen. Die inneren Bilder gehen mit Sicherheit mit dem Phänomen der Objektpermanenz einher. Vorformen selektiver Gefühls- und Sinneseindrücke, die bereits handlungsbestimmend aus perzeptuell-affektiven Handlungskreisen gelöst werden, sind sicher schon früher im 1. Lebensjahr möglich. Der ikonische Repräsentationsmodus bleibt ebenso wie der enaktive Modus bis ins Erwachsenenalter erhalten und kann im Traum ebenso wie durch Phantasie und kreative Tätigkeit handlungsbestimmend werden.

Schließlich gibt es ein drittes Medium der inneren Darstellung. Dieses wird als *symbolische Repräsentation* ab der Mitte des 2. Lebensjahres wesentliches und bestimmendes Medium des Denkens. Es werden nun nicht mehr einzelne Wahrnehmungsinhalte, sondern stellvertretend dafür Symbole repräsentiert. Mit Beginn der symbolischen Repräsentation können wir das semantische Gedächtnis verwenden. Das wichtigste Mittel, um den Bedeutungskern von Objekten und Szenen symbolisch begrifflich festzuhalten, ist die Sprache (Bullens, 1982). Formal symbolische Fähigkeiten sind also an die Sprachfähigkeit geknüpft. Die Art der Repräsentation hat wesentlichen Einfluß auf die Entwicklung der Selbst- und Objektrepräsentanzen. So ist nach Lichtenberg (1991) vor dem Stadium der symbolischen Repräsentation eine Selbstrepräsentanz im Sinne einer selbstreflexiven Struktur nicht möglich. Erst mit $1\frac{1}{2}$ Jahren ist somit das Selbst soweit entwickelt, daß es durch Abwehrmechanismen seinen Bestand steuern kann. Wenn das Kind die symbolische Stufe erreicht hat, beginnt es Erfahrungen auf den enaktiven und ikonischen Sektoren neu zu strukturieren. Auch innerhalb des symbolischen Re-

Repräsentations-modus	Kodierungs-modus	Informations-verarbeitung	Informations-quelle
subsymbolisch	synchrone Operationen, analogische Prozessierung auf kontinuierlichen Dimensionen	parallel	viszeral-kinästhetisch, sensorisch
nonverbal symbolisch	diskrete, spezifische Bildfolge oder analogisch	sequentiell oder parallel	sensorisch modalitätsspezifisch
verbal symbolisch	Worte mit phonologischen syntaktischen semantischen Eigenschaften	sequentiell	supramodal

Tabelle 4.7: Multiple Code Theory (nach Bucci, 1997)

präsentationsmediums kommt es immer wieder gemäß den Piaget'schen Stadien zu Neuorganisationen des Wissens.

Wilma Bucci (1997) stellt eine „multiple code theory" vor, die besagt, daß in unterschiedlichen Repräsentationsmodi auf unterschiedliche Weise Erfahrungswissen gespeichert wird (s. Tab. 4.7). Archaische viszeral kinästhetische Erfahrungsschemata sind subsymbolisch repräsentiert, zumeist im impliziten, nondeklarativen Gedächtnis gespeichert (s. Kap. 4.5.1) und nicht bewußt verbalisierbar, können aber nichtsdestotrotz das Verhalten beeinflussen. Bildhafte Erfahrungsschemata (bildhafte Erinnerungen) sind prinzipiell einer Verbalisierung zugänglich, vor allem wenn sie durch Gestaltung (z. B. kreatives Malen oder Ausdruckstanz) in neuer Weise der Wahrnehmung zugänglich gemacht werden. Darauf beruht der Sinn von kreativen (nonverbalen) Therapieverfahren der Psychotherapie bei Kindern und Jugendlichen. Viszeral-motorische Repräsentationen (also subsymbolisch repräsentierte Informationen), die nicht direkt der Selbstreflexion zugänglich sind und daher nur schwer kommunizierbar sind, können ebenfalls durch kreative Gestaltung in Tanz, Malen oder Musik zu symbolisierten sensorischen Repräsentationen werden, die der Selbstreflexion und Verbalisierung schließlich besser zugänglich sind. Es ist die Hypothese erlaubt, daß sich in subsymbolisch repräsentierten Handlungsbereitschaften und archaischen Bildern das „Unbewußte" Freuds verbirgt, dessen Inhalte im Rahmen eines therapeutischen Prozesses ins Licht des Bewußtseins gehoben werden.

4.5.3 Affektlogische Schemata

Aufgrund des Wissens um die Mechanismen mentaler Repräsentation können wir nun das Konzept der affektlogischen Schemata in den Kontext des allgemein psychologischen Wissens einbetten. Affektlogische Schemata entsprechen also Gedächtnisstrukturen, die in unterschiedlichen Encodierungsmedien vorliegen. Affektlogische Schemata entsprechen den Erlebniseinheiten und szenischen Speicherungen ebenso wie den semantischen in verbaler Formulierung abrufbaren Inhalten des Langzeitgedächtnisses. Je nachdem, in welchem Repräsentationsmodus interaktionelle Erfahrungen festgehalten werden, werden affektive und kognitive Anteile in unterschiedlichem Ausmaß darin vertreten sein. Repräsentanzen des Selbst und von belebten und unbelebten Objekten sind von diesen Gedächtnisfunktionen nicht zu trennen. Selbst- und Objektrepräsentanzen stellen somit spezielle affektlogische Schemata dar. Das gesamte Weltbild ist aus affektlogischen Schemata aufgebaut. Frühe interaktionelle Erfahrungen mit szenischem Charakter können das Verhalten bis ins hohe Alter wesentlich mitbestimmen. Man kann postulieren, daß die Stärke der affektiven Betroffenheit für die Wirksamkeit solcher Erfahrungsbestände in der aktuellen Interaktion von Belang ist. Mit dem symbolischen Repräsentationsmodus erwirbt das Kind auch die Fähigkeit, mit unterschiedlichen Abwehrmechanismen Interaktionserfahrungen abzuwandeln und die kognitiven und affektiven Anteile solcher Erfahrungen zu modifizieren, zu trennen und umzugestalten. Inkompatibilitäten im Rahmen der affektlogischen Schemata können die Einheitlichkeit dieser Bezugssysteme gefährden oder zerstören und auf diese Weise zu Brüchen in den Repräsentanzen Anlaß geben. Die Mechanismen der Assimilation und Akkommodation bleiben über alle Repräsentationsarten hinweg für die Gestaltung und den Zuwachs an Lebenswissen wirksam.

Zum Begriff der *Desaktualisierung*: In der Bewältigung von Anpassungsaufgaben spielen Affekte eine zentrale Rolle. Durch sie wird eine besondere Dringlichkeit zur Veränderung gewisser Aspekte der Außen- oder Innenwelt festgeschrieben. Wenn nun im Erlebnisfeld durch Aktualisierung von repräsentativen Beständen durch assimilatorische Aktivität eine Handlungsantwort ermöglicht wird, kommt es zu einer Speicherung dieses Erfahrungswissens in den affektlogischen Strukturen. Die affektlogischen Strukturen wachsen also im Sinne des Prinzips der majorisierenden Äquilibration weiter. Wenn nun durch entsprechende Handlungen Anpassungsaufgaben nur partiell lösbar sind und daher die affektive Beteiligung im Zuge der Bewältigung nicht desaktualisiert werden kann, muß durch Abwehrmechanismen eine Desaktualisierung versucht werden. Dadurch werden Aspekte der Wirklichkeit verzerrt. Oft gelingt auch dadurch keine vollständige Desaktualisierung, so daß in frühen Codierungsmedien (z. B. enaktiv oder ikonisch) szenische Erfahrungen ihren Niederschlag finden, die mit einer hohen Affektdisposition verbunden sind. Sofern darüber auch symbolische (z. B. narrative) Erfahrungsniederschläge existieren, bleiben diese triggerartig mit den starken Affektdispositionen verbunden. Bei Auslösung durch entsprechende Schlüsselerlebnisse können solche Gedächtnisspuren aktiviert werden, wobei deren Affekt dann das Erlebnisfeld überflutet. Der Begriff der *Desaktualisierungsschwäche* (Strobl, 1988; Janzarik, 1988) besagt, daß bei manchen Individuen sehr häufig Gedächtnisinhalte mit hohen Affektdispositionen gespeichert werden, deren Wiederaktivierung überstarke Affektreaktionen zur Folge haben kann. Unter solchen Bedingungen wird das Auftreten psychopathologischer Symptome vermehrt wahrscheinlich. Auf diese Weise trägt unbewältigtes Erleben der Vergangenheit zu überschießenden Reaktionen der Gegenwart bei und erhöht das Risiko für zukünftige Probleme, wenn die Erlebnisse nicht in der Gegenwart bewältigt werden können.

4.6 Motivation und Intention

Nach Oerter (1987a) können unter Motivation alle Bedingungen verstanden werden, welche die Aktivität eines Organismus steigern und die Variation dieser Aktivität nach Richtung, Quantität und Intensität bestimmen. Motive bilden sich also im Laufe der Entwicklung des Menschen als wiederkehrende Anliegen heraus. Organismen sind konstant aktiv und eher intrinsisch motiviert als durch externe Stimuli angestoßen oder angetrieben. Reaktionen erscheinen dadurch eher als Modifikationen von Aktionen! Positive Motivationen sind: Exploration (Neugier), Erfolgsorientierung (Streben), Sehnsucht nach Nähe (Bindungsbedürfnis), negative Motivationen dienen der Reduktion bzw. Vermeidung von Schmerz oder irritierender Anspannung (s. Bucci, 1997). Alle Prozesse der Motivation sind immer an affektive Prozesse gekoppelt. Nach Freud sprechen wir vom *Lustprinzip*, das in verallgemeinerter Form davon ausgeht, daß der Mensch sein Verhalten so ausrichtet, daß er möglichst positive Gefühle erreicht und negative Gefühle vermeiden kann. Das sich darauf modifizierend überbauende *Realitätsprinzip* ändert dabei nur die Randbedingungen und die Länge der Handlungsketten. Die Steuerung von Handlungen wird zunehmend weg von Trieben und äußeren Gefühlsauslösern in das Selbst hineinverlegt, wobei die Handlungsmöglichkeiten anhand des aktuellen Kontextes abgeklärt und das Verhalten mit den situativen Bedingungen abgestimmt wird. Es entstehen sinnhafte, auf andere Menschen und die eigenen Bedürfnisse eingehende Handlungsmuster, aus welchen selbst ebenso wie ihren Auswirkungen wieder Motive erwachsen. Letztlich versucht der Mensch immer, auf angenehme Gefühlszustände hinzuleben. Auch im Zustand der Perversion, in dem negative Gefühle angestrebt werden, wird diesen ja eine positive Bedeutung zugesprochen.

Primäre Motivationssysteme haben einen ganz unmittelbaren Bezug zum Affektsystem. Sie beschreiben universelle, angeborene, instinktgebundene Bedürfnisse und Affekte zur Regulation des Verhaltens (Hunger, Sicherheit, Schutz, Lust). *Sekundäre Motivationssysteme* betreffen erlernte, individuelle, kulturspe-

Lerntheoretische Sicht	*Psychodynamische Sicht*
Primäres Motivationssystem Kontrolle extern	Triebe, Affekte, Lustprinzip Steuerung außerhalb des Selbst
Sekundäres Motivationssystem Kontrolle intern	Realitätsprinzip Steuerung durch das Selbst

Nicht allein die *Handlung* motiviert durch das Erreichen eines angenehmen Gefühlszustandes, bereits die *Vorstellung* einer solchen Handlungsauswirkung ist angenehm und wird schließlich angestrebt.

Tabelle 4.8: Motivation

zifische Einstellungen und Werthaltungen im Sinne von komplexeren Bedürfnissen (z. B. Leistungsmotivation, Altruismus). Sekundäre Motivationssysteme, die dem Realitätsprinzip entsprechen, haben das Kennzeichen, daß Erwartungen über das Ziel und die Effekte des eigenen Handelns gegenüber unmittelbaren affektiven Qualitäten im Vordergrund stehen. Sekundäre Motivationssysteme operieren daher mit Zielen, die zeitlich weiter weg liegen und zu deren Erreichen längere Verhaltensketten notwendig sind. Wenn die Verhaltenstheorien Verstärkung und Bekräftigung als wesentliche Lernmechanismen herausstellen, so kennzeichnen solche Verstärker immer Ereignisse oder Gedanken, die zu einem möglichst angenehmen affektiven Zustand Anlaß geben. Bei primären Motivationssystemen liegt der Ort der Kontrolle außerhalb des Selbst des Individuums. Externe Reize lösen Gefühle aus, und diese Gefühle führen zu entsprechenden Handlungen. Sekundäre Motivationssysteme haben die Möglichkeit der inneren Kontrolle, weil sich das Individuum selbst durch Erreichen von gesteckten Zielen erfreuen und bestätigen kann, d. h. ein erstrebter Gefühlszustand über Handlungsketten erreichbar wird (s. dazu Literatur über den locus of control, Krampen (1982) und Tab. 4.8).

Primäre Motivationssysteme können aber auch über Triebdynamik von innen her gelenkt werden, entziehen sich durch die Unmittelbarkeit des Gefühlsbezugs aber der Kontrolle durch Ansprüche des Selbst. Je kürzer die Strecke zwischen Bedürfnis und Bedürfnisbefriedigung ist, um so mehr besteht die Gefahr repetitiver Wiederholungstendenz. Die Konzentration auf rasche Bedürfnisbefriedigung ohne weiter entfernt liegende Zielansprüche kann ein Risikofaktor der Entwicklung sein und findet sich bei Kindern mit gestörten Beziehungen des primären sozialen Umfeldes.

Je nach Betrachtungsweise können Motive eher als triebhaft und dranghaft interpretiert und als vorwärtsgerichtete Schubkräfte verstanden werden oder — in kybernetischen Modellvorstellungen — mehr als Handlungsziele mit Zugwirkung aufgefaßt werden. Jede Handlung des Menschen ist ebenso Aktualisierung von strukturellen Bereitschaften (Dispositionen) wie sie der Eröffnung neuer Hand-

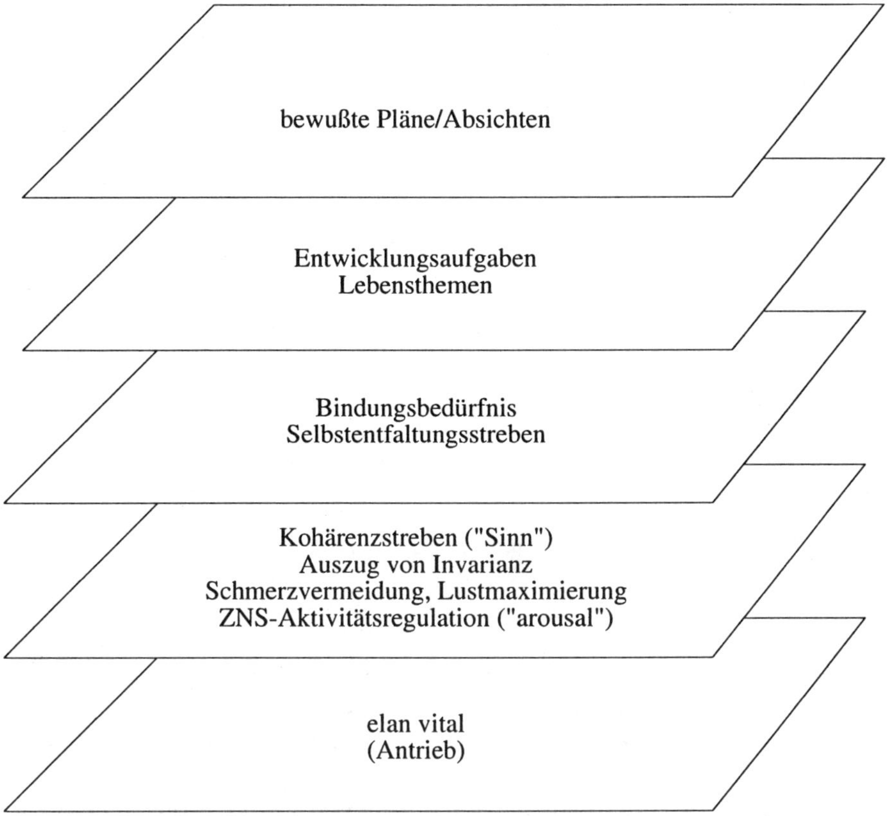

Abbildung 4.7: Motivationale Hierarchie

lungsspielräume dient. So aktualisiert sich das menschliche Selbst im Sog eines Zukunftsentwurfs, wobei die lebendige Wechselwirkung zwischen Individuum und Umwelt ebenso als Konsequenz des bisherigen Lebens betrachtet werden kann (Kausalität), wie sie als notwendiger sinnhafter Schritt in Richtung eines Zukunftszieles interpretierbar ist (Zweckaspekt). Wir betrachten Motive als hierarchisch strukturierte Gebilde mit unterschiedlichen Graden der Bewußtseinsnähe (s. Abb. 4.7): Bewußten Plänen und Absichten liegen oft tiefere Motive zugrunde, z. B. Lebensthemen, Sinnsuche oder ein Bindungsbedürfnis. Die motivationale Hierarchie wirkt wie eine Leitlinie, ein Vektor, der sowohl eine vitale Antriebskomponente (Lebenserhaltung), ordnende Komponenten für die Richtungsgebung von Handlungen (z. B. Lustmaximierung) als auch übergeordnete Pläne und Wünsche als Zielvorgaben enthält. Je nach Betrachtungsweise steht bei Motiven die energetische Triebwirkung oder die Sogwirkung eines erstrebten Zieles im Vordergrund.

Der langsame Aufbau eines komplexen selbstgesteuerten Motivationsgefüges

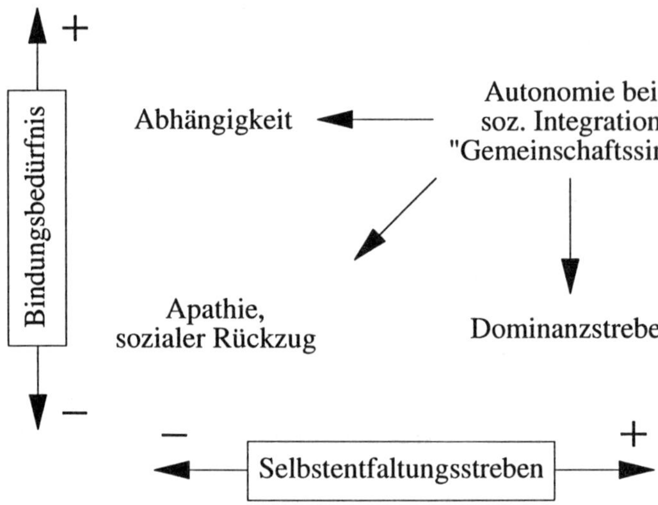

Abbildung 4.8: Motivationsentwicklung

wird wesentlich durch die interaktionelle Matrix bestimmt. Die stärkste Quelle von Lust, Sicherheit und Behaglichkeit ist der affektive Austausch mit den Bezugspersonen. Ein solcher angenehmer interaktioneller Zustand gemeinsamen Wohlbehagens wird daher normalerweise angestrebt. Die Eigenmotive der Kinder werden durch Bezugspersonen angeregt, gefördert, modifiziert oder abgeblockt. Je weniger die Beziehung zum primären Umfeld „auf dem Spiel steht", um so leichter können sich Motive auch unabhängig davon entwickeln. Solange immer wieder um Zuneigung gerungen werden muß, bleibt dieses Ringen eine zentrale Motivationsquelle. Bei allen Kindern steht aus interaktioneller Sicht die Motivation unter zwei Leitsternen: dem *Bindungsbedürfnis* und dem *Selbstentfaltungswunsch.* Dort — zwischen Macht und Ohnmacht, Liebe und Ablehnung müssen individuelle Synthesen und Kompromisse gelingen — dort finden sich die tiefsten Motivkonflikte, die Schlüssel für Abhängigkeit und rücksichtsloses Dominanzstreben. Das „Wollen" des Kindes umschreibt die Intensität, mit der ein einmal gefaßtes Ziel aufrechterhalten wird, auch wenn der situative Kontext andere Ziele als kurzfristiger und leichter erreichbar in den Vordergrund stellt. Wollen ist Beharren und gegen Widerstände weitermachen. Das Wollen-Können des Kindes entwickelt sich in den frühen Interaktionen und wird durch die Bezugspersonen mitgestaltet (Abb. 4.8).

Intentionalität kennzeichnet nach Mundt (1984, 1985) die Fähigkeit eines Menschen, in Wahrnehmung, Denken, Bewegen und Wollen über eine Sinnsetzung zu verfügen. Diese Sinnsetzung vollzieht sich im Rahmen einer stark affektgetönten Gegenseitigkeit mit anderen Menschen. Sinnsetzung kann dabei als die Aktivität erfaßbar gemacht werden, die das Individuum aufwendet, um die persönliche Bedeutung von Erlebnissen soweit mit anderen abzustimmen, daß sie in einen Kontext gemeinsamer Realität eingepaßt werden kann. Sinnfindung zielt immer darauf ab, nicht nur durch eigene affektiv-kognitive Prozesse Bedeutungen zu konstituieren, sondern diese auch in einem zwischenmenschlichen Abstimmungsprozeß mit anderen teilbar und für diese anderen verstehbar zu machen. Intentionalität ist daher die Voraussetzung für die Gestaltung von Realität. Nach Rudolf (1979) ist Intentionalität die Fähigkeit, sich emotional auf jemanden oder etwas beziehen zu können, als vitale psychische Funktion des Menschen bildet sie die Grundlage der vorsprachlichen Kommunikation und der emotionalen Bindung.

Intentionales Handeln finden wir als frühes Greifen beim Kind schon mit wenigen Wochen (Dornes, 1993). Kindliche Äußerungen wie z. B. Schreien drücken zunächst jedoch nur innere Zustände aus und werden erst in der zweiten Hälfte des 1. Lebensjahres in Mitteilungsabsicht eingesetzt. Bis zu diesem Zeitpunkt jedoch behandeln Eltern ihre Kinder bereits so, als ob diese gezielte Absichten hätten. Den Kindern wird also die Absicht von ihren Bezugspersonen schon in frühester Zeit zugeschrieben. Dieses Beispiel zeigt, daß Intentionalität ebenfalls ganz unmittelbar in Zusammenhang mit der interaktionellen Matrix gesehen werden muß (Harding, 1982). Nach Carlson & Hatfield (1992) besteht beim Kind bereits ab der Geburt ein Interesse an der sozialen Umwelt, wobei die primären Emotionen nicht nur zur Selbstregulation, sondern sehr früh zur Beziehungsaufnahme und sozialen Regulation eingesetzt werden. Intentionalität scheint als Fähigkeit zur affektiven Besetzung und Bezugnahme ein Teil der affektiven Basisaustattung der Menschen zu sein und von Geburt an wirksam zu werden.

KAPITEL 5

Denkformen

Nachdem wir in die Wissensfelder um Gedächtnis, Lernen und Repräsentation einen ersten Einblick bekommen haben, sollen im weiteren unterschiedliche Denkprozesse in ihren strukturellen Facetten beschrieben werden. Es sind nicht so sehr die Leistungen zur Problemlösung im einzelnen, also die Fähigkeiten zu abstrahieren, kombinieren und assoziieren, nicht die Fragen nach induktiven, deduktiven, polyvalenten oder auch divergenten (kreativen) Denkleistungen, die uns hier besonders interessieren. Wir wollen uns vielmehr im folgenden den Fragen nach den Denkformen zuwenden, die in der Aktualisierung des Weltbildes zum Ausdruck kommen.

5.1 Primärprozeß und Sekundärprozeß

Primärprozeß und Sekundärprozeß sind aus dem psychoanalytischen Theoriegebäude stammende Begriffe, die von Lichtenberg (1991) mit den modernen Forschungsergebnissen zur kognitiven Entwicklung in Verbindung gebracht wurden. Beide Prozesse dienen der psychischen Organisation. Sie entwickeln sich beim Kind spätestens im 2. Lebensjahr und sind als parallele ineinander verzahnte Modi einer perzeptuell-kognitiv-affektiven Organisation aufzufassen. Beide Modi sind der symbolischen Repräsentationsform zugeordnet und lassen ihre Inhalte durch sprachliche Formulierung zum Ausdruck bringen. Primärprozeßhaftes Denken jedoch steht emotionalen Bezügen und dem ikonischen Repräsentationsmodus viel näher als der Sekundärprozeß. Man könnte soweit gehen zu sagen, daß der Primärprozeß versucht, Inhalte, die im ikonischen Repräsentationsmodus aktualisiert werden, symbolisch zu fassen und der verbalen Kommunikation zugänglich zu machen.

So ist der Primärprozeß eine Organisationsform , die um sensorische Eindrücke herum aufgebaut ist, während der Sekundärprozeß durch Regeln über Kombination und Abfolgen bestimmt wird. Nach McKinnon (1979) entspricht der Primärprozeß einem perzeptuell-kognitiv-affektiven Modus, der eine visuell-räumliche Form der Semantik besitzt. Dadurch werden psychologische Elemente so angeordnet, „als ob sie Teile einer bildlichen Darstellung wären, die sich simultan im Raum anordnen läßt“ (McKinnon, 1979, S. 54). Die Elemente erhalten ihre Bedeutung im Gesamtkontext durch Kontiguität oder dadurch, daß sie den gleichen Platz im Raum einnehmen. Die „Bedeutsamkeit einer solchen Anordnung ist nicht in den einzelnen Teilen enthalten, sondern eher in deren Integration zu einem komplexen Ganzen“ (McKinnon 1979, S. 56, siehe auch Lichtenberg 1991). Diese bildhafte Denkform gehorcht den Gesetzen von Ähnlichkeitsbeziehungen und konstituiert somit den Kern magischer Denkvollzüge (s. Kap. 5.2).

Die zweite Denkform, auch Sekundärprozeß genannt, besitzt eine auditiv-sequentielle Form der Semantik, in der die psychologischen Elemente so angeordnet werden, als ob sie einzelne aufeinander folgende Klangeinheiten wären, so daß sie durch ihre im Zeitverlauf bestimmte Abfolge Bedeutung gewinnen. Regeln für Rhythmus und Melodie, Choreographie, Regeln über Kombinationen, die Gesetze der Sprache, schließlich die Logik kennzeichnen diese zweite Denkform.

Von beiden Denksystemen hat nur das primärprozeßhafte einen starken Bezug zu Emotionen und szenischen Gedächtnisinhalten. Es verwendet die Information der emotionalen Betroffenheit und verwertet sie weiter. Kurz gesagt, vernachlässigt primärprozeßhaftes Denken die Informationen der Zeitabfolge, es ist also ahistorisch und akausal. Logisch sequentielles — sekundärprozeßhaftes — Denken setzt eine Abkoppelung des Erfahrungswissens vom dazugehörigen Gefühl in Gang, es verwirft also weitgehend die Information des Affektsystems und abstrahiert vom Kontext.

In der menschlichen Entwicklung gewinnt der Sekundärprozeß die Oberhand und beginnt den Primärprozeß zu zügeln. Das Kleinkind verwendet aber noch beide Denkformen in wechselnder Gewichtung, wobei davon ausgegangen wird, daß der Primärprozeß auch im späteren Lebensalter nicht nur ein bedeutungsloses Entwicklungsrelikt darstellt, sondern eine wichtige Grundlage des intuitiven Erkennens von neuen Zusammenhängen und der Kreativität bildet.

5.2 Das magische Denken

Die Phase des 2 bis 5jährigen Kindes wird von manchen Entwicklungspsychologen in Anlehnung an Piaget als magisch-animistische Entwicklungsphase apostrophiert. Die Kinder vertreten darin ein Weltbild, das durch die Unfähigkeit gekennzeichnet ist, den Betrachtungsstandpunkt eines anderen zu übernehmen. Kinder begreifen die eigene Sichtweise nicht als eine unter mehreren Möglichkeiten, sondern als die einzige unbezweifelte Weltsicht. In dieser Phase ist die Welt der Kinder die Welt an sich. (Bezüglich einer Relativierung dieser Sichtweise siehe auch Kap.6.2.3, Kap. 6.5, sowie Sodian 1995, Bischof-Köhler 1998.)

Die Denkform des *Animismus* läßt unbelebte Dinge belebt erscheinen. So kann ein schwerer Stein stark sein, eine nicht zu öffnende Tür widerborstig oder ein zu heißer Gegenstand, an dem sich das Kind verbrennt, gemein. Unbelebten Dingen werden Motive und Intentionen zugeschrieben (s. Kap. 6.1). Golinkoff und Harding (1984, zitiert nach Silbereisen 1987) fanden zwar heraus, daß Kinder schon mit 24 Monaten Belebtes von Unbelebtem deutlich unterscheiden können. Es ist sogar anzunehmen, daß Kinder über affektiven Austausch vielleicht schon früher zwischen respondierenden (belebten) und nicht respondierenden (unbelebten) Objekten unterscheiden können (s. Kap. 7.5). Trotzdem ist das Kind dieser Unterscheidung noch nicht so sicher, daß es nicht unter Affektdruck, wenn Dinge den eigenen Erwartungen nicht entsprechen, sich Widerstände entfalten oder Überraschungen auftun, dann aus Interpretationsmustern der belebten Welt heraus Erklärungen sucht.

Der Begriff *Artifizialismus* kennzeichnet die Sichtweise, daß das Kind die Welt von einer dahinterliegenden, alles bestimmenden Macht konstruiert erlebt, so daß die Sterne am Firmament angeheftet, Bäume, Häuser und Menschen von einer göttlichen Figur aufgestellt sind. Das Kind hat in dieser Phase nicht den Eindruck, daß die Welt entstanden ist, sondern daß die Welt gemacht ist. Das kindliche Vorstellungsvermögen geht offenbar davon aus, daß Eigenschaften, Regeln und Zusammenhänge „hinter den Dingen" nicht als Ergebnisse von Suchprozessen von uns selbst erkannt werden, ohne daß äußere Anzeichen für diese Regeln in den Dingen selbst als Eigenschaften bereits vorliegen. Im wissenschaftlichen Denken des Erwachsenen sind die Dinge so wie sie scheinen aufgrund von dahinter liegenden Gesetzen. Im magischen Denken sind die Dinge mehr als sie scheinen, sie sind Ausdruck und Anzeichen für dahinter liegende Mächte. Die Wissenschaft sucht nach Gesetzlichkeiten, die Magie nach personifizierten Wirkkräften. Das hinter den sichtbaren Erscheinungen Liegende ist einmal Gesetz und im anderen Falle Macht. Dieses magische Weltbild wird wesentlich durch primärprozeßhafte Denkvollzüge gestaltet. Man könnte sich darauf beschränken, daß magische Denkvollzüge eben regellos und unkontrolliert seien, fehlerhafte Bezüge herstellen und zu falschen Schlüssen verleiten. Dennoch besitzt das magische Denken eine klare Gesetzlichkeit und Struktur. Man kann nach Lévy-Strauss (1968) vom „wilden Denken" sprechen oder auch von prälogischen Denkformen, die nicht durch Denkfehler, sondern einen besonderen Umgang mit der Welterfahrung gekennzeichnet sind (Jensen, 1991).

Die wichtige Regel, der magisches Denken gehorcht, ist die *Regel der Entsprechungen*: Magisches Denken erlaubt, die strikte Unterscheidung zwischen Ähnlichkeit und Gleichheit von Dingen aufzuheben und Similäres als ident zu behandeln. Unterscheidende Merkmale dürfen im magischen Denken zugunsten der übereinstimmenden vernachlässigt werden. Der Analogieschluß wird auf diese Weise zum handlungsrelevanten Denkgesetz erhoben (Resch, 1994).

Kausalität wird ersetzt durch Sympathie, d. h. eine geheimnisvolle symbolische Ähnlichkeit zwischen Ursache und Wirkung. Dieser archaische Denkstil begnügt sich mit dem Faktum des „wie hier, so dort", ohne dafür eine rationale Erklärung zu fordern. Entsprechungen der äußeren Gestalt, formaler Art, räumlicher Nähe, zeitlicher Nähe, aber auch Entsprechungen zwischen Teil und Ganzem bilden die Grundlage des — wie C. G. Jung (1952) es einmal bezeichnete — „Denken mit der Hypothese akausaler Zusammenhänge".

Gemäß dieser Hypothese kann nach dem Prinzip der *Partizipation* (Piaget, 1978) zwischen ähnlichen Dingen oder räumlich und zeitlich nahegelegenen Dingen ein gegenseitiger Einfluß postuliert werden, auch wenn dieser nicht sinnlich oder logisch erfaßbar ist. Als „*Pars pro toto-Effekt*" ist dieses Prinzip in magischen Handlungen enthalten: Was mit einem Teil der Person geschieht, wird auf die Gesamtperson Einfluß nehmen. Formen von Liebeszauber — also den Versuchen, eine Person sich gewogen zu machen — oder Schadenszauber — mit der Intention, eine Person zu Schaden kommen zu lassen — basieren auf dieser Grundannahme (was bspw. mit dem Haar einer Person geschieht, hat Auswirkungen auf die Gesamtperson). Die prälogische Annahme von akausalen Zusammenhängen vertraut auf eine jenseits der Kausalität liegende Weltvernunft oder universelle Kraft, derer man sich bedienen darf.

Im magischen Denken haben primärprozeßhafte Denkvollzüge über sekundärprozeßhafte die Oberhand. Es werden aus simultan verarbeiteten Informationen Schlüsse gezogen und Antizipationen konstruiert, die handlungsbestimmend werden. So sehr das magische Denken in bezug auf spätere Denkvollzüge mit verfeinerten empirischen Werkzeugen noch fehlerhaft ist, bleibt es dem Affektsystem in besonderer Weise verpflichtet und ist in der Lage, intensive Gefühlserlebnisse durch Erklärungskonstrukte und die Ermächtigung zu einer vermeintlichen Handlungsfähigkeit zu desaktualisieren. Magische Erklärungen vermitteln eine Geschlossenheit des Existierenden, ein Gefühl der prinzipiellen Überschaubarkeit des Lebenskreises. Durch magische Denkvollzüge können Ängste, Befürchtungen und Wut in einer Weise abgebaut werden, die ohne reale Auseinandersetzung mit den verursachenden Bedingungen auskommt. So erklärt sich das magische als das Denken des zur Symbolisation fähigen Menschen, der zu konkreten wissenschaftlichen Operationen noch nicht in der Lage ist. Magisches Denken kann daher zur Selbstentwicklung und zur Entwicklung des Weltbildes des Kindes einen wichtigen Beitrag leisten. So trägt die Geschlossenheit des magisch-animistischen Weltbildes zur Aufrechterhaltung der Konsistenz des Weltbildes bei. Trotz bruchstückhafter und widersprüchlicher sowie zufälliger Ereigniskonstellationen in der kindlichen Umwelt kann durch die Betonung der Ähnlichkeiten das Gemeinsame vor das Trennende gestellt werden. Widersprüchliches läßt sich über magische Interpretationen vereinheitlichen, der Zufall ist ausgeschlossen.

Weiters trägt magisches Denken zur Aufrechterhaltung einer konsistenten Wertvorstellung im Angesicht von Machtkonstellationen bei. Was z. B. im Märchen aufgrund der magischen Einflüsse möglich erscheint, ist die klare Werthaltung von typenhaft geschilderten Figuren und Beteiligten. Das Gute gewinnt, auch wenn es arm oder schwach ist, durch magische Hilfen von seiten guter Feen oder Geister. Das Böse wird, auch wenn es mächtig und reich ist, zur Strecke gebracht. Auf diese Weise können typologische Objektschemata aufgebaut werden, die das Prinzip Gut und Böse nicht dem Machtprinzip Stark-Schwach unterwerfen müssen.

Magisches Denken kann auch den durch äußere Erfahrungen bedrohten Willen des Kindes aufrechterhalten. So dient es insgesamt der Aufrechterhaltung eines positiven Selbstwertes, wenn die erlebte Ohnmacht gegenüber der Außenwelt, die eigene Kleinheit durch beziehungsvolle Phantasien transzendiert wird. So dient die magische Weltinterpretation dem Offenhalten von Handlungsspielräumen und dem Gefühl der Handlungsfähigkeit. Indem das Kind glaubt, durch seelisch-geistige Kräfte die Wirklichkeit beeinflussen zu können, und die Macht des Zufalls in die Hand einer alles gestaltenden Gottesfigur legt, schließt es die Welt zum Universum, in dem es sich selbst vollkommen eingebettet fühlen kann. Der Glaube an eine hinter den Dingen liegende akausale Weltvernunft ist eine sinnvolle und auch entwicklungsförderliche Initiative gegen Minderwertigkeitsgefühl und Sinnlosigkeit, die ansonsten in Hilflosigkeit münden könnten.

Magische Denkvollzüge sind das Medium, in dem Abwehrmechanismen zum Ausdruck kommen können. In vielen psychopathologischen Syndromen finden sich prälogische Annahmen und primärprozeßhafte Denkformen. Der Mythos vom ausschließlich logischen und bewußten Handeln des reifen Menschen ist falsch. Alltägliche Anpassung und Bewältigung, Bedeutungsgebung und Desaktualisierung enthalten immer auch irrationale Elemente. Adaptive Rationalität ermöglicht uns sinnvolle Wahrscheinlichkeitsurteile über die Welt. Diese Antizipationen und Bewertungen enthalten oft auch — affektökonomische und motiv-dynamische — magisch konfigurierte Bausteine.

5.3 Exkurs: Zur Phylogenese des Denkens

Denken läßt sich als eine spezifische und höhere Funktion kognitiver Verarbeitung beschreiben, die in besonderem Maße dem Menschen zukommt und eine spezielle Form der Intelligenzleistung darstellt. Denken und komplexere Formen der Intelligenzleistung kennzeichnen die menschliche Kulturentwicklung und werden oft als zentrale Beschreibungsmerkmale der menschlichen Art in Abgrenzung zum Tierreich aufgefaßt. Die Frage der Sonderstellung des Menschen aufgrund seiner Intelligenzentwicklung soll nachfolgend näher erörtert werden, wobei eine Betrachtung der stammesgeschichtlichen und individuellen Entwicklung kognitiver Fähigkeiten erfolgt. Zuvor soll ein kurzer Überblick über Konzepte, Definitionen und Modelle zu den Begriffen Denken und Intelligenz in der psychologischen Forschung gegeben werden.

5.3.1 Zum Intelligenzbegriff

Betrachtet man gängige Intelligenzdefinitionen psychologischer Experten, wie sie von Amelang & Bartussek (1990) im Überblick dargestellt werden, so lassen sich beispielhaft folgende Merkmale zur Kennzeichnung von Intelligenz auflisten:

- „Die Art der Bewältigung einer aktuellen Situation; gut urteilen, gut verstehen und gut denken“ (Binet & Simon, 1905).

- „Intelligenz ist die zusammengesetzte oder globale Fähigkeit des Individuums, zweckvoll zu handeln, vernünftig zu denken und sich mit seiner Umgebung wirkungsvoll auseinanderzusetzen“ (Wechsler, 1964).
- „Intelligenz ist die Fähigkeit des Individuums, anschaulich oder abstrakt in sprachlichen, numerischen oder raum-zeitlichen Beziehungen zu denken; sie ermöglicht erfolgreiche Bewältigung vieler komplexer und mit Hilfe jeweils besonderer Fähigkeitsgruppen auch ganz spezifischer Situationen und Aufgaben“ (Groffmann, 1964).

Sternberg (1981) ließen Laien und Experten auflisten und einschätzen, welche Verhaltensweisen intelligente Personen kennzeichnen, und konnten die vielfältigen Verhaltensbeschreibungen zu drei übergeordneten Faktoren zuordnen: 1. praktische Problemlösefähigkeit, 2. verbale Fähigkeit, 3. soziale Kompetenz.

Jäger & Petermann (1992) kommen in ihrer Beurteilung des Standes der Intelligenzforschung zu dem Schluß, daß derzeit keine Einigung und theoretische Klärung unter den Psychologen hinsichtlich des Intelligenzbegriffs erreichbar ist. Unklarheit bleibt vor allem dahingehend bestehen, welche geistigen Fähigkeiten dem Intelligenzkonstrukt zugerechnet werden sollen. Jäger & Petermann (1992) schlagen selbst eine enge Intelligenzdefinition vor, bei der Intelligenz im wesentlichen mit Denkfähigkeit gleichgesetzt wird.

Betrachtet man diese verkürzte Auflistung unterschiedlicher Intelligenzdefinitionen und Konzepte, so findet man ein breites Spektrum von Aussagen, die von einer Gleichsetzung von Intelligenz und Denken bis zu sehr weitgefaßten Vorstellungen der Intelligenz als individuelle Anpassungsfähigkeit reichen. Allein die Vielzahl unterschiedlicher Intelligenzdefinitionen spricht gegen ein enges Intelligenzkonstrukt. Es erscheint sinnvoller, Intelligenz als ein sehr weites globales Konzept kognitiver Anpassungs- und Lernfähigkeit zu sehen, das sich auf eine Vielzahl von Situationen und Inhalten sowie auf eine Vielzahl von Fähigkeiten und Fertigkeiten bezieht. Denken ließe sich demnach als eine Teilfunktion der Intelligenz einordnen.

Besonders aus der Entwicklungsperspektive erscheint ein sehr weitgefaßter Intelligenzbegriff, der einfache und komplexe kognitive Leistungen einbezieht, hilfreich und notwendig. Sowohl in der stammesgeschichtlichen als auch in der individuellen Entwicklung findet sich ein stufenloser Übergang und eine Differenzierung einfacher Reizverarbeitung und Verhaltensmuster hin zu komplexeren Formen. So verwendet auch Piaget, der sich in besonderem Maße mit den Gesetzmäßigkeiten der Entwicklung kognitiver Fähigkeiten und Intelligenzleistungen vom Säuglingsalter bis zum Erwachsenwerden befaßt hat, einen sehr umfassenden Intelligenzbegriff. Intelligenz ist nach Piaget etwas Allgemeines, allen Menschen Gemeinsames (Artspezifisches) und wird von ihm sehr weit gefaßt im Sinne der Gesamtheit aller intellektueller und kognitiver Funktionen, mit Hilfe derer sich ein Individuum mit seiner Umwelt auseinandersetzt (Piaget, 1973).

5.3.2 Intelligenzentwicklung aus Sicht der Evolution

Die Evolutionsforschung (Abstammungslehre) als Teilgebiet der Biologie untersucht und beschreibt den historischen Entwicklungsprozeß aller lebender Organismen. Derzeit erscheint die Annahme als gesichert, daß alle Tiere und Pflanzen im Laufe der Erdgeschichte durch Höherentwicklung über Fortpflanzung und Artenwandel aus einfachen Grundorganismen entstanden sind. Im Tierreich besitzen in der Entwicklungsstufe niedere und frühe Organismen relativ starre genetisch vorbestimmte Verhaltensprogramme, während die Lernfähigkeit nachfolgender Entwicklungsstufen in der Regel zunimmt. So zeigt sich bei den Wirbeltieren ein charakteristischer Trend der Evolution in einer Zunahme des Lernvermögens von den Fischen aufwärts bis zu den Säugetieren.

Lernvermögen als Verhaltensänderung durch Umwelterfahrung erweist sich somit als ein grundlegender Mechanismus der Evolution, wobei sich im zeitlichen Verlauf eine allgemeine Tendenz in Richtung Zunahme an Lernfähigkeit und Intelligenz beobachten läßt. Betrachtet man Lernfähigkeit als allgemeines und grundlegendes Konzept zur Beschreibung der Intelligenz, so erscheint menschliche Intelligenz als eine Spezialisierung und Steigerung einer Entwicklung, die auch bei anderen Lebensformen zu beobachten ist. Intelligenz erweist sich aus Sicht der Evolution nicht als eine Eigenschaft, die nur dem Menschen zukommt, sondern eher als eine Grundlage aller (höherer) Lebensformen. Aufbauend auf der Intelligenzentwicklung höherer Säugetiere, speziell früher Primaten, zweigt die menschliche Entwicklungslinie vor ca. 8 bis 5 Millionen Jahren aus dem Tierreich ab und führt sukzessiv zu neuen Formen des Lernens und intelligenten Verhaltens, die am Ende die menschliche Kulturgeschichte entstehen lassen.

5.3.3 Intelligenzentwicklung des Menschen

Tab. 5.1 zeigt im Überblick wesentliche Abschnitte der menschlichen Entwicklungsgeschichte (ein ausführlicher Überblick über die Evolution des Menschen findet sich bei Steitz 1993, siehe auch Lewin 1991).

Zeitangaben und Abschnitte dieser orientierenden Übersicht stellen keine klaren Grenzen und plötzlichen Veränderungen dar, vielmehr ist von fließenden Übergängen und Wandlungsprozessen auszugehen mit regional teilweise sehr unterschiedlichen Verläufen. Dabei läßt sich insgesamt die Entwicklung des Menschen aus dem Tierreich heraus als eine Selektion in Richtung verbesserter Anpassung an die Umwelt durch Zunahme an Lernfähigkeit und Intelligenz bei entsprechend paralleler Gehirnentwicklung verstehen. Intelligenz (Lernfähigkeit) erscheint hierbei wiederum als übergeordneter weitgefaßter Begriff, der sich je nach Zeit und Umweltsituation anders darstellt und im zeitlichen Verlauf zunehmend unterschiedlichere und differenziertere Inhalte und Fähigkeiten umfaßt.

ca. 8–5 Millionen bis 3–2 Millionen	Eine ca. 5–6 Millionen Jahre umfassende Mensch-Tier-Übergangszeit, in der die Aufrichtung und Freistellung der Hände von der Fortbewegung erfolgt
ca. 3–2 Millionen bis 1 Million	Gebrauch und Herstellung einfacher Geröllwerkzeuge (pebble culture), beginnende Großhirndifferenzierung
ca. 1 Million bis 15 000 – 10 000	Allmählich zunehmende Differenzierung der Werkzeuge und Werkzeugtechnik bis hin zu hochentwickelten Gerätschaften. Ausgeprägte Differenzierung und Volumenzunahme der Großhirnrinde. Biologische Entwicklung über verschiedene Stufen zum Jetztmenschen (Homo sapiens sapiens)
ca. 15 000 – 10 000 bis 5000	Beeinflussung und Veränderung der Natur über Domestikation, Viehzucht, Ackerbau, Seßhaftwerdung
ab ca. 5000	Städtebau, Entstehung von Kulturlandschaften, erste frühe Hochkulturen, Staatenbildung, rasch zunehmende Entwicklung von Kulturtechniken, Entwicklung von Schrift und Zahlensystem als Grundlage der Entstehung moderner Wissenschaft

Tabelle 5.1: Evolution des Menschen

Praktische Fähigkeiten und Werkzeugentwicklung

Der Beginn der menschlichen Intelligenzentwicklung erscheint durch wachsende Handlungsmöglichkeiten aufgrund des Gebrauchs der Hände gekennzeichnet, so daß primär manuelle oder manuell-visuelle Fähigkeiten den Ursprung und die Grundlage der Intelligenzentwicklung bilden. Bereits bei Primaten und vor allem den uns am nächsten verwandten Menschenaffen spielt die Greifhand eine entscheidende Rolle und fördert die Intelligenzentwicklung. In sitzender Haltung setzen Primaten die Hände zu vielfältigen Zwecken ein, und auch der Werkzeuggebrauch ist sowohl bei freilebenden Primaten als auch im Tierversuch zu beobachten (Köhler, 1973; van Lawick-Goodall, 1976).

Aus Sicht der Evolution leiten sich wesentliche Grundlagen der menschlichen Intelligenzentwicklung aus der Tatsache ab, daß die tierischen Vorfahren des Menschen als baumbewohnende Affen gutes räumliches Sehen, räumliche Fähigkeiten und zu flexiblen Greifbewegungen fähige Extremitäten, vor allem Greifhände, entwickelt haben. Daraus entstehende innere Vorstellungen und Planungen von Handlungsabläufen betrachtet Lorenz (1943) als den Schlüssel zum Anfang allen Denkens: „Es ist mehr als wahrscheinlich, daß das gesamte Denken des Menschen aus diesen von der Motorik gelösten Operationen im vorgestellten Raum seinen Ursprung gewonnen hat. Ja, daß diese ursprüngliche Funktion auch für unsere höchsten und komplexesten Denkakte die unentbehrliche Grundlage bildet. Es gelingt mir nicht, irgendeine Form des Denkens zu finden, die vom zentralen Raummodell unabhängig wäre ... In dem Augenblick, in dem unser Ahn zum ersten Mal die eigene greifende Hand und den von ihr ergriffenen Gegenstand gleichzeitig als Dinge der realen Außenwelt erkannte, wurde sein Verständnis für den Vorgang des Greifens zum Begreifen, sein Wissen um die wesentlichen Eigenschaften des ergriffenen Dinges zum Begriff" (Lorenz 1943, zitiert nach Steitz 1993, S. 320).

Durch die Aufrichtung und Freisetzung der Hände zu Beginn der Tier-Mensch-Übergangsphase werden deren Einsatzmöglichkeiten in neuem Maße gesteigert, und eine kognitive Weiterentwicklung in Richtung Planung, Vorstellung und menschlicher Handlungskompetenzen beginnt. Über den Gebrauch der Hände und Zunahme der Handgeschicklichkeit lassen sich Objekte wie Steine, Knochen oder Holzstäbe zunehmend besser greifen (begreifen) und als Hilfsmittel oder Werkzeuge einsetzen. Dieses Begreifen der Umwelt führt zu neuen Handlungsschemata und zu ersten Ideenbildungen, wie sich Gegenstände nutzbringend verwenden und einsetzen lassen (Handlungspläne). Im Laufe dieser Nutzung von Objekten als Werkzeuge, Waffen oder Hilfsmittel kommt es neben einer zunehmend geschickteren Handhabung von Objekten und verbesserten Handlungsplänen auch allmählich zur gezielten Veränderung und Bearbeitung der Gerätschaften. Diese geplante Werkzeugverbesserung leitet die Phase der frühen Erfindungen und Neuschöpfungen und somit die kreativ-schöpferische Intelligenzentwicklung des Menschen ein. Die über einen Zeitraum von ca. 1 Million Jahren von einer weiteren Vergrößerung des Gehirnvolumens von ca. 800 cm^3 auf 1500 cm^3 begleitet wird. Über schlußfolgerndes Denken und Kreativität kommt es zur Verbesserung bestehender Handlungs- und Gestaltungspläne, zu besseren Gerätschaften und zur Entwicklung neuer Ideen und Vorstellungen. Dies führt zu ständiger Weiterentwicklung der praktischen und handwerklichen Fähigkeiten. Rückwirkend führt eine zunehmende Werkzeugdifferenzierung und verbesserte handwerkliche Geschicklichkeit zu neuen Gestaltungs- und Handlungsmöglichkeiten und zu einer Förderung der Ideen und Intelligenzentwicklung, wobei Anwendung vorhandener und Schaffung neuer Möglichkeiten, also konvergente und divergente Denkprozesse (Kreativität) die Intelligenzentwicklung des Menschen gleichermaßen von Anfang an bestimmen und sich in Form eines Rückkoppelungsprozesses (rekursiv) gegenseitig verstärken. Kreativität erscheint dabei als ein zentrales unverzichtbares Element der Intelligenz, ohne das die stammesgeschichtliche (phylogenetische) menschliche Intelligenzentwicklung nicht erklärbar und verstehbar wäre.

Weiterhin erweist sich Rekursivität, d. h. Rückwirkung menschlicher Erfindungen und Neuschöpfungen auf die eigene Entwicklung, als ein grundlegendes und entscheidendes Prinzip, das auch die rasche Beschleunigung der menschlichen Kulturentwicklung bis hin zur Gegenwart erklärt. Hofstadter (1985) befaßt sich in seinem außergewöhnlichen Buch zentral mit der Frage rekursiver Prozesse und deren Bedeutung für das Verständnis menschlichen Denkens und intelligenter Strukturen. In Verbindung mit der Frage nach künstlicher Intelligenz durch Computerprogramme beschreibt er rekursive Strukturen als grundlegende Mechanismen der Evolution, die auch den Kern der Intelligenzentwicklung erfassen: „Anstatt lediglich die aus den Prozeduren zusammengesetzten Programme zu betrachten, die sich rekursiv aufrufen können, warum nicht wirklich raffiniert sein und Programme entwerfen, die sich selbst verändern können — Programme, die auf Programme einwirken, sie erweitern, verbessern, verallgemeinern, festhalten können usw. Diese Art „verwickelter Rekursivität" ruht vermutlich im Kern der Intelligenz" (Hofstadter, 1985, S. 164).

Soziale Fähigkeiten und Sprache

In einer zeitlich langen biologischen Phase der menschlichen Artentstehung entwickelt sich aus dem Tier-Mensch-Übergangsfeld über Vor- und Frühformen bis vor ca. 150 000–100 000 Jahren vermutlich auf dem afrikanischen Kontinent die Art des Homo sapiens sapiens, von der alle heutigen lebenden menschlichen Rassen abstammen und ihr zugehören. Neben den bereits beschriebenen praktischen und handwerklichen Fähigkeiten spielen dabei soziales Verhalten, soziale Kommunikation und Tradition von Anfang an eine große Rolle bzw. die soziale Lebensform des Menschen und soziales Lernen bilden die Grundlage der menschlichen Intelligenzentwicklung. Es läßt sich vermuten, daß sozialer Zusammenhalt der Gruppen für die menschlichen Vor- und Frühformen in besonderem Maße lebensnotwendig war. Nach Verlassen des Baumlebens und Entwicklung des zweibeinigen Gehens als bodenlebende Art ist der Vor- und Frühmensch weder schnell genug, um sich durch Flucht vor Raubtieren in Sicherheit zu bringen, noch körperlich wehrhaft genug, um sich als Individuum verteidigen zu können. Wie auch bei überwiegend bodenlebenden Pavianen zu beobachten, ist jedoch durch organisierte Verteidigung und Abwehr von Raubtieren durch Zusammenarbeit der stärkeren männlichen Individuen ein Schutz und Überleben der Gruppe möglich. Dabei sind auch Werfen von Steinen bis hin zu Schlagen mit Knüppeln gegenüber Angreifern bei freilebenden Pavianen und Schimpansen zu beobachten (van Lawick-Goodall, 1976). Dieser bereits bei Affen feststellbare Gebrauch und Einsatz von Werkzeugen und Hilfsmitteln zur Verteidigung ist meist nur auf Gruppenebene im sozialen Kontext effektiv. Organisiertes Sozialverhalten in Form einer Schutzgemeinschaft und vermehrter Einsatz von Hilfsmitteln (Steine, Stöcke, scharfkantige und spitze Gerätschaften usw.) kennzeichnen vermutlich die Überlebensstrategie der frühen (vor-) menschlichen Lebensformen. Soziales Lernen und Kommunikation sind somit Aspekte des intelligenten und adaptiven Verhaltens, die die menschliche Entwicklung von Anfang an begleiten und kennzeichnen. Über Verlauf und Entwicklung der Formen der Kommunikation in der menschlichen Evolution, von einfachen Verständigungszeichen und Signalen bis hin zu einer differenzierten akustischen Sprache, liegen derzeit nur wenige gesicherte Daten und Erkenntnisse vor. Cavalli-Sforza (1992) findet bei einem Vergleich genetischer und linguistischer Analysen heutiger menschlicher Rassen, Völker und Sprachen, daß sich alle heutigen menschlichen Sprachen in ihrer Struktur einander ähneln, wobei die syntaktischen Strukturen primitiver Völker ohne Schriftsprache gleichermaßen komplex wie die moderner Sprachen sind. Er gelangt zu dem Schluß, daß die heutige menschliche Sprache ihre Grundstruktur bereits vor ca. 100 000 Jahren mit Entstehung des Homo sapiens sapiens erreichte und im wesentlichen den Erfolg des modernen Menschen begründet, wobei sich dieser in seiner Sprechfähigkeit von allen anderen früheren menschlichen Lebensformen unterscheidet. Eine Bestätigung dieser Annahme auf anatomischer Ebene beschreibt Steitz (1993), wonach beim Neandertaler und Homo erectus die Mundhöhle noch nicht alle Umgestaltungen zum Sprechapparat des heutigen Menschen aufweist. Da bei älteren Menschenarten in der Rachenhöhle ein Ansatzrohr zur Artikulation von Sprachlauten fehlt, erscheint deren Sprechvermögen erheblich begrenzt.

Neben der gezielten Werkzeugherstellung ist die Wortsprache also eine weitere spezifisch menschliche Fähigkeit, die bei Tieren nicht zu beobachten ist. Faßt man Sprache jedoch im weitesten Sinne als Kommunikation und Verständigungszeichen auf, so finden sich frühe und einfache Kommunikationsformen bei allen höheren Lebensformen. Signale, die auf Zustände und Verhaltensbereitschaften des Organismus hinweisen, werden dabei über verschiedene Sinneskanäle vermittelt, wobei Geruch, optische Signale, Gebärden und Körpersprache, Verhaltenssequenzen oder akustische Signale und Lautäußerungen alleine oder in Kombination Anwendung finden. So werden mit Duftmarken Reviere abgegrenzt oder Sexualpartner angelockt oder über Körpersprache Aggressionsbereitschaft, Angst oder Unterordnung signalisiert. Die Körper- und Affektsprache greift dabei auf sehr frühe, oft instinktgebundene Ausdrucksformen zurück, die teilweise artspezifisch, aber auch artübergreifend wirksam sind und verstanden werden. Laute unterschiedlicher Bedeutung zeigen sich bei höherentwickelten Säugetieren, insbesondere auch bei Primaten in teilweise recht differenzierter Form. Über welche Vor- und Zwischenformen die heutige Wortsprache entstanden ist, läßt sich derzeit wenig belegen. Generell ist dabei von einer Zunahme der Symbolisierung auszugehen mit einer Verschiebung von Einzellauten und kurzen Lautfolgen mit Ausdruckscharakter hin zu längeren und variablen Lautsequenzen mit Symbolfunktion. Dabei entwickelt sich die Sprache zu einem neuartigen eigenen Werkzeug des Menschen, das neue Aspekte der Intelligenzentwicklung in Form sprachlichen Denkens ermöglicht. Durch eine Symbolsprache werden über das anschauungsgebundene Denken hinaus sequentielle logisch schlußfolgernde und hypothetische Prozesse der Reizverarbeitung ermöglicht, die zu neuen Möglichkeiten der Planung, Voraussicht und Reflexion führen (s. dazu Kap. 4.3). Während nichtsprachliches anschauungsgebundenes Denken und nachahmendes Lernen hauptsächlich über Demonstration im Hier und Jetzt vermittelt und ausgetauscht werden können, ergibt sich über die Sprache die Möglichkeit, räumlich und zeitlich entfernte Dinge anzusprechen, zu kombinieren und Vorstellungen darüber zu jedem beliebigen Zeitpunkt auszutauschen. Mit der Entwicklung der Wortsprache (vermutlich bei Homo sapiens sapiens) wird ein neuer, spezifisch menschlicher Abschnitt des Evolutionsgeschehens erreicht, der die Grundlage einer beschleunigten Kulturentwicklung liefert. So kommt es mit dem Auftauchen der Neanthropinen (Jetztmenschen oder anatomisch modernen Menschen) vor ca. 70 000 – 50 000 Jahren in Asien und Europa zu einer zunehmend raschen Veränderung hin zu einer immer komplexeren Gerätekultur. Es beginnt eine deutlich neue Epoche mit Erfindung immer neuer Gerätschaften (Nadel, Kamm, Harpune), serienmäßiger Herstellung und Handel von Werkzeugen sowie Entstehung von Kunst. Diese rasche Höherentwicklung der Neanthropinen im Vergleich zu ihren Vorformen wird von verschiedenen Evolutionsforschern wesentlich auf die höhere Sprachentwicklung zurückgeführt.

Eine interessante Parallele hinsichtlich der zentralen Bedeutung der Sprache für die Intelligenzentwicklung beschreibt Hofstadter (1985) auf dem Gebiet der Computerwissenschaft und Forschungen zur künstlichen Intelligenz: „Es ist auffällig, wie eng die Verbindung zwischen Fortschritt in der Computerwissenschaft (im besonderen bei der artifiziellen Intelligenz) und der Entwicklung neuer Sprachen ist. ... Ein Schlüssel zum Verständnis und zur Schaffung von Intelligenz liegt in der fortwährenden Weiterentwicklung und Verfeinerung der (Computer-) Sprachen, mit denen Prozesse der Symbolmanipulation beschrieben werden können“ (Hofstadter, 1985, S. 321).

Sprache und deren Entwicklung von der Gestik und Affektsprache bis hin zu einer völlig beweglichen, flexiblen Symbolsprache kennzeichnet somit in hohem Maße die Entwicklung von Intelligenz und Denken des Menschen im Laufe der Evolution.

Soziale und sprachliche Höherentwicklung. Übergang von biologischer zu kultureller Evolution

Die Entwicklungsgeschichte des Menschen und die biologische Phase der menschlichen Artentstehung und Intelligenzentwicklung vollzieht sich seit ca. 2 bis 1.5 Millionen Jahren im Rahmen der menschlichen Lebensform als Jäger und Sammler in relativ kleinen Gruppen und Stammesverbänden. Gegen Ende der Eiszeit vor ca. 15 000 – 10 000 Jahren beginnt eine neue Phase der Menschheitsentwicklung, in der sich Lebensform und Stellung des Menschen in der Natur grundlegend ändern. In Verbindung mit Viehzucht, Ackerbau und Seßhaftwerdung beginnt der Mensch seine Lebensform und Umwelt völlig neu zu gestalten. Es kommt zum allmählichen Aufbau größerer sozialer Gemeinschaften bis hin zur Staatenbildung der frühen Hochkulturen. In diesem Prozeß der raschen Sozialisierung des Menschen mit Ausbau und Differenzierung der sozialen Organisation spielen soziale Fähigkeiten, Kommunikation und Sprache als psychologische Funktionen eine zunehmende und zentrale Rolle. Durch die Seßhaftwerdung und den Aufbau immer größerer, komplexerer sozialer Systeme verändert sich das Leben und die Bewußtseinsstruktur des Menschen in wesentlichen Punkten. Der erste Aspekt betrifft die Stellung des Individuums. Im Stadium der Lebensform als Sammler und Jäger lebt der Mensch in kleinen, überschaubaren Gemeinschaften, in denen sich alle Individuen persönlich genau kennen. Die Bedeutung und der Einfluß des Individuums in der Gemeinschaft ist dabei hoch, und die Fähigkeiten und Eigenschaften des einzelnen prägen stark das Gruppengeschehen. Durch die Seßhaftwerdung und das Zusammenleben einer immer größer werdenden Anzahl von Menschen entstehen neue soziale Strukturen, in denen der einzelne an Gewicht verliert und soziale Prozesse und Phänomene eine eigene Dynamik entwickeln. Durch den Zusammenschluß der Menschen in anwachsenden und zunehmend differenzierteren sozialen Strukturen entsteht auch bezüglich der Denkprozesse eine neue Situation. In der Kleingruppe sind auch stark individualisierte, egozentrische und affektgebundene Denkvollzüge noch immer gut allgemein vermittelbar und verständlich, in komplexeren Großgruppen nicht mehr. Überindividuelles Wissen muß bei unterschiedlichen Erlebnisfeldern und Kenntnissen des einzelnen vom Erlebenskontext abgekoppelt werden. Die Kluft zwischen Fühlen und Denken entsteht und wird rasch tiefer, sekundärprozeßhaftes Denken überformt und zügelt das primärprozeßhafte. Während zuvor das Wissen des einzelnen und das der Gruppe noch eine hohe Überschneidung aufwies und alle Mitglieder über ähnliche Fähigkeiten und Kenntnisse verfügten, kommt es bei zunehmender Sozialisierung bis hin zur Staatenbildung über Aufgabenteilung zu einer immer stärkeren Spezialisierung des einzelnen. Das Wissen und die Fähigkeiten entwickeln sich dabei im Gesamtsystem der Gesellschaft wesentlich rascher als beim Individuum. Es entsteht eine übergeordnete soziale Intelligenz der Gemeinschaft durch Austausch und koordinierte Zusammenarbeit vieler Individuen. Über soziale Organisation und die Entwicklung der Schriften entsteht ein übergeordnetes kognitives Netzwerk an Wissen, theoretischen und praktischen Fähigkeiten, das sich rasch aufbaut und weiterentwickelt und vom Individuum nur noch in Teilen verstanden und überblickt werden kann. Die Abstimmung eigener Erfahrungsinhalte und Überlegungen mit diesem überindividuellen Wissensschatz kennzeichnet wesentlich die Schaffung von individueller Realität und die „Realitätskontrolle“ (s. dazu Kap. 6.3).

Bei diesem Aufbau komplexer werdender sozialer Systeme verändern und entwickeln sich rückwirkend und in Wechselwirkung auch die Fähigkeiten und kognitiven Strukturen des einzelnen. Die Sprache wird zunehmend komplexer und differenzierter und eine Schriftsprache entsteht. Durch Schrift und Zahl können wiederum Aussagen objektiviert sowie überdauernd und überprüfbar festgehalten werden, was die Grundlage einer Entwicklung der Wissenschaften in der Zeit der frühen Hochkulturen und Antike begründet.

5.3.4 Vergleich individueller und stammesgeschichtlicher Intelligenzentwicklung

Nachdem im vorausgegangenen Abschnitt Aspekte der stammesgeschichtlichen Entwicklung von Intelligenz und Denken des Menschen dargestellt und diskutiert wurden, soll nunmehr ein Vergleich zu den Stadien der individuellen kognitiven Entwicklung von Geburt bis zum Erwachsenwerden erfolgen.

In Tab. 5.2 sind wichtige Schritte und Gesichtspunkte der Intelligenzentwicklung aus Sicht der Entwicklungspsychologie und Evolution einander vergleichend gegenübergestellt. Dabei orientiert sich die Einteilung der individualpsychologischen kognitiven Entwicklung an den Stadien nach Piaget. Die Einteilung der stammesgeschichtlichen Entwicklung erfolgt nach globalen Abschnitten der menschlichen Evolution. In beiden Bereichen stellen die Stadien und zeitlichen Angaben keine echten oder scharfen Grenzlinien dar, sondern liefern eine ungefähre Orientierung über Wandlungsprozesse in einem kontinuierlichen Entwicklungsverlauf.

Beide Entwicklungslinien zeigen erstaunliche Parallelen hinsichtlich kognitiver Inhalte, Funktionen und deren Abfolge im Gesamtverlauf. So stehen jeweils visuelle Wahrnehmung, Auge-Hand-Koordination und der zunehmend geschicktere Gebrauch und Einsatz der Hände am Anfang. Visuomotorik, Objektwahrnehmung und frühe Handlungsschemata bilden Ausgangspunkte und Grundlagen der kognitiven Entwicklung. Interessanterweise wiederholt sich der erste entscheidende Schritt der Menschwerdung, die Entwicklung und das Erlernen des aufrechten Ganges auch als ein komplexer individueller Reifungs- und Lernprozeß. Im weiteren Verlauf bilden zunehmende Handlungskompetenzen, frühes soziales und kommunikatives (sprachliches) Lernen nachfolgende Entwicklungsschwerpunkte. Aus einer individuenzentrierten, eher egozentrischen und von magischem Denken beeinflußten kognitiven Erlebniswelt heraus erfolgt eine soziale und sprachliche Differenzierung und Höherentwicklung, die am Ende zur Fähigkeit der Selbstreflexion, der Relativierung persönlicher Erfahrung und zu theoretischem formallogischen sowie komplexem systematischen Denkvermögen führt.

Aufgrund von Entwicklungsparallelen wurde von Haeckel (1866) das nicht unumstrittene biogenetische Grundgesetz formuliert, daß die individuelle Entwicklung (Ontogenese) wesentliche Stadien der biologischen Stammesentwicklung (Phylogenese) widerspiegelt bzw. rekapituliert. Auch die Parallelen der individuellen und menschheitsgeschichtlichen Intelligenzentwicklung erscheinen interessant und werden daher zur Anregung der Diskussion hervorgehoben.

Kognitive Entwicklung (Piaget, 1973)		*Evolution*	
sensumotorisch (Säuglings- bis Kleinkindalter)	visuelle Wahrnehmung, Auge-Hand Koordination, Greifen, Handlungsschemata, Aufrichtung Handlungskompetenz, Imitationslernen, Beginn der Sprachentwicklung	visuelle Wahrnehmung, Auge-Hand Koordination, Greifen, Gebrauch der Hände, Aufrichtung Handlungskompetenz, Werkzeuggebrauch, Beginn der Großhirnzunahme	Tier-Mensch Übergangsfeld ca. 8–3 Mio. v. Chr. Frühmenschen ca. 3–1 Mio. v. Chr.
präoperationales Denken (Kleinkind- bis Kindergartenalter, ca. 2–5 J.	frühes soziales und sprachliches Lernen (praktisch, individuell, familiär), Modellernen, konkret anschauliches und magisches Denken, egozentrisch	kognitive Entwicklung bei Vergrößerung des Gehirnvolumens von ca. 800–1500 cm^3, Werkzeugherstellung, Werkzeugtechnik, Höherentwicklung praktischer und visueller Fähigkeiten, frühe soziale Tradition und Sprache	Steinzeitkultur ca. 1 Mio. – 10 000 v. Chr., Jäger und Sammler
konkret-operationales Denken (Grundschulalter und Vorpupertät, ca. 6–11 J.	soziale und sprachliche Differenzierung, Erwerb von Fertigkeiten und Wissen (überindividuell), anschaulich-logisches Denken, Gruppenbildung, Rollendifferenzierung	Veränderung der natürlichen Lebensumwelt, Ackerbau, Viehzucht, Städtebildung, soziale und sprachliche Differenzierung, Entstehung von Schrift	Frühgeschichte ca. 10 000–1000 v. Chr., Seßhaftwerdung, Entstehung von Gesellschaften
formallogisches Denken (ab Pupertätsalter, ca. 12 J.)	Selbstreflexion, Abstraktionsvermögen, komplexes theoretisches Denken, Systematisierung	überlieferte (Kultur-) Geschichte, Literatur, Philosophie, Wissenschaft, formales abstraktes systematisches Denken	Antike bis Neuzeit, ab ca. 1000 v. Chr., gesellschaftliche Differenzierung

Tabelle 5.2: Aspekte der individuellen und stammesgeschichtlichen Intelligenzentwicklung

5.3.5 Schlußfolgerungen zum Intelligenzkonzept aus Sicht der Evolutionsforschung

Wie bereits in Kap. 5.3.2 dargestellt, erscheint Intelligenz in Form intelligenter Anpassung an die Umwelt durch Lernen als eine Eigenschaft, die nicht nur dem Menschen, sondern in unterschiedlichem Ausmaß auch vielen tierischen Lebensformen zukommt. Beispiele für Verhaltensweisen bei Tieren, die aus menschlicher Sicht intelligent erscheinen, finden sich z. B. in Form kooperativer Jagd bei Großraubtieren oder in Form von Werkzeuggebrauch, einfachem Sprachverständnis sowie Problemlöseverhalten bei Menschenaffen (Köhler, 1973; Lethmate, 1977; König & Markl, 1988). Wie in Kap. 5.3.3 beschrieben, entstehen im Laufe der Menschheitsentwicklung höhere Intelligenzfunktionen, wie sprachliches und abstraktes Denken, die spezifisch dem Menschen zukommen. Aus einer anthropozentrischen Weltsicht heraus besteht die Gefahr, nur diese spezifisch menschlichen Fähigkeiten als Intelligenz zu definieren und andere z. B. genetisch bestimmte, instinktgeleitete Anpassungsleistungen von Tieren oder gar von Pflanzen als unintelligent abzuwerten. Daß auch stark instinktgebundene Verhaltensweisen zu bewundernswerten Anpassungsleistungen führen können, zeigt sich z. B. bei staatenbildenden Insekten, wo durch Zusammenarbeit vieler nur begrenzt lernfähiger Organismen ein intelligent erscheinendes Gesamtsystem entsteht. So leben Hirtenameisen in Symbiose mit Blattläusen, halten sich diese als Haustiere und leben von deren Nektar. Sie nehmen die Blattläuse auf ihre Wanderschaft mit und suchen geeignete Pflanzen, wo diese sich günstig entwickeln und vermehren können. In ähnlicher Symbiose leben Ameisenkolonien in Peru mit Pflanzen. Sie halten im Urwald größere Flächen für die von ihnen bevorzugten Nutzpflanzen frei und vernichten alle anderen Pflanzensamen. Diese Formen von Tierhaltung und Gartenbau lassen die Ameisenkolonie als hochorganisiert und intelligent erscheinen. Eine rasche Lernfähigkeit auf kollektiver Ebene findet sich z. B. auch bei sehr einfachen Lebensformen wie Viren oder Bakterien. Wenn auch hier der einzelne Organismus nur eine geringe Lern- und Anpassungsfähigkeit besitzt, scheint doch das Kollektiv über diese Fähigkeit zu verfügen, und Krankheitserreger sind in der Lage, auch gegen ausgeklügelte Medikamente des Menschen immer wieder Resistenzen zu entwickeln. Vielleicht zeigt sich in dieser Anpassungsfähigkeit der niedrigsten Organismen, daß Intelligenz im Sinne von Anpassungsfähigkeit und Lernfähigkeit ein allgemeines Prinzip aller lebenden Organismen darstellt, das sich nur in unterschiedlicher Ausgestaltung in den verschiedenen Lebensformen zeigt (siehe hierzu besonders Klix, 1992).

In der Abb. 5.1 wurde der Versuch unternommen, aufbauend auf diesen Überlegungen zum Evolutionsgeschehen, ein allgemeines Ordnungsschema der Intelligenz und kognitiven Entwicklung herzuleiten.

Verschiedene Inhalte und Funktionen kognitiver Verarbeitung sind in zwei Dimensionen dargestellt, wobei innerhalb jeder Dimension eine Anordnung von

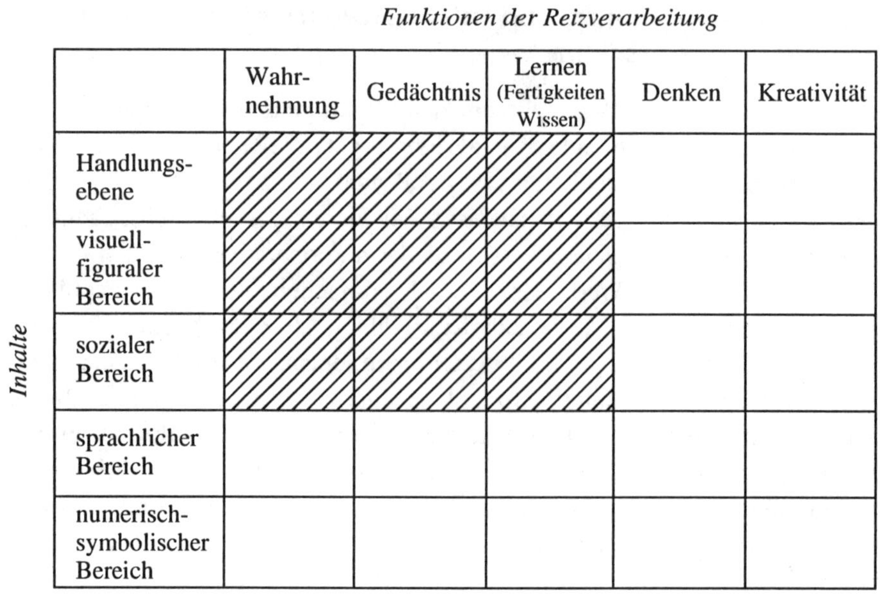

Abbildung 5.1: Ordnungsschema kognitiver Funktionen und Inhalte

---

einfach in Richtung komplex bzw. von basalen Fähigkeiten in Richtung differenzierterer Leistungen getroffen wurde. Es entsteht somit ein zweidimensionales Ordnungsschema kognitiver Funktionen, anhand dessen sich eine Differenzierung der Intelligenzentwicklung anschaulich darstellen läßt. Handlungsebene (Reaktionsfähigkeit) und Wahrnehmung sind dabei die basalsten Fähigkeiten, über die jeder lebende Organismus verfügt. Auch Pflanzen sind in der Lage, Licht, Kälte oder andere Reize wahrzunehmen und darauf zu reagieren, so daß die linke obere Zelle als einfachster Ausgangspunkt evolutionärer Entwicklung gesehen werden kann. Gestaltverarbeitung im figuralen Bereich und soziale Fähigkeiten sowie Gedächtnis und Lernen bilden weitere Aspekte kognitiver Inhalte und Funktionen, die sich bei höheren Tierarten beobachten lassen. Der in der Abbildung schraffierte Bereich bildet im wesentlichen Intelligenzleistungen von Tieren ab, während der helle Bereich des Rasters über Sprache und Symbolverarbeitung sowie Denken und Kreativität höhere kognitive Funktionen erfaßt, die sich als spezifisch menschliche Differenzierung der Intelligenzentwicklung beschreiben lassen. Auch hierbei sind die Grenzen nicht starr und scharf, und vor allem bei höheren Säugetieren, z. B. Menschenaffen, lassen sich Fähigkeiten einfacher Sprachverarbeitung und Denkakte bei Problemlöseaufgaben durchaus beobachten.

Intelligenz erscheint aus Blickrichtung der Evolution als eine kognitive Anpassungsleistung, die ausgehend von einfachen Inhalten und Funktionen eine vielschichtige Differenzierung und Höherentwicklung bei verschiedenen Organismen aufweist. Menschliche Intelligenzleistungen erweisen sich als besonders vielseitig und umfassen alle Zellen des dargestellten Ordnungsschemas. Umgekehrt läßt sich ableiten, daß zur Bestimmung der Intelligenz eines Menschen eine eindimensionale Betrachtungsweise völlig unzureichend ist. Jede Person verfügt über eine Vielzahl kognitiver Fähigkeiten, die in ihrem Zusammenspiel die unterschiedlichen Intelligenzleistungen bewirken. Eine Beurteilung der Intelligenz setzt somit eine umfassende Überprüfung unterschiedlicher Fähigkeiten inhaltlicher und funktionaler Art voraus.

5.3.6 Ausblick

In den vorausgehenden Abschnitten wurde dargelegt, wie sich menschliches Denken und menschliche Intelligenz im Laufe der Evolution allmählich aus dem Tierreich heraus bis zu seinen heutigen Formen entwickelte. Überschaut man diesen Gesamtprozeß, so sind einige übergeordnete Gesichtspunkte von besonderer Bedeutung. In der Menschheitsevolution zeigt sich kein linearer Anstieg von Fähigkeiten und Wissen, sondern nach anfangs sehr langsamer Entwicklung eine zunehmende Beschleunigung mit eher exponentiellem Anstieg. Als wesentliche Faktoren, die zu einer Beschleunigung der Intelligenzentwicklung führen, sind dabei Entwicklung einer Symbolsprache, Entstehung komplexer sozialer Systeme, Speicherung von Wissen in schriftlicher oder objektivierbarer Form und Entstehung von Technologie zu nennen. Während sich die biologische kognitive Grundausstattung des einzelnen Menschen in Form der Denkfähigkeit und allgemeinen Fähigkeiten des menschlichen Gehirns in den letzten 10 000 Jahren vermutlich nur wenig geändert hat, haben sich die Lebensformen sowie die Fähigkeiten und Erkenntnismöglichkeiten der Menschheit als Kollektiv grundlegend und rasant verändert. Diese gesteigerte kollektive Leistungsfähigkeit des Menschen beruht weniger auf wachsender Intelligenz des einzelnen, als vielmehr auf dem Grad des organisierten Zusammenwirkens, der Vernetzung der Individuen und der Geschwindigkeit des Informationsaustausches zwischen den Individuen. Wissensfortschritt wird zunehmend zu einem kollektiven Phänomen, zur Leistung eines Netzwerkes bzw. eines sozialen Gesamtorganismus, in dem einzelne Menschen die Zellen darstellen.

Betrachtet man die aktuelle kognitive Entwicklungssituation des Menschen, so ist durch die sich entwickelnde Vernetzung von Computersystemen im Kollektiv eine weitere beschleunigte Zunahme in Ausmaß und Tempo der Informationsverarbeitung zu beobachten, die vermutlich zu einem weiteren raschen Anwachsen der kognitiven Leistungsfähigkeit der menschlichen Gesellschaft führen wird.

Nicht vergessen werden darf dabei die Tatsache, daß für die Anpassung des einzelnen Individuums manchmal auch Kurzschlüsse in der kognitiven Verarbeitung, Vorurteile, irrationale und magische Denkelemente als funktional anzusehen sind (Abwehrmechanismen). Adaptive Rationalität (van der Meer, 1989, 1990) des einzelnen und kognitive Leistungsfähigkeit müssen daher wohl unterschieden werden: Adaptive Rationalität kann kognitive Leistungsmöglichkeiten zugunsten der aktuellen Handlungsfähigkeit oder des Selbstwertes einengen oder außer acht lassen. Adaptive Rationalität bedient sich auch affektiver Informationen. Die Zunahme der kognitiven Leistungsfähigkeit im Rahmen der Ontogenese beeinflußt jedoch Selbst- und Weltbild, verändert die Beurteilungsfähigkeit und damit auch die adaptive Rationalität. Das Ausmaß, in dem ein Individuum in der Lage ist, an den so rasch wachsenden überindividuellen Erkenntnisstrukturen teilzuhaben, bestimmt schließlich die Freiheitsgrade seines Handelns im Alltag.

KAPITEL 6

Entwicklung des kindlichen Weltbildes

6.1 Die Piaget'sche Sicht

Jean Piaget (Piaget & Inhelder, 1972; Piaget, 1973, 1978) hat in seinen tiefsinnigen Analysen von kindlichen Äußerungen entwicklungspsychologische Grundlagen des Weltverständnisses herausgearbeitet. Piaget beschreibt bei Kindern im Stadium des präoperativen Denkens einen egozentrischen Standpunkt, der Ausdruck einer adualistischen Auffassung von Ich und Umwelt ist. Dieser Adualismus ist durch drei Formen gekennzeichnet:

- So gibt es im kindlichen Denken keine klare Trennung zwischen Zeichen und Bezeichnetem, d. h. keine klare Unterscheidung zwischen dem Wort, das ein Ding benennt, und dem Ding selbst. Der Begriff eines Dinges wird diesem als Eigenschaft zugeschrieben. Das Ding ist quasi mit dem Zeichen verwachsen. Bedeutung und Bedeutungsträger werden miteinander vermischt. Piaget nennt dies den „begrifflichen Realismus". Auf diese Weise kann der Name der Sonne warm sein wie die Sonne selbst. Kinder meinen auch, daß der Name der Sonne in der Sonne drinnen ist.

- Ein zweiter Ausdruck des Adualismus ist das Fehlen einer klaren Trennung von Innenwelt und Außenwelt. Das Denken ist beispielsweise für das Kind sowohl im Mund als auch draußen in der Luft lokalisiert. In einem späteren Stadium kommt das Kind zur Vorstellung, daß das Denken ein Hauch sei, der gleichzeitig im Kopf und außerhalb des Kopfes anzutreffen ist.

- Dritter Ausdruck des Adualismus ist die unscharfe Trennung zwischen Materiellem und Psychischem. Das Denken wird vom Kind unter 5 Jahren als materieller Körper, als spürbar und begreifbar vorgestellt. Das Denken ist als Ding unter Dingen etwas, das materiell auf Gegenstände und Personen einwirken kann, für die man sich interessiert. Als Beispiel sei hier auch die animistische Vorstellung von Kindern erwähnt, die Steine nicht für schwer, sondern für stark halten, weil sie dem Aufheben einen großen Widerstand entgegensetzen. Auch kindliche Träume werden nicht als Vorstellung, sondern als wahrnehmbare Realitäten, die sich im Raum befinden, erlebt.

In einem langsamen Prozeß, der erst bis zum Erreichen des Stadiums der formalen Operationen abgeschlossen ist, wird innen und außen endgültig unterscheidbar, Träume werden als reine Gedanken erlebt und eine klare Trennung zwischen Vorstellung und Wahrnehmung vollzogen. Dies ist aber erst mit dem 11. bis 12. Lebensjahr vollständig erreicht.

Piaget beschreibt vier Stadien des Realismus, die diese Entwicklung von Adualismus zum Relativismus widerspiegeln. Die erste Phase ist die des *absoluten Realismus*, in der zwischen den Dingen und den Werkzeugen des Denkens wie Begriffen und Worten in keiner Weise unterschieden wird. Schließlich gibt es eine Phase des *unmittelbaren Realismus*, der die Werkzeuge des Denkens zwar von den Dingen unterscheidet, aber immer noch in die Dinge verlegt. In der Phase des *mittelbaren Realismus* werden die Werkzeuge des Denkens als eine Art Ding aufgefaßt und gleichzeitig im eigenen Körper und in der Umwelt lokalisiert. Und schließlich kommt es zur Phase des *Subjektivismus und Relativismus*, in dem die Werkzeuge des Denkens endgültig in das Individuum selbst verlegt werden. In diesem Sinne meint Piaget, daß das Kind gewissermaßen sein Ich und sein Denken mit der Welt vermengt. So gesehen ist jede Vorstellung von einem Kind im Vorschulalter ursprünglich als absolut empfunden, d. h. als etwas, das den Geist in das Ding selbst eindringen läßt. Das Kind übersieht die Subjektivität seines Standpunktes und betrachtet sich selbst als Zentrum der Welt. Beim Kind besteht daher ein kognitiv bedingter Egozentrismus, der erst mit dem Stadium konkreter Operationen abklingt.

Diese generalisierte Annahme wird anhand von empirischen Gegenbeispielen kritisiert. In einigen Lebensfeldern könnte das Kind schon im Kleinkindalter nicht-egozentrische Denkschritte machen, die als Vorläufer der konkret-operationalen Denkstufe gelten müßten (Sodian, 1995).

Für den Aufbau eines Weltbildes ist die Fähigkeit zur Objektpermanenz und zum Vorstellungsdenken unbedingt notwendig. Diese Fähigkeiten werden erst im 2. Lebensjahr soweit ausgebildet, daß man von Selbstbild oder Weltbild sprechen kann. In der präoperationalen Stufe finden sich beim Kind neben dem beschriebenen Egozentrismus magisch-animistische Vorstellungen und der Artifizialismus (s. Kap. 5.2). Pathologische Sozialisationsbedingungen können eine Fixierung des magisch-animistischen Niveaus des Denkens in bestimmten Lebensdomänen zur Folge haben. Als Beispiel für derartige Phänomene soll ein $8\frac{1}{2}$jähriger Knabe genannt werden, der während des Eislaufens mit einer Kindergruppe plötzlich in Panik geriet, als eine Eiskehrmaschine auf den Platz kam. Der Knabe schrie, das sei ein Ungeheuer, das ihn fressen wolle. Ein 7jähriges Mädchen fühlte sich von Dornen einer Rose bedroht und begann mit diesen Streit. All das sind Beispiele für intrapsychische Problemstellungen, die auf dem voroperationalen Denkniveau angesiedelt sind.

Ein wichtiger Schritt im Stadium der konkreten operatorischen Strukturen ist die Fähigkeit des Überstiegs und der Übernahme eines anderen Standpunktes, einer anderen Sichtweise. Schließlich wird erst im Stadium des formalen Denkens mit dem Erreichen des Relativismus Selbstreflexion in dem Maße wie beim Erwachsenen möglich.

Kritiker von Piaget werfen ein, daß Kinder bereits im Kleinkindalter in einigen Testsituationen zwischen mentalen (inneren) und physikalischen (äußeren)

Prozessen unterscheiden können (Sodian, 1995). Es wird betont, daß die Entwicklungsschritte in unterschiedlichen Wissensfeldern (Domänen) unterschiedlich erfolgen. Andere stellen überhaupt den Übergang von einem adualistischen in ein dualistisches Denkprinzip in Frage und meinen, daß die kognitive Entwicklung nur ein Prozeß der Bereicherung angeborener konzeptueller Strukturen sei (Übersicht bei Sodian, 1995). Die Änderung von Sichtweisen wäre demnach mehr Ausdruck eines quantitativen Wissenserwerbs denn Ausdruck einer qualitativen Umstrukturierung. Die Andersartigkeit kindlicher Weltvorstellungen wird dadurch nicht in Frage gestellt.

6.2 Entwicklung fundamentaler Ordnungskonzepte

6.2.1 Das Konzept des Raumes

Der Raum ist nach Kant (1904) reine Anschauung und eine notwendige Vorstellung a priori, die allen äußeren Anschauungen zugrunde liegt (Bd. I, S. 44). Piaget (1975) spricht von einem funktionellen a priori und einem strukturellen a posteriori, d. h. die Grundfunktionen der Assimilation und Akkommodation sind angeboren, Strukturen der Erkenntnis müssen a posteriori, also aus der Erfahrung gewonnen und elaboriert werden.

So ist der Aufbau des Objektbegriffs bei Piaget eng verknüpft mit der Organisation des räumlichen Feldes, und es finden sich in Korrelation zu den beschriebenen Stadien der Intelligenzentwicklung analoge Phasen beim Aufbau der räumlichen Vorstellung. In der ersten Phase finden wir ein heterogenes, handlungsbezogenes Wahrnehmungsbündel, in dem der Raum nur Eigenschaft der Handlung ist (gustativer Raum, visueller Raum, auditiver Raum etc.). Diese „Räume" sind noch weit davon entfernt, einen einzigen Raum zu bilden, können jedoch mehr oder weniger miteinander verbunden sein. In den ersten beiden Stadien ist die Wahrnehmung des Raumes für das Kind nichts anderes als die Wahrnehmung von sensorischen Bildern, an die es sich anpaßt. Das Kind ist nicht in der Lage, die Beziehung der Objekte zueinander und zu sich selbst räumlich zu erfassen. Erst im dritten Stadium beginnt die Koordination verschiedener „Räume" untereinander, also z. B. die des taktilen und des visuellen Raumes. Piaget benutzt in diesem Zusammenhang den Begriff der Gruppe, der als jenes Operationssystem zu verstehen ist, das eine Rückkehr zum Ausgangspunkt erlaubt (Piaget, 1975, Bd. II, S. 103). Im dritten Stadium werden Gruppen also miteinander koordiniert und „subjektiv". Die „subjektive" Gruppe ist nicht ein System von Beziehungen zwischen Objekten, sondern eine Menge von Beziehungen, die auf das Objekt zentriert sind (ibid., S. 122). Die „subjektive" Gruppe ist die Gruppe der scheinbaren Bewegungen, d. h., das Subjekt kann seine eigenen Bewegungen nicht im Verhältnis zu den wirklichen Bewegungen des Objektes erfassen. Dies ist erst im vierten Stadium möglich, dem Stadium des In-Beziehung-Setzens der Objekte als solche, in dem die Perspektive entdeckt wird und die Veränderungen der Form, die aus verschiedenen Positionen des Kopfes resultieren (ibid., S. 156). Auch erwirbt das Kind die Konstanz der Größe der Objekte. Es kommt also zunehmend zu einer Wahrnehmung von Inhalten (Licht, Form, Größe, Entfernung, Position) und nach Hallpike (1984) zu einer Ausdifferenzierung des begrifflichen Raums, d. h. der Fähigkeit, Relationen zwischen den Dimensionen zu analysieren und die topologischen, metrischen und dimensionalen Transformationen und Winkelbeziehungen von Gegenständen in der physischen Welt darstellen zu können. „Die Entwicklung dieser Fähigkeit ist ständig von der Interaktion mit der physischen Welt abhängig, die Reflexion über diese Handlungen, ihre Verallgemeinerung und die Bildung von inneren Bildern davon sind die Grundlage für die Konstruktion des begrifflichen Raums.“ (Hallpike, 1984, S. 331). Das fünfte Stadium beinhaltet nach Piaget nun den Erwerb des Begriffes der Verlagerung der Objekte im Verhältnis zueinander und setzt, bezogen auf den Objektbegriff, voraus, daß es dem Kind gelingt, die aufeinanderfolgenden Verlagerungen der Dinge, die es sucht, zu berücksichtigen (Piaget, 1975, S. 180). Bisher suchte es das Objekt systematisch da, wo das Kind es zum ersten Mal gefunden hatte. Das sechste Stadium nennt Piaget das Stadium der vorstellungsmäßigen Gruppen; das Kind ist nun zum einen in der Lage, sich selbst als Element des Raumes zu begreifen, und zum anderen, eine Vorstellung unsichtbarer Verlagerungen zu gewinnen, d. h. nicht sichtbare Objektwechsel und deren zeitliches Aufeinanderfolgen sich vorstellen zu können.

Die Entwicklung von verbalen Bezeichnungen ist auch für die Funktionen der Raumwahrnehmung wichtig. So gelingt schließlich der Aufbau symbolischer Räume nach dem Entwicklungsprinzip der Raumvorstellung. So sollten zumindest bis zu Beginn des Schulalters Anfänge des Zahlenbegriffes vorhanden sein, den Piaget ganz wesentlich auf die Entwicklung der Raumwahrnehmung zurückführt. Zusammenzählen, Abziehen, das Erfassen von Größenrelationen und geometrischen Beziehungen beruht auf dem Raumvorstellungsvermögen. Auch verbale Begriffe können einen räumlichen Charakter haben. So scheint das Verstehen des Komparativs und das Erkennen von Satzstrukturen und grammatischen Regeln ein räumliches Denken vorauszusetzen.

Das Konzept des Raumes dient der fundamentalen Gliederung und stellt damit eine Grundlage der Orientierung dar. Unter pathologischen Bedingungen der räumlichen Desorientiertheit kann es zur massiven existentiellen Verunsicherung und Irritation kommen. Das Kleinkind mit Objektbegriff kennt bereits eine frühe räumliche Orientierung. Das Kind im Vorschulalter besitzt das, was Piaget & Inhelder (1972) den topologischen Raum nennen. Die Raumkategorien, in denen das Kind denkt, sind die Kategorien der Nachbarschaft, der Geschlossenheit und der Eingeschlossenheit (das Kind hält Dinge aneinander, öffnet und schließt Schachteln und Schränke, räumt Dinge ein und aus). Solange das Kind ein egozentrisches Denken aufweist (präoperationale Phase), ist es nicht in der Lage sich vorzustellen, daß Objekte auch einen anderen Aspekt haben könnten als den, der ihm als Betrachter zugekehrt ist. Das Kind bezieht also alle Wahrnehmungsgegenstände auf den eigenen Standpunkt. Erst mit Erwerb der konkreten Operationen ist das Kind in der Lage sich vorzustellen, wie man einen Gegenstand auch aus einer anderen Stellung als der, die man eben eingenommen hat, betrachten könnte. Kritiker von Piagets Sicht schreiben dem Kind auch in einigen Lebensbereichen schon früher die Fähigkeit des physikalischen Standpunktwechsels zu.

6.2.2 Das Konzept der Zeit

Das Konzept der Zeit ist, ebenso wie die Entwicklung der Raumwahrnehmung, eng verknüpft mit dem Aufbau der Denkfunktionen. Die Zeit ist Teil der Struktur des Universums, zu der die vier umfassenden Kategorien des Objekts, des Raums, der Kausalität und der Zeit gehören (Hallpike, 1984). Jede Interaktion zwischen Objekten ist die Grundlage für die Kausalität, und jedes kausale Verhältnis setzt eine zeitliche Beziehung voraus. „Die Zeit wie auch der Raum werden nach und nach aufgebaut und implizieren die Elaboration eines Systems von Beziehungen." (Piaget, 1975, Bd. II, S. 309). Auch beim Aufbau des Zeiterlebens vom „reinen Dauern" bis hin zum Zeitbegriff als objektive Struktur zeichnet Piaget eine Entwicklungslinie vom sensomotorischen Universum zur geistigen Repräsentation der Welt des Kindes. Analog zur Entwicklung des Raumes, der Objekte und der Kausalität untersucht er den Aufbau des zeitlichen Feldes im Zusammenhang mit seinen charakteristischen Entwicklungsstadien, die auch uns für die skizzenhafte Darstellung der Entwicklung dieses schwer faßbaren Begriffes als Orientierung dienen sollen. Seit Beginn der ersten Gewohnheiten ist der Säugling in der Lage, sowohl Bewegungen wie auch Wahrnehmungen ohne Bewußtsein der Aufeinanderfolge in der Zeit zu koordinieren. Diese „praktische Zeit", die die sukzessiven Bewegungen desselben Schemas untereinander verbindet, führt höchstens zu Gefühlen der Erwartung, der Anstrengung, des Angekommen-seins am Ziel usw. Im dritten Stadium beginnt das Kind, auf die Beziehung zwischen den Dingen einzuwirken, und es kann seine Handlungen auf äußere Ereignisse anwenden. Diese Ausweitung der Zeit auf die Bewegung der Dinge findet jedoch nur in dem Maße statt, wie das Kind sich selbst als Ursache dieser Bewegungen erlebt. Vergegenwärtigen wir uns die Stadien der Intelligenzentwicklung, so wurde gesagt, daß das Kind im vierten Stadium zur Kombination von Schemata untereinander in der Lage ist und auch versteckte Gegenstände zu suchen beginnt, so daß die Begriffe des „Vorher" und „Nachher" von nun an auf die Verlagerung des Objektes selbst angewendet werden können und nicht mehr nur auf die Bewegung, die das Kind ausführt. Nach Piaget erreicht das Kind mit etwa einem Jahr das fünfte Stadium und vermag nun, ein „dauerndes" und systematisches Band zur Vereinigung der Ereignisse in der Umwelt untereinander zu bilden. Da die sprachlichen Fähigkeiten des Kindes für die zeitliche Orientierung von großer Bedeutung sind, ist es erst im Verlauf eines sechsten und letzten Stadiums in der Entwicklung der kognitiven Repräsentationen für das Kind möglich, die Gegenwart von Vergangenem und Zukünftigem zu erleben und „den Geist von der direkten Wahrnehmung zugunsten einer intellektuellen Aktivität zu befreien, der es möglich ist, die Gegebenheiten dieser Wahrnehmung in ein stabiles und kohärentes Universum einzuordnen." (ibis., S. 333). Zeitbewußtsein besteht „aus dem doppelten Gefühl von Unveränderlichkeit und Veränderung" (Høeg, 1995, S. 266). Wenn die Zeit vergeht, muß sich etwas verändern, gleichzeitig muß etwas gleichgeblieben sein, vor dessen Hintergrund sich die Veränderung ablesen läßt. Das Konzept der Zeit kennt lineare Abläufe (Vergangenheit — Gegenwart — Zukunft) und Wiederholungen und Zyklen. Zeit kennzeichnet das „Verlorene" ebenso wie das „Wiederkehrende". Sekundärprozeßhaftes Denken ist um das Konzept der Zeit orientiert, das primärprozeßhafte Denken bricht die Regeln von Zeit und Abfolge zugunsten simultaner Prozesse der Gestaltbildung (s. Kap. 5.1).

Der Zeitablauf für das vorschulpflichtige Kind ist durch anschauliche, vor allem durch räumliche Gegebenheiten repräsentiert. Die Länge der Zeit wird nach einem sichtbaren Effekt beurteilt. So wird bspw. das Alter mit der Körpergröße gleichgesetzt (wer größer ist, ist älter).

Erste Ansätze zu einer Zeitperspektive ergeben sich aus der Erfahrung des Tagesrhythmus, Morgen, Mittag, Nachmittag und abendliches Zubettgehen. Ab dem 3. Lebensjahr können Begriffe wie heute, morgen und gestern dem Sinn nach als Gegenwart, Zukunft und Vergangenheit angewandt werden. Große Zeiträume sind schwer zu erfassen. Markierungspunkte emotionaler Art können die Zeitrasterbildung unterstützen (Weihnachten, Geburtstage, familiäre Festereignisse). Erst ab dem Schulalter sprechen Kinder von vorgestern und übermorgen. Zu Beginn des Schulalters können Kinder Wochentage identifizieren, schließlich erwartet man von 7- bis 8jährigen, daß sie die Uhrzeit erlernen können, sowie Jahreszeiten und Monate im Ablauf des Jahres erfassen und benennen können. Von Kindern im späten Vorschul- und Schulalter ist daher eine raum-zeitliche und situative Orientiertheit zu postulieren, über die in der Untersuchungssituation auch verbal kommuniziert werden kann. Die sprachliche Kompetenz des Kindes ist für die klinische Beurteilung der räumlichen und zeitlichen Orientierung mit zu berücksichtigen!

6.2.3 Das Konzept der Kausalität

Nachdem das Kind Objektpermanenz erworben hat, also am Ende des 1. Lebensjahres, beginnen erste kausale Zusammenhänge faßbar zu werden. Nach Piaget (1975) ist das System der permanenten Gegenstände und ihrer Ortsveränderungen nicht zu trennen von einer kausalen Strukturierung, denn es ist die Eigenheit eines Gegenstandes, „daß er Ursprung, Sitz oder Ergebnis verschiedener Aktionen ist, deren Verbindungen die Kategorie der Kausalität darstellen" (Piaget & Inhelder, 1972, S. 27). Die Kausalität wird jedoch erst am Ende eines Evolutionsprozesses objektiv und adäquat sein. Zu Beginn sind kausale Interpretationen auf das eigene Tun zentriert. Dabei kann eine solche beginnende Kausalität magisch-phänomenistisch genannt werden: phänomenistisch insofern, als erfahrungsgemäß etwas ein anderes auslösen kann, nur weil es gleichzeitig auftritt (Koinzidenz führt zur Kausalität — das Kind sagt stop, die Wolke schiebt sich vor die Sonne, das Kind vermeint, die Wolke vor die Sonne befohlen zu haben). Magisch ist die kausale Interpretation insofern, als sie nach den Regeln der Entsprechungen aufgebaut ist. Eine solche frühe Kausalität oder auch Präkausalität ersetzt Ursache und Wirkung durch eine geheimnisvolle symbolische Ähnlichkeit (Sympathie), s. Kap. 5.2.

Im magischen Denken finden wir also das Paradox, daß akausale Wirkzusammenhänge, die den Regeln der physikalischen Welt zuwiderlaufen, im Umgang mit der physikalischen Welt handlungsbestimmend werden können. Das Kind denkt in Wirkungszusammenhängen, die ganz auf das eigene Tun und dabei beobachtete Verbindungen und Möglichkeiten zentriert sind. Präkausales Denken zeigt also einen Kausalitätsanspruch, der aufgrund mangelnder Erkenntnisoperationen noch nicht erfüllt werden kann und der stark an die momentane Emotion in der Aktion geknüpft ist. Das Eigenerlebnis bildet also die Basis der Informationsverarbeitung. Trotzdem scheint bereits das Kleinkind im Sinne der „intuitiven Physik" auch realitätsgerechte Erfahrungen der dinglichen Umwelt zu machen und richtige kausale Erklärungen zu finden (Sodian, 1995). Je nach affektiver Beteiligung werden kausale Zusammenhänge als empirisch erworbenes Alltagswissen gespeichert oder ein starker Ich-bezug (mit magischen Anteilen) hergestellt. Zwischen dem alltäglichen Erfahrungswissen und einem durch das subjektive Denkprinzip gestalteten Gefühlswissen besteht beim Vorschulkind schließlich ein Widerspruch. Schon Bühler (1967) und Schenk-Danzinger (1988) haben darauf hingewiesen (Beispiel: Das Kind weiß im Grunde genau, daß ein Buch liegenbleibt, wenn man es irgendwo hinlegt. Ist es nicht mehr da, kann es annehmen, es sei weggelaufen. Würde es sich aber vor seinen Augen entfernen, wäre das Kind zu Tode erschrocken (Schenk-Danzinger, 1988, S. 149)). Ein ähnliches Nebeneinander von einem dem Erfahrungswissen angepaßten Verhalten einerseits und präkausalen Denkschemata finden wir bei den in unserem Kulturkreis üblichen Bräuchen von Christkind und Osterhase. Bereits Kinder im Vorschulalter bezweifeln aufgrund des Erfahrungswissens die Existenz des Christkindes, sind aber schließlich zu Weihnachten doch überzeugt, daß die Lichterpracht am Christbaum übernatürlich ist und haben trotz aller Gegenargumente doch ihre Wunschzettel für das Christkind zur Abholung ins Zwischenfenster gelegt.

Da das Kleinkind ständig mit der eigenen empirisch erworbenen Erfahrung konfrontiert wird, gerät spätestens ab dem 4. Lebensjahr das magische Weltbild durch ein zunehmend logisches und kausal orientiertes Denken in Bedrängnis. Manche Autoren verlegen das Nebeneinander von empirisch erworbenem Wissen und prälogisch gewonnenen Überzeugungen bereits in noch frühere Altersstufen. Sie beschreiben die Überzeugungen von Kleinkindern unter dem Aspekt des „falschen Glaubens“ (Sodian, 1995). Übersehen wird von solchen Konzeptualisierungen die affektökonomische und selbstentlastende Bedeutung von manchen „magischen Überzeugungen“. (Nicht alles, was „richtig“ und „wahr“ für Erwachsene ist, ist für Kinder auch wichtig und bedeutungsvoll, nicht alles, was „falsch“ ist, ist auch entwicklungshemmend!)

In Zeiten besonderer affektiver Beteiligung, Angst und Bedrohung treten magische Interpretationsformen besonders in den Vordergrund. Mit dem Vorschulalter entwickelt das Kind schließlich die Fähigkeit zum Überstieg vom kleinkindhaften magisch konfigurierten Weltbild in ein realistisches logisch-kausales Weltbild, das schließlich zur Haupt-Realität wird (s. Kap. 6.3 zum Begriff der Realität). Das Kind kann dann zwischen „Gefühls- und Erlebniswissen“ und „Erfahrungswissen“ Abstimmungsvorgänge (Assimilationen) vornehmen. Primärprozeßhafte Denkzusammenhänge, Gefühle, Träume und Tagträume werden in ein Realitätsgerüst von empirischen Erfahrungen eingebaut und in der Regel nicht mehr direkt bzw. umittelbar handlungsbestimmend.

6.2.4 Gewissensbildung und soziale Regel

Im Zuge der Entwicklung internalisiert das Kind moralische Normen. Freud (1982) hat eine eigene Persönlichkeitsinstanz für den Sitz solcher internalisierter Normen benannt, nämlich das „Über-Ich“.

Nach Montada (1987a) nennen wir ein Verhalten moralisch, „wenn es einem kategorischen Imperativ entspricht, d. h., wenn es nicht nur der Vermeidung von Strafen oder anderen unangenehmen Folgen oder der Erreichung positiver Ziele dient“ (Montada, 1987a, S. 741). Normen werden von Bezugspersonen und anderen Menschen des sozialen Umfeldes an das Kind herangetragen, von diesem im Rahmen der Interaktion persönlich akzeptiert und schließlich als eigene Verhaltensregel aufgefaßt. Diese Verinnerlichung meint dabei mehr als das bloße Wissen um die Norm: denn oft werden Delikte trotz Kenntnis um die soziale Norm zur Erreichung eigener Ziele begangen. In Anlehnung an die Piaget'schen Überlegungen zur Intelligenz hat Kohlberg (1974) in den Jahren seit 1963 ein Schema von Entwicklungsstadien der moralischen Orientierung entwickelt: Sechs Stadien der Entwicklung werden differenziert (drei Niveaus mit je zwei Stufen). Ein *vormoralisches Niveau* orientiert sich an drohenden Strafen, Machtverhältnissen und eigenen Bedürfnissen. Stufe 1 orientiert sich an Bestrafung und Gehorsam, Stufe 2 kennzeichnet die instrumentelle Orientierung an eigenen Bedürfnissen.

Auf dem *konventionell-konformistischen Niveau* orientiert sich das Kind an wichtigen Personen der Primärgruppe oder an der Gesellschaft insgesamt.

Stufe 3 kennzeichnet dabei den Bezug zu persönlich bekannten und wichtigen Personen. Haben diese Bezugspersonen unterschiedliche Normenansichten, entsteht daraus ein Konflikt, der auf dieser Stufe nicht gelöst werden kann.

Stufe 4 kennzeichnet die Orientierung an übergreifenden gesellschaftlichen

Systemen, z. B. Religionsgemeinschaften oder dem Staat. Nicht mehr die konkrete persönliche Sozialbeziehung ist wichtig, sondern das System als solches (Montada, 1987a). Normenverhalten orientiert sich dabei an Rechten und Pflichten in einem Ordnungssystem, demgegenüber Gehorsam zu leisten ist.

Das dritte Niveau wird als *postkonventionelles Niveau* bezeichnet. Dabei wird die Wandelbarkeit von Systemen erkannt und die Absolutheit von Regeln relativiert. Prinzipien und Werte werden unabhängig von Bezugsperson, Gruppe oder Staat definiert.

Stadium 5 kennzeichnet die prinzipielle Veränderbarkeit sozialer Normen und beruft sich auf die Norm als Vereinbarung der Beteiligten. Menschliche Grundrechte werden gegenüber persönlichen Bedürfnissen und Ansprüchen abgewogen. Zwischen Grundrechten, gesellschaftlichen Realitäten und Einzelschicksal können dabei Konflikte auftreten.

Stufe 6 kennzeichnet die Bemühungen, allgemein gültige ethische Prinzipien aufzustellen. Grundsätzlich ist dabei möglich, eine bestehende Ordnung nach eigenem Gutdünken zu hinterfragen. Nach Montada (1987a) wird die letzte Stufe bei Jugendlichen nur selten gefunden. Zwischen einer grundsätzlichen Einsicht in eine moralische Norm und der persönlichen Verantwortung, sich dieser Norm gemäß zu verhalten, muß unterschieden werden. Auf frühen Entwicklungsstufen sind Normenkonflikte mit äußeren Machtverhältnissen und sozialen Bezügen verknüpft (z. B. mein Wunsch steht im Widerspruch zur Ansicht einer geliebten Bezugsperson). Erst auf höheren Entwicklungsstufen können Normenkonflikte allgemein gültiger Prinzipien gegen individuelle Prinzipien auftreten. Schon in frühen Lebensaltern kann es jedoch zur Internalisierung archaischer Bestrafungsnormen und manipulativer Normansprüche von Bezugspersonen kommen, was schließlich zu schweren inneren Konflikten bei Kindern im späten Vor- und Grundschulalter führen kann, wenn diese nach sozialer Perspektivenübernahme eigene Bedürfnisse zunehmend mit anderen Bedürfnissen, Elternwünschen und Normenvorstellungen in Einklang zu bringen suchen.

Kohlbergs Konzept wurde in jüngerer Zeit um die Aspekte von Bindung, Einfühlung und Affiliation erweitert (Stilwell et al., 1997). Nicht nur durch Autorität und Macht, die den Handlungsspielraum des kindlichen Selbstentfaltungsstrebens einengt (Angst vor Bestrafung), wird das Bewußtsein für soziale Regeln bestimmt, sondern auch durch Beziehungswünsche, durch Einfühlung und den Wunsch, andere zu erfreuen und zufriedenzustellen. Beziehungssicherheit, Geborgenheit und Sicherheitsgefühl bilden die Grundlage dieser — durch das Beziehungsstreben motivierten — Seite der moralischen Entwicklung. Weil das Kind liebende Zuwendung erfährt, hält es anderen Menschen „zuliebe" soziale Regeln ein. Das Gewissen hilft Selbstentfaltungsstreben und Beziehungswünsche zu integrieren, es dient als prosoziale Entscheidungsgrundlage für das handelnde Selbst.

6.3 Zum Begriff der Realität

Realität ist als „Wirklichkeit“ zu verstehen, die Tatsachen und Gegebenheiten repräsentiert. Im Begriff Wirklichkeit steckt der Zustand des Wirken-Könnens, also der Wirksamkeit des Individuums. Wirklichkeit ist für Kinder immer auch Wirk-Möglichkeit. So gesehen wäre Wirklichkeit die Welt der Dinge und Tatsachen, die wir durch Tätigkeit erfahrbar machen können. Wirklichkeit ist aber nicht nur die Welt des Unbelebten, Wirklichkeit konstituiert sich auch aus der Interaktion mit anderen Menschen und Lebewesen. Stierlin (1986) spricht von harter Realität als der, die Dinge und Tatsachen umfaßt und über deren Bedeutung rasch Einverständnis erreicht werden kann, und einer weichen Realität oder Beziehungsrealität, für deren Abstimmung vielfache und differenzierte kommunikative Prozesse notwendig sind.

Zwei Begriffe müssen voneinander abgegrenzt werden: *Realitätsbewußtsein* könnte man als die selbstreferenzierte Gewißheit einer erlebten Wirklichkeit bezeichnen. Es stellt die Gewißheit dar, im Rahmen der Welt gegenüber anderen Menschen und Dingen wirksam und handelnd sein zu können.

Davon abgrenzbar ist der Begriff der *Realitätskontrolle*. Realitätskontrolle ist ein Abstimmungsvorgang, der schließlich in ein Wahrscheinlichkeitsurteil über die Bedeutung gegenwärtiger Wahrnehmungen und Beurteilungen anhand von Bedeutungszuschreibungen durch andere Interaktionspartner mündet. Die Realitätskontrolle kann also zugunsten der Aufrechterhaltung eines Realitätsbewußtseins geopfert werden. Dies ist wahrscheinlich ein Grundmechanismus bei der Psychoseentstehung. Der Verlust von Realitätskontrolle ist immer auch Verlust einer Abstimmung der persönlichen Interpretation der Welt mit der Interpretation durch andere Menschen.

Nach Adler (1977, 1978, 1982) ist Wirklichkeit immer auch Gesellschaft und Gemeinschaft. Nach Mehan & Wood (1983) muß Realität als Ordnungsstruktur immer wieder neu konstruiert werden. Jede Realität bedarf eines unaufhörlichen reflexiven Gebrauchs eines Systems von Bedeutungen in der Interaktion. Realität bedeutet also reflexive Aktivität von Mitgliedern einer Sozietät unter Verwendung eines kohärenten Systems von überindividuellem Wissen, das in einem System von Bedeutungsträgern (Begriffen, Sprache) abgebildet ist. Wichtig ist dabei die Interaktion zwischen den Menschen, in deren Kontext über die Bedeutungsträger Bedeutungen vermittelt werden. Mehan & Wood (1983) betonen, daß Wirklichkeit dadurch einerseits fragil und an individuelle Aktivität gebunden ist, da sie immer wieder aktiv in der Interaktion konstruiert werden muß, außerdem ist Realität permeabel, d. h. es kann mehrere ineinander übergehende Realitäten geben.

Realität entsteht also dort, wo verschiedene Menschen ihre ganz persönlichen Empfindungen soweit mit anderen abstimmen, daß sie deren Bedeutung mit diesen anderen auch kommunizieren können. Nur dadurch ist gegenseitiges Verstehen möglich.

Lempp (1984) spricht in diesem Zusammenhang von Haupt- und Nebenrealität. *Hauptrealität* oder gemeinsame Realität ist die Bewertung eines kognitiv erfaßten Gegenstandes in Übereinstimmung mit der Bewertung durch die das Individuum umgebenden Menschen, während *Nebenrealität* dagegen jene Beziehungen umfaßt, die das Individuum zu bestimmten Gegenständen und Personen, aber auch zu Signalen und Begriffen entwickelt, die nur und ausschließlich für das Individuum eine Bedeutung haben und verständlich sind. Hierher gehören Tagträume, Träume bei Nacht, Phantasievorstellungen etc. Daraus ergibt sich, daß Realität eine bestimmte kognitive Voraussetzung, nämlich die des Standpunktwechsels und der Perspektivenübernahme notwendig macht. Bis zum Schulalter, also dem Alter der konkreten Operationen, lernt das Kind zunehmend seine eigenen Wünsche, Phantasien und Interpretationen von den Fakten und Gefühlen zu unterscheiden, die es in Schule, aber auch im häuslichen Kontext mit anderen teilen kann. Dadurch entsteht eine Fähigkeit, die wir nach Lempp (1984) *Überstiegsfähigkeit* nennen. Es ist die Fähigkeit, von persönlichen Erlebnisformen und Interpretationen auf eine verbindlichere allgemeine und allgemein verständliche Bezugsebene überzugehen. Aus dieser Tatsache folgt, daß Realitätsverlustsyndrome (mit Verlust der Überstiegsfähigkeit) wie kindliche Psychosen erst ab diesem Entwicklungsstadium (also nicht vor dem 5. bis 7. Lebensjahr) zu erwarten sein können. Neuere Forschungen zur „theory of mind" beim Kind (s. Kap. 6.5) legen nahe, daß bereits ab dem 4. Lebensjahr eine referentielle Kommunikation und damit eine beginnende Überstiegsfähigkeit möglich ist (Bischof-Köhler, 1998). Kinder mit Verhaltensauffälligkeiten haben häufiger unterstellende Phantasien (z. B. der Bedrohung) anderen Menschen gegenüber, sie sind in weniger emotionalisierten Situationen aber zur Perspektivenübernahme fähig (Silbereisen, 1995).

Kritiker der Piaget'schen Annahmen führen ins Treffen, daß schon dreijährige Kinder zwischen mentaler und physikalischer Welt unterscheiden und unterstreichen die Annahme, daß Realität und Phantasie bereits so früh auseinandergehalten werden können (Sodian, 1995). Dem ist entgegenzuhalten, daß solche spielerische Unterscheidungen (ein Stück Holz wird als Schiff verwendet, das Kind tut so „als ob") und Erklärungsmuster unter affektivem Druck, die die Beziehungsrealität gestalten (das Kind fühlt sich durch eine erwachsene Person oder andere Kinder bedroht) nicht vermengt werden dürfen. Realität — vor allem die „weiche" Realität — bedarf einer ausgebildeten Fähigkeit zur Abstimmung von persönlichen Bedeutungsgehalten mit anderen Bedeutungssystemen. Die soziale Perspektivenübernahme muß daher ausreichend entwickelt sein.

Zusammenfassend kann man die Realität als den gemeinsamen Nenner verschiedener individueller Bedeutungssysteme betrachten, der aus der gemeinsamen Praxis einer Sozietät durch permanente Abstimmungsprozesse aufrechterhalten wird. Die Fähigkeit zur Realitätskontrolle hat mit diesem Abstimmungsprozeß zu tun. Ein Verlust der Realitätskontrolle geht mit einem Verlust der Möglichkeit einher, sich mit seinen persönlichen Bedeutungszuschreibungen bei anderen Menschen verständlich zu machen.

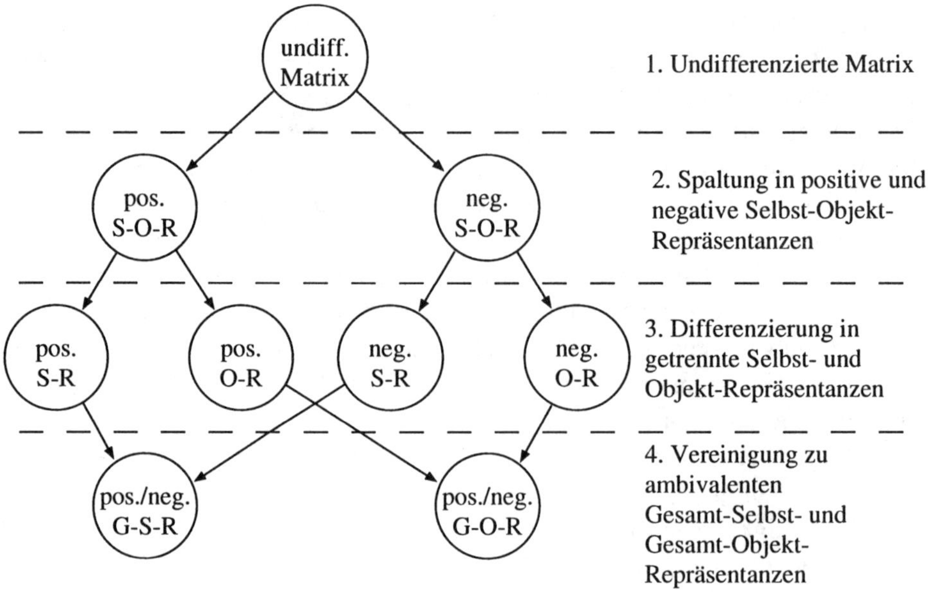

Abbildung 6.1: Entwicklung der Repräsentanzen (modifiziert nach Kernberg, 1978)

6.4 Entwicklung psychischer Repräsentanzen

Wir haben uns bis jetzt im wesentlichen mit Fragen der Realität auseinandergesetzt. Realität als Abstimmungsvorgang eigener affektlogischer sinnstiftender Strukturen mit denen anderer Menschen, damit aus persönlicher Sinnhaftigkeit, mit der Erlebnisse belegt werden können, schließlich überindividuell vermittelbare Bedeutungen entstehen. Solche affektlogischen sinnstiftenden Strukturen liegen in uns als repräsentative Bestände, als „Erfahrungsschatz“, als Weltbild, in dem Vorstellungen über uns selbst, über andere Menschen und über die dingliche Welt zu einem existentiell verwertbaren Ganzen zusammengefügt sind.

Der Begriff der Repräsentanz umschreibt jene Erfahrungsstrukturen, die aus der Interaktion mit anderen Menschen hervorgegangen sind und somit einen affektlogischen Niederschlag gefunden haben. Solche Repräsentanzen sind handlungsbestimmend und dienen als Strukturen, an die neue Erlebnisse und Erfahrungen assimiliert werden. Repräsentanzen enthalten nicht nur formulierbares Wissen über einen selbst und die anderen, sondern auch ikonische und enaktive Elemente, die in der Lage sind, unbewußte und für die Person nicht verbal kenntlich zu machende Handlungsanleitungen im Umgang mit anderen Menschen und sich selbst hervorzubringen. Jene Interaktionserfahrungen, die den Part anderer Menschen in unseren Interaktionen widerspiegeln, nennt man *Objektrepräsentan-*

zen. Die Erfahrungen über sich selbst im interaktionellen Feld bilden die Basis der *Selbstrepräsentanz* (s. dazu Kap. 7). Wie solche Repräsentanzen aufgebaut werden, dafür hat Kernberg (1978, 1988; in Bezugnahme auf Überlegungen von Winnicott 1965, Mahler 1985, u. a.) ein Konzept geliefert (s. Abb. 6.1). Nach der Konzeption von Kernberg (1978, 1988) entwickeln sich die Selbstrepräsentanzen ebenso wie Objektrepräsentanzen aus einer undifferenzierten Matrix von affektiv-kognitiven Reaktionsbereitschaften. In einer ersten Stufe kristallisieren sich positive Selbstobjektrepräsentanzen in Abgrenzung von negativen Selbstobjektrepräsentanzen heraus, wobei die ersteren angenehme, die letzteren aggressive, schmerzliche und bedrohlich-beängstigende Vitalerfahrungen widerspiegeln. Es ist bemerkenswert, daß in dieser ersten Stufe der Selbstentwicklung noch keine Trennung zwischen Selbst und Objekt erfolgt ist und eine Differenzierung nur nach dem vital-emotionalen Gehalt der ersten Welterfahrungen vorgenommen wird. In einer nächsten Entwicklungsstufe entstehen voneinander abgegrenzte positive Selbst- und positive Objektrepräsentanzen, die negativen Selbst- und Objektrepräsentanzen gegenüberstehen. Es entstehen quasi vier Vorstellungskreise von Selbst und Objekt. In dieser Phase ist noch keine Synthese der Vorstellungen mit widersprüchlichen emotionalen Gehalten gelungen. Erst in einem letzten Schritt werden reife Selbstrepräsentanzen, die positive und negative Anteile enthalten, ausgebildet, und den reinen Objektrepräsentanzen mit positiven und negativen emotionalen Erfahrungsgehalten gegenübergestellt. Diese Vereinigung von gespaltenen positiven und negativen Anteilen des Selbst und der Objekte zu ambivalenten Gesamt-Selbst- und Gesamt-Objekt-Vorstellungen kann offenbar unter ungünstigen Umständen nicht oder nur in ungenügender Weise erfolgen. Wie schon betont, können diese internalisierten Selbst- und Objektrepräsentanzen als affektiv-kognitive Bezugssysteme das Fühlen, Denken und Handeln im interaktiven Kontext sowie die soziale Wahrnehmung und Bedeutungsgebung wesentlich bestimmen (Ciompi, 1982). Eine mangelnde Integration der Repräsentanzen kann einerseits zur Strukturschwäche des Selbst und andererseits zu schweren Störungen der Kommunikation mit anderen Menschen führen.

Von der modernen Säuglingsforschung wurden gegen dieses Entwicklungsmodell Einwände erhoben. So scheint ja die Fähigkeit des Kindes zur Integration unterschiedlicher Gefühlszustände und zur Abgrenzung von Selbst und Objekt bereits in sehr frühen Zeiten möglich. Vorstellungen im Sinne von Repräsentanzen sind aus kognitionstheoretischen Erwägungen ja erst im Zustand der Symbolisierungsfähigkeit gegeben. Vorher existieren keine verbal formulierbaren Repräsentanzen. Frühe enaktive und ikonische Vorstellungen aus Interaktionskreisen werden wohl nur dann eine Gespaltenheit oder mangelnde Selbst-Objekt-Abgrenzung aufweisen, wenn diese durch abnorme, nicht bewältigte Affekte erzwungen wurde. Verschmolzene Selbst-Objekt-Repräsentanzen und typenhaft nur positive oder nur negative Repräsentanzen scheinen bereits ein pathologisches Entwicklungsprodukt darzustellen. Beim normalen Kind entwickeln sich die Repräsentanzen in der vorsymbolischen Stufe bereits zu reifen Einheiten in Unterscheidungen zwischen Eigen (Selbst) und Fremd (Objekt), so daß bei Erreichen der Symbolisationsstufe solche frühen enaktiven und ikonischen Erfahrungen zu reifen Repräsentanzen „umformuliert" werden können. Repräsentanzen entstehen somit aus enaktiven und szenisch bildhaften Vorläufern, die schließlich zu in sich geschlossenen affektiv kognitiven Bezugssystemen formiert werden. Von Repräsentanzen und damit verbundenen Abwehrmechanismen spricht man nach Lichtenberg (1991) beim Kind erst ab der zweiten Hälfte des 2. Lebensjahres.

Nachdem das Kind das Stadium der Symbolisierungsfähigkeit erreicht hat und zu Vorstellungen über sich und soziale Abläufe gelangt ist, werden die Repräsentanzen nicht nur durch reale Beziehungserfahrungen, sondern auch durch phantasierte und in der Vorstellung vorweggenommene mögliche Interaktionserfahrungen wesentlich mitgestaltet. Repräsentanzen setzen sich somit aus realen Erfahrungen und Phantasien zusammen.

6.5 Entwicklung sozialer Kognitionen

Der Begriff der sozialen Kognitionen wurde durch die empirische Psychologie definiert. Er erscheint weniger umfassend als der der psychodynamisch definierten Repräsentanzen, dafür ist er einer empirischen Überprüfung leichter zugänglich. Er enthält in Ausklammerung von unbewußten Anteilen nur die einer bewußten Vorstellung zugänglichen Anteile des Wissens über die Welt sozialer Geschehnisse, schließt aber auch den Prozeß des Verstehens von Menschen, ihrer Beziehungen sowie der sozialen Gruppen und Institutionen, an denen sie teilhaben, mit ein (Silbereisen, 1987, 1995).

Sozialen Kognitionen wird gegenüber Kognitionen über Sachverhalte und physikalische Relationen eine Eigenständigkeit zugemessen. Soziale Kognitionen sind komplexer, da in sozialen Interaktionen zwischen dem Akteur und seinem Gegenüber dynamische Wechselwirkungen entstehen, deren Gesetzlichkeit viel schwerer zu fassen ist, als beispielsweise in der Beschäftigung des Kindes mit einem Spielzeug. In sozialen Kognitionen sind emotionale Faktoren immer mit eingeschlossen. Seit den späten 60er Jahren (Flavell, 1977) bemüht sich die Entwicklungspsychologie Stufenkonzeptionen für soziale Kognitionen zu entwickeln, die den Stufen der kognitiven Entwicklung nach Piaget entsprechen. Ausgangspunkt war die Erkenntnis, daß in unterschiedlichen Domänen die Entwicklungsgeschwindigkeit unterschiedlich sein kann.

Soziale Kognitionen äußern sich einmal darin, wie ein Kind andere Personen wahrnimmt und bei diesen soziale Vorhersagen machen kann (s. Abb. 6.2). So steht dem Begriff des mentalen Bildes von der primären Bezugsperson der Begriff der Objektpermanenz bei Piaget gegenüber. In der präoperationalen Stufe macht das Kind globale eindimensionale am Konkreten orientierte Konzepte von ande-

Senso-motorische Stufe: Person als Teil von Interaktionskreisen. Bekanntheit. Fremdheit. Mentales Bild von der Mutter am Ende des 1. Lebensjahres (Bell, 1970).

Präoperationale Stufe: Wenige distinktive äußere Charakteristika: sichtbare Eigenschaften, Verhaltenseigenheiten. Im interaktionellen Kontakt wird nur eine Verhaltensdimension oder Eigenschaftsgruppe zur Konzeptbildung herangezogen (Typisierung). Widersprüchliche Informationen werden ausgeblendet. Egozentrische Position (Fischer, 1980). Wenige Beurteilungsdimensionen globaler Art (z. B. gut/böse). Globale, eindimensionale, am Konkreten orientierte Konzepte von anderen. Antizipation von Gefühlen und Motiven anderer nur schwer möglich. Ausweichen auf magische Interpretationen.

→ Geringe Vorhersagekraft sozialer Prozesse.

Konkret-operationale Stufe: Beziehungen zwischen unterschiedlichen Konzepten. Logische Ordnungssysteme. Integration und Organisation auch widersprüchlicher Eigenschaften und Verhaltensweisen in hierarchischen und zeitlichen Systemen. Inferenzen über verdeckte Motive und Hintergründe.

→ Bessere soziale Vorhersagen.

Abstrakt-operationale Stufe: Abstrahierende Konzeptbildung. Mehrdimensionale Perspektiven. Hypothetische Propositionen („was wäre wenn ...“). Differenzierte und gut integrierte Konzepte mit schlüssigen Annahmen über Motive, Gefühle und Gedanken anderer.

→ Gute soziale Vorhersagen.

Abbildung 6.2: Entwicklung der Personenwahrnehmung (modifiziert nach Bierman, 1988)

Präoperationale Stufe: Definition sozialer Rollen (z. B. Freund) nach konkreten Merkmalen (z. B. Spielverhalten) aus egozentrischer Perspektive. Geschlechtsrollen werden ebenfalls nach konkreten Merkmalen definiert. Unvereinbare Eigenschaften werden bei der Rollendefinition ausgeblendet oder führen zur Umdefinition (z. B. guter Ballspieler und Lügner → kein guter Ballspieler).

Konkret-operationale Stufe: Soziale Rollendefinition nicht nach äußeren (Verhaltens-) Merkmalen, sondern nach normativen Kriterien („soll") und Beziehungsmustern („Freundschaft ist wechselseitiges Mögen, Helfen und Teilen"). Gruppennormen. Aus- und Einschlußkriterien für soziale Rollen, Bewußtsein sozialer Gruppen.

Abstrakt-operationale Stufe: Abstrakte Bedeutungen und soziale Funktionalität von sozialen Rollen. Multiple Rollen, Wechselwirkungen einzelner Rollen aufeinander.

Abbildung 6.3: Entwicklung der sozialen Rollenübernahme (modifiziert nach Bierman, 1988)

ren, so daß es soziale Prozesse nicht gut vorhersagen kann. In der Verarbeitung eigener Gefühle und komplexer Situationen weicht es auf magische Interpretationen aus (Bierman, 1988). Empathie als gefühlsmäßige Reaktion auf die wahrgenommene Empfindlichkeit anderer ist bereits in diesem Stadium möglich, zum Mitfühlen ist das Kind in einfacher Weise vielleicht schon im 1. Lebensjahr fähig. Ein Mitfühlen, das eine Verbindung zwischen dem Erleben von Emotionen und ihrem Verstehen bei anderen darstellt, kann beim Kind etwa ab dem 3. Lebensjahr angenommen werden. Nach Silbereisen (1987, 1995) ist globale Empathie von emotionaler Perspektivenübernahme strikt zu unterscheiden. Im präoperationalen Stadium findet zwar eine Differenzierung von Emotionen und ihrer situativen Auslöser statt, das Verstehen von Emotionen anderer aufgrund der sozialen Situation des anderen gelingt als soziale Perspektivenübernahme jedoch erst im Übergang zum Stadium der konkreten Operationen (s. Abb. 6.5).

Ab dieser Zeit können auch widersprüchliche Eigenschaften und Verhaltensweisen verstanden werden. Aufgrund von Inferenzen über verdeckte Motive und Hintergründe gelingen bessere soziale Vorhersagen.

In der abstrakt operationalen Stufe bildet der Jugendliche differenzierte und gut integrierte Konzepte, wobei gute soziale Vorhersagen und hypothetische Propositionen möglich sind.

Weiters gelingt durch soziale Kognitionen die Definition sozialer Rollen (s. Abb. 6.3). Bereits im präoperativen Stadium werden einzelne soziale Rollen definiert, beispielsweise Elternrolle, Geschlechtsrolle, Freundesrolle. Unvereinbare

Präoperationale Stufe: Sozialer Egozentrismus (Untersuchungen mit dem Konzept des Informationsprivilegs). Eigenes Wissen wird anderen Personen unterstellt, bis etwa zum 5. Lebensjahr — verliert sich also früher als der kognitive Egozentrismus zur Lösung physikalischer Probleme.

Konkret-operationale Stufe: Beginn der Perspektivenübernahme, Differenzierung unterschiedlicher Sichtweisen (Untersuchungen zur hypothetischen Auffassung eines später hinzugekommenen Teilnehmers einer Gruppenauseinandersetzung). Erst gegen Ende des Grundschulalters erreicht.

Abbildung 6.4: Entwicklung der Perspektivenübernahme (modifiziert nach Silbereisen, 1987)

Eigenschaften werden bei der Zuordnung einer Person zu einer bestimmten Rolle ausgeblendet. In diesem Stadium ist das Kind in der Lage, spielerisch unterschiedliche soziale Rollen konkreter Art (wie z. B. Lokführer, Soldat, Astronaut) einzunehmen, es erfüllt diese Rollen jedoch immer mit seinem eigenen Wollen, Denken und Fühlen. Diese Rollenspiele führen noch nicht zur Einnahme entsprechender Perspektiven.

In der konkret-operatorischen Stufe gelingen Rollendefinitionen nicht nur nach äußeren Merkmalen, sondern auch nach normativen Kriterien und Beziehungsrelationen. Durch das Erarbeiten klarer Aus- und Einschlußkriterien für soziale Rollen entsteht ein zunehmendes Bewußtsein für soziale Grenzen. Erst in der abstrakt-operatorischen Stufe ist der Jugendliche in der Lage, multiple Rollen und ihre Wechselwirkungen aufeinander zu erfassen, wobei schließlich zunehmend Rollenbilder des Erwachsenseins für die Identitätsbildung von Belang sind. Durch die Übernahme eines bestimmten Rollenrepertoires gelangt der Jugendliche zur Definition seiner Identität (s. Kap. 7).

Ein weiterer wichtiger Begriff im Zusammenhang mit sozialen Kognitionen ist der der *Perspektivenübernahme* (s. Abb. 6.4). Während beim Kind in der präoperationalen Stufe noch sozialer Egozentrismus vorherrscht, beginnt etwa mit dem Vorschul- und Schulalter die Perspektivenübernahme. Diese erlaubt die hypothetische Auffassung eines Menschen aus dessen Blickwinkel. Wir können auch von Standpunktübernahme sprechen. Diese Fähigkeit zur Standpunktübernahme beginnt ab dem 4.–5. Lebensjahr und ist erst gegen Ende des Grundschulalters ausdifferenziert. Durch diese Perspektivenübernahme kann Realität konstituiert werden, die Fähigkeit zum Überstieg zwischen Haupt- und Nebenrealität wird möglich (s. dazu auch Kap. 6.3).

Nach Auffassung der modernen Entwicklungspsychologie werden soziale Kognitionen in Schemata als mentale Repräsentationen von Personen und Ereignissen

* Globale Empathie
* Egozentrische Empathie
* Empathie für die Gefühle anderer (emotionale Perspektivenübernahme)
* Empathie für die Lebenssituation anderer (soziale Perspektivenübernahme)

Abbildung 6.5: Entwicklung der Empathie (Hoffmann, 1987)

festgehalten. Solche Schemata einer Klasse stereotypisierter sozialer Ereignisse werden nach Nelson (1981) „*Script*" genannt. Hagendorff (1985) konnte zeigen, daß die Repräsentation von Ereignissen in solchen Scripten Verstehensprozesse bezogen auf interpersonale Kontexte ermöglicht. Auch wenn zwischen solchen Scripten und dem Begriff der Repräsentanzen keine Deckungsgleichheit besteht, so finden sich doch eine Reihe von Entsprechungen vor allem in dem Aspekt, daß beide als affektlogische Schemata strukturiert sind und nach den Gesetzen der majorisierenden Äquilibration im Laufe der Entwicklung weiter ausdifferenziert werden. Der wesentliche Unterschied zwischen Scripten und Repräsentanzen scheint unter anderem darin zu liegen, daß solche Repräsentanzen auch unbewußte Anteile enthalten und nicht nur durch Erfahrung, sondern auch durch Phantasien ausgestaltet werden. Es wäre wünschenswert, zwischen diesen unterschiedlichen Begriffsbildungen Gemeinsamkeiten und Unterschiede herauszuarbeiten. Dazu bedarf es des Dialogs zwischen Psychoanalytikern und Kognitionswissenschaftlern!

Soziale Kognitionen bestimmen als Modelle wesentlich unser soziales Handeln. In sie gehen nicht nur Interaktionserfahrungen, sondern auch Normen und Regeln des Zusammenlebens ein. So sind prosoziales Handeln wie Helfen, Teilen, Altruismus und Hilfeleistung ebenso mit sozialen Kognitionen verbunden wie Regelübertretungen in Form dissozialer und delinquenter Verhaltensweisen. Die Entwicklung von Wertesystemen und Verantwortlichkeit findet in entsprechenden sozialen Kognitionen ebenfalls ihren Niederschlag.

Empathie: Nach Hoffmann (1987) können wir vier Stadien der *Empathieentwicklung* unterscheiden. Globale Empathie (Stadium 1) ist durch affektive Ansteckungsprozesse gekennzeichnet. So schreien Babys, wenn sie andere Babys schreien hören. Kinder im 1. Lebensjahr suchen nach ihrer Bezugsperson, wenn sie ein anderes Kind in emotionalen Turbulenzen erkennen. Egozentrische Empathie (Stadium 2) kennzeichnet das Wiedererkennen eines Gefühlszustandes des Kindes bei sich selbst. Die Kinder erscheinen dann irritiert als Antwort auf die Irritation anderer. So führte ein 18 Monate alter Junge seine eigene Mutter zu einem schreienden Freund, um diesen zu beruhigen, obwohl dessen Mutter anwesend war. Das 3. Stadium kennzeichnet eine emotionale Perspektivenübernahme. Wir können auch von Einfühlung sprechen. Es ist dies die Zeit der Kindergartenjahre, in denen die Kinder bereits klar erkennen, daß andere von den eigenen unterscheidbare Gefühle und Bedürfnisse aufweisen. Die Entwicklung der Sprache spielt dabei eine große Rolle. Kinder können nun auch schon empathisch betroffen werden, indem sie sprachliche Informationen über emotionale Notsituationen anderer erhalten. Das 4. Stadium ist schließlich durch eine soziale Perspektivenübernahme gekennzeichnet. Im Vorschul- und Grundschulalter werden die Fähigkeiten erworben, die Lebenssituation anderer zu erkennen, sich an der Stelle anderer in diese Lebenssituationen einzudenken und auf diese Weise die Perspektive anderer zu übernehmen. Kinder beginnen sich nun als Selbst im Spiegel der anderen zu erkennen.

„Theory of mind": Unter diesem Titel hat sich ein Forschungsfeld etabliert, daß der Untersuchung dient, wie sehr und ab wann das Kind Annahmen über Bewußtseinsvorgänge in anderen Personen aufweist und Gefühle, Bedürfnisse, Absichten, Erwartungen, Meinungen („beliefs") einem „Du" zuspricht. Im 1. Lebensjahr nimmt das Kind adäquat auf soziale Signale Bezug. Ab dem 2. Lebensjahr kennzeichnen „social referencing" und Empathiefähigkeit die Entwicklung einer „theory of mind". Bereits 3jährige können recht kompetent auf die subjektive Verfassung („emotional state") eines anderen Bezug nehmen, sie können aber ihre eigenen Denkinhalte noch nicht als subjektiv erkennen (Egozentrismus). Erst wenn Kinder die Meinung eines anderen von der eigenen unterscheiden können, erst wenn Meinungen als falsch erkannt werden können, ist die „theory of mind" nachweislich entwickelt. Ab dem vierten/fünften Lebensjahr bekunden Kinder eine Perspektivenübernahme und können auf den Informationsstand eines Zuhörers Rücksicht nehmen (referentielle Kommunikation). Mit Eintritt in die Phase der sozialen Perspektivenübernahme wird eine Unterscheidung von Wirklichkeit und Schein möglich! (siehe Übersicht bei Bischof-Köhler, 1998).

KAPITEL 7

Entwicklung der kindlichen Persönlichkeit

7.1 Definitionen

Unter *Persönlichkeit* und Persönlichkeitseigenschaften eines Menschen können wir nach Fiedler (1995) die begriffliche Fassung von charakteristischen Verhaltensweisen und Interaktionsmustern verstehen, mit denen der Mensch gesellschaftlich kulturellen Anforderungen und Erwartungen zu entsprechen und seine zwischenmenschlichen Beziehungen auf der Suche nach einer persönlichen Identität mit Sinn zu füllen versucht. (Bei Fiedler (1995) findet sich eine ausführliche Diskussion der Problematik des Persönlichkeitsbegriffs.) Die Begriffe *Charakter* und Persönlichkeit werden heute vielfach synonym gebraucht. Unter Charakter wird von manchen Autoren der intentionale willensbezogene Persönlichkeitsanteil begriffen, andere Autoren wieder sehen im Ausdruck Charakter die psychische Gesamtpersönlichkeit von der Affektseite aus betrachtet (Kretschmer, 1967). Der Wiener Psychologe Rohracher (1965) versteht wiederum unter Charakter eher die Konstitution, also die Gesamtheit psychischer Anlagen, ob sie nun im interaktionellen Feld zur Ausprägung kommen oder nicht. Ein biopsychosoziales Persönlichkeitsmodell mit Temperaments- und Charakterdimensionen wird in Kap. 7.11 präsentiert.

Nach Izard (1994) können wir sechs Subsysteme der Persönlichkeit beschreiben: Ein homöostatisches System, das die Biosphäre umfaßt und im Leibbewußtsein zum Ausdruck kommt (s. dazu Diskussion des Körperselbst in Kap. 7.8). Weiters beschreibt er das Triebsystem, das Affektsystem, das perzeptive System, das Wahrnehmungen ermöglicht, das kognitive System und das motorische System, das unsere Handlungen ermöglicht. Nach Izard (1994) ist diese Trennung in einzelne Subsysteme künstlich und nur zur besseren Verständlichkeit und Beschreibbarkeit einzelner Funktionskreise sinnvoll. Schließlich wirken aber alle als eine Gesamtheit im Sinne eines leib-seelischen Systems.

Im folgenden soll auf die autoplastische (aus sich selbst erwachsende) Gestaltungsmöglichkeit der kindlichen Person besonders eingegangen werden, wobei den Begriffen Ich und Selbst aus unterschiedlichen wissenschaftlichen Blickrichtungen besonderes Augenmerk geschenkt wird.

7.2 Tiefenpsychologische Konzeptionen

In Bezug auf die definitorischen Abgrenzungen von *Ich* und *Selbst* herrscht bislang in der Literatur eine enorme Vieldeutigkeit, wobei einmal das Ich oder einmal das Selbst als die übergeordnete Struktur angesehen wird. Wir versuchen im folgenden eine klare Definition zu geben, die in Anlehnung an Kernberg (1978, 1988) eindeutige Zuordnungen ermöglicht:

Nach der klassischen tiefenpsychologischen Konzeption stellt das Ich eine autoplastische psychische Struktur dar, die als subjektive Ausdrucksgestalt der Persönlichkeit des Menschen zu sehen ist und mit bestimmten Eigenschaften und Funktionen ausgestattet ist. Das Ich repräsentiert somit ein Gesamt von Fähigkeiten, nach innen eine kontrollierende Funktion auszuüben, die aus dem *Es* kommenden Triebimpulse zu kanalisieren, zu modulieren oder zurückzudrängen; andererseits hat das Ich die Aufgabe, die psychische und physische Anpassung des Menschen an die Umwelt durch Erwerb von Kenntnissen und Rückgriffe auf anwachsende Erfahrungsbestände zu bewerkstelligen. Das Ich ist mit Aktivitäten ausgestattet, die sich im motorischen, sprachlichen und kreativen Bereich äußern. Im kommunikativen Kontext ist nur das Ich direkt beteiligt, während die Aktivitäten von Es und Über-Ich nur über das Ich und seine Aktivitäten erschließbar sind (s. dazu Spiel & Spiel, 1987). Das Es als die Persönlichkeitsinstanz des Trieb- und Motivgeschehens hat einen normorientierten Gegenpol, der als Gewissen ein *Über-Ich* konstituiert.

Nach Rudolf (1993) ist das Ich eine präreflexive, vitale Struktur, die nicht weiter reduzierbare Ich-Erfahrungen erlaubt. Demgegenüber ist das Selbst eine reflexive Struktur, wenn das Ich sich selbst zum Objekt nimmt und sich selbst reflektiert. Das Selbst bezieht sich also auf die ganze Person eines Individuums einschließlich seines Körpers, seiner Körperteile, seiner psychischen Organisation. Das Selbst ist nach Kernberg (1978) eine intrapsychische Struktur, also ein Konstrukt, das sich aus mannigfachen Selbstrepräsentanzen mit damit verbundenen Affektdispositionen zusammensetzt. Diese Selbstrepräsentanzen werden als affektiv-kognitive Strukturen im Rahmen der Selbstwahrnehmung einer Person in ihren realen Interaktionen mit Bezugspersonen ausgebildet. Auch von solchen Bezugspersonen werden innere Repräsentanzen (Objektrepräsentanzen) als kondensierte Interaktionserfahrungen geschaffen, die in der Phantasie mit den Selbstrepräsentanzen in Interaktion treten können und zur weiteren Ausgestaltung derselben führen (s. dazu Kap. 6). Dieses aus realen und phantasierten Interaktionserfahrungen gebildete Selbstkonstrukt ist ein Bestandteil des Ich, wobei jenes auch noch die Objektrepräsentanzen sowie Ideal-Selbst- und Ideal-Objektvorstellungen enthält. Das Selbst ist also ein autoreflexiv gewonnenes Strukturelement der Psyche und dem Ich in seinen Lebensfunktionen behilflich. Es ist normalerweise zu einem Ganzen organisiert und enthält Teil-Selbstrepräsentanzen in dynamisch integrierter Form. Dieses integrierte Selbst steht zu integrierten Objektrepräsentanzen — im Sinne von vertieften, ausgewogenen Vorstellungsmodellen von anderen Menschen — in Beziehung.

Je nach Reifung und Integration des Selbst besitzt ein Mensch unterschiedliche Abwehrmechanismen (s. dazu Kap. 8).

7.3 Kognitive Sichtweise

Das Selbstkonzept oder Selbstbild (Offer, 1984) stellt als Gesamtkonzept die kognitive Repräsentanz der eigenen Person dar und kann so als eine Theorie über sich selbst verstanden werden. Es enthält den Menschen als Objekt und entwickelt sich aus persönlichen Erfahrungen und Beurteilungen durch andere Menschen und durch Identifikationen mit Bezugspersonen. Das Selbstkonzept umfaßt jene Informationen, die sich in Relation zur eigenen Person in unterschiedlichen Erfahrungsbereichen ergeben haben. Es sind dies Informationen über den eigenen Körper, über eigene Fähigkeiten und Kenntnisse, Verhaltensweisen, aber auch Interaktionspartner und Besitztümer, weiters über die relative Wertschätzung jener Gegebenheiten innerhalb der individuell verfügbaren diversen Bezugssysteme (Neubauer, 1976).

Das kognitionspsychologische Selbst unterscheidet sich vom tiefenpsychologischen vor allem dadurch, daß nicht explizit auch affektive Reaktionsbereitschaften, also affektlogische Strukturen darin eingehen. Wiederum sind unbewußte Anteile am Informationsschatz ausgeklammert. Trotzdem ist das Selbst als psychisches Konstrukt, das die Auskristallisation von autoreflexiv erworbenen vitalen Erfahrungen in der alltäglichen Umweltauseinandersetzung darstellt, in tiefenpsychologischen wie kognitionspsychologischen Vorstellungen grundsätzlich kompatibel; auch wenn das Selbst in der Repräsentanzentheorie viel enger an die unmittelbare Interaktion mit Bezugspersonen gekoppelt ist und unbewußte Motive der Interaktion eingeschlossen sind.

Aus der sozialen Lerntheorie gibt es zwei Begriffe, die Aspekte des Selbst hervorheben: Rotter (1966) faßte Aspekte der kognitiven Orientierungsregulation zu folgenden Kontrollüberzeugungen zusammen (Konzept des „*locus of control*“):

- Externe Kontrollüberzeugungen liegen dann vor, wenn eine Person Auswirkungen eigener Handlungen als nicht kontingent zum eigenen Handeln oder zu eigenen Persönlichkeitsmerkmalen wahrnimmt, sondern das Ergebnis ihres Handelns als von Zufall, Schicksal oder von anderen mächtigeren Personen kontrolliert oder als unvorhersehbar perzipiert (Umweltkräfte erscheinen unübersehbar komplex).

- Internale Kontrollüberzeugungen liegen dann vor, wenn eine Person Auswirkungen der eigenen Handlungen als kontingent zum eigenen Verhalten oder zu eigenen Persönlichkeitscharakteristika wahrnimmt (die Umwelt erscheint kontrollierbar).

In der sozialen Lerntheorie erscheinen solche generalisierten Erwartungshaltungen von Individuen als eine unabhängige Variable zur Erklärung und Vorhersage des Verhaltens, also als eine wesentliche Bestimmungsgröße der relativen Stabilität und Kontinuität der Persönlickeit (Krampen, 1982). Für den klinischen Bereich könnte dieses Konstrukt als Vulnerabilitäts- oder Dispositionsrisikomerkmal eine Bedeutung erhalten.

Das Konstrukt der *Selbstwirksamkeit* (self efficacy) von Bandura (1977) erfaßt die Erwartung, sich gegenüber einer Problemsituation als kompetent erweisen zu können. Dieser Variable wird eine zentrale Rolle bei der Erfolgskontrolle verschiedener psychotherapeutischer Maßnahmen zugesprochen. Als therapeutisches Ziel erscheint nach Bandura (1977) wichtig, daß sich das Individuum als selbst kompetent in bezug auf die Lösung von Problemsituationen erlebt. Die Selbstwirksamkeit ist als operationalisierbare Konzeption den klinischen Begriffen des Selbstvertrauens und des Selbstwertes nahe. Sowohl Selbstwirksamkeit wie auch Kontrollüberzeugungen sind Elemente, die für die Entwicklung von Selbstwert und Selbstvertrauen entscheidende Bedeutung besitzen.

7.4 Selbst und Selbstaktualisierung

Das Ich als lebende erfahrende, entscheidende subjektive Entität ist ein wahrnehmendes Ich. Und indem es sich selbst zum Inhalt, zum Objekt seiner subjektiven Wahrnehmung macht, ist es „selbst". Da jedes lebende menschliche Ich mit der Eigenschaft der Wahrnehmung seines Selbst ausgestattet ist, ist die Selbsterfahrung immer gegeben. Die Selbsterfahrung kann auf verschiedenen Wahrnehmungsebenen und Reflexionsstufen erfolgen und gipfelt schließlich beim Jugendlichen in einem existenzbegründenden Selbstbewußtsein.

Das Selbst ist somit jener durch Erfahrungen und Wahrnehmungsvorgänge zugänglich gemachte Teil der lebenden Person, des handelnden Subjekts (Ich). Da das Selbst Teil der repräsentativen Bestände ist, ist es in Form von affektiv-kognitiven Schemata niedergelegt. Es scheint plausibel, daß es in Form früher Erfahrungen und Wahrnehmungen außerhalb des Bewußtseinskegels auch „unbewußte", also der unmittelbaren Vorstellung und Verbalisierbarkeit nicht zugängliche Anteile hat. In der Interaktion mit der Umwelt bedient sich das Ich dieses Erfahrungsschatzes, so daß es in jeder lebendigen Äußerung des Ich zur „Selbstaktualisierung" kommt. Durch diese Aktivierung selbstreflexiver Anteile in jeder tätigen Lebensäußerung entsteht die Vielschichtigkeit und Tiefe des Seelenlebens. Wir dürfen bei aller Systematik, bei aller Suche nach Erklärungskonstrukten nicht übersehen, daß wir damit nur einen Bruchteil des menschlichen Existenzerlebens faßbar machen können.

7.5 Entwicklung des Selbstempfindens

Nach Stern (1985) kann man vier Stufen in der Entwicklung des Selbstempfindens beschreiben (s. Tab. 7.1):

Monate	*Entwicklungsstufe*
0	
	Gefühl von Regelmäßigkeit und Geordnetheit, Auszug von Invarianz.
2–3	
	Kernselbstempfinden, Abgrenzung von Selbst und Objekt („self versus other / self with other").
7–9	
	Subjektives Selbstempfinden, intersubjektiver Austausch, „affective attunement".
15–18	
	Verbales Selbstempfinden, Selbstkonzept.

Tabelle 7.1: Entwicklungsstufen des Selbstempfindens (nach Stern, 1985)

Die erste Stufe kennzeichnet das Auftauchen des Selbstempfindens. Es entwickelt sich bereits in den ersten Lebenswochen. Das Kind ist aufgrund seiner angeborenen Ausstattung in der Lage, bereits sehr früh Regelmäßigkeit und Geordnetheit in seiner Umwelt wahrzunehmen. Vor allem Invariantes, gleichbleibend Wiederkehrendes wirkt sich strukturbildend aus. Das Kind sucht sensorische Stimulation, es hat Präferenzen für bestimmte Reize im Wahrnehmungsfeld, es ist in der Lage, in kognitiv-affektiver Weise reflexhafte Handlungszyklen zu evaluieren, es besitzt ein Gedächtnis und kann lernen. Affekt und Kognition wirken eng zusammen, über die Bedeutung der Affekte in der Entwicklung s. Kap. 4.4. Im Alter von 2 Monaten wird ein Einschnitt in der kindlichen Entwicklung beobachtet, das soziale Lächeln beginnt, Vokalisierungen werden häufiger, der Auge zu Auge-Kontakt zwischen Eltern und Kind stabilisiert sich. Lernprozesse werden stabiler.

Als Mechanismus des auftauchenden Selbstempfindens beschreibt Stern (1985) die amodale Perzeption, die ermöglicht, daß die mit Hilfe verschiedener Sinnesorgane gemachten Wahrnehmungen miteinander in Beziehung gesetzt und verglichen werden. So können Verbindungen zwischen verschiedenen Erfahrungsgehalten hergestellt werden. Die Fähigkeit zur Herstellung von Relationen in der Umwelt scheint ebenso wie die Fähigkeit zum Auszug von Invarianz angeboren zu sein. Sie verhindert, die Welt als Reizchaos wahrzunehmen und ermöglicht den Aufbau von Ordnungen. Weiters wird die physiognomische Perzeption beschrieben (nach Werner, 1959), damit ist gemeint, daß die Gestalt — die Physiognomie — eines Wahrnehmungsinhalts nicht nur wahrgenommen wird, sondern immer auch einen bestimmten Affekt auslöst. Wahrnehmungen werden daher auch in Affektkategorien festgehalten. So wird eine ansteigende Schnörkellinie als fröhlich wahrgenommen, eine gezackte Linie als ärgerlich oder wütend (Beispiele bei Stern, 1985). Weiters werden Vitalitätsaffekte beschrieben, die die Intensitätskonturen der Welt wahrnehmen lassen. Ihre Dimensionen sind in Begriffen wie schneidend, verblassend, aufbrausend, überflutend, ruhig oder sanft niedergelegt. Vitalitätsaffekte sind damit dynamische Eigenschaften von Affekten, Handlungen und Wahrnehmungen (Dornes, 1993). Durch diese drei genannten Mechanismen kommt eine Einheitlichkeit des Welterlebens bereits auf frühester Stufe zustande.

Auf der Stufe des Kern-Selbstempfindens bis zum 7. bis 9. Lebensmonat erfolgt die Abgrenzung von Selbst und Objekt. Stern postuliert einen Beziehungsmodus „self versus other". Dieses Theoriegebäude steht im Gegensatz zu früheren Konzeptionen, die davon ausgingen, daß das menschliche Dasein in symbiotischer Weise beginnt (s. dazu Mahler, 1985). Nach erfolgter Abgrenzung gibt es Gemeinsamkeitserlebnisse zwischen Kind und Eltern im Rahmen unterschiedlicher Interaktionsmodi, die von Stern mit dem Titel „self with other" umschrieben werden. Bestimmte Erfahrungen des Kindes tragen dazu bei, daß sich Säuglinge spätestens ab 2 bis 3 Monaten als von ihren Bezugspersonen getrennt empfinden können: Mit „self agency" ist gemeint, daß das Kind sich als Urheber seiner eigenen Handlungen wahrnimmt. Dies drückt sich in ersten willentlichen Handlungen aus, eigene Handlungen werden also von einem Willensgefühl begleitet. Dieses fehlt, wenn die Bezugsperson die gleiche Handlung ausführt. Weiters haben selbst erzeugte motorische Äußerungen propriozeptive Effekte, die wieder eine Unterscheidung zwischen eigenen und fremden Handlungsmustern im interaktionellen Feld ermöglichen. Weiters beschreibt Stern als wichtiges Kriterium die Vorhersagbarkeit der Konsequenzen, die der eigenen Handlung folgen. Es ist also die differentielle Kontingenzwahrnehmung, die das Eigene vom Fremden trennen läßt. Dornes gibt das Beispiel eines Säuglings, der vokalisiert. Dabei hört er immer einen Ton (perfekte Kontingenz), aber nur jedes zweite oder dritte Mal kommt die Mutter (imperfekte Kontingenz). Durch diese Fähigkeiten des Kindes entsteht das Gefühl selbst zu handeln.

Weiters beschreibt Stern das Gefühl der Selbstkohärenz, das durch Invarianzen der Raumlage, der Zeitstruktur und der Intensitätsstruktur zustande kommt. Das Kind erlebt sich in unterschiedlichen Handlungsmustern immer wieder gleich. Unter Selbstaffektivität meint Stern die wichtige Bedeutung der Affekte für den Aufbau eines abgegrenzten und kohärenten Eigenempfindens. Schließlich wird die Bedeutung des Gedächtnisses für Aufbau und Ausgestaltung der Selbsterfahrungen betont. Nach der Ansicht von Stern verläuft die Entwicklung eben nicht von der Symbiose zur Separation, sondern es existiert die Abgrenzung von Selbst und Objekt schon sehr früh und wird parallelisiert von Gemeinsamkeitserlebnissen im interaktionellen Feld, die nicht symbiotisch sind!

In der Phase des subjektiven Selbstempfindens wird erstmals ein intersubjektiver Austausch zwischen Menschen möglich. Auch hier spielen die Affekte eine große Rolle. Das Kind geht in diesem Stadium bereits davon aus, daß es in der Umgebung Dinge und subjektive Wesenheiten gibt, das Kind entwickelt also in diesem Stadium einen „sense of mind". Affekte, Absichten und Aufmerksamkeit wird mit den Bezugspersonen geteilt und in Interaktionsmodi ausgetauscht. Diese intersubjektive Bezogenheit ermöglicht auch die affektive Abstimmung zwischen Bezugsperson und Kind („affective attunement").

Schließlich entsteht beim Kind das verbale Selbstempfinden mit Beginn der Symbolisierungsfähigkeit. Es existiert ein Vorstellungsbild, welches das Kind auch benennen kann. Aus perzeptuell affektiven Handlungsschablonen im Rahmen von reflexhaft angelegten Handlungskreisen entwickelt sich über absichtsvolle Selbstaspekte und die Erkenntnis von Bezugspersonen, mit denen man Gefühle teilen kann, schließlich ein selbstreflexives Selbstkonzept.

Das Spiegelexperiment (Brooks-Gunn & Lewis, 1984; Lichtenberg, 1991) läßt dies deutlich werden. Zwischen 9 und 12 Monaten hat ein Spiegel für Kinder unterhaltende Eigenschaften wie ein Mobile oder Zeichentrickfilm. Die Bewegung des Kindes beeinflußt den Wahrnehmungsgegenstand. Zwischen 13 und 15 Monaten reagieren Kinder anders: Sie betrachten sich nachdenklich im Spiegel und bemerken eine heimlich auf ihrer Stirn angebrachte Markierung, wobei sie diese im Spiegel zu ergreifen trachten. Sie berühren die Markierung aber nicht auf ihrem eigenen Gesicht. Das Bild im Spiegel ist zu einer abgrenzbaren Einheit, zu einem Anschauungsobjekt geworden, das zwar mit dem Kind selbst zu tun hat, aber noch keine wirkliche Spiegelung des Selbst darstellt. Zwischen 15 und 21 Monaten erkennen Kinder, denen man heimlich eine Markierung auf Nase oder Stirn angebracht hat, die Veränderung und greifen nach ihren Nasen oder Stirnen, d. h. Kinder gehen davon aus, daß durch den Spiegel Informationen über sie selbst vermittelt werden. Der Aufbau eines Selbstkonzeptes ist ganz wesentlich von den kognitiven Entwicklungsschritten wie Objektpermanenz und der Fähigkeit zur ikonischen und symbolischen Repräsentation gekennzeichnet. Eine vitale Selbstevidenz (Ich, „I") kann somit gegen Ende des 1. Lebensjahres angenommen werden. Diese vitale Selbstevidenz des handelnden und aktiven Ich läßt ab dem 18. Lebensmonat, in der zweiten Hälfte des 2. Lebensjahres die reflektierte Selbstevidenz („me") zu. Folgende Selbstdimensionen können nochmals zusammenfassend beschrieben werden:

- das Selbst in Abgrenzung zu anderen (= Selbstdemarkation),
- das Selbst als Urheber von Handlungen (= Selbstaktivität),
- das Selbst als kohärente integrierte Einheit unterschiedlicher Selbstaspekte,
- Selbstpermanenz als die Kohärenz im Zeitverlauf und
- Selbstaffektivität, die den Grundstein für die evaluative Funktion legt, die unser Identitätsgefühl ausmacht.

7.6 Innere Grenzen und Interaktionszonen

In der Umweltauseinandersetzung werden unsere Repräsentanzen durch affektive Prozesse unterschiedlich stark aktiviert. Dadurch entstehen unterschiedliche Dringlichkeiten, etwas zu tun, und schließlich werden auch unterschiedliche Handlungsmuster in der Interaktion aktualisiert. Für solch unterschiedliche Affektintensität in bezug auf die eigene Person werden in den Selbstrepräsentanzen innere Schwellenwerte niedergelegt, die unterschiedliche Interaktionszonen definieren und so innere Beteiligungs- oder Distanzgrenzen aufrichten lassen. Durch unterschiedliche Betroffenheit der Person werden unterschiedliche Erfahrungen festgeschrieben, woraus sich unterschiedliche Notwendigkeiten zur äußeren Grenzensetzung ergeben. Diese repräsentativen Vorgaben bestimmen das Nähe-Distanz-Verhalten zu anderen Menschen und lassen das Selbst im zwischenmenschlichen Kontext flexibel involviert sein. Je nach Ausmaß des sich affektiv Einlassens auf eine Person wird die eigene Person der anderen angenähert. In unterschiedlichen Interaktionszonen werden daher unterschiedliche Selbst- und Objekterfahrungen gemacht. Bei entsprechender affektiver Aktivierung in der Gegenwart werden die Selbst- und Objekterfahrungen dieser speziellen Dringlichkeitsstufe aktualisiert und ziehen Handlungen nach sich. Interaktionszonen bilden also eine Art Selbstschutz, der den eigenen Lebenskern erhält, aber auch emotionales Engagement ermöglicht. Abb. 7.1 gibt Ihnen ein Modell solcher Interaktionszonen mit unterschiedlicher Betroffenheit. Im Zentrum findet sich die Zone vitaler Bedrohung. In dieser Zone, die nach Überschreitung einer vitalen Grenze erreicht wird, werden Interaktionen existenzbedrohlich erlebt. Der Erfahrungsschatz an repräsentativen Beständen bietet keine differenzierte Lösungsmöglichkeit. Es kommt zu Alarmreaktion, zum Einsatz von Schutzmechanismen, vitalen Flucht- und Angriffsreaktionen, archaischen prälogischen Denkformen, archaischen Abwehrformen, bis hin zu Totstellreflexen und Bannungszuständen. Dieser Zone vitaler Bedrohung vorgelagert ist eine Zone der Betroffenheit. In diesem Bereich werden Erlebnisse mit persönlicher Bedeutung gemacht, die aber nicht an die Grenze eines möglichen Selbstverlustes heranreichen. Es ist der Bereich der Irritation, der Emphase und emotionalen Mitgerissenheit, in dem sogenannte unvernünftige Handlungsmuster auftreten können. In diesem Bereich ist die emotionale Bewältigung nicht mehr situationsunabhängig, sondern stark von dem Klima der Interaktion, dem Setting und den Randbedingungen mit geprägt. Handlungen werden hier weniger rational, als durch Abwehrmechanismen geprägt in Gang gesetzt. Auf dieser Intensitätsstufe liegen die Wurzeln aller Arten von inneren Konflikten, unaufgearbeitetem Gefühlsmaterial, in dieser Zone geschieht in der aktuellen Interaktion der Rückgriff auf Älteres, das Aufbrechen von Verdrängtem.

Die Außengrenzen dieser Zone wollen wir Betroffenheitsgrenze nennen. Alles was diese überschreitet, geht uns so nahe, daß es zur Bewältigung besonderer Anstrengungen und des Einsatzes von Abwehrmechanismen bedarf.

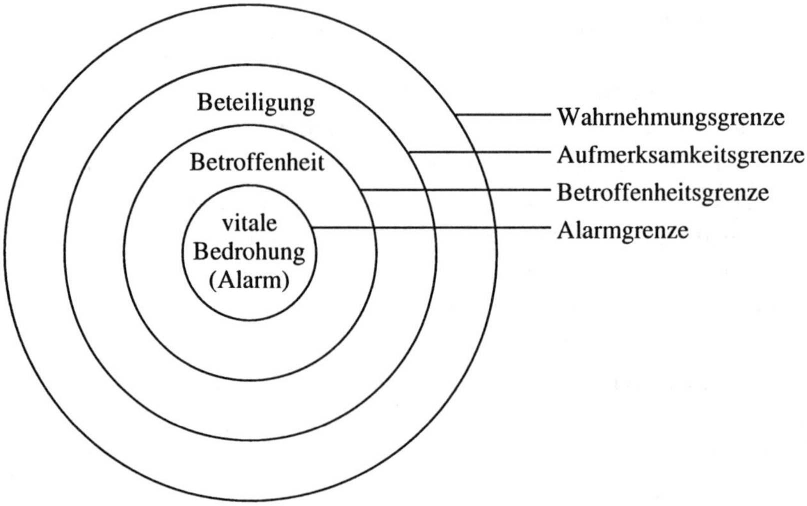

Abbildung 7.1: Interaktionszonen

Die davor sich erstreckende Zone ist die der affektiven Mittellage, in der persönliche Anteilnahme, Zuwendung und Interesse möglich ist. Auf dieser Ebene ist ab einer bestimmten Entwicklungsstufe der konkreten Operationen der Überstieg in das Motivfeld des anderen möglich. Der Selbstschutz ist niemals gefährdet und eine Berührtheit von Dingen und Menschen möglich, die nicht zum Kontrollverlust führt. In dieser Interaktionszone wäre das „low tension learning" angesiedelt, das strukturbildend wirkt, eine Zone, in der alle Informationen der repräsentativen Bestände verfügbar und für ein „coping" ausreichend sind. Das Vertrauen in die Selbstkompetenz bleibt aufrecht, und es besteht ein größtmögliches Ausmaß an Freiheitsgraden der Interaktion. Die Außengrenze dieser Zone kann als Grenze der persönlichen Beteiligung oder als Interessensgrenze bezeichnet werden. Alles, was diese Interessensgrenze nicht erreicht, wirkt sich nichtstrukturbildend aus. Außerhalb dieser Grenze finden sich all die Wahrnehmungsinhalte, die nicht mit Aufmerksamkeit belegt werden.

Die Zonen unterschiedlicher affektiver Aktivierung von Dringlichkeit in der Interaktion zeigen auch unterschiedliche Möglichkeiten der Kontrolle insofern an, als damit auch Zonen der zunehmenden Gefahr eines Kontrollverlustes beschrieben sind. Ab der Betroffenheitsgrenze sind keine gültigen Vorerfahrungen mehr verfügbar, und das Individuum ist zu besonderen Bewältigungsaktivitäten aufgerufen. Gelingt keine neue kreative Lösung — beispielsweise per analogiam, wenn aus anderen Lebensfeldern her Lösungsmuster übernommen werden — dann muß zunehmend auf alle Formen von Abwehrmechanismen und Abwehrmaßnahmen rekurriert werden. Nur wenige lebenserhaltende Handlungsmuster sind so als Reflexe angelegt (wie z. B. der Schmerzreflex), daß sie nicht über Affektmechanis-

1.	Materielle Ressourcen
2.	Intelligenz, Wissen
3.	Ich-Identität
4.	Flexibles Coping-Repertoire
5.	Soziale Unterstützung, Bindungen
6.	Wesenszüge des Beteiligtseins, der internen Kontrolle, des Herausgefordertseins
7.	Kulturelle Stabilität
8.	Magisches Denken
9.	Religion, Philosophie und Kunst (starkes Set an existentiellen Antworten)
10.	Gesundheitspräventive Haltung

Tabelle 7.2: Psychosoziale Resistenzressourcen

men angesteuert werden. Gleichwohl rufen diese ebenfalls begleitende Affekte hervor! (s. Kap. 1.12).

7.7 Das salutogenetische Modell

Aaron Antonovsky (1987, 1990) beschreibt ein Modell der Aufrechterhaltung physischer und psychischer Gesundheit angesichts der Tatsache, daß der Mensch sich seiner streßverursachenden Lebenssituation nicht entziehen kann. In Untersuchungen zu Stress, Coping und Krankheitssymptomen wurden vor allem Anpassungsstile von Menschen analysiert, die trotz hoher Streßbelastung gesund und wohlbehalten blieben.

Dabei fand sich, daß streßresistente Menschen drei Persönlichkeitsmerkmale aufwiesen (Kobasa, 1990). Das erste ist die persönliche Beteiligung (commitment). Diejenigen, die trotz einer Reihe streßauslösender Lebensereignisse nicht krank wurden, waren Menschen, die sich in ihren Lebensfeldern trotz des Belastungspegels beteiligt fühlten. Diejenigen, die unter Streß eher mit Symptomen reagierten, zeigten gegenüber ihren eigenen Handlungen eine Entfremdung.

Zweitens fand sich, daß resistente Individuen einen höheren Grad an persönlicher Kontrolle über die Situation aufwiesen (locus of control). Streßvulnerable Individuen fühlten sich eher machtlos und hatten eine externale Kontrollüberzeugung.

Drittens betrachteten streßresistente Individuen ihre Belastungen als Herausforderung. Sie waren mehr an neuen Dingen und Veränderungen in ihrem Leben interessiert. Jene streßbelasteten Individuen, die Krankheitszeichen aufwiesen, wurden mehr durch den Status quo angezogen und waren durch die Aussicht auf Veränderung irritiert.

Insgesamt werden von Antonovsky (1987) zehn psychosoziale Resistenzbereiche neben nicht näher bestimmten genetischen und konstitutionellen Faktoren hervorgehoben (s. Tab. 7.2): Durch psychosoziale Ressourcen und genetische und konstitutionelle Faktoren werden Lebensereignisse als konsistent und prinzipiell steuerbar erkennbar gemacht. Wenn die meisten Lebensereignisse für einen Menschen vorhersagbar sind, hat er auch mehr Kapazitäten für unliebsame Überraschungen, wobei Menschen mit entsprechenden Ressourcen solche unvorhersehbaren Lebensprobleme mit dem prinzipiellen Gefühl der Meisterbarkeit angehen können. Es entsteht dadurch ein Kohärenzgefühl (sense of coherence), das als globale Orientierung das Ausmaß angibt, in welchem ein Mensch das andauernde, aber dynamisch anpassungsfähige Gefühl der Selbstsicherheit besitzt. Dieses Gefühl nährt die Erwartung, daß alle internalen und externalen Lebensereignisse vorhersagbar sind und daß mit einer hohen Wahrscheinlichkeit die Dinge gut ausgehen werden, wobei dem Leben und den eigenen Handlungen eine Sinnhaftigkeit zugeschrieben wird. Dieses Kohärenzgefühl kennzeichnet Menschen, die unter Belastungssituationen stark und gesund bleiben. Die Elemente Vorhersagbarkeit, Steuerbarkeit und Sinnhaftigkeit kennzeichnen also das Kohärenzgefühl.

Wichtig erscheint dabei, daß Spannungszustände von Betroffenheit nicht protrahiert verlaufen sollen, sondern daß möglichst rasch eine Desaktualisierung durch Coping und Abwehr erfolgen kann. Wer mit der Erwartung der Meisterbarkeit in unüberblickbare Situationen geht und sie als Herausforderung betrachtet, wird weniger rasch von affektiven Alarmreaktionen überwältigt werden. Diese Sichtweisen der Streßforschung nähern sich ganz deutlich den modernen tiefenpsychologischen und kognitionstheoretischen Modellen an und erlauben die Integration in das Gesamtkonzept kognitiv affektiver Schemata und generischer Ichprozesse. Schon der Säugling ist aufgrund seiner genetischen Ausstattung in der Lage, Ordnung und Kohärenz in der Welt zu erkennen. Durch affektive Abstimmungsprozesse mit den Bezugspersonen kann der Anteil an abnorm betroffen machenden Erlebnissen gering gehalten werden. Eine affektive Desaktualisierung in Richtung einer interessierten Anteilnahme an der Welt wird auf diese Weise möglich. Persistierende Zustände der Betroffenheit und Bedrohung sind offensichtlich dysfunktional, gesundheitsgefährdend und ziehen strukturelle Schwächen der affektiv-kognitiven Schemata nach sich. Wie sehr die affektive Bewältigung beim Kind auch von den interaktionellen Gegebenheiten und Bezugspersonen abhängig ist, haben wir in den früheren Kapiteln schon betont. Wir können davon ausgehen, daß das Kohärenzerleben für die Entwicklung des Kindes von eminenter Bedeutung ist!

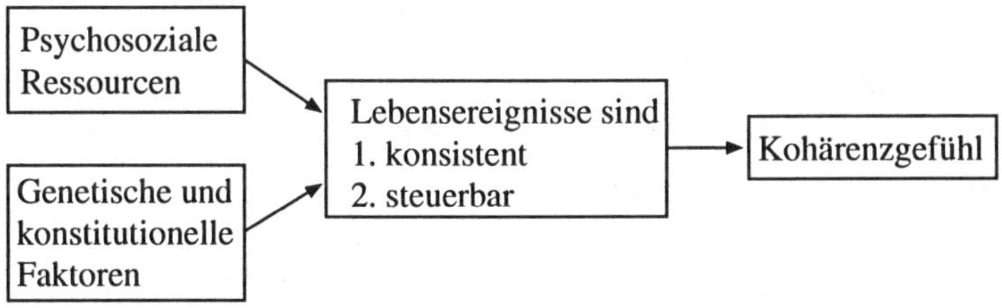

Abbildung 7.2: Salutogenese (modifiziert nach Antonovsky, 1990)

7.8 Entwicklung des Selbstkonzeptes

Das *Selbstkonzept* (self concept) oder *Selbstbild* (self image) (Offer, 1984) bildet die affektiv-kognitive Repräsentanz der eigenen Person und kann so als eine Theorie über sich selbst verstanden werden (s. Kap. 7.2–7.4). Das Selbstkonzept umfaßt damit alle Informationen, die sich mit Bezug zur eigenen Person in unterschiedlichen Lebens- und Erfahrungsbereichen ergeben haben. Es enthält Informationen über den eigenen Körper (*Körperselbst*), über eigene Fähigkeiten, Kenntnisse und Verhaltensweisen (handelndes bzw. *aktives Selbst*), ebenso wie Informationen über persönliche Charakteristika im Rahmen der Kommunikation (*soziales Selbst*) und Vorstellungen über eigene Motive, Gedanken und die persönliche Lebensphilosophie (*psychologisches Selbst*).

Das Selbst als psychisches Konstrukt, das die Auskristallisation von autoreflexiv evaluierten Vitalerfahrungen im Rahmen der alltäglichen Umweltauseinandersetzungen darstellt, ist in tiefenpsychologischen wie kognitionspsychologischen Vorstellungen kompatibel zu sehen (s. Kap. 7.3). Auch wenn Selbstrepräsentanzen nach Kernberg (1978, 1988) sehr eng an die unmittelbare Interaktion mit Bezugspersonen gekoppelt sind und der Begriff des Selbstkonzeptes affektive Anteile erst in zweiter Linie enthält und unbewußte (nicht im symbolischen Repräsentationsmodus erfahrbar gemachte) Anteile sogar negiert, erscheint es doch sinnvoll, beide Begriffe im klinischen Alltag nicht strikt voneinander zu trennen. Der Selbstkonzeptbegriff erscheint als Teilmenge des Repräsentanzbegriffes, der sich darauf beschränkt, die auch empirisch gut erfaßbaren Inhalte des Repräsentanzbegriffes näher zu spezifizieren.

Wir müssen davon ausgehen, daß das Selbstkonzept und letztlich auch die umfassendere Selbstrepräsentanz der Entwicklung unterliegen. Damit ist nicht nur die Zunahme an Interaktionserfahrung und allgemeiner Lebenserfahrung gemeint, sondern auch die unterschiedliche Art der Strukturierung und Bewertung solcher repräsentativer Bestände in unterschiedlichen Lebensaltern.

In diesem Zusammenhang spielt die kognitive Differenzierung ebenso wie die Differenzierung der Wahrnehmungsfähigkeit emotionaler Prozesse eine wesentliche Rolle.

Nach Damon & Hart (1982) können wir folgendes Strukturmodell für das Selbstkonzept annehmen: In Abwandlung eines Konstruktes von William James (1961) wurde von Hart und Mitarbeitern (Schorin & Hart, 1988) ein definitorisches und ein subjektives Selbst unterschieden. Das subjektive Selbst („I“) beinhaltet Aspekte des Selbstempfindens, der Selbstevidenz, wie wir sie schon beim Kind in den ersten zwei Lebensjahren beobachten können. Dieses subjektive Selbst wird in drei Dimensionen festgehalten:

- Eigenbestimmung (Erfahrung des eigenen Willens und der persönlichen Kontrolle),
- Abgegrenztheit von anderen Personen und Dingen und
- Einheitlichkeit als Erfahrung der Konsistenz und Kontinuität (Gefühl des inneren Zusammenhangs trotz unterschiedlicher Gefühlslagen im Moment und im Zeitverlauf).

Die Definition des subjektiven Selbst — ich bin eigenbestimmend im Wollen und Handeln, ich bin abgegrenzt von anderen Wesenheiten und ich bin kohärent in allen Divergenzen und Turbulenzen über die Jahre hinweg — ist ganz eng an affektive Prozesse gebunden. Das subjektive Selbst unterliegt insofern den Wandlungen im Rahmen der Entwicklung, als Phänomene wie Perspektivenübernahme im Grundschulalter und die zunehmende Fähigkeit zur Selbstreflexion in Pubertät und Adoleszenz die Art des Selbstempfindens verändern lassen. Erst in der Adoleszenz wird durch selbstreflexive Bestätigung des subjektiven Selbst das möglich, was wir als Erwachsene mit Identitätsgefühl bezeichnen.

Damon & Hart (1982) beschreiben gegenüber dem subjektiven Selbst ein definitorisches Selbst. Dieses macht das Selbst zum Objekt eigener Überlegungen, Betrachtungen und Evaluationen. Vier Kategorien werden unterschieden: ein Körperselbst, das handelnde oder aktive Selbst, das soziale Selbst und das psychologische oder spirituelle Selbst. Diese definitorischen Kategorien unterliegen ganz stark den kognitiven Transformationen der Entwicklung.

- Das Körperselbst entwickelt sich aus Attributen wie Größe, Alter, Geschlecht und Aussehen, wird schließlich über körperliche Fähigkeiten und Fertigkeiten im Rahmen von Aktionen bestimmt und erhält in der Frühadoleszenz eine Neuformulierung im sozialen Kontext, so daß das Körperselbst durch das soziale Echo in der Gleichaltrigengruppe mit bestimmt wird. Schließlich kommt es in der Adoleszenz dazu, daß körperliche Attribute im Lichte eigener Ideal-Vorstellungen, Normen, sowie persönlicher und moralischer Standards beuteilt und definiert werden.
- Das Selbst, das sich aus aktiven Handlungen heraus definiert, geht von allgemeinen typischen Verhaltensweisen des Kindes im Kleinkindalter aus. Im

Schulalter definiert sich das Kind durch Fertigkeiten und Fähigkeiten im Vergleich zu anderen. In der Frühadoleszenz werden vor allem Verhaltensweisen selbstbestimmend, die das soziale Echo und soziale Interaktionen beeinflussen. In der Adoleszenz schließlich werden eigene Verhaltensweisen vor dem Hintergrund persönlicher und moralischer Wertvorstellungen und Einstellungen gesehen.

- Das soziale Selbst formiert sich im frühen Kindesalter aus der Tatsache der Zugehörigkeit zu bestimmten Gruppen (z. B. Familie, Gleichaltrigengruppe etc.). Später im Schulalter setzt sich das Kind mit seinen Wirkungen auf andere besonders auseinander. Daraus leiten sich im frühen Adoleszenzalter gewisse Vorstellungen über soziale Fertigkeiten und soziale Ausstrahlungskraft ab. In der Spätadoleszenz schließlich werden soziale Kontakte in bezug zu eigenen Einstellungen, Interpretationen und Motiven gesetzt.

- Das psychologische oder spirituelle Selbst formiert sich in früher Kindheit aus Gefühlen, Stimmungen und persönlichen Präferenzen und Abneigungen. Im Schulalter spielen Fertigkeiten, Wissen und Gefühlszustände im Zusammenhang mit persönlichen Aktivitäten eine Rolle. In der Frühadoleszenz kommt es zu hoher sozialer Sensitivität mit Abwägung kommunikativer Kompetenzen und sozialer Fertigkeiten. In der Spätadoleszenz schließlich entwickelt jedes Kind eine eigene Form von Lebensphilosophie.

Dieses idealtypische Entwicklungsschema von Hart und Mitarbeitern (Schorin & Hart, 1988) zeigt also auf, daß unterschiedliche Dimensionen des Selbstkonzeptes in kognitiv bedingten Entwicklungsschritten von der Betonung externer Attribute wie Größe, Alter, Geschlecht, Aussehen und Zugehörigkeit zur Schwerpunktbildung von Aktionen, Fähigkeiten und Fertigkeiten, Vorlieben und Interessen vordringt. In einer nochmaligen Schwerpunktbildung im Bereich sozialer Referenz und sozialem Echo gewinnen schließlich interne Dimensionen wie Motive, Interpretationen, Einstellungen und persönliche Konzeptbildungen die Oberhand (s. dazu auch Harter, 1986, 1988).

Rosenberg (1986) stellt fest, daß die Selbstkonzeptualisierung von sozialen und externen Variablen zu psychologischen und internen vordringt.

Von Einzeleigenschaften im Rahmen unterschiedlicher Kontextbedingungen wird zu Definitionen von Wesenszügen vorangeschritten. Dabei werden immer höhere Abstraktionsleistungen vollbracht. Nach Evans et al. (1994) können wir davon ausgehen, daß die Selbstkonzepte jüngerer Kinder global und undifferenziert sind, während diese älterer Kinder und Adoleszenten immer mehr ausdifferenziert werden und an Komplexität zunehmen. Unterschiedliche Domänen des Selbstkonzeptes, ob jetzt das Körperselbst, schulische Fertigkeiten oder soziales Selbst, interkorrelieren mit zunehmendem Alter immer weniger! Interessant ist, daß Erwachsene, die sich selbst als mehrdimensional und multifacettiert beschreiben, eine geringere Neigung zu Depression, Stimmungsschwankungen und streßbezogenen Beschwerden aufwiesen. Es scheint, daß eine Vielzahl ausdifferenzierter Selbstaspekte wie ein Puffer gegen physische und seelische Erkrankungen wirken kann (Evans et al., 1994).

Umgekehrt findet sich im Blick auf Kinder mit psychischen Störungen eine hohe Korrelation zwischen den unterschiedlichen Selbstdomänen im Vergleich zu einer normalen Kontrollgruppe. Mehrere Untersuchungen konnten zeigen, daß Jugendliche mit psychischen Störungen weniger differenzierte Selbstkonzepte aufwiesen (Literatur bei Evans et al., 1994).

Nach Harter (1988) kann die zunehmende kognitive Differenzierung nicht nur zur Umstrukturierung des Selbstkonzeptes führen, sondern zugleich auch wieder eine neue Herausforderung an die Selbstevaluierung sein. So kann beispielsweise die Entwicklung der sozialen Vergleichsmöglichkeit im Grundschulalter im Rahmen der Perspektivenübernahme eine Turbulenz des Selbstkonzeptes hervorrufen: wenn beispielsweise das Kind sich noch vorher stark an elterlichen Zielen orientiert hat und sein Selbst durch Fertigkeiten gemessen an diesen Zielen stabilisierte, ist es nun zu direkten Vergleichen mit Mitschülern im Unterricht, aber auch im Pausenhof in der Lage und angehalten. Dadurch wird eine neue Bestimmung des Selbstwertes notwendig. Bemerkenswert erscheint, daß das Fremdselbstbild („so sehe ich mich im Spiegel der anderen") erst durch Perspektivenübernahme möglich wird und schließlich im Grundschulalter zu einer wichtigen Neudefinition des Selbstwertes Anlaß gibt.

Die Qualität der Selbstbeurteilung kann an den tatsächlichen Leistungen, aber auch an der Übereinstimmung mit der Beurteilung durch andere Personen gemessen werden. Auf diese Weise erhält man das Faktum einer „normativen Verzerrung" (Harter, 1988) bei Kindern im präoperationalen Stadium. Die Vorstellungen der Kinder über ihre eigenen Fertigkeiten werden wesentlich durch Wünsche mit bestimmt. In einer Untersuchung zu Phantasiefreund-Vorstellungen bei Kindern konnte Harter (1988) feststellen, daß etwa die Hälfte der Phantasiefreunde überkompetent in bezug zu den eigenen Selbstvorstellungen und die andere Hälfte deutlich weniger kompetent als das eigene Selbst gestaltet wurden. In diesem Zusammenhang fand sich eine Geschlechtsdifferenz: Knaben konstruieren viel eher überkompetente Phantasiegefährten, während Mädchen eher dazu neigen, inkompetente Gefährten in der Vorstellung zu kreieren. Eine schlüssige Interpretation dieses Faktums mußte die Autorin offenhalten. Letztlich kann nur festgehalten werden, daß Knaben eher Phantasiegefährten als Ausdruck von Idealselbstvorstellungen generieren, mit denen sie sich dann möglicherweise identifizieren können. Im Gegensatz dazu scheinen Mädchen eher durch Rollenumdrehung Phantasiefreunde zu gestalten, wobei sie selbst als mächtigere und kompetentere Figur einen inkompetenten Freund beschützen und belehren.

Jene Kinder, die sich im Vergleich zu ihren tatsächlichen Leistungen stark überschätzen oder stark unterschätzen, lassen sich durch Leistungsanforderungen

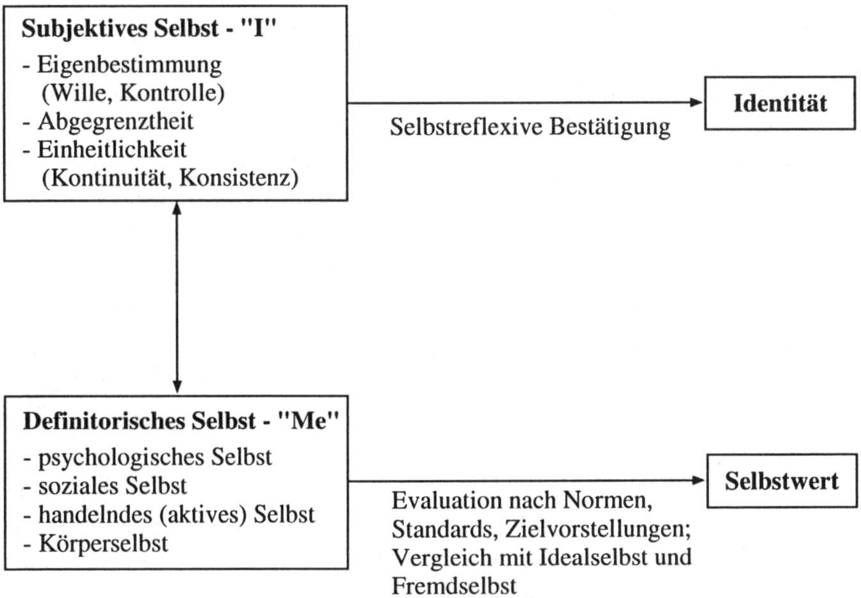

Abbildung 7.3: Domänen des Selbstkonzeptes, weiterentwickelt nach Damon & Hart (1982)

---

nicht gerne stimulieren. Beide Gruppen wählen aus verschiedenen Möglichkeiten im Vergleich zu Kindern mit realistischer Selbsteinschätzung nur jene Aufgaben aus, die leicht sind und keine starke Lernmöglichkeit bieten. Aus entwicklungstheoretischer Sicht optimal wäre eine Generalisierung der eigenen Fertigkeiten aus bisherigen Erfahrungen in der Weise, daß neue Herausforderungen angenommen werden können und Erfolgserlebnisse möglich sind. Zu niedrige Selbsteinschätzungen sind daher ebenso wie zu hohe Selbsteinschätzungen dysfunktional. Diese aus dem Bereich der Lernpsychologie gewonnenen Erkenntnisse lassen sich nur bedingt auf Lernerfahrungen im interaktionellen Feld übertragen. Dort sind die Verhältnisse insofern komplexer als es nicht nur um eigene Leistungsfähigkeit, sondern auch um soziale Akzeptanz geht. Für diese wiederum erscheint eine höhere Selbsteinschätzung von Bedeutung. Weitere Untersuchungen müssen diese komplexen Zusammenhänge erst klären helfen.

Abb. 7.3 soll nochmals die einzelnen Domänen des Selbstkonzeptes zusammenfassen.

7.9 Selbstwert

In Anlehnung an Robson (1988) können wir Selbstvertrauen (Selbstbewußtsein) als die Einstellung einer verläßlichen Selbstakzeptanz definieren, die aus der Erkenntnis des Selbstwertes resultiert. Diese Einstellung ist damit das Ergebnis einer Selbstbeurteilung und ist u. a. an die Erfahrung der Selbstwirksamkeit und an internale Kontrollüberzeugungen geknüpft. Selbstvertrauen reflektiert damit nicht zuletzt auch die Konsistenz und Stabilität des Selbstkonstruktes.

Der Selbstwert erscheint als die selbstreflexive Bewertung der eigenen Selbstdomänen anhand von Normen und Standards sowie Zielvorstellungen der Gruppe und der Person selbst. Zur Evaluation des Selbstwertes werden auch Vergleiche des Selbst mit dem Idealselbst und dem Fremdselbst vorgenommen (siehe auch Rudolf, 1993; Kernis, 1995).

Dieses Fremdselbstbild entwickelt sich beim Kind nach dem Stadium des Egozentrismus durch die zunehmende Erkenntnis, daß andere das eigene Selbst wahrnehmen und bewerten. Im Stadium der Perspektivenübernahme kann dann das Selbst sich aus der Sicht der anderen betrachten. Während zuerst wahrgenommen wird, daß andere loben und kritisieren, werden schließlich auch die Bewertungstechniken und -kriterien internalisiert. Auf diese Weise entsteht bis zum Grundschulalter die zunehmende Fertigkeit der Selbstevaluierung.

Im Rahmen solcher Evaluierungen sind verschiedene Valenzen abgrenzbar, so die kognitive Valenz als die Fähigkeit, Problemstellungen zu durchschauen und zu lösen, die körperliche Valenz mit Bezug auf physische Kraft, Gesundheit und äußeres Erscheinungsbild, weiters das soziale Echo als die Erfahrung der Akzeptanz, der Anerkennung und des Eingebettetseins in Gruppenprozesse, die Autonomieerfahrung als Abgegrenztheit und Selbstbestimmtheit im Handeln und nicht zuletzt auch eine energetische Valenz, die als intentionale Kraft und Ausdruck der Intensität der Lebensäußerungen faßbar wird.

Von Selbstwert sprechen wir, wenn ein Kind sich selbst anhand von introjizierten Normen oder internalisierten Bezugspersonen zu evaluieren beginnt. Schon Kleinkinder können sich im Spiegel wichtiger Bezugspersonen erkennen und durch selbstbewertende Emotionen (Scham, Schuld) in ihrem Selbstwert beurteilen. Ein kompetenz-bezogenes Selbstwertgefühl erschließt sich beim Kind um die Mitte des zweiten Lebensjahres, wenn Erfahrungen des eigenen Könnens bewußt dem Selbst zugeschrieben werden (Bischof-Köhler, 1998). Durch die soziale Perspektivenübernahme (s. Kap. 6.5) erhält die Evaluation des Selbstwertes eine neue Qualität.

Nach Coopersmith (1967) ist die Entwicklung eines gesunden Selbstvertrauens mit positiver Selbstakzeptanz von der bedingungslosen Akzeptanz des Kindes durch die Bezugspersonen abhängig. Weiters werden als günstige Voraussetzungen hervorgehoben: eine klare Grenzensetzung für das kindliche Verhalten, Respekt und Wertschätzung für die individuelle Aktivität sowie eine positive Selbstakzeptanz der Eltern.

Ein geringes Selbstvertrauen ist mit Gefühlen der Abhängigkeit, der Hilflosigkeit, Apathie, des Rückzugs und Passivität verbunden. Kahle et al. (1980) beschrieben eine erhöhte Gefährdung für soziale Anpassungsprobleme in der Adoleszenz bei Individuen mit gestörtem Selbstvertrauen (siehe auch Fend, 1998). Andere Entwicklungstheoretiker haben festgestellt, daß generelle Beeinträchtigungen des Selbstwertes im Rahmen der normalen kognitiven Entwicklung mit verstärkten Selbstreflexionsprozessen in der Adoleszenz vorkommen können (Elkind, 1967). Es fand sich, daß Adoleszente mit depressiven Syndromen sich gerade auf der Ebene des Körperselbst besonders negativ einschätzten (Pierce & Wardle, 1993). Renouf & Harter (1990) konnten eine Korrelation zwischen globalem Selbstwert und den Gefühlen von Depression und Wut herstellen. Es scheint ein deutlicher Zusammenhang zwischen körperlichem Aussehen und generell niedrigem Selbstwert bei depressiven Jugendlichen vorzuliegen. Auch bei psychotischen Jugendlichen wurden niedrigere Selbstwertscores nachgewiesen.

Schon Rogers (1951) konnte feststellen, daß Menschen mit gutem Selbstvertrauen mehr Objektivität in der Erkenntnis von positiven und negativen Charakteristika anderer Menschen aufweisen, weil weniger Notwendigkeit zum Einsatz von Abwehrmechanismen im Umgang mit anderen bestünde. Durch solche Abwehrmechanismen kann die soziale Wahrnehmung verzerrt werden. Es konnte wiederholt nachgewiesen werden, daß im Rahmen affektiver Erkrankungen sowohl in Depression als auch Manie eine Störung der Selbstakzeptanz und des Selbstwertes bestehen (Robson, 1988). Die Frage des Erlebens persönlicher Autonomie, der Eigenbestimmung, Abgegrenztheit und Einheitlichkeit des subjektiven Selbst ist bei den Auswirkungen von Selbstwertstörungen immer zu berücksichtigen. Nur wenn Handlungsinkompetenz, Mangel an sozialer Akzeptanz und das Gefühl einer Fremdbestimmtheit in der Gestaltung des definitorischen Selbst so überwiegen, daß dadurch auch das subjektive Selbst in Bedrohung gerät, dann kann über den Verlust der Evidenz des subjektiven Selbst die Identität beeinträchtigt werden. Störungen in den Domänen des subjektiven Selbst können zu Identitätskrisen bis hin zu Depersonalisation Anlaß geben und schließlich die Fragmentierung des Selbst bahnen!

Exkurs zu Selbstwert und Narzißmus. Der Selbstwert als Einschätzung der eigenen Ressourcen zur Interaktion mit der Welt wird nach Kernberg (1988) über eine Abstimmung des aktuellen Selbst mit Idealselbst- und Idealobjektvorstellungen stabilisiert. Der Narzißmus als die libidinöse Besetzung des Selbst wäre in diesem Falle als normaler Narzißmus — normale Selbstliebe, Selbstvertrauen — zu beurteilen. Bei mangelnder Integration des aktualen Selbst kann als Ausdruck eines pathologischen Narzißmus eine Verschmelzung von positiven Selbstanteilen mit idealen Vorstellungen von Selbst und Objekten zu einem nur guten Größenselbst erfolgen, das nicht mit echten Objekten kommuniziert, sondern mit idealisierten Objekten, wobei das negative Komplementär des Selbst durch Spaltung abgegrenzt ist. Bei enttäuschenden Erfahrungen kann dieses jedoch wie bei einem Kippvorgang ins Blickfeld treten und den Menschen als total wertlose Kreatur sich selbst erscheinen lassen. Phantasierte Grandiosität und Selbstentwertung, die aussichtslose negative Urteile enthält, wohnen also in der Seele von Patienten mit mangelhaft integriertem Selbst und pathologischem Narzißmus Tür an Tür. Zwischen Selbstwert und Selbstintegration besteht ein enger Zusammenhang, wie oben ausgeführt wurde (s. dazu Abb. 7.4, die das Modell der Selbstwertregulation und des pathologischen Narzißmus nach Kernberg wiedergeben).

7.10 Identität

Identität beinhaltet die Definition einer Person als einmalig und unverwechselbar durch die soziale Umgebung wie durch das Individuum selbst (Oerter & Montada, 1982). Für das Individuum ist Identität das Erlebnis einer Einheit des Selbst. Identität ist als diese Einheit des Selbstkonzeptes jedoch nicht erfahrungsmäßig endgültig erfaßbar. Sie bleibt somit ein hypothetisches Konstrukt, eine Arbeitshypothese, die sich täglich durch neue Evidenzen immer wieder selbstreflexiv bestätigen muß! Schon Kleinkinder erkennen im zweiten Lebensjahr über das unreflektierte Selbstempfinden hinaus ein „definitorisches Selbst", das selbstregulatorische Aspekte der Umweltbewältigung enthält (Bischof-Köhler, 1998). Gerade in diesem Zusammenhang erscheint die kritische Unterscheidung zwischen den Aspekten des selbstreflexiv gewonnenen Selbstbildes und denen des Fremdselbstbildes von Bedeutung. Bei Kindern ab dem Schulalter sind zwischen diesen Diskrepanzen möglich und nachweisbar, wobei zwischen Selbstbeurteilung und (phantasierten) Fremdbeurteilungen solche Unterschiede entstehen können, daß daraus neuerliche negative Selbsterfahrungen gemacht werden. Große Unterschiede zwischen Selbst- und Fremdselbstbeurteilung können die Integration der Selbstrepräsentanz erschweren und so zu altersbedingten Vulnerabilitäten Anlaß geben. Im Grundschulalter nach Perspektivenübernahme erscheint vor allem der Selbstwert gefährdet, bei zunehmender Selbstreflexion im Adoleszenzalter Selbstwert und Identität!

Die Konsolidierung von Identität markiert das Ende der Kindheit und den Beginn des Erwachsenseins. Selbstreflexive Identität der höchsten Komplexitätsstufe formiert sich daher in der Zeit der Adoleszenz. Die Ausbildung von Identität ist Ausdruck einer Ichfunktion und bedarf verschiedener kognitiver und sozialkognitiver Voraussetzungen. Die persönliche Erfahrung der Identität ist die, daß man einen Kern, ein Zentrum in sich selbst hat, wohin alle Erfahrungen und Aktionen bezogen werden können. Die kindliche Selbstevidenz, Selbstempfindung und das subjektive Selbst („I") bilden dafür die Voraussetzung. Durch dieses Gefühl des inneren Zusammenhalts entsteht der Eindruck von Kohärenz und Sinnhaftigkeit des eigenen Daseins. Identität als selbstreferenzierte Gewißheit der Einheit des subjektiven Selbst dient somit auch als sinnstiftendes Bezugssystem bei der Verarbeitung

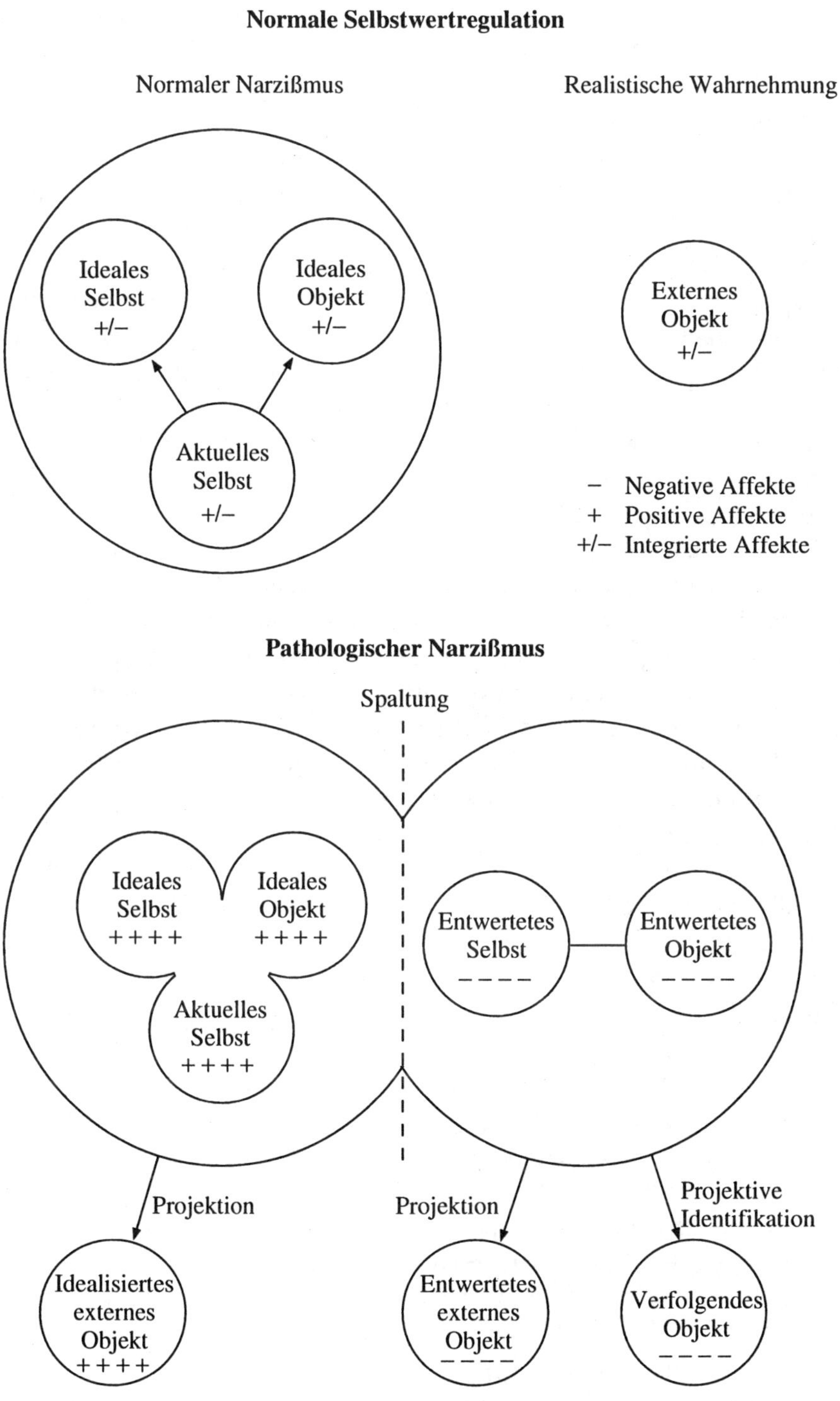

Abbildung 7.4: Selbstwertregulation

von Erlebnissen und hilft Anpassungsaufgaben des Heranwachsenden zu lösen.

Ein wichtiger Mechanismus zum Identitätserwerb in der Adoleszenz ist die Übernahme sozialer Rollen, in denen sich das Individuum behaupten kann und durch Erfolgserlebnisse eine Stärkung subjektiver und definitorischer Selbstanteile erreicht. Rollenübernahme ist nicht oberflächlich wie das Anziehen eines Kostüms zu sehen, sondern geschieht durch das Ausfüllen eines sozialen Platzes mit „Haut und Haar". Soziale Rollen werden im Rahmen der Gruppenzugehörigkeit zugewiesen. Man kann solche Rollen auch wählen und durch identifikatorische Prozesse ausgestalten: die Bedeutung von Idolen und idealisierten Menschen für den Identitätsbildungsprozeß darf nicht unterschätzt werden. Der Gefühlsbezug, die Faszination, die eine Person in einer bestimmten Rolle ausstrahlt, kann ausmachen, daß man selbst die Sache, die diese Person vertritt und wie sie sie vertritt, übernimmt und internalisiert. Viele Lebensentscheidungen in Richtung Erwachsenenwelt werden nicht durch logisch überlegte Rollenübernahme, sondern über emotional gesteuerte identifikatorische Prozesse getroffen.

Nach Marcia (1993) kann man zwischen Exploration und Entscheidung in der Identitätsbildung unterscheiden. Exploration wäre die Suche nach psychosozialen Experimentierfeldern, sozialen Rollen, Werten und Idealen. Der Entscheidungsprozeß wäre die subjektiv verbindliche Übernahme einer sozialen Rolle. Jugendliche ohne Exploration und ohne definitive Entscheidung stecken in einer Identitätsdiffusion. Nicht zu wissen, wer man ist, wo der Platz im Leben ist, gepaart mit der Angst vor Zerfall oder Zerstörung der eigenen Person, kennzeichnen dieses Gefühl. Protrahierte Exploration ohne Entscheidung wird von Marcia (1993) als Moratorium bezeichnet. Ein zu lange andauerndes Moratorium kann zu einem Aufgehen in verschiedenen Rollen mit Entwicklung multipler Persönlichkeitsfacetten führen, was letztlich zur Identitätsstörung Anlaß geben kann. Eine zu kurze Exploration mit zu früher Entscheidung würde man als übernommene Identität bezeichnen. Im Rahmen solcher übernommener Identitäten kann es zu einer Diskrepanz zwischen der öffentlichen Fassade und eines völlig anders gearteten privaten Selbstanteils kommen. Dies kann in späteren Lebensphasen zu Problemen führen, wenn der Mensch draufkommt, daß er zu früh einen nicht adäquaten Lebensentwurf übernommen hat und sich nun in bezug auf die eigene Person auf einem falschen Weg befindet. Im Rahmen von Midlife-Krisen sind noch Korrekturen und neue Rollenübernahmen möglich. Für die Zeit des Jugendalters ist die übernommene Identität ein Stabilisierungsfaktor, solange die Diskrepanz zwischen der eigenen Selbstsicht und der zugeschriebenen Rolle nicht zu hoch ist. Eine klare Rollenübernahme nach ausreichend langer Exploration würde als erworbene Identität bezeichnet.

Die Untersuchungen zum Identitätsstatus nach Marcia (1993) machen deutlich, wie fruchtbar eine Synthese psychoanalytischen Gedankenguts mit empirischer Vorgangsweise sein kann. Die Überlegungen zum Identitätsstatus basieren auf Erikson's Stufentheorie (Erikson, 1976) der psychosozialen Entwicklung, die

	Erworbene Identität	*Übernommene Identität*	*Moratorium*	*Identitätsdiffusion*
Exploration von Alternativen	+	−	+	+/−
Verbindliche Übernahme, Entscheidung	+	+	+/−	−

Tabelle 7.3: Kriterien des Identitätsstatus (nach Marcia et al., 1993)

wiederum ihre Wurzeln in dem psychoanalytischen Theoriegebäude hat. Wenn man also vom Konzept der Identität spricht, so ist dieses im theoretischen Kontext psychodynamischen Gedankenguts eingebettet. Es bezieht sich auf die Entwicklungstheorie, akzeptiert auch unbewußte Determinanten des Verhaltens und das dynamische Zusammenspiel von Ich-Prozessen. Es ist daher auch mit dem Konzept der Abwehrmechanismen kompatibel. Andererseits gibt es logische Zusammenhänge mit der Selbstkonzeption und mit der Theorie affektlogischer Schemata und Strukturen, die nach der Entwicklungsdynamik in Richtung majorisierender Äquilibration ausgestaltet werden. Tab. 7.3 und 7.4 geben Ihnen eine Übersicht über Persönlichkeitscharakteristika und Identitätsstatus im Adoleszenzalter.

Auf der Suche nach Kindheitsvorläufern für unterschiedliche Identitätsentwicklung im Jugendalter fand sich, daß diejenigen Jugendlichen mit erworbener Identität am besten die Entwicklungsaufgaben früherer Stufen bewältigt hatten, während Jugendliche mit Identitätsdiffusion die geringste Rate an positiven Lösungen früherer Entwicklungsprobleme aufwiesen (Waterman, 1993). Eine weitere Untersuchung zu den Lebensthemen erbrachte, daß Jugendliche mit erworbener Identität ihre Lebensentwürfe allein oder in lockerer Gemeinsamkeit mit anderen machen. Jugendliche im Moratorium sprachen deutlich von Bewegungen gegen andere. Jugendliche mit übernommener Identität suchten Sicherheit und Unterstützung. Jugendliche mit Identitätsdiffusion hatten als Grundthema eine Sehnsucht nach Beziehungen (Kroger, 1990).

In bezug auf Familiencharakteristika wird berichtet, daß Jugendliche mit erworbener Identität in der Regel Familien haben, die ihre Weiterentwicklung unterstützen und auf die sie sich auch künftig in schwierigen Situationen berufen können. Patienten mit Moratorium stehen ambivalent zu ihren Eltern und erscheinen auch weiterhin in Autonomiekonflikte involviert. Jugendliche mit übernommener Identität berichten über ihre Familie als eine enge, liebevolle und kindzentrierte Gemeinschaft, wobei sie sich selbst gegenüber familiären Werten konform

	Erworbene Identität	*Übernommene Identität*	*Moratorium*	*Identitätsdiffusion*
Zukunft	Planung, Kreation, Realisierung	Erfüllung von Erwartungen	Zukunftssorge, „zwischen den Welten“	Gegenwartsorientiert
Angst	+/−	−	++	+
Locus of Control	internal	⇌	⇌	external
Autonomie	↑ Frauen ↑ Männer	↑ Frauen ↓ Männer		↓ Frauen ↓ Männer

Tabelle 7.4: Persönlichkeitcharakteristika von Adoleszenten nach dem Identitätsstatus (nach Marcia et al., 1993)

verhalten. Jugendliche mit Identitätsdiffusion erleben ihre Familien als distanziert und eher zurückweisend, vor allem der gleichgeschlechtliche Elternteil wird als nicht akzeptierend und nicht vorbildhaft eingestuft (Marcia et al., 1993).

Die Identitätsentwicklung des Jugendlichen erscheint neben der Stabilisierung des Selbstwertes und der Individuation als eine der wesentlichsten Entwicklungsaufgaben der Adoleszenz. Störungen der Identitätsentwicklung müssen immer auf Vulnerabilitäten und beginnende psychiatrische Erkrankungen hin näher untersucht werden.

7.10.1 Exkurs: Entwicklung der sexuellen Identität

Die Entwicklungslinie der Geschlechtsidentität soll als wichtige Detailfrage der Identitätsbildung hervorgehoben werden: Mertens (1994) konzeptualisiert in Anlehnung an Money (1965) und Person & Ovesey (1983) die sexuelle Identitätsentwicklung mit Hilfe von drei Komponenten: der *Kerngeschlechtsidentität*, der *Geschlechtsrolle* bzw. der *Geschlechtsrollenidentität* und der *Geschlechtspartnerorientierung*. Kerngeschlechtsidentität ist das Erleben, die Gewißheit, sich selbst als weiblich oder männlich wahrzunehmen und sich über die Zeit hinweg so zu definieren.

Nach Graham (1991) stellt die Fähigkeit, das andere Geschlecht korrekt wahrzunehmen und zur eigenen Geschlechtszugehörigkeit ein starkes Gefühl zu entwickeln zusätzliche Faktoren in der Entwicklung zur Geschlechtsidentität dar. Unter Geschlechtsrolle wird der verhaltensmäßige Ausdruck der Geschlechtsidentität in der Interaktion mit anderen verstanden (Mertens, 1994). Die Kerngeschlechtsidentität entwickelt sich aufgrund eines komplexen Zusammenwirkens von biologischen und psychischen Einflüssen ab der Geburt eines Kindes, wenn die Eltern mit ihrer Geschlechtszuweisung zumeist geschlechtsrollenstereotyp auf ihre Kinder als Junge oder Mädchen reagieren. Gegen Ende des 2. Lebensjahres etabliert sich die Geschlechtszugehörigkeit als eine (relativ) konfliktfreie Gewißheit aus der Interaktion. Die Fähigkeit von Kindern, die unterschiedlichen Geschlechter korrekt wahrzunehmen, setzt die Fähigkeit voraus, morphologische und anatomische Unterschiede zu erkennen. Diesen ersten Aspekt der Geschlechtsidentitätserkenntnis (Kontinuitäts- und Kohärenzgefühl aufgrund des Körperselbst) könnte man nach Green (1994) auch als „morphologische oder anatomische Identität" (S. 749) bezeichnen. So steigt die Fähigkeit der Kinder, ihr eigenes Geschlecht korrekt wahrzunehmen vom 2. zum 3. Lebensjahr rapide an, so daß ca. 80% der Kinder im 3. Lebensjahr ihr eigenes Geschlecht korrekt nennen können. Der Erwerb einer Geschlechtsrollenidentität (ich bin ein Mädchen bzw. Knabe) führt vor allem auch zu geschlechtsspezifischen Verhaltensweisen. Nach Mertens (1994) ist der Erwerb der Geschlechtsrolle „die Fortsetzung der Kerngeschlechtsidentität, aber auf einem höheren symbolisch-sprachlichen Niveau" (S. 24). Sie läßt sich als Zusammenfassung der Erwartungen an das eigene Verhalten wie auch an das Verhalten des Interaktionspartners bezüglich des eigenen Geschlechts auffassen. Durch dieses rollentypische Interagieren mit den Bezugspersonen organisiert sich beim Kind zunehmend die Selbsterkenntnis, einem bestimmten Geschlecht anzugehören. Es führt dann das Kind auch dazu, bezüglich geschlechtstypischer Verhaltensweisen bevorzugt gleichgeschlechtliche Rollenmodelle aufzusuchen, mit denen es sich identifizieren kann. Zucker & Green (1992) weisen aber darauf hin, daß man sicherlich nicht von einer linearen Entwicklung von der Geschlechtsidentität zur Geschlechtsrollenidentität sprechen kann, sondern daß beide Komponenten der Geschlechtsidentität vermutlich bereits in der frühen Kindheit eng miteinander verbunden sind. So haben Studien zur kognitiven Entwicklung von Kindern nur eine begrenzte Konstanz im kindlichen Denken hinsichtlich der Geschlechtsidentität nachweisen können. Es gibt kein rigoros geschlechtstypisches Verhalten, sondern es kann in bestimmten Entwicklungsphasen auch zu einer Überschneidung bzw. zu einer partikulären Aufhebung dieser äußeren Geschlechterdifferenz kommen (bspw. im Übernehmen gegengeschlechtlicher Verhaltensweisen, im Kleidungsverhalten etc.). Der besondere Einfluß einer geschlechtsspezifischen Sozialisation wurde vor allem von Money et al. (1957) anhand von Untersuchungen an anatomisch gemischtgeschlechtlichen Kindern nachgewiesen (Kinder mit männlichen und weiblichen äußeren Geschlechtsmerkmalen, sogenannte Pseudohermaphroditen). Dabei zeigte sich, daß geschlechtsspezifische Sozialisationserfahrungen in den ersten Lebensjahren eindeutig über die anatomischen und körperlichen Kriterien des Geschlechtes dominierten.

Die dritte Komponente der Geschlechtsidentität stellt die Ausrichtung der erotischen und sexuellen Wünsche dar (*sexuelle Orientierung*), die im wesentlichen die Geschlechtspartnerorientierung meint. Typischerweise manifestiert sich diese während der frühen Adoleszenz in erotischen Phantasien bis hin zur sexuellen Kontaktaufnahme im Rahmen der weiteren Adoleszenzentwicklung. Nach Mertens (1994), gehört zur Geschlechtspartnerorientierung auch der Bereich der erotischen und sexuellen Phantasien, die in der Adoleszenz dem Betreffenden ein erstes Verständnis für die sexuellen Präferenzen vermitteln. Erotische Phantasien sind bereits seit der Kindheit auch Phantasien, welche die Onanie begleiten bzw. diese auslösen. Erotische Vorstellungen organisieren die innere Erlebniswelt und tragen erheblich zu dem subjektiven Selbstverständnis eines Menschen bei. Die sexuelle Orientierung scheint zwar ihre „ersten prägenden Eindrücke bereits in der Kindheit zu gewinnen, nimmt aber erst im Verlauf adoleszenter Reorganisierungsprozesse ihre endgültige Ausgestaltung an. Daß Kinder in ihrer Geschlechtspartnerorientierung zunächst noch bisexuell erscheinen, wurde von Freud als polymorph perverse Sexualität des Kindes bezeichnet, und Freud hatte sich damit gegen alle normativen und auch biologistischen Vorstellungen einer angeborenen heterosexuellen Geschlechtspräferenz gewehrt" (Mertens, 1994, S. 26). Während sich die bisexuelle Partnerorientierung im Verlaufe der Entwicklung heterosexuell ausgestaltet, wurden früher homosexuelle Orientierungen als abweichendes Verhalten gewertet. Mertens (1994) führt weiter aus, daß die heterosexuelle Ausrichtung die vermutlich am wenigsten im körperlichen Bereich verankerte Komponente der Geschlechtsidentität ist. Wo keine Persönlichkeitsentwicklungsstörungen oder neurotischen Konflikte vorliegen, zeigten Menschen mit homosexuellen Orientierungen selten eine Störung ihrer Kerngeschlechtsidentität. In diesem Zusammenhang ist interessant, daß die (körperliche) Differenzierung der Geschlechter sich durch endokrinologische Einwirkungen im Rahmen der ersten drei Monate des fetalen Lebens ereignet. Während das Y-Chromosom die Testis-Entwicklung durch die Androgenproduktion anstößt, unterbleibt bei Mädchen durch die XX-Geschlechtschromosomen die Androgenproduktion und führt so zur femininen Entwicklung. Von Bedeutung erscheint auch, daß unterschiedliche Höhen an Geschlechtshormonen in der pränatalen Zeit auch einen deutlichen späteren Einfluß auf Geschlechtstypologien im Rahmen der psychosexuellen Entwicklung zeigten. So konnte z. B. nachgewiesen werden, daß männliche Kinder von Müttern, welche während ihrer Schwangerschaft Östrogene erhielten, in der Präpubertät deutlich weniger aggressiv waren, sich weniger athletisch bewegten und allgemeine Feminisierungszeichen aufwiesen (weiterführende Literatur bei Mertens, 1994; Fast, 1991).

7.11 Temperament

Obwohl es eine Fülle von Anstrengungen gibt, Temperamentsfaktoren beim Kind zu erfassen und meßbar zu machen, müssen wir heute sagen, daß das Konzept des kindlichen Temperaments noch nicht ausreichend empirisch gesichert ist. Um das Konstrukt des Temperaments gültig zu machen, müßten die Mechanismen für Temperamentsunterschiede, aber auch die Ausformungen und Entwicklungskonsequenzen kindlicher Temperamentseigenschaften systematisch erfaßt werden. Der Temperamentsbegriff schließt individuelle Verhaltensweisen ein, die im Zusammenhang mit affektiver Expressivität, motorischer Aktivität und Stimulussensitivität stehen. Temperament wurde früher global als eine bestimmte Verhaltensdisposition betrachtet, heute wird der wissenschaftliche Fokus vor allem auf spezifische Response-Charakteristika gegenüber Stimuli gerichtet, so daß man sich auf die Dauer, Frequenz und Intensität einer Verhaltensantwort auf Stimuli beschränkt. Man nimmt an, daß das Temperament mehr mit dem Affektsystem als mit dem kognitiven System verbunden ist und eine konstitutionell verankerte Unterschiedlichkeit in der sozio-emotionalen Reagibilität des Menschen ausmacht. Manche Autoren warnen davor, normale Variationen des Temperaments mit abnormen Verhaltensweisen direkt in Verbindung zu bringen, die Ausdruck von neurophysiologischen oder neuropsychologischen Dysfunktionen sein können. Es bleibt die Frage offen, ob sich klinische Vulnerabilitäten, bspw. für affektive oder schizophrene Erkrankungen, im Kindesalter als Spurensymptome im normalen Temperament zum Ausdruck bringen oder ob sie von Temperamenteigenschaften als eigene psychopathologische Symptome abhebbar sind. Diese Frage ist bis heute ungelöst!

Genetische Untersuchungen gehen davon aus, daß Temperamentsdifferenzen aufgrund genetischer Dispositon die Spontanaktivität und Responsivität von Individuen auf Umweltfaktoren beeinflussen (Rothbart et al., 1995). Das Entwicklungsmodell, das diesen Konstrukten zugrunde gelegt wird, entspricht einem interaktiven Individuum-Umwelt-Modell. Ungeklärt ist dabei der Entwicklungsverlauf von Temperamentsunterschieden. Frühere Grundannahmen legen fest, daß Temperamentseigenschaften über die Zeit hinweg gleichbleiben (Buss & Plomin, 1984). In der Tat ist die Erwartung einer Temperamentsstabilität für die Temperamentsdefinition fundamental, wobei aus entwicklungsdynamischer Sicht das Temperament sich auch genausogut über genetische Mechanismen im Laufe der Entwicklung ändern könnte, da sich auch die wechselnde Bedeutung unterschiedlicher Gene zu unterschiedlichen Entwicklungszeitpunkten nicht ausschließen läßt. Im folgenden kann und soll nicht auf den Diskussionsstand zwischen Persönlichkeit, Charakter und Temperament in der psychologischen Forschung eingegangen werden, sondern es sollen unterschiedliche Temperamentsdimensionen beschrieben werden, wie sie heute in der wissenschaftlichen Diskussion Platz finden. Solche Temperamentsdimensionen könnten, wenn sie mit anderen klinisch relevanten Phänomenen wie Bindung, lebensgeschichtlichen Faktoren, Vulnerabilitäten und Therapieansprechbarkeit in Verbindung gebracht werden, für den Kliniker neben einer psychopathologischen Analyse auch praktische Konsequenzen erhalten. Doch dies ist noch Zukunftsmusik.

Die klassische Einteilung von Temperamentskategorien haben Thomas & Chess (1980) vorgenommen: Neun Temperamentskategorien werden beschrieben:

Aktivität: Hiermit sind die motorischen Abläufe im Leben des Kindes und die täglichen Anteile von Aktivität und Inaktivität gemeint.

Tagesrhythmus (Regelmäßigkeit): Hiermit ist die zeitliche Vorhersagbarkeit und/oder Unvorhersagbarkeit von biorhythmischen Funktionen und vegetativen Funktionen gemeint (z. B. Schlaf-Wach-Rhythmus, Eßverhalten, Ausscheidungsgewohnheiten).

Annäherung oder Rückzug: Damit ist die Art der ersten Reaktion auf einen neuen Reiz, sei dies eine neue Person oder ein neues Spielzeug, gemeint. Wenn Annäherungsreaktionen positiv sind, werden sie durch positive Affekte begleitet. Rückzugsreaktionen sind negativ und werden ebenfalls durch negative Affekte gekennzeichnet.

Anpassungsfähigkeit: Damit sind die Reaktionen auf neue oder veränderte Situationen gemeint. Nicht die erste Reaktion ist hierbei von Interesse, sondern die Leichtigkeit, mit der sich Kinder an neue Situationen anpassen können.

Sensorische Reizschwelle: Hiermit ist das Intensitätsniveau gemeint, das ein Reiz haben muß, um eine erkennbare Reaktion hervorzurufen, unabhängig davon, welcher Art diese Reaktion ist oder in welcher sensorischen Modalität der Reiz angeboten wird.

Reaktionsintensität: Hiermit wird die Energie bezeichnet, welche in einer Reaktion zum Ausdruck kommt, ungeachtet der Qualität oder Richtung dieser Reaktion.

Stimmungslage: Hiermit ist der Anteil an angenehmen, freudvollen und freundlichen Verhaltensweisen gemeint, im Gegensatz zu dem Anteil unangenehmer, trauriger und unfreundlicher Verhaltensweisen.

Ablenkbarkeit: Diese Kategorie soll messen, inwieweit unwesentliche Umweltreize ein gerade andauerndes Verhalten stören oder seine Richtung ändern können.

Aufmerksamkeitsdauer und Durchhaltevermögen: Diese zwei Kategorien sind eng miteinander verbunden. Die Aufmerksamkeitsdauer bezeichnet die Zeitspanne, während der eine bestimmte Handlung von dem Kind durchgeführt wird. Das Durchhaltevermögen bezieht sich auf das Weiterführen

1. Positiver Affekt
2. Negativer Affekt
3. Persistenz
4. Motorische Responsivität
5. Beruhigbarkeit

Tabelle 7.5: Fünf Dimensionen des kindlichen Temperaments (nach Bornstein et al., 1986)

einer Aktivität trotz vorhandener Hindernisse, so daß die Richtung der Aktivität erhalten bleibt (s. auch Berger et al., 1985).

In einer neueren Konzeption von Bornstein et al. (1986) wurde diese Vielfalt von Temperamentskategorien auf fünf Aspekte zusammengefaßt (s. Tab. 7.5).

- Unter positivem Affekt werden in der Mutter-Kind-Interaktion Lächeln, Vokalisationen und andere Affektäußerungen danach beurteilt, ob sie in der Grundtönung positiv sind. Der Anteil solcher positiven Affektäußerungen auf soziale und nicht soziale Stimuli wird gemessen.

- Negative Affekte werden in der gleichen Weise als Häufigkeit von Weinen, Jammern oder Schreien festgehalten.

- Unter Persistenz versteht man die Aufmerksamkeitsdauer und das Durchhaltevermögen von Kindern in sozialen Spielen und im Suchverhalten für nicht soziale Stimuli.

- Motorresponsivität beschreibt die Tendenz des Kindes, motorisch auf soziale und nicht soziale Stimuli zu reagieren.

- Unter Beruhigbarkeit fällt die Effektivität und Häufigkeit unterschiedlicher Verhaltensweisen zur Beruhigung und Beschwichtigung des Kindes. Beruhigbarkeit wird immer dann gemessen, wenn das Kind unter psychischen Streß gerät.

Eine ganz andere Konzeption führt uns wieder zum Ausgangspunkt der Persönlichkeitsentwicklung von Kindern zurück. Cloninger und seine Arbeitsgruppe (Cloninger et al., 1993; Svrakic et al., 1993; Cloninger, 1994) haben in mehrjähriger Arbeit ein Temperament- und Charakterinventar erstellt, das sich in der neuesten Fassung auf sechs wesentliche Dimensionen beschränkt. Cloninger beschreibt drei Temperamentdimensionen und drei Charakterdimensionen, die bei Kindern im Schulalter (7–14 Jahre), aber auch bei Adoleszenten und Erwachsenen erhebbar sind (s. Tab. 7.6). Die Temperamentdimensionen werden ganz eng mit neurophysiologischen und neuroendokrinen Reagibilitäten des Kindes in Verbindung gebracht und in folgender Weise spezifiziert:

	Persönlichkeitsdimensionen	*Therapeutische Vorgehensweise*
Temperament-skalen	Neugierverhalten Schadensvermeidung Belohnungsabhängigkeit	Psychopharmaka Verhaltenstherapie
Charakter-dimensionen	Selbstlenkungsfähigkeit Kooperativität Selbsttranszendenz — Spiritualität	Kognitive Therapie psychodynamische Therapie

Tabelle 7.6: Das bio-psycho-soziale Persönlichkeitsmodell (nach Cloninger et al., 1993)

Neugierverhalten („novelty seeking“): Dieses Verhalten beschreibt in Selbstdarstellungen des Kindes sein Explorationsverhalten, seine Impulsivität versus reflexiver Zurückhaltung, seine Extravaganz versus Reserviertheit und seine Unordentlichkeit versus Einteilung und Reglementierung.

Schadensvermeidung („harm avoidance“): Hier wird antizipatorische Kümmernis versus optimistischer Haltung, Angst und Unsicherheit versus Entschlossenheit, Schüchternheit versus Geselligkeit und Asthenie versus Durchhaltekraft unterschieden. Harm avoidance gibt die Dimension an, nach der ein Kind trachtet, möglichst nicht in einer Situation in potentiell bedrohliche Auseinandersetzungen verwickelt zu werden.

Belohnungsabhängigkeit („reward dependence“): Hier werden Empfindsamkeit, Bindungsbedürfnis und Abhängigkeit in der Interaktion mit primären und sekundären Bezugspersonen festgehalten.

Nach Cloninger sind Temperamentsdimensionen biologisch fundiert und haben eine genetische Grundlage. So gilt das Neugierverhalten als ein genetisch bedingtes Bias in der *Aktivierung von Verhaltensweisen* wie Explorationsverhalten im Angesicht neuer Problemstellungen, das auch impulsive Entscheidungen und Außergewöhnlichkeit im Zugang umfaßt. Damit verbunden sind die Eigenschaften, rasch die Fassung zu verlieren und aktive Vermeidung von frustrierenden Situationen. Diese Eigenschaften finden sich bei Individuen mit hohen Scores von Neugierverhalten. Schadensvermeidung wird als vererbliche Eigenschaft in der *Inhibition von Verhaltensweisen* gesehen. Damit verbunden sind pessimistischer sorgenvoller Zukunftsaspekt sowie passiv vermeidende Verhaltensformen, Angst, Unsicherheit und Schüchternheit gegenüber Fremden sowie rasche Ermüdbarkeit. Die dritte Temperamentseigenschaft, Belohnungsabhängigkeit, wird als vererbliche Nuancierung in der *Aufrechterhaltung* von gerade ablaufenden Verhaltensprogrammen gesehen, manifestiert sich als Gefühlshaftigkeit, Bindungssehnsucht und Abhänigkeit von der Bestätigung durch andere. Es handelt sich also um vererbbare Mechanismen in der Verhaltensinitiation, Verhaltensabbremsung und Verhaltensaufrechterhaltung.

Davon abgegrenzt beschreibt Cloninger drei Charakterdimensionen, die er ganz stark mit der Entwicklung des Selbstkonzeptes und damit kognitiven Aspekten in Verbindung bringt.

Selbstlenkungsfähigkeit ist die Fähigkeit eines Individuums, sein Verhalten zu kontrollieren, zu regulieren und situativ zu adaptieren, so daß es mit den vom Individuum gewählten Zielen und Werten übereinstimmen kann. Selbstlenkungsfähigkeit hat mit Willenskräften und Intentionalität zu tun, wobei hohe Selbstlenkungsfähigkeit mit gutem Selbstvertrauen, der Fähigkeit, auch Fehler zuzugestehen, sich so zu akzeptieren, wie man ist, in Verbindung gebracht wird. Solche Individuen erleben sich und ihr Dasein als sinnvoll und bedeutungshaft, sie können Belohnungen für ihre Motivation, Erfolge und Anerkennung aufschieben, um weiter entfernt liegende Ziele zu erreichen. Im Angesicht von Problemstellungen fühlen sie sich initiativ und herausgefordert.

Kooperativität beschreibt individuelle Differenzen des Interesses an anderen Menschen und der Akzeptanz durch andere. Es zeigt sich, daß alle Kategorien von Persönlichkeitsstörungen im Erwachsenenalter mit einem niedrigen Kooperativitätsscore einhergehen. Kooperative Individuen sind sozial tolerant, einfühlsam, hilfreich und mitfühlend, während unkooperative Individuen sozial intolerant imponieren und kein Interesse an den Interessen und Gefühlen anderer Menschen zeigen. Sie helfen daher auch nicht und sind nachtragend. Ein Zusammenhang mit dem Begriff Alfred Adlers, dem Gemeinschaftsgefühl, wird offenbar. Schon Adler (1978) meinte, daß eine wesentliche Quelle für die normale Persönlichkeitsentwicklung die Etablierung eines Gemeinschaftsgefühls darstellt. Nach Cloninger ist Kooperativität eine eigene Charakterdimension, die bei verschiedensten psychischen Störungsbildern zu finden sein kann.

Selbsttranszendenz und Spiritualität bilden eine Dimension, die davon ausgeht, daß Meditation und Gebet mit erhöhter Lebenszufriedenheit, persönlicher Effektivität und Sinnerfüllung einhergehen können. Wie schon im Konzept der Salutogenese findet sich die Beschäftigung mit spirituellen Fragen als eine Quelle der Aufrechterhaltung von Sinnhaftigkeit der Existenz. Selbsttranszendenz und Spiritualität sind auch durch Denkstile jenseits der klassischen Logik und der Wissenschaftlichkeit gekennzeichnet. Selbsttranszendenz meint die Identifikation mit dem Dasein, das als sinnvoll und integriert erlebt wird. Es ist die Akzeptanz des Daseins, die Identifikation und spirituelle Vereinigung mit der Natur und ihren Wirkkräften. Auch magische

Annahmen im Alltag haben hier ihren Platz, wobei die Wirklichkeit niemals völlig verlassen wird, der Kontakt zu anderen Menschen erhalten bleibt. Spiritualität erlaubt dem Menschen bei realer Verankerung die Erweiterung rein persönlicher Gedanken- und Erlebniswelten.

Interessanterweise findet sich, daß die Selbsttranszendenz bei psychiatrischen Patienten im Erwachsenenalter gegenüber der Allgemeinheit reduziert ist! Die Wiedererlangung von Selbsttranszendenz und Spiritualität erscheint damit als eine sinnvolle und notwendige therapeutische Maßnahme.

Cloninger geht soweit zu sagen, daß die Temperamentsdimensionen eher auf psychopharmakologische Interventionen und verhaltenstherapeutische Maßnahmen reagieren. Zur Veränderung von Charakterdimensionen wie Selbstlenkungsfähigkeit, Kooperativität und Spiritualität können kognitive, existentialistische und psychodynamische Therapieansätze beitragen. Über Veränderungen unterschiedlicher Dimensionen im Entwicklungsverlauf kann aufgrund des heutigen Wissensstandes noch nichts ausgesagt werden. Das biopsychosoziale Persönlichkeitsmodell von Cloninger läßt aber empirische Überprüfungen zu und erweist sich im Hinblick auf andere klinische Konstrukte als kompatibel.

7.12 Dimensionale Persönlichkeitsmerkmale („big five")

Die Persönlichkeitsforschung hat bei Erwachsenen fünf globale Dimensionen der Persönlichkeit beschrieben, die sich unabhängig von unterschiedlichen Testverfahren an unterschiedlichen Stichproben immer wieder nachweisen lassen: Jede der fünf Dimensionen kennzeichnet ein Kontinuum zwischen zwei Polen mit Extremvarianten.

Extraversion versus Introversion: Orientierung nach außen bzw. nach innen: Geselligkeit, Kontaktfreude, Dominanzstreben, Neugier und Abenteuerlust kennzeichnen den Extraversionspol, jede Eigenschaft hat ihre gegensätzliche Entsprechung am introversiven Pol (z. B. Kontaktscheu).

Verträglichkeit versus Aggressivität: Verträglichkeit ist durch Liebenswürdigkeit, Gutmütigkeit und Freundlichkeit gekennzeichnet.

Gewissenhaftigkeit (Rigidität): Diese Dimension erfaßt Eigenschaften wie Zuverlässigkeit, Ordentlichkeit und Gründlichkeit auf einer kontinuierlichen Skala zwischen Leichtfertigkeit und Rigidität.

Emotionale Stabilität versus Neurotizismus: Der Pol der emotionalen Stabilität ist durch Ruhe, Gelassenheit und Selbstvertrauen gekennzeichnet. Irritabilität bildet den Gegenpol.

Offenheit für Erfahrung: Diese Dimension beschreibt Originalität, Kreativität, Phantasiereichtum und künstlerische Qualitäten.

Jede individuelle Persönlichkeit zeichnet sich durch das Bestehen unterschiedlicher Persönlichkeitszüge aus. Im Laufe der Entwicklung können vorübergehend bestimmte Extremvarianten einer bestimmten Wesensart auftreten. Störungen der Persönlichkeitsentwicklung sind durch anhaltende Dominanz eines bestimmten Persönlichkeitsmerkmals gekennzeichnet, wenn eine zweite wesentliche Bedingung erfüllt ist: nämlich, daß durch solche Wesenszüge das subjektive Befinden, die soziale Anpassung und die schulische oder berufliche Leistungsfähigkeit relevant eingeschränkt sind. Ein entsprechendes Verhalten müßte sich in vielfältigen Lebenskontexten stabil sichtbar machen und damit negative Auswirkungen auf vielfältige Bereiche des alltäglichen Lebens besitzen. Gerade im Kindes- und Jugendalter müssen wir uns sehr davor hüten, zu früh und zu streng Entwicklungsvarianten der normalen seelischen Anpassung in Dimensionen der Pathologie zu beurteilen! Von der vorschnellen Diagnose einer Persönlichkeitsstörung im engeren Sinne — wie sie von der Psychopathologie und Psychiatrie des Erwachsenenalters definiert wird — sollte im Kindes- und Jugendalter Abstand genommen werden. Anpassungsfunktionen und die Bewältigung von Entwicklungsaufgaben sollten vielmehr zur Erklärung hervorstechender extremer Persönlichkeitszüge herangezogen werden. Wir sollten uns mehr darum bemühen, Kinder und Jugendliche zu verstehen und die Flexibilität bzw. Wandelbarkeit von Persönlichkeitseigenschaften in den Fokus nehmen. Es erscheint wichtiger, nach Selbstbild, Weltbild und psychischem Funktionsniveau in der aktuellen Situation zu fragen, als Kinder nach dominierenden Verhaltensfacetten zu kategorisieren.

KAPITEL 8

Bewältigung und Abwehr

Nachdem wir nun eine Vorstellung von „Ich“ und „Selbst“ gewinnen konnten, soll das nächste Kapitel den generischen Ich-Prozessen gewidmet sein. Diese Ich-Prozesse formieren die Ich-Organisation, also die subjektive Struktur der handelnden Person. Generische Ich-Prozesse bedienen sich unterschiedlicher Technologien der Anpassungsbewältigung (s. Kap. 1) und verbinden das Individuum mit seiner Umwelt. Diese generischen Ich-Prozesse dienen also drei wesentlichen Aufgaben:

- der aktuellen Anpassungsbewältigung,
- der Optimierung vorhandener Schemata (affekt-logisch strukturierte Repräsentanzen von Selbst, Objekten und dinglicher Umwelt) und
- einer Desaktualisierung des unmittelbaren Erlebens, d. h. einer Freimachung des Erlebnisfeldes (Abnahme der Dringlichkeit von Inhalten des aktuellen Bewußtseins).

In diesem Verständnis kann das Ich als ein sich fortschreitend autoplastisch strukturierender Prozeß aufgefaßt werden. Das Ich als lebendige Bewältigungsstruktur ist in permanenter Entwicklung begriffen. Es erkennt sich als „Selbst“ in seinen vitalen Dimensionen (subjektives Selbst) und objektiviert sich in seinen Interaktionen mit der Umwelt (definitorisches Selbst). In dieser Sichtweise werden interaktionistische Entwicklungstheorien mit tiefenpsychologischen und kognitionspsychologischen Vorstellungen vereinigt. Der Fokus einer solchen Sichtweise hat sich daher vom Menschen als Funktionswesen („mechanical man“) auf ein neues Menschenbild des subjektiv bewältigenden Wesens („coping man“) gerichtet (Herzog, 1991). Das Ich eines Menschen drückt sich in dem aus, was er tut. Generische Ich-Prozesse sind also die zentralen und überdauernden Strategien, die Menschen benützen, um verschiedene Aspekte ihres Innenlebens im Rahmen der Umweltauseinandersetzung aufeinander abzustimmen.

Piaget’s Modell der Assimilations- und Akkommodationsprozesse können nach Norma Haan (1977) gut für eine Beschreibung der Ich-Aktivitäten herangezogen werden. Wie schon in Kap. 1 betont, gelingt die Anpassungsbewältigung durch Aktualisierung repräsentativer Schemata anhand einer konkreten Lebensproblemstellung. Nach Herzog (1991) bilden im Bewältigungsmodus (Coping) Assimilation und Akkommodation ein Gleichgewicht (s. Abb. 8.1). So bewältigt man dabei die Auseinandersetzung mit neuen Anforderungen, die nicht durch gewohnheitsmäßige Reaktionen gemeistert werden können. Bewältigung ist immer eine Auseinandersetzung mit Schwierigkeiten. Wie für Piaget ist auch für Haan

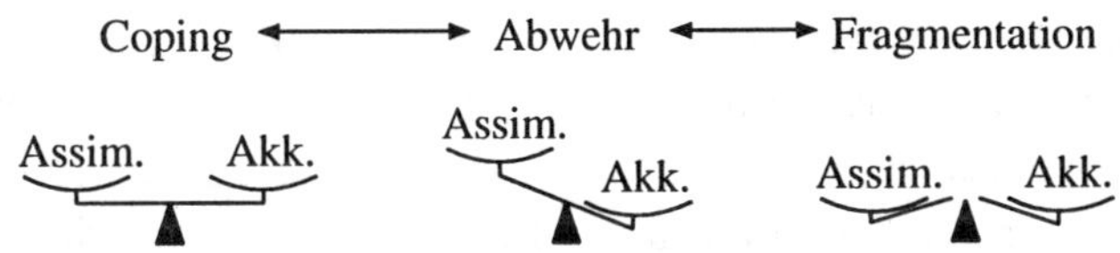

Intersubjektivität	+	+/–	–
Selbst	-behauptung	-erhaltung	-verlust
Freiheitsgrade des Handelns	Wahl der Perspektive	Wahl der Reaktion	keine Wahl, reflexhaft

Abbildung 8.1: Generische Ich-Prozesse in der Interaktion (nach Haan, 1977)

(1977) Entwicklung eine Funktion von Ungleichgewichten. Wo es keine Probleme, Konflikte und Ungereimtheiten gibt, bleibt die Auseinandersetzung aus, und es gibt keine Entwicklung. Aber das menschliche Leben ist im wesentlichen konfliktuös und durch Mangel und Überraschungen gekennzeichnet. Das Individuum wird aus dem Gleichgewicht geworfen und verändert sich in Richtung einer Optimierung, indem es versucht, sein Gleichgewicht wieder herzustellen. Dabei sind es besonders soziale Ungleichgewichte der interaktionellen Matrix, die Entwicklung möglich machen. Ungleichgewichte werden als negative Emotionen erlebt, sie führen zu drängenden, beunruhigenden Erfahrungen und fordern Bewältigung heraus. Als Ausdruck seiner Lebendigkeit ist der Mensch spontan aktiv. Damit stößt er aber unvermeidlich auf Hindernisse und Widerstände einer Wirklichkeit, die ihn zur Veränderung veranlaßt (Herzog, 1991).

Durch Bewältigungsprozesse ist der Erfolg noch nicht garantiert, aber coping basiert auf der Annahme, daß es besser ist, möglichst viel Information zu sammeln und daß es sinnvoll ist, sich einem sozialen Abstimmungsprozeß zu unterziehen, bevor man handelt. Coping basiert also auf dem Realitätsprinzip. Die Bewältigung ist somit der normative Modus der Ich-Prozesse. Menschen, die durch coping ihre Schwierigkeiten meistern, bleiben aufeinander bezogen. Durch Abwehrmechanismen und Fragmentierung zerstören sie ihre Bezogenheit. Sie ermöglichen sich dann zwar einen „privaten Triumph", jedoch zum Preis einer „sozialen Niederlage" (Herzog, 1991). Menschen retten ihre Integrität im Rahmen der Fragmentation durch Rückzug, sie verlieren jedoch dadurch den Kontakt zu anderen Menschen (Resch, 1992).

Im Abwehrmodus sind also Assimilation und Akkommodation im Ungleichgewicht. Abwehr ist ein überassimilatorischer Prozeß (leerlaufende Assimilation) und bedeutet die Stiftung von Sinn, wo für andere Menschen keiner ist. Während coping eine absichtsvolle gewählte und flexible Strategie bedeutet, die der intersubjektiven Realität und Logik verpflichtet bleibt, sind Abwehrmechanismen zwanghaft starr und verzerren die intersubjektive Logik. Während coping noch einen angemessenen Ausdruck und entsprechende Verarbeitung von Affekten erlaubt, ist dies bei Abwehr von affektiv getriggerter Dringlichkeit nur indirekt möglich und außerdem von der Erwartung getragen, daß negative Gefühle auch behoben werden können, ohne das Problem wirklich zu lösen (Olbrich, 1984).

Grundgefühle der Abwehr sind die Bedrohung und Betroffenheit. Die assimilativen Handlungen stören die notwendigen akkomodativen Veränderungen. Die überassimilatorisch (durch Verzerrung) ermöglichte Anpassung durch Abwehr bewirkt eine dysfunktionale, nicht optimal der komplexen Wirklichkeit entsprechende akkomodative Konzeptentwicklung. Die Konzepte werden mehr an subjektive Einstellung und Phantasie angepaßt, als an die Realität.

Im Gegensatz zur Bewältigung sind Abwehrmechanismen rigide Strategien, die situationsunabhängig anwendbar eine Desaktualisierung der problembezogenen Irritation auf globale Weise ohne wirkliche Problemlösung ermöglichen. Abwehrmechanismen scheinen in der psychodynamischen Erklärungsebene etwas abzubilden, was auf der Ebene der kognitiven Strukturierung des Weltbildes bereits als eine situationsbezogene Entdifferenzierung, eine Interpretation auf niedrigerem, repräsentativem Strukturniveau imponiert. So konnte Piaget zeigen, daß aufgrund einer bestimmten kognitiven Konstellation die Projektion (als Abwehrmechanismus) eine notwendigerweise entstehende Form der Weltinterpretation darstellt. Im Zustand des kognitiven Adualismus wird durch die Nichtunterscheidbarkeit zwischen innen und außen, zwischen Ursache und Wirkung eine Interpretation der Sachlage durch Projektion ermöglicht. Man kann annehmen, daß mit gewissen Abwehrmechanismen eine gewisse kognitive Strukturierung der situationsspezifischen Interpretation verbunden ist. Es erfolgt durch Abwehrmechanismen also ein Rückgriff auf ontogenetisch frühere Betrachtungsweisen (Resch & Schuch, 1995).

Im Fragmentierungsmodus fallen Assimilation und Akkommodation schließlich auseinander. Es kommt zu privaten, die Intersubjektivität vollkommen außer acht lassenden assimilatorischen Lösungen, die den Realitätsbezug verlieren und letztlich eine Handlungsfähigkeit auf Kosten einer Entdifferenzierung der Ich-Organisation ermöglichen. Wenn ein Problemkreis durch Abwehrmechanismen nicht mehr verarbeitet werden kann, sondern eine Selbstbedrohung in höchster Alarmstufe erfolgt, dann wird der gesamte Weltbezug, die gesamte Bedeutungsgebung in Frage gestellt und schließlich ein ontologischer Regressionsmechanismus in Gang gesetzt, der zu einer Entdifferenzierung der gesamten kognitiven Verarbeitung mit einem globalen Absinken der Umweltbewältigung auf ein frühes Repräsentationsniveau führt. Dort beginnt der „subjektive Weltwandel", der Übergang in psychotische Wahrnehmungs-, Denk- und Erlebnisweisen und der Verlust der Realitätskontrolle (Resch, 1992).

Norma Haan drückt das auf folgende Weise aus: „The person will cope if he can, defend if he must and fragment if he is forced, but which ever mode he uses it is still in the service of his attempt to maintain organisation" (Haan, 1977, S. 42).

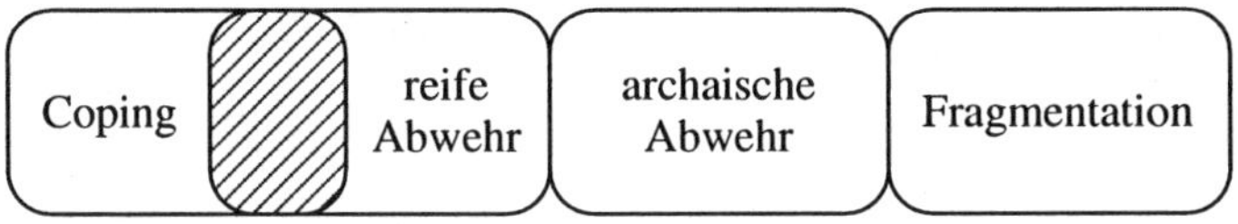

Abbildung 8.2: Abwehrmechanismen (nach Tschuschke et al., 1994)

Wir sehen, daß generische Ich-Prozesse, Bewältigungs- und Abwehrformen nur im Zusammenhang mit einem Verständnis von Repräsentanzen und sozialen Konzepten sinnvoll erscheinen. In diesem Zusammenhang ist es wichtig, zwischen Abwehr- und Bewältigungsmechanismen, die intrapsychische Prozesse darstellen, und Abwehr- und Bewältigungsverhaltensweisen zu unterscheiden, welche sichtbarer Ausdruck von Bewältigungsmechanismen sind. Es herrscht in der Literatur Uneinigkeit darüber, ob Abwehrmechanismen bewußt werden können oder immer unbewußt sind. So kann sich eine Person ihres Abwehrverhaltens selbst gegenüber bewußt oder unbewußt sein. Die meisten Autoren stimmen darin überein, daß sich Menschen im Moment der Anwendung von Abwehrmechanismen eben dieser Anwendung nicht bewußt sind, sondern subjektiv den Eindruck haben, im Moment einen Bewältigungsprozeß, d. h. ein coping, vorzunehmen. Erst im nachhinein, beispielsweise aufgrund einer Bewußtwerdung unter dem Einfluß anderer, können solche Abwehrmechanismen auch introspektiv erfahrbar gemacht werden.

Abwehr ist nicht an sich negativ. In manchen Situationen mögen Abwehrprozesse, d. h. subjektive Verdrehungen und Verzerrungen der Wirklichkeit, sogar für die Aufrechterhaltung von Selbstwert und Identität erfolgreicher sein als an den Fakten und Mitmenschen ausgerichtete Bewältigungsprozesse. Längerfristig dürfte allerdings die permanente Abwehr negative Auswirkungen haben. Führt sie doch in die Irrationalität und in eine mehr mechanistische Existenzform. Abwehrmechanismen drängen das Individuum aus der Gemeinschaft und führen es in eine subjektivistische Isolation.

Im folgenden soll eine Übersicht über verschiedene Abwehrmechanismen gegeben werden (s. Tab. 8.1 und Abb. 8.2). Von Tschuschke et al. (1994) wurde ein Manual zur Erfassung von Bewältigungsreaktionen erstellt. Dieses enthält die Definition einer Fülle von Bewältigungsreaktionen bis hinein in den Bereich der Abwehrmechanismen. Zu nennen hier sind z. B. ablenkende Aktivität, Informationssuche, Reizkontrolle, Selbstkontrolle, Sinngebung, Problemanalyse, Geduld, Hoffnung, Selbstaufwertung. Coping-Prozesse helfen dem Menschen in Belastungssituationen, in denen die Handlungsfähigkeit als Folge von Eingriffen in das Person-Umwelt-Passungsgefüge bedroht ist. Sie zielen auf eine Restrukturierung dieses Gefüges unter Aufrechterhaltung der Intersubjektivität.

Coping-Strategien sind Strategien, die eine Wahl der Perspektive ermöglichen. Demgegenüber ermöglichen Abwehrmechanismen nur noch die Wahl der Reakti-

Reife Abwehr:	Unreife (archaische) Abwehr:
Affiliation	Verleugnung
Altruismus	Tagträumen
Antizipation	*Borderline Abwehr*
Humor	Projektion
Selbstbehauptung	Projektive Identifikation
Selbstbeobachtung	Spaltung
Sublimation	*Narzißtische Abwehr*
Unterdrückung	Idealisierung
Zwanghafte Abwehr	Entwertung
Isolierung	Omnipotenz
Intellektualisierung	
Ungeschehen Machen	
Andere neurotische Abwehr	
Verdrängung	
Dissoziation	
Reaktionsbildung	
Verschiebung	
Rationalisierung	
Bagatellisierung	

Tabelle 8.1: Abwehrmechanismen, modifiziert nach Perry (1994) und Tschuschke et al. (1994)

on. Die Sichtweise wird jedoch bereits in einer ganz bestimmten Form festgelegt.

Das Konzept der Abwehrmechanismen wurde von Sigmund Freud (1982) elaboriert und von Anna Freud (1965) weiterentwickelt. Wahrnehmungen und Gefühle werden verändert und verzerrt, um die Irritationen zu verringern, die aus dem Konflikt zwischen inneren Bedürfnissen und Anforderungen von externer Wirklichkeit, Normen oder Idealvorstellungen resultieren. In Anlehnung an die Einteilungen von Kernberg (1988) und Perry (1994) sollen im folgenden Abwehrmechanismen definiert werden. Wir berufen uns dabei auf Definitionen, wie sie im Manual für Abwehrmechanismen von Perry (1994) festgelegt wurden.

Affiliation: Hierbei wird das Bedürfnis des Individuums nach emotionaler Bindung mit dem Wunsch verknüpft, einen internen Konflikt oder eine Belastungssituation wirksam zu bewältigen. Das Individuum wendet sich an andere um Hilfe oder Unterstützung. Dieser reife Abwehrmechanismus ist einem coping-Mechanismus gleichzusetzen.

Altruismus: Befriedigt soziale Bedürfnisse nach Aufrechterhaltung von Bindung auch in konflikthafter Auseinandersetzung. Belastungssituationen werden durch die Erfüllung der Bedürfnisse anderer bewältigt. Altruismus ist als reifer Abwehrmechanismus ebenfalls ein coping-Mechanismus.

Antizipation: Diese erlaubt es dem Individuum, die Effekte zukünftiger Stressoren oder Konflikte zu mildern, und zwar dadurch, daß es realistische alternative Lösungen prüft und emotionale Reaktionen auf mögliche zukünftige Probleme antizipiert, d. h. zukünftige negative Gefühle werden aktuell in der Vorstellung erlitten. Dieser reife Abwehrmechanismus stellt also quasi ein Probehandeln dar und ist als Bewältigungsmechanismus aufzufassen.

Humor: Dieser erlaubt den Ausdruck von Affekten und Wünschen, die konflikthaft oder belastet sind. Es werden lustige oder ironische Gesichtspunkte eines Konfliktes oder Stressors betont. Humor geht nicht auf Kosten anderer. Als reifer Abwehrmechanismus ist er zugleich auch Bewältigungsstrategie.

Selbstbehauptung: Angesichts von internen oder externen Stressoren äußert das Individuum in direkter Weise seine Gefühle und Gedanken, um seine Ziele zu erreichen. Selbstbehauptung erfordert nicht, daß das Individuum seinen Willen durchsetzt. Sie ist jedoch emotional nützlich, weil dadurch eine Desaktualisierung möglich wird, und gilt als Bewältigungsstrategie.

Selbstbeobachtung: Diese ermöglicht es dem Individuum, sich am besten so anzupassen, daß es eine sehr genaue Sichtweise eigener Affekte, Wünsche, Impulse und Verhaltensweisen hat. Durch Perspektivenübernahme ist der Mensch in der Lage, ein Problem selbst so zu sehen, wie andere es sehen. Selbstbeobachtung ist als reifer Abwehrmechanismus auch Bewältigungsmechanismus.

Sublimation: Diese erlaubt den Ausdruck von Wünschen, Impulsen oder Affekten, die das Individuum wegen potentiell sozial negativer Auswirkungen abblockt. Durch Sublimierung werden solche gehemmten Äußerungen in sozial akzeptable Ausdrucksformen umgeleitet. Ursprüngliche Ziele und Objekte werden modifiziert und haben kreative Handlungen oder Produkte als Ergebnis. So kann aus konflikthaften Gefühlen ein Kunstwerk entstehen. Sublimierung ist als reifer Abwehrmechanismus zugleich auch Bewältigungsmechanismus.

Unterdrückung: Diese hält sowohl den Gedanken als auch den Affekt, der mit einem inneren oder äußeren Stressor verbunden ist, aus dem Bewußtsein fern. Ganz bewußt wird die Aufmerksamkeit auf etwas anderes gerichtet. Unterdrücktes

Material kann jedoch jederzeit absichtlich ins volle Bewußtsein zurückgeholt werden. Negative Gefühle werden anerkannt, aber die Auseinandersetzung mit ihnen aufgeschoben. Im Gegensatz dazu geht Verdrängung immer mit einem Bewußtseinsverlust der gedanklichen Komponenten des Stressors einher.

Isolierung: In emotionalen Konflikten oder Belastungssituationen werden Affekt und Denkinhalt voneinander getrennt. Das Individuum verliert dadurch den Kontakt mit Empfindungen, die mit einer gegebenen Vorstellung verknüpft sind, während es sich gleichzeitig der kognitiven Bestandteile bewußt bleibt. Der Affekt ist verloren und entkoppelt.

Intellektualisierung: Das Individuum geht dabei mit emotionalen Konflikten und Belastungssituationen so um, daß es in übertriebener Weise abstraktes Denken einsetzt, um das Erleben störender Gefühle vermeiden zu können. Es wird also vom situativen Kontext abgehoben und, um Affekte zu verarbeiten, eine verallgemeinerte und unpersönliche Form der Erfahrung benützt. Das Individuum bezieht sich schließlich auf solche Erfahrungen in einer verallgemeinerten Form bzw. in der zweiten oder dritten Person (nicht „ich fühle“, sondern „man fühlt“).

Ungeschehenmachen: Dabei werden Handlungen gesetzt, die vorausgegangene Gedanken, Gefühle oder Handlungen wiedergutmachen oder diese verneinen. So warf eine Patientin nach Heißungerattacken im Rahmen einer Bulimia nervosa gleichgroße Mengen an Speisen direkt aus dem Kühlschrank in den Mülleimer, um sich ohne Erbrechen von der Last der verschlungenen Nahrungsmittel zu befreien.

Isolierung, Intellektualisierung und Ungeschehenmachen werden zusammen als zwanghafte Abwehr apostrophiert.

Verdrängung: Diese schützt das Individuum davor, emotionale Konflikte und vergangene Belastungssituationen in der Gegenwart bewußt zu machen. Im Gegensatz zur Unterdrückung entsteht bezüglich der gedanklichen und affektiven Komponente des Stressors ein Bewußtseinsverlust. Solche Konflikte treten erst später unfreiwillig ins Bewußtsein, z. B. durch Phänomene überschießender Reaktionen in ähnlichen Konfliktsituationen.

Dissoziation: Dissoziiertes Erlebnismaterial wird gewöhnlich als zu bedrohlich erlebt, um vom Individuum anerkannt und voll bewußt zu werden. Es handelt sich dabei oft um Erinnerungen an schwere Traumata, die mit Todesangst oder Gefühlen vollkommener Machtlosigkeit verbunden sind. Sowohl die Vorstellung von solchen Situationen als auch der dazugehörige Affekt oder Impuls verbleiben außerhalb des Bewußtseins, werden aber durch eine Bewußtseinsveränderung ausgedrückt. Dem Individuum bleibt bewußt, daß irgend etwas Ungewöhnliches abläuft, wobei jedoch ein vollständiges Bewußtwerden der eigenen Affekte oder Impulse nicht stattfindet. Dissoziierung kann zu traumartigen Zuständen der Realitätsverkennung und zu Brüchen der Zeitkontinuität und des Selbstgefühls führen.

Der Dissoziationsbegriff gibt wegen seiner Vieldeutigkeit immer wieder zu Mißverständnissen Anlaß: Dissoziation als *Abwehrmechanismus* beschreibt die Bewältigung eines traumatischen Erlebnisses durch eine umschriebene Bewußtseinsveränderung, Dissoziation wird aber auch im übergeordneten Sinne als grundsätzlicher Mechanismus der Traumabewältigung mit vielfältigen kognitiven und affektiven Veränderungen — unter Einschluß verschiedener Abwehrformen — verstanden (s. Kap. 9.2). Dabei ist ein Modus der *Informationsverarbeitung* gemeint, der sich von der Fragmentation unterscheiden läßt: Dissoziation ist ein komplexer psycho-physiologischer Prozeß, bei dem es zu einer teilweisen oder völligen Desintegration psychischer Funktionen kommt. Dissoziation verändert die Verfügbarkeit von Empfindungen, Sinneswahrnehmungen und Gedächtnisinhalten für die bewußte Selbstreflexion. Wahrnehmungs- und Denkprozesse unterhalb der reflexiven Ebene erscheinen dadurch aber nicht grundsätzlich beeinträchtigt. Informationsgewinnung und -verarbeitung sind prinzipiell möglich, aber in ihrer Bewußtmachung beeinträchtigt. Innenwelt und Außenwelt bleiben grundsätzlich getrennt. Es kommt zur Abspaltung ganzer Erlebniseinheiten mit kognitiven, affektiven, selbst- und objektbezogenen Aspekten. Die Dissoziation teilt quasi das Selbst in verschiedene Seinszustände, die unabhängig voneinander existieren können. Man bezeichnet dies nach Kohut (1971) als sogenannte vertikale Spaltung, die der horizontalen Spaltung gegenübergestellt wird. Durch vertikale Spaltung entstehen kohäsive Persönlichkeitsanteile, die nebeneinander existieren können. Demgegenüber führt die Fragmentation (Haan, 1977) zu einer grundsätzlichen Veränderung von Wahrnehmungs- und Denkprozessen bereits in präreflexiven Bereichen. Es handelt sich dabei um tiefgreifende Störungen der Informationsverarbeitung mit Zerfall der Denkprozesse, wobei Innenwelt und Außenwelt vermischt werden. Erlebniseinheiten und Persönlichkeitsanteile werden in sich aufgespalten. Unter den Bedingungen der Fragmentation sprechen wir von horizontalen Spaltungsprozessen. Dissoziation als *Symptom* schließlich kennzeichnet ein Störungsmuster, das als — posttraumatisch erworbener — Erlebnisstil das Alltagsleben verfremden und beeinträchtigen kann.

Reaktionsbildung: Dabei wird der ursprüngliche Impuls oder Affekt für unakzeptabel gehalten und in unbewußter Weise Verhaltensweisen, Gedanken und Gefühle eingesetzt, die den nicht akzeptablen diametral entgegengesetzt sind. Dieser Mechanismus ist am deutlichsten sichtbar bei Beispielen, wo Fürsorge und Anteilnahme dort eingesetzt werden, wo man als Beobachter Wut und Angst gegenüber Personen erwarten müßte.

Verschiebung: Diese erlaubt den Ausdruck eines Affektes oder Impulses gegenüber einer Person oder einem anderen Objekt, das ein gewisses Maß an Ähnlichkeit zum ursprünglichen Objekt aufweist, welches einmal diesen Affekt oder Impuls hervorrief. Solche Affekte oder Impulse, deren Äußerungen gegenüber dem ursprünglichen Objekt zu gefährlich schienen, werden nun gegenüber einem weniger bedrohlichen Objekt zum Ausdruck gebracht. Verschiebung kann also Substitution des Objektes bedeuten, kann aber auch zur Wendung bspw. von Aggressionen gegen sich selbst führen. Autoaggressivität wäre also die Verschiebung von Heteroaggressivität.

Rationalisierung: Diese ersetzt die Erkenntnis eigener Motive durch Erklärungen, die zwar Sicherheit verleihen oder selbstdienlich imponieren, jedoch an objektiven Maßstäben gemessen unrichtig sind. Das Individuum ist sich über seine zugrunde liegende Motivation nicht oder nur teilweise bewußt. Statt dessen sieht es nur den vorgeschobenen, meist sozial akzeptableren Grund für sein Motiv. Wahre Motive werden durch Rationalisierung verschleiert. Im Gegensatz dazu verzerrt der nahe verwandte Abwehrmechanismus der Intellektualisierung die Fakten einer Situation oder die Motive nicht, obwohl er sie ins Abstrakte verlagert. Rationalisierung hat mit „Sich-in-die-Tasche-Lügen" zu tun.

Bagatellisierung: Diese ist eine Abwehr, die direkt gegen Affekte oder Impulse gerichtet ist und das Erleben störender oder bedrohlicher Gefühle in Bedeutung bzw. Bedrohlichkeit herunterspielt. Die eine Vorstellung begleitenden gefühlsmäßigen Komponenten werden zwar anerkannt, aber in ihrer Konsequenz und Auswirkung klar herabgesetzt.

Verleugnung: Dadurch kann das Individuum mit emotionalen Konflikten und Belastungssituationen so umgehen, daß es vermeidet, einige Aspekte der externen Realität bzw. seines Erlebens, die anderen in derselben Situation offensichtlich sind, bewußt wahrzunehmen und anzuerkennen. Die Verleugnung vermeidet ein Zulassen oder Bewußtwerden von Vorstellungen oder Erkenntnissen, die Scham, Kummer oder andere negative Gefühle hervorrufen würden. Verleugnung führt daher zu einer deutlichen Beeinträchtigung der realitätsgerechten Wahrnehmung. Verleugnungen gelangen a priori nicht ins Bewußtsein, während Verdrängungen aus diesem wieder abgeschoben werden. Verleugnung wäre ein Nicht-mit-Aufmerksamkeit-Belegen eines wichtigen Details im Wahrnehmungsprozeß, welches dann in den Entscheidungen nicht mehr mitgedacht wird. Dadurch kann das Individuum sich aber kurzfristig vor selbstbedrohlichen negativen Gefühlen in der aktuellen Situation schützen.

Tagträumen: von Perry (1994) auch autistisches Phantasieren genannt, erlaubt es dem Individuum durch eine im Wunsch vorgestellte Lösung eines realen Problems oder Konfliktes, eine stellvertretende Befriedigung zu erlangen. In der Phantasie kann die Überzeugung vorherrschen, daß man handlungsfähig ist, auch wenn dies in der Realität nicht gegeben ist. Magische Denkprozesse kennzeichnen diesen Abwehrmechanismus im besonderen.

Projektion: Dabei geht das Individuum mit emotionalen Konflikten und internen oder externen Belastungen so um, daß es seine nicht zugelassenen Gefühle, Wünsche, Intentionen oder Gedanken anderen Personen zuschreibt. Das Individuum weist somit seine eigenen Gefühle und Impulse von sich, indem es dieselben anderen Personen zumißt. Der Bewußtseinsgrad der Gefühle bei sich selbst ist dabei deutlich verringert. Durch Projektion ist das Invididuum von unliebsamen Gefühlen befreit, jedoch durch diese Gefühle auf seiten anderer Personen bedroht. Dieser Mechanismus ist daher bei Menschen mit paranoiden Syndromen und überstarkem Mißtrauen sowie Beziehungsideen vorherrschend. („Wie der Schelm ist, so spricht er von anderen.“)

Projektive Identifikation: Projektive Identifikation ist die Abwehrform traumatisierter Personen, die sich irrationaler Weise für ihre Traumata verantwortlich fühlen. Bei der projektiven Identifikation hat das Individuum einen Affekt oder Impuls, den es unakzeptabel findet, auf andere Personen projiziert, so als ob diese andere Person den Affekt oder Impuls hervorgebracht hätte. Jedoch verleugnet das Individuum nicht das eigene Gefühl bei sich, im Gegenteil, es bleibt sich seiner negativen Gefühle voll bewußt, interpretiert diese aber fälschlich als gerechtfertigte Reaktionen auf die andere Person. Das Individuum läßt also seinen negativen Affekt oder Impuls zu, glaubt aber, daß es sich bei diesem um eine Reaktion auf dieselben Gefühle und Impulse bei anderen Menschen handelt. Das Individuum erlebt sich dabei also nicht als agierend, sondern als gerechtfertigterweise reagierend. Das Individuum übersieht die Tatsache, daß es selbst über Projektionen das Gefühl anderen Menschen zuschreibt. Durch projektive Identifikation wird der Therapeut in genau dieselbe beklemmende Situation gebracht, in der sich der Patient befindet. Durch die Projektion negativer Gefühle und darauf aufbauende aggressive Reaktionen wird der Therapeut in eine Zwangslage gebracht, die einer Reinszenierung von emotionalen Traumatisierungen beim Patienten entspricht. Der Eindruck für ein Gefühl „bestraft“ oder angegriffen zu werden, das man eigentlich gar nicht hat, kennzeichnet vitale Lebenserfahrungen beim Patienten. Projektive Identifikationen können zu massiven Beeinträchtigungen der Intersubjektivität führen.

Spaltung: Dabei werden emotionale Konflikte und Belastungssituationen dadurch bewältigt, indem das Individuum sich selbst oder andere Personen generell als nur gut oder nur böse ansieht. Das Individuum ist nicht in der Lage, positive und negative Aspekte des Selbst oder von anderen Personen in eine zusammenhängende Vorstellung zu integrieren (s. auch Kap. 6). Indem die Vorstellungen über andere oder über sich selbst gespalten werden, bleiben widersprüchliche Sichtweisen und Gefühle getrennt, ohne daß die Gegensätze miteinander in Konflikt geraten oder versöhnt werden. Spaltungsmechanismen können jedoch zu Verzerrungen von Welt- und Selbstbild führen und auf diesem Wege die Struktur der repräsentativen Bestände schwächen.

Idealisierung: Bei der Abwehr durch Idealisierung werden anderen Menschen nur positive Eigenschaften zugeschrieben. Zu solchen vermeintlichen nur guten, mächtigen, ehrwürdigen oder wichtigen Objekten werden dann sehnsuchtsvoll Beziehungen aufgenommen, die Befriedigungen und Schutz bieten können. Obwohl das Individuum in der Lage wäre, Fehler und Unzulänglichkeiten der idealisierten Person wahrzunehmen, spricht es diesen keine Bedeutung zu. Idealisierungen können Ausdruck von gespaltenen Selbst- und Objektrepräsentanzen sein.

Entwertung: Diese entspricht dem Gegenpol der Idealisierung. Es werden nur herabwürdigende negative Qualitäten an anderen Menschen gesehen. Die negativen Äußerungen über andere verbergen gewöhnlich eine gewisse Art von Verletzlichkeit, Scham oder innerem Wertlosigkeitsgefühl. Bei der Projektion ist das Individuum durch die negativen Gefühle, die es den anderen zuspricht, wie gefesselt. Durch Entwertung kann es sich jedoch von einem vermeintlich bedrohlichen Objekt distanzieren. Die Abwertung des anderen kann den eigenen Selbstwert hochhalten.

Omnipotenz: Diese Abwehrform schützt das Individuum vor dem Verlust des Selbstwertes, indem es sich anderen gegenüber überheblich verhält und sich und seine eigenen Fähigkeiten idealisiert, so als ob es spezielle Mächte oder Fähigkeiten, die es weit über andere hinaushebt, besäße. Omnipotenz ist oft Ausdruck von pathologischem Narzißmus, wenn positive Selbstrepräsentanzen mit Idealselbst- und Idealobjektvorstellungen verschmolzen sind und zu einem Größenselbst geführt haben. Im Rahmen normaler Entwicklungs- und Anpassungsschwierigkeiten können vorübergehende Selbstidealisierungen, die nicht zur Fixierung eines Größenselbst führen, sondern nur mehr Mut zur Auseinandersetzung mit der Umwelt schaffen, durchaus funktionell sein.

Diese Abwehrmechanismen entsprechen Modellen über Ichprozesse, mit denen negative und bedrohliche Affekte bewältigt werden können. Wir müssen solche Abwehrmechanismen also in den anderen Menschen hineindenken. Dieser bringt sie nur zum Ausdruck, kann sie aber nicht direkt referieren. Gerade in der therapeutischen Arbeit mit Kindern ist dies ganz besonders zu beachten! Man kann

Abwehrmechanismen nicht (über Fragebogen) direkt abfragen. Kinder sind außerdem erst ab dem Zeitpunkt der Perspektivenübernahme, also dem Stadium der konkreten Operationen in der Lage, Inferenzen über mögliche Abwehrmechanismen bei anderen Personen zu machen. Bis zu diesem Zeitpunkt kann das Kind zwar Abwehrmechanismen benützen, solche aber bei anderen Menschen nicht erkennen. Abwehrmechanismen können nur aus dem Verhalten und den Äußerungen vom Untersucher und Therapeuten rückgeschlossen werden.

Abwehrmechanismen erfordern eine bestimmte Reife und Entwicklung von Ich und Selbst. Die oben beschriebenen Abwehrmechanismen, die bei Erwachsenen definiert wurden, sind beim Kind nicht von Geburt an zu postulieren. Vielmehr scheinen sogar die frühesten Abwehrmechanismen mit irgendeiner Art von Repräsentationsfähigkeit auf ikonischer oder symbolischer Ebene verknüpft zu sein. Solange bis man sicher davon ausgehen kann, daß das Kleinkind auf symbolischer Ebene repräsentiert und funktioniert, erscheint es nach Lichtenberg (1991) eher angemessen, von *Abwehrmaßnahmen* auf biologischer, neurophysiologischer und verhaltensbezogener Stufe zu sprechen und Abwehrmechanismen als Komponenten zu betrachten, die erst im 2. Lebensjahr mit dem Auftreten des symbolischen Repräsentationsmodus aufkommen. Solche Abwehrmaßnahmen der vorsymbolischen Zeit wären reflexhafte Reaktionen, sowie affektbezogene Verhaltensweisen wie Schreien, Rückzug, aktives Wegstoßen, Habituation, Blickvermeidung und andere Verhaltensweisen, die die frühe Eltern-Kind-Interaktion wegen überschießender negativer Affekte unterbrechen lassen. Man könnte sich vorstellen, daß solche Abwehrmaßnahmen gegenüber starken negativen Affekten zu den funktionalen Fähigkeiten des Säuglings gehören (Unmutsäußerungen und Selbsttröstungstechniken). Es ist jedoch nicht zu erwarten, daß archaische Abwehrmechanismen wie Spaltung, Projektion oder Verleugnung bereits im Säuglingsalter vorherrschen! Vielmehr kann man nach Lichtenberg (1991) annehmen, daß die einzelnen Abwehrmechanismen sich nicht als getrennte Einheiten von „archaisch“ zu „reif“ nacheinander entwickeln, sondern daß sie als Komponenten der allgemeinen Regulierung zusammen mit wahrnehmungsbezogenen kognitiven und emotionalen Kontrollstrukturen gemeinsam evolvieren. Eine Übersicht über diese Problematik gibt Cramer (1991). So gelten narzißtische, verleugnende oder Borderline-Abwehrformen als früh, unreif oder archaisch; neurotische, zwanghafte und altruistische Abwehrformen als reif. Die Worte reif oder unreif können aber nicht ein früheres oder späteres Auftreten im Entwicklungskontext direkt implizieren. Sie bezeichnen eher das Ausmaß, in dem die Realität durch solche Abwehrmechanismen verzerrt wird. So scheinen unreife Abwehrmechanismen die Weltsicht und die Interaktion viel mehr zu subjektivieren als reife Abwehrformen. Fragmentationsmechanismen wiederum scheinen Regressionen auf vorsymbolische reflexhafte oder frühikonische Repräsentationsmodi zu sein. Man kann davon ausgehen, daß es nicht eine Abfolge von Abwehrmechanismen gibt, die früh oder spät im Entwicklungsverlauf auftreten, sondern daß die Formen einer überassimilato-

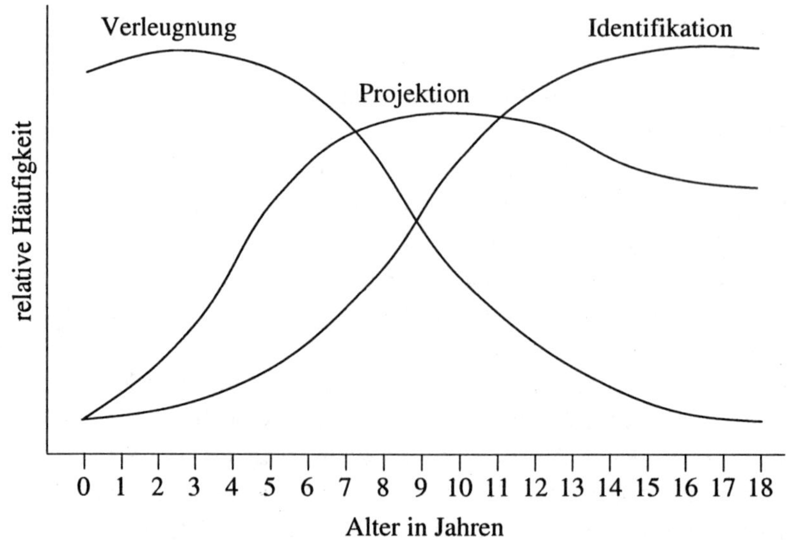

Abbildung 8.3: Modell der Entwicklung von Abwehrmechanismen (Cramer, 1991)

rischen Bewältigung der Entwicklung unterliegen, wobei bestimmte Abwehrmechanismen in unterschiedlichen Lebensphasen unterschiedlich gehäuft eingesetzt werden. Nach Cramer (1991) spielen Verleugnungsprozesse im Kleinkindalter bis zum Stadium der konkreten Operationen eine wichtige Rolle. Im Grundschulalter nehmen sie immer mehr ab und beginnen normalerweise in späteren Lebensphasen nurmehr eine untergeordnete Rolle zu spielen. Abwehrmechanismen mit Projektion beginnen im Alter des präoperationalen Stadiums und erreichen in der Zeit der konkreten Operationen ihren Höhepunkt, wobei sie in die Adoleszenz hinein leicht abnehmend immer noch wirksam bleiben. Identifikatorische und affiliierende Abwehrformen beginnen beim Kind in der Zeit der konkreten Operationen wichtig zu werden und erreichen in der Adoleszenz ihren Höhepunkt (s. Abb. 8.3).

Empirische Untersuchungen über unterschiedliche Adaptationsmechanismen, Bewältigungsstile und Abwehrformen zeigen, daß das Persistieren von archaischen Abwehrformen ins Erwachsenenalter hinein dysfunktional ist. Die wissenschaftliche Untersuchung ist kompliziert und bedarf zukünftiger Anstrengungen. Sicher scheint jedoch, daß qualitative inhaltsanalytische Interpretationen von Verhaltensweisen gültigere Resultate erbringen werden als Erhebungen mit Fragebögen, die bei Probanden bestimmte Formen von Abwehr und Bewältigung abfragen. Zur Diskussion dieser Problematik siehe Bond et al. (1983), Vaillant et al. (1986), Andrews et al. (1989) und Perry & Cooper (1989).

KAPITEL 9

Vulnerabilität und Symptomgenese

9.1 Disposition und Auslöser

Im folgenden soll nochmals die Frage der Pathogenese psychischer Störungen im Kindes- und Jugendalter unter einem entwicklungspsychopathologischen Gesichtspunkt erörtert werden. Abb. 9.1 zeigt ein interaktives Entwicklungsmodell psychopathologischer Phänomene. Wir müssen davon ausgehen, daß psychische Störungen des Kindes- und Jugendalters — aber auch des Erwachsenenalters — nicht nur eine Ursache haben. Die Ansicht von rein erlebnisbedingten (psychogenen), hirnorganisch bedingten (exogenen) oder durch genetische Funktionsanomalien cerebraler Prozesse (endogen) bedingten psychopathologischen Phänomenen ist überholt! Die Entstehung solcher Phänomene muß immer als multimodales und multikausales Geschehen interpretiert werden. So hat jedes Kind eine bestimmte genetische Ausstattung mit individuellen Entwicklungs- und Verhaltensbereitschaften. Dazu gehören Temperamentsfaktoren, affektive Reagibilität und kognitive Basisausstattungen. Ebenso ist die körperliche Ausstattung mit somatischen und neurovegetativen Funktionskreisen zu nennen. Das Kind ist nun im Rahmen seiner Entwicklung mit dieser Ausstattung unterschiedlichsten Entwicklungseinflüssen ausgesetzt: Einerseits existiert das Kind in einem psychosozialen Feld, von dem ihm unterschiedliche Responsivität und Fürsorge zuteil wird; die Umgebung zeigt auch ein variables Ausmaß an Gestaltungsfähigkeit für kindliche Erfahrungsräume. Andererseits können Krankheiten, körperliche Traumen, Vergiftungen und Umweltschäden die Entwicklung des Gehirns beeinträchtigen (biologische Einflüsse auf das Gehirn) und damit indirekt Einfluß auf die Entwicklung des Selbst und seiner Kompetenzen nehmen. Das Kind ist solchen Entwicklungseinflüssen psychosozialer und biologischer Art jedoch nicht ausgeliefert, sondern erhöht auch durch aktive Wahl und initiativen Zugang die Wahrscheinlichkeit, bestimmten Entwicklungseinflüssen mehr oder weniger ausgesetzt zu sein. Das Kind nimmt ebenso Einfluß auf die Umwelt wie diese auf das Kind. Dabei spielen die unterschiedlichen Aktions- und Reaktionsmöglichkeiten der einzelnen Beteiligten eine große Rolle. So kommt es, daß Kinder mit Risikotemperament und mangelnder Fähigkeit zur Selbstberuhigung die elterliche Fürsorge vor ein größeres Problem stellen, als Kinder mit „easy temperament". Als Beispiel für organische Risikofaktoren wären Kinder mit angeborener Störung der immunologischen Abwehrlage zu nennen: diese sind in ihrer Entwicklung eher gefährlichen entzündlichen Prozessen des sich entwickelnden Gehirns (wie z. B. Hirnhautentzündung) ausgesetzt als andere.

Die Entwicklungskapazitäten des Kindes sind in der Regel so groß, daß bio-

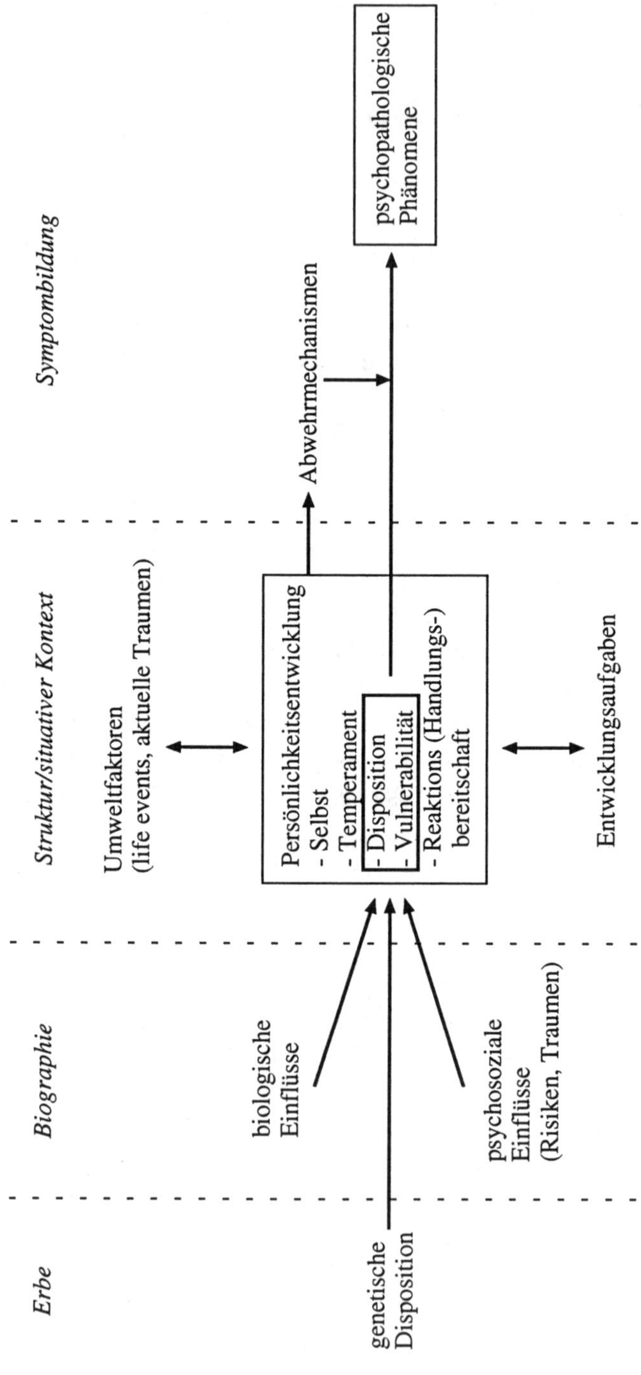

Abbildung 9.1: Interaktives Entwicklungsmodell psychopathologischer Phänomene

logische und psychosoziale Schädigungen in Form von abgeschlossenen Einzelereignissen nur selten zu nachhaltigen Entwicklungsbeeinträchtigungen führen. Nur solche Ereignisse, die zu Strukturstörungen des Gehirns (biologische Schädigungsmuster) oder zu Beeinträchtigungen der psychischen Strukturen (psychosoziale Schädigungsmuster) führen, wirken sich in der Entwicklung definitiv aus. Auf psychosozialem Sektor sind das nicht Einzelereignisse von besonderer Dramatik, sondern chronisch ungünstige Entwicklungseinflüsse und wiederholte traumatische Belastungen. Einzelereignisse (z. B. der Verlust einer Bezugsperson durch Tod oder Scheidung) ziehen in der Regel chronische Belastungen und Risiken nach sich (z. B. Einsamkeit, lieblose Umgebung), wenn sie sich ungünstig auswirken. Umgekehrt kann ein gutes soziales Netzwerk dem Kind helfen, einen Verlust zu überwinden. Es sind vor allem soziale Katastrophen, d. h. Beziehungstraumen, die der interaktionellen Matrix entspringen, welche besonderen Einfluß nehmen. Darauf wird im Kapitel über die „posttraumatischen Belastungsstörungen" (posttraumatic stress disorder, PTSD) noch näher eingegangen werden.

Es läßt sich auch spekulieren, ob sich beispielsweise Traumen wie langzeitige Trennungen von wichtigen Bezugspersonen bei genetisch disponierten Individuen (z. B. in Richtung Depression) besonders eklatant im Sinne einer Erhöhung von Disposition und Vulnerabilität auswirken. Kinder mit angeborenen Beeinträchtigungen ihrer Entwicklungsmöglichkeiten (z. B. kognitiv oder affektiv) sind dann besonders gefährdet, wenn sie in einem Milieu mit psychosozialen Risiken aufwachsen. Auf diese Weise erscheinen Kinder psychisch kranker Eltern oder Kinder in delinquenten Familien besonders gefährdet, weil sie nicht nur eine genetische Vulnerabilität aufweisen können, sondern auch ungünstige psychosoziale Entwicklungsbedingungen von Beginn an erleiden müssen. Wenn aus solchen frühkindlichen Risikokonstellationen noch Störungen der Entwicklung des Selbst resultieren, erhöht sich die Wahrscheinlichkeit des Kindes, selbst wieder in ungünstige Milieukonstellationen zu geraten. Tragischerweise folgen viele Risikoentwicklungen dem Prinzip „wo Tauben sind, fliegen Tauben zu". Je mehr Risikokonstellationen ein Mensch zu ertragen hat, um so größer ist die Wahrscheinlichkeit, auch weitere Lebensunbill in Kauf nehmen zu müssen.

Unter genetischen Vorbedingungen entwickelt das Kind im Rahmen seiner Biographie seine Persönlichkeit. Es besitzt schließlich in späteren Altersstufen eine bestimmte Selbststruktur, eine bestimmte Art der Selbstkontrolle, der Affektregulation und der Bereitschaft zur Bewältigung seiner Entwicklungsaufgaben. Das Kind steht also im Spannungsfeld zwischen altersbedingten Entwicklungsaufgaben und aktuellen Umweltfaktoren mit dieser aus der Biographie mitgebrachten Disposition, die entweder Vulnerabilität oder besondere Resistenz bedingen kann (s. Abb. 9.1). Kinder können also in bestimmten Entwicklungsphasen besonders umweltsensibel sein, in anderen gegenüber negativen Einflüssen geradezu gefeit erscheinen. Im Wechselspiel zwischen aktueller Handlungsbereitschaft, Entwicklungsaufgaben und Umweltfaktoren (die sich wiederum in Risiko- und protektive

Faktoren teilen) geschieht der nächste Entwicklungsschritt. Life events, aktuelle Traumen oder chronisch belastende Entwicklungseinflüsse betreffen nicht jedes Wesen gleich, sondern fallen auf einen bereits historisch präformierten Boden.

Wenn nun das Kind im Rahmen seiner Anpassungsbemühungen im Spannungsfeld zwischen Entwicklungsaufgaben und Umfeldfaktoren zu scheitern droht, eine assimilatorische Bewältigung nicht gelingt und eine affektiv bedingte Irritation und Streßreaktion einsetzt, dann ist es das Repertoire an Abwehrmechanismen, das eine aktuelle Anpassung auf etwas niedrigerem Niveau ermöglicht, zugleich aber auch das bahnt, was wir psychopathologische Phänomene nennen. Psychopathologische Phänomene des Kindesalters sind also funktionell gesehen Anpassungsversuche, die eine vorübergehende (Pseudo-) Bewältigung unaushaltbarer Lebenssituationen ermöglichen. Psychopathologische Phänomene sind nicht einfacher Ausdruck von Krankheiten, sondern Ausdruck von überforderten Bewältigungskapazitäten. Wenn diese Überforderungsbedingungen nun schwerpunktmäßig auf hirnorganischem Sektor zu finden sind, werden die therapeutischen Bemühungen anders ausfallen müssen, als wenn psychosoziale Konstellationen den Einsatz von Abwehrmechanismen notwendig machten. In vielen Fällen finden wir jedoch Kombinationen unterschiedlicher Störvariablen.

Risiken und Traumen der Entwicklung haben nach dem bisher Gesagten nicht nur direkte aktuelle Auswirkungen, sondern können unter bestimmten Bedingungen als „Narben", Residuen oder Sensibilisierungen weiterwirken und eine mögliche vulnerable Disposition verstärken.

Aktuelle Auslösefaktoren sind situativ erfaßbar und stellen sich als life events, aktuelle Traumen oder Verlust protektiver Faktoren (z. B. altersbedingter Schulwechsel — Verlust eines verständnisvollen Lehrers oder von Schulfreunden) in der Gegenwart dar. Entsprechende Entwicklungsaufgaben erhöhen den Anpassungsdruck und können vulnerable Entwicklungen zur Entgleisung bringen.

Auf diese Weise lassen sich beispielhaft die Entstehungswege unterschiedlicher psychischer Störungen darstellen.

Tab. 9.1 gibt Ihnen eine Übersicht über den Zusammenhang zwischen Bindungsmustern in unterschiedlichen Lebensaltern und psychischen Störungen der späteren Kindheit. Bei sicher gebundenen Kindern ist mit erhöhter Wahrscheinlichkeit mit einer angemessenen Entwicklung von sozialen Kompetenzen und Selbstsicherheiten zu rechnen. Nochmals sei daran erinnert, daß Bindungsmuster weder allein eine Sache des Kindes oder der Mutter sind, sondern eine Qualität der gegenseitigen Beziehung darstellen. Sowohl kindliche wie auch elterliche Faktoren bestimmen das Muster der Bindung mit. Ambivalent unsichere Bindungsmuster führen in späteren Lebensaltern zu schutzsuchendem Bindungsverhalten und erhöhen die Wahrscheinlichkeit zu internalisierend emotionalen Störungsphänomenen. Unsicher vermeidende Bindungsmuster der Frühzeit können zu erpresserisch eskalierenden Bindungsmustern des Vorschulalters führen und zeigen eine erhöhte Auftrittswahrscheinlichkeit von externalisierenden/expansiven Störungen

Bindungsmuster (Ainsworth et al., 1978)	*Bindungsmuster* (Crittenden, 1992)	*Verhalten / Erleben* (Elicker & Sroufe, 1992)
sichere Bindung	sichere Bindung	soziale Kompetenz, Selbstsicherheit
ambivalent-unsichere Bindung	schutzsuchende Bindung	internalisierende / emotionale Störung
unsicher vermeidende Bindung	erpresserische eskalierende Bindung	externalisierende / expansive Störung
Säugling	*Vorschulalter*	*Schulalter*

Tabelle 9.1: Bindung und psychische Störung (nach Kusch & Petermann, 1993)

in der späteren Kindheit.

Das Modell zur Entstehung *schizophrener Psychosen* ist als Vulnerabilitätsmodell von Ciompi (1982) und Nüchterlein (1987) definiert worden: Es besagt, daß durch eine bestimmte genetische Bereitschaft im Zusammenwirken mit biologischen und psychosozialen Risikofaktoren der Entwicklung in der Kindheit letztlich eine Vulnerabilität zur psychischen Dekompensation des Adoleszenten entsteht. Unter dem Druck von Entwicklungsaufgaben können streßbedingt schon an sich harmlose Lebensereignisse zur psychischen Dekompensation führen und schizophren-psychotische Symptome auslösen (s. Kap. 1.6 und Abb. 1.4). Wir können davon ausgehen, daß die einmal aufgetretene Psychose in der Folge die Auftrittswahrscheinlichkeit von weiteren psychotischen Episoden erhöht. So wissen wir, daß Rückfälle nach Erstmanifestationen in 40% bis 70% zu beobachten sind.

Post (1992) formulierte ein Vulnerabilitätskonzept für *affektive Störungen.* Die Beteiligung hereditärer Faktoren gilt als unbestritten. Genetische Risiken werden durch psychosoziale Faktoren verstärkt, wobei Verlusterlebnisse in der Kindheit eine Rolle spielen. Daß zwischen dem Verlust von Bezugspersonen in der Kindheit und dem Auftreten affektiver Erkrankungen im Erwachsenenalter ein Zusammenhang besteht, wurde erstmals von Bowlby (1969, 1973) aufgezeigt. Post (1992) betont, daß jene Stressoren, die im Zusammenhang mit Trennung, Verlust von Bezugspersonen und Beeinträchtigung des Selbstvertrauens zu finden sind, nicht nur depressive Episoden triggern können, sondern auch in der Ausbildung von Vulnerabilität für affektive Erkrankungen durch „neurobiologische Encodierung" (Ausdruck der neuronalen Plastizität) eine Rolle spielen können. Mit jeder affektiven Erkrankungsepisode nimmt die Vulnerabilität zum Wiederauftreten einer solchen zu. Post (1992) nennt dies „Stressor-Sensibilisierung", da jede neue Episode bereits durch einen zunehmend geringeren Anlaß — der sich schließlich den alltäglichen Stress-Bedingungen jedes Menschen annähert — ausgelöst werden kann. Das

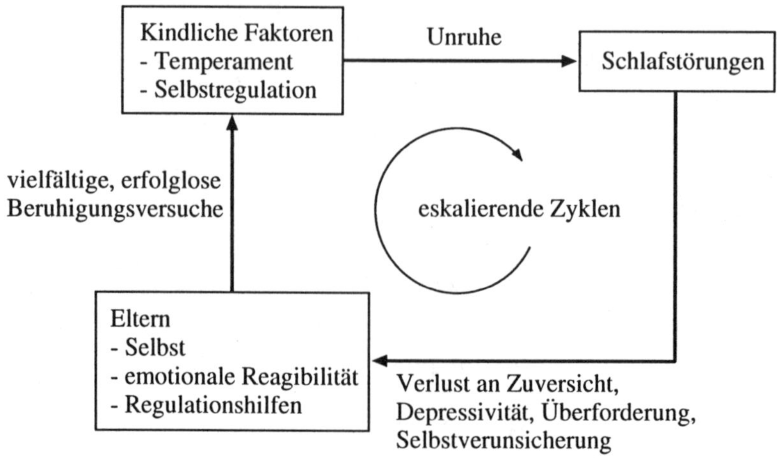

Abbildung 9.2: Modell der Entwicklung von Schlafstörungen (nach Sarimski, 1993)

Auslösungsmuster affektiver Erkrankungen entwickelt sich somit individuell von „reaktiv" zu „endogen".

Die Wechselwirkung zwischen kindlichen und elterlichen Faktoren soll im folgenden am Modell der Entwicklung von *Schlafstörungen* aufgezeigt werden (s. Abb. 9.2). Kindliche Faktoren des Temperaments, der Fähigkeit zur Selbstregulation und der Selbstberuhigung treten in Wechselwirkung mit elterlichen Faktoren, z. B. der Fähigkeit, auf das unruhige Kind einzugehen, wobei Selbstwert, Identität und Lebensentwurf bei den Eltern ebenso wie die emotionale Reagibilität eine wichtige Rolle spielen. So kann es bspw. zu vielfältigen erfolglosen Beruhigungsversuchen kommen, die beim Kind die Unruhe weiter steigern; dieses erfährt, daß es von seinen geliebten Bezugspersonen nicht beruhigt werden kann. Auf seiten der Eltern sinkt die Zuversicht, helfen zu können, wobei zunehmend auch probate Beruhigungshilfen überhastet und inkonsequent eingesetzt und schließlich ausgelassen werden. Schließlich kann es bei den Eltern zu depressiven Gefühlen und dem Eindruck der Überforderung kommen, wodurch die intuitive elterliche Kommunikationsbereitschaft negativ beeinflußt wird. Übersteigerte, tiefe Selbstverunsicherungen können dazu führen, daß kindliche Signale nicht mehr differenziert wahrgenommen werden, so daß schließlich ungünstige Kontingenzen auftreten, d. h., daß die Regelhaftigkeit und Vorhersagbarkeit des Verhaltens der Bezugspersonen nicht mehr gelingt. Dadurch entstehen eskalierende Zyklen, die schließlich zum Auftreten von klinisch relevanten Schlafstörungen im Kindesalter führen. Die kindliche Schlafstörung ist also nicht primär und ausschließlich ein Problem des Kindes!

Im folgenden soll ein Modell der Entwicklung von *Störungen des Sozialver-*

haltens gegeben werden (s. Abb. 9.3). Auf der Seite des Kindes sind es wieder die Temperamentsfaktoren mit schwierigem emotional instabilem und wenig anpassungsfähigem Verhalten. Besonders hervorzuheben sind motorische Unruhe, Impulsivität und Aufmerksamkeitsstörungen, die zwar als solche Sozialverhaltensstörungen nicht direkt vorhersagen lassen, aber in Kombination mit ungünstigen familiären Verhältnissen einen deutlichen Risikofaktor für die Entwicklung von Verhaltensauffälligkeiten bilden. Auch Neigungen des Kindes zu sozialen Regelübertretungen, um eigene Ziele zu erreichen, eigenen Motiven und Wünschen Genüge zu tun und den Selbstwert zu steigern, erhöhen ebenfalls die Wahrscheinlichkeit von Störungen des Sozialverhaltens in späteren Lebensaltern. Besonders ausgeprägt und stabil erweisen sich Störungen des Sozialverhaltens dann, wenn sie bereits in der frühen Kindheit beginnen und in verschiedenen sozialen Kontexten auftreten. Je breiter gestreut die Problemverhaltensweisen des Kindes sind, um so höher ist sein Risiko.

Auf der elterlichen Seite lassen sich als Risikofaktoren häufig ungünstige soziale Verhältnisse finden. Es konnte in mehreren Studien gezeigt werden, daß emotionale Vernachlässigung, das Miterleben elterlicher Streitigkeiten, ein Gewalt androhender und Gewalt anwendender Erziehungsstil sich ebenso ungünstig auswirken wie elterliche Verhaltensstörungen, die in sozialen Regelübertretungen und dissozialen Verhaltensweisen gipfeln. Es konnte auch mehrfach nachgewiesen werden, daß insbesondere Jugendliche, die ein gewalttätiges Verhalten zeigen, häufig als Kinder von ihren Eltern oder anderen Bezugspersonen körperlich und/oder sexuell mißhandelt worden waren.

Unter diesen skizzierten ungünstigen Entwicklungskonstellationen beim Kind und seinen Eltern kommt es schließlich zu Störungen in der Entwicklung von Selbst und Selbstwert beim Kind. In späteren Lebensaltern treten Probleme des sekundären sozialen Feldes und der Gleichaltrigengruppe auf. Beim Kindergarten- und Schulbesuch zeigen sich soziale Anpassungsprobleme und Konflikte. In der Schule sind außerdem noch Leistungsmißerfolge aufgrund von Einschränkungen des Lernrepertoires (z. B. Teilleistungsschwächen, Sprachentwicklungsstörung, Aufmerksamkeitsstörung) zu nennen. Diese Probleme können vom Kind mit der bereits entstandenen psychischen Struktur nur noch in abwehrender Weise bewältigt werden. Das Kind hat ein negatives Selbstbild entwickelt, ebenso negative Zukunftserwartungen, multiple Abwehrmechanismen verzerren die soziale Wahrnehmung. Unter diesen Entwicklungsbedingungen kommt es schließlich zu einer erhöhten Auftrittswahrscheinlichkeit von adoleszenten Risikoverhaltensweisen, die wiederum in persistierender Weise aufrechterhalten werden. Die Störungen von Selbst und Selbstwert führen zu Problemen bei der Bewältigung der adoleszenten Entwicklungsaufgaben. Schließlich sieht der Jugendliche nur noch wenig Entwicklungschancen im sozialen Feld und schließt sich mit erhöhter Wahrscheinlichkeit devianten Gruppen an, die sich bewußt nicht normenkonform verhalten, wobei dadurch das Risiko für delinquente Handlungen und eine Fixierung

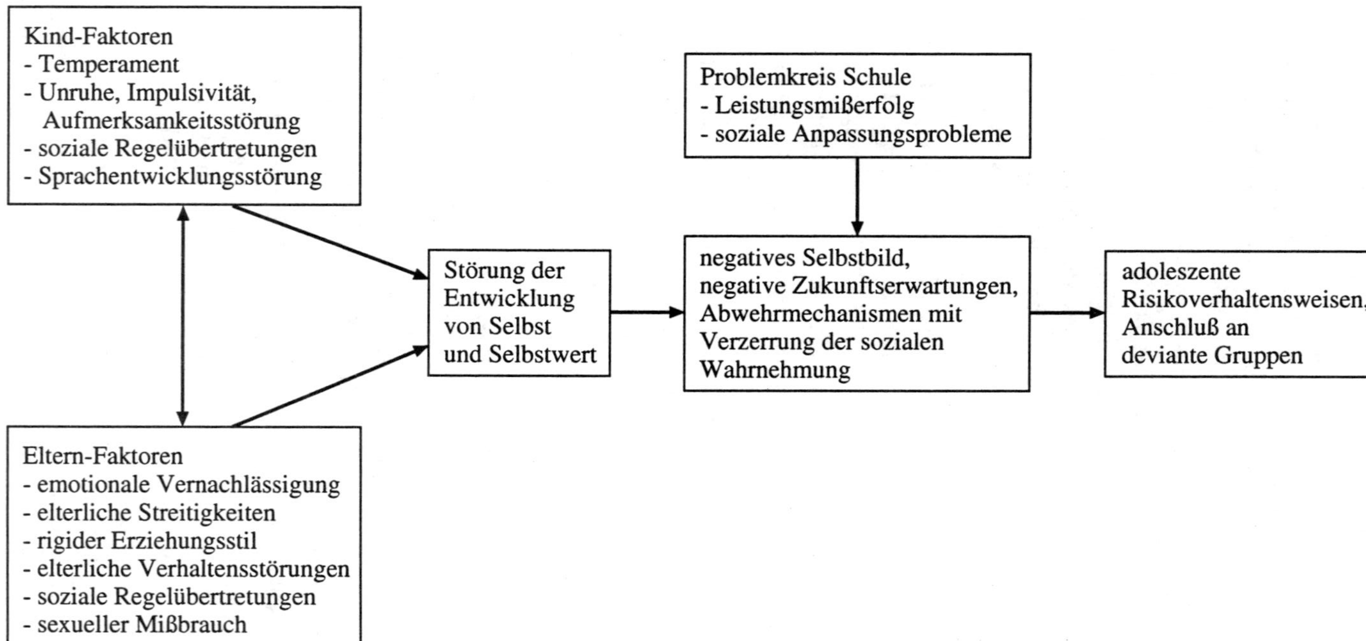

Abbildung 9.3: Entwicklung von Störungen des Sozialverhaltens (Übersichten beiPatterson et al., 1991; Cicchetti & Toth, 1992; Hirschberg, 1994)

der Sozialverhaltensstörungen ansteigt.

Als Motoren ungünstiger Entwicklung können wir also — neben angeborenen ungünstigen Handlungsbereitschaften — auf der Erlebnisebene Traumen und Konflikte benennen. *Traumen* rufen aktuell Anpassungsprobleme hervor und müssen auf besondere Weise durch Abwehrmechanismen bewältigt werden. Wenn dies aufgrund der Qualität des Traumas (z. B. chronisch repetitiv) nicht gelingt, entstehen Residuen, Narben, Sensibilisierungen und übertriebene Erlebnisbereitschaften.

Auch *Konflikte* können die Entwicklung ungünstig beeinflussen. Äußere Konflikte, z. B. häufiger Streit zwischen dem Kind und den Eltern, sind unter die Kategorie der Traumen einzureihen. Der Konfliktbegriff meint psychodynamisch immer innere Konflikte, die sich zwischen Motiven und Bedürfnissen des Kindes einerseits und den subjektiv erkannten realen Entfaltungsmöglichkeiten (Realkonflikte), den internalisierten Normen (Über-Ich-Konflikte) und den Idealvorstellungen (narzißtische Anspruchskonflikte) entwickeln. Innere Konflikte können auch bei Abwesenheit äußerer Traumatisierungszustände zur Notwendigkeit des Einsatzes von Abwehrmechanismen Anlaß geben. Konflikte sind immer Konflikte von Konzepten. Es sind also nicht die aktuellen äußeren Gegebenheiten konfliktverursachend — sondern nur auslösend. Die Widersprüchlichkeit von Lösungskonzepten für äußere und innere Problemstellungen und den damit verbundenen Handlungsbereitschaften ist das wahre Problem. Konflikte zwischen unterschiedlichen Sichtweisen, Beurteilungen und Handlungsbereitschaften machen handlungsunfähig und erzeugen daher eine ebensolche Irritation wie die Handlungsunfähigkeit im Rahmen äußerer Bedrohungszustände, wenn man „nicht weiter weiß“. Da Konflikte immer eine Inkompatibilität der Konzepte bedeuten, können alle jene Erlebnisse konfliktverursachend sein, die Dissonanzen zwischen der Bedürfnislage und ihrer aktuellen Verwirklichung erzeugen. Ambivalenz ist die Fähigkeit, innere Widersprüche zu tolerieren und letztlich doch zu einer handlungsfähigen Gewichtung und Bewertung zu gelangen — somit von einer letztendlich restriktiven in eine erweiterte Handlungsfähigkeit zu münden. Die Fähigkeit zur Ambivalenz ist also eine Fähigkeit zur Bewältigung innerer Konflikte. Inkonsistenzen in Selbst- und Objektrepräsentanzen, Inhomogenitäten zwischen aktuellem Selbst- („so bin ich“), Idealselbst- („so möchte ich sein“) und Fremdselbstbild („so sehen mich die anderen“) erhöhen die Wahrscheinlichkeit innerer Konflikte vor allem dann, wenn rigide Normenvorstellungen (von Freud im Konzept des Über-Ich festgehalten) vorliegen. Aus psychodynamischer Sicht ist festzustellen, daß die Normenkonflikte zwischen Bedürfnis und Über-Ich-Verbot als schulderzeugende Konflikte im Kindes- und Jugendalter heute viel seltener und weniger gravierend anzutreffen sind, als Konflikte zwischen unterschiedlichen Anteilen des Selbst (Aktualselbst, Fremdselbst und Idealselbst) im Sinne von narzißtischen Konflikten, Identitätskonflikten und Bedürfniskonflikten, die mehr mit den Gefühlen der Scham und Unsicherheit einhergehen.

Nochmals sei die Unspezifität psychopathologischer Phänomene betont. An einem Symptom wie Angst oder Depression allein kann das strukturelle Ausmaß, die cerebralgenetische Beteiligung und die Art der Abwehrmechanismen noch nicht direkt abgeleitet werden. So können psychopathologische Phänomene direkter Ausdruck akuter Anpassungsprobleme sein — im Sinne einer aktuellen *Anpassungsstörung* — oder auch das Ergebnis innerer Konflikte bei Abwesenheit äußerer traumatisierender Faktoren im aktuellen Kontext darstellen. Bei den zuletzt genannten Phänomenen sprechen wir von einer *neurotischen Symptombildung*. Finden sich bestimmte Hinweise auf archaische Abwehrmechanismen und sind die Konflikte mit gravierenden Selbst- und Objektrepräsentanzdefekten verbunden, so sprechen wir von *Persönlichkeitsentwicklungsstörungen* (Spiel, 1988) im Sinne von narzißtischen Persönlichkeitsstörungen und Persönlichkeitsstörungen vom Borderlinetyp. Schließlich kann eine z. B. depressive Symptomatik auch Teil einer *psychotischen*, mit Fragmentation des Selbst einhergehenden Störung sein. Zeichen eines Realitätsverlustes gehen dann mit der depressiven Symptomatik einher (psychotische Depression). So gesehen ist es das Ausmaß der Strukturdeviation und die Art der aktuellen Umweltbewältigung, die die Tiefe der Störung kennzeichnen. Je gravierender ein Defekt im Selbst- und Weltbild ist, um so archaischer die Abwehrform. Es gibt fließende Übergänge zwischen aktuellen Anpassungsstörungen, Anpassungsstörungen mit einer Vorsensibilisierung und inneren Konflikten (Neurosen) und aktuellen Anpassungsstörungen mit gravierenden Strukturdefiziten, die aus der Biographie heraus erklärbar sind (Persönlichkeitsentwicklungsstörungen, nach Spiel & Spiel, 1987; Spiel, 1988). Psychotische Störungen nehmen insofern eine gewisse Sonderstellung ein, da diese oft ganz rasch innerhalb weniger Tage bis Wochen bei intakter prämorbider Persönlichkeit zu gravierenden Strukturverlusten führen können. In ähnlicher Weise können auch bei akuten hirnorganischen Syndromen (z. B. Vergiftungen, Operationen etc.) psychotische Phänomene auftreten, deren Charakter und Ausformung durch die Interpretation des Entwicklungsverlaufs und der aktuellen Situation differentialdiagnostische Schlüsse zuläßt. Hier wird durch aktuelle massive Veränderungen cerebraler Funktionsprozesse die biographisch gewachsene Persönlichkeitsstruktur in Form der affektlogischen Schemata akut zerbrochen, aufgelöst oder verändert (s. auch Kap. 13).

9.2 Trauma und Traumafolgen

Was ein Trauma ist und wie es die seelische Weiterentwicklung beeinflußt, liegt nicht allein im Lebensereignis selbst, sondern wird durch das Kind entschieden! Die Bedeutung, die das Kind diesem Lebensereignis — nicht zuletzt über Vermittlung wichtiger Bezugspersonen — beimißt, macht die Besonderheit der Wirkung aus. Der elterlichen Reaktion auf die psychische Belastung der betroffenen

* Außergewöhnliche Belastung
  - kurzfristig
  - persistierend
* Flash backs, Träume, Erinnerungen
* Vermeidungsreaktionen
* Symptome:
  - Dissoziative Störungen
  - Angstbereitschaft
  - Leistungsabfall
* Auftreten innerhalb von 6 Monaten nach Belastung

Abbildung 9.4: Kriterien der posttraumatischen Belastungsreaktion

Kinder wird ein besonderer Einfluß zugemessen. Wichtigste Prädiktoren für einen günstigen Verlauf sind familiäre Variablen, insbesondere die elterlichen Kompetenzen im Umgang mit ihrem von einem Trauma betroffenen Kind (Übersicht bei-Udwin, 1993). Soziale Traumen sind besonders gravierend: das Nicht-Eingehen auf Bedürfnisse, Unverständnis, Isolation, Mißhandlung und sexueller Mißbrauch. Die Literatur teilt in zwei Kategorien ein: „Vernachlässigung" und (körperliche und/oder sexuelle) „Mißhandlung".

Udwin (1993) und Cicchetti & Toth (1995) fassen in Übersichtsarbeiten die Forschungsergebnisse bei Kindern zusammen. Dabei muß betont werden, daß posttraumatischen Streßreaktionen bei Kindern und Jugendlichen im Gegensatz zu einer Fülle von Untersuchungen bei Erwachsenen bislang nur ungenügendes Augenmerk zuteil wurde. Mit Ausnahme von Untersuchungen bei Kindern, die Kriegserlebnissen, Naturkatastrophen oder besonderen Gewaltdelikten ausgesetzt waren, sind Untersuchungen zu posttraumatischen Belastungen bei ubiquitären familiären und außerfamiliären Traumatisierungen relativ spärlich durchgeführt worden. Die posttraumatische Belastungsstörung wurde 1980 erstmalig als eine eigenständige Kategorie in das Diagnosensystem DSM-III (1984) eingeführt. Nach übereinstimmenden Untersuchungen kann es überwiegend akzeptiert werden, daß diese Kriterien auch für Kinder zutreffen. Nicht nur Schulkinder, sondern bereits Vorschulkinder zeigen posttraumatische Streßreaktionen, die denen von Erwachsenen sehr ähneln und ebenfalls für mehrere Monate oder Jahre anhalten können (Abb. 9.4 zeigt die Kriterien der *posttraumatischen Belastungsreaktion* (posttraumatic stress disorder, PTSD)). Im Vergleich dazu sind die Kriterien der akuten Belastungsreaktion und der Anpassungsstörung als andere psychosoziale Reaktionsmöglichkeiten angeführt (s. Abb. 9.5 und 9.6).

Die posttraumatische Belastungsstörung besteht als verzögerte oder protrahierte Reaktion auf ein belastendes Ereignis oder eine Situation außergewöhnlicher Bedrohung. Es kommt zum wiederholten Erleben des Traumas in sich aufdrängen-

* Psychosoziale Belastung
* Internale und expansive Symptome:
    - Depressive Reaktion
    - Angst, Spannung
    - Aggression
    - Hypermotorik
    - Sozialverhaltensstörung
* Beginn innerhalb eines Monats
* Dauer 6 Monate

Abbildung 9.5: Kriterien der Anpassungsstörung

* Außergewöhnliche Belastung
* Unmittelbarer Symptombeginn
* Symptome:
    - Angst
    - Rückzug
    - Einengung
    - Desorientierung
    - Aggression
    - Überaktivität
    - Verzweiflung
* Dauer 48 Stunden

Abbildung 9.6: Kriterien der akuten Belastungsreaktion

den Erinnerungen (flashbacks), Träumen oder Alpträumen. Es werden Aktivitäten und Situationen vermieden, die Erinnerungen an das Trauma wachrufen könnten, wobei ein andauerndes Gefühl von Betäubtsein und emotionaler Stumpfheit herrschen kann. Schließlich findet sich ein anhaltender Zustand vegetativer Übererregbarkeit mit Vigilanzsteigerung, übermäßiger Schreckhaftigkeit und Angstbereitschaft, Schlafstörungen und Leistungsabfall. Aus entwicklungspsychopathologischer Sicht muß betont werden, daß eine ungünstige Konstellation der biographischen Entwicklung mit Beeinträchtigung der Plastizität der kindlichen Persönlichkeit die Schwelle für die Entwicklung einer posttraumatischen Belastungsstörung senken kann.

Bei Kindern werden Schlafstörungen, Alpträume, Dunkelängste und Angst allein zu sein beschrieben. Auch vom Verlust bereits erworbener Entwicklungsniveaus wurde bei Kindern nach traumatischen Erfahrungen berichtet. Im Schulalter kommt es zu Konzentrationsstörungen mit zum Teil erheblich negativen Auswirkungen auf die Entwicklung der Schulfertigkeiten. Wiederholte intrusive Gedanken und Bilder an das traumatische Ereignis werden beschrieben. Das Wiederauftauchen solcher traumatischer Erinnerungen erscheint häufig durch Umgebungseinflüsse stimuliert und ist üblicherweise von aktuellen Angstreaktionen begleitet. Amnesien und Flashbacks werden seltener berichtet, repetitive Wiederinszenierungen des traumatischen Ereignisses im Spiel sind häufiger beobachtet worden. So gibt Yule (1994) an, daß traumatisierte Kinder oberhalb eines Alters von 28 Monaten häufig eine ausgezeichnete Erinnerung davon hatten, was ihnen geschah. So konnten sie die Erlebnisse auch präzise verbalisieren. Ebenso schienen visuelle Erinnerungen sich in das Gedächtnis von bereits unter 28 Monate alten Kindern eingebrannt zu haben. Kinder zeichneten häufig sich wiederholende Bilder über das, was sie erlebt hatten und stellten diese Erlebnisse in ihrem Spiel dar.

Lewis (1995) beschreibt, daß Kinder nach einem schweren Trauma vor allem im *Zeitgefühl und Zeitempfinden* gestört waren wie auch zeitbezogene Phänomene nicht korrekt wiedergeben konnten. So erscheint die Erinnerung eben nicht als eine einfache Wiedergabe eines Ereignisses, das im Gedächtnis gespeichert war, sondern vielmehr als die Aktualisierung aus entsprechenden Repräsentanzen, in die Wahrnehmungsleistungen, Phantasiebildungen und Affekte des Ereignisses eingegangen waren und schließlich zu einer integralen Form konstruiert wurden. Abwehrmechanismen gehen jedesmal mit einer neuen Aktualisierung in die Umgestaltung der Repräsentanz mit ein! Jedes neue Erinnern, jede neue Aktualisierung kann frühere Erinnerungsleistungen verändern. Insgesamt können wir davon ausgehen, daß auch präverbale affektive sensorische und motorische Erinnerungsmuster erhalten bleiben und sich auch weiterhin im Verhalten des Kindes ausdrücken.

Bei Kindern nach Traumatisierungen kann eine generalisierte *Angstbereitschaft* beschrieben werden. Kinder entwickeln Befürchtungen gegenüber Umgebungseinflüssen und Reizen, die sie mit dem traumatischen Ereignis in Verbindung brachten. Solche Ängste können phobische Ausmaße annehmen. Eine erhöhte Trennungsängstlichkeit von der Hauptbezugsperson sowie anhängliches Verhalten wurde immer wieder berichtet, so daß nicht selten die Folge eine Schulverweigerung sein kann. Oftmals insistieren die Kinder darauf, bei ihren Eltern schlafen zu wollen. Diese diffuse Verängstigung wurde immer wieder auf erschütterte Sicherheitsgefühle und -bedürfnisse zurückgeführt. Das Weltbild hat durch das Trauma eine vitale Tönungsveränderung erfahren.

Es wurde bei Kindern analog zu Erwachsenen auch ein sogenanntes „*survivor guilt syndrome* — Überlebens-Schuldgefühl-Syndrom“ beobachtet. Damit ist das Schuldgefühl gemeint, das im Zusammenhang damit steht, überlebt zu haben, während andere starben, oder das Gefühl, in besonderen Krisensituationen anderen nicht genügend geholfen zu haben. Wiederholt wurde auch eine Exazerbation der Symptomatik im Zusammenhang bedeutender äußerer Umstände, wie z. B. an den Jahrestagen des ursprünglichen traumatischen Ereignisses, aber auch in anderen streßbedingten Situationen beschrieben, bei der unspezifische Belastungen Erinnerungen wachriefen und symptomauslösend wirkten.

Bei Untersuchungen zu Kriegseinwirkungen, Naturkatastrophen oder technischen Katastrophen (Schiffsunglücke, Atomkraftwerksunfälle) wurden immer wieder sich ähnelnde Symptomkomplexe und -verläufe berichtet. Interessant erscheint, daß diese relativ uniformen Reaktionen auch bei weiten Altersspannen (vom Kleinkind bis zur Adoleszenz) nachgewiesen wurden. Pynoos & Nader (1993) stellen fest, daß Kinder mit einem hohen Ausprägungsgrad der Symptomatik im Rahmen der posttraumatischen Reaktion auch eher zu einem protrahierten Verlauf neigen. Die Nähe, z. B. beim Erleben oder Sehen von Gewalttaten, und das Ausmaß der persönlichen Lebensbedrohung stellten die wichtigsten Prädiktoren für eine protrahierte posttraumatische Streßreaktion dar. Als Ausdruck einer Geschlechterdifferenz scheinen Mädchen eher Angstsymptome als Jungen zu entwickeln. Intellektuelle Kompetenzen scheinen sich protektiv auszuwirken, bieten aber keinen Schutz vor einer Abnahme der schulischen/akademischen Leistung im Rahmen des PTSD-Syndroms. Kinder mit vorangegangenen körperlichen oder emotionalen Vorschädigungen und Kinder, die aus vorbelasteten Familiensituationen kamen, scheinen deutlich größere und schwerergradige PTSD-Syndrome auszubilden!

Auch *psychobiologische Aspekte* der posttraumatischen Streßreaktion sind in jüngster Zeit vermehrt Gegenstand wissenschaftlichen Interesses geworden (van der Kolk & Greenberg, 1987). So scheinen streßbedingte Akutbelastungen vor allem über Katecholamine vermittelt. Eine Verhaltenseinengung und Erstarrung im Angesicht von akuten Belastungen wird als Ausdruck einer Verarmung des zentralen Nervensystems an Noradrenalin angesehen. Die spätere Hyperreaktivität mit Schreckhaftigkeit, Angstträumen und sich aufdrängenden Reminiszenzen wird als Ausdruck einer adrenergen Hypersensitivität interpretiert. Streßinduzierte Analgesien stehen vermutlich im Zusammenhang mit zentralnervösen Opioidreaktionen bei erhöhter Ausscheidung von Neuropeptiden wie Betaendorphinen. Feldmann & Westenhöfer (1992) betonen ebenfalls die Umstrukturierungen, die bei einer traumatischen Belastungsreaktion das Selbst- und Weltbild des Betroffenen einschneidend verändern können. So scheinen die Umstrukturierungen nur auf dem Hintergrund der spezifischen personalen Bedeutsamkeit verstehbar. So werden basale Überzeugungen über die eigene Person und die Welt durch solche Ereignisse erschüttert, die eigene Kompetenz wird relativiert, man erkennt sich als schwach und verletzlich, die Welt erscheint überwiegend gefährlich, böse und wenig vertrauenswürdig. So scheint es, daß komplexe biopsychosoziale Prozesse die posttraumatischen Belastungsreaktionen triggern.

Cicchetti & Toth (1995) untersuchten die Randbedingungen, unter denen traumatische Entwicklungen stattfinden. Sie unterscheiden Risikofaktoren, die zu einer erhöhten Wahrscheinlichkeit von Mißhandlung/Vernachlässigung führen, und kompensatorische Faktoren, die dieses Risiko wiederum mindern (z. B. eine gute Beziehung zu Großeltern). Außerdem wird zwischen nur kurz bestehenden aktuellen Risiken unterschieden (wie z. B. Ehekonflikten und aktuellen Erkrankungen der Kinder), und andauernden Problemfaktoren (wie z. B. psychischen Störungen der Eltern oder auch negativen Verhaltensweisen oder Einstellungen der Eltern zum Kind). Cicchetti & Toth (1995) beschreiben aber vor allem *Probleme der Affektregulation*, die bei Kindern und Jugendlichen auftreten, wenn sie Mißhandlungen ausgesetzt waren. Affektregulation wird als die Fähigkeit bezeichnet, einen „affective arousal" im Rahmen der Anpassungsprozesse zu kontrollieren, zu modulieren und zu modifizieren. Diese affektregulatorische Fähigkeit wird nach der Ansicht von Cicchetti & Toth (1995) durch wiederholte traumatische Erfahrungen beeinträchtigt! Affektregulationsprozesse spielen ja im Kontext der frühen Beziehungen eine große Rolle, wobei Mißhandlungen sich in Beeinträchtigungen der kindlichen Selbstberuhigung auswirken können. Affektregulation steht in ganz engem Zusammenhang mit dem Begriff der Desaktualisierung. Die Desaktualisierungsfähigkeit wird vom Kind eben nicht bereits ins Leben mitgebracht, sondern entfaltet sich im Wechselspiel der sozialen Interaktionen. Durch Mißhandlungen entsteht eine Sensibilisierung des Kindes mit überschießender Reagibilität in der Umweltanpassung, woraus wiederum die Notwendigkeit zur vermehrten Anwendung von Abwehrmechanismen resultiert.

Affektregulationsdefizite äußern sich in einer affektiven Labilität mit Phasen depressiv-ambivalenter und aggressiver Zustände. Störungen der Affektregulation können sich wiederum auf die weiteren Interaktionen mit den Eltern ungünstig auswirken, da die Eltern besonders ungezügelte Affektäußerungen bei ihren Kindern mit neuerlichen Mißhandlungen ahnden.

Unterschiedliche Formen von Mißhandlungen können auch unterschiedliche Entwicklungen in den Affektmustern hervorrufen. Die Affektexpression und -differenzierung scheint sich zwischen körperlich mißbrauchten und emotional vernachlässigten Kindern deutlich zu unterscheiden. So scheinen höhere Grade an negativem Affekt und Fehlen von positiven Affekten bei körperlich mißhandelten Kindern vorzuliegen, während emotional vernachlässigte Kinder eher affektreduziert sind und mit jeweils nur geringen Ausprägungsgraden sowohl an negativen wie positiven Affekten zu reagieren scheinen. Welche Bedeutung dies in der Genese emotionaler Störungen hat, ist noch nicht empirisch belegt. Man kann sich aber vorstellen, daß solche Störungen der Affektdifferenzierung sich später in der Adoleszenz bei der Bewältigung der Entwicklungsaufgaben negativ auswirken. Die Affektdysregulation betrifft auch die mehr aggressiven Verhaltensweisen sowie die Auswirkungen von Frustrationen. Hyperaktive Kinder, bei denen sich noch zusätzlich eine Affektdysregulation ergibt, erscheinen dabei besonders gefährdet. Inadäquate Affekte und Verhaltensweisen verbunden mit Wut, Furcht und Aggression können schon bei kleinen sozialen Konflikten in der Peer-Gruppe auftreten. Ebenso äußert sich die affektive Regulationsproblematik in einer Hypervigilanz und einer besonderen Bereitschaft auf aggressive Stimuli zu reagieren.

Die klinische Unterscheidung zwischen expansiven und emotionalen Störungen darf nicht darüber hinwegtäuschen, daß in beiden Fällen Störungen der affektiv-kognitiven Austauschprozesse und der Affektregulation vorliegen. Wir dürfen auch nicht außer acht lassen, daß die Kinder solche überschießenden oder inadäquaten Gefühle nicht nur zeigen, sondern haben. Sie erleben sich also massiv bedroht und sind wirklich gereizt oder traurig. Nur wenn ein emotionaler Zugang zu solchen Kindern gelingt, der es ermöglicht, diese in ihren emotionalen Ausnahmezuständen ernst zu nehmen, kann Hilfe zur Affektregulierung angeboten werden. Wer solche Kinder nur als gefährlich, fremd und störend einschätzt, kann nicht helfen. Affektregulationshilfen gelingen nur von innen her — durch eine Vertrauensbeziehung —, nicht durch äußere Manipulation! Das traumatisierte Kind verhält sich nicht nur auffällig, es erlebt auch anders, das darf nicht in Vergessenheit geraten.

Das *Bindungsverhalten* zeigt bei vernachlässigten und mißhandelten Kindern erhebliche Veränderungen. Viele Kinder weisen in bezug auf ihre Bindungen ein ängstlich vermeidendes oder ängstlich ambivalentes Bindungsmuster auf, wobei sie zum Teil auch widersprüchliche Verhaltensweisen in Form des desorganisiert/desorientierten Bindungsmusters aufweisen können. Die Häufigkeit und Stabilität von solchen unsicheren und atypischen Bindungsmustern stehen in unmittelbarem Zusammenhang mit den Problemen der Anpassung auch in anderen außerfamiliären Kontexten. Ein frühzeitig gestörtes Bindungsverhalten in der Kindheit kann sich kontinuierlich in der weiteren Lebensspanne auch auf andere interpersonale Beziehungen ungünstig auswirken.

Bei der Untersuchung hinsichtlich der Entwicklung des Selbstsystems und des Selbstwertes beschreiben Cicchetti & Toth (1995) Unterschiedlichkeiten in der Fähigkeit, über Gefühle, Emotionen und andere Binnenzustände zu berichten. Mißhandelte Kinder können ihre internalen Zustände viel schlechter verbal beschreiben: Während nicht mißhandelte Kinder differenzierter und häufiger auch physiologische Zustände für ihre negativen Affekte schildern können, tendieren mißhandelte Kinder dazu, weniger internale Gefühlszustände darzustellen. Eine Begründung könnte sein, daß frühere Emotionen, Wünsche und Bedürfnisse der eigenen Person unmittelbar negative Reaktionen bei ihren Bezugspersonen hervorgerufen haben. Bedürfnismitteilungen des Kindes wurden von den Bezugspersonen negativ aufgenommen und führten zu eskalierenden Problemkreisen, die in generalisierter Angst beim Kind endeten. So scheint auch die Veränderung der verbalen Ausdrucksfähigkeit oder die Modifizierung der Sprache und des selbstreflektierenden Denkens dem Versuch zu dienen, entstehende Ängste zu kontrollieren!

Mißhandelte Kinder entwickeln ein *negatives Selbstkonzept*, die Fähigkeit zur Problemlösung, zur Kreativität, sprachlicher Äußerung, zum symbolischen Denken und symbolischen Spiel wird als reduziert beschrieben. Eine erhöhte Aggressionsbereitschaft und der Mangel an vor allem sozialen Kompetenzen werden dem unsicheren Beziehungsverhalten und den beeinträchtigten Sozialisationsbedingungen zugeschrieben. Die Kinder erwarten von ihrer Umwelt Gefahr und Bedrohung. Ein niedriger Selbstwert, ein verringertes Selbstvertrauen in die eigene Kompetenz und immer wieder auftauchende depressive Symptome werden festgestellt. Die nur unzureichende Ausbildung von Beziehungen zu Gleichaltrigen führt zu einer fortgesetzten Inkompetenz und Störung der altersgemäßen Anpassungsleistungen. Bei mißhandelten Kindern fällt ein erhöhtes Ausmaß an körperlichen und verbalen Aggressionen in der Interaktion mit Gleichaltrigen auf. Solche Verhaltensweisen werden abgelöst von Rückzugstendenzen und Vermeidungen von Peer-Kontakten. Letztlich können also aggressive Verhaltensweisen zu sozialem Rückzug beim betroffenen Kind führen.

Auch beim Schulbesuch wirken sich die emotionalen und Verhaltensprobleme von mißhandelten Kindern eher negativ aus. Hier sind es die *Probleme der sozialen Kompetenz*, die vorrangig zu beachten sind. Vernachlässigte Kinder erscheinen im schulischen Zusammenhang eher ängstlich, initiativlos, nach Unterstützung und Ermutigung suchend, wobei sich in Abhängigkeit von der Qualität der Lehrer-Schüler-Beziehung solche Kinder in der Schule zum Teil ausreichend etablieren können. Schlechte Schulleistungen sind nicht nur im Zusammenhang mit kognitiven Leistungsproblemen, sondern auch mit den motivationalen Voraussetzungen der Kinder zu sehen (s. Kap. 10). Mißhandelte Kinder wiederum zeigen eine geringe intrinsische Motivation, die auf die hohen Erwartungen auf seiten der mißhandelnden Eltern gepaart mit dem Mangel an Unterstützung zurückzuführen ist. Verletzungen der Bindungssicherheit durch Lehrerwechsel, Schulwechsel, Heimwechsel, mehrfachen Umgebungswechsel etc. können die Motivationslage und letztlich die kognitiven Leistungen noch zusätzlich negativ beeinflussen.

Immer wieder muß betont werden, daß eine besondere Beachtung das chronische Trauma verdient, das häufig mit unterschiedlichen mehrfachen Belastungen verknüpft ist und schließlich zu einem erhöhten Risiko in der Ausbildung einer multiplen psychiatrischen Komorbidität führt, wobei expansive Störungen in der Kindheit mit dem erhöhten Risiko von Delinquenz, Alkohol und Drogensucht und Störungen der Persönlichkeitsentwicklung einhergehen. Chronische Traumatisierungen können aber auch emotionale Störungen wahrscheinlicher machen, wobei insbesondere depressive Störungen, Angststörungen und dissoziative Störungen im späteren Lebensalter zu nennen sind.

9.2.1 Exkurs: Dissoziation

Umfangreiche Forschungen (vgl. Putnam, 1997) konnten ein gehäuftes Vorkommen traumatischer Lebensereignisse in der Vorgeschichte bei Patienten mit dissoziativen Störungen belegen. Auch schien ein pathologisches Ausmaß an dissoziativen Erlebniszuständen bei Untersuchungen in der Allgemeinbevölkerung sowie bei Patienten mit unterschiedlichen psychiatrischen Krankheitsbildern mit traumatischen Vorerfahrungen verknüpft. Dissoziation wird in der heutigen Konzeption als ein komplexer psychophysiologischer Prozeß angesehen, der von geringfügigem physiologischem Ausprägungsgrad, wie z. B. Tagträumen oder zeitweisen

Depersonalisationszuständen, bis hin zu schweren psychiatrischen Erkrankungen, wie der dissoziativen Identitätsstörung reicht (vgl. Putnam, 1997). Pathologische Dissoziation ist nach der ICD-10 konzeptualisiert als eine Störung der integrativen Funktionen der Identität, des Gedächtnisses und des Bewußtseins. Eine Störung, die sich in typischen Verhaltens- und Erlebensmustern äußert: Amnesien, Identitätsstörungen, tranceartigen Zuständen, schnellem Wechsel in Stimmungen und im Verhalten, überraschendem Wechsel im Zugang zu Erinnerungen, unterschiedlichen Fähigkeiten und Wissen, aggressivem Verhalten sowie Auffälligkeiten im Sexualverhalten. Insbesondere bei der Exposition gegenüber schwerwiegenden Belastungen werden nach van der Kolk & Fisler (1994) vier miteinander in Verbindung stehende zentrale Aspekte dissoziativen Erlebens gehäuft angetroffen:

1. Sensorische und emotionale Aufspaltungen der Erfahrung/des Erlebens.

2. „Peritraumatische Dissoziation" oder „spacing out": Derealisation und Depersonalisationerfahrungen während eines akuten traumatischen Ereignisses.

3. Fortgesetzte Depersonalisation und „spacing out" während des täglichen Lebens.

4. Traumatische Erinnerungen sind mit verschiedenen Ich-Zuständen verbunden.

Das Ausmaß peritraumatischer dissoziativer Erfahrungen stellt insbesondere auch einen bedeutsamen Prädiktor für die Entwicklung einer posttraumatischen Belastungsstörung dar.

Dissoziative Reaktionen als Abwehrmechanismen zur Bewältigung überwältigender traumatischer Erfahrungen wurde erstmalig von Janet (1889) beschrieben. Die Entlastung von psychischen Konflikten und angstvollen Erfahrungen durch dissoziative Mechanismen wurde von Janet (ebda) in seiner Theorie des „psychologischen Automatismus" konzeptualisiert (s. u.).

Eine erste Neuformulierung der Janet'schen Modellvorstellungen wurde von Ludwig (1983) vorgenommen. Er beschrieb Funktionen dissoziativer Mechanismen, die von der physiologischen Notwendigkeit der Automatisierung bestimmter Verhaltensweisen (Komplexe Handlungen auszuführen ohne die volle Aufmerksamkeit für jede einzelne Handlung zu besitzen) bis hin zur intrapsychischen Trennung unvereinbarer Konflikte reichen (Dissoziation erlaubt in einem Zustand kognitiver Dissonanz, die Trennung der konkurrierenden Wünsche oder die Trennung von Einstellungen und Verhalten).

In Anlehnung an die Konzeption von Ludwig gruppiert Putnam (1997) die Abwehrfunktion der Dissoziation in drei Kategorien:

Automatisierung des Verhaltens: Als normale Automatisierung von Verhaltensweisen wird die Fähigkeit zur Bewältigung paralleler mentaler Aktivitäten, sowie ein Wechsel bzw. eine Verschiebung der Aufmerksamkeit zwischen verschiedenen Aktivitäten, bezeichnet. Automatisierung beinhaltet auch die Fähigkeit der Neuausrichtung der bewußten Wahrnehmung (attentional shift) weg von repetitiven oder prozeduralen Aktivitäten. Bei dissoziativen Automatismen erscheinen diese physiologischen metakognitiven Fähigkeiten gestört. So treten beispielsweise komplexe dissoziative Automatismen bei der Konfrontation mit schweren Katastrophen auf (z. B. Naturkatastrophen, Verkehrsunfälle). Dabei kann es zu dissoziativen Fuguezuständen kommen, die durch ein plötzliches, unerwartetes Weglaufen gekennzeichnet sind. Dabei verhält sich die betroffene Person äußerlich unauffällig, jedoch bestehen häufig Erinnerungsverluste hinsichtlich des traumatisches Ereignisses (dissoziative Amnesien). Gleichzeitig können auch Erinnerungsverluste hinsichtlich der persönlichen Identität (Name und Alter können plötzlich nicht mehr erinnert werden) auftreten. Bei Patienten mit einer ausgeprägten Dissoziationsbereitschaft können auch unter geringfügigen, unspezifischen Belastungen im alltäglichen Leben dissoziative Symptomatiken auftreten.

Kompartimentalisation der Information und des Affektes: Kompartimentalisation bedeutet eine Isolation von überwältigenden Affekten und den dazugehörigen Erinnerungen. Diese Trennung kann auch dazu führen, daß betroffene Patienten unterschiedliche Versionen oder Interpretationen über die eigene Lebensgeschichte vorbringen. Durch Stimuli mit Bezug zu einem Trauma können jedoch schmerzhafte Erinnerungen, häufig in Form von intrusiven Gedanken oder Flashbacks wieder zum Vorschein treten. Im Unterschied zu anderen über die Zeit sich verändernden Erinnerungen, scheinen traumatische Erlebnisse in der Wiedererinnerung sehr ereignisnah und „frisch". Untersuchungen mit dem Stroop colornaming Paradigma (McNally, 1995) konnten nachweisen, daß traumabezogene Stimuli intrusive Kognitionen und Affekte triggern können.

Identitätsalterationen und Entfremdung vom Selbst: Unter Entfremdungserlebnissen werden Störungen des konsistenten Erlebens bzw. Verhaltens einer Person verstanden. Dabei können autopsychische (auf das Selbst bezogene Entfremdungserlebnisse) sowie somatopsychische Depersonalisationserfahrungen (auf den Körper bezogene Entfremdungserlebnisse) unterschieden werden (s. Klosterkötter, 1988; Resch, 1997). Entfremdungserfahrungen hinsichtlich der Wahrnehmung der unmittelbaren Umgebung werden als Derealisationen bezeichnet. Sämtliche Entfremdungserfahrungen führen nicht selten zu massiven Ängsten vor einem Selbstverlust, rufen Anspannung und ein Gefühl des gequält Seins hervor, ohne daß dies von der Umgebung als so schwerwiegend wahrgenommen wird. Diese Entfremdungserfahrungen werden nicht selten zum Ausgangsort selbstdestruktiver Verhaltensweisen (s. Kap. 27). Erfahrungen von Identitätsalterationen sind häufig nur transient bei unbeeinträchtigter Wahrnehmung der „Kernidentität“. Bei häufigen oder langanhaltenden Alterationen kann es jedoch zu einer sich verfestigenden Ausgestaltung von unterschiedlichen Persönlichkeitsfacetten kommen bis hin zu einer dissoziativen Identitätsstörung im nosologischen Sinne.

Bei jüngeren Kindern werden dissoziative Phänomene häufig als ein normaler Prozeß von Imagination und Phantasiefähigkeit beobachtet (Putnam, 1997). Imaginäre Spielgefährten und Tagträume sind beispielsweise physiologische Phänomene, die erst eine pathologische Bedeutsamkeit erlangen, wenn sie mit psychosozialen Funktionseinschränkungen und gestörter Realitätsprüfung einhergehen. Unter anhaltenden, häufig kumulierenden Belastungen können diese Mechanismen als Selbstschutz verstärkt eingesetzt werden und so zu einer pathologische Ausweitung und Persistenz von ursprünglich physiologischen Vorgängen führen. So zeigen Kinder auch selektive Vergeßlichkeiten, schnelle Veränderungen in der Aufmerksamkeit und ein kontextabhängiges Identitätsbewußtsein, das in gesteigerter Form bei Erwachsenen mit dissoziativen Störungen beobachtet werden kann. Auch „normale“ Jugendliche berichten von episodenhaft auftretenden Depersonalisationserfahrungen (vgl. Steinberg et al., 1991). Untersuchungen zur Häufigkeit dissoziativer Phänomene im Entwicklungsverlauf sprechen für ein gering vermehrtes Auftreten dieser Phänomene im Alter von 7–11 Jahren. Dies wird in Abhängigkeit von den kognitiven Entwicklungsvorraussetzungen gesehen. Sowohl im Kindes- als auch im Jugendalter ist jedoch ein erhöhtes Ausmaß an dissoziativen Mustern mit multiplen psychopathologischen Auffälligkeiten und einer erschwerten Bewältigung von Entwicklungsaufgaben der emotionalen und sozialen Entwicklung verbunden (Putnam, 1997).

Neben den dissoziativen Störungen im nosologischen bzw. klassifikatorischen Sinne wurde auch ein ausgeprägter Grad an dissoziativen Verhaltens- und Erlebensmustern bei verschiedenen psychiatrischen Erkrankungen gesehen, wie der Posttraumatischen Belastungsstörung und vor allem bei der Persönlichkeitsstörung vom Borderline-Typ, häufig im Verbund mit selbstverletzenden Handlungen (vgl. Shearer, 1994; Zweig-Frank et al., 1994; Zlotnick et al., 1996; Sachsse et al., 1997; Resch et al., 1998a). Das häufige Vorkommen sexueller Traumatisierungen bei Patienten mit den zuletzt genannten Erkrankungen hatte Forschungen über die möglicherweise spezifische Rolle sexueller Mißbrauchserfahrungen bei der Entwicklung dissoziativer Symptomatiken angestoßen. Die höchsten Prävalenzraten an Vorkommnissen von sexuellen Mißhandlungen wurden vor allem bei der dissoziativen Identitätsstörung sowohl bei Kindern und Jugendlichen (Coons, 1994) als auch bei Erwachsenen (Steinberg et al., 1991) gefunden. Anhaltende dissoziative Erlebnismuster über die Lebensspanne hinweg scheinen auch mit einer erhöhten Inzidenz vielfältiger psychopathologischer Störungsbilder einherzugehen (Irwin, 1994). Ob eine erhöhte dissoziative Tendenz, auch wenn sie nicht das Ausmaß für eine nosologische Zuordnung erreicht, im Zusammenhang mit traumatischer Lebenserfahrung stehen könnte, wurde in mehreren Studien in klinischen und nichtklinischen Stichproben an Erwachsenen untersucht (Ross et al., 1989; Irwin, 1994; Zlotnick et al., 1996).

Je schwerer, chronischer und früher in der Kindheit ein Mißbrauch nachweisbar war, desto ausgeprägter schien eine dissoziative Symptomatik im Erwachsenenalter vorzuliegen (Chu & Dill, 1990; Sanders & Giolas, 1991). Durch jüngere Untersuchungen (Resch et al., 1998a; Irwin, 1994), die das weite Spektrum potentiell traumatogener Faktoren, wie z. B. emotionale Vernachlässigung and andere „life events" miteinschlossen, konnte das Ausmaß an dissoziativem Erleben nicht eindeutig auf den Schweregrad der traumatischen Erfahrungen bezogen werden. Insbesondere erschien die emotionale Vernachlässigung in der Kombination mit sexuell mißbräuchlichen Erfahrungen einen wichtigen Pädiktor darzustellen. Nach eigenen Untersuchungsergebnissen (Brunner et al., 1999b; Resch et al., 1998a) zeigen dissoziative Phänomene keine diagnosespezifische Erlebnisbereitschaft — trotz einer erhöhten Auftrittswahrscheinlichkeit im Bereich der Persönlichkeitsentwicklungsstörungen und affektiven Störungen. Sexuelle Traumatisierungen und emotionale, elterliche Vernachlässigungen stellten die bedeutsamsten Prädiktoren für die Ausbildung eines pathologischen Ausmaßes an dissoziativen Erlebnissen bei jugendlichen Patienten dar. Ein pathologisches Ausmaß an Dissoziation selbst stellte einen starken Prädiktor für ein negatives Selbstkonzept dar (Resch et al., 1998a).

Historische vs. moderne Konzepte der Dissoziation

Die Vielfalt der ehemals sogenannten hysterischen Störungsbilder sowie die begriffliche Unschärfe hat eine exakte Krankheitsdefinition und eine nosologische sowie klassifikatorische Zuordnung erschwert (Wölk, 1992). Wie das Hysteriewar auch das Dissoziationskonzept einem Verständniswandel unterworfen. Beide Konzepte sind bis heute eng mit der Traumaforschung verbunden. So führte Janet nach Vorarbeiten von Charcot das Dissoziationskonzept ein, indem er behauptete, daß die Abspaltung bestimmter Erlebnisse aus dem Bewußtsein der ausschlaggebende Pathomechanismus sei. Für Janet war der dissoziative Prozess ein Abwehrverhalten, mit dem der menschliche Organismus auf eine das alltägliche Ausmaß übersteigende Belastung reagiert. Janet (1889) sprach von einem psychologischen Automatismus, der als Traumafolge dissoziative Zustände wachruft und unterhält. Janet ging im Gegensatz zum heutigen Dissoziationsverständnis vorrangig davon aus, daß das dissoziative Erleben ein pathologischer Vorgang sei. Freud sah die Hysterie vor allem im Zusammenhang motorischer, sensorischer und/oder charakterlicher Symptome. Trotz der Heterogenität der Erscheinungsformen sah Freud einen gemeinsamen Nenner in der Ätiologie und Psychodynamik (vgl. Spitzer et al., 1996). Freud sah in der Genese der Hysterie — zum Zeitpunkt seiner traumatheoretischen Vorstellungen — die Verdrängung als vorherrschenden Abwehrmechanismus an, als Folge der reizüberflutenden, traumatischen (hier ist vor allen Dingen die sexuelle Verführung gemeint) Lebensereignisse. Später postulierte er im Rahmen seiner triebtheoretischen Vorstellungen, daß die Hysterie auf ungelöste Konflikte der ödipal-phallischen Entwicklungsstufe zurückginge. Freud erkannte auch zum Teil das Konstrukt der Dissoziation an, sah aber diese weniger als Prozeß sondern mehr als einen Bewußtseinszustand an. Er selbst fokussierte mehr auf sein Konversionskonzept, in dem die Umkehrung eines seelischen Konfliktes in ein körperliches Symptom im Mittelpunkt stand. Zusammenfassend läßt sich sagen, daß Freuds ätiopathogenetisches Konzept eines Konfliktmodells einem Modell Janets im Sinne eines Ich-Defizites (oder einer mangelnden Integrationsfähigkeit des Selbstbewußtseins) gegenüberstand. So waren nach Janet dissoziative Störungen Ausdruck einer autoregulativen, passiven Verarbeitung, während Freud diese Störungen als das psychodynamische Ergebnis aktiver mentaler Verdrängungsprozesse ansah.

Das bisherige Hysteriekonzept wurde auf unterschiedliche Art und Weise (ICD-10 vs. DSM-IV) zerlegt und in verschiedene Kategorien der Klassifikationsschemata eingeordnet. Die Einordnungen sind umstritten, man kann sicherlich wieder Neuordnungen bei den Revisionen der Klassifikationsschemata erwarten. Der Begriff Hysterie wurde vollständig eliminiert unter dem Hinweis, stigmatisierende Begriffe aufgeben zu wollen und ätiopathogenetische Vorstellungen zugunsten rein phänomenologisch-deskriptiver Beschreibungen in den Hintergrund treten zu lassen. Allerdings muß kritisch angemerkt werden, daß der Begriff der Dissoziation nicht minder ätiologische Vorstellungen impliziert und auch daß das geforderte Kriterium „Belastungen müssen vorgelegen haben“ eine klare ätiologische Annahme darstellt. Der wesentlichste Unterschied der beiden Klassifikationssysteme ist, daß das DSM-IV die klassischen konversionsneurotischen Störungen unter die Kategorie der somatoformen Störungen gruppiert. Während das DSM-IV die körpersymptomatischen Störungen von den dissoziativen Störungen trennt, faßt die ICD-10 diese Störungen zusammen, vor allem mit der Begründung einer hohen Komorbidität beider Phänomene. Die körpersymptomatischen Störungen (z. B. die dissoziativen Krampfanfälle, Bewegungsstörungen etc.), die in der ICD-10 als die dissoziativen Störungen vom konversionsneurotischen Typus bezeichnet werden, sind im Kapitel 26 beschrieben.

Entwicklungsmodell des dissoziativen Symptomenkomplexes

Dissoziative Störungsmuster kommen vor allem in der Adoleszenz auch als Ausdruck einer beeinträchtigten Selbstintegration in diagnostisch unspezifischer Weise vor und sind durch Symptome der Amnesie, der Identitätsalteration, der Mehrfachidentität, der Identitätsdiffusion sowie der Depersonalisation und Derealisation gekennzeichnet. Die Auswirkungen einer präpsychotischen Vulnerabilität auf die adoleszentäre Entwicklung des Selbst wurde bei Resch (1997) ausführlich beschrieben. Die präpsychotische Vulnerabilität wirkt sich auf die unmittelbare Ich-Erfahrung (z. B. Depersonalisation) und Selbstdefinition (z. B. Selbstwert) aus. Zur Stabilisierung von Identität und Selbstwert kommt es zur Bildung eines ausgeprägten imaginierten Selbst, das seine klinische Bedeutung — z. B. auch vor dem Hintergrund traumatisierender Erfahrungen — in der Entwicklung von narzißtischen und histrionischen Persönlichkeitsfacetten erfährt.

Die Bedeutung dissoziativer Phänomene für die Entwicklung präpsychotischer Vulnerabilität ist bislang nicht geklärt, wenngleich Depersonalisations- und Derealisationsphänomene Bestandteil der psychotischen „Übergangsreihe" darstellen.

Die Abbildung 9.7 soll den Gesamtzusammenhang über die Entwicklung des dissoziativen Symptomenkomplexes geben. Hierbei wird erneut Bezug genommen zum zuvor skizzierten allgemeinen entwicklungspsychopathologischen Paradigma:

Eine bestimmte genetische Disposition und biologische und soziale Entwicklungseinflüsse führen schließlich zu einer spezifischen Fragilität der kindlichen Persönlichkeit. Durch wiederholte Traumata und das Fehlen von protektiven Faktoren und sozialer Unterstützung durch die Umgebung erlebt das Kind Symptome einer posttraumatischen Streßverarbeitung. Bei anhaltender Traumatisierung entwickelt sich schließlich ein dissoziatives Muster mit Amnesien, Trance-artigen Zuständen, schnellem Wechsel von Stimmungen und Verhaltensweisen, Störungen der Affektregulation, Aufmerksamkeits- und Gedächtnisbeeinträchtigungen als ein Abwehr- und Bewältigungsstil. Anhaltende Konflikte und Traumata führen schließlich zur Ausbildung einer vulnerablen Persönlichkeit mit den externalen Dimensionen der Dissoziation (Steinberg, 1995): Eine erhöhte Dissoziationsbereitschaft, amnestische Episoden, depressive Stimmungen, Depersonalisations- und Derealisationsphänomene, Somatisierungstendenzen, Neigung zu Selbstverletzungen, suizidalen Impulsen und Suchtmittelmißbrauch. Bei weiteren Traumatisierungen — oder auch unspezifischen Belastungen — bereits geringfügiger Art kann es zur Dekompensation und zum Eskalieren der oben genannten psychopathologischen Phänomene kommen. Nach Putnam (1997) sind folgende Symptomgruppen bei Patienten mit pathologischer Dissoziation häufig vergesellschaftet:

- Primäre dissoziative Symptome
  - Amnesien und Gedächtnissymptome
    - Amnesien und Blackouts
    - Fugue Episoden
    - Überraschender Wechsel in Fähigkeiten, Gewohnheiten, und Wissen
    - Fragmentarische autobiographische Erinnerung
    - Dissoziative Flashbacks
  - Dissoziative Prozeßsymptome

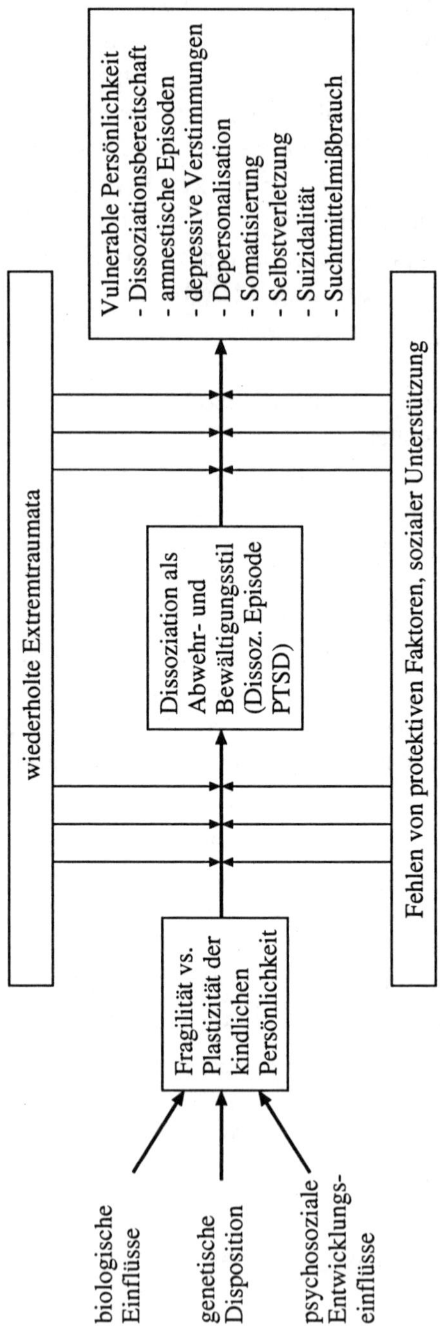

Abbildung 9.7: Beispiel des dissoziativen Symptomkomplexes

        * Depersonalisation, Derealistion
        * Passive Beeinflussung/Interferenzerfahrungen
        * Trance-artige Zustände
        * Identitätsalterationen, -konfusionen
        * Wechselhaftes Verhalten („switching behaviors")
    - Assozierte posttraumatische Symptome
        * Wiedererleben des traumatischen Ereignissses
        * Vermeidungsverhalten mit emotionalem und sozialem Rückzug
        * Vegetative Übererregtheit

- Sekundäre Symptome
    - Depression, Angst, Affektlabilität
    - Somatoforme Beschwerden
    - Geringer Selbstwert
- Tertiäre Symptome
    - Suizidale Impulse oder Suizidversuche, Selbstverletzendes Verhalten
    - Sexualisierte Verhaltensweisen
    - Drogenmißbrauch

So erscheint es aus therapeutischer Sicht unabdingbar zur erfolgreichen Therapie der externalen Dimensionen, die internalen Dimensionen der Dissoziation, die im Konzept von Putnam (s. o) beschriebene primäre dissoziative Kernsymptomatik, mitzubehandeln.

Auch vor dem Hintergrund des oben skizzierten Entwicklungsmodells bleibt zu fragen, ob die tiefgreifenden Folgen schwerwiegender chronischer Traumatisierungen die sich entwickelnde Identität so schwer stören können, daß sich sozusagen persönlichkeitsformende Konsequenzen des Mißbrauchs ergeben. Dies ist eine Frage, die bei der Untersuchung der Zusammenhänge zwischen der chronischen posttraumatischen Belastungsstörung und der Borderline-Persönlichkeitsstörung gestellt wurde. Es gilt zu klären, ob ein chronischer Dissoziationsprozeß (persönlichkeits-) strukturbildend sein kann (Brunner et al., 1997; Sachsse et al., 1997; Perry et al., 1998). Beispielsweise erfüllten ein Drittel jugendlicher Patienten mit einer Borderline-Störung auch die Kriterien der chronischen posttraumatischen Belastungsstörung (Famularo et al., 1991). Ob die Symptome eher im Sinne einer Komorbidität zu werten sind oder ob die eine Störung zur Entwicklung der anderen beiträgt, bleibt offen. Obwohl das sexuelle und körperliche Trauma als alleiniger Ätiologiefaktor in der Genese der Borderline-Persönlichkeitsstörung weder spezifisch noch ausreichend ist (Goldman et al., 1992; Zanarini et al., 1997), scheint es aus unserer Sicht wertvoll, aus dem Blickwinkel der Dissoziationsforschung und der Forschung zur posttraumatischen Belastungsstörung die Beziehung zwischen Kindheitstraumen und Persönlichkeitsentwicklungsstörungen zu betrachten.

Umfangreiche empirische Untersuchungen der Arbeitsgruppe von Putnam und Mitarbeitern ergaben folgende Effekte der pathologischen Dissoziation auf die kindliche Entwicklung (Putnam, 1997):

- erhöhte allgemeine Psychopathologie
- veränderte neurophysiologische Reaktionen auf Stress
- Störungen in der Entwicklung und Konsolidierung eines einheitlichen Ich-Gefühls
- Störungen des Gedächtnisses und der Kognition
- Störungen der Impulskontrolle
- Probleme bei der Regulierung von Affekten und Emotionen

Insgesamt wird hier ein Symptomenkomplex deutlich, der z. B. bei Persönlichkeitsentwicklungstörungen vom Borderline-Typ einen Großteil der beschriebenen Phänomene in sich vereint. Insbesondere die Beeinträchtigung der Selbstregulation bei der Impulskontrolle und Affektsteuerung steht nach van der Kolk & Fisler (1994) in einer zentralen Beziehung zum Erleben von chronischer Mißhandlung und Vernachlässigung. Die eingeschränkte Fähigkeit Emotionen und Affekte zu modulieren steht in einem engen Zusammenhang zu Verhaltensmustern, die als Versuche zur Selbstregulation gelten: Aggressive Verhaltensweisen, autodestruktives Verhalten, Eßstörungen und Substanzmißbrauch. Die Fähigkeit internale Spannungen zu regulieren berührt sowohl die Selbstdefinition als auch die soziale Wahrnehmung.

Jüngste Forschungsstrategien kennzeichnen die Bedeutung familiärer Variablen (z. B. Bindungsmuster) auf die Selbstentwicklung im Kontext traumatisierender Bedingungen der Kindheitsentwicklung mit speziellem Fokus auf die Impuls- und Affektdysregulation. So konnte der Einfluß der Eltern-Kind Interaktionen auf die Entwicklung pathologischer dissoziativer Mechanismen beobachtet werden. Kinder mit dem Bindungstyp D (disorganisierter Bindungstyp, siehe Kap. 3.2) wuchsen gehäuft bei Müttern auf, die selbst dissoziative Erlebens- und Verhaltensmuster aufwiesen. Diesen transgenerationalen Effekt sieht Putnam (1997) im folgenden Zusammenhang: Mit Zunahme der Selbstkontrolle über seine „behavioral states“ in der Entwicklung ist das Kind auch mit weiteren Entwicklungsaufgaben konfrontiert. Dies erfordert neue und flexible Verhaltensweisen, deren soziale Modulation und die metakognitive Integration von Informationen und Verhaltensweisen über verschiedene „behavioral states“ hinweg. Pathologische Dissoziation — unabhängig davon ob das Kind zusätzlich von Mißhandlungserfahrungen betroffen ist — bei Eltern konfrontiert jedoch das Kind mit sprunghaften, unberechenbaren Handlungen und affektiven Zuständen, in deren Folge ein erlebnisbezogenes Lernen aus kontingenten Interaktionen mit den Eltern nicht möglich wird. Anpassungsmechanismen an das Verhalten der Eltern führen dann zu einer Beeinträchtigung metakognitiver integrativer Funktionen, was wiederum die entwicklungsmäßige Konsolidierung des Selbst und des Verhaltens beeinträchtigt.

Kognitive und biologische Korrelate pathologischer Dissoziation sind bisher unzureichend empirisch untersucht. Neuroendokrinologische und neurophysiologische Korrelate anderer traumabezogener Störungen (v. a. der Posttraumatischen Belastungsstörungen) konnten identifiziert werden (Griffin et al., 1997; Rauch et al., 1998; Yehuda, 1998). Trauma-induzierte Dysregulationen im biologischen System konnten v. a. im Bereich des Neurotransmitterstoffwechsels (biogene Amine) und des Hormonstoffwechsels (Glucocorticoide) belegt werden. So wiesen Patienten mit einer posttraumatischen Belastungsstörung eine erniedrigte Cortisol-Sekretion auf in Folge der Störungen in der Feedback-Regulation innerhalb der Hypothalamus-Hypophysen-Nebennierenrinden-Achse (Yehuda, 1998). Tierversuche legen nahe (Sapolsky, 1996), daß komplexe Interaktionen zwischen psychosozialen Faktoren und biologischen Stress-Reaktionssystemen bestehen. Neuroanatomische Untersuchungen mit Hilfe bildgebender Verfahren (Rauch et al., 1998) wiesen bei Patienten mit einer PTSD Alterationen im Hippocampus-bereich auf, die in einen hypothetischen Zusammenhang mit Störungen des expliziten Lernens und anderer Gedächtnisfunktionen gebracht wurden. Neuropsychologische Untersuchungen zu einer möglicherweise spezifischen Informationsverarbeitungsstörung bei traumabezogenen psychiatrischen Erkrankungen blieben bisher widersprüchlich (Bremner et al., 1993; Vasterling et al., 1998). Die o. g. Befunde werfen Fragen nach der Reversibilität bzw. therapeutischen Beeinflussung der beeinträchtigten biologischen Systeme auf. Die Bedeutung der neurobiologischen Befunde für die Ätiopathogenese, ihre Beziehung zu spezifischen Symptomen und Symptomenkomplexen und ihr Einfluß auf die Langzeitbewältigung traumatischer Lebensereignisse sind jedoch noch erklärungsbedürftig.

9.3 Spezielle Risikokonstellationen

Im folgenden sollen Zusammenhänge zwischen spezifischen Risikokonstellationen und ihren Einflüssen auf die Entwicklung des Kindes dargestellt werden. Dieses Kapitel enthält eine Auswahl solcher Risiken und erhebt daher keinen Anspruch auf eine vollständige Erfassung von Risikofaktoren der kindlichen Biographie.

9.3.1 Trennung, Tod und Scheidung

Der Verlust einer wichtigen Bezugsperson im Laufe der kindlichen Entwicklung gilt als Risikofaktor. Entgegen früheren Ansichten, daß die Trennung per se ungünstige Langzeitfolgen nach sich zieht (Bowlby, 1969, 1973), vertreten einige neuere Autoren aufgrund von epidemiologischen Untersuchungen die Meinung, daß nicht so sehr die Trennung von der Mutter als alleiniges Trauma Bedeutung für die spätere Entwicklung hat, sondern daß Trennungen immer bereits Indikatoren für vorbestehende ungünstige Lebensbedingungen sind bzw. ungünstige Lebensbedingungen für das Kind nach sich ziehen! So gibt es Hinweise, daß lange Trennungen von wichtigen Bezugspersonen regelmäßig auf gespannte Familienbeziehungen hinweisen (Übersicht beiErnst, 1993). Kurze tägliche Trennungen unter günstigen Bedingungen scheinen die kindliche Entwicklung und ein späteres Erkrankungsrisiko nicht zu beeinflussen. Wir können sohin formulieren, daß der Verlust eines Elternteils nur dann ein Risikofaktor für spätere psychische Auffälligkeiten ist, wenn er auf lange Sicht mit beeinträchtigenden Lebensbedingungen für das Kind verbunden ist. Aus diesem Grund gilt heute als gesichert, daß ein Elternverlust durch Tod mit einem geringeren Erkrankungsrisiko verbunden ist als ein Verlust durch Scheidung oder Trennung. In Scheidungsfamilien kommt es offensichtlich eher zu einer Kumulation von Risikofaktoren und einer Kontinuität negativer Bedingungen (Block et al., 1986).

Als direkte Auswirkung von Verlusterlebnissen können nach Carlson & Hatfield (1992) folgende Kriterien festgestellt werden: Verlusterlebnisse erhöhen bei mangelnder Verarbeitung die Vulnerabilität einer Person in Richtung späterer Verlusterlebnisse. Wenn ein Verlusterlebnis zu negativen Veränderungen im kindlichen Umfeld führt (keine sichere Bezugsperson, liebloses Umfeld, häufiger Betreuungswechsel), dann steigt auch die Vulnerabilität in Richtung psychopathologischer Symptomatik in späteren Lebensaltern. Unmittelbar nach dem Verlusterlebnis kommt es zu einer vegetativ-somatischen Reaktion, die physiologischerweise als Trauerreaktion aufzufassen ist. Bei Kindern wurde unter ungünstigen Lebensbedingungen auch eine erhöhte Angstbereitschaft, Anklammerungstendenz, Regressionen in kleinkindliches Verhalten, Babysprache bis hin zum Sprachverlust, motorische Unruhe, Nägelkauen, Daumenlutschen und Masturbation beschrieben. An psychosomatischen Reaktionsmustern werden Einnässen, Einkoten und Schlafstörungen berichtet. Bei ungünstigen Entwicklungen aufgrund von Trennungserlebnissen werden Persönlichkeitsentwicklungsstörungen mit Identitätsproblematik, mangelndem Selbstwertgefühl sowie Bindungslosigkeit in Beruf und Familie, resignativer Lebenseinstellung oder Aggressivität berichtet. Nochmals ist zu betonen, daß es nicht das Trennungserlebnis an sich ist, sondern die damit verbundenen chronischen Entwicklungsprobleme, die ungünstige Langzeiteffekte nach sich ziehen. Eine Verarbeitung des Verlusterlebnisses in einem sozialen Netzwerk mit liebevollen, konstanten Bezugspersonen kann ungünstige Spätreaktionen offenbar vermeiden lassen. Eagle (1994) stellt dazu fest, daß im Falle von Fremdunterbringungen die Aufrechterhaltung von Kontakten zur Primärfamilie unbedingt anzustreben ist. Wenn wir also davon ausgehen, daß ein Kind durch Verlusterlebnisse posttraumatische psychische Störungsmuster erleiden kann, dann hängt das Ausmaß einer solchen Störung wesentlich von der interaktionellen Matrix zum Zeitpunkt nach dem Verlusttrauma ab. Auch wenn unnötige Trennungen oder vielfache willkürliche Milieuwechsel bei Kindern nach institutionellen Unterbringungen unbedingt abzulehnen sind, muß doch ein Augenmerk auf die Lebenssituation der Kinder in ihren Familien gerichtet werden. Die Aufrechterhaltung mißhandelnder oder vernachlässigender Milieusituationen ist — unter dem Gesichtspunkt einer Vermeidung von Trennungserlebnissen — nicht zu verantworten. Die Beurteilung kann folgendermaßen zusammengefaßt werden: Die Literatur legt nahe, daß frühe Bindungen wichtig sind und respektiert werden müssen, wenn im Falle von Fremdunterbringungen oder nach Scheidungen zu neuen Umgebungsbedingungen ein Vertrauen aufgebaut werden soll. Die Beurteilung der Auswirkungen von unbedingt notwendigen und schicksalhaften Trennungen ist nur durch eine mehrdimensionale Betrachtungsweise möglich, die sowohl persönliche Faktoren des Kindes, Umweltbedingungen aus der Vergangenheit und das soziale Netzwerk nach der Trennung in einen Gesamtzusammenhang stellt. Es kann jedoch als wissenschaftlich gesichert gelten, daß der frühe Verlust primärer Bezugspersonen unter ungünstigen Bedingungen den Menschen für spätere Trennungen und Verlusterlebnisse vulnerabel macht und in Fällen einer möglichen angeborenen Disposition für affektive Erkrankungen die Vulnerabilität zum Auftreten einer ersten depressiven Episode bei späteren neuerlichen Trennungserlebnissen erhöhen kann (Bowlby, 1988).

9.3.2 Kinder psychisch kranker Eltern

Im folgenden sollen Ergebnisse der Interaktionsforschung bei Nachkommen schizophrener und depressiver Eltern referiert werden.

Kinder schizophrener Eltern

Kinder mit einem schizophrenen Elternteil werden als Risikokinder eingestuft, da die Wahrscheinlichkeit, selbst an einer Schizophrenie zu erkranken, bei solchen Kindern bei etwa 13% liegt. Bei zwei schizophrenen Elternteilen steigt das Risiko auf über 46% an (Flekkoy, 1987). Je mehr erkrankte Verwandte eine schizophrene Mutter hat, desto höher wird das Risiko ihres Kindes, auch zu erkranken.

Wie sich bei Risikokindern eine spätere schizophrene Psychose entwickelt, wird am besten durch das Vulnerabilitätskonzept beschrieben (s. Kap. 1). Neben der Heredität werden auch andere biologische Risikofaktoren und vor allem Störfaktoren der familiären Interaktion bei der Entstehung von Vulnerabilität angenommen:

Manche Erklärungen machen toxische oder entzündliche Störfaktoren, die im zweiten Schwangerschaftsdrittel auf die Entwicklung des Fetus einwirken, für eine Entstehung von Vulnerabilität verantwortlich, wobei diese Störungen ebenso wie eine mögliche genetische Disposition schließlich zu einer Beeinträchtigung der Zytoarchitektonik in bestimmten Strukturen des limbischen Systems führen sollen (Barr et al., 1991; Cannon & Mednick, 1993).

Geburtskomplikationen werden bei Patienten mit schizophrenen Erkrankungen immer wieder in erhöhtem Prozentsatz berichtet. Untersuchungen an erwachsenen Patienten geben einen Prozentsatz von ungefähr 20% an (Nimgaonkar et al., 1988). In einer eigenen Untersuchung konnten wir in 14% prä- und perinatale Traumen bei Jugendlichen mit schizophrenen Psychosen feststellen, wobei die Kohorte insgesamt zu 30% unspezifische cerebrale Risiken (inclusive schwerer Schädel-Hirn-Traumen und Hirnhautentzündungen) aufwies (Resch, 1992). Ein erhöhtes Schizophrenierisiko durch Geburtskomplikationen allein kann jedoch nicht festgestellt werden. Risikostudien an Kindern schizophrener Mütter konnten nachweisen, daß jene Risikokinder, die auch Geburtskomplikationen aufwiesen in erhöhtem Prozentsatz schizophreniegefährdet waren, während Kinder mit genetischer Belastung ohne Geburtskomplikationen eine vergleichsweise günstigere Entwicklung nahmen (Cannon & Mednick, 1993). Es zeichnet sich also eine Wechselwirkung zwischen genetischen Risikofaktoren und unspezifischen cerebralen Risiken ab.

Die intrafamiliäre Kommunikation hat für die Ausbildung schizophrener Vulnerabilität aber auch für die Auslösung von schizophrenen Episoden eine Bedeutung. Vom Konzept der sogenannten „schizophrenogenen“ Mutter, die durch einen besonders widersprüchlichen Kommunikationsstil ihr Kind in die Psychose „treibt“, ist man aufgrund wissenschaftlicher Erkenntnis vollkommen abgekommen. Dieses Konzept, das Eltern schizophrener Patienten zu Schuldigen stempelte, hat viel Unsicherheit und falsche Bezichtigungen in die Familien schizophrener Patienten hineingetragen. Eine differenzierte Betrachtungsweise kann jedoch an einer Wechselwirkung zwischen schizophrener Vulnerabilität und intrafamiliären Kommunikationsmustern nicht vorbeisehen (Tienari, 1992).

Das Untersuchungskonzept zur Erfassung der emotionalen Beziehungsmuster unter den Familienmitgliedern (expressed emotions — EE-Konzept) konnte die Annahme bestätigen, daß emotionale Aufdringlichkeit mit Überinvolviertheit und überkritischer Haltung der Bezugspersonen das Rückfallrisiko bei schizophrenen Patienten erhöhen kann (Vaughn & Leff, 1976; Goldstein et al., 1992). Kinder schizophrener Mütter haben bei familiärer Instabilität ein erhöhtes Risiko, auch zu erkranken (Cannon & Mednick, 1993). Ebenso ist der Stil negativer Affektäußerungen und Kommunikationsstörungen mit einer Erhöhung des Erkrankungsrisikos verbunden. Dies wurde in Untersuchungen nach dem Konzept der „communication deviance“ (CD) empirisch bestätigt (Asarnow et al., 1988). Wichtig ist zu betonen, daß es in Familien mit einem schizophrenen Elternteil das Phänomen des „assortative mating“ gibt, das besagt, daß durch besondere Partnerwahl auch die gesunden Elternteile in der Regel Kommunikationsauffälligkeiten haben. Durch eine solche besondere Partnerwahl kommt es schließlich für die entsprechenden Kinder zur Verdichtung psychosozialer Risikofaktoren. Ein anderer Untersuchungsansatz bei Kindern schizophrener Mütter, die nach der Geburt wegadoptiert wurden, zeigt, daß auch Beziehungsstörungen unter den Adoptiveltern bei diesen genetisch vulnerablen Kindern das Schizophrenierisiko erhöhen können (Tienari, 1992). Wieder findet sich eine Wechselwirkung zwischen genetischen Risikofaktoren und psychosozialen Risiken.

In Risikofamilien mit einem schizophrenen Elternteil findet sich eine beeinträchtigte soziale Anpassung der Elternteile, weniger Solidarität unter den Familienmitgliedern, vermehrte Alltags- und Finanzprobleme sowie eine Störung der Beziehungen von den Eltern zu den Kindern (Asarnow, 1988). Die Rate der Interaktion zeigte sich in solchen Risikofamilien erniedrigt — das Familienklima ermangelt Wärme. Zwischen dem Ausmaß an psychopathologischer Beeinträchtigung des kranken Elternteils und der Sozialanpassungsstörung der Familie besteht ein Zusammenhang. Schizophrene Mütter werden als weniger emotional und verbal responsiv beschrieben. Sie geben weniger Spielaufforderungen und sind in der Gestaltung des Erfahrungsraumes ihrer Kinder eingeschränkt (Mednick et al., 1987). Die Erwartungen der Eltern gegenüber den Entwicklungschancen ihrer Kinder sind erniedrigt, und die Eltern legen einen eher zurückweisenden und autoritären Erziehungsstil an den Tag. Das Familienklima wird als weniger warm bezeichnet, die Eltern sind rasch überfordert (Asarnow, 1988).

Die intrafamiliären Kommunikationsmuster zeigen, daß schizophrene gegenüber nicht schizophrenen und gesunden Probanden mehr egozentrische und aktiv disqualifizierende Anteile in der Kommunikation aufweisen. Das Ausmaß von Abwertungen durch die Eltern erwies sich als ein signifikanter Prädiktor für die Diagnose bei den Nachkommen insbesondere dann, wenn die Interaktion der Eheleute dabei kontrolliert wurde. Die hohe Rate von devianter Kommunikation unter den Eltern schizophrener junger Erwachsener wurde zum Teil auf individuelle Charakteristika zumindest eines Elternteils, aber auch auf die Erwiderung durch den Partner gewertet (Wichstrøm & Holte, 1992). Adoleszente mit einem erhöhten Risiko, an einer Schizophrenie zu erkranken, haben im Vergleich zu Kindern affektiv beeinträchtigter Eltern und einer Kontrollgruppe größere soziale und affektive Defizite. Abb. 9.8 gibt Ihnen einen Überblick über Interaktionsmerkmale in Familien mit schizophrenen Elternteilen. Die Abb. 9.9 gibt einen Überblick über Entwicklungsprobleme bei Hochrisikokindern. Im Kleinkindalter zeigen nach Asarnow (1988) Kinder schizophrener Eltern neurointegrative Defizite, Beeinträchtigungen der motorischen Koordination und der sensorischen Funktionen. Dies äußert sich in einem irritablen Temperament, verringerter Expressivität und beeinträchtigter kommunikativer Kompetenz. Risikokinder erweisen sich im Vergleich als ängstlicher, depressiver, zurückgezogener und leichter zerstreubar.

* Kognitive Störungen
  - kognitives Gleiten
  - tangentiales, konkretistisches Denken
* negative Affektivität
  - feindlich ablehnend
  - zurückweisend
* geringer verbal responsiv
  - Mangel an Wärme
  - weniger emotional
  - weniger intensive Beziehung
  - erniedrigte Interaktion
* Mangel an Erfahrungsräumen
  - weniger Spielaufforderungen
  - autoritär
  - egozentrisch
* erniedrigte Erwartungen
* aktive Disqualifikation

Abbildung 9.8: Interaktionsmerkmale in Familien mit schizophrenen Elternteilen

* *Kleinkind*: Neuromotorisches Defizit, Sprachentwicklungsstörung
* *Schulkind*: Aufmerksamkeitsstörung, Passivität, Irritabilität
* *Präadoleszenz*: Sozialisierungsstörung, Denkstörung
* *Adoleszenz*: Soziale Inkompetenz, Affektverflachung, Denkstörung

Abbildung 9.9: Entwicklung von Hochrisikokindern

Im Schulalter finden sich Beeinträchtigungen der Aufmerksamkeit, der affektiven Kontrolle und der sozialen Kompetenz. Schizophrene Risikokinder unterscheiden sich darin offensichtlich nicht von Kindern mit Traumatisierungen. In der Adoleszenz stehen ebenfalls Störungen der Affektkontrolle und der sozialen Kompetenz im Vordergrund. Auf dem kognitiven Sektor zeigen sich kognitives Gleiten, Mißverstehen des Kontextes und magische, konkretistische Denkmuster (Zusammenfassungen finden sich bei Fish et al., 1992; Erlenmeyer-Kimling et al., 1993; Cannon & Mednick, 1993).

Kinder von Eltern mit affektiven Störungen

Kinder depressiver Elternteile erfahren neben einer möglichen genetischen Risikoerhöhung im Zusammenleben mit ihren Bezugspersonen eine signifikante Beeinträchtigung ihrer Entwicklungsbedingungen (Cummings & Davies, 1994). Depressive Eltern nehmen gegenüber ihren Kindern eine negative, nichtunterstützende Haltung ein (Field et al., 1990) und üben vermehrt Kritik bei mangelndem Engagement und mangelnder Responsivität. Erhöhte Reizbarkeit und Irritabilität evozieren emotionale Eskalationen (Hammen et al., 1990; Rutter, 1990). Negative soziale Kognitionen, ein niedriger Selbstwert und das eingeschränkte Gefühl, die Handlungskontrolle ausüben zu können, haben einen ebenso ungünstigen Effekt auf das kindliche Verhalten wie das eingeschränkte Vertrauen der Eltern in ihre elterliche Kompetenz (Dix, 1991). Ein gestörter affektiver Austausch zwischen Mutter und Kind behindert die Entstehung einer emotionalen Bindung und die Bildung eines tragfähigen Selbst- und Weltbildes (Harris, 1994).

Nachgiebigkeit, negatives Reinforcement und ein Mangel an Erfahrungsräumen (Zahn-Waxler et al., 1990) führte in Ermangelung adäquater Grenzsetzungen (Kochanska et al., 1987) dazu, daß Kinder mit einem erhöhten Risiko, eine Depression zu entwickeln, im Kindesalter gehäuft aggressive und externalisierende Verhaltensstörungen entwickelten (Patterson & Stouthamer-Loeber, 1984). Depressive Mütter, deren Kinder unkooperativ sind, lehnen häufiger deren Wünsche ab. Diese Ablehnung wurde weniger von der Quantität des kindlichen Verhaltens abhängig gemacht als von der Qualität. Die Mütter unterscheiden nicht zwischen geschickten und ungeschickten Ausdrucksformen kindlicher Autonomie (Kochanska & Kouczynski, 1991). In depressiven Phasen gaben Mütter ihren Söhnen gegenüber weniger positive Statements ab und zeigten eine reduzierte verbale Interaktion. Die Kinder beklagten sich in diesem Stadium weniger über die Anweisungen ihrer Mütter. Nicht depressive Mütter berichteten weniger akkurat über die Probleme ihrer Kinder, depressive Mütter hingegen, die eine Verhaltensstörung bei ihren Kindern wahrnahmen, äußerten mehr negative Interaktionskommentare als nicht depressive Mütter. Depressive Mütter haben eine Tendenz, kindliche Verhaltensprobleme ausführlicher zu berichten (Fergusson et al., 1993). Frühe kindliche Erziehungspraktiken manisch-depressiver Eltern belegen, daß sich Mütter dieser Familien weniger um die Gesundheitsbedürfnisse ihrer Kinder kümmerten, Leistung betonten, überprotektiv waren und mehr negativen Affekt an den Tag legten. Sie waren desorganisierter, gespannter, unglücklicher, ineffektiver und weniger aktiv im Umgang mit ihren Kindern. Eltern erzielten niedrigere Scores in den Bereichen: familiäre Interaktion, soziale Einstellung, und sie erlebten situative Probleme schwieriger als andere Eltern (Davenport et al., 1984). Unipolar depressive Mütter zeigten einen negativeren affektiven Stil (bestimmte Art wiederholter negativer Affektäußerungen) gegenüber ihren Kindern als jede andere Gruppe von Müttern. Chronischer Streß, wenige positive „life events" und das Merkmal „alleinerziehend" waren assoziiert mit dem affektiven Stil (AS). Kommunikationsabweichungen (CD) waren lediglich mit einem niedrigeren sozialen Status verbunden. Die Ergebnisse zeigen, daß dysfunktionale Interaktionen nicht nur durch die mütterliche Psychopathologie, sondern von einem Angebot kontextueller Faktoren, die in Beziehung zur Qualität des familiären Umfeldes stehen, bestimmt wurden (Hamilton et al., 1993). Ein höherer Grad an „expressed emotion“ ist mit einem dreifachen Anstieg des kindlichen Risikos assoziiert, eine Major Depression, eine Dysthyme Störung, einen Substanzabusus oder eine Verhaltensstörung zu entwickeln (Schwartz et al., 1990). Das Zusammenleben mit einem depressiven Familienmitglied stellt eine Belastung für die anderen Familienmitglieder dar. Am meisten irritierend erscheinen das mangelnde Interesse am sozialen Zusammenleben, Müdigkeit, Hoffnungslosigkeit und das anhaltende Jammern (Keitner & Miller, 1990). Kinder depressiver Elternteile sind daher einem verstärkten sozialen Streß ausgesetzt und ihre Fähigkeit zur Desaktualisierung erscheint herabgesetzt. Die Vorbildfunktion mütterlichen Rückzugs als auch die Imitation von feindlichem und dysphorischem Verhalten wirkten sich ungünstig aus (Cummings & Davies, 1994). Intrafamiliäre Partnerkonflikte zeigten einen eindeutigen Zusammenhang mit Externalisierungsstörungen und Verhaltensproblemen bei Kindern mit depressivem Risiko. Depressive Eltern können das soziale Netzwerk des Kindes nicht adäquat ausbauen helfen. Familiäre Isolation setzt die Kinder den elterlichen Einflüssen und Konflikten vermehrt aus (Pellegrini et al., 1986). Die Sprache von depressiven und gesunden Müttern während des Spiels mit ihren 2 Monate alten Kindern zeigte hinsichtlich Komplexität und Syntax keine Unterschiede. Dennoch drückte die Sprache der depressiven Mütter mehr negativen Affekt aus, war weniger fokussiert auf das kindliche Erleben und enthielt weniger Anerkennung (Murray et al., 1993). Die Erfassung paralinguistischer Merkmale mütterlichen Verhaltens gegenüber ihren 3 bis 4 Monate alten Kindern ergaben signifikant langsamere Antworten auf kindliche Vokalisationen, mehr Pausen und eine mangelnde Fähigkeit, übertriebene Intonationen, die dem allgemeinen mütterlichen Verhalten entsprechen, zu äußern. Dies spricht für einen Mechanismus, durch den die mütterliche Depression das Risiko für psychopathologische Auffälligkeiten beim Kind erhöht (Bettes, 1988). Neben einer möglichen genetischen Vulnerabilität haben diese psychosozialen Einflußfaktoren also eine entscheidende Bedeutung in der Entwicklung psychopathologischer Symptome beim Kind affektiv erkrankter Eltern. Die psychopathologische Vulnerabilität von Kindern depressiver Eltern nimmt mit dem Entwicklungsalter zu (Hops et al., 1990). Die Inzidenz von Depressionen erlebt in der Zeit zwischen Pubertät und Adoleszenz einen deutlichen Anstieg (Angold & Rutter, 1992). Abb. 9.10 gibt Ihnen einen Überblick über Interaktionsmerkmale in Familien mit affektiv erkrankten Elternteilen.

9.3.3 Kinder mit chronischen Erkrankungen

Chronische Erkrankungen definieren sich nach Eiser (1985) dadurch, daß einerseits eine Heilung häufig nicht möglich ist und andererseits eine Krankheitsdauer von mehr als drei Monaten (in der Regel lebenslang) besteht. Aus medizinischer Sicht zielt die Behandlung vorwiegend darauf ab, den Entwicklungsverlauf der Er-

* negative soziale Kognitionen
* negativer affektiver Stil
    - feindlich, dysphorisch
    - vermehrte Kritik
    - negative Interaktionskommentare
    - weniger positive Statements
    - Reizbarkeit
    - Irritabilität
* reduzierte verbale Interaktion
    - weniger Fürsorge
    - mangelndes Engagement
    - fehlende Responsivität
* Mangel an Erfahrungsräumen
    - fehlende Grenzsetzungen
    - Nachgiebigkeit
    - leistungsbetont
    - überprotektiv
* niedriger Selbstwert

Abbildung 9.10: Interaktionsmerkmale in Familien mit affektiv erkrankten Elternteilen

krankung günstig zu beeinflussen und mögliche Erkrankungsfolgen negativer Art zu verhindern. Die Prävalenzraten für das Gesamtspektrum der chronischen Erkrankungen im Kindes- und Jugendalter werden nach Blanz (1994) zwischen 5.7% und 18% angegeben, je nachdem, ob auch milde Ausprägungen von bspw. Hauterkrankungen zu den chronischen Krankheitsbildern gezählt werden. Als häufigste chronische Erkrankungen gelten das Asthma bronchiale, Sehbehinderungen, kongenitale Herzfehler, Epilepsie, Cerebralparesen und Diabetes mellitus.

Bezüglich des Risikos psychischer Auffälligkeiten bei Kindern und Jugendlichen mit chronischen Erkrankungen siehe die Übersichtsarbeiten von Blanz (1994) und Petermann et al. (1987). Aus epidemiologischer Sicht sind psychische Auffälligkeiten bei chronisch kranken Kindern und Jugendlichen etwa doppelt so häufig als bei gesunden zu finden. Die Rate in unterschiedlichen epidemiologischen Studien liegt zwischen 13% und 30% versus 7% bis 17% bei gesunden Kontrollen. Die Art der psychischen Auffälligkeit reichte von emotionalen und neurotischen Störungen, Kontaktstörungen zu hyperkinetischen Syndromen und Störungen des Sozialverhaltens.

In einer eigenen Untersuchung (Resch et al., 1993b; Resch, 1995) konnten wir die Tatsache belegen, daß in der Gruppe der chronisch Kranken Jungen mit einem höheren psychischen Auffälligkeitsrisiko belastet sind als Mädchen. Dies entspricht ja den Ergebnissen epidemiologischer Untersuchungen bei gesunden Kindern. So fanden wir, daß bei Kindern mit angeborenen Herzfehlern die Mädchen ein den tatsächlichen Belastungsgegebenheiten realistischer angepaßtes Verhalten zeigten. Selbstwertprobleme und emotionale Störungen waren signifikant an eine aktuelle kardiale Problematik gebunden, im Gegensatz zu den Knaben, die auch unabhängig von aktuellen herzbezogenen Symptomen mehr Probleme des Selbstwertes und der Stimmung zeigten.

Kinder mit chronischen Erkrankungen haben dann verstärkt psychische Auffälligkeiten, wenn das Zentralnervensystem beteiligt ist. Schwere Entwicklungsstörungen und Beeinträchtigungen der Intelligenzfunktion stellen dabei Risiken dar. Manche dieser Entwicklungsverzögerungen, vor allem im motorischen Bereich, können teilweise im Zusammenhang mit Einschränkungen des Bewegungsradius der Kinder durch zu besorgte Eltern stehen, wobei Defizite der motorischen Entwicklung bspw. bei Herzkindern später noch aufgeholt werden können.

Chronische Erkrankungen der Kinder induzieren eindeutig nachweisbar erhöhten Familienstreß. Dies führt zu einer Belastung der Beziehungen einzelner Familienmitglieder zueinander und kann auch zur Partnerproblematik bei den Eltern Anlaß geben (Lison, 1992). Die Qualität der Mutter-Kind-Beziehung ist gerade bei chronisch kranken Kindern für das Wohlbefinden und eine günstige Entwicklung hervorzuheben.

Finden sich bei chronisch kranken Kindern massive psychische Auffälligkeiten, so sind in der Regel nicht allein die körperlichen Problemstellungen, sondern zusätzliche familiäre und außerfamiliäre (z. B. Schule) Probleme damit ursächlich in Verbindung zu bringen. Es ist also nicht allein die körperliche Erkrankung als solche, die die psychische Entwicklung des Kindes in eine bestimmte Richtung lenkt, sondern die Art, wie die Familie, die Betreuer, die Lehrer, die Gleichaltrigen und die behandelnden Ärzte damit umgehen. Einerseits besteht die Gefahr der Pathologisierung von normalen Verarbeitungsprozessen bei den Kindern, die ja unter außergewöhnlichen erschwerten Entwicklungsbedingungen ihre Entwicklungsaufgaben meistern müssen. Andererseits droht von seiten eines besorgten Umfeldes die Überbehütung und Einschränkung der psychosozialen Entwicklungsmöglichkeiten. Grundsätzlich muß für alle professionellen Helfer die Empfehlung gelten, betroffene Familien in sachlichen Entscheidungen noch besser zu unterstützen und für die Kinder Freiräume der Selbstentwicklung eröffnen zu helfen, damit diese — z. B. gerade im Falle von körperlichen Gebrechen — ihre persönliche Leistungsgrenze finden können. Die Integration und Entwicklungsförderung von Kindern mit chronischen Erkrankungen kann ohne Mut zum Risiko bei allen beteiligten Verantwortlichen wie Eltern, Ärzten, Psychologen, Pädagogen, nicht gelingen. Das „Kind unter der Käseglocke“ wird in seiner psychischen Entwicklung genauso beeinträchtigt wie das Kind, das seinen erschwerten Lebensbedingungen ohne Unterstützung ausgesetzt ist.

9.3.4 Sexueller Mißbrauch

Als ein Risikofaktor der kindlichen Entwicklung hat der sexuelle Mißbrauch in den letzten Jahren ein sehr starkes öffentliches Interesse erweckt. Als sexueller Mißbrauch wird nach Bretz et al. (1994), die sich dabei auf Moggi (1991) berufen, die Beteiligung von noch nicht ausgereiften Kindern und Jugendlichen an sexuellen Aktivitäten definiert, denen sie nicht verantwortlich zustimmen können, weil sie noch nicht in der Lage sind, sie in ihrer Tragweite zu erfassen. Nach der Art der sexuellen Erfahrung werden unterschiedliche Formen des sexuellen Mißbrauchs definiert: Mißbrauch ohne körperlichen Kontakt, mit körperlichem Kontakt, nicht penetrativ, mit penetrativem Kontakt, mit weiteren Perversionsformen und ritualistischer Mißbrauch nach Jungjohann (1993). Die Auswirkungen sexueller Mißbrauchserlebnisse auf die kindliche Entwicklung sind sehr wesentlich davon abhängig, unter welchen Begleitumständen die Tat erfolgt, und mit welchen anderen Risikofaktoren der Entwicklung, wie z. B. Vernachlässigung und körperlicher Mißhandlung sie verknüpft ist. Bemerkenswert ist, daß aufgrund epidemiologischer Befunde sexuelle Mißbrauchserlebnisse bereits im frühesten Kindesalter beginnen können und oft jahrelange Dauer aufweisen. Die Täter sind in der Mehrheit männlich, für Mädchen besteht ein deutlich höheres Risiko. Die Täter stammen häufig aus dem familiären Nahbereich des Kindes (Finkelhor, 1984, 1995).

An psychischen Auffälligkeiten im Gefolge von sexuellen Mißbrauchserlebnissen werden nach einer Literaturzusammenstellung enthemmtes triebhaftes Verhalten bei Kleinkindern mit ungewöhnlich aktivem Interesse an eigenen Genitalien oder an denen anderer Kinder, Distanzlosigkeit gegenüber Fremden, nicht altersgemäße sexuelle Aktivitäten mit Gleichaltrigen, exzessive Masturbation, spielerische Imitation und Nachvollziehen der Tat, Exhibieren, sexuell provozierendes Auftreten und eine Tendenz, erneut Opfer zu werden, angegeben. Diese bereits im Vorschulalter nachgewiesenen sexuellen Auffälligkeiten werden im Schulkind- und Jugendalter noch durch Blockierungen und Ängste in der Sexualentwicklung, funktionelle Sexualstörungen, Promiskuität und Prostitution, sexuell aggressives Verhalten gegenüber anderen Kindern, ausgeprägte Angst, homosexuell zu sein und gestörte Geschlechtsrollenidentität ergänzt (Übersicht beiBretz et al., 1994). Da sich die Tat ja meist im Nahbereich des Kindes abspielt, geht sie oft mit einer Bedrohung des Familiensystems für das Kind einher. Existentielle Verunsicherung, Angst vor Trennungen und Angst vor Körperkontakt durch geliebte Bezugspersonen ergeben sich daraus. Nach Fegert (1992) kann es vor allem auch im schulischen Leistungsverhalten zu deutlichen Symptomen kommen. Unerklärliches Schulversagen, plötzliches Abfallen der Schulleistung, Konzentrationsstörungen, die Vermeidung von körperlicher Betätigung wie des Sport- und Schwimmunterrichtes, Vermeidung von Um- und Auskleiden im Sportunterricht, frühes Erscheinen in der Schule oder Nicht-nach-Hause-Wollen, plötzliches Weglaufen und sozialer Rückzug können im Gefolge von Mißbrauchserlebnissen auftreten. Andere Symptome sind ein gestörtes Sozialverhalten, unerklärlich auftretendes dominantes, aggressives Verhalten, altersunangemessenes Übernehmen von fürsorglichem Erwachsenenverhalten, Drogen- und Alkoholprobleme, Selbstverletzungen, Suizidversuche und depressiver Rückzug. Es findet sich also eine ganze Palette von Symptomen, die dem posttraumatischen Formenkreis entsprechen. So sehr am Symptom allein ein sicherer Hinweis auf sexuelle Mißbrauchssituationen nicht abgelesen werden kann (es gibt kein Mißbrauch-beweisendes psychopathologisches Symptom), so gibt es doch verdächtige Konstellationen, denen Eltern, Pädagogen und Psychologen und Ärzte nachgehen sollten. Beispielsweise gibt es eine Reihe körperlicher Symptome wie Genitalinfektionen, unerklärliche Blutungen und Ausfluß, abdominelle Schmerzen, unerklärliche Genitalbeschwerden oder Verletzungen im Hals- und Brustbereich, die in Kombination mit psychischen Auffälligkeiten auf Mißhandlungs- und Mißbrauchssituationen hinweisend sind. Nach Bretz et al. (1994) können folgende Risikofaktoren für Entstehung und Aufrechterhaltung von sexuellem Mißbrauch bei Kindern und Jugendlichen genannt werden:

So sind die Familien durch wenig soziale Kontakte nach außen, Mißtrauen gegenüber der Außenwelt, Loyalitätsgebundenheit in der Familie und starke Sicherungstendenzen gekennzeichnet. Die Täter selbst weisen gehäuft Kontaktstörungen auf, haben oft ein geringes Selbstvertrauen, starre moralische Überzeugungen, ungenügendes oder falsches Wissen über kindliche Sexualität und ein patriarchalisches Besitzdenken gegenüber Frauen und Kindern. Weiters werden bei Tätern Sexualängste und eigene Mißbrauchserfahrungen in der Kindheit beschrieben. Die Partnerinnen von Tätern sind oft durch gehäufte Abwesenheit (beruflich oder krankheitsbedingt) gekennzeichnet. Sie sind zumeist emotional und/oder ökonomisch vom Täter abhängig, stehen in starker Loyalität zum Täter und haben eigene Ängste vor sexueller Thematik, z. B. aufgrund eigener Mißbrauchserfahrungen. Die Beziehung zwischen Mutter und Vater in Täterfamilien ist zumeist durch sexuelle Probleme gekennzeichnet, wobei wechselseitige Abhängigkeiten und gegenseitige Grenzverletzungen sowohl der individuellen als auch der Generationsgrenzen und eine Nichtakzeptanz der Intimsphäre hervorzuheben sind. Kinder mit erhöhtem Risiko eines sexuellen Mißbrauchs in Täterfamilien sind durch weibliches Geschlecht, mangelndes Wissen über Sexualität und Defizite an emotionaler und körperlicher Zuwendung gekennzeichnet. Die Kinder sind einer körperlichen Annäherung des Täters daher zugeneigt, sie suchen Sicherheit und Zuneigung und sind für Duldung und Geheimhaltung anfälliger. Andere Risikofaktoren sind mangelnde soziale Kompetenz mit Unfähigkeit, nein sagen zu können, mangelnde Kontakte zu erwachsenen Vertrauenspersonen außerhalb der Familie, schlechte Kontakte zu Geschwistern und ein nicht altersgemäßes, überfürsorgliches Erwachsenenverhalten („Parentifizierung") gegenüber bedürftigen Eltern und anderen Erwachsenen. Das Risikofeld körperlicher und sexueller Mißhandlung zieht im Langzeitverlauf häufig dissoziative Symptomkonstellationen nach sich, wobei wir in eigenen Untersuchungen Hinweise finden konnten, daß psychosomatische

Beschwerden mit körperlicher Mißhandlung korreliert sind und dissoziative Symptome mit sexuellen Mißbrauchserlebnissen einen statistischen Zusammenhang aufweisen (Brunner et al., 1994). Die Freud'sche Hypothese, daß es psychische Auffälligkeiten im Erwachsenenalter gibt, die einen direkten Zusammenhang mit der kindlichen Entwicklungsgeschichte aufweisen, muß heute als weiterhin aktuell betrachtet werden. Gerade in einer Zeit, in der den biologischen und genetischen Risikofaktoren von der Wissenschaft besonderes Augenmerk geschenkt wird, und in der die Öffentlichkeit wiederum den psychosozialen Risiken ein breites Interesse entgegenbringt, sollte eine integrativ wirkende Kinder- und Jugendpsychiatrie sich den Phänomenen von Vulnerabilität und Symptomgenese im Entwicklungsverlauf intensiv widmen.

KAPITEL 10

Alterstypische Problemkonstellationen

In unterschiedlichen Lebensaltern finden sich je nach Entwicklungsaufgaben, Entwicklungsstand und Milieubedingungen differentielle Problemkonstellationen, die im folgenden erörtert werden sollen. Zu beachten ist, daß man beim Kind nicht einfach ein Fehlverhalten registrieren oder eine Temperamentslage konstatieren sollte, sondern immer den Zusammenhang mit den Umfeldbedingungen, der Familie und den Entwicklungsnotwendigkeiten herstellen muß! In jedem Lebensalter hat das Kind spezielle Hürden zu nehmen, in jedem Lebensalter werden typische Lebensthemen und Anpassungsnotwendigkeiten gefunden.

10.1 Probleme des Säuglingsalters

Im Säuglingsalter werden psychische Anpassungsprobleme im Rahmen der frühen Interaktionen faßbar. Auch die Hinweise auf schwierige Temperamentslagen beim Kind (the „difficult infant") dürfen nie unabhängig vom interaktionellen Kontext beurteilt werden. So fanden Thomas et al. schon 1968, daß Kinder mit besonderer Irritabilität, einer nur geringen Gabe, sich an Veränderungen in den Alltagsroutinen zu gewöhnen, Kinder mit besonderer Reaktionsintensität und Irregularitäten in den biologischen Funktionen größere Probleme in der Interaktion mit den Bezugspersonen bieten. Es zeigte sich jedoch deutlich in Verlaufsstudien, daß Kinder mit schwierigen Temperamentseigenschaften bei empathischer Betreuung durch ihre Bezugspersonen keine erhöhten Risiken für spätere psychische Auffälligkeiten haben (Campbell, 1989). Andererseits scheint es jedoch so, daß Kinder mit schwierigem Temperament bei nicht empathischer Betreuung durch die Bezugspersonen später Aggressionen im Vorschulalter zeigen (Olweus, 1980). Wir können also davon ausgehen, daß ungünstige Auswirkungen für die spätere Entwicklung des Kindes durch Störfelder in den frühen Interaktionen hervorgerufen werden können. Abb. 10.1 und 10.2 geben eine Übersicht über verschiedene Störfelder früher Interaktionen.

So kann die intuitiv elterliche Fürsorge, die Etablierung von Bindung und die

---

* Intuitiv elterliche Fürsorge
* Bindung
* Interaktionelle Affektregulation
* Gestaltung des Erfahrungsraumes

Abbildung 10.1: Störfelder früher Interaktionen — Bezugspersonen

* Kognitive Entwicklung
  - Wahrnehmung — modal, intermodal, serial
  - Gedächtnis — Objektpermanenz
  - Repräsentation — enaktiv, ikonisch, symbolisch
* Affektive Entwicklung
  - Affektausdruck
  - Affektintensität — Desaktualisierung
  - Affektsteuerung
  - Affektlesen

Abbildung 10.2: Störfelder früher Interaktionen — Kind

interaktionelle Affektregulation beeinträchtigt werden (s. dazu auch Kap. 3). Da die affektiv-kognitive Beteiligung der Elternpersonen an den frühen Interaktionen von großer Wichtigkeit ist, können Beeinträchtigungen der elterlichen Wahrnehmungsfähigkeit, des elterlichen Erlebens und Verhaltens durch seelische Probleme oder psychische Erkrankungen (wie z. B. Depressionen) einen ungünstigen Einfluß auf die kindliche Entwicklung in der interaktionellen Matrix haben. Auch die ungünstige Gestaltung des Erfahrungsraumes für das Kind durch zu wenige oder überbordende Erlebnisangebote ist als Störfaktor der frühen Interaktion zu nennen. Im ersteren Fall sind die Kinder depriviert, sich selbst überlassen und werden durch die Bezugsperson nicht ausreichend stimuliert, im anderen Falle wird das Kind durch ein Überangebot an hektischen Stimuli, Aktionen oder Spielen überfordert.

Auf seiten des Kindes können die frühen Interaktionen durch Beeinträchtigungen der Wahrnehmungsfähigkeit — auf einzelnen Sinneskanälen (modal), in der Synthese von Wahrnehmungsinhalten über mehrere Sinneskanäle (intermodal), oder die Erkennung von Regelhaftigkeiten im zeitlichen Ablauf von Ereignissen (serial) — gestört werden. Auch Beeinträchtigungen der Gedächtnisentwicklung, die die Objektpermanenz nicht rechtzeitig ausbilden, können sich auf die frühen Interaktionen ungünstig auswirken, weil Bindung und reife Interaktionsmuster wie der sequentielle Modus sich nicht etablieren können. Jegliche Störung der Repräsentation (enaktiv, ikonisch oder symbolisch) wirkt sich auf die Interaktionen in den ersten beiden Lebensjahren aus. Andererseits gibt es Beeinträchtigungen im Affektausdruck, Steigerungen der Affektintensität, Störungen der Desaktualisierungsfähigkeit, die sich als mangelnde Beruhigbarkeit äußern, bereits früh auftretende Schwierigkeiten einer altersgerechten Affektsteuerung als auch Störungen der Fähigkeit, in unterschiedlichen Affekten der Bezugsperson Gefühlslagen zu erkennen. Diese Störungsmuster beim Kind können dazu beitragen, daß frühe Interaktionen unharmonisch ablaufen.

Entsprechende Irritationssymptome beim Kind zeigen sich dann in Form von

* Neuropsychologische Entwicklungsstörungen
  - persistierende Reflexe
  - statumotorische Entwicklungsstörung
  - Störung der Entwicklung der Greifbewegung
  - Sprachentwicklungsstörung
* Störung des Schlaf-/Wachrhythmus
* Fütter-, Eß- und Gedeihstörungen
* Verdauungsstörungen
* Störung der Bindungsentwicklung
* Globale Störung der Verhaltensorganisation
  - Überreaktion auf Stimuli
  - mangelnde Selbstberuhigung (persistierendes Schreien)
  - starke Variationen der Nahrungsaufnahme
  - Überängstlichkeit, trauriger Ausdruck
  - irreguläres Schlafverhalten

Abbildung 10.3: Entwicklungsauffälligkeiten und psychische Störungen im Säuglingsalter (nach Minde & Minde, 1986)

Gedeihstörungen, Fütterstörungen, Verdauungsstörungen oder Schlafstörungen, die wiederum Anlaß zu verstärkten Pflegebemühungen auf seiten der Bezugspersonen sind. Durch solche interaktionellen Störfelder können — sich aufschaukelnde — Prozesse gravierender Eltern-Kind-Mißverständnisse und -Mißverhältnisse entstehen, die letztlich bis zu Kindesmißhandlungen oder Verzweiflungen auf seiten der Bezugspersonen führen können. Frühkindliche Störungen müssen immer auf der interaktionellen Ebene erkannt und auch auf derselben behandelt werden! (Abb. 10.3 gibt eine Übersicht über frühe Auffälligkeiten beim Kind.)

Eine Reihe von prospektiven Untersuchungen (eine Übersicht gibt Campbell, 1995) hat zeigen können, daß ein schwieriges frühkindliches Temperament und medizinische Geburtsprobleme, wie z. B. Sauerstoffmangel, geringes Geburtsgewicht oder Prämaturität, die Wahrscheinlichkeit erhöhen können, daß im Kleinkind- und Vorschulalter Verhaltensprobleme auftreten. Dies findet sich aber nur in den Familien, in denen die frühen Interaktionen beeinträchtigt sind. Solche ungünstigen Konstellationen werden derzeit als Prädiktoren der Säuglingszeit für Anpassungsprobleme des Vorschulalters aufgefaßt.

10.2 Probleme des Kleinkind- und Vorschulalters

In der Altersspanne vom 2. bis zum 6. Lebensjahr durchläuft das Kind eine Fülle von Entwicklungsfeldern im sozialen, emotionalen und kognitiven Bereich. Es kommt zum Übergang von der kindlichen Abhängigkeit in beginnende Autonomie, Selbstentwicklung und Selbstwertentwicklung schreiten voran, soziale Kognitionen und Objektschemata erlauben eine zunehmende Differenzierung der Interaktionen, soziale und kognitive Kompetenzen ermöglichen schließlich den Übergang ins Schulalter. Erst dort wird die endgültige Fähigkeit zur Perspektivenübernahme erreicht und die Fähigkeit der Realitätskontrolle vertieft. Schon am Ende der Altersspanne des Vorschulalters jedoch zeigt das Kind einen ersten Übergang aus dem kognitiven Egozentrismus in die Entwicklungsphase der konkreten Operationen nach Piaget (1975).

Viele Fähigkeiten und Fertigkeiten des Schulalters werden also im Vorschulalter gebahnt und vorbereitet. Es mehren sich die Hinweise aufgrund von prospektiven Untersuchungen (Übersicht bei Campbell, 1995), daß Verhaltensprobleme im Kleinkind- und Vorschulalter oft persistierenden Charakter haben, und daß jene Kinder, die dann in der Adoleszenz schwere Verhaltensauffälligkeiten zeigen, bereits im Kleinkind- und Vorschulalter erste Anpassungsprobleme aufwiesen.

Untersuchungen im Kleinkind- und Vorschulalter werden meistens durch Befragung der Eltern oder KindergärtnerInnen durchgeführt. Sowohl emotionale Probleme wie Angst, Traurigkeit, sozialer Rückzug als auch expansive Verhaltensweisen wie Überaktivität, mangelnde Impulskontrolle, mangelnder Gehorsam, Aggressivität gegenüber Gleichaltrigen und Wutausbrüche werden berichtet. Daneben finden sich Hinweise zu mangelnder Aufmerksamkeit und Beeinträchtigungen der Beziehungen zu Geschwistern und Gleichaltrigen. Die Eltern berichten auch immer wieder über Eßprobleme, Schlafprobleme und Schwierigkeiten der Ausscheidungsfunktionen (Enuresis — Störung der Urinkontrolle, Enkopresis — Störung der Stuhlkontrolle).

Entwicklungsbezogen kann festgestellt werden, daß im Altersübergang von 3 nach 5 Jahren physiologischerweise Wutausbrüche, Überaktivität und Aufmerksamkeitsprobleme ebenso abnehmen wie die Kampfbereitschaft gegenüber Gleichaltrigen (Crowther et al., 1981). Geschlechtsunterschiede sind in dieser Altersgruppe nicht so deutlich, wenn auch Wutausbrüche, Überaktivität und Aggressivität bei Knaben häufiger berichtet werden. Kinder im Vorschulalter sind durchaus in der Lage, über eigene Mißbefindlichkeiten, Interaktionsprobleme und Erlebnisweisen Auskunft zu geben (Lugt-Tappeser, 1994).

Wichtig bei diesen Beschreibungen oder Selbstschilderungen ist, daß entsprechende Verhaltensprobleme nicht isoliert betrachtet werden dürfen, sondern immer nur vor dem Hintergrund der familiären Beziehungsmuster und der Kontakte zu Gleichaltrigen zu interpretieren sind. Es erscheint für das Kind notwendig, in seinem Autonomiebestreben und seinen sozialen Interessen im Umgang mit Eltern und Gleichaltrigen Grenzen auszuloten und eigene Bedürfnisse mit denen anderer in Einklang zu bringen. Dabei kann es zu Schwierigkeiten kommen, die nicht gleich als psychopathologische Verhaltensweisen auf die Goldwaage gelegt werden sollten.

häufig (> 20% Auftretensrate)	*selten* (< 5% Auftretensrate)
Schlafstörungen	Rumination
Wutanfälle	Eßsucht
Unaufmerksamkeit	Pica
Ungehorsam	Stereotypien
	Autismus

Tabelle 10.1: Symptome bei Kleinkindern (Laucht et al., 1993)

häufig (> 20% Auftretensrate)	*selten* (< 5% Auftretensrate)
Schlafstörungen	psychosomatische Beschwerden
Stereotypien	Stottern
Hyperaktivität	Tics
Ungehorsam	Enkopresis
Impulsivität	Mutismus
Wutanfälle	Autismus
Schüchternheit	

Tabelle 10.2: Symptome bei Vorschulkindern (Laucht et al., 1993)

Betrachtet man die Prävalenz von Anpassungsproblemen und psychischen Auffälligkeiten im Kleinkind- und Vorschulalter, dann findet man psychische Auffälligkeiten bei Kleinkindern in 5% bis 15% und Vorschulkindern in etwa 10% bis 15%. Verlaufsuntersuchungen zeigen, daß etwa 63% von auffälligen 3jährigen Kindern auch mit 4 Jahren auffällig sind (Richman et al., 1992). Hyperaktivität im Alter von 3 Jahren weist Zusammenhänge mit Verhaltensstörungen bei 8jährigen auf.

Bei Kindern mit biologischen und psychosozialen Risiken zeigen etwa 2% der 2jährigen und 4% der $4\frac{1}{2}$jährigen ausgeprägte Verhaltensauffälligkeiten. Deutlich auffällig erscheinen 18% der 2jährigen und 24% der $4\frac{1}{2}$jährigen. Unauffällig zeigen sich in so einer Risikogruppe nur 49% der 2jährigen und 35% der $4\frac{1}{2}$jährigen. Geschlechtsunterschiede sind bei Kindern mit biologischen und psychosozialen Risiken deutlich. 6% der Knaben versus 2% der Mädchen mit $4\frac{1}{2}$ Jahren waren ausgeprägt auffällig. Deutlich auffällig waren immerhin 28% der Knaben versus 21% der Mädchen (Daten bei Laucht et al., 1993). Tab. 10.1 und 10.2 geben Übersicht über häufige Symptome bei Kleinkindern und Vorschulkindern.

Nach Campbell (1995) werden fünf Kriterien hervorgehoben, die ermöglichen sollen, entwicklungsbezogene transitorische Verhaltensprobleme von psychischen Störungen des Vorschulalters abzugrenzen:

- Bei Kindern mit psychischen Störungen finden sich regelhafte Muster und Konstellationen von Symptomen, die überindividuell vergleichbar sind.

- Diese Symptommuster zeigen eine Zeitstabilität, d. h. sie sind nicht nur in unmittelbarem Bezug zu aktuellen Veränderungen in der Familie (Geburt eines Geschwisters) zu erkennen, sondern haben persistierenden Charakter.
- Typischerweise zeigen sich psychopathologische Symptome in unterschiedlichen Lebensfeldern, d. h. nicht nur im Umgang mit einer Bezugsperson, sondern auch mit Verwandten, in Freizeit, Ferien und Kindergarten.
- Die Symptome weisen einen deutlichen Schweregrad mit Beeinträchtigung von aktuellen Interaktionen auf.
- Die Symptome interferieren mit den Entwicklungsaufgaben und erschweren deren Bewältigung.

Was die Zeitstabilität betrifft, so gibt es mittlerweile eine Reihe von prospektiven Längsschnittuntersuchungen, die zeigen, daß expansive Störungen wie Hyperaktivität oder Störungen des Sozialverhaltens eine höhere Stabilität aufweisen als emotionale Beeinträchtigungen (Esser et al., 1992; Laucht et al., 1993). Es scheint auch ein Geschlechtsunterschied zu exisitieren. So zeigen in der Studie von Richman et al. (1992) 73% der Knaben und nur 47% der Mädchen eine Persistenz ihrer Störungen bis ins Schulalter. Untersuchungen von Campbell (1995) konnten nachweisen, daß Kinder, die im Alter von 3 Jahren schwierig zu behandeln waren, mit einer 50:50 Wahrscheinlichkeit auch Schwierigkeiten in der Grundschule bis hin zur Frühadoleszenz aufweisen. Es zeichnet sich ab, daß jene Kinder, die vom Kleinkind- bis zum Schulkindalter persistierende Probleme haben, auch in der Adoleszenz Schwierigkeiten aufweisen. Man muß also davon ausgehen, daß besonders frühe expansive Störungen ein hohes Risiko in sich bergen, später einem ungünstigen Entwicklungsverlauf Vorschub zu leisten.

Im Versuch, dies zu interpretieren, kann man wieder auf das Eltern-Kind-Verhalten zurückkommen. So fand sich, daß das inkonsistente Elternverhalten und Indikatoren von familiären Schwierigkeiten starke Prädiktoren eines ungünstigen Entwicklungsverlaufs bei Kindern mit frühen expansiven Störungen darstellen. Vor allem die Kombination von Hyperaktivität und Aggressivität scheint in Verschränkung mit Erziehungsproblemen eine ungünstige Prognose zu haben (s. dazu auch Kap. 9). Es zeigte sich auch, daß Uneinigkeit in der Erziehung und die Anzahl der Wechsel von Bezugspersonen jene Kinder kennzeichnete, die später antisoziale Verhaltensweisen aufwiesen (Patterson et al., 1989). Es scheinen die Qualitäten der *Grenzensetzung*, der *Kontrolle* über kindliches Verhalten in Kombination mit *Wärme* und *Empathie* die Faktoren zu sein, die ein günstiges Erziehungsverhalten kennzeichnen. So scheint unfreundliche und grobe Kontrollausübung ebenso ungünstig wie mangelnde Grenzensetzung. Eskalierende Interaktionsprobleme stellen auch im Vorschulalter Risikofaktoren ungünstiger Entwicklungsverläufe dar.

Unter Einbeziehung der Vorstellungen von angeborenen Risikotemperamenten, überschießenden Affektreaktionen und der mangelnden Fähigkeit des Affekterkennens bei manchen Kindern stellt sich die Frage, in welcher Weise eine Gen-Umwelt-Wechselwirkung hier zum Tragen kommt. Auch wenn wir ein größeres Ausmaß an Schwierigkeiten in Familien mit Problemkindern finden, könnten wir davon ausgehen, daß diese Schwierigkeiten das Ergebnis gestörter früher Interaktionen darstellen, wobei vielleicht der Hauptstörfaktor auf seiten des Kindes durch eine genetisch bedingte Erlebnis- oder Verhaltensweise zu suchen wäre!

Bezug nehmend auf die Bindungstheorie kann festgehalten werden, daß unsichere Bindungsmuster einen Risikofaktor für spätere Verhaltensprobleme darstellen können. Nach neueren Untersuchungen ist dies jedoch nur dann der Fall, wenn in der Familie ein erhöhter Streßpegel persistiert. So konnte nach einer Untersuchung von Lyons-Ruth et al. (1993) bei Risikokindern ein feindlich aggressives Verhalten besonders dann festgestellt werden, wenn auch persistierende mütterliche psychosoziale Probleme vorlagen. Es ist wohl die unresponsive, abweisende und insensitive Bezugsperson im Kleinkind- und Vorschulalter, die kindliche Anpassungsprobleme gehäuft nach sich ziehen kann. Kinder mit unsicheren Bindungsmustern zeigten sich aggressiver, hatten weniger Zugang zu Gleichaltrigen und waren weniger sozial kompetent. Wir kommen also wieder zu dem Punkt zurück, daß Verhaltensstörungen im Kleinkindalter sowohl individuelle Determinanten des Kindes als auch Determinanten der frühen Interaktionen aufweisen. Das Elternverhalten und hohe Streßpegel in den Familien bestimmen die Häufigkeit von kindlichen Leidenszuständen und Anpassungsproblemen wesentlich mit! Wenn wir auch nicht sagen können, daß die kindlichen Symptome von den Bezugspersonen erzeugt werden, so entstehen kindliche Symptome doch in der interaktionellen Matrix mit den primären Bezugspersonen und werden schließlich in andere Interaktionsfelder wie Kindergarten und Gleichaltrigengruppe generalisiert. Kindliches Fehlverhalten läßt sich aber nur dann verstehen, wenn man das Elternverhalten kennengelernt hat, und man die Erwartungen, Befürchtungen und Abwehrmechanismen, die das Kind in anderen Lebensbereichen zeigt, vor dem Hintergrund der Primärbeziehungen erkennbar macht. Die Kinder tragen durch ihre Erlebnis- und Verhaltensbereitschaften viele Probleme der Familie in das weitere soziale Feld hinaus.

10.3 Probleme des Schulkindalters

Im Schulkindalter finden sich sowohl persistierende Problemkreise des Vorschulalters als auch neue Problemkonstellationen. Die kognitive und emotionale Entwicklung des Kindes mit Perspektivenübernahme und ausdifferenzierter Realitätskontrolle setzt neue Entwicklungsaufgaben. Das Kind setzt sich wesentlich mit eigenen Leistungsressourcen im Vergleich zu anderen auseinander. Sein Autonomie-

* Familiäre Probleme und Risiken
* Gleichaltrigengruppe
* Leistungsprobleme
* Freizeitaktivitäten und weiteres soziales Umfeld
* Kulturtransfer und Migration

Abbildung 10.4: Problemkreise des Schulkindalters

bestreben wird noch deutlicher, die Orientierung in die Gleichaltrigengruppe ist eine zusätzliche Herausforderung. Alle Formen von expansiven und emotionalen Störungen können sich ausbilden. Nach Esser et al. (1992) finden sich emotionale Störungen bei 8jährigen in 6%, dissoziale Störungen in 1.8% und hyperkinetische Syndrome in 4.2%. Andere psychische Störungen waren in 4.2% nachweisbar.

Beim Schulkind bedürfen Selbstwert, soziale Rolle und Geschlechtsidentität einer Formulierung auf höherer kognitiver Ebene. In Abb. 10.4 werden Problemkreise des Schulkindalters angeführt. Neben Problemen in der Familie mit Eltern und Geschwistern und Anpassungsschwierigkeiten in der Gleichaltrigengruppe werden im Schulkindalter Probleme auf dem Leistungssektor manifest. So kommt es durch die Einschulung dazu, daß Begabungsdefizite oder Teilleistungsschwächen (z. B. Legasthenie) manifest werden. Die Auseindersetzung mit Leistungsproblemen stellt eine große Herausforderung an Selbst und Selbstwert des Kindes dar. Ein weiterer Problembereich sind Freizeitaktivitäten und das weitere soziale Umfeld, in dem das Kind sich zunehmend behaupten lernt. Anpassungsprobleme im weiteren sozialen Umfeld können sich ebenso wie mangelnde oder übertriebene Freizeitaktivitäten auf den Belastungspegel des Kindes auswirken und auf diese Weise am Entstehen von psychischen Problemen Beteiligung finden. Schließlich ist noch das Problem des Kulturtransfers und der Migration zu nennen, die im Schulkindalter bei Sprachproblemen und deutlichen Kulturunterschieden zu massiven Belastungen führen können. Migration und Kulturtransfer gehören daher nicht zu Unrecht zu den gravierenden psychosozialen Risikofaktoren.

In Tab. 10.3 sind die zehn häufigsten Nennungen eines Elternfragebogens zu Auffälligkeiten von Kindern (Child Behavior Checklist von Achenbach, 1991) bei einer epidemiologischen Stichprobe von $n = 4363$ Einschulungskindern in der Reihenfolge ihrer Auftretenshäufigkeit (nur starke Ausprägungsgrade, Score = 2) dargestellt. Starke Strebungen den eigenen Willen zu behaupten und durchzusetzen (Streitbarkeit) zeigen sich als häufigstes Verhaltensmuster schon im Einschulungsalter. Emotionale Probleme in Form von Wünschen nach mehr Beachtung und Eifersucht, sowie gesteigerte motorische Aktivität und geringe Konzentration werden als weitere häufige Problemfelder genannt. Im körperlichen Bereich sind allergische Störungen bei immerhin 6% der Kinder ein chronisches oder ausgeprägtes Problem. Ein von den Eltern berichteter zu hoher Rededrang mancher

Verhaltensproblem	trifft zu (in %)			sig.
	alle	Jungen	Mädchen	
streitet oder widerspricht viel	13.9	16.3	11.2	*
verlangt viel Beachtung	8.3	8.8	7.7	
unruhig oder überaktiv	7.0	9.5	4.1	*
Heuschnupfen / Allergien	6.0	6.5	5.5	
leicht eifersüchtig	5.5	5.3	5.8	
unkonzentriert	4.6	6.1	2.8	*
redet zuviel	4.5	5.0	4.0	
ißt schlecht	4.4	5.2	3.5	*
Angst vor Tieren/Situationen	4.3	4.4	4.2	
glaubt perfekt sein zu müssen	4.2	5.2	3.1	*

* bei Jungen signifikant häufiger ($p < .01$)

Tabelle 10.3: Die häufigsten Verhaltensprobleme im Einschulungsalter aus der Sicht der Bezugsperson (Haffner et al., 1998a)

Kinder weist auf ein Beziehungsproblem hin, bei dem Zeit der Eltern und Bedürfnis der Kinder in Konflikt geraten. Eßprobleme und spezifische kindliche Ängste (einfache Phobien) weisen auf alterstypische Problemfelder bei ca. 4% der Kinder hin. Überraschend erscheint, daß bereits vor dem Schulalter ein hoher Leistungs- und Perfektionsanspruch bei einem nicht unerheblichen Teil der Kinder berichtet wird, was vermutlich auch frühe Erwartungshaltungen der Eltern gegenüber ihren Kindern widerspiegelt.

Ein wichtiges Problem stellt die Schule selbst dar. Die Schule mit ihren Leistungsanforderungen, aber auch sozialen Anforderungen verlangt dem Kind hohe Anpassungsleistungen ab. Unter dem Begriff Schulreife sind die somatischen Voraussetzungen, die entwicklungspsychologischen Bedingungen der kognitiven und emotionalen Entwicklung sowie Aspekte der Selbstentwicklung beim Kind zu nennen. Der Schulerfolg ist also nicht nur von der Intelligenz des Kindes und der Förderung durch das Elternhaus abhängig, sondern auch von diesen Persönlichkeitsvariablen, die in Selbstbild und Selbstwert zum Ausdruck kommen. Schließlich hat auch noch die Art der allgemeinen schulischen Anforderungen in Form von Lernzielen und Lehrplänen ebenso wie das Klassenklima und das Lehrerverhalten, das sich in didaktischen Verfahren, Unterrichtsmethoden und pädagogischen Voraussetzungen äußert, einen Einfluß auf den Schulerfolg (s. Abb. 10.5).

In welcher Form Selbstvertrauen und Leistungsmotivation aufeinander bezogen sind, soll Abb. 10.6 verdeutlichen. Kinder mit gutem Selbstvertrauen und der Sicherheit, eine schulische Aufgabe auch meistern zu können, betrachten den Lernstoff und die Prüfungssituation als Herausforderung. Sie gehen an eine Aufgabe mit der Frage heran: „Wie könnte ich meine Fähigkeiten verbessern?" Das Kind

* Intelligenz
* Förderung durch das Elternhaus
* Klassenklima, Lehrerverhalten
* Persönlichkeitsvariablen des Kindes (Selbstbild, Selbstwert)

Abbildung 10.5: Einflüsse auf den Schulerfolg

Selbstvertrauen hoch, Sicherheit („mastery")	Selbstvertrauen niedrig, („helplessness")
↓	↓
Lernstoff und Prüfung = Herausforderung („learning goal")	Lernstoff und Prüfung = Beweis der persönlichen Qualität („performance goal")
↓	↓
Wie kann ich meine Fähigkeiten verbessern?	Bin ich gut?
↓	↓
Suchen, Neugier, Überwinden von Schwierigkeiten, Durchhaltevermögen	Versagensangst ↓ Abwehrprozesse

Abbildung 10.6: Selbstvertrauen und Leistungsmotivation (nach Sylva, 1994)

ist neugierig, will sein Wissen erweitern, Schwierigkeiten sind keine absoluten Hindernisse, sondern wollen überwunden werden, das Kind erprobt verschiedene Suchstrategien, an ein Problem heranzugehen und zeigt ein gesteigertes Durchhaltevermögen. Demgegenüber gehen Kinder mit niedrigem Selbstvertrauen eher aus dem Gefühl der Hilflosigkeit an schulische Aufgaben heran. Lernstoff und Prüfung dienen dem Beweis der persönlichen Qualität. Die Grundfrage ist: Bin ich gut? Da mit jeder Prüfung und jedem Mißerfolg die gesamte Persönlichkeit auf dem Spiel steht, leidet das Kind unter Versagensängsten und Abwehrprozesse werden eingesetzt. Auf diese Weise geht es dem Kind viel weniger um den Erwerb von Fertigkeiten oder Wissen, sondern um den Beweis der eigenen Qualität im Umgang mit dem Lernstoff. Aus solchen Konstellationen entwickeln sich Prüfungsangst und Schulangst. Wie noch in Kap. 22 genauer ausgeführt wird, bezeichnet man als Schulangst jenes Syndrom, das durch schulische Probleme gekennzeichnet ist, im Gegensatz dazu leidet das Kind mit einer Schulphobie an einer Trennungsangst bezüglich primärer Bezugspersonen.

Schulische Leistungsprobleme können zu ganz massiven Selbstwertbeeinträchtigungen führen, wobei sich bei entsprechend fordernder Elternreaktion depressive Syndrome bis hin zur Suizidalität des Kindes herausbilden können.

Die Schule soll nicht nur dem Wissenserwerb und der Karrierevorbereitung dienen, sondern ganz wesentlich auch die Persönlichkeitsentwicklung des Kindes unterstützen helfen. Ein positives Schulklima hängt nicht zuletzt davon ab, ob in der Klasse ein kompetitives Lernsystem herrscht oder ob auch kooperative Lernstrategien existieren. Die starke Betonung kompetitiver Strukturen kann bei Kindern mit niedrigem Selbstvertrauen zu Problemen führen. Die Gleichaltrigengruppe in der Schule soll eben nicht nur Maßstab für die eigene Leistungsfähigkeit, sondern auch soziales Netzwerk sein können. Weiters ist das Lehrerverhalten von großer Bedeutung. Ob ein Lehrer individuell auf kindliche Schwierigkeiten eingehen kann und vor allem auch positive Ressourcen des Kindes beachten und fördern kann, macht seine pädagogischen Fähigkeiten aus. Es geht vor allem auch um die Art der Kritik, ob diese persönlichkeitsbezogen oder problembezogen ist. Schließlich hat aber auch noch das Vertrauensverhältnis zwischen Eltern und Lehrern eine Bedeutung für das Schulklima. In Schulen, in denen sich Lehrer vor Kindern und Elternreaktionen geradezu fürchten und keine pädagogischen Maßnahmen mehr setzen, bleibt ein Kind mit psychischen Besonderheiten oder Leistungsdefiziten auf der Strecke.

10.4 Krisenhafte Entwicklungen in Pubertät und Adoleszenz

Die Jugendzeit markiert den Übergang zwischen Kindheit und Erwachsenenalter. Als eine Phase tiefgreifender Wandlungen — von körperlichen Umstellungen bis zum Paradigmenwechsel im Weltbezug — stellt sie eine individuelle Herausforderung an jeden Menschen im Sinne einer „normativen Neuorientierung“ dar. Entgegen der tiefenpsychologischen Ansicht, daß jedem Jugendlichen eine physiologische Irritation vom Charakter einer normativen Krise zuzumessen sei (pubertäre Veränderungen als Störreiz, der krisenhaft bewältigt werden muß), zeigen die an den Entwicklungsaufgaben und Entwicklungsthemen orientierten Konzepte, daß eine produktive Bewältigung der Adoleszenz trotz massiver Wandlungen auch ohne krisenhafte Zuspitzung gelingen kann (siehe auch Seiffge-Krenke, 1998).

Die Jugendzeit wird durch Pubertät und Adoleszenz gekennzeichnet: Pubertät definiert sich als körperliche Entwicklung der sekundären Geschlechtsmerkmale im Sinne der biologischen Reifung, Adoleszenz ist die seelische Auseinandersetzung mit den körperlichen und psychosozialen Veränderungen an der Schwelle zum Erwachsenwerden.

Folgende *Entwicklungslinien* kennzeichnen die Adoleszenzentwicklung (Resch & Koch, 1995):

- Die Entwicklung der sekundären Geschlechtsmerkmale, der Wachstumsschub und die darauf beruhenden körperlichen Veränderungen haben eine massive Einwirkung auf das körperliche Selbstverständnis: Das Körperschema als ein Teil des Selbstbildes muß neu formiert werden (s. auch Kap. 7). Ein in diesem Zusammenhang wichtiges Phänomen ist die Akzeleration, die als Diskrepanz zwischen einer beschleunigten körperlichen Entwicklung und einer meist noch verlangsamten psychosozialen und emotionalen Entwicklung gekennzeichnet ist. Diese Diskrepanz führt dazu, daß Jugendliche entgegen ihren noch kindlichen emotionalen Bedürfnissen und Erwartungen anhand des körperlichen Aussehens wie Erwachsene angesehen und behandelt werden.

- Auf der kognitiven Ebene kommt es in der Altersstufe von Pubertät und Adoleszenz zur Ablösung des konkret anschaulichen Denkens durch das Denken in formalen Operationen. Der Erwerb der Fähigkeit, Hypothesen zu bilden, Lösungswege für Probleme in Einzelschritten zu entwickeln, führt zu einer Veränderung bisheriger Bewertungs- und Orientierungssysteme. Eine zunehmende Fähigkeit zu Introspektion und Selbstreflexion wird entwickelt. Dadurch stellt sich eine existentielle Herausforderung: Der Jugendliche sucht mit zunehmender Kritikfähigkeit seine ganz persönliche Stellungnahme zur Welt. Autoritäten und Wertsysteme werden nicht mehr unhinterfragt übernommen. Es kann zu Wertekrisen kommen, wenn die Jugendlichen in unterschiedlichen Lebensbereichen, in der Familie, der Gleichaltrigengruppe, der Schule, der Berufsausbildung und Freizeitkultur, unterschiedliche Werthaltungen ausmachen und deren Inkompatibilität entlarven. Unsicherheit in bezug auf den Wertmaßstab kann zum Festhalten an einem hohen, letztlich unerfüllbaren Werteideal führen, an dem alle anderen Menschen und oft auch man selbst nur noch abgewertet werden können. Andererseits kann die Diffusion der Werthaltungen zur Entwicklung einer „no future-Perspektive" und einer nihilistischen Grundhaltung bezüglich aller ethischen Werte Anlaß geben.

- Auf der sozialen Schiene werden neue Rollen des Erwachsenenalters in ihrer Vorläufigkeit angenommen, zunehmend muß auch die Notwendigkeit zur Übernahme von Verantwortlichkeit erkannt werden. Gerade im Adoleszenzalter geschieht eine besondere Weichenstellung der Ausbildung und persönlichen Karriere, so daß eine protrahierte seelische Krise in dieser Zeit zu schweren Entwicklungsstörungen führen kann, wenn zu viele Entwicklungs- und Entfaltungsmöglichkeiten über die Versagensschiene ausfallen.

Tab. 10.4 gibt Ihnen einen Überblick über die Entwicklungsaufgaben des Adoleszenzalters und die im Zusammenhang damit stehenden Krisen.

Entwicklungsaufgaben	*Krisen*
Identität	Identitätskrisen, Depersonalisation
Identifikation	Rollenkonfusion
Selbstwert	Narzißtische Krisen
Individualität	Ablösungskrisen
Intimität	Beziehungskrisen
Selbstbehauptung	Rivalitätskrisen, Autoritätskrisen

Tabelle 10.4: Entwicklungsaufgaben und Krisen des Adoleszenzalters

Die Entwicklung von Identität: Wie in Kap. 7 detailliert ausgeführt, beinhaltet Identität die Definition einer Person als einmalig und unverwechselbar durch die soziale Umgebung wie durch das Individuum selbst. Identität stellt in psychosozialer Hinsicht die zeitliche Kontinuität erlebter Einheitlichkeit im sozialen Verband dar. Die Identitätserfahrung beruft sich dabei auf die Erfahrung der Kontinuität in der Biograpie, auf die Erfahrung eines konsistenten Selbst (-bildes). Ein wichtiger Mechanismus zum Identitätserwerb in der Adoleszenz ist der Mechanismus der Identifikation. Störungen bei der verbindlichen Übernahme einer sozialen Rolle in der Adoleszenz können zur Identitätskrise und Identitätsdiffusion führen. Als Depersonalisation wird ein subjektiver Fremdheitseindruck in bezug auf die eigene Person bezeichnet. Als Derealisation wird das Fremd- und Unwirklicherleben der Umgebung beschrieben. Depersonalisation und Derealisation können als dissoziative Störungsmuster aufgefaßt werden. Psychodynamisch gesehen treten solche Phänomene bei Inkonsistenz und Inkongruenz unterschiedlicher Selbstanteile auf, wobei diese Diskrepanzen in der Selbstrepräsentanz durch extreme, emotional widersprüchliche Selbsterfahrungen gebahnt werden. Archaische Abwehrmechanismen kommen dabei zur Anwendung. Letztlich wird durch die Depersonalisationserfahrung eine Handlungsfähigkeit des Ich durch Abspaltung zu widersprüchlicher Selbstanteile erreicht. Depersonalisations- und Derealisationserlebnisse zeigen immer eine besondere Irritation an. Sie werden zwar auch bei unterschiedlichen neurologischen und psychiatrischen Erkrankungen in allen Altersstufen beschrieben, treten im Jugendalter aber als entwicklungstypische Phänomene besonders häufig auf.

Zur Frage des Selbstwertes: Der Selbstwert eines Menschen entwickelt sich aus Erfahrungen der *Kompetenz* und *Akzeptanz* (s. Kap. 7). Alle Fertigkeiten und Attribute können nur dann zum Selbstwert beitragen, wenn sie in eine soziale Akzeptanz eingebettet sind und in der Interaktion aktualisiert werden können. Fähigkeiten müssen einem Menschen also auch zugeschrieben werden, sie einfach zu besitzen, genügt nicht. Ein Spielraum zur Entfaltung der eigenen Kompetenz muß gewährt werden. Kompetenz und Akzeptanz stehen in einem Wechselverhältnis. Gerade im Jugendalter kommt es durch die zunehmende Kritikfähigkeit und Selbstreflexion zu einer kritischen Periode der Selbstwertstabilisierung. Wenn Kompetenz und Akzeptanz den eigenen Idealvorstellungen nicht Rechnung tragen, kann dies zur Selbstwertkrise führen. In der Adoleszenz kommt es zu einer gesteigerten narzißtischen Selbstüberschätzung, in der ein fragiles Selbsterleben mit hohen Ambitionen, Abwertungen, Idealisierungen, verstärkter Kränkbarkeit und Wuterleben verknüpft ist. Wir erkennen dahinter die Unsicherheit des Selbstkonzeptes und archaische Abwehrmechanismen. Es spricht vieles dafür, daß der vorübergehend gesteigerte Narzißmus des Jugendlichen eine protektive Funktion hat.

Individualität und Autonomie: Verselbständigung und Eigenständigkeit entwickeln sich im Spannungsfeld zwischen Autonomiestreben und Bindung. Stierlin (1979) nennt das Kunststück einer Synthese beider Bestrebungen „bezogene Individuation". Das Gelingen derselben ist stark an einen stabilen Selbstwert und eine gelungene Identitätsbildung gebunden. Die Ablösungsaufgaben können Jugendliche, die bis zu diesem Zeitpunkt im Einklang mit ihrer Familie standen, aus dem Lot bringen. Ein zu später oder mißglückter Abschied, der zur demütigen Rückkehr in die Familie führt, ist ebenso entwicklungsgefährdend wie ein zu früher Abschied, der den Jugendlichen alterstypischen Risikoverhaltensweisen in besonderer Weise aussetzt.

Entwicklung von Intimität und ihre Störungen: Die Intimitätsentwicklung führt von einem selbstfokussierten Niveau von Beziehungen (egoistische Partnerhaltung) über ein rollenfokussiertes Niveau im Sinne von Mann-Frau-Klischees zu einem individuationsbezogenen Niveau mit Selbstöffnung, Initiative, Dialogfähigkeit. Sexualität und Intimität werden integriert und die Fähigkeit zur Abstimmung eigener Bedürfnisse mit dem Partner entwickelt. Zur Ausbildung von Intimität gehört immer auch ein Stück Machtverzicht und Vertrauensvorschuß. Auch hier sind wieder die gelungene Identitätsentwicklung, ein stabiler Selbstwert und persönliche Autonomie Voraussetzungen zur Grenzenöffnung und der Fähigkeit zu partieller Verschmelzung mit einem Du. Das Kind lebt noch in selbstbezogener Öffentlichkeit, glaubt, daß die eigene Sicht universal, allgemein zugänglich und gültig ist, der Jugendliche nimmt sich zurück, grenzt sich ab, gewinnt erst einen individuellen Standpunkt und löst schließlich im Sinne von Intimität unter bestimmten Bedingungen seine Grenzen gegenüber einem anderen Menschen umschrieben auf. Störungen der Intimitätsentwicklung können letztlich die Kontaktfähigkeit und die Fähigkeit zur Partnerschaft gravierend beeinträchtigen.

Die **Selbstbehauptung** in Familie und Gleichaltrigengruppe, in Schule und Lehre, in Freizeit und Alltag kann zu gravierenden Rivalitätskrisen mit Geschwistern, Freunden oder Kollegen führen. Die Überzeichnung einer existentiellen Selbstbestimmung kann auch Autoritätskrisen in unterschiedlichen Lebensfeldern nach sich ziehen.

* Risikoverhaltensweisen
* Psychopathologische Symptome
* Koppelung an Entwicklungsaufgaben
* Auslöser
* Biographische Risiken, protektive Faktoren
* Psychische Struktur

Abbildung 10.7: Differenzierende Komponenten akuter Störungen der Anpassung im Jugendalter

Abb. 10.7 gibt eine Übersicht über die Definition von Adoleszentenkrisen. Adoleszentenkrisen sind immer akute Störungen der Anpassung im Jugendalter. Sie zeigen einen engen Zusammenhang mit Entwicklungsaufgaben, sind durch Risikoverhaltensweisen gekennzeichnet und können eine vielgestaltige psychopathologische Symptomatologie aufweisen. Oft sind Auslösemechanismen (wie z. B. akute Konflikte im Elternhaus), biographische Risiken und die Abnahme protektiver Faktoren im Vorfeld nachweisbar (z. B. Verlust einer geliebten Bezugsperson). Das Wechselspiel zwischen Vulnerabilität und Umwelt ist zu beachten.

Die Frage gilt: ob jede Krise des Adoleszenzalters Ausdruck einer psychischen Mangelentwicklung ist und somit auf ein erhöhtes Risiko für spätere psychische Erkrankungen hinweist, oder aber ob Adoleszentenkrisen als physiologische Anpassungsproblematik zu verstehen sind, die nicht Ausdruck einer individuellen Erkrankungsbereitschaft sein müssen. Ob Anpassungskrisen Folgen einer psychischen Erkrankung oder Ursache einer solchen sind, kann so einfach nicht beantwortet werden. Um sich der Frage zu nähern, muß das Prinzip der Vulnerabilität herangezogen werden: Adoleszentenkrisen sind Störungen, die den Jugendlichen daran hindern, seine alterstypischen und situationsgemäßen Lebensvollzüge zu bewerkstelligen. Eine Analyse der Situation muß nach folgenden Gesichtspunkten vorgenommen werden:

- Welche Entwicklungskonflikte liegen vor?
- Welche Bewältigungsformen und Risikoverhaltensweisen werden zur Anwendung gebracht?
- Welche psychopathologischen Symptome sind in die Anpassungskrise involviert?
- In welchem sozialen Rahmen, in welchem Erlebnisumfeld ist die Anpassungskrise zu erkennen?

Abb. 10.8 gibt einen Überblick über unterschiedliche Risikoverhaltensweisen der Adoleszenz. Alkohol- und Drogengebrauch sowie -mißbrauch sind ebenso zu

* Alkohol- und Drogeneinnahme
* Delinquenz
* Abnahme der Leistungsmotivation
* mangelnde Selbstfürsorge
* riskantes Sexualverhalten
* aggressive Interaktionen
* Rückzug, Kontaktabbruch
* Änderung von Lebensstil und Lebensrhythmus
* Verschränkung mit psychopathologischen Symptomen

Abbildung 10.8: Risikoverhaltensweisen

1. Internalisiertes Wissen um Risikoverhaltensweisen.
2. Soziale Kompetenz und Bewältigungsrepertoire.
3. Individuelle Bedeutung für das Selbst.

Abbildung 10.9: Entstehungsbedingungen von Risikoverhaltensweisen

nennen wie Delinquenz, Schul- und Leistungsprobleme durch die Beschäftigung mit anderen Lebensthemen, erhöhte Selbstbezogenheit und Abnahme der Lernmotivation. Interaktionsprobleme sind das Ergebnis einer erhöhten Empfindlichkeit des Jugendlichen in der Auseinandersetzung mit Eltern, Lehrern, Geschwistern und Gleichaltrigen. Vor allem Rückzugsphänomene und der Kontaktabbruch sind dabei hervorzuheben. Solche Verhaltensweisen können zu einer Übersteigerung der Selbstbezogenheit führen und die Realitätskontrolle schwächen. Veränderungen in Lebensstil und Alltagsverhalten schließt Veränderungen des Schlaf-Wach-Rhythmus, der Ernährungsgewohnheiten und des Konsumverhaltens mit ein. Auch Mutproben, asketische Phänomene und andere Selbstbehauptungsstrategien gehören dazu. Mangelnde Selbstfürsorge, mangelndes Gesundheitsbewußtsein und die erhöhte Bereitschaft das eigene Dasein für Selbstentfaltung und/oder Anerkennung aufs Spiel zu setzen kennzeichnen die jugendlichen Entscheidungen. Die einzelnen Risikoverhaltensweisen können in unterschiedlicher Weise mit psychopathologischen Symptomen verschränkt sein.

Die Entstehungsbedingungen von Risikoverhaltensweisen im Jugendalter sind folgendermaßen zu fassen (s. Abb. 10.9):

- Erstens hängt die Übernahme von Risikoverhaltensweisen vom Wissen um das Gefahrenpotential einer solchen Verhaltensweise ab.

- Zweitens spielen die aktuelle soziale Kompetenz und die Bewältigungsfähigkeit für die adoleszenten Entwicklungsaufgaben eine große Rolle.

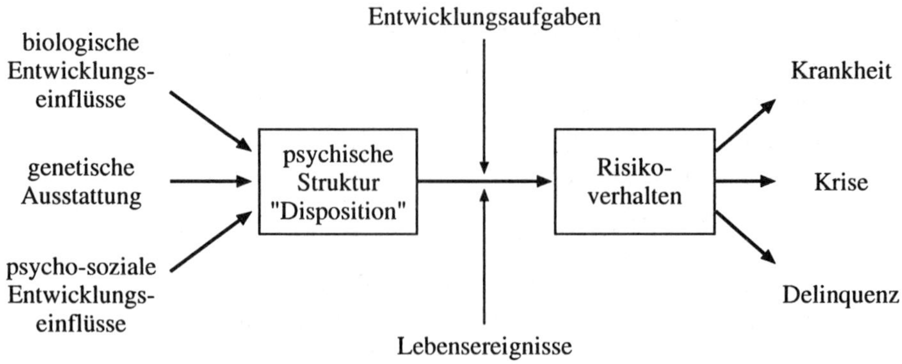

Abbildung 10.10: Entwicklung und Differentialdiagnose der Adoleszentenkrisen

- Drittens muß die individuelle Bedeutung einer Risikoverhaltensweise für Selbst und Selbstwert hervorgehoben werden: Eine besonders gefahrvolle Risikoverhaltensweise kann vom Jugendlichen oft gerade deswegen eingesetzt werden, weil sie von Erwachsenen mit Verboten belegt oder mit Entsetzen abgelehnt wird. (Der Jugendliche nimmt bspw. Drogen oder begeht eine delinquente Tat gerade weil damit ein erhöhtes Risiko verbunden ist und weil damit eine Selbstdefinition, Selbstbestätigung und/oder Selbsterhöhung verbunden sein kann.)

Abb. 10.10 gibt eine Übersicht über Entwicklung und Differentialdiagnose der Adoleszentenkrisen: Der Jugendliche bringt über genetische Muster und frühe biologische sowie psychosoziale Entwicklungseinflüsse aus seiner Biographie eine bestimmte psychische Struktur (Disposition) mit, die sich im Entwicklungskontext der Adoleszenz, im Spannungsfeld zwischen Entwicklungsaufgaben und Lebensereignissen behaupten muß. In manchen Fällen kann sich die psychische Struktur als vulnerabel erweisen. Unter dem Druck der Entwicklungsaufgaben und aktueller schicksalhafter Umfeldeinwirkungen kann der Jugendliche in ein Geflecht möglicher Risikoverhaltensweisen geraten. So kann es zu Alkohol- und Drogengebrauch oder -mißbrauch kommen, zur Annäherung an oder der Eingliederung in eine delinquente Gruppenstruktur, es kann eskalierende Interaktionsprobleme mit Eltern oder Lehrern geben oder Veränderungen des Ernährungsverhaltens wie z. B. forciertes Abnehmen (siehe auch DiClemente et al., 1996).

Je nach den in die Adoleszenz mitgebrachten dispositionellen Voraussetzungen kann nun im Geflecht solcher Risikoverhaltensweisen der Jugendliche eine Adoleszentenkrise mit unspezifischer psychopathologischer Ausformung, eine psychiatrische Erkrankung im engeren Sinne oder den gefahrvollen Entschluß zur Delinquenz ausbilden. Jugendliche Risikoverhaltensweisen entstehen also im Spannungsfeld der Entwicklungsaufgaben und schicksalhafter Lebensereignisse

	Schulkind (8jährig)			Frühadoleszenz (13jährig)			Spätadoleszenz (18jährig)		
	m	w	ges.	m	w	ges.	m	w	ges.
Emotionale Störungen	7	5	6.0	8	3	5.8	5	10	7.2
Dissoziale Störungen	4	0	1.8	9	7	8.4	9	4	6.6
Hyperkinetische Syndrome	8	0	4.2	3	0	1.6	1	1	1.1
andere Störungen	3	6	4.2	1	3	2.1	0	2	1.1

Tabelle 10.5: Prävalenz psychischer Störungen, in Prozent (nach Esser et al., 1992)

	gesamt (n=386)	m (n=195)	w (n=191)
Alkolholabusus	32.4	37.6	26.8
Phobien	22.8	22.1	23.6
Drogenabusus	9.8	10.8	8.9
Depressionen	9.4	5.1	13.7
Posttraumatic stress disorder (PTSD)	6.3	2.1	10.5
Zwänge	2.1	1.0	3.2

Tabelle 10.6: Lebenszeitprävalenz von psychischen Störungen bei 18jährigen, in Prozent (nach Reinherz et al., 1993)

und führen je nach dispositioneller Voraussetzung zu Krise, Krankheit oder Delinquenz. Bereits bestehende psychopathologische Symptome am Übergang zum Jugendalter können die Übernahme von Risikoverhaltensweisen noch beschleunigen und intensivieren, umgekehrt können Risikoverhaltensweisen wiederum die Wahrscheinlichkeit von psychopathologischen Entgleisungen erhöhen.

Die Adoleszenz birgt das Risiko einer erhöhten Irritabilität des Jugendlichen in sich, die zur krankheitswertigen Ausformung oder Dekompensation von (beispielsweise genetisch) präformierten Vulnerabilitäten und Dispositionen führen kann. Daraus ergeben sich Konsequenzen für den psychotherapeutischen Zugang zum Jugendlichen mit der Notwendigkeit, diesem unabhängig von einer möglichen psychiatrischen Erkrankung bei der Lösung seiner Entwicklungsaufgaben zu helfen.

prädisponierende Faktoren

internal	*external*
* kognitive Unreife	* Peer-anerkennung für Risikoverhalten
* asynchrone Entwicklung	* mangelnde elterliche Aufsicht
* männliches Geschlecht	* Schulversagen
* geringer Selbstwert	* elterliche Risikoverhaltensweisen
* „sensation seeking“	* Armut
* Unabhängigkeitsbestrebung	
* psychopathologische Syndrome (z. B. Depression)	
* hormonelle Effekte	
* genetische Prädisposition	

protektive Faktoren

internal	*external*
* affektive Ausgeglichenheit	* Schul-/Berufserfolg
* intaktes Selbstwertgefühl	* intakte Familie
* Leistungsorientierung	* unterstützende Bezugsperson
* Religiosität	* Peer-Gruppe lehnt Risikoverhalten ab
* kognitive Ressourcen	* Freizeit- und Gruppenaktivitäten
	* elterliche Kontrolle

Abbildung 10.11: Prädisponierende und protektive Faktoren für Risikoverhaltensweisen (modif. nach Igra & Irwin, 1996)

* Anleitung durch Peers
* sozialer Druck
* Schulwechsel, -abbruch
* Familiäre Krisen
* Verlust von Bezugspersonen

Abbildung 10.12: Präzipitierende Faktoren: Auslöser von Risikoverhalten (modif. nach Hurrelmann, 1990; Igra & Irwin, 1996)

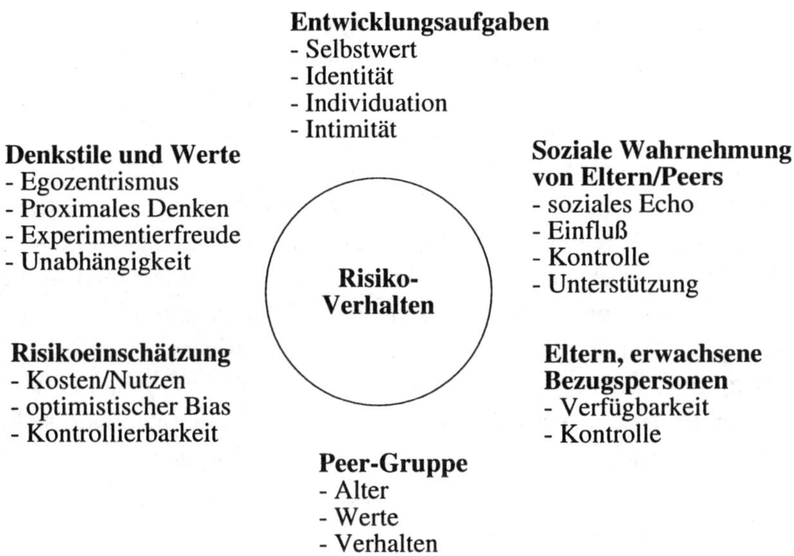

Abbildung 10.13: Einflußfaktoren auf adoleszente Risikoverhaltensweisen

KAPITEL 11

Umschriebene Entwicklungsstörungen im Kindes- und Jugendalter

11.1 Das allgemeine Konzept der ICD-10 der umschriebenen Entwicklungsstörungen im Kindes- und Jugendalter

Allgemeine Entwicklungsrückstände waren aus medizinischer und pädagogischer Sicht bereits im Altertum bekannt und wurden ätiologisch sowohl mit medizinischen Abweichungen als auch mit schwerer Deprivation in Zusammenhang gebracht. Mit der Einführung einer allgemeinen Schulpflicht und unter dem Eindruck der großen Fortschritte in der Lehre von den Hirnwerkzeugstörungen im letzten Jahrhundert fielen auch vermehrt Kinder auf, die mit den schulischen Anforderungen nicht zurecht kamen, obwohl sie sich bis dahin weitgehend altersgemäß entwickelt hatten. Unter der Vorstellung, weniger gravierende schädigende Einflüsse würden auch zu weniger ausgeprägten oder auch umschriebenen, aber doch wirksamen Schädigungen führen, wurden motorische, sprachlich-schriftsprachliche, differenzierte Wahrnehmungsfunktionen und psychopathologische Symptome daraufhin untersucht, inwieweit sie mit potentiell entwicklungshemmenden und -beeinträchtigenden Noxen in Zusammenhang stehen. Von Lempp (1964) wurde das frühkindlich exogene Psychosyndrom mit motorischer Unruhe und Ungeschicklichkeit, Störung der Aufmerksamkeit und der Reizaufnahmefähigkeit, Störung der sozialen Beziehung, affektiver Labilität und Teilleistungsstörung beschrieben, das er auf eine leichte, frühkindlich erworbene Hirnschädigung zurückführte. Da sich bei der Mehrzahl der untersuchten Kinder keine eindeutigen morphologischen Zeichen einer Hirnschädigung feststellen ließen, wurde später die Bezeichnung Minimale Cerebrale Dysfunktion (MCD) gewählt. Diese „Diagnose" wurde aufgrund von auffälligen Befunden in mehreren Untersuchungsebenen gestellt: Risikoanamnese, Entwicklungsanamnese, neurologischer Befund, neuropsychologischer Befund, elektrophysiologischer Befund und psychopathologischer Befund. Empirische Untersuchungen an epidemiologischen Stichproben konnten keine überzufällige Häufung von Symptomen in den verschiedenen Untersuchungsebenen belegen, und damit das Konzept der MCD nicht bestätigen (Esser & Schmidt, 1987).

Hyperaktivitäts- und Aufmerksamkeitsstörung einerseits und Teilleistungsschwächen andererseits wurden als eigenständige Konzepte weiterentwickelt. Das Hyperkinetische Syndrom (HKS) wird seit der ICD-9 als eigenständiges Krankheitsbild geführt. Hierbei finden sich dann Kinder, die neben einem HKS auch

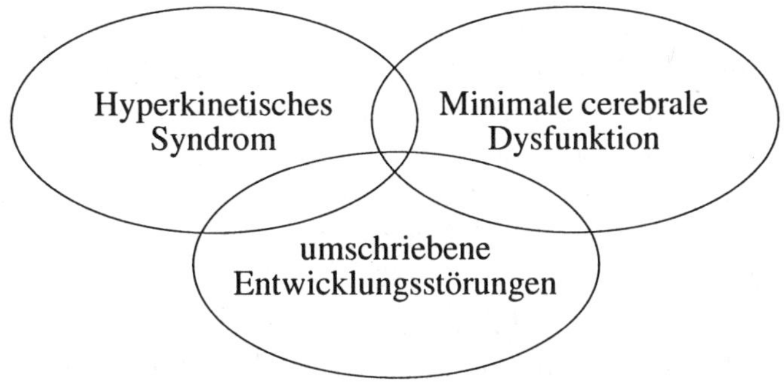

Abbildung 11.1: In diesem Diagramm ist die Überschneidung der Diagnosen „Hyperkinetisches Syndrom" (HKS), „Minimale cerebrale Dysfunktion" (MCD) und „umschriebene Entwicklungsstörung", früher auch „Teilleistungsstörung" (TLS) dargestellt. Während die MCD nicht mehr in der ICD-10 aufgeführt wird, können auch nach der ICD-10 das HKS (F90) und die TLS als umschriebene Entwicklungsstörungen (F80–F83) unabhängig voneinander kodiert werden, wobei für die umschriebenen Entwicklungsstörungen im Multiaxialen Klassifikationssystem eine eigene, die Achse II vorgesehen ist, während das HKS als psychiatrische Störung auf der Achse I kodiert wird. Die Überschneidungsflächen in der Abbildung sind nicht maßstabsgerecht, sollen nur die vielfältigen Möglichkeiten illustrieren.

Teilleistungsschwächen, motorische Entwicklungsstörungen oder Sozialstörungen aufweisen (s. Abb. 11.1). Graichen (1979) führt Teilleistungsschwächen ätiologisch auf Funktionsbeeinträchtigungen halbautomatisierter Funktionsmodule im Sinne des neuropsychologischen Modells von Luria (1992) zurück. Die neuen Klassifikationssysteme ICD-10 und DSM IV haben dem allgemeinen Trend in der Psychiatrie folgend, auch für die Klassifikation der umschriebenen Entwicklungsstörungen versucht, vor allem eine deskriptive Abgrenzung vorzunehmen. Das DSM IV ist hier offener, die ICD-10 nimmt zwar keine spezielle Ätiologie der umschriebenen Entwicklungsstörungen an, verfolgt aber sehr pointiert ein Konzept, das die umschriebenen Entwicklungsstörungen als pathologische Phänomene und nicht lediglich als Extremphänome einer Normvariation ansieht.

Als gemeinsame Charakteristika für die umschriebenen Entwicklungsstörungen werden von der ICD-10 aufgezählt: ein Beginn im Kindesalter, eine Einschränkung oder Verzögerung von Funktionen, die eng mit der biologischen Reifung des Zentralnervensystems verknüpft sind und einen stetigen Verlauf, der nicht die für viele psychischen Störungen typischen charakteristischen Remissionen und Rezidive zeige. Die Hauptschwierigkeit bei der Diagnosenstellung besteht in der Abgrenzung pathologischer von normalen Variationen in der Entwicklung. Vier Hauptkriterien sollten an das Vorhandensein einer klinisch relevanten Störung denken lassen: der Schweregrad, der Verlauf, das Muster und begleitende Probleme der Störung. Abgegrenzt von einer allgemeinen Entwicklungsstörung werden die umschriebenen Entwicklungsstörungen durch ein in den nicht betroffenen Bereichen normales oder zumindest wesentlich besseres Entwicklungsniveau. Ausgeschlossen werden Störungen, die durch eine andere organische Erkrankung oder mangelnde Gelegenheit zur Entwicklung dieser Fähigkeiten hinreichend erklärt werden können.

Die Unterscheidung der umschriebenen Entwicklungsstörungen von Normvarianten wird nicht von allen Fachkundigen für möglich und/oder sinnvoll gehalten, die Diskussion darüber ist noch nicht abgeschlossen (z. B. Stanovich, 1994). Eine primär psychogene Genese einer Symptomatologie, die deskriptiv einer umschriebenen Entwicklungsstörung entspricht, wird von den meisten Autoren für vernachlässigbar selten gehalten und in der ICD-10 definitorisch ausgeschlossen. Eine besondere Bedeutung für die Kinder- und Jugendpsychiatrie haben aber natürlich auch die möglichen Folgen einer umschriebenen Entwicklungsstörung für die weitere seelische Entwicklung der betroffenen Kinder und Jugendlichen.

Die umschriebenen Entwicklungsstörungen werden unterschieden in Störungen der Sprachentwicklung (ICD-10 F80), der Entwicklung schulischer Fertigkeiten (F81) und der motorischen Entwicklung (F82) sowie kombinierte Störungen (F83). Im Folgenden sollen zunächst die umschriebene Lese- und Rechtschreibstörung ausführlicher und danach die umschriebene Rechenschwäche und Sprachentwicklungsstörungen dargestellt werden.

11.2 Umschriebene Lese-Rechtschreibstörung

Phylogenetisch und ontogenetisch ist die Schriftsprache eine relativ späte Errungenschaft in der menschlichen Entwicklung (s. Kap. 5.3). Schriftsprache entwickelte sich aus der reinen Piktographie, als die Bilder, die der zwischenmenschlichen Kommunikation dienten, ohne Kenntnis ihres Lautwertes nicht mehr verständlich waren. Auf dieser Stufe der Schriftsprachentwicklung waren die Bilder nicht mehr nur ein Abbild des visuell dargestellten, sondern bildliche Zeichen für sprachliche Laute. Die sumerische phonetisierte Hieroglyphenschrift am Ende des 4. Jahrtausends war der Anfang der Schriftsprache. Die alphabetische Schrift wurde etwa 1800 v. Chr. entwickelt und fand mit dem Hinzufügen der Vokale durch die Griechen ihre noch heute im westlichen Kulturkreis gültige Form. „Funktionell läßt sich die Entstehungsgeschichte der Schriftsprache begreifen als eine Vervollkommnung menschlicher Fähigkeit, sprachlich-akustische Informationen (gesprochene Worte) durch räumlich-seriell-visuelle Informationen zu verschlüsseln (Schrift) und umgekehrt visuell vorgegebene Buchstaben und Buchstabenfolgen (Worte) einer akustisch sprachlichen Informationsverarbeitung zugänglich zu machen (Lesen).“ (Warnke, 1990).

Ende des letzten Jahrhunderts, als nach Einführung der allgemeinen Schulpflicht alle Kinder hinsichtlich ihrer Fähigkeit zum Erlernen des Lesens und Schreibens gefordert wurden und die Neurologie mit großem Erfolg die Folgen globaler und umschriebener Hirnschädigungen untersuchte, wandte sich das Interesse der medizinische Forschung auch den umschriebenen Störungen beim Erwerb der Schriftsprache zu. Ranschburg führte 1928 (zitiert nach Warnke, 1990) den in Deutschland weit verbreiteten Begriff der „Legasthenie" ein, der 1951 von Linder deskriptiv wie folgt definiert wurde: „Unter Legasthenie verstehen wir eine spezielle, aus dem Rahmen der übrigen Leistungen fallende Schwäche im Erlernen des Lesens (und indirekt auch des selbständigen fehlerfreien Schreibens) bei sonst intakter — oder im Verhältnis zur Lesefertigkeit — relativ guter Intelligenz. Von Legasthenie sprechen wir also nur, wenn ein Kind ungefähr normaler Intelligenz unter normalen Schulverhältnissen und trotz aller Bemühungen der Erwachsenen das Lesen (oder Schreiben) nicht oder nur mit der größten Anstrengung erlernen kann, während in den übrigen Fächern keine auffallenden Probleme vorhanden sind."

Schwierigkeiten bereitete die Operationalisierung dieser anschaulich sehr klaren, rein deskriptiven Definition. Alle wesentlichen Begriffe sind dimensional definiert und damit schwer abgrenzbar. Ätiologisch begründete Definitionen sind bisher nicht möglich.

Die heutige üblichen Definitionen verlangen wie Linder eine Diskrepanz der Lese-Rechtschreibleistung sowohl zur Alters- bzw. Klassennorm als auch zur nicht von der umschriebenen Entwicklungsstörung betroffenen sonstigen allgemeinen Intelligenz. Die klinischen diagnostischen Leitlinien der ICD-10 empfehlen „als klinische Richtlinie einfach, daß der Leistungsstand des Kindes eindeutig unter dem zu erwartendem Intelligenzalter liegen muß". In den Forschungskriterien der ICD-10 werden als Ausmaß der doppelten Diskrepanz jeweils 2 Standardabweichungen gefordert, d. h. die Kinder müssen in ihrer Lese- bzw. Rechtschreibleistung mindestens 2 Standardabweichungen unter ihrer Altersnorm und 2 Standardabweichungen unter ihrem Intelligenzniveau liegen (s. Abb. 11.2). Dies ist eine sehr strenge, einschränkende Definition. Wenn man annimmt, daß Rechtschreibleistung und (nichtsprachliche) Intelligenz einer zweidimensionalen Normalverteilung mit einer linearen Korrelation von $r = .4$ folgen, so würden aufgrund des berechneten theoretischen Erwartungswertes lediglich 0.61% aller Kinder unter diese Definition fallen. Die ICD-10 hat bewußt diese strenge Definition gewählt, um ihrer ätiologischen Vorstellung folgend, möglichst viele „pathologische Fälle" und nur wenige „Normvarianten" zu erfassen. Selbst für wissenschaftlich Zwecke erweist sich diese Definition aber als zu eng: es gelingt nicht, genügend Probanden zu rekrutieren. In vielen Studien wird diese Definition deshalb „aufgeweicht" zu einer doppelten Diskrepanz von nur 1.5 oder gar nur 1 Standardabweichung. Gänzlich ungeeignet ist die strenge ICD-10 Definition, um Kinder zu identifizieren, die zum allgemeinen schulischen Unterricht eine zusätzliche spezielle Förderung benötigen. Schon wesentlich geringer ausgeprägte Lese- Rechtschreibschwächen wirken sich erheblich nachteilig auf die Schullaufbahn aus. Warnke et al. (1996) schlagen deshalb für diesen Zweck vor: eine Lese- oder Rechtschreibleistung in einem standardisiertem Testverfahren schlechter als Prozentrang 10 und eine normale Intelligenz, die die Lese-Rechtschreibleistung um mindestens 1.2 Standardabweichungen (entspricht 12 T-Wert Punkte) übersteigt. So operationalisiert werden in etwa die Kinder (6–8%) erfaßt, die Linder beschrieben hat und die eine zusätzliche Förderung benötigen, um eine angemessene Schullaufbahn bewältigen zu können.

Die Frage, ob es sich bei umschriebenen Entwicklungsstörungen um gegen Normabweichungen eindeutig abgrenzbare pathologische Zustände handelt, ist gerade am Beispiel der Lese-Rechtschreibschwäche eingehend diskutiert worden. Aus der Arbeitsgruppe von Yule et al. (1974) stammen Befunde, die eine Häufung (Buckel) von Leseschwächen unterhalb der 2 Standardabweichungen finden, was als Beleg für die Abgrenzbarkeit eines pathologischen Zustandes interpretiert wird. Andere Autoren, vor allem Shaywitz et al. (1992), widersprechen dieser Interpretation. Die Daten aus unserer eigenen epidemiologischen Stichprobe mit aktueller T-Wert (bzw. z-Wert) Normierung der Testdaten ergeben keinen Hinweis auf eine Häufung von rechtschreibschwachen Jugendlichen (s. Abb. 11.2). Nach Stanovich (1994) ist diese Frage noch offen.

Umstritten ist auch die Frage, ob es sinnvoll ist, Kinder mit einer umschriebenen Lese-Rechtschreibschwäche von solchen mit einer allgemeinen Lernschwäche streng abzugrenzen. Maughan & Yule (1994) finden z. B. bei Kindern mit einer allgemeinen Lernschwäche häufiger leichtere neurologische Auffälligkeiten und ein geringeres Überwiegen des männlichen Geschlechts. Pädagogen betonen dagegen eher, daß Kinder aus beiden Gruppen die gleichen Hilfen beim Erlernen des Lesens und Schreibens benötigen. Sie halten daher die Diskrepanzdefinitionen für wenig hilfreich. Bei dem derzeit in Deutschland üblichen schulischen Fördersystem, das für deutlich lernbehinderte Kinder eine spezielle Förderschule vorsieht, kann die Unterscheidung aber wahrscheinlich sinnvoll sein. Relativ homogen lernbehinderte Kinder könnten an diesen Förderschulen angemessen gefördert werden (wenn man das Problem der Stigmatisierung und Ausgrenzung außer Acht läßt), Kinder mit einer umschriebenen Lese-Rechtschreibstörung werden sowohl im Regelunterricht auf der Grundschule als auch auf der Förderschule nicht angemessen unterrichtet werden können. Für sie ist eine spezielle Förderung vorzusehen. Die Einzelheiten der schulischen Fördermöglichkeiten sind auf Länderebene in entsprechenden Erlassen der Kultusministerien geregelt, in Baden-Württemberg zuletzt in der Verwaltungsvorschrift vom 10.12.1997, Az.: IV/2-6504.2/206.

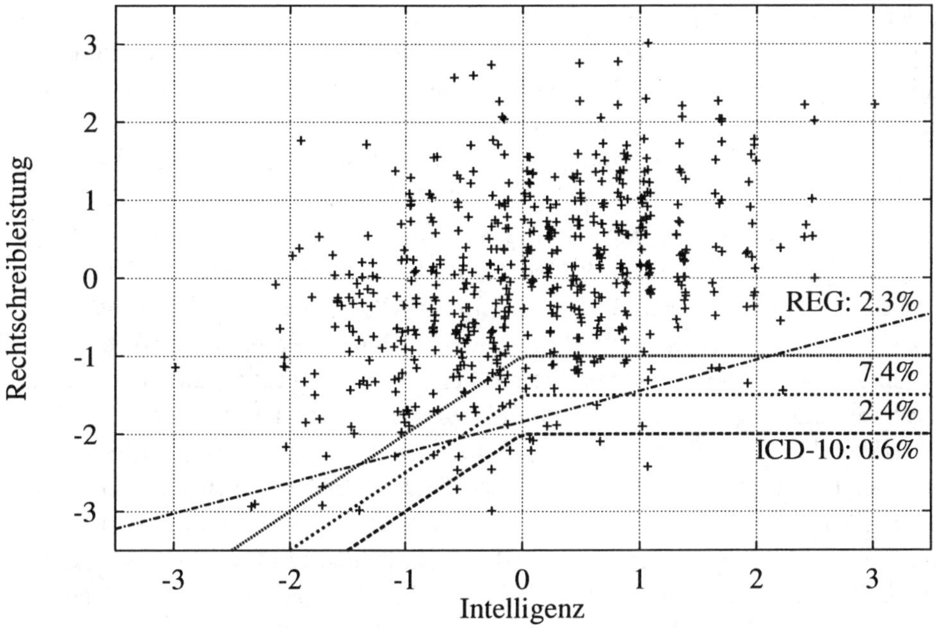

Abbildung 11.2: Zusammenhang zwischen nichtsprachlicher Intelligenz (gemessen mit dem CFT20 in *z*-Werten, siehe Kap. 2.8.6) und der Rechtschreibleistung (gemessen mit dem RT, Diktat Moselfahrt, ebenfalls in *z*-Werten) in einer epidemiologischen Stichprobe von Schulabsolventen im Alter zwischen 16 und 30 Jahren ($N = 576$). Eingezeichnet sind verschiedene Bereiche mit der zu erwartenden Häufigkeit für verschiedene übliche Legastheniedefinitionen. Es gibt keine „natürliche Grenze". Je nach Anwendung der Definition wird man eher eine sehr enge Definition wählen, wie die Forschungskriterien der ICD-10, die nur sehr schwere „Fälle" erfassen will, um z. B. bei biologisch ausgerichteter Forschung zu klaren Ergebnissen zu kommen, oder eher weite Definitionen, wie die klinische Definition, die möglichst alle förderbedürftigen Kinder erfassen möchte.

11.2.1 Klinisches Bild und typischer Verlauf

Recht häufig geht einer umschriebenen Lese-Rechtschreibschwäche eine Sprachentwicklungsstörung (s. u.) voraus. Oft haben diese Kinder im Laufe des 6. Lebensjahres die Sprachentwicklungsstörung soweit ausgeglichen, daß im Alltagssprachgebrauch keine groben Auffälligkeiten mehr bestehen. Andere Kinder zeigen eine umschrieben motorische Entwicklungsstörung, viele Kinder weisen aber vor der Einschulung keine unter Alltagsanforderungen relevante Störung auf. Erst bei gezielter Untersuchung finden sich — auch schon vor der Einschulung — häufig Wahrnehmungsschwierigkeiten, vor allem Schwächen in der phonologischen Verarbeitung (Schneider et al., 1994).

Mit dem Eintritt in die Grundschule werden dann Schwierigkeiten beim Erwerb der Schriftsprache offenkundig: das Lesen — insbesondere das phonologisch dekodierende Lesen unbekannter Worte — gelingt nur mit großer Mühe, sehr verlangsamt und ungenau. In der Rechtschreibung zeigen sich schwere Fehler, in den ersten beiden Schuljahren häufig mit „Wortruinen", die so schwer entstellt sind, daß das gemeinte Wort nicht mehr erkannt werden kann (Abb. 11.3). Allerdings können diese Schwierigkeiten bei manchen Kindern mit einem gutem Gedächtnis am Beginn der Schullaufbahn ziemlich lange kaschiert werden: diese Kinder erlesen die für die Schule zu übenden Texte nicht, sondern lernen sie weitgehend auswendig, ebenso wie geübte Diktate. Erst wenn in der Schule das Erlesen unbekannter Texte und das Diktat ungeübter Texte verlangt wird, manifestiert sich — für Lehrer, Eltern und Kind manchmal überraschend — eine massive Lese-Rechtschreibschwäche. Im typischen Fall sind zunächst die Leistungen in den anderen Schulfächern nicht beeinträchtigt, sie können sogar überdurchschnittlich sein. Mit zunehmendem Mißerfolg im Lesen und Schreiben verlieren diese Kinder ihre ursprünglich oft gegebene Freude an der Schule, zuerst am Deutschunterricht, dann an der Schule allgemein. Sie entwickeln eine generelle Mißerfolgserwartung hinsichtlich ihrer eigenen Schulleistungsmöglichkeiten. Dementsprechend verschlechtern sich die Leistungen auch in den anderen Fächern noch über das Maß hinaus, das allein durch die Lese-Rechtschreibschwäche, z. B. bei Textaufgaben in Mathematik, zu erwarten wäre. So kommen manche Kinder in einen Teufelskreis und stehen am Ende der Grundschulzeit deprimiert mit durchgehend schlechten Schulleistungen da.

Methodisch zuverlässige Studien (Übersicht beiStrehlow, 1994) zeigen, daß eine umschriebene Lese-Rechtschreibschwäche häufig ein langdauerndes Problem ist. Die Kinder, die in den ersten beiden Grundschulklassen (noch deutlicher, wenn man das Ende der Grundschulzeit als Referenzpunkt nimmt) trotz zureichender sonstiger Begabung schlechte Lese- und Rechtschreibleistungen aufweisen, werden in der Regel auch beim Schulabschluß und noch später relativ schlechte Lese-Rechtschreibleistungen erreichen. Dies ist von großer Bedeutung, da auf der Grundschule der Vermittlung der Lese-Rechtschreibleistung ein

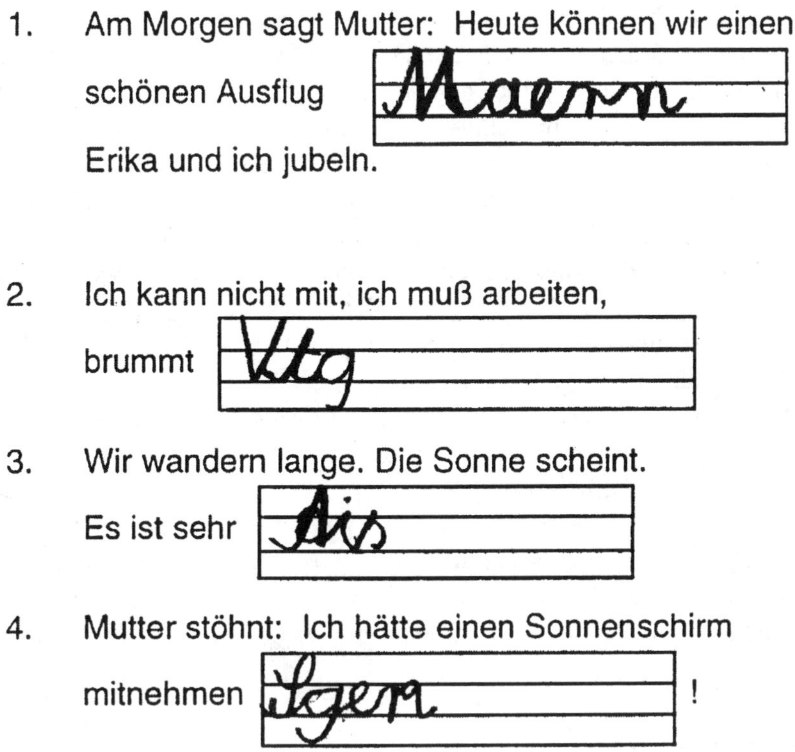

Abbildung 11.3: Beispiel für „Wortruinen" im WRT 1+ (s. Kap. 2.8). Die korrekten Wörter sind „machen", „Vater", „heiß" und „sollen".

sehr hoher Stellenwert zukommt und diese dann auch am Ende der Grundschulzeit bei der Auswahl der weiterführenden Schule eine wesentliche Rolle spielt. So erreichen auch gut begabte Kinder mit einer schweren umschriebenen Lese-Rechtschreibschwäche nur selten ohne spezielle Hilfen weiterführende Schulen, wo sie ihrer sonstigen Begabung entsprechend gefördert werden könnten. Schaffen sie diesen Übergang doch, so ergeben sich in den sprachlichen Fächern häufig erhebliche Schwierigkeiten. Allerdings erweisen sich diese Kinder dann später auch in der Rechtschreibleistung den Kindern überlegen, die den Übergang bei vergleichbarer kognitiver Leistungsfähigkeit nicht vollzogen haben. Zwischen Wahl der weiterführenden Schule und Entwicklung der Lese-Rechtschreibleistung besteht also eine intensive Wechselwirkung in beiden Richtungen. Nach Abschluß der Schule eröffnen sich den Jugendlichen dann aber wieder bessere Möglichkeiten, da sie ihre Berufe entsprechend ihren Stärken aussuchen können: männliche Jugendliche mit Hauptschulabschluß wählen vorwiegend handwerkliche Berufe, solche mit (Fach-) Hochschulreife, oft auf dem zweiten Bildungsweg erworben, technische Berufe mit erfolgreich absolviertem Studium.

Während der Schulzeit stellt die umschriebene Lese-Rechtschreibschwäche auch eine Herausforderung für das Selbstwertgefühl der am Anfang des Schriftspracherwerbs stehenden Kinder dar. Sie erleben, daß ihre Schulkameraden mit weniger Üben besonders in Diktaten wesentlich bessere Leistungen erbringen, während sie sich in anderen Bereichen nicht wesentlich unterscheiden. Bei einem nicht kleinen Teil dieser Kinder entwickeln sich daraus sekundäre emotionale Störungen, die nach Abschluß der Schulzeit nicht mehr nachweisbar sind. Eine zunächst auf die umschriebene Schwäche beschränkte, realistische Mißerfolgserwartung kann sich auch auf andere Leistungsbereiche ausweiten und dann auch zu sekundären, motivationsbedingten Lernschwierigkeiten in anderen Schulfächern führen. Dagegen findet sich im Zusammenhang mit umschriebener Lese-Rechtschreibschwäche etwas gehäuft dissoziales Verhalten Jugendlicher (Esser 1991, Übersicht bei Cornwall & Bawden 1992) auch nach dem Abschluß der Schulzeit. Eine Erklärungshypothese hierzu ist wie oben zu den emotionalen Störungen, daß diese Kinder aufgrund ihres geschwächten Selbstwertgefühles außerschulische Bestätigung suchen und hierbei die Jungen häufiger eine dissoziale Entwicklung nehmen als ihre Altersgenossen ohne diese Kompensationsnotwendigkeit. Alternativ wird auch ein gemeinsamer zugrunde liegender Faktor vermutet.

11.2.2 Ursachen

Der Schriftspracherwerb ist ein hochkomplexer Vorgang, an dem verschiedenste Faktoren beteiligt sind. Voraussetzung sind die ungestörte Entwicklung der gesprochenen Sprache, die in vielfältiger Weise von Milieufaktoren abhängt, eine adäquate Beschulung, eine positive Motivationslage und ausreichend entwickelte neuropsychologische Voraussetzungen im Individuum. Sicher ist die umschriebene Lese-Rechtschreibschwäche ätiologisch kein einheitliches Phänomen. Während in den 70'er Jahren auf der Seite des betroffenen Individuums vorwiegend Defizite in der visuellen Wahrnehmung und Verarbeitung angenommen wurden, weisen Studien aus den letzten 10 Jahren eher auf Schwächen in der phonologischen Verarbeitung hin. Neuroanatomische, neurophysiologische und neuropsychologische Studien präsentieren hier z. T. replizierbare Befunde, die auf ein Defizit der raschen Reizverarbeitung im Bereich des linken Temporallappens hinweisen. Diese Befunde werden in der „Magnocellular defect Hypothese" von Galaburda et al. (1994) zusammengefaßt dargestellt. Dabei spielen sicher auch genetische Faktoren eine bedeutsame Rolle, wie es schon manche alte Bezeichnungen für einige Formen der umschriebenen Lese-Rechtschreibschwäche zum Ausdruck bringen. Einen umfassenden Überblick über ätiologische Vorstellungen zur Entwicklung der Lese-Rechtschreibschwäche geben Klicpera & Gasteiger-Klicpera in ihrer Monographie von 1995.

11.2.3 Therapie

Eine aktuelle Übersicht über die Förderung bei Lese- und Rechtschreibschwäche im deutschen Sprachraum gibt Walter (1996). Obwohl einige der dort vorgestellten Konzepte und Materialien, u. a. von Dummer-Smoch, Reuther-Liehr und Kossow (siehe dort), schon lange im Gebrauch sind, liegen keine zuverlässigen Studien über die Wirksamkeit dieser Förderung über einen längeren Zeitraum hinweg vor. Grundsätzlich ist es Aufgabe der Schule, allen Kindern ihren individuellen Fähigkeiten entsprechend das Lesen und Schreiben zu vermitteln, wie es in den Richtlinien der Schulverwaltungen heißt. Erst wenn die Schule mit ihren Mitteln nicht weiterkommt, stellt sich die Frage nach einer außerschulischen Förderung. Neben den o. g. Verfahren werden eine Vielzahl von (noch?) nicht evaluierten speziellen Methoden wie Kinesiologie, Ordnungsschwellentraining etc. angeboten. Häufig ist eine Förderung mit einem Lese-Rechtschreibtraining alleine nicht ausreichend. Besonders wenn sich die oben beschriebenen begleitenden emotionalen oder expansiven kinderpsychiatrischen Störungen bereits verfestigt haben, ist ein umfassender Behandlungsplan erforderlich, der Eltern, Lehrer und das betroffene Kind einbezieht. Besondere Beachtung verlangen die Leistungsansprüche der Herkunftsfamilie, die Motivationslage der Kinder und deren Selbstwertgefühl. Die Diagnostik muß deshalb neben der Erfassung der Lese-Rechtschreibleistung, eines differentiellen Intelligenzprofiles und der basalen visuellen und akustischen Verarbeitungsmöglichkeiten (s. Kap. 2.8) auch die familiäre und emotionale Situation des Kindes mitumfassen. Von Lundberg 1988 und Schneider 1994 und 1997 (dargestellt in Walter, 1996) werden Trainingsverfahren entwickelt und überprüft, die bereits vor der Einschulung präventiv an einer Verbesserung der phonologischen Leistungsfähigkeit der Kinder arbeiten und damit das Risiko der späteren Entwicklung einer Lese-Rechtschreibschwäche mindern können.

11.3 Umschriebene Rechenschwäche

In jüngster Zeit hat von Aster (1996) einen aktuellen, ausführlichen Überblick über die Klinik und den Verlauf von Entwicklungsstörungen des Rechnens und der Zahlenverarbeitung gegeben: Die ICD-10 behandelt die umschriebene Rechenschwäche zwar formal ganz analog wie die umschriebene Lese-Rechtschreibschwäche (Diskrepanzdefinition, Ausschlußkriterien), im schulischen Alltag und in der kinderpsychiatrischen Praxis tritt sie aber deutlich seltener in Erscheinung. Dies mag damit zusammenhängen, daß eine umschriebene Rechenschwäche nicht solche gravierenden Folgen für die gesamte Schulkarriere hat, wie das bei der umschriebenen Lese-Rechtschreibschwäche der Fall ist, oder daß sie einfach eher als kleine, vielleicht sogar sympathische Schwäche akzeptiert wird. Die Prävalenzangaben schwanken zwischen 1.3% und 6.7%. Die umfassendste Studie im deutschsprachigen Raum kommt auf eine Rate von 4.4%, wobei Mädchen überwiegen. Es scheinen sich zwei Gruppen von Kindern mit Rechenstörungen unterscheiden zu lassen: eine Gruppe mit nonverbalen kognitiven Dysfunktionen (z. B. visuell — räumlich) und eine zweite Gruppe mit kognitiven Sprachverarbeitungsstörungen, die zusätzlich zu den Rechenstörungen auch eine Lese-Rechtschreibschwäche aufweisen. Kinder mit Rechenstörungen scheinen im Gegensatz zu Kindern mit Lese-Rechtschreibschwäche eher internalisierende psychopathologische Störungen zu entwickeln. Dies wird zum Teil als unmittelbare Folge rechtshemisphärischer Verarbeitungsstörungen aufgefaßt. Die insgesamt häufiger betroffenen Mädchen zeigen auch spezifische, auf Mathematik bezogene Ängste und Selbstwertprobleme.

11.4 Umschriebene Sprachentwicklungsstörungen

Die altersgemäße Entwicklung der Sprache ist in Kap. 4.2 skizziert. Vielfältige Abweichungen von der normalen Entwicklung werden beobachtet. Störungen des Sprachflusses wie Poltern und Stottern werden in der ICD-10 nicht zu den umschriebenen Entwicklungsstörungen gerechnet. Die ICD-10 unterscheidet eine umschriebene Artikulationsstörung, eine umschriebene expressive Sprachentwicklungsstörung und eine umschriebene rezeptive Sprachentwicklungsstörung, die durch ein Diskrepanzkriterium von Sprachentwicklungsstörungen im Rahmen einer allgemeinen Entwicklungsstörung abgegrenzt werden. Die verzögerte oder abweichende Sprachentwicklung ist ja ansonsten eines der charakteristischen Merkmale einer allgemeinen Intelligenzminderung. Abgegrenzt werden die Sprachentwicklungsbehinderungen, die auf eine erworbene organische Behinderung zurückgeführt werden.

Die umschriebene Artikulationsstörung (Stammeln) ist dadurch gekennzeichnet, daß die Lautbildung nicht altersgemäß gelingt bei ansonsten ungestörter Sprachentwicklung. Sind nur einige Laute betroffen, spricht man von partieller Dyslalie, ist der gesamte Lautbestand betroffen von multipler Dyslalie. Die partielle Dyslalie ist sehr häufig und im Kleinkindalter auch noch nicht als pathologisch einzustufen. Wenn sich im Spontanverlauf nicht rechtzeitig eine Verbesserung der Artikulationsfähigkeit einstellt, kann eine relativ kurzdauernde logopädische Behandlung eine rasche Besserung erzielen. Hinsichtlich der Schullaufbahn und der Entwicklung psychopathologischer Auffälligkeiten hat die Artikulationsstörung eine gute Prognose (Esser, 1991).

Die umschriebene expressive Sprachentwicklungsstörung zeigt eine syntaktische Störung der Wort- und Satzbildung. Es treten Fehler bei Deklination und Konjugation auf, Infinitivsätze bis hin zu verbindungslosen Wortreihen oder Rede in Einwortsätzen (siehe auch Kap. 18). Die Kinder haben mehr oder weniger Mühe, ihre Anliegen sprachlich auszudrücken, während sie aber die gesprochene Sprache ihrer Gegenüber ohne wesentliche Probleme verstehen können. Aufgrund dieser Beeinträchtigung in der Kommunikationsfähigkeit besteht ein Risiko für das Auftreten von sozialer Isolation und psychopathologischen Störungen wie hyperkinetischen Störungen, Störung des Sozialverhaltens und emotionaler Störungen (Steinhausen, 1996).

Die umschriebene rezeptive Sprachentwicklungsstörung zeigt darüber hinaus auch Schwierigkeiten im Sprachverständnis und hat damit die einschneidendste Bedeutung für die betroffenen Kinder. In dieser Gruppe ist das Risiko für die Entwicklung einer kinderpsychiatrischen Störung am höchsten. Mitunter ist auch eine differentialdiagnostische Abgrenzung gegenüber Sprachschwierigkeiten beim frühkindlichen Autismus erforderlich.

Für Kinder mit einer umschriebenen Sprachentwicklungsstörung sind Sprachheilkindergärten und Sprachheilschulen vorgesehen, die regional recht verschieden organisiert sein können. An diesen Schulen kann auch kompetent auf die häufig zu erwartende Lese-Rechtschreibschwäche reagiert werden. Einige dieser Schulen bieten eine Sonderbeschulung bis zum (Haupt-) Schulabschluß, andere streben eine Eingliederung in die Regelschulen nach der Grundschulzeit an.

Teil II

Psychopathologie

KAPITEL 12

Psychopathologische Phänomene im Kindes- und Jugendalter

Psychopathologische Phänomene sind umschreibbare Erlebnis- und Verhaltensweisen, die sich überindividuell aus dem „alltäglich Gewöhnlichen der Menschen eines bestimmten Kulturkreises" (Scharfetter, 1991, S. 20) herausheben lassen. Wie schon in Kap. 2 betont, haben psychopathologische Phänomene für sich genommen nicht immer krankhaften Charakter, vielmehr müssen sie vor dem Hintergrund der psychischen Struktur, der Biographie und der aktuellen Situation verstehbar gemacht und interpretiert werden. Dies gilt vor allem für das Kind in unterschiedlichen Entwicklungsphasen, wobei dessen spielerische Suche nach Entfaltungsmöglichkeiten von Maßnahmen zur Lebens- und Selbsterhaltung unter schwierigen Milieubedingungen abgegrenzt werden muß. Erleben und Verhalten stehen im Dienste der Selbstverwirklichung und Meisterung von Anpassungsanforderungen. Alle seelischen (Störungs-)phänomene können nur vor diesem Hintergrund gültig beurteilt werden. Kleinste beschreibbare Untersuchungseinheiten psychopathologischer Phänomene werden als *Symptom* bezeichnet. In der klinischen Praxis sehen wir jedoch häufig regelhaft wiederkehrende Kombinationen von Symptommustern, die wir als *Syndrom* bezeichnen, so z. B. kann eine depressive Verstimmung mit Antriebsarmut, Schlafstörungen und negativen Zukunftserwartungen als depressives Syndrom zusammengefaßt werden. Wir können mit Scharfetter (1991) sagen, daß psychiatrische Syndrome keine Hinweise auf eine bestimmte gleichbleibende Ursache geben. Psychopathologische Phänomene sind noxenunspezifisch. Die besonderen Erlebnis- und Verhaltensweisen lassen nur bedingt einen Rückschluß auf mögliche Ursachen zu. Es scheint, als habe der Mensch in jedem Lebensalter ein bestimmtes Repertoire an Verhaltens- und Erlebnisbereitschaften, das unter Belastungsbedingungen unterschiedlicher Genese zur Anwendung kommt.

Wenn Kinder durch Unsicherheit und Unvorhersehbarkeit der Umwelt in ihrem spielerischen Alltag oder durch Widrigkeiten bei der Einlösung subjektiv notwendiger Bedürfnisse gestört und beeinträchtigt werden, haben sie einige Möglichkeiten, diese emotionalen Turbulenzen („negative emotions"), diesen subjektiven Stress zu bewältigen: Durch selbstregulative Mechanismen oder mit Hilfe ihrer Bezugspersonen. Selbstregulative Mechanismen sind Aufmerksamkeit, Problemerfassung, situative Orientierung, Selbstberuhigung durch Affekt-desaktualisierung. Alle Formen von affektiv-kognitiver Bewältigung („coping") und Abwehr bis hin zur subjektiven Verzerrung der Wahrnehmung, zur Dissoziation des Erlebten, fallen darunter! Andererseits kann sich das Kind an „wichtige Andere" wenden und deren Hilfe in Anspruch nehmen: affektives Tuning, soziale Referenzierung und Bindung fallen in diesen Bereich. Wenn dem Kind eine subjektive Verarbeitung des emotionalen Belastungsdrucks nicht gelingt, entsteht prolongierter Alarm („distress“) mit negativen Folgen: z. B. vegetativen Störungen, Schlafproblemen, etc. Kinder suchen je nach Alter mit einer Vielzahl von Möglichkeiten ihres neurobehavioralen Systems nach Desaktualisierung: Dysregulationen und psychopathologische Symptome sind die Folge. Hohe Komorbidität, Symptomwechsel und unspezifische subklinische Beschwerden kennzeichnen das Bild der Anpassungsirritation. Je nach Entwicklungsalter, Temperament, Disposition und Vulnerabilität kristallisieren sich einige Leitsymptome heraus — das soziale Echo des Umfeldes, Verstärkungsmechanismen oder Modulationen von seiten der Familie, der Peer-Gruppe, oder des weiteren sozialen Feldes können dabei ebenfalls eine Rolle spielen. Erst durch diese komplexen Gestaltungsprozesse („shaping“) in der Interaktion entstehen klinische Vollbilder und psychische Störungen im engeren Sinne.

Bei der Frage nach der Entstehung von Symptomen oder Syndromen muß man zur Schichttheorie von Jackson (1932), (zitiert nach Scharfetter, 1991) zurückkehren. Nach dieser Theorie werden durch Schädigungen höhere Funktionsschichten, d. h. phylogenetisch und ontogenetisch jüngere, komplexere und übergeordnete Funktionsniveaus abgebaut, so daß ältere, darunter liegende von den jüngeren überformte Strukturniveaus freigelegt werden. Diese Theorie entspricht also dem Modell einer Regression der Anpassungsfunktionen unter erhöhter Belastung und bei Alarmzuständen. Man könnte sich vorstellen, daß biologische Schädigungseinflüsse (z. B. Vergiftungen, Entzündungen) direkt zu Hirnschädigungen und Funktionseinbrüchen führen, so daß auf diesem Boden eine funktionelle Regression der cerebralen Gesamtleistung eintritt. Höhere, übergeordnete Funktionsmuster verlieren die Kontrolle über ältere Funktionen. Dieses am Gehirn orientierte Modell läßt sich auch auf die psychischen Strukturen und Repräsentanzen anwenden. Daraus ergibt sich die Folgerung, daß unter erhöhtem Anpassungsdruck, wenn eine gezielte Problemanalyse und Anpassungshandlung nicht erfolgen kann, eine Regression auf frühere, undifferenziertere Sicht- und Verhaltensweisen erfolgt. Psychopathologische Symptome wären unter diesem Gesichtspunkt als Erlebnis- und Verhaltensweisen aufzufassen, die nicht dem aktuellen Entwicklungsniveau und den daraus folgenden Anpassungsmöglichkeiten des Menschen entsprechen. Unterschiedliche Mischungen von entwicklungsadäquaten Reaktions- und Erlebnismustern mit archaischen reflexhaften und überassimilatorischen Bewältigungs- und Abwehrformen kennzeichnen die psychopathologischen Phänomene. Diese können direkter Ausdruck von Hirn-Defiziten sein (z. B. hirnorganisch oder durch Drogen bedingt) oder auch Ausdruck funktioneller Regressionsvorgänge unter Irritations- und Alarmbedingungen sein. Nach der Identitätstheorie wäre jedes Erlebnissymptom auch durch ein cerebrales Substrat begleitet, jede Hirnbeeinträchtigung müßte umgekehrt auch ihren Ausdruck in der psychischen Struktur und den affektiv-kognitiven Prozessen finden (s. dazu Kap. 1.2).

Abb. 12.1 gibt eine Übersicht über die Genese psychopathologischer Phäno-

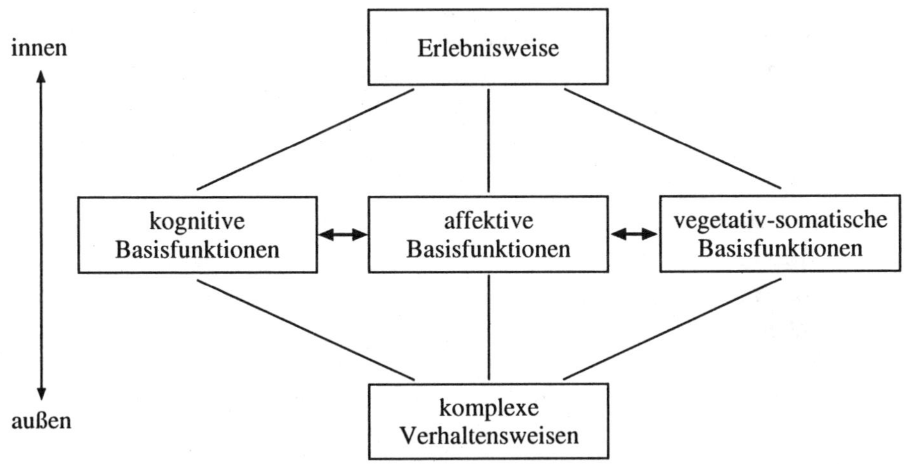

Abbildung 12.1: Komponenten psychopathologischer Phänomene

mene. Jede Form von Psychopathologie des Kindes kommt letztlich in komplexen Verhaltensmustern im Rahmen einer (diagnostischen) Interaktion zum Ausdruck. Änderungen kognitiver, affektiver und vegetativ-somatischer Basisfunktionen bei der Bewältigung von Anpassungsaufgaben können in solchen Verhaltensmustern zutage treten.

Psychopathologische Phänomene unterscheiden sich in ihrer Entstehung insofern, ob sie direkter Ausdruck einer Veränderung solcher Basisfunktionen sind oder ob bei an sich normalen Basisfunktionen durch eine besondere Art der komplexen Erlebnisverarbeitung eine sekundäre Beeinträchtigung von Basisfunktionen erzwungen wird. Da die Symptome jedoch unspezifischer Ausdruck einer Störung der psychischen Anpassung und Bewältigung sind, ist — wie schon betont — ein direkter Rückschluß auf die Genese des Symptoms nicht möglich. Es ist anzunehmen, daß der Mensch ein angeborenes Erlebnis- und Verhaltensrepertoire besitzt, das auf bestimmten kognitiven, affektiven und vegetativ-somatischen Basisfunktionen und Verhaltensbereitschaften aufgebaut ist. Durch Reifung und Entwicklung im Rahmen von kontinuierlichen Umweltauseinandersetzungen entstehen schließlich Dispositionen und Bereitschaften, die das Auftreten bestimmter psychopathologischer Symptome wahrscheinlicher machen (s. dazu Kap. 9). Jedes psychopathologische Symptom äußert sich auf einem bestimmten Entwicklungsniveau der kognitiven, affektiven und vegetativ-somatischen Basisfunktionen. So sind bestimmte Wahninhalte auf einem sehr frühen kognitiven Verarbeitungsniveau angesiedelt oder eine erhöhte Angstbereitschaft mit Generalisierungstendenz auf einem frühen Niveau der Affektverarbeitung erkennbar. Jedes Symptom geht auch mit vegetativ-somatischen Erscheinungen unterschiedlicher Gewichtung einher. Psychopathologische Symptome haben immer eine Verhaltenskomponente,

* Entwicklungsniveau der Repräsentation
* Funktionstüchtigkeit des Verarbeitungsprozesses
* Angemessenheit der Verarbeitung
* Tempo der Verarbeitung
* Aufmerksamkeit, Konzentration
* Wahrnehmung
* Auffassung
* Gedächtnis
* Denken
* Sprache

Abbildung 12.2: Kognitive Basisfunktionen

die im interaktionellen Kontext zur Anwendung kommt, und schließlich hat jedes psychopathologische Symptom eine Erlebniskomponente, die das Verhalten und die Informationsverarbeitung begleitet. Wir können also in jedem psychopathologischen Symptom Verhalten, Erleben und eine bestimmte kognitive, affektive und vegetativ-somatische Funktionsweise des Menschen erkennen und beschreiben.

So haben beispielsweise formale Denkstörungen nicht nur eine Beeinträchtigung kognitiver Basisfunktionen zur Voraussetzung. Sie gehen auch mit Veränderungen affektiver Basisfunktionen und vegetativ-somatischer Parameter einher. Jede formale Denkstörung hat in der Interaktion auch ein entsprechendes Verhaltenskorrelat und eine direkt auf dieses bezogene Erlebnisweise wie z. B. Irritation und Angstgefühl. Ebenso sind aggressive Verhaltensstörungen des Kindes nicht nur auf der Verhaltensebene zu erkennen, sondern lassen eine bestimmte Art der Informationsverarbeitung, eine bestimmte Art der Affektregulation und der vegetativ-somatischen Überreaktion erkennen. Hinter aggressiven Verhaltensweisen steht immer auch ein bestimmtes Weltbild, ein bestimmtes Selbstbild und damit verbundene Erlebnisformen. Abb. 12.2, 12.3 und 12.4 geben eine kurze Übersicht über unterschiedliche Domänen kognitiver, affektiver und vegetativ-somatischer Basisfunktionen.

Bestimmte psychopathologische Phänomene zeigen sich in unterschiedlichen Entwicklungs- und Lebensaltern unterschiedlich. So bedürfen beispielsweise formale Denkstörungen, Störungen des Realitätsbezugs oder Störungen des Selbstbezugs einer Entwicklungsvoraussetzung der entsprechenden Repräsentanzen, Konzepte und Informationsverarbeitungsschritte. Eine Störung des Realitätsbezugs kann erst dann eintreten, wenn das Kind durch Perspektivenübernahme zwischen subjektiver Realität und mit anderen Menschen teilbarer Realität prinzipiell unterscheiden kann. Dies ist bei Kindern im Stadium des kognitiven Egozentrismus noch nicht möglich. Kleinkinder können also keinen Wahn entwickeln!

Ein ähnliches Phänomen finden wir bei Störungen des Selbstbezugs. Deperso-

* Entwicklungsniveau der Affektdifferenzierung
* Affektausdruck
* Affektintensität
* Affektkontrolle
* Affektdauer (Desaktualisierung!)
* Umschriebenheit vs. Generalisierung
* Motivation

Abbildung 12.3: Affektive Basisfunktionen

* Vitalfunktionen (Herzschlag, Kreislauf, Temperatur, Verdauung)
* Biorhythmen
* Antrieb
* Hunger, Durst
* Sexualität
* Ausscheidungsfunktionen
* Schlaf
* Mimik, Gestik
* Motorik

Abbildung 12.4: Vegetative und somatische Basisfunktionen

nalisation bedarf einer selbstreflexiven Fähigkeit, die erst ab der Pubertät soweit ausgebildet ist, daß der Mensch in Selbstbetrachtung sich seiner selbst entfremden kann. Depersonalisationsphänomene sind daher bei Kindern im Stadium der konkreten Operationen — also im Grundschulalter — noch nicht sicher explorierbar. Störungen des Selbstkonzeptes kommen in dieser Altersstufe als Selbstwertproblematik, Geschlechtsidentitätsunsicherheit und Widersprüchlichkeiten im Selbstbezug zum Ausdruck.

Suizidalität kann erst nach der Entwicklung des Todesbegriffs im Stadium der konkreten Operationen mit der entsprechenden Einsicht zum Ausdruck kommen. Kleinkinder, die drohen, sich umzubringen, tun dies oft auf imitatorische Weise, indem sie Verhaltensmuster ihrer Eltern übernehmen. Sie sind aber nicht im eigentlichen Sinne suizidal.

Auch Sinnestäuschungen bedürfen einer kognitiven Entwicklungsvoraussetzung. Solange zwischen Phantasie und Wirklichkeit noch keine strikte Unterscheidung möglich ist (z. B. im präoperationalen Stadium), ist für das Kind ein Vorstellungsinhalt noch nicht sicher von einem Wahrnehmungsinhalt abgrenzbar. Wenn beispielsweise ein 3jähriges Kind mit einem Phantasiefreund spricht, darf dies nicht als Halluzination interpretiert werden. Halluzinatorische Phänomene können wir im Kindesalter mit klinischer Sicherheit erst ab dem Übergang in das Stadium

Symptomkreis	Kleinkind		Schulkind			Pubertät	
	2	4	6	8	10	12	>12
Interaktion	•	•	•	•	•	•	•
Soziales Regelverhalten	○	•	•	•	•	•	•
Antrieb, Aufmerksamkeit	○	•	•	•	•	•	•
Psychomotorik	•	•	•	•	•	•	•
Sprechen und Sprache	○	•	•	•	•	•	•
Angst	•	•	•	•	•	•	•
Stimmung, Affekt	•	•	•	•	•	•	•
Zwang		○	○	•	•	•	•
Eßverhalten	•	•	•	•	•	•	•
Somatisierung	•	•	•	•	•	•	•
Orientierung, Bewußtsein	○	○	○	•	•	•	•
Denken			○	•	•	•	•
Realitätsbezug			○	•	•	•	•
Selbstbezug			○	•	•	•	•
Sinnestäuschungen		○	○	•	•	•	•
Automutilation		○	○	•	•	•	•
Suizidalität			○	•	•	•	•
Drogen-, Alkoholmißbrauch			○	○	•	•	•
Sexuelle Auffälligkeiten	○	○	○	•	•	•	•

Tabelle 12.1: Entwicklungsbezogenheit psychopathologischer Phänomene

der konkreten Operationen explorieren.

Eine Übersicht über die Entwicklungsbezogenheit unterschiedlicher psychopathologischer Phänomene gibt Tab. 12.1.

Im folgenden wird ein *Katalog psychopathologischer Phänomene* präsentiert, der Sie mit den Begriffen der klinischen Psychopathologie vertraut machen soll. Die Übersicht orientiert sich an dem Katalog psychopathologischer Symptome, wie sie von der Arbeitsgruppe psychopathologischer Befund in Köln (Döpfner et al., 1991) entwickelt wurde und mittlerweile Eingang in die meisten Basisdokumentationen deutscher kinder- und jugendpsychiatrischer Kliniken gefunden hat. Neben den klinischen Symptomdefinitionen, den Symptomausformungen und den Übergängen zum „Normalen" wird auf die Häufigkeit in bezug auf verschiedene Altersstufen, auf die Pathogenese, den klinischen Schweregrad und auf die Beziehung zu den symptomübergeordneten Syndromen eingegangen werden. Nicht zuletzt werden im Hinblick auf die Diagnosesicherung Zusatzuntersuchungen und Selbst- und Fremdrating-Skalen berücksichtigt. Differentialdiagnostische Überlegungen komplettieren die einzelnen Kapitel zu den psychopathologischen Symptomen.

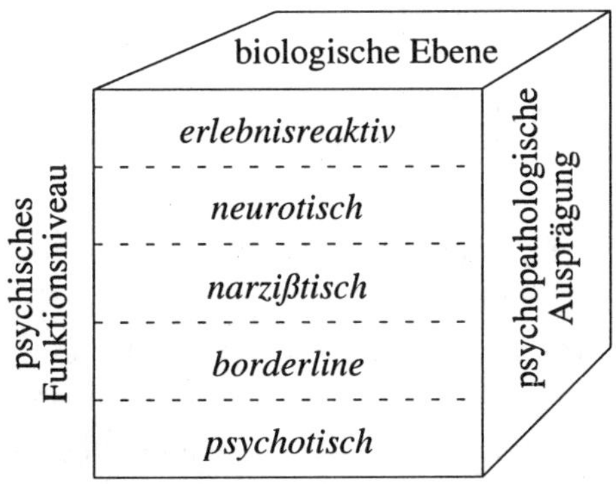

Abbildung 12.5: Der diagnostische Würfel (modifiziert nach Stone, 1980)

Betrachtet man psychische Störungen nach dem Funktionieren auf bestimmten psychodynamischen Funktionsniveaus, so können wir in Anlehnung an Stone (1980) die Symptombildung auf der (erlebnis-) reaktiven, der neurotischen, der narzißtischen, der borderlineartigen und der psychotischen Ebene voneinander abgrenzen (Abb. 12.5). Die obere Seite des Würfels repräsentiert biologische Funktionsabweichungen, die mit psychopathologischen Phänomenen einhergehen. Die rechte Ebene kennzeichnet die psychopathologische Ausprägung, den klinischen Schweregrad, die Vorderseite das psychische Funktions- und Abwehrniveau (s. auch Kap. 9.1).

Symptombildungen auf dem erlebnisreaktiven Funktionsniveau zeigen aktuelle Anpassungsspannungen auf, die ein Individuum mit bisher guten Anpassungsressourcen betreffen und kompensatorische Aktivitäten notwendig machen (Aktualkonflikte). Das neurotische Funktionsniveau kennzeichnet aktuelle Überreaktionen, die durch Prätraumatisierungen und vorbestehende innere Konflikte hervorgerufen werden. Das narzißtische Funktionsniveau ist durch überstarke Regulierungsaktivitäten bezüglich des Selbstwertes beschreibbar, wobei Selbstwertkrisen und -konflikte, negative Selbstzuschreibungen, Ideen vermeintlicher Größe, Angst vor negativem sozialem Echo oder Objektverlustängste die Kommunikation und Anpassung erschweren. Das Borderline-niveau ist durch mangelnde Selbstintegration und Identitätsdiffussion, durch Ängste vor Selbstverlust und hohe Irritabilität, bzw. geringe Affekt- und Impulskontrolle gekennzeichnet. Auf dem (prä)psychotischen Niveau besteht bereits eine Fragmentierung des inneren Erlebens, ein Verlust der Realitätskontrolle, sowie eine gravierende Beeinträchtigung der kommunikativen Aktivitäten. Eine Operationalisierung der aktuellen Anpassungsressourcen aus überdauernden Funktionsleistungen erfolgt im „Struktur“-begriff. Das psychische Funktionsniveau, auf dessen Untergrund ein Symptom erkennbar wird, wird auch als strukturelles Niveau bezeichnet (Rudolf, 1993).

KAPITEL 13

Bewußtsein und Bewußtheit

Jede Form von psychopathologischer Analyse muß sich unterschiedliche Stadien von Bewußtsein und Bewußtheit vor Augen führen. Einzelne psychopathologische Phänomene können nur verstanden werden, wenn ihr Zusammenhang mit dem Bewußtseinsgrad klar wird: So haben z. B. Wahrnehmungsstörungen im Zustand beginnenden Schlafes eine ganz andere Bedeutung als solche bei normalem Wachbewußtsein. Im ersteren Falle handelt es sich um ein normales Phänomen, im letzteren um ein Irritationszeichen, wie es bspw. bei beginnenden Psychosen faßbar wird.

Als *Bewußtheit* bezeichnen wir die Wahrnehmung und Überprüfung von Stimuli der Außenwelt und aus dem eigenen Körper. Eine solche Bewußtheit des Menschen ist von Geburt an vorhanden. Demgegenüber kann man als *Bewußtsein* die innere Vergegenwärtigung des Selbst und der Umwelt benennen. Im Bewußtsein erkennt sich also das tätige, initiative und erlebende Selbst. In der Tat entwickelt sich die Fähigkeit zu selbstreflexiver Bewußtheit (= Bewußtsein) erst dann, wenn sich eine Vorstellungsrepräsentanz des absichtsvollen Selbst gebildet hat. Bewußtsein erfordert also eine höhere kognitive Organisationsform der selbstreflexiven Überprüfung. Nach Jaspers (1973) können wir ein Selbstbewußtsein und ein Objektbewußtsein unterscheiden. Objektbewußtsein kennzeichnet Vergegenwärtigung unseres Wissens über andere und anderes. Es enthält das Wissen über Menschen und soziale Abläufe. Es gehört aber auch das Weltbewußtsein dazu, das die Vergegenwärtigung der dinglichen und sachlichen Umwelt und ihrer Gesetzmäßigkeiten darstellt. Schließlich wird noch ein Leibbewußtsein beschrieben, in dem sich der Mensch als körperliche Entität gewahr wird.

Bereits der Säugling kennt unterschiedliche Formen von Bewußtheit in Form von sogenannten organisierten Verhaltenszuständen („states"), die in Verbindung mit den Reizen der Umwelt das Leben des Neugeborenen zu zeitlichen Abfolgen organisieren. Jeder Zustand hat verschiedene formale Charakteristika, die einer Synthese unterschiedlicher physiologischer Subsysteme entsprechen. In jedem dieser Zustände gibt es eine unterschiedliche Fähigkeit, interne oder externe Stimuli zu erkennen, zu gewichten und durch Handlungen zu beantworten: fünf Zustände werden beschrieben:

- aufmerksame Wachheit,
- ruhige Wachheit,
- REM-Schlaf (Schlafphase mit schnellen Augenbewegungen, rapid eye movements),

- non-REM-Schlaf (Schlaf bestimmter Tiefe ohne schnelle Augenbewegungen),
- Schreien.

Übergänge zwischen den Zuständen, z. B. zwischen Schlaf und Wachheit, können für den heranwachsenden Säugling Momente von Streß mit sich bringen. Die regulierenden Aktivitäten der Mutter sind wichtig, um diese Übergänge zu glätten (Lichtenberg, 1991). Die Selbststeuerung zwischen unterschiedlichen Zuständen gehört zu den wichtigsten Fähigkeiten des Kindes. Mit Ende des 1. Lebensjahres kommen dazu die sogenannten „Selbsttröstungstechniken", die als Desaktualisierungshilfen wirksam werden, auch wenn unterstützende Bezugspersonen im Moment fehlen.

Als Dimensionen des Bewußtseins können die Bewußtseinsklarheit (Helligkeit, Luzidität) und die Wachheit (Vigilanz) hervorgehoben werden. In jeder Altersstufe ist das Wachsein kein gleichmäßiger Zustand, sondern ein Schwankungen unterliegendes Geschehen. An quantitativen Veränderungen des Bewußtseins können nach Scharfetter (1991) folgende Stadien der zunehmenden Herabsetzung beschrieben werden:

Benommenheit: Leichte Beeinträchtigung von Bewußtseinsklarheit und Wachheit, mit Schläfrigkeit und Verlangsamung einhergehend. Das Kind ist noch durch Ansprechen oder Anfassen weckbar.

Somnolenz: In diesem Stadium ist das Kind stark verlangsamt, schläft spontan immer wieder ein und kann nur durch lautes Ansprechen oder Anfassen geweckt werden. Sprachliche Äußerungen sind noch möglich. Die Artikulation gelingt schlecht, Spontanbewegungen sind herabgesetzt, vitale Reflexe sind noch erhalten.

Sopor: In diesem Stadium ist das Kind nurmehr durch starke Weckreize (z. B. durch Schütteln) weckbar. Eine verbale Kommunikation ist nicht herstellbar, der Muskeltonus herabgesetzt, Vitalreflexe noch erhalten.

Präkoma und Koma: In diesem Stadium ist das Kind nicht mehr weckbar. In unterschiedlichen Stadien des Koma (I–IV) gehen zuerst Hautreflexe und periphere Sehnenreflexe verloren. Schließlich erlischt auch der Lichtreflex der Pupillen, die Atmung wird unregelmäßig.

Solche quantitativen Beeinträchtigungen des Bewußtseins deuten immer auf Funktionsstörungen des Gehirns hin. Quantitative Bewußtseinsstörungen spielen also in der Differentialdiagnostik eine große Rolle. Im Kindesalter finden wir solche Phänomene beispielsweise bei Gehirnerschütterung, nach epileptischen Anfällen, bei Entzündungen des Gehirns und seiner Häute, aber auch bei Intoxikationen mit Alkohol, Psychopharmaka oder Drogen.

Als **qualitative Bewußtseinsstörungen** werden nach Scharfetter (1991) das Delirium tremens, der Dämmerzustand, der „dreamy state", und die Verwirrtheit (Konfusion, Amentia) bezeichnet. Wir finden sie beim Kind in der Regel erst ab dem mittleren Grundschulalter und häufiger in Pubertät und Adoleszenz.

Beim *Delirium tremens* finden sich deutliche quantitative Bewußtseinsstörungen, Desorientiertheit, Unruhe, Ratlosigkeit, Inkohärenz des Denkens, illusionäre Verkennungen und halluzinatorische Erlebnisse. Das Delirium tremens setzt sich also gleich einem Syndrom aus mehreren psychopathologischen Phänomenen zusammen. Es findet sich u. a. bei Alkoholismus, kann aber gerade im Jugendalter auch durch atropinhaltige Gifte und Drogen, z. B. Tollkirschengenuß, Fliegenpilzvergiftung, Kokain oder Antidepressivaüberdosierung, hervorgerufen werden.

Dämmerzustände sind Einengungen des Bewußtseinsfeldes, die ein inneres Erleben so in den Vordergrund stellen, daß der Kontakt zur Außenwelt eingeschränkt wird. Auf Außenreize besteht verminderte Ansprechbarkeit. Solche Dämmerzustände finden sich im Rahmen der Epilepsie, aber auch als psychogene Zustände in Paniksituationen und als Teil dissoziativer Symptomatik.

Demgegenüber ist der *dreamy state* durch szenische Halluzinationen und illusionäre Verkennungen gekennzeichnet. Die Patienten sind desorientiert und unruhig. Solche Zustände finden sich bei schizophrenen Psychosen, aber auch Epilepsien und Intoxikationen.

Verwirrtheit ist durch Desorientierung, Unruhe und Ratlosigkeit gekennzeichnet. Verwirrtheit stellt damit ein Teilsymptom des Delirium tremens dar.

Zu betonen ist noch, daß das, was Jugendliche oft im Drogenrausch als Bewußtseinserweiterung bezeichnen, eine subjektive Veränderung der Bewußtseinslage darstellt, wobei Umwelteindrücke mit besonderer Intensität wahrgenommen werden. Objektiv sind solche Zustände oft aus der Sicht des Betrachters mit einer Störung der Vigilanz und beeinträchtigter Bewußtseinsklarheit verbunden.

KAPITEL 14

Antrieb und Steuerung

14.1 Antrieb

Das psychiatrische Konstrukt des Antriebs ist ein sehr unspezifisches und globales. Gemeint ist damit die Intensität der Lebensäußerungen des Kindes, die einen Rückschluß auf dessen energetische Valenz erlaubt. Antrieb kommt damit in praktisch allen Lebensäußerungen zum Ausdruck und ist eine Globalfunktion des menschlichen Organismus, wobei dessen Kräftehaushalt und Stoffwechselgleichgewicht den Antrieb bestimmt. Eine Antriebskomponente liegt somit in allen Trieben, ist also auch in der Libido enthalten. Antriebskomponenten finden sich in allen vegetativen und somatisch-motorischen Äußerungsformen, Antrieb kennzeichnet die Intensität und Steuerungsfähigkeit der Affekte, Antrieb bestimmt die Geschwindigkeit der Informationsverarbeitung, der Wahrnehmungsprozesse und der Gedächtnisspeicherung. Grundsätzlich kann man davon ausgehen, daß Antrieb die Interaktion des Menschen mit seiner Umwelt im Rahmen der Anpassungsaufgaben wesentlich mitbestimmt und damit auch auf die Entstehung von psychischen Strukturen und Repräsentanzen Einfluß nimmt. Umgekehrt können psychische Strukturen und Erlebnisformen auf die Antriebslage des Menschen Rückwirkungen zeigen. Das Konzept des Antriebs ist in der psychodynamischen Literatur noch am ehesten in der Beschreibung von Organtrieben durch Adler (1977) erkennbar, wobei im Konzept der Organtriebe die allen lebenden Struktuen innewohnende Tendenz zur Entfaltung und Weiterentwicklung, also ebenfalls eine Art „élan vital" beschrieben wird.

Antriebskomponenten finden wir bei allen kognitiven, affektiven, motivationalen und vegetativ-somatischen Basisfunktionen. Antrieb äußert sich in Verhaltenskonstellationen und bestimmt die Intensität und das Tempo von Erlebnisvorgängen.

Eigenheiten des Antriebsniveaus sind bei zeitlicher Stabilität Kennzeichnungen der Persönlichkeit. Wir können davon ausgehen, daß Antriebskraft und Antriebskontrolle auch genetische Determinanten besitzen. Psychodynamisch gesehen sind Veränderungen des Antriebs und der energetischen Valenz unmittelbarer Ausdruck von psychischem Kräfteverschleiß, Konflikten oder Krankheiten. Auch die Intensität von Abwehrvorgängen zeigt Zusammenhänge mit dem Antrieb.

Antriebsverminderung:

- Antriebsarmut (Apathie)
- Antriebsmangel

Verminderung ⟷ Steigerung
selektiv ⟷ global
situativ ⟷ pervasiv

Abbildung 14.1: Störungen des Antriebs

- Antriebshemmung (Blockade)

Äußerliche Antriebsverminderung und Verlangsamung kognitiver Prozesse kann mit affektiver Starre und motorischer Verarmung einhergehen. Trotzdem finden wir in solchen Fällen manchmal eine vegetative Übererregbarkeit (z. B. Herzklopfen, Schwitzen) sowie das Gefühl innerer Unruhe und eine gesteigerte Erlebnisintensität negativer Affekte (z. B. Kummer, Schmerz, Angst).

Antriebssteigerung: Diese kann als Intensivierung und Beschleunigung gerichteter Aktivität zum Ausdruck kommen, wie dies beispielsweise in hypomanischen Zuständen der Fall ist. Antriebssteigerungen können sich aber auch in ungerichteter Aktivität und Rastlosigkeit äußern, mit motorischen Überschußbewegungen einhergehen und mit einer Reduzierung der Aufmerksamkeitsspanne kombiniert sein. Wir finden selektive und globale Antriebssteigerungen, die nur einzelne Lebensfunktionen oder alle Lebensäußerungen betreffen. Antriebssteigerungen können situationsspezifisch (d. h. im Umgang mit bestimmten Bezugspersonen) oder pervasiv (d. h. unabhängig vom sozialen Kontext) auftreten. Die Kombination von motorischer Unruhe, ungerichteter Aktivität und thematischer Einengung auf einen negativen Affekt (z. B. Kummer oder Angst) nennt man *Agitiertheit.*

Motorische Unruhe wird durch einen dem Alter des Kindes nicht angemessenen Bewegungsdrang gekennzeichnet. Solche Unruhe kann sich in feinmotorischem oder grobmotorischem Bewegungsluxus (Schlenkern, Rutschen, Aufstehen, Umherlaufen) bis hin zu zielloser, ungerichteter motorischer Aktivität zum Ausdruck kommen. Solche motorischen Unruhephänomene sind von

Impulsivität abzugrenzen. Diese ist eine dem Alter nicht angemessene Störung der Kontrolle selektiver Antriebskomponenten und äußert sich auf kognitiver Ebene in Handlungsimpulsen, auf motivationaler Ebene in mangelnder Fähigkeit, Bedürfnisse aufzuschieben, auf affektiver Ebene in überschießenden ungezügelten Affektausbrüchen, auf vegetativer Ebene in gesteigerter Erregungsbereitschaft und auf somatischer Ebene in ungezügeltem motorischem Verhalten (s. Kap. 27).

Vorkommen: Das *hyperkinetische Syndrom* (hyperkinetische Störung) zeigt Symptome der Aufmerksamkeitsstörung in Kombination mit Hyperaktivität und Impulsivität in mehreren Lebensfeldern (pervasives Auftreten). Auch affektive Störungen wie depressive und manische Syndrome zeigen deutliche Antriebsveränderungen. Schizophrene Syndrome, Zwangssyndrome und dissoziative Syndrome können mit unterschiedlichen Antriebsbeeinträchtigungen einhergehen.

Entwicklung: So sehr die Antriebskomponente eines Menschen individuell beurteilt werden muß, findet sich doch eine Entwicklungsbezogenheit insofern, als bei Kindern im Vorschul- und frühen Schulalter ein gewisser Bewegungsluxus und Bewegungsdrang völlig normal ist. Auch die Steuerung von Impulsen ist eine Fähigkeit, die der Entwicklung unterliegt. So gehört zu den Kriterien der Schulreife, daß ein Kind in der Lage ist, Bedürfnisse aufzuschieben. Die Entwicklung der Repräsentanzen und einer sozialen Perspektivenübernahme hat ebenfalls eine differenzierende Wirkung auf die Impulskontrolle.

Dynamik: Antriebsveränderungen zeigen immer einen unmittelbaren Zusammenhang mit der Erlebnisbereitschaft. Geklärt werden muß im Einzelfall, ob Antriebsveränderungen bei einem Kind aufgrund psychodynamischer Konflikte im Rahmen der Erlebnisverarbeitung und –bewältigung quasi reaktiv auftreten, oder ob aufgrund von genetischen Faktoren und durch die cerebrale Funktion bedingte Antriebsveränderungen eine Veränderung der Erlebnisbereitschaft nach sich ziehen und psychodynamische Bewältigungsvorgänge sekundär sind. Prinzipiell denkbar ist, daß manche Kinder eine biologische Vulnerabilität zur Veränderung von Antriebskomponenten unter psychischem Druck mitbringen, so daß erlebnisbedingt massive Antriebsveränderungen auftreten, die wiederum eine ungünstige Wirkung auf das kindliche Erleben und die soziale Umgebung ausüben.

14.2 Aufmerksamkeit

Aufmerksamkeit ist eine allgemeine Bezeichnung für Zustände einer selektiv gesteigerten Wachheit (Vigilanz) und Anspannung, die der selektiven Orientierung in Wahrnehmen, Denken und Handeln zugrunde liegt. Aufmerksamkeit enthält daher auch die Wachheitskomponente bewußten Erlebens und konzentriert sich auf die selektive Orientierung dieser Wachheit auf bestimmte Inhalte des Wahrnehmungsfeldes. Manche Autoren unterscheiden zwischen willkürlicher und unwillkürlicher Aufmerksamkeit, wobei die unwillkürliche als biologisch fundierte Orientierungsreaktion bereits im Neugeborenen- und frühen Säuglingsalter nachweisbar ist.

Andere Autoren unterscheiden zwischen kontrollierter und automatischer Reizverarbeitung (s. Übersicht bei Keller & Grömminger, 1993). Hochkontrollierte bewußte Verarbeitung von Reizen wäre durch eine Höchstform der willkürlichen Aufmerksamkeit (= Konzentration) gekennzeichnet. Eine solche kontrollierte Informationsverarbeitung ist als serieller Prozeß anstrengend und erfordert ein hohes Maß an Aufmerksamkeitskapazität. Beispiel dafür wäre das Erlernen einer komplexen motorischen Tätigkeit wie z. B. Radfahren oder Schwimmen. Automatische Informationsverarbeitung erfordert nur wenig Aufmerksamkeitskapazität und kann als paralleler Prozeß quasi nebenher ablaufen. Als Beispiel sei der geübte

Kognitive Verarbeitungsgeschwindigkeit: benötigte Zeit, um einen Gesprächsinhalt aufzufassen, oder ein Schlüsselsignal zu erkennen.

Selektive Aufmerksamkeit: Fähigkeit, sich nicht durch Störreize ablenken zu lassen, z. B. lesen in einem überfüllten Autobus.

Teilung der Aufmerksamkeit: mehrere Prozesse gleichzeitig parallel ablaufen zu lassen, z. B. telefonieren und sich dabei Notizen zu machen.

Daueraufmerksamkeit: Aufrechterhalten der Aufmerksamkeit auch bei monotonen Anforderungen z. B. langdauerndes Lesen oder Computerspielen.

Abbildung 14.2: Aufmerksamkeitsaspekte (nach Keller & Grömminger, 1993)

Radfahrer genannt, der sich voll auf den Verkehr konzentrieren kann, wobei die Vorgänge des Fahrens weitgehend unbewußt ablaufen. Ein anderes Beispiel wäre das klavierspielende Kind, das sich voll auf die Musik konzentrieren kann und nicht an die Motorik seiner Hände denkt.

Aufmerksamkeit kann in unterschiedliche Aspekte zerlegt werden. Abb. 14.2 gibt einen Überblick.

Die Aufmerksamkeit entwickelt sich von einer kurzen, unwillkürlichen zu einer langdauernden, willkürlich steuerbaren Funktion. Im 2. Lebensjahr kommt es zu einem deutlichen Anstieg der Dauer der Aufmerksamkeitszuwendung. Die Fähigkeit, sich nicht durch Störreize ablenken zu lassen, kann vom Kleinkind in der Spielsituation weiter entwickelt werden. Die Aufmerksamkeit des Kleinkindes ist noch weitgehend unteilbar. Das Kleinkind ist nicht imstande, mehrere Dinge gleichzeitig nebeneinander auszuführen oder mehrere Stimuli gleichzeitig zu verarbeiten. Diese Fähigkeit kennzeichnet typischerweise erst den Schulanfänger. Im Schulalter wird die Aufmerksamkeit zu einer willkürlich steuerbaren Funktion im Sinne einer Konzentrationsfähigkeit ausgestaltet. Das schulfähige Kind ist zu selektiver Aufmerksamkeit fähig, kann Aufmerksamkeit teilen und auch die Aufmerksamkeit bei monotonen Anforderungen aufrechterhalten.

Die Aufmerksamkeitsfunktionen können durch psychologische Testbatterien in einzelnen Aspekten genau erfaßt werden. Die kognitive Verarbeitungsgeschwindigkeit kann beispielsweise mit dem Zahlenverbindungstest (ZVT) oder dem Trail Making Test (TMT) gemessen werden. Für die selektive Aufmerksamkeit ist der Farb-Wort-Interferenztest oder der Aufmerksamkeits-Belastungstest zu verwenden. Geteilte Aufmerksamkeit kann durch den Zahlen-Symbol-Test (ZST) oder den Trail Making Test (TMT) bestimmt werden. Die Daueraufmerksamkeit ist am besten durch den Continuous Performance Test zu bestimmen (eine gute Übersicht bieten Keller & Grömminger, 1993).

* *Aufmerksamkeitsstörung*
  - Konzentrationsstörung
  - Mangel an Ausdauer
  - kann Aufgaben nicht zu Ende bringen
  - Zerstreutheit
  - Ablenkbarkeit
  - Vergeßlichkeit
  - verliert Sachen
  - kann nicht zuhören
* *Überaktivität*
  - Unruhe
  - Zappeligkeit
  - kann nicht stillsitzen
  - läuft umher
  - spricht unaufhörlich
* *Impulsivität*
  - platzt mit einer Antwort heraus, bevor die Frage beendet ist
  - kann nicht warten
  - unterbricht und stört häufig

Abbildung 14.3: Symptome des hyperkinetischen Syndroms

Störungen der Aufmerksamkeit sind im Kindes- und Jugendalter häufig anzutreffen. Aufmerksamkeitsdefizite sind wichtiger diagnostischer Bestandteil des sogenannten hyperkinetischen Syndroms, in dem Aufmerksamkeitsstörungen mit überschießender Motorik und mangelnder Impulskontrolle gemeinsam auftreten (attention deficit disorder with hyperkinesis ADDH). Die differentielle Diagnostik der Aufmerksamkeitsstörungen obliegt der Testsituation, sie ist von hoher klinischer Relevanz. Aufmerksamkeitsstörungen finden sich auch häufig in Kombination mit emotionalen Störungen des Kindesalters wie Angst, depressiver Verstimmung, Reizbarkeit bei Kindern in psychischen Belastungssituationen. Schulisches Leistungsversagen kann oft durch Aufmerksamkeitsstörungen gebahnt werden.

14.3 Exkurs: das hyperkinetische Syndrom

Das hyperkinetische Syndrom (HKS) stellt ein schwerwiegendes, oft persistierendes Entwicklungsproblem von Kindern dar (siehe Übersicht bei Taylor et al., 1998). Die Leitsymptome sind in Abb. 14.3 angeführt. Das HKS beginnt in der Regel vor dem 5. Lebensjahr, oft schon im früheren Lebensalter. Es kann bis in die Adoleszenz persistieren und erhöht das Risiko für Störungen der Persönlichkeitsentwicklung. Drogenmißbrauch, Delinquenz und antisoziale Verhaltensweisen werden vermehrt berschrieben. Die hyperkinetische Symptomatik weist eine Heritabilität von rund 80% auf, aber auch fetale Exposition gegenüber Alkohol oder Benzodiazepinen und Schwangerschaftskomplikationen erhöhen die Auftrittswahrscheinlichkeit. Die negativen Entwicklungen in Richtung dissozialer Verhaltensweisen und vermehrten Risikoverhaltensweisen der Adoleszenz sind aber wesentlich mit Umweltfaktoren verknüpft; so spielen das soziale Echo im Mikrosystem der Familie, schulische Integration und Leistungserfolg eine große Rolle. Multiple negative Interaktionen, vor allem die erschwerte Erziehbarkeit von Hyperkinetikern und das Leistungsversagen aufgrund der Aufmerksamkeitsstörung haben nachhaltige negative Auswirkungen auf die Selbstentwicklung. Die Prävalenz wird mit etwa 1% angegeben, Knaben sind signifikant häufiger betroffen als Mädchen (2.5:1 bis 10:1). Leichte, subklinische Formen kommen zwischen 4% und 19% vor. Dabei spielen Faktoren der Lebenswelt der Kinder eine ungleich größere Rolle („reaktive Hyperkinese“ als Symptomatik einer erlebnisreaktiven Anpassungsstörung).

KAPITEL 15

(Psycho-)motorik

Die Entwicklungslinie der Motorik führt von vorwiegend ungerichteten, globalen Bewegungen zu gezielten, umschriebenen Bewegungsabläufen. Motorik ist nach Scharfetter (1991) Haltung und Bewegung des handelnden Menschen. Ein großer Teil der Motorik läuft unwillkürlich ohne Absicht und Überlegung ab. Automatische Handlungen werden als Fertigkeiten übend erworben und laufen dann quasi unbewußt ab. Unwillkürliche motorische Verhaltensmuster, die unsere seelische Befindlichkeit und den Erlebnisgehalt widerspiegeln, werden Psychomotorik genannt.

Störungen der (Psycho-)motorik:

Tics sind rasche unwillkürliche, stereotyp wiederholte, nicht rhythmische motorische Bewegungen, die gewöhnlich nur umschriebene Muskelgruppen betreffen. Sie können plötzlich einsetzen und erfüllen dem Kind keinen inhaltlichen Zweck. Neben diesen motorischen Tics finden wir vokale Tics als unwillkürliche wiederholte vokale Produktionen wie z. B. Schnüffeln, Räuspern, Zischen oder auch die Wiederholung bestimmter Wörter. Den Gebrauch obszöner Wörter nennt man *Koprolalie*. Stereotype Wiederholungen eigener Laute, von Wortteilen oder ganzen Wörtern nennt *Palilalie*.

Komplexe ticartige Bewegungsstörungen in der Mimik und Gestik (z. B. Blinzeln, Schulterzucken) kombiniert mit vokalen Tics (Grunzen, Schmatzen) und obszönen Worten (Koprolalie) werden beim *Gilles-de-la-Tourette-Syndrom* gefunden. Ticphänomene können Ausdruck gesteigerter innerer Erregung und Irritation sein, es gibt jedoch auch Hinweise, daß es einen vererbbaren Formenkreis

---

* einfache Tics
  - *motorisch:* Blinzeln, Kopfrucken, Schulterrucken, Grimassieren
  - *vokal:* räuspern, quieken, grunzen, schnüffeln, Zunge schnalzen
* komplexe Tics
  - *motorisch:* Berührung oder Beriechen anderer Leute oder Dinge, Körperverdrehungen, Selbstverletzendes Verhalten (schlagen, Kopf anschlagen, kneifen)
  - *vokal:* Herausschleudern von Worten, Koprolalie, Echolalie, Palilalie

Abbildung 15.1: Klassifizierung der Tics (nach Rothenberger, 1971)

von Ticstörungen und Zwangsstörungen gibt. So ist bekannt, daß sich in Familien von Patienten mit Tourette-Syndrom gehäuft Familienmitglieder mit leichten Ticstörungen und zwanghaften Verhaltensweisen finden. Kinder mit komplexen Ticsyndromen und Tourette-Syndrom zeigen gehäuft zusätzliche Probleme wie zwanghafte Verhaltensweisen und ritualistisches Verhalten, motorische Hyperaktivität mit oder ohne Störung der Aufmerksamkeit, Störungen der Lesefähigkeit, des Schreibens und Rechnens sowie Einschränkungen der Impulskontrolle mit aggressiven Ausbrüchen und sozialen Auffälligkeiten.

Stereotypien sind Äußerungen in Körperhaltung, Mimik oder Gestik, die über längere Zeiträume in immer gleichförmig wiederholten Bewegungsmustern aufrechterhalten werden. Einfache Bewegungen (Wischen, Kratzen oder Stoßen) können ebenso vorkommen wie komplizierte Stereotypien, die sich in Form ritueller Handlungen vor allem bei schizophrenen Patienten finden. Stereotypien können subjektiv sinnlos und störend erscheinen und als sogenannte „unwillkürliche Bewegungsmuster“ Übergänge zu Tic-phänomenen zeigen oder aber sinnhaft unterlegt sein und beispielsweise rituelle Abwehr- und Selbstberuhigungsvorgänge darstellen.

Bizarre Verhaltensmuster äußern sich im Bewegungsablauf als normale Handlungen, die aber der Situation nicht angepaßt, verschroben, posenhaft überzeichnet und manieriert wirken. Als *Pose* bezeichnet man das Einnehmen von unüblichen Körperhaltungen, als *Manierismus* ein geziertes, stilisiertes, verfremdetes Gehabe. Bizarre Verhaltensmuster finden sich vor allem bei Patienten mit schizophrenen Störungen. Sie lösen Betroffenheit und Fremdheitsgefühle bei den Personen der Umgebung aus. Als *Echopraxie* bezeichnet man die automatenhafte Haltungs- und Bewegungsimitation. Als *Echolalie* die echoartigen Wort- und Satzteilwiederholungen, die zumeist bei schizophrenen Patienten zu finden sind.

Als *Katalepsie* wird das starre Beibehalten einer unnatürlichen Haltung bezeichnet, in denen Patienten oft über ungewöhnlich lange Zeit (bis zu mehreren Stunden) verweilen. Diese ebenfalls bei schizophrenen Patienten vorkommende kataleptische Bewegungsstarre sollte durch neuroleptische Medikation und beruhigendes Eingehen auf den Patienten wieder gelockert werden. Kataleptische Phänomene kennzeichnen die katatone Form der Schizophrenie, in der der Patient meist unsäglicher innerer Unruhe, Angst und Selbstqual unterworfen ist. Als *Stupor* (katatoner Stupor) ist das Erstarren in Angst und Ratlosigkeit im Rahmen höchster Irritation bei psychotischen Selbstverlustsyndromen zu finden. Der katatone Stupor wurde von manchen Autoren mit dem Totstellreflex verglichen. Die vollkommene Bewegungsstarre kann von Einstellung der sprachlichen Kommunikation (Mutismus) begleitet sein. Manchmal kann der Stupor durch katatone Erregungszustände (*Raptus*) plötzlich abgelöst werden. In solchen Raptuszuständen können Patienten unvermittelt zu toben, zu schreien beginnen und auch zu Angriffen auf Mitpatienten oder Mitglieder des therapeutischen Teams anheben. Im Extremfall spricht man vom katatonen Bewegungssturm, der immer als Ausdruck psychotischer Angst und Bedrohungsgefühle zu sehen ist. Katatone Phänomene der Schizophrenie müssen von affektiven Stuporzuständen oder reaktiven Stuporen (Angsterstarrung im Rahmen von Katstrophen etc.) abgegrenzt werden. Psychodynamisch gesehen sind motorische Bizarrerien und katatone Phänomene Ausdruck archaischer Bewältigungsversuche, die als Fragmentationsprozesse bei höchster subjektiver Bedrohung eine Handlungsfähigkeit und Desaktualisierungsmöglichkeit bieten sollen.

Motorische Unruhe: Diese ist Ausdruck einer Antriebssteigerung und äußert sich in beschleunigten Abläufen normaler Bewegungen und in Bewegungsüberschüssen (s. Kap. 14.1).

Da alle motorischen Phänomene unmittelbarer Ausdruck menschlicher Aktivität und Existenz sind, hat praktisch jedes psychopathologische Syndrom auch eine motorische Ausdruckskomponente. Die oben geschilderten Phänomene sind Spezialformen psychomotorischer Ausdrucksgestalten.

KAPITEL 16

Orientierung

Orientierung ist eine komplexe psychische Funktion, die es dem Kind oder Jugendlichen ermöglicht, seinen existentiellen Standpunkt zu bestimmen. Die Orientierungsfunktion ermöglicht ein Sich-Zurechtfinden in unterschiedlichen Dimensionen, die das Dasein des Menschen bestimmen. Orientierung gilt als das Zurechtfinden mit örtlichen Gegebenheiten, die zeitliche Einordnung, Erkennen und richtiges Einschätzen der gegebenen Situation und die richtige Einschätzung der eigenen Person in bezug auf die anderen Menschen. Wir unterscheiden daher zwischen *räumlicher* Orientierung, *zeitlicher* Orientierung, *situativer* Orientierung und Orientierung *zur Person* (Berner, 1979; Scharfetter, 1991).

Die Voraussetzung für die Orientierungsfunktion ist die Intaktheit der cerebralen Funktionen, wobei Bewußtsein, Aufmerksamkeit und kognitive Elementarfunktionen zur Herstellung von Orientierung fundamental notwendig sind. Insbesondere ist die Merkfähigkeit und das Gedächtnis hervorzuheben. Es versteht sich, daß für die Orientierungsfunktion die kognitive Entwicklung des Kindes eine Voraussetzung schafft. Im klinischen Kontext muß die Orientierung des Kindes immer mit Blick auf dessen momentanen Entwicklungsstand und die damit verbundenen Möglichkeiten und Fähigkeiten zur Selbstbestimmung berücksichtigt werden. Über die Entwicklung der Konzepte des Raumes und der Zeit finden Sie in Kap. 6 die Voraussetzungen. Über die Entwicklung des Selbst und der personalen Orientierung siehe Kap. 7.

Orientierung kann in unterschiedlichen Dimensionen unterschiedlich beeinträchtigt sein. Wir finden das Phänomen der *Desorientierung*, wobei die Patienten in diesem Falle sich mit den raumzeitlichen und situativen Gegebenheiten nicht zurechtfinden. Desorientierung schafft Unsicherheit, Unruhe und Angst. Desorientierung ist ein starker Stressor. Im Gegensatz dazu ist *Fehlorientierung* das Phänomen, daß Patienten in einer vermeintlichen Orientiertheit verhaftet bleiben, die von ihrer Umgebung als falsch eingeschätzt wird (z. B. ein Patient wähnt sich zu Hause, obwohl er sich in der Klinik befindet).

Räumliche Orientierung: Im klinischen Kontext kann die Orientiertheit eines Kindes im späten Vorschulalter erstmals mit einer gewissen Sicherheit festgestellt werden. Das Raumkonzept bietet zunehmende Fähigkeiten zur Orientierung. Nach Schenk-Danzinger (1988) besteht für den 6- und 7jährigen die Umgebung seines Hauses aus „Schläuchen". Die Wege zur Schule, zu Freunden oder zum Spielplatz sind in sich geschlossene Bahnen, die untereinander noch keinen Zusammenhang haben. Das kann dazu führen, daß Kinder, die bspw. im Gespräch mit anderen ihre Gasse verfehlen, sich plötzlich hoffnungslos verirren. Ein Überblick über die räumlichen Beziehungen unterschiedlicher Zielpunkte und Straßen wird erst ab dem 8. oder 9. Lebensjahr gewonnen. In dieser Zeit können Kinder auch Straßenpläne verfertigen. Ab diesem Zeitraum können Veränderungen der räumlichen Orientierung vom Kind auch klar selbst wahrgenommen und artikuliert werden. In der Zeit vor der Perspektivenübernahme findet sich das Kind zwar räumlich schlechter zurecht, kann sich diesbezüglich aber noch nicht ausreichend genug einschätzen.

Zeitliche Orientierung: Für das Vorschulkind ist die Beurteilung der Zeitdauer noch stark an sichtbare Veränderungen gebunden. Spätestens ab dem 8. Lebensjahr ist dann die enge Bindung der Zeitbeurteilung an äußere Ereignisse überwunden. Das Kind ist dann in der Lage, Altersfolgen als konstant und Altersunterschiede als abhängig von der Geburtenfolge zu erkennen. Zeitliche Distanzen vergangener Ereignisse zur Gegenwart bereiten dem Kind aber weiterhin Schwierigkeiten. Die Ausbildung eines Zeitrasters für die Vergangenheit ist erst gegen Ende des Grundschulalters zu erwarten.

Die Erkennung von situativen Gegebenheiten und die selbstreflexive Orientierung zur Person erreicht erst mit dem Stadium der abstrakten Operationen das Niveau des Erwachsenenalters. Über die einzelnen Stadien der Konzeptbildung über das Selbst und andere s. Kap. 6 und 7.

Wenn auch Veränderungen in der Orientierungsfunktion bei Kindern am Verhalten bereits im späteren Kleinkindalter ablesbar sind, so kann im klinischen Gespräch in Form einer Selbstbeurteilung die Orientierung erst bei Kindern nach Erreichen der (sozialen) Perspektivenübernahme mit einiger Relevanz erwartet werden.

Gravierende Störungen der Orientierung wie Desorientiertheit sind immer ein ernst zu nehmendes Signal für eine mögliche aktuelle Beeinträchtigung der Hirnfunktionen. Orientierungsstörungen kommen bei allen Bewußtseinsstörungen vor und werden bei entsprechender hirnorganischer Grundlage (z. B. Entzündung oder Epilepsie) als „akuter exogener Reaktionstyp“ bezeichnet. Orientierungsstörungen können auch bei starken Affekten sogenannte „Dämmerzustände“ hervorrufen. Orientierungsstörungen können das Ergebnis von affektiver Einengung bei panikartigen Ängsten darstellen. Auch im Rahmen von affektiven oder schizophrenen Psychosen kennen wir Beeinträchtigungen der Orientierungsfunktion.

KAPITEL 17

Wahrnehmung

Wahrnehmungsvorgänge vermitteln uns durch Sinnesorgane Informationen über die Außenwelt und eigene Körperzustände. Als komplexe, kognitiv-affektive Funktion des Informationsgewinns über die Außen- und Körperwelt unterliegt die Wahrnehmung den allgemeinen Entwicklungsprinzipien des Menschen. Die Wahrnehmung bildet gleichsam den afferenten Schenkel des Informationsverarbeitungsregelkreises, der schließlich zu gezielten Anpassungsleistungen und Handlungen führt. Es läßt sich denken, daß die Interpretationsstufen von Wahrnehmungen mit der kognitiven Entwicklung Hand in Hand gehen. Die Information, die aus Wahrnehmungen letztlich handlungsbestimmend weiterverarbeitet wird, kennzeichnet das, was wir als „Auffassung" und „Verstehen" bezeichnen. Wahrnehmung ist also kein passiver Abbildungsvorgang der Außenwelt (wie z. B. durch eine Kamera), sondern ein aktiver Interpretations- und Konstruktionsvorgang, der Informationen der Außenwelt mit einbezieht. Wahrnehmungsvorgänge finden wir auf folgenden Sinnesgebieten: optische Wahrnehmung (Sehvorgang), akustische Wahrnehmung (Hörvorgang), Riechwahrnehmung, Geschmackswahrnehmung und Körperwahrnehmung. Diese schließt den Tastsinn, die Empfindung von Druck und Berührung, Temperaturempfindung, Vibrations-, Lage- und Bewegungsempfindung sowie den Gleichgewichtssinn mit ein. Einzelne Sinneswahrnehmungen werden zu globalen, multimodalen Raum- und Gestaltwahrnehmungen zusammengesetzt.

Eine andere Einteilung spricht von *kategorialer Wahrnehmung* (Wahrnehmung von Dingen und Objekten) und *szenischer Wahrnehmung* (in dieser werden mehrere Objekte in ihren Relationen und Konstellationen sowie Ausschnitte von Aktionen festgehalten).

Wahrnehmungsstörungen: (s. Abb. 17.1) Störungen des Wahrnehmungsvorgangs können als Beeinträchtigungen einzelner *Sinnesmodalitäten* auftreten. Es kann zum Ausfall von Sinnesqualitäten (z. B. Blindheit oder Taubheit) oder zur Empfindungsminderung oder Empfindungsteigerung in einzelnen Sinnesbereichen kommen, Beispiele dafür wären Schwerhörigkeit und übertriebene Schmerzempfindung (Hyperalgesie).

Wahrnehmungsvorgänge können aber auch auf der Ebene der Interpretation und Beurteilung beeinträchtigt sein. So können Wahrnehmungen global in der *Intensität* verringert oder gesteigert sein, was zu einer Akzentuierung oder Dämpfung der Erlebnisintensität führt. Es kann zu globalen Beeinträchtigungen der kategorialen Wahrnehmung kommen mit Störungen des Erkennens von Gegenständen, Beeinträchtigungen des Wiedererkennens von Worten, der Unfähigkeit durch Ab-

* Sinnesbeeinträchtigungen:
    - Ausfall (z. B. Blindheit)
    - Empfindungsverminderung
    - Empfindungssteigerung
* Globale Beeinträchtigungen:
    - Intensitätsänderung
    - Gestaltänderung
* Trugwahrnehmungen:
    - Halluzinationen
    - illusionäre Verkennungen

Abbildung 17.1: Wahrnehmungsstörungen

tasten Gegenstände zu erkennen.

Weitere Veränderungen der *Wahrnehmungsqualität* auf optischem Gebiet sind: Verschwommen- und Trüb-Sehen, Lichtüberempfindlichkeit, Veränderungen der Farbintensität, Verzerrungen, Verkleinerungen und Vergrößerungen der Gegenstände im Wahrnehmungsfeld (Mikro- und Makropsien), Gestaltveränderungen am eigenen Gesicht oder an anderen Personen, Scheinbewegungen von Wahrnehmugnsobjekten, doppelt, schief, schräg und verkehrt Sehen, Störungen der Schätzung von Entfernungen und der Größenverhältnisse von Wahrnehmungsgegenständen. Es kann zur Auflösung der Geradlinigkeit gegenständlicher Konturen kommen (gerade Linien erscheinen geschlängelt), es kann zu abnorm langem Haften optischer Reize kommen (Nachbilder nach dem Schließen der Augen). Auf akustischem Gebiet finden wir Geräuschüberempfindlichkeit, Akoasmen (Knacksen und Rauschen im Ohr), Nachhallphänomene, abnorm langes Haften akustischer Reize, es gibt Wahrnehmungsveränderungen auf olfaktorischem und gustatorischem Gebiet im Sinne von Intensitäts- und Qualitätsveränderungen. In bezug auf den eigenen Körper können Wahrnehmungsveränderungen als Leibgefühlsstörungen (*Zoenästhesien*) auftreten. Dies sind Taubheits- und Steifigkeitsempfindungen, Lähmungsgefühle, umschriebene Schmerzsensationen, durch den Körper wandernde Schmerzherde, Gefühle des Elektrisiertseins, Wärmeempfindungen, Bewegungs-, Zug- und Druckempfindungen im Körperinneren und an der Körperoberfläche, Gefühle der abnormen Schwere, Leichtigkeit, Fall- und Sinkempfindungen, Gefühle der Verkleinerung, Schrumpfung und Einschnürung, Vergrößerung und Ausdehnung von Körperorganen oder Körperhöhlen. Weiters kann es zu Schwindelsensationen, Gleichgewichtsstörungen bis hin zu dysästhetischen Krisen (Herzrasen, Schweißausbrüche, brennendes Engegefühl im Herzbereich etc.) kommen. Neben diesen Beeinträchtigungen gibt es Störungen des Wahrnehmungsvorganges wie bspw. Fesselung durch Wahrnehmungsdetails (das Kind kann von einer bestimmten Stelle an der Wand nicht mehr wegsehen) oder im Rahmen von Wahnwahrnehmungen, in denen bestimmten Wahrnehmungsgegenständen eine besondere Bedeutung beigemessen wird (s. dazu auch Kap. 21). Solche Anmutungen und Wahnwahrnehmungen der Stufe 1 werden nach Janzarik (1988) dem *impressiven Wahrnehmungsmodus* zugeschrieben. Dabei sind für die Wahrnehmungsinterpretation interne Gefühlszustände bestimmend, die kategoriale Wahrnehmung von Dingen und Objekten bleibt zwar erhalten, wird aber in einen neuen szenischen Kontext gestellt, der die Bedeutungen der Dinge ändert.

Bei *Trugwahrnehmungen* werden sowohl die szenische als auch die kategoriale Wahrnehmung verändert. Halluzinationen sind Trugwahrnehmungen ohne reales Substrat, illusionäre Verkennungen sind dagegen Fehlerkennungen von realen Wahrnehmungsinhalten. Wenn ein Patient das Klopfen und Rauschen in einem defekten Heizkörper als Stimme, die ihm etwas sagen möchte, interpretiert, so bezeichnen wir dies als *Illusion.* Wenn ein Patient Stimmen von Menschen hört, die ihn beeinflussen möchten, ohne daß sich ein Mensch in seiner Nähe befindet, nennen wir das eine *Halluzination.* Halluzinationen können prinzipiell auf allen Sinnesgebieten auftreten. So gibt es optische, akustische, taktile sowie Geruchs- und Geschmackshalluzinationen. Auch Leibgefühlsstörungen können halluzinatorischen Charakter besitzen. Wir unterscheiden einfache Halluzinationen, wie z. B. das Hören von Glocken, Rauschen oder murmelnden Stimmen, und komplexe Halluzinationen auf mehreren Sinnesgebieten, wie z. B. das Sehen und Hören szenischer Abläufe (Flammenschrift an der Wand und Stimme Gottes). Akustische Halluzinationen können sich in Form von rufenden, flüsternden oder sprechenden Stimmen äußern, die den Namen des Patienten betonen, es gibt Stimmen in direkter Rede, die den Patienten beraten, beschimpfen oder ihm Befehle erteilen (imperative Stimmen). Schließlich gibt es dialogische Stimmen, wobei der Patient das Gefühl hat, dem Gespräch zweier oder mehrerer Stimmen beizuwohnen, die sich miteinander über den Patienten unterhalten.

Aus Entwicklungssicht können wir Sinnesbeeinträchtigungen beim Kind bereits unmittelbar nach der Geburt erkennen. Über Änderungen von Empfindungsintensitäten und einfache Wahrnehmungsfehler kann ein Kind im späteren Kleinkindalter zwar schon referieren (z. B. Scharf-sehen oder Trüb-sehen), komplexe Wahrnehmungsstörungen und Trugwahrnehmungen können noch nicht mit Sicherheit exploriert werden. Solange das Kind im präoperationalen Stadium ist und zwischen Wahrnehmungen und Vorstellungen noch nicht streng unterscheiden kann, bleibt die pathognomonische Bedeutung von Trugwahrnehmungen und Verkennungen unklar. Für das Kleinkind- und Vorschulalter sind Phantasiefreunde, Dialoge mit Spielsachen, Pflanzen oder Tieren durchaus im Bereich des Normalen. Es ist die ängstliche Betroffenheit, die Unmittelbarkeit des Erlebens in Abgrenzung von spielerischer Phantasietätigkeit, die eine echte Trugwahrnehmung kennzeichnet. Erst ab dem Stadium der konkreten Operationen, wenn das Kind eine soziale Perspektivenübernahme und eine klare Unterscheidung von Haupt- und Nebenrealität gewonnen hat, besteht ausreichende Sicherheit, Trugwahrnehmun-

Entwicklungsstufe nach Piaget	Halluzinationen
sensomotorisch (0–$1\frac{1}{2}$ Jahre)	—
präoperational ($1\frac{1}{2}$–5 Jahre)	einfach, optisch, taktil, selten akustisch; durch Betroffenheit und Verhaltensänderung erkennbar, gelegentliche Berichte, Hilfesuche bei Bezugspersonen; Abgrenzung von spielerischen Phantasien
konkret operational (6–11 Jahre)	Wahrnehmungsunsicherheit, illusionäre Verkennungen, Tiere, Monster, fremde Wesen, akustische Halluzinationen, meist in direkter Rede
formal operational (ab 12 Jahre)	komplexe Halluzinationen, leibnahe wie bei Erwachsenen

Tabelle 17.1: Halluzinationen (modif. nach Volkmar, 1996)

gen wie z. B. befehlende (imperative) Stimmen mit eindeutigem Realitätscharakter von Vorstellungskonkretisierungen (irgendetwas in mir sagt oder findet das) zu unterscheiden. Halluzinatorische Phänomene können frühestens ab dem Grundschulalter mit ausreichender Sicherheit durch Exploration diagnostiziert werden. In früheren Altersstufen müssen Wahrnehmungsveränderungen und Halluzinationen durch Verhaltensanalyse und Beachtung des biographischen Zusammenhanges klinisch postuliert werden (wenn sich beispielsweise ein Kind in eine Ecke zurückzieht und — wie sonst niemals vorher — in affektiver Angespanntheit und Angst laut mit einer angeblichen Person unterhält, allgemeinen Leistungsabfall und zunehmende Kontaktprobleme zeigt, dann ist diesem Verhalten auch im Vorschulalter eine pathognomonische Bedeutung zuzumessen!). Tab. 17.1 gibt einen Überblick.

Trugwahrnehmungen sind im Kindesalter äußerst selten, werden aber im Jugendalter häufiger angetroffen. Dort sind sie beispielsweise Bestandteile schizophrener, schizoaffektiver oder affektiver Psychosen, es finden sich auch drogeninduzierte Halluzinosen oder halluzinatorische Phänomene bei Encephalitis oder Epilepsien.

Wichtig erscheint die differentialdiagnostische Klärung zwischen Halluzination und *Vorstellungskonkretisierung*: Halluzinationen sind leibhaftig und von hohem subjektivem Realitätscharakter. So erscheinen die Stimmen meist von außen, haben eine bestimmte stimmliche und artikulatorische Qualität und können gut lokalisiert oder personifizirt werden. Vorstellungskonkretisierungen im Sinne von Stimmen bleiben diffus, flüchtig, undefinierbar, sprechen undeutlich und können nur schwer innen oder außen lokalisiert werden. Vorstellungskonkretisierungen sind manchmal szenische Darstellungen, in mehreren Sinnesqualitäten abgebildet (drohende Gestalten, die etwas sagen oder wollen). Solche Phänomene finden wir nicht selten im Rahmen von posttraumatischen Belastungsstörungen und dissoziativen Symptomen. Die Abgrenzung von intensiven Vorstellungen versus halluzinatorischen Erlebnissen kann im Kindes- und Jugendalter manchmal Probleme bereiten.

Pseudohalluzinationen sind Trugwahrnehmungen, die als solche erkannt werden wie z. B. nach Drogeneinnahme (der Jugendliche hört Sphärenklänge und sieht seine Umgebung verändert, kann dies jedoch eindeutig auf die zuvor stattgefundene Drogeneinnahme zurückführen). Die Realitätskontrolle bleibt erhalten.

Wahrnehmungsstörungen mit Intensitäts- und Gestaltänderungen sind Ausdruck von Irritationen und können als sogenannte *Basissymptome* (Huber & Gross, 1977; Klosterkötter, 1988) in unspezifischer Weise den Beginn eines schizophrenen Prozesses markieren. Auch bei dissoziativen Störungen finden sich multiple Wahrnehmungsbeeinträchtigungen. Eine dialogische Abfrage von komplexen Wahrnehmungsveränderungen ist mit ausreichender Sicherheit erst bei Kindern ab dem 8. bis 10. Lebensjahr möglich.

Wahrnehmungsstörungen können also Ausdruck von organischen Sinnesbeeinträchtigungen oder cerebralen Ausfällen oder Schädigungen sein (z. B. Thalamustumor), Wahrnehmungsstörungen finden wir aber auch bei erlebnisreaktiven Irritationen ebenso wie im Rahmen von Persönlichkeitsentwicklungsstörungen und psychotischen Prozessen. Störungen des Wahrnehmungsvorganges zeigen eine Beeinträchtigung des komplexen affektiv-kognitiven Bewertungsvorganges, die sowohl biologisch wie erlebnisreaktiv/dynamisch durch Abwehrvorgänge hervorgerufen werden kann.

Die diagnostische Sicherung sinnesbezogener Wahrnehmungsfunktionen und ihrer Störungen gelingt durch eine Fülle von Untersuchungsverfahren zur optischen, akustischen und taktilen Wahrnehmung sowie zum Riechen und Schmecken. Eine Übersicht über entsprechende Untersuchungsbefunde geben (von Cramon et al., 1993).

KAPITEL 18

Sprachliche Kommunikation

Im klinischen Gespräch werden Denken und Sprechen gemeinsam beurteilt. Folgende Störungen der sprachlichen Kommunikation können bei Kindern und Jugendlichen beobachtet werden (s. Abb. 18.1). Als *Aphasie* bezeichnet man eine Störung, in der sowohl die Fähigkeit, sich sprachlich zu äußern, als auch die Fähigkeit, sprachliche Mitteilungen zu verstehen, beeinträchtigt ist (Greitemann, 1993). Die Störung kann sowohl die Lautsprache ebenso wie die Schriftsprache (Schreiben und Leseverständnis) betreffen. *Expressive Sprachstörungen* sind Beeinträchtigungen der Sprachproduktion und -äußerungen. Als *phonematische Paraphasien* werden Veränderungen der Lautstruktur der Wörter bezeichnet. Dabei werden Auslassungen, Hinzufügungen, Vertauschungen oder Ersetzungen von Lauten innerhalb eines Wortes gemeint. *Semantische Paraphasien* sind Ersetzungen eines Wortes durch ein anderes Wort der Standardsprache, das der geplanten Mitteilung nur teilweise oder gar nicht entspricht (bspw. Apfel statt Birne). Im weitesten Sinne werden dazu auch Wortfindungsstörungen gerechnet, die sich als Unterbrechung im Redefluß äußern, wobei Füllworte wie „Ding" oder „Sache" oder Umschreibungen statt des nicht gefundenen Wortes verwendet werden. *Neologismen* sind Wortneuschöpfungen (z. B. Bergtreter statt Wanderschuh). Veränderungen im Bereich der Grammatik werden als *Agrammatismus* und *Paragrammatismus* bezeichnet: Agrammatismus kennzeichnet kurze, grammatisch einfache Sätze, die oft nur aus Inhaltswörtern bestehen (Ball haben). Paragrammatismus ist durch falsche Flexionsformen, falsche Funktionswörter, Verdoppelungen von Satzteilen und Satzverschränkungen gekennzeichnet. *Rezeptive Sprachstörungen* werden Beeinträchtigungen des Sprachverständnisses (d. h. des Wortverständnisses und des Verständnisses von semantischen Strukturen, also der Bedeutung von Wörtern und Sätzen) genannt. Beeinträchtigungen der Sprachentwicklung müssen unbedingt nach Entwicklungsgesichtspunkten beurteilt werden. So ist im Rahmen von Retardationen eine Sprachstörung analog von Beeinträchtigungen der motorischen Entwicklung zu beurteilen. Besonderes Augenmerk ist dem Verlust bereits erworbener Sprachniveaus zu schenken, wobei hier sowohl organische Faktoren wie Epilepsie (Landau-Kleffner-Synrom) eine Rolle spielen können wie akute psychische Schockreaktionen im Sinne des posttraumatischen Symptomenkomplexes. *Sprechstörungen* äußern sich als *Dysarthrie*, also Beeinträchtigung der Kontrolle von Kraft, Bewegungstempo und Bewegungsumfang bei der Ausführung der Sprechbewegungen (Ziegler et al., 1993) im Gegensatz zur *Sprechapraxie*, die als Störung der Programmierung der Sprechbewegungsabläufe zu sehen ist. Beim *Stottern* wird der Sprechfluß durch häufige Wiederholung oder Dehnung von Lauten, Silben und Wörtern gekennzeichnet. Solche Wiederholungen werden auch

- ∗ Sprachstörungen:
  - expressiv
    - · phonematische Paraphrasien
    - · semantische Paraphrasien
    - · Agrammatismus
    - · Paragrammatismus
  - rezeptiv
    - · Sprachverständnis
- ∗ Sprechstörungen
  - Dysartrie
    - · Stottern
    - · Poltern
  - Sprechapraxie
- ∗ Logorrhoe
- ∗ Mutismus
- ∗ Sprachtics
- ∗ Sprachstereotypie, Bizarrerie

Abbildung 18.1: Störungen der sprachlichen Kommunikation

als klonische Komponente und das Pressen als tonische Komponente bezeichnet. Beim *Poltern* findet sich eine hohe Sprechgeschwindigkeit mit gestörter Sprechflüssigkeit. Das Sprechen ist unregelmäßig, unrhythmisch, ruckartig und abgehackt (Döpfner et al., 1991). Als *Logorrhoe* wird ein ausgeprägter Redefluß bezeichnet, der meist monoton klingt. *Mutismus* ist der Abbruch bzw. die Verweigerung von sprachlicher Kommunikation gegenüber bestimmten Menschen in bestimmten Situationen (elektiver Mutismus) oder gegenüber der gesamten Objektwelt (totaler Mutismus). Typischerweise ist die Sprachkompetenz vorhanden. Mutismus kann im Rahmen verschiedenster psychiatrischer Syndrome in erlebnisreaktiver Weise, aber auch bei psychotischen Prozessen auftreten. Mutistische Reaktionen finden sich bei Kindern nach Erwerb der Sprachkompetenz bis ins Erwachsenenalter. Sie kennzeichnen immer eine Beeinträchtigung der momentanen Kommunikationsfähigkeit, wobei nur durch biographische und situative Analyse nosologische Zuordnung und pathogenetische Hintergründe geklärt werden können. Mutismus kann auch ein Teilsyndrom der autistischen Entwicklungsstörung sein. Bei Kindern mit selektivem Mutismus wurde in 97% der Fälle eine soziale Phobie oder Vermeidungsverhalten gefunden. In 70% waren unter den nächstgradigen Verwandten von Kindern mit Mutismus ebenfalls sozialphobische Syndrome nachweisbar (Black & Uhde, 1995).

Sprachstereotypien und *Bizarrerien* kennzeichnen die relative Unfähigkeit, Sprache altersgemäß als Kommunikationsmittel einzusetzen. Durch stereotype und repetitive Anwendung von Worten und Satzteilen kann es zu einer qualitativen Beeinträchtigung des Sprechens und der Sprache kommen, die die Kommunikation mit dem Kind deutlich einschränkt oder verunmöglicht. Solche Beeinträchtigungen sind im Rahmen tiefgreifender Entwicklungsstörungen des Kindesalters (z. B. Autismus) und bei schizophrenen Psychosen typisch.

Kapitel 19

Auffassung, Denken und Gedächtnis

Auffassung, Denken und Gedächtnis kennzeichnen jene Prozesse, die im Rahmen der intelligenten Anpassungsfunktion des Menschen den kognitiven Regelkreis von der Wahrnehmung bis zur anpassungsbezogenen Handlung kennzeichnen. An dieser Stelle soll nicht auf die differentielle Untersuchung der Intelligenzleistungen und –möglichkeiten eingegangen werden, auch nicht auf unterschiedliche Denkformen, Bewertungs- und Beurteilungsarten (s. diesbezüglich Kap. 5). Im Rahmen des psychopathologischen Kataloges soll nur auf klinisch beobachtbare Phänomene der Beeinträchtigung des Gedankenganges abgehoben werden, die als formale Störungen des Denkens bezeichnet werden. Bezüglich der entwicklungsgemäßen Fertigkeiten im inhaltlichen Erfassen, im Kombinieren, Abstrahieren und Assoziieren sowie differentiellen Untersuchungen zu Gedächtnis und Behaltensleistungen siehe die entsprechende Literatur zur Intelligenzuntersuchung sowie von Cramon et al. (1993).

Abb. 19.1 gibt einen Überblick über *formale Störungen des Denkablaufs* bei Kindern ab dem mittleren Grundschulalter und Jugendlichen. Der Gedankengang kann in seiner Geschwindigkeit verlangsamt oder beschleunigt sein. Diese *Tempoveränderungen* stehen in einem direkten Zusammenhang mit der Antriebslage, bei affektiven Erkrankungen, aber auch psychoreaktiv finden sich solche Störungen des Denktempos.

Als gehemmtes Denken wird die Erschwerung des Denkablaufs hinsichtlich inhaltlicher Fassung und Zielsetzung bezeichnet. Entsprechende Patienten haben das Gefühl wie gegen einen Widerstand denken zu müssen.

Als *Perseveration* wird das Haftenbleiben an Worten und Formulierungen bezeichnet. Das sinnlose Wiederholen von Worten wird *Verbigeration* genannt. Thematische Einengungen kennzeichnen das Verhaftetsein an ein oder wenige Themen. Solche Fixierungen auf Denkinhalte kommen in Zuständen besonderer Betroffenheit und bei affektiven Erkrankungen vor. Als *Grübeln* wird das unablässige Beschäftigtsein mit bestimmten Gedankengängen bezeichnet, die meist unangenehmen Inhalts sind, mit der unmittelbaren Lebenssituation des Patienten in Verbindung stehen und nicht als fremd (dies ist die Differentialdiagnose zu Zwangsgedanken) erlebt werden. Beim *Gedankendrängen* erlebt sich der Betroffene unter dem Druck von Einfällen oder immer wiederkehrenden Gedanken, gegen die nur mühsam angekämpft werden kann. So gibt es bei Jugendlichen drängende Suizidideen, aber auch Gewissensdruck kann sich in Gedankendrängen äußern. *Ideenflucht* ist durch eine Vermehrung von Einfällen, Plänen und Ideen gekennzeichnet. Ein Verlust der Leitbarkeit des Denkens wird dabei faßbar. Das Denken steht nicht mehr unter dem Primat einer Zielvorstellung, sondern wird immer wieder durch in-

* Tempo:
  - verlangsamt
  - beschleunigt
* Prozeßablauf:
  - gehemmtes Denken
  - Perseveration
  - thematische Einengung
  - Grübeln
  - Gedankendrängen
  - Ideenflucht
  - tangentiales Denken
  - Sperrungen, Gedankenabreißen, Gedankenblockierung
  - Zerfahrenheit
  - Faseln
  - Neologismen

Abbildung 19.1: Formale Störungen des Denkens

terferierende Assoziationen aufgelockert. Die primäre Zielvorstellung kann dabei verloren gehen. Ideenflucht ist ein typisches Symptom hypomanischer und manischer Gefühlszustände. *Tangentiales Denken* kennzeichnet das kontextuelle Mißverstehen einer Frage (z. B. Frage: „was ist der Unterschied zwischen Treppe und Leiter?“ Antwort: „ich wohne ebenerdig“). Solche Mißverständnisse des Bedeutungskontextes werden in der Explorationssituation auch als aneinander Vorbeireden bezeichnet. Nicht vergessen werden darf, daß das Kontextverständnis entwicklungsabhängig ist und erst ab dem Pubertätsalter komplett vorausgesetzt werden kann. Im Vorschul- und frühen Grundschulalter wäre so eine Antwort ganz normal. *Sperrungen* sind durch den plötzlichen Abbruch eines flüssigen Gedankengangs gekennzeichnet. Subjektiv äußern sich solche Sperrungen dem Patienten als das Gefühl des *Gedankenabreißens* oder der *Gedankenblockade.* Wenn der Patient nicht mehr an den Ausgangspunkt zurückfindet, kommt es zum Themenwechsel und damit zum *Gedankenentgleisen.* Vielfache Sperrungen führen zu dem Phänomen der *Zerfahrenheit* des Gedankenganges. Wenn schließlich das Denken keinen verständlichen Zusammenhang mehr erkennen läßt, völlig zerrissen wirkt und durch scheinbar zufällig durcheinander gewürfelte Sätze, Satzgruppen und Gedankenbruchstücke gekennzeichnet ist, sprechen wir von *Faseln* oder Denk- und Sprachzerfall. Neologismen sind Wortneuschöpfungen. Formale Denkstörungen wie Sperrungen, Zerfahrenheit, Faseln und Neologismen sind typisch für schizophrene Denkabläufe. Aus entwicklungspsychologischer Sicht ist anzumerken, daß formale Denkstörungen ein bestimmtes Entwicklungsniveau der Sprache mit ausreichender semantischer (Bedeutung von Worten und Sätzen) und syntaktischer

Entwicklungsstufe nach Piaget	Formale Denkstörungenn
sensomotorisch (0–$1\frac{1}{2}$ Jahre)	—
präoperational ($1\frac{1}{2}$–5 Jahre)	implizites Denken ist normal; Regeln des Diskurses werden erst erarbeitet; Kontextabhängigkeit von Information noch nicht fehlerfrei erkennbar (Egozentrismus, Konkretismus ist normal)
konkret operational (6–11 Jahre)	Assoziationslockerung; Inkohärenz des Denkens fluktuierend; unlogische Schlüsse; tangentiales Denken; Fehlinterpretationen, konkrete Interpretationen von Sprichwörtern sind noch normal
formal operational (ab 12 Jahre)	Inkohärenz; Sperrungen; Zerfahrenheit; Faseln; subjektive Erkenntnis der Störungen („Gedankenabreißen"); Konkretismus wie bei Erwachsenen

Tabelle 19.1: Formale Denkstörungen (modif. nach Volkmar, 1996)

(grammatischer) Ordnung zur Voraussetzung haben. Erst das Kind im Stadium der konkreten Operationen kann in der sprachlichen Interaktion die beschriebenen formalen Störungselemente zeigen. Das Berichten subjektiv erlebter formaler Denkstörungen setzt nochmals einen weiteren Entwicklungsschritt der Selbstbeobachtung und reflexiven Formulierung voraus, so daß mit ausreichender Sicherheit formale Denkstörungen in ihrer subjektiven Erlebnishaftigkeit erst frühestens beim 10- bis 12jährigen Kind am Übergang zum Stadium der formalen Operationen explorierbar sind. In der davorliegenden Zeit des Grundschulalters können Störungen des formalen Denkablaufs nur beobachtet und vermutet, aber nicht phänomenologisch gesichert werden (s. Tab. 19.1).

Beeinträchtigungen des Gedächtnisses zeigen sich als Störungen des unmittelbaren Behaltens, als Störungen des Kurzzeitgedächtnisses und als Beeinträchtigungen in den Strukturen des Langzeitgedächtnisses (Amnesien und Zeitrasterstörungen). Diese können grobklinisch erfaßt werden, müssen aber durch neuropsychologische Untersuchungen differenziert nachgewiesen und verifiziert werden (Literatur bezüglich der Gedächtnistestbatterien wie Wechsler Memory Scale, Rivermead Behavioral Memory Test und Lern- und Gedächtnistest LGT 3 siehe Schuri, 1993).

KAPITEL 20

Selbstbezug

Über die Entwicklung des Selbstkonzeptes und seine unterschiedlichen Domänen siehe Kap. 7.8. Folgende Beeinträchtigungen der Selbstempfindung und Selbstwahrnehmung können beschrieben werden (s. Abb. 20.1). Bei der Evaluation des definitorischen Selbst nach Normen, Standards und Zielvorstellungen sowie beim Vergleich des aktualen Selbst mit dem Idealselbst und dem Fremdselbst können Inkompatibilitäten auftreten, die als Selbstwertprobleme faßbar sind: *Selbstwertstörungen* äußern sich in der Annahme, nicht genügend attraktiv und wirksam zu sein, zu wenig Fertigkeiten zu besitzen, Probleme nicht entsprechend erkennen und lösen zu können und eine Hilfestellung durch andere nicht anstreben zu sollen. Störungen des Selbstwertes sind oft mit externen Kontrollüberzeugungen kombiniert (s. Kap. 7.3). Unterschiede in der Ausprägung negativer Selbstbewertungen liegen in den Dimensionen situationsbezogen versus allumfassend, zukunftsstabil oder veränderbar (Hoffnungskriterium), die Evaluation ist abgeschlossen oder noch im Gange (Bilanzkriterium). Weiters spielt eine große Rolle, ob andere Menschen in die Beurteilung der eigenen Fähigkeiten einbezogen werden oder nicht (Bedeutung der Fremdselbstbewertung für den Selbstwert). Je generalisierter die negative Selbstbewertung ausfällt, je hoffnungsloser und bilanzierender sie gemacht wird und je stärker sie zur Isolation führt, um so beeinträchtigter und gefährdeter ist der Betroffene. Selbstwertstörungen beeinträchtigen ganz entscheidend die Selbstdesaktualisierungsfähigkeit, wodurch negative Aufschaukelungsprozesse entstehen, die dem Kind oder Jugendlichen immer mehr vor Augen führen lassen, daß er (sie) nichts kann und nichts wert ist.

Selbstwertprobleme können im Rahmen depressiver Grunderwartungen mit negativen Zukunftseinstellungen und einem Mangel an Vertrauen in eine mögliche Hilfe durch andere Menschen verknüpft sein.

Aus entwicklungspsychologischer Sicht ist die Evaluation des definitorischen Selbst an die soziale Perspektivenübernahme gebunden, Selbstwertprobleme treten daher ab dem Übergang vom Vorschul- zum Grundschulalter (dem Stadium der konkreten Operationen) mit klinischer Deutlichkeit auf. Auch schon in Al-

---

- Selbstwertprobleme
- Depersonalisation
- Identitätsdiffusion
- Fremdbeinflussungserlebnisse

Abbildung 20.1: Beeinträchtigungen des Selbst

tersstufen davor gibt es die Empfindungen mangelnder Attraktivität, der Abgelehntheit und der mangelnden Kompetenz, jedoch auf Situationen und Bezugspersonen bezogen und nicht aufgrund einer Selbstevaluation außerhalb konkreter Belastungssituationen. Bezüglich eines Beitrags der Selbstwertproblematik bei kindlichen Angstsyndromen und depressiven Verstimmungen siehe entsprechende Kapitelabschnitte. Als *Körperschemastörung* wird eine isolierte Beeinträchtigung des Körperselbst bezeichnet, diese findet sich typischerweise bei Jugendlichen mit Anorexia nervosa. Kennzeichnend ist in diesem Falle die hartnäckig gegen jede Vernunft aufrechterhaltene Einstellung, zu dick zu sein und abnehmen zu sollen.

Depersonalisation, *Identitätsdiffusion* und *Fremdbeeinflussungserlebnisse* kennzeichnen zunehmende Störungen des subjektiven Selbst. Depersonalisation ist das Grunderleben der Selbstspaltung: „Ich erlebe mich nicht einheitlich. Ich erlebe Teile von mir als fremd und als nicht zu mir gehörig. Ich bin eigentlich woanders, als mein Körper." Identitätsdiffusion beschreibt einen Zustand der Identitätsunsicherheit: „Ich weiß nicht, wer ich bin. Ich bin vielleicht jemand anders." Gravierende Störungen des subjektiven Selbst können zu Beeinträchtigungen des Gefühls der Einheitlichkeit führen (ich bin nicht mehr ich selbst — Störung der Selbstkontinuität, ich bin kein Ganzes, sondern in Teile zerfallen — Störung der Selbstkonsistenz). Weiters können Demarkationsprobleme auftreten (ich bin nicht von anderen abgegrenzt, Teile von mir gehen in andere Menschen über). Außerdem kann es zu Beeinträchtigungen der Eigenbestimmung kommen (ich gehorche nicht meinem eigenen Willen. Ich bin unter fremder Kontrolle). Solch ein Verlust der Eigenbestimmung kann sich in Fremdbeeinflussungserlebnissen ausdrücken. In diesem Zusammenhang sind auch die Phänomene des *Gedankenentzuges* (andere Menschen nehmen mir Gedanken weg), der *Gedankenausbreitung* (andere Menschen wissen um meine Gedanken und beeinflussen sie) und der *Gedankeneingebung* (fremde Menschen flößen mir gewisse Gedanken ein) zu nennen. Scharfetter (1991) hat mit seiner Konzeption der Ichstörungs-Dimensionen unabhängig von Damon & Hart (1982) eine sehr ähnliche phänomenologische Terminologie entwickelt.

Abb. 20.2 gibt Ihnen nochmals einen Überblick über unterschiedliche Stufen der Selbstentfremdung. Die Ambivalenzstufe kennzeichnet unterschiedliche Anteile des definitorischen Selbst, die polar angeodnet sind. Das subjektive Selbst erscheint unbeeinträchtigt (ich fühle zwei Seelen in meiner Brust). Wenn das definitorische Selbst durch Spaltung (archaischer Abwehrmechanismus) in unterschiedliche Teile getrennt ist und nicht im selben Bewußtseinsfokus oder Erlebnisfeld integriert werden kann, dann entsteht bezüglich gewisser Selbstanteile (z. B. gegenüber dem Körperselbst) ein Entfremdungsgefühl. Das subjektive Selbst wird im momentanen Kontext aber als eigenbestimmt abgegrenzt und einheitlich erlebt, der andere definitorische Selbstanteil wird durch Projektion nach außen verlagert und stört das subjektive Selbst nur gering. Im Stadium des bedrohten Selbst gelingt dieser Projektionsmechanismus nicht mehr, und es kommt zu Schwierigkeiten der

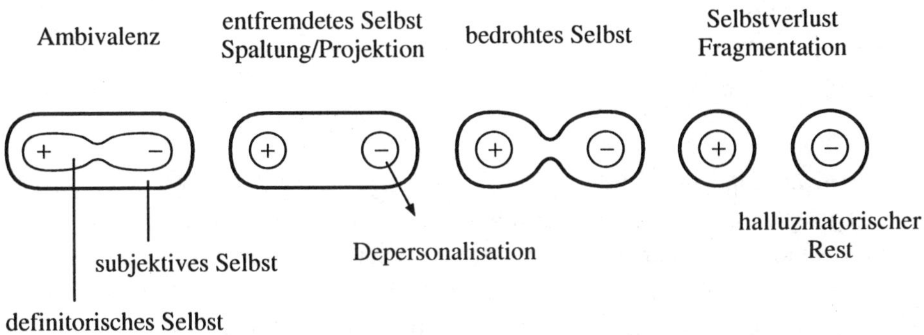

Abbildung 20.2: Stufen der Selbstentfremdung

Eigenbestimmung, dem Gefühl, in unterschiedlichen Kontexten unterschiedlich zu sein. Diese Unsicherheit des subjektiven Selbst führt zu massiven Identitätsproblemen, wobei unter anhaltenden Bedrohungs- und Belastungssituationen schließlich durch Fragmentation ein Selbstverlust eintritt, wobei Teile des definitorischen und des subjektiv-vitalen Selbst als halluzinatorischer Rest abgespalten sind. Die Einheitlichkeit und Eigenbestimmung des subjektiven, vitalen Selbst geht verloren. Doch damit ist eine Resthandlungsfähigkeit des verbliebenen Selbst erreicht.

Aus entwicklungspsychologischer Sicht ist anzumerken, daß die Phänomene der Selbstentfremdung einer selbstreflexiven Fähigkeit bedürfen, die erst ab dem Stadium der formalen Operationen in voller Ausprägung gegeben ist. Vor dem 10. bis 12. Lebensjahr können Depersonalisationen nicht mit ausreichender klinischer Sicherheit diagnostiziert werden. Beeinträchtigungen des Selbstkonzeptes im Grundschulalter zeigen neben der Selbstwertproblematik sehr wohl Geschlechtsidentitätsunsicherheit und Widersprüchlichkeiten im Selbstbezug, Depersonalisationsphänomene im oben genannten Sinne können jedoch in der Regel noch nicht innerlich vergegenwärtigt werden.

KAPITEL 21

Realitätsbezug

Wir haben in Kap. 6 die Entwicklung fundamentaler Ordnungskonzepte erörtert und festgestellt, daß Realität eine überindividuelle Ordnungsstruktur ist, die im kommunikativen Kontext immer wieder neu konstruiert werden muß. Realität als die Lebenswelt, in der verbindlich gehandelt werden kann, entsteht immer dort, wo verschiedene Menschen ihre ganz persönlichen Empfindungen, Wahrnehmungen und Eindrücke soweit mit anderen Menschen und deren Denken abstimmen, daß die Bedeutungen, die der eine seinen Wahrnehmungen und Erlebnissen zumißt, dem anderen auch zugänglich sind. Nur so ist gegenseitiges Verstehen möglich und so sind überindividuelle Absprachen gültig. *Realitätsbewußtsein* beschreibt die Gewißheit, mit der eigenes Erleben als wirklich (der Realität zugehörig) angesehen wird. Die *Realitätskontrolle* ist jener Abstimmungsvorgang, der aus persönlichen Wahrnehmungen und Beurteilungen schließlich überindividuell gültige Bedeutungen hervorbringt. Störungen der Realitätskontrolle können dazu führen, daß der Betroffene Erlebnisse und Ansichten für wirklich hält, die er mit anderen Menschen nicht teilen kann. Es ist evident, daß Störungen der Realitätskontrolle immer mit hohem Affektdruck und Störungen der Informationsverarbeitung verbunden sind. Störungen des Realitätsbezugs können sich auf Einzelerlebnisse und Interaktionen mit ganz bestimmten Menschen konzentrieren oder aber allumfassend das gesamte Selbst- und Weltbild einbeziehen. Den Eintritt in eine solche Privatwelt nennt man Wahn. Unter *Wahn* versteht man also nach Berner (1979) ein komplexes Ideengebäude, in welchem Wahnideen (durch eine besondere Bedeutungsgebung gekennzeichnet) mit anderen, normalen Gedanken verknüpft sind. Ein solches Wahngebäude ist schließlich Teil des Weltbildes oder beginnt dieses sogar zu umfassen. Die Ausgestaltung des Wahns unter Einbeziehung weiterer Erfahrungen, Ideen und Erinnerungen nennt man *Wahnarbeit.*

Grundsätzliche Kriterien, die die Wahnideen kennzeichnen, wurden schon von Jaspers (1973) aufgestellt:

- eine unvergleichliche subjektive Gewißheit
- eine Unbeeinflußbarkeit durch Erfahrung und logisch zwingende Schlüsse (Unkorrigierbarkeit)
- eine Unmöglichkeit des Inhalts

Die hohe subjektive Gewißheit resultiert aus einer starken Bedeutsamkeit der Interpretation. Diese entzieht sich auch einer logischen Beeinflussung. Die Unmöglichkeit des Inhalts ist je nach Wahnthema mehr oder minder gegeben. Was aber im

Grunde unter diesem dritten Punkt zu verstehen ist, ist die Unmöglichkeit, wahnhafte Interpretationen in der Kommunikation anderen verständlich zu machen und sie mit diesen anderen zu teilen.

Der Wahn tritt also in einzelnen Lebensbereichen oder im gesamten Weltbezug an die Stelle der mitmenschlich gemeinsamen Realität (Scharfetter, 1991). So wie jeder Mensch mehrere Realitätsbezüge hat (neben der Hauptrealität die Welten persönlicher Leidenschaften, Überzeugungen und Wunschvorstellungen), so tritt auch der Wahnkranke nicht vollends aus der kommunizierbaren Welt. Es ist nur so, daß der Wahn zur Hauptrealität und die gemeinsame Realität zur Nebenrealität wird. Wahnsyndrome sind aus verschiedenen Aufbauelementen zusammengesetzt. So werden normale Wahrnehmungen, unverfälschte Erinnerungen, aber auch Erinnerungsfälschungen mit einem besonderen Bedeutungsbewußtsein belegt. Zusätzlich finden sich auch Trugwahrnehmungen wie Halluzinationen und Illusionen, andere Wahrnehmungsstörungen und Phantasien im Wahn wieder. Nach Huber & Gross (1977), die sich wiederum auf Conrad (1958) und Janzarik (1988) beziehen, können wir unterschiedliche Stufen des Weltwandels im Wahn beschreiben. Wahnsyndrome können prinzipiell durch *Wahnwahrnehmungen* und *Waheinfälle* (also wahrnehmungsunabhängige, manchmal plötzliche Aktualisierungen und Evidenzen) hervorgerufen werden. Bei den Wahnwahrnehmungen werden drei Stufen unterschieden.

- Als Stufe 1 wird eine sogenannte Wahnbereitschaft oder *Wahnstimmung* bezeichnet. Dies ist eine Grunderwartung gegenüber der Welt und ihren Anpassungsaufgaben, die durch Angst, Mißtrauen und Unheimlichkeit gekennzeichnet ist. Nur selten findet sich eine beglückende Grundstimmung mit besonderem Nähegefühl zur Welt. Das Phänomen Derealisation kennzeichnet einen Zustand, in dem der Betroffene sich wie in einem Traum oder Trancezustand befindet, er fühlt eine Diskontinuität mit dem bisher Erlebten, hält aber noch die Realitätskontrolle aufrecht, in der Derealisation entsteht das Gefühl, als ob die Wirklichkeit nicht wirklich wäre. Der Betroffene bleibt aber zu diesem Eindruck in kritischer Distanz.

  Im Rahmen einer generalisierten Wahnstimmung kann es affektbedingt zu veränderten Realitätsurteilen kommen. Im Rahmen der Wahnstimmung wird eine Entzügelung des impressiven Wahrnehmungsmodus (Janzarik, 1988) möglich. Die reine Anmutung wird zur Evidenz. Ein Beispiel: Die Blätter fallen im Herbst von den Bäumen — uns allen ist ein Tod beschieden. Im Rahmen der Wahnstimmung kommt es zu einem abnormen Bedeutungsbewußtsein, das prälogischen magischen Vorstellungen und Denkgesetzen das Interpretationsfeld überläßt.

- Stufe 2 ist durch Anmutungserlebnisse mit besonderer Eigenbeziehung gekennzeichnet. Solche Wahnwahrnehmungen der Stufe 2 bedeuten: daß die Blätter von den Bäumen fallen, gilt mir.

Entwicklungsstufe nach Piaget	Wahn
sensomotorisch ($0–1\frac{1}{2}$ Jahre)	—
präoperational ($1\frac{1}{2}–5$ Jahre)	magisches Denken, Animismus spielerisch und unter Affektdruck normal
konkret operational (6–11 Jahre)	diffuse Wahnstimmung; Beziehungs- und Beeinträchtigungsideen; Identitätsunsicherheit; abnormes Bedeutungserleben
formal operational (ab 12 Jahre)	struktureller Aufbau und Inhalt von Wahn wie bei Erwachsenen, aber weniger systematisiert

Tabelle 21.1: Wahn (modif. nach Volkmar, 1996)

- Wahnwahrnehmungen der Stufe 3 schließlich kennzeichnen Anmutungserlebnisse mit Eigenbeziehung und nur einer unverrückbaren Bedeutung. (Daß die Blätter dieses Baumes fallen, wurde extra für mich gemacht, um mir ein Zeichen zu setzen. Ein anderes Beispiel: Ein Auto bremst neben mir absichtlich mit quietschenden Reifen, um mich zu quälen und aus der Stadt zu vertreiben.)

Aus Entwicklungssicht können Wahnphänomene erst zu dem Zeitpunkt auftreten, da das Kind eine eindeutige Hauptrealität gewonnen hat. Dies ist erst ab dem Stadium der sozialen Perspektivenübernahme möglich. Wir können Wahnphänomene also erst frühestens ab dem 5. bis 7. Lebensjahr erwarten (s. Tab. 21.1). Ein weiteres Kennzeichen des Wahns ist die Einsamkeit und Nichtkommunikation. Auch höchst irritierte Kinder können durch ihre Bezugspersonen noch Desaktualisierungshilfen erfahren. Ein Wahn entsteht erst an dem Punkt, an dem durch Kommunikation eine Bewältigung und Affektdesaktualisierung nicht möglich oder angezeigt erscheinen. Wahn setzt also auch einen gewissen Grad an Autonomie und Abkapselung voraus. Wahnphänomene sind im Kindesalter insgesamt selten zu finden. Ab der Pubertät und in der Adoleszenz gibt es Wahnphänomene im Rahmen von affektiven, schizoaffektiven und schizophrenen Psychosen, Drogenerlebnissen, Kulturtransferschocksyndromen. Wir kennen Einzelfälle von kindlichen Pseudopsychosen, in denen Kinder wahnhafter Eltern deren Weltsicht übernehmen. Das Phänomen ist in der Erwachsenenpsychiatrie als „Folie à deux" bekannt. Kinder, die auf diese Weise in eine Wahnwelt integriert sind und diese als eigene Weltsicht zur Handlungsgrundlage machen, sind jedoch nach Transferierung in einen anderen sozialen Kontext (z. B. die Klinik) über kommunikative Prozesse sehr rasch mit der gemeinsamen Wirklichkeit vertraut zu machen. Die Wahnkriterien von Jaspers (1973) wie subjektive Gewißheit und Unkorrigierbarkeit sind in diesen Fällen nicht gegeben. Das Weltbild war nur durch die Liebe und Nähe zu den Bezugspersonen bzw. deren Überzeugungskraft übernommen worden.

Bei der Wahnbildung spielen aus psychodynamischer Sicht archaische Abwehrmechanismen und das Prinzip der Fragmentation eine große Rolle. Die Denkgesetze wahnhaften Denkens folgen prälogischen Regeln des magischen Denkens mit Animismus und Egozentrismus, wie wir sie beim Kleinkind in meist spielerischen Anpassungs- und Erlebnisweisen finden (Resch, 1992). Wahnphänomene dienen der Bewältigung von extremer Irritation, die subjektiv den Charakter einer Selbst- oder Existenzbedrohung aufweisen kann. Der Wahn bietet ein privates Erklärungskonstrukt und stiftet Sinn, wo (für andere) keiner ist.

Unsystematisierte Wahnsyndrome sind lose aus ihren Aufbauelementen gefügt, systematisierte sind logisch durchdrungen und starr. Als juxtaponierten Wahn bezeichnet man ein Wahngebäude, neben dem ein normaler Realitätsbezug möglich ist. Nur gewisse Themen werden im Rahmen dieses Wahngebäudes interpretiert. Bei Jugendlichen finden wir vorwiegend unsystematisierte Wahnsyndrome.

Thematisch kennen wir den *Beziehungswahn*, hier steht die ja allen Wahnformen zugrundeliegende Eigenbeziehung im Zentrum. Der betroffene Jugendliche hat den Eindruck, daß die Menschen rund um ihn, die Ereignisse und Dinge des Alltags sich in besonderer Weise auf ihn beziehen und ihm Botschafen übermitteln wollen. Sonderformen des Beziehungswahns sind der Liebeswahn und der Eifersuchtswahn. Der *Beeinträchtigungs- und Verfolgungswahn* kennzeichnet die Gewißheit, daß von der Umgebung Bedrohung, Kränkung, Verspottung und Beleidigung ausgeht. Der *Schuldwahn* oder *Versündigungswahn* ist oft bei depressiver Grundbefindlichkeit zu erkennen und geht von der Tatsache aus, gegen Gott, Gebote, Regeln oder andere Menschen sündhaft und ungehorsam gewesen zu sein. Der Betroffene wähnt sich in einer Bestrafungssituation. *Größenwahn*, Erleuchtungswahn im Sinne einer unbegründeten Selbstüberschätzung und Selbsterhöhung findet sich bei manischen Syndromen und schizophrenen Psychosen. Weitere Wahnthemen sind Hypochondrie und eigener Tod, Tod von Angehörigen, Verarmungsideen, Abstammungswahn (ich bin eigentlich gar nicht das Kind meiner Eltern), Weltuntergangswahn, Schwangerschaftswahn, Erfindungswahn, wahnhafter Ungezieferbefall (*Dermatozoenwahn*).

KAPITEL 22

Angst

Angst konnte in Kap. 4.4 bereits als eine der drei negativen Emotionen nach Henry (1986) faßbar gemacht werden. Angst ist also eine anpassungsnotwendige physiologische Emotion, die durch drei Kriterien ihre Funktionalität verlieren und damit zum psychopathologischen Symptom werden kann. Typisches Kennzeichen der pathologischen Angst ist die Erschwerung oder Verunmöglichung einer Lösung von Anpassungs- und Entwicklungsaufgaben. Erstens ist die *Persistenz* von Angst zu nennen. Angstzustände, die über ihre Auslöser hinaus zu lange bestehen, also nicht desaktualisiert werden können, können zu pathologischen Entwicklungen Anlaß geben. Zweitens ist die *Intensität* der Angst zu nennen. Eine zu hohe Intensität verunmöglicht die adäquate Wahl von Anpassungshandlungen (zu starke Angst macht „dumm“). Drittens ist die *Anlaßgeneralisierung* zu nennen, wenn Ängste sich aus ihrer Verbindung mit adäquaten Auslösern freimachen und auch bis dahin nicht mit Angst belegte Umweltereignisse und Phantasien zu begleiten beginnen.

Angst als Affekt kennzeichnet ein psychophysisches Reaktionsmuster, neben dem Angstgefühl sind auch verschiedene somatische und vegetative Symptome zu beschreiben: Herzklopfen, Hitzewallung oder Kälteschauer, Tremor, trockener Mund, Mißempfindungen in der Brust und im Epigastrium (flaues Gefühl im Magen), Atembeschwerden, Beklemmungsgefühle, Schwindelgefühle sowie Wahrnehmungsunsicherheit. Je nach Auslöser und Schweregrad ist die vegetativ somatische Komponente in unterschiedlichem Ausmaß mitbeteiligt.

Entwicklungsbezogen finden wir physiologische Angstthemen (s. Tab. 22.1). Während im Säuglingsalter aversive Reize, z. B. laute Geräusche oder Reizüberflutung, insgesamt angstauslösend wirken können, müssen wir ebenfalls erwarten, daß Kinder im 1. Lebensjahr mit zunehmender Differenzierung ihrer Fähigkeit

0–6 M.	aversive Reize
6–9 M.	„Fremdeln“
9–24 M.	Separation
2–5 J.	Umweltangst
6–9 J.	Sozialisationsangst
9–12 J.	Realangst
12–14 J.	Reifungsangst
>14 J.	Existenzangst

Tabelle 22.1: Physiologische Angstthemen (nach Eggers et al., 1994)

* sensomotorisch:
    - Fremdeln
    - Trennungsangst
* präoperational:
    - imaginäre Figuren (Gespensterphobie)
    - Einbrecher
    - Hunde (Tierphobie)
    - Dunkelangst
    - Gewitterangst
    - Pavor nocturnus
* konkret operational:
    - Schulangst
    - Schulphobie
    - Sozialangst
    - Todesangst
    - hypochondrische Ängste
* formal operational:
    - Pubertätsängste
    - Körperschemabezogene Ängste
    - Phobien
    - Panikattacken

Abbildung 22.1: Typische Ängste je nach Entwicklungsphase

zum Erkennen von Affekten auch bereits durch Angst in den Gesichtern von Bezugspersonen selbst in Furcht und Angst versetzt werden können. Erste Furchtreaktionen werden bei Kindern ab 6 bis 8 Wochen beobachtet.

Zu dem Zeitpunkt, an dem sich die Bindung etabliert, d. h. eine besondere Bezugsperson aus dem sozialen Lebensumfeld hervorgehoben wird, kann beim Kind die Reaktion des Fremdelns auftreten, die aus der Überraschung bei der Begegnung mit bisher unbekannten Personen resultiert (Du Bois, 1995). Im 2. Lebensjahr können im unsicheren Bindungsmodus Trennungsängste auftreten. Im 2. bis 5. Lebensjahr sind es vor allem Umweltängste, die sich thematisch einerseits als Ängste vor imaginierten Figuren, Gespenster- und Hexenphobie, und andererseits als Ängste vor Einbrechern, Tieren, Dunkelheit oder Gewitter zeigen können. In jeder dieser thematischen Vorlagen gibt es pathologische Übersteigerungsformen. Im 6. bis 9. Lebensjahr sind es die Auseinandersetzungen mit der Peer-Gruppe, die Sozialisationsängste hervorrufen können. Nach Erwerb des Todesbegriffs (etwa 7. bis 8. Lebensjahr) und zunehmendem Wissenserwerb über die Welt im Rahmen der konkreten Operationen können Realängste auftreten. Präpubertät und Pubertät sind durch Reifungsängste und körperbezogene hypochondrische Befürchtungen gekennzeichnet. Schließlich ist die Adoleszenz jene Zeit, wo die existentielle Einbettung im Rahmen der Lösung der adoleszenten Entwicklungsaufgaben mit Ängsten verbunden sein kann. Abb. 22.1 gibt Ihnen einen Überblick über typische Ängste, die in unterschiedlichen Entwicklungsphasen beobachtet werden. Trennungsängste sind in unterschiedlicher Ausgestaltung während der gesamten Kindheit und Jugendzeit zu beobachten. Imaginierte Figuren rufen vorwiegend im präoperationalen Stadium Ängste hervor. Umweltbefürchtungen auf physikalischem Gebiet (Dunkelheit), aber auch sozialem Gebiet (Einbrecher) finden sich häufig bis zum Beginn der Pubertät. Im Grundschulalter sind schulbezogene Ängste, Sozialisationsängste, Todesangst und hypochondrische Befürchtungen zu beobachten. Im Rahmen von Pubertät und Adoleszenz finden wir wiederum gehäuft Schulängste und Schulphobien neben Sozialphobien, Pubertätsängsten und körperschemabezogenen Befürchtungen (z. B. der typischen Befürchtung, zu dick zu sein, wie sie bei Mädchen mit Anorexia nervosa anzutreffen ist). In extremer Weise können körperbezogene Ängste zur Dysmorphophobie (der unbegründeten Befürchtung, mißgestaltet zu sein) gesteigert werden. Angstsyndrome, Phobien und Panikattacken des Erwachsenenalters sind ab der Pubertät anzutreffen. Es gibt Hinweise, daß Panikattacken bereits im vorpubertären Alter auftreten können (Ollendick et al., 1994).

Zur Begriffsbestimmung: Als Phobien bezeichnet man zwanghafte Befürchtungen, die sich angesichts bestimmter Situationen oder Objekte aufdrängen, obwohl diese solche Ängste nicht selbstverständlich und für jedermann rechtfertigen (Scharfetter, 1991).

Panikattacken sind diskrete Perioden, die mit intensiven Angstgefühlen und Unbehagen einhergehen. Panikattacken beginnen in der Regel abrupt und dauern einige Minuten an. Sie können spontan auftreten und stehen nicht mit besonderen Anstrengungen oder gefährlichen oder lebensbedrohlichen Situationen in Verbindung.

Agoraphobien kennzeichnen eine deutliche Angst vor Menschenmengen, öffentlichen Plätzen und Reisen. **Soziale Phobien** kennzeichnen eine pathologische Angst vor Tätigkeiten in der Öffentlichkeit (Sprechen, Referat halten), eine Angst vor Begegnung mit bekannten Personen in der Öffentlichkeit, Angst vor Teilnahme an Aktivitäten in der Peer-Gruppe. **Andere Phobien** sind Tierphobien, Insektenphobien, Anblick von Blut, Arztphobien, Bakteriophobien, Aidsphobien.

Schulverweigerung: Schulverweigerungssyndrome sind durch die Unterbrechung des regelmäßigen Schulbesuchs und Abwesenheit von der Schule gekennzeichnet. Das sogenannte „*Schuleschwänzen*", das im Rahmen von Störungen des Sozialverhaltens durch Schulunlust und Streunen gekennzeichnet ist, wird auch als dissoziale Schulverweigerung bezeichnet. Demgegenüber sind die nicht dissozialen Schulverweigerungen durch Angst gekennzeichnet. Nach Poustka (1980) können wir zwischen *Schulphobie* und Schulangst unterscheiden. Schulphobien werden durch eine Angst, die unabhängig von der Schule zur Schulverweigerung führt, definiert. Hier finden sich Trennungsängste von den meist überfürsorglichen Bezugspersonen und andere phobische Ängste, z. B. Sozialphobien. Demgegenüber sind *Schulangstsyndrome* durch die Angst vor Situationen, die mit der Schule direkt zusammenhängen, gekennzeichnet. Es handelt sich dabei um Leistungsschwierigkeiten sowie Kontakt- und Beziehungsschwierigkeiten zu Lehrern und Mitschülern. Neuere Untersuchungen fanden bezüglich des Verlaufs und der Prognose keinen Unterschied bei beiden Syndromgruppen. Trotzdem erscheint aus klinischer und therapeutischer Sicht eine Unterscheidung sinnvoll (Overmeyer et al., 1995).

Häufigkeiten: Ausgeprägte Angstsyndrome werden bei 10% bis 15% der Grundschulkinder und 5% bis 10% der Adoleszenten gefunden. Jungen und Mädchen sind in ähnlicher Weise betroffen (Schmidt & Blanz, 1989). Schulverweigerungen werden mit Prävalenzraten von 1.2% bis 8% angegeben. Schulphobie und Schulangst sind in der Pubertät und Frühadoleszenz häufiger als im Grundschulalter! So konnten Esser et al. (1990) nachweisen, daß 1.9% der 8jährigen Jungen und 0.9% der gleichaltrigen Mädchen eines der nicht dissozialen Schulverweigerungssyndrome aufwiesen. Im Alter von 13 Jahren zeigten aber 6.5% der Jungen bzw. 5% der Mädchen eine Schulphobie oder Schulangst.

Eine Übersicht (Bernstein et al., 1996) zeigt bei Kindern 3.5% Trennungsängste, 2.9% Überängstlichkeit, 2.4% einfache Phobien und 1% Sozialphobie. Bei Adoleszenten war eine generalisierte Angststörung mit 3.7% Lebenszeitprävalenz nachweisbar. Panikstörungen wurden zu 5.4% in einer Jugendlichenpopulation gefunden. Etwa die Hälfte von agoraphoben Frauen hatte als Kind Trennungsängste und schulphobische Züge aufgewiesen (Biederman et al., 1997). Angststörungen zeigen eine gute Remissionstendenz (82% symptomatische Remissionen nach drei bis vier Jahren). Zur Behandlung siehe King & Ollendick (1997).

Zur Psychodynamik muß festgestellt werden, daß dysfunktionale Ängste immer Ausdruck von Überforderungen der Anpassungskapazität sind. Während kleine Kinder noch stark situationsbezogen Ängste erfahren, kommt es mit zunehmendem Entwicklungsstand auch zu Ängsten aufgrund von Phantasien, inneren Bewertungen und Evaluationen nach Normen und unterschiedlichen Selbstanteilen. Ängste können also Ausdruck realer Gefährdungen, die übersteigert beurteilt werden, oder als Ausdruck innerer Konflikte auftreten. Im Kindesalter kann die Regel gelten, daß man bei ängstlichen Individuen immer auch die Bezugsperson in die Diagnostik miteinbeziehen sollte. Kinder mit erhöhter Angstbereitschaft haben in der Regel ängstliche Bezugspersonen. Die Einbeziehung ängstlicher Mütter in die Therapie von kindlichen Ängsten erscheint sinnvoll. Ängste können praktisch alle psychiatrischen Syndrome begleiten oder auch Ausdruck einer genuinen psychiatrischen Störung sein. Man spricht dann von Angstsyndrom oder phobischem Syndrom. Bezüglich einer Strukturanalyse bei Kindern mit Angstsyndromen siehe das analoge Schema beim Zwangssyndrom.

KAPITEL 23

Zwang

Für das psychopathologische Phänomen des Zwangs gibt es in unserer Kulturgeschichte von Euripides (480–406) über Shakespeare (1564–1616) und Rousseau (1712–1778) bis zu Gottfried Kellers Grünem Heinrich eine Reihe von Beispielen (Müller, 1992; Reinecker, 1994b). Die konzeptionellen Vorstellungen über die Zwangserkrankung haben sich seit Esquirol (1938) von einer zunächst als erweiterten Variante des Wahnsinns angesehenen Störung zu einer weitgehend umschriebenen Erkrankung gewandelt. Zwänge sind Grundmuster des klinischen Verhaltens, sie finden sich im kindlichen Spiel und bei wiederholten — ritualistischen — Verhaltensweisen. „Mit Zwang versucht das Kind, Kontrolle über seine Gefühle zu erlangen und eine aufsteigende Erregung niederzukämpfen" (Du Bois, 1995, S. 30). Zwänge können auch als magische Sicherungstendenzen aufgefaßt werden (Bolton, 1996).

Klinische Symptomdefinition: Das Hauptmerkmal der pathologischen Zwangssymptomatik besteht in rezidivierenden *Zwangsgedanken* (obsessions) und/oder *Zwangshandlungen* (compulsions). Diese sind so schwer, daß sie erhebliches Leiden verursachen, zeitraubend sind oder den normalen Tagesablauf beeinträchtigen (DSM-IV, 1994). Bei den Zwangshandlungen handelt es sich zumeist um wiederholte stereotype Akte, die Haupttypen sind Reinigungs- (cleaning) und Kontroll– (checking) Zwänge (Knölker, 1987). Bei den Zwangsgedanken unterscheidet man zwanghafte Gedanken, Impulse und Bilder (Reinecker, 1994b). Nach Dilling et al. (1991) müssen für eine eindeutige Diagnose wenigstens zwei Wochen lang an den meisten Tagen Zwangsgedanken und/oder -handlungen nachweisbar sein. Des weiteren müssen die Zwangssymptome folgende Charakteristika aufweisen: Sie müssen als eigene Gedanken oder Impulse erkennbar sein, sie dürfen nicht an sich als angenehm erlebt werden, sie müssen sich in unangenehmer Weise wiederholen und es muß wenigstens einem Gedanken oder einer Handlung Widerstand geleistet werden.

Symptomausformung: Rapoport et al. (1994) stellt in Übernahme von Goodman et al. (1989) die Zwangssymptome im Kindes- und Jugendalter bezogen auf die Häufigkeit ihres Auftretens zusammen (s. Tab. 23.1 und Tab. 23.2).

Häufigkeit: Neuere epidemiologische Untersuchungen zeigen eine 6-Monats-Prävalenzrate zwischen 1.2% bis 2.4% (Rapoport et al., 1994). Die Geschlechtsverteilung zeigt ein leichtes Übergewicht bei den Mädchen (55% : 45%), die jedoch insgesamt etwas später erkranken als Jungen. Bei anderen Studien finden sich jedoch in der Häufigkeit keinerlei Geschlechtsunterschiede (Sturgis, 1984). Der Beginn der Erkrankung, der jedoch meist nur retrospektiv erfaßt werden kann, liegt bei etwa 23 Jahren. Betrachtet man jedoch nur die Erkrankungen des Kindes-

Beschäftigung mit Schmutz, Keimen oder Umweltgiften	40%
Furchtbares Ereignis (z. B. Feuer, Tod oder Krankheit bei einem selbst oder einem Nahestehenden)	24%
Symmetrie, Ordnung, Genauigkeit	17%
Zweiflerische Haltung (religiöse Zwangsvorstellung)	13%
Beschäftigung mit oder Ekel vor Körperausscheidungen oder Sekreten (Urin, Stuhl, Speichel)	8%
Glück- oder pechbringende Zahlen	8%
Verbotene, aggressive oder perverse sexuelle Gedanken, Bilder oder Triebe	4%
Angst vor Eigen- oder Fremdgefährdung	4%
Beschäftigung mit Haushaltsgegenständen	3%
Aufdrängen von Unsinnslauten, -wörtern oder Musik	1%

Tabelle 23.1: Häufigkeiten von Zwangsvorstellungen

Exzessives oder ritualisiertes Händewaschen, Duschen, Baden, Zähneputzen oder Pflegen	85%
Wiederholen von Ritualen (z. B. Hinein- und Herausgehen, Hoch- und Runtergehen)	51%
Überprüfen (z. B. Türen, Schlösser, Herd, Haushaltsgeräte, Notbremse am Auto, Route auf der Karte, Hausaufgaben)	46%
Verschiedene Rituale (z. B. Schreiben, Bewegung, Sprechen)	26%
Rituale, um Kontamination zu vermeiden	23%
Berühren	20%
Maßnahmen zur Vermeidung von Fremd- oder Eigengefährdung	16%
Aufräumen oder Arrangieren	17%
Zählen	18%
Horten/Sammeln von rituellen Gegenständen, rituelles Reinigen des Haushalts oder Riten mit unbelebten Gegenständen	6%

Tabelle 23.2: Häufigkeiten von Zwangshandlungen

und Jugendalters, so findet sich ein Beginn bei 10.1 (± 3.5) Jahren (Rapoport et al., 1994). Von einem frühen Beginn spricht man vor dem 7. Lebensjahr.

Pathogenese: Insgesamt lassen sich psychologische, biologische und genetische Faktoren bei der Erklärung der Entstehung zwanghaften Verhaltens unterscheiden. Hierauf wird bei der Beschreibung der Zwangserkrankung als syndromaler Einheit im zweiten Band näher eingegangen werden.

Differentialdiagnose: Nur in 26% aller Zwangserkrankungen des Kindes- und Jugendalters findet sich allein diese Diagnose. Auf eine Reihe von ganz engen Zusammenhängen zwischen Zwang und Depression wird in einem Verlaufsmodell von Zaworka & Hand (1981) hingewiesen. Trotz des nosologisch engen Zusammenhangs läßt sich über die Bedeutung von Depression als Ursache oder Folge eines Zwanges keine definitive Aussage treffen (vgl. Black & Noyes 1990, zitiert nach Reinecker 1994a). Zu den Zusammenhängen zwischen Psychose und Zwang siehe Eggers (1969), Benedetti (1978) und Lang (1981). In einem Drittel der Fälle findet sich die Zwangserkrankung vergesellschaftet mit einer Tic-Störung und in einem Drittel der Fälle mit choreiformen Störungen (Rapoport et al., 1994). Als weitere vergesellschaftete Erkrankungen werden Eßstörungen, Alkoholmißbrauch, ADDH, Verhaltensstörungen, spezifische Entwicklungsstörungen in der Literatur genannt (siehe auch March & Leonhard, 1996).

In einer Übersicht (Abb. 23.3) sind die spezifischen Charakteristika der psychischen Funktionsniveaus im Rahmen der Zwangserkrankung dargestellt. Wir sehen, daß die Zwangssymptomatik nicht nur im Dienst eines ungelösten inneren Konflikts stehen kann, sondern auch im Dienste der Abwehr von Selbst-/Objektverlust bzw. einer Fragmentierung auf präpsychotischem Funktionsniveau (Streeck-Fischer, 1988). Zur Frage der Behandlung siehe Thomsen (1996).

Funktionsniveau	*neurotisch*	*narzißtisch*	*borderline*	*(prä)psychotisch*
Konflikt	Triebkonflikt, Motivkonflikt	Angst/Gefahr vor Selbst-/Objektverlust (vorwiegend Objektverlust)	Angst/Gefahr vor Selbst-/Objektverlust (vorwiegend Selbstverlust)	Gefahr der Fragmentation
Struktur	Integriertes Selbst	Gestörte Ich-Selbst-Struktur	Gestörte Ich-Selbst-Struktur	Ich-Kerne
Objektbeziehung	Konstanz, reife Objektbeziehungen	Gute und böse Teilobjekte, Beziehungen flüchtig	Gute und böse Teilobjekte, Beziehungen flüchtig	Undifferenzierte Selbst-Objekte
Abwehr	Reif (Isolieren, Reaktionsbildung, Veschieben, Verdrängung)	Archaisch (Spaltung, Projektion, projektive Identifikation, Idealisierung, Entwertung)	Archaisch (Spaltung, Projektion, projektive Identifikation, Idealisierung, Entwertung)	Fragmentation des inneren Erlebens
Realitätsbezug	Erhalten	Erhalten	Teilweise aufgehoben	Realitätsverkennung
Ich-strukturelle Bedingungen	Funktionsstörungen, Regulationsstörungen (konfliktbedingt)	Stabilisierung durch Größen-Selbst	Ich-Schwäche, mangelhafte Angsttoleranz, Impulskontrolle, Sublimierung	Mangelhafte syntetisch-integrative Funktionen, mangelhafte Ich-Grenzen

Tabelle 23.3: Funktionsniveaus der Zwangssymptomatik

KAPITEL 24

Befindlichkeit

In Kap. 4 konnten wir die Entwicklung der Emotionen herausarbeiten. Emotionale Störungen können sich in Ausdrucksveränderungen, Intensitätsveränderungen und Veränderungen der Dauer und Auslösung von Affektreaktionen darstellen lassen. Gehen wir auf unsere Einteilung in fünf Emotionen zurück, so können wir überschießende Kummerreaktionen und Depressionen, Wut, Zorn und Ärgerreaktionen sowie unangemessene Zustände der Freude und Zufriedenheit beschreiben. Pathologische Ängste wurden bereits in einem eigenen Kapitelabschnitt eingehend behandelt.

Die affektive Tönung unseres Erlebens bildet die Grundlage der Befindlichkeit. Befindlichkeit kann auch als reflektiertes Zumutesein bezeichnet werden, wenn also die Gefühlslage nochmals zum Ausgangspunkt einer Selbstbetrachtung wird. Als *Stimmung* können wir die emotionale Grundtönung des Weltbezugs auffassen, wobei diese vitale Grundtönung in jeder Lebens- und Anpassungssituation von reaktiven Affekten überformt (Lächeln trotz Traurigkeit) und verändert (Stimmungsumschwung) werden kann. Die emotionale Grundtönung beeinflußt Wahrnehmung, Denken und Handeln und gestaltet damit die Anpassung des Menschen ebenso wesentlich mit wie die Entwicklung der intrapsychischen Strukturen. Vorübergehende überschießende Affektreaktionen im Rahmen von Anpassungsproblemen und -notwendigkeiten kommen bei jedem Menschen in physiologischer Weise vor. Erst wenn diese affektiven Auslenkungen sich als dysfunktional für die Entwicklung des Kindes erweisen, sollte man von Störungen des Affektausdrucks und der Stimmung sprechen. Die Affektkontrolle unterliegt ebenfalls der Entwicklung und wird in der interaktionellen Matrix mit gestaltet. Je nach kognitivem Entwicklungsstand und Qualität der Beziehungen im Rahmen der Primärfamilie und Peer-Gruppe kann daher die affektive Reagibilität unterschiedlich sein. Wir können davon ausgehen, daß die affektive Reagibilität auch genetische Determinanten hat.

Die mögliche pathologische Bedeutung affektiver Ausnahmezustände kann nur durch biographische, situative und strukturelle Analyse geklärt werden.

Folgende **Störungen des Affektausdrucks** werden beschrieben (Abb. 24.1): Als Ambivalenz können wir die Fähigkeit des Menschen bezeichnen, widersprüchliche Gefühle, Gedanken und Motive gleichzeitig im Bewußtseinsfeld zu halten. Ausgeprägte *Ambivalenz* der Gefühle oder Motive (*Ambitendenz*) kann jedoch zu Handlungsunfähigkeit führen und subjektiv als quälend und belastend empfunden werden. Als *Affektarmut* wird ein Mangel oder Verlust an emotionaler Schwingungsfähigkeit und die Aufrechterhaltung emotionaler Indifferenz trotz adäquater Auslöser bezeichnet. Mit dem Ausdruck *Affektverflachung* wird aus-

* Ambivalenz, Ambitendenz
* Affektarmut
* Affektstarre
* Affektlabilität
* Affektinkontinenz
* Affektive Inadäquatheit

Abbildung 24.1: Störungen des Affektausdrucks

drücklich die Störung der affektiven Beteiligung bei schizophrenen Syndromen bezeichnet, die sich subjektiv bei Betroffenen und in der Fremdbeurteilung als Versandung und emotionale Verödung zeigt. *Affektstarre* ist ein Mangel an affektiver Modulationsfähigkeit. Stimmungen und Affekte werden unabhängig von der äußeren Situation rigide aufrechterhalten. *Affektlabilität* kennzeichnet einen raschen Stimmungswechsel, wobei kurzdauernde Affekte unterschiedlicher Tönung einander abwechseln (z. B. rascher Wechsel von Lachen und Weinen). Als *Affektinkontinenz* wird ein Mangel an Affektsteuerung bezeichnet. Der Ausdruck bezieht sich sowohl auf die rasche Auslösung als auch auf hohe Affektintensität und mangelnde Brems- und Kontrollmechanismen. Als affektive Inadäquatheit oder „*Parathymie*" werden Affekte bezeichnet, die in ihrer Färbung nicht zum kommunikativen Kontext passen (schrilles Lachen und ausgelassene Fröhlichkeit angesichts einer traurigen Auslösesituation). Solche affektive Inadäquatheit kann Ausdruck von schizophrenen Störungen oder Störungen der Stimmung (z. B. Manie) sein und muß von persönlicher Unsicherheit (Verlegenheitslächeln) und anderen interaktionellen Intentionen (z. B. absichtliches Reizen des traurigen Gegenübers) abgehoben werden.

Störungen des Affektausdrucks können immer nur altersbezogen und entwicklungsbezogen diagnostiziert werden, da sich Affektverständnis und Affektkontrolle entwicklungsbezogen verändern (s. Kap. 4 und Kap. 6). Störungen des Affektausdrucks finden wir sowohl bei den sogenannten emotionalen Störungen wie auch bei expansiven Störungen des Kindesalters (Hyperkinese, Sozialverhaltensstörungen).

Als **Störungen der Befindlichkeit** können wir im engeren Sinne drei Symptomkreise hervorheben. Als *Depression* wird die Übersteigerung von Trauer und Kummer bezeichnet. Depressive Affektzustände sind durch Schwermut, Lustlosigkeit, Freudelosigkeit gekennzeichnet. Ein Gefühl der Leere und Versteinerung kann auftreten. Manche Patienten haben den Eindruck, wie gegen einen Widerstand leben zu müssen. Verzagtheit, Hoffnungslosigkeit und Pessimismus gehen mit dieser Stimmungslage einher. Schuldgefühle und mangelnder Selbstwert sind regelhaft mit der depressiven Verstimmung verbunden. Die depressive Verstimmung ist Aufbauelement des sogenannten depressiven Syndroms, das regelhaft mit

Symptom		*übergeordnetes Syndrom*
Depression	⟶	Depressives Syndrom
Dysphorie	⟶	Dysphorisches Syndrom
Euphorie	⟶	Manisches Syndrom

Tabelle 24.1: Störungen der Befindlichkeit

Veränderungen des Antriebs, der Biorhythmen und vegetativen Funktionen sowie negativen Kognitionen (negative Erwartung gegenüber dem Selbst, den anderen Menschen und der Zukunft) einhergeht. Diese Beschreibung ist für adoleszente und erwachsene Patienten gültig. Über eine altersspezifische Symptomausprägung der depressiven Befindlichkeit siehe weiter unten.

Das *dysphorische* Symptombild ist durch eine gereizte Mißstimmung gekennzeichnet. Der Betroffene ist ärgerlich, vergrämt, verbissen, leicht reizbar, griesgrämig und schwarzmalerisch (Scharfetter, 1991). Entsprechende Stimmungslagen finden wir sowohl im Kindes- als auch im Jugendalter, dort vor allem im Rahmen der sogenannten Adoleszentenkrisen. Das übergeordnete dysphorische Syndrom kann bei Vollausprägung zu den affektiven Störungen gerechnet werden und zeigt gelegentlich Übergänge zu depressiven und manischen Zustandsbildern.

Euphorie ist durch eine heiter fröhliche Grundstimmung und Begeisterungsfähigkeit gekennzeichnet. Zuversicht, Optimismus und eine Leichtigkeit den Lebensfragen gegenüber gehören zu dieser Stimmungslage. Das übergeordnete manische Syndrom kennt außerdem noch Steigerungen im Antriebs- und Triebbereich, Schlafmangel, der den Patienten aber nicht stört, und kognitive Veränderungen wie phantastisches Pläneschmieden, Überzeugungen von Kraft und Leistungsfähigkeit, übersteigertes Selbstvertrauen und erhöhter Unternehmungsgeist. Bei extrem gesteigertem Antrieb kann das manische Syndrom auch mit Ideenflucht und anderen formalen Denkstörungen einhergehen. Manische Syndrome finden wir im Kindesalter nur extrem selten, ab der Pubertät sind manische Psychosen immer wieder zu finden. Affektive Erkrankungen des Kindes- und Jugendalters finden wir in Familien mit affektiven Störungen und affektiven Psychosen gehäuft.

Abb. 24.2 gibt noch einmal eine prinzipielle Übersicht über Aufbauelemente affektiver Syndrome. Neben der Störung der Stimmung findet sich regelhaft eine Störung der *Affizierbarkeit*, d. h. der emotionalen Ansprechbarkeit auf den situativen Kontext. Affektive Syndrome sind durch eine Automatie der Befindlichkeit gekennzeichnet (Gefühlskontexte, die bei anderen Menschen gegenteilige Stimmungen hervorrufen würden, haben auf Patienten mit affektiven Syndromen keine Einwirkung). Weiters finden sich Störungen des Antriebs und des Triebbereichs, die mit der Stimmungslage konform gehen (bei Depression reduziert, bei Manie gesteigert). Störungen der Biorhythmen wie des Schlaf-Wach-Rhythmus oder des Menstruationszyklus finden sich bei allen affektiven Syndromen. Die Störungen

* Störung der Stimmung
* Störung der Affizierbarkeit
* Störung des Antriebs und der Triebe
* Motivationsstörung
* Störung von Biorhythmen (z. B. Schlaf-Wach-Rhythmus, Menstruationszyklus)
* Störung vegetativer Funktionen (z. B. Verdauung)
* kognitive Störungen

Abbildung 24.2: Aufbauelemente affektiver Syndrome

vegetativer Funktionen, der Motivation und der kognitiven Verarbeitung sind auf die Veränderungen der Stimmungslage bezogen. Wenn entsprechende Elemente nicht mit der Stimmungslage konform gehen (z. B. reduzierter Antrieb und gesteigerte Euphorie oder gesteigerter Antrieb und Mißbefindlichkeit), sprechen wir von *Mischzustand.* Wenn zwischen unterschiedlichen Stimmungen und unterschiedlichen Aufbauelementen affektiver Syndrome innerhalb von Minuten bis Stunden synchrone oder asynchrone Wechsel erfolgen, sprechen wir von *Mischbild* (Berner, 1979). Patienten mit raschem Wechsel von manischen und depressiven Verstimmungen werden auch als „rapid cycler" bezeichnet.

Aus Entwicklungssicht finden sich folgende Altersdifferenzierungen der Depression (s. Tab. 24.2). Im Kindesalter finden sich gehäuft psychosomatische Reaktionsweisen und unspezifische Ausdrücke von Unglücklichsein. Bei Kindern vor der Pubertät ist das Verhältnis von Knaben zu Mädchen 1.5:1 bis 2:1. Dieses Verhältnis dreht sich über die Pubertät hinweg um, so daß im Adoleszentenalter etwa doppelt soviel Mädchen wie Jungen erkranken. Die Prävalenz klinischer Depressionen bei Kindern wird je nach Zuordnung auf 1% bis 5% geschätzt (Räsänen & Tamminen, 1991; Angold & Worthman, 1993). Bei Jugendlichen finden sich Prävalenzraten von 0.4–8.3% (Birmaher et al., 1996).

Depressive Symptome finden sich in 21% bis 83% im Rahmen von Verhaltensstörungen, in 30% bis 75% bei Angststörungen und bis zu 57% bei Kindern mit Aufmerksamkeitsstörungen und hyperkinetischer Symptomatik (Angold & Worthman, 1993). Das zeigt also, daß eine depressive Mißbefindlichkeit keineswegs immer als eigene Erkrankung imponiert, sondern wiederholt als Syndrom Komorbidität mit anderen Syndromen zeigt oder überhaupt als Einzelsymptom andere Syndrome ergänzt. Affektive Störungen sind in der ICD-10 (Dilling et al., 1991) als eigene Kategorie (F3) gefaßt. Je nach syndromaler Ausprägung und Dauer werden depressive und dysthyme Syndrome beschrieben. Im DSM-IV (DSM-IV, 1994) werden majore Depressionen (MDD) und dysthyme Störungen (DD) unterschieden. Patienten, die wiederholt depressive Episoden zeigen oder nur manische Episoden, haben eine monopolare Störung. Patienten mit depressiven und manischen

Episoden haben eine bipolare Störung.

Die Entwicklung affektiver Störungen folgt ebenfalls einem Vulnerabilitätsprinzip. So finden wir familiäre Häufungen und Hinweise für genetische Belastungen bei affektiv erkrankten Kindern und Jugendlichen. Weiters spielen Umweltfaktoren wie Verlusterlebnisse, Deprivation und protrahierte Konfliktsituationen eine Rolle (siehe auch Mundt et al., 1996). Die Wertigkeit einer Befindlichkeitsstörung bedarf immer der Familienanamnese, der biographischen und situativen Analyse. (Bezüglich der Einordnung affektiver Symptome gemäß dem Strukturmodell siehe die entsprechende Abbildung in Kap. 23 und Kap. 9.1.) Eine Differentialdiagnose von juveniler Manie und hyperkinetischem Syndrom ist notwendig. Biederman et al. (1996) beschrieben bipolare Störungen in 11% einer Kohorte von Kindern mit hyperkinetischem Syndrom. Kinder mit HKS scheinen auch ein erhöhtes Risiko für bipolare affektive Störungen zu besitzen.

	Affektausdruck	*Interesse*	*Appetit / Gewichtsregulation*	*Schlaf*	*Antrieb*
Kleinkind	trauriges oder ausdrucksloses Gesicht, Irritabilität ↑	Spielhemmung	Fütterprobleme	unspezifische Schlafstörungen	Lethargie ↓
Vorschulkind	trauriges Gesicht, Irritabilität ↑, Launenhaftigkeit	Kontaktarmut	Eßprobleme, Appetitlosigkeit ↓	unspezifische Schlafstörungen	↓
Grundschulkind	Freudlosigkeit, Unglücklichsein, Launenhaftigkeit, Irritabilität	Kontaktarmut, Abnahme von Interessen	↓	unspezifische Schlafstörungen	↓
Pubertät / Adoleszenz	Klagsamkeit, depressive Selbstbeschreibung	Interesselosigkeit, Lustlosigkeit	↓	Einschlafstörung, Durchschlafstörung, Hypersomnie	↓

	Affektive Reagibilität / Agression	*Selbstwert*	*Kognitive Leistung*	*Lebenswille*	*Angst*	*andere körperliche Störungen*
Kleinkind	Irritabilität				Bindungsprobleme, Trennungsangst	
Vorschulkind	Wutausbrüche, Irritabilität	Selbstwert ↓	Konzentration ↓	Unfallgefährdung ↑	Trennungsangst, Pavor nocturnus	Jaktationen, Enuresis, Enkopresis, Bauchschmerzen
Grundschulkind	Aggressive Reaktionen	Selbstwert ↓, Schuldgefühle	Lernhemmung, Konzentration ↓	Lebensunlust	Schulphobie	Kopfschmerzen
Pubertät / Adoleszenz	↓	↓	↓	Suizidalität	Angstsyndrome, Phobien	Somatisierungsstörungen

Tabelle 24.2: Altersdifferenzierung der Depression (nach Carlson & Kashani, 1988)

KAPITEL 25

Vegetative Funktionen

An Störungen vegetativer Funktionen sollen im folgenden Störungen des Eßverhaltens, Störungen des Ausscheidungsverhaltens und Schlafstörungen näher beschrieben werden.

25.1 Eßverhalten

Bei den Störungen des Eßverhaltens werden die Appetitstörungen, die Pica, die erhöhte Nahrungsaufnahme, die erniedrigte Nahrungsaufnahme und die Eßattacken unterschieden. Das krankhaft gesteigerte Verlangen, viel zu trinken (Polydipsie), findet ebenfalls hier Erwähnung.

Störungen des *Appetits* finden sich bei etwa 20% der Schulanfänger und bei 10jährigen Kindern noch zu 40% (Strunk, 1989). Häufig klagen die Eltern über Widerstände der Kinder bei der Nahrungsaufnahme, über Spiel mit der Nahrung, über Bevorzugung bestimmter Speisen, die dann plötzlich wieder verweigert werden, über Essen außerhalb der Mahlzeiten, häufiges Aufstehen vom Tisch usw. Häufig sind die Kinder in einem guten Ernährungszustand, und es lassen sich rasch problematische Eltern-Kind-Interaktionen bezüglich des Essens erheben. Doch kann ein Appetitmangel ebenso Ausdruck einer Überforderung, einer Angstsymptomatik oder auch eines depressiven Zustandsbildes sein, und es ist neben der Beziehungsstruktur und den Eltern-Kind-Interaktionsmerkmalen darauf zu achten, inwieweit andere psychopathologische Phänomene ebenfalls eine Rolle spielen. Ebenso können Appetitstörungen bei körperlichen Erkrankungen wie Diabetes, Schilddrüsenerkrankungen, Herzvitien oder endokrinen Störungen auftreten. Die in der ICD-10 als Fütterstörung im frühen Kindesalter bezeichnete Symptomatik sollte nur dann diagnostiziert werden, wenn das Ausmaß deutlich außerhalb des Normbereichs liegt, wenn die Art des Eßproblems qualitativ abnorm ist (z. B. wiederholtes Verweigern von Nahrung), wenn das Kind kein Gewicht zunimmt oder über einen Zeitraum von wenigstens einem Monat Gewicht verliert (Dilling et al., 1991).

Der Verzehr nicht genießbarer Substanzen (z. B. Schmutz, Wolle, Papier) wird als *Pica* (lat. pica = Elster) bezeichnet. Am häufigsten tritt diese Eßstörung bei intelligenzgeminderten Kindern auf, sie kann jedoch auch Ausdruck von Vernachlässigung, Milieuschädigung und Deprivation sein. Es ist darauf zu achten, ob die Pica als isoliertes Symptom oder im Rahmen eines kinder- und jugendpsychiatrischen Syndroms auftritt. Die *Koprophagie*, das Essen von Kot, wird bei Kindern von hochgradig abnormen (z. B. florid psychotischen) und erziehungsunfähigen Müttern beschrieben (Strunk, 1989).

Reduzierte Nahrungsaufnahme: Das psychopathologische Hauptmerkmal der *Anorexia nervosa* ist die Furcht vor dem Dicksein. Nach ICD-10 (Dilling et al., 1991) lassen sich folgende Kriterien für die Anorexia nervosa finden:

1. Das Körpergewicht muß mindestens 15% unterhalb der Norm liegen. Das entspricht einem Quetelet-Index (Körpergewicht in kg/Körpergröße in m^2) von 17.5 und weniger.

2. Der Gewichtsverlust ist selbst herbeigeführt.

3. Es besteht eine Körperschemastörung und das unkorrigierbare Gefühl, zu dick zu sein.

4. Es finden sich endokrine Störungen auf der Hypothalamus-Hypophysen-Gonadenachse und

5. bei Erkrankungsbeginn vor der Pubertät ist die pubertäre Entwicklung verzögert oder gehemmt.

Das Hauptmanifestationsalter liegt zwischen dem 11. und 18. Lebensjahr; es finden sich Häufigkeitsgipfel bei $14\frac{1}{2}$ und 18 Jahren (Strunk, 1989). Die Inzidenzrate beträgt 0.35 bis 8.2 pro 100 000 und Jahr. Das weibliche Geschlecht ist 8- bis 11mal häufiger betroffen als das männliche. Bei einem Krankheitsbeginn vor dem 14. Lebensjahr spricht man von einer präpubertären Anorexie.

Das Symptom der reduzierten Nahrungsaufnahme findet man neben der Anorexia nervosa auch phasenweise bei der Bulimia nervosa (Eßattacken und Brechsucht), bei depressiven Zustandsbildern und bei Psychosen. Die im Psychopathologischen Manual (Döpfner et al., 1991) im Rahmen der Eßstörungen aufgeführte Körperschemastörung (Störung des Körperselbst) findet sich sowohl bei der Anorexia nervosa als auch bei der Bulimia nervosa.

Der Begriff der *Bulimia nervosa* wurde von Russell (1979) zur Beschreibung einer Variante der Anorexia nervosa eingeführt. Die beiden Hauptkriterien dieser Erkrankung sind zum einen der unwiderstehliche Drang, zu viel zu essen, gefolgt von selbstinduziertem Erbrechen oder Abführen und die krankhafte Furcht, zu dick zu werden.

Die Prävalenzrate dieser Erkrankung liegt bei rund 1%, die Daten für Jugendliche variieren zwischen 0.7 und 7.7% (Steinhausen, 1994). Der Krankheitsgipfel liegt bei etwa 19 Jahren, das weibliche Geschlecht ist auch hier sehr viel häufiger als das männliche betroffen.

Bei den auslösenden Faktoren spielen individuelle, familiäre, soziokulturelle und biologische neben auslösenden Faktoren und krankheitsfördernden und -unterstützenden Aspekte eine Rolle (Steiner & Lock, 1998).

Nach Herpertz-Dahlmann & Remschmidt (1994) lassen sich folgende Risikofaktoren für die Entwicklung einer Anorexie oder Bulimie zusammenfassen:

- das Alter (um die Pubertät)
- das weibliche Geschlecht
- hoher Druck in Richtung Schlanksein
- hoher Leistungsdruck
- mangelnde Fähigkeit, den eigenen Gefühlszustand wahrzunehmen
- familiäre Konfliktsituationen und zu enge Beziehungen
- sehr frühe Pubertät
- Zwilling
- insulinabhängiger Diabetes mellitus

(zitiert nach Herpertz-Dahlmann & Remschmidt, 1994).

Eine erhöhte Nahrungsaufnahme finden wir bei der *Adipositas* (Fettsucht). Die Diagnosesicherung sollte aufgrund entwicklungsbedingter Veränderungen im Kindes- und Jugendalter unter Berücksichtigung alters- und geschlechtsbezogener Normen mit speziellen Meßinstrumenten vorgenommen werden (Steinhausen, 1993).

Die Häufigkeit adipöser Kinder liegt bei etwa gleicher Geschlechtsverteilung bei 20%.

Ätiologisch sind genetische und physiologische Aspekte, Temperamentsfaktoren, familiäre Konstellationen (Bruch, 1960), erlernte Muster der Spannungsreduktion durch Nahrungsaufnahme und gestörte Mutter-Kind-Interaktion eine entscheidende Rolle (Strunk, 1989; Steinhausen, 1993).

Differentialdiagnostisch ist die primäre Adipositas von der sekundären Adipositas zu unterscheiden, die im Zusammenhang bestimmter Primärerkrankungen auftreten kann. Zu nennen sind hier das Prader-Willi-Labhart-Syndrom und das Cushing-Syndrom. Aber auch bestimmte Pharmaka können das Eßverhalten beeinflussen (z. B. Gewichtszunahmen unter Antidepressiva oder Neuroleptika).

Unter *Rumination* verstehen wir das willkürliche, erneute Heraufwürgen von Nahrung, die dann wieder gekaut und erneut geschluckt wird.

25.2 Enuresis und Enkopresis

Als *Enuresis* wird das wiederholte, unwillkürliche Einnässen ohne organische Ursache ab einem Alter von fünf Jahren bezeichnet. Einnässen kann sich in

Form einer primären Enuresis (es wurde noch keine andauernde Kontinenz entwickelt) oder einer sekundären Enuresis (Rückfall nach bereits erreichter Kontinenz) äußern. Außerdem werden nach dem Zeitpunkt des Einnässens eine Enuresis nocturna (nachts) von einer Enuresis diurna (tagsüber) und der kombinierten Form einer Enuresis diurna et nocturna unterschieden.

Die Enuresis nocturna ist mit 70–80% der Fälle die häufigste Form, während eine kombinierte Enuresis diurna et nocturna in etwa 15% der Fälle vorliegt und eine Enuresis diurna eher selten zwischen 5% (Shaffer, 1994) bis rund 20–25% (Strunk, 1989) beobachtet wird. Bei Fünfjährigen werden 10–15% Enuretiker genannt, bei Zehnjährigen 3% und unter den Erwachsenen findet sich noch etwa 1% (Strunk, 1989). Für den Zeitraum vom 6. bis zum 12. Lebensjahr kann eine jährliche Abnahme der Enuretikerpopulation um ca. 13.5% pro Lebensjahr angenommen werden (Shaffer, 1994). Die Wahrscheinlichkeit der Entwicklung einer sekundären Enuresis ist im Alter von 5–6 Jahren am häufigsten und ab dem 11. Lebensjahr selten, wobei dann eher Jungen betroffen sind. Prospektive Studien zeigen, daß Kinder, die eine sekundäre Enuresis entwickeln, vor dem Einsetzen mehr psychiatrische Symptome haben als Kinder im gleichen Alter, die nicht mehr einnässen. Die primäre Enuresis ist in klinischen Studien etwa zweimal so häufig beschrieben wie die sekundäre Enuresis, wobei als Kriterium für eine sekundäre Enuresis eine mindestens über sechs Monate anhaltende Kontinenz gilt (Shaffer, 1994). Bis zum Alter von 7 Jahren sind beide Geschlechter gleich häufig von einer Enuresis betroffen. Dann steigt die Rate der Jungen an, ist im Alter von 11 Jahren doppelt so hoch wie die der Mädchen. Männliche Kinder haben weniger häufig spontane Remission. Enuresis diurna ist bei Mädchen häufiger als bei Jungen. Enuresis diurna allein oder in Kombination mit Enuresis nocturna ist mit höheren Raten von psychiatrischen Störungen sowie mit Anomalien und Infekten assoziiert. Shaffer (1994) zitiert eine Studie von Bakwin (1961), in der sich zeigte, daß 70% der Enuretiker einen Verwandten ersten Grades haben, der als Kind auch Enuretiker war. Genetische Faktoren wurden auch in Zwillingsstudien nachgewiesen. Ein familiäres Auftreten ist bei Enuresis diurna und nocturna gleich häufig. Es lassen sich jedoch bis heute keine klaren Beziehungen zwischen primärer Enuresis, Kindheitsstressoren und psychosozialen Benachteiligungen nachweisen; ein eindeutiger Zusammenhang besteht zwischen sekundärer Enuresis und Streßfaktoren wie der Geburt eines Geschwisters oder Traumen (auch körperlicher Natur). Bisher konnte kein eindeutiger Zusammenhang zwischen Art und Zeitpunkt von Sauberkeitstraining und Enuresis hergestellt werden.

Die Enuresis stellt kein Symptom einer umschriebenen psychiatrischen Krankheitseinheit dar, und sie wird nicht als Ausdruck einer psychiatrischen Störung gesehen (Shaffer, 1994). Sie kann jedoch im Zusammenhang mit Entwicklungsdefiziten oder emotionalen Störungen auftreten und sich mit Rückbildung derselben normalisieren.

Enkopresis: Unter Einkoten verstehen wir eine Störung der Kontrolle und Funktion des Darmes (außer Verstopfung oder Kotschmieren) ohne strukturelle Abnormitäten und organische Krankheiten bei Kindern ab dem 4. Lebensjahr. Es werden drei Typen von Einkoten unterschieden (Hersov, 1994):

1. Die adäquate Darmkontrolle wurde erworben, der Stuhl wird aber immer wieder an unangemessenen Orten abgesetzt.

2. Die Fähigkeit zur Kontrolle des Darmes wurde nicht erworben; die Kinder bemerken das Absetzen von Stuhl nicht oder können, wenn sie darauf aufmerksam gemacht werden, keine Kontrolle ausüben.

3. Einkoten und Kotschmieren aufgrund flüssiger Fäces, die auf Diarrhoe, Krankheiten oder Ängstlichkeit zurückgeht bzw. auf Verstopfung mit nachfolgendem Überlauf (Überlaufenkopresis). In Studien aus den 70er Jahren wurde noch die Toilettenphobie im Sinne eines Verweigerungssyndroms beschrieben, wobei die Enkopresis aufgrund von Angst vorm Toilettengang auftrat.

Einkoten ist wesentlich seltener als Einnässen. Drei und vier Jahre alte Kinder, die bereits den Kindergarten besuchten, koteten in 5.7% der Fälle in den letzten vier Wochen höchstens zweimal pro Woche und in 3.3% der Fälle mindestens dreimal pro Woche ein (Strunk, 1989). Die Rate der einkotenden Kinder sinkt dann kontinuierlich auf 1.5% im Alter von 7–8 Jahren. Jungen sind etwa drei- bis viermal häufiger betroffen als Mädchen. Bei 10- bis 12jährigen Jungen betrug die Prävalenzrate (Auftreten mindestens einmal im Monat) 1.3%, während sie bei den gleichaltrigen Mädchen bei 0.3% lag (Rutter et al., 1970).

Pathogenese: Hypothesen einer Organschwäche des Darms als Mitbedingung für Verstopfung und Enkopresis bestätigten sich bisher nicht regelhaft. In Studien aus den 60er Jahren zeigten fast alle betroffenen Kinder Zeichen von emotionalen Störungen und sozial belastenden Faktoren. Es konnten jedoch keine bestimmen Familienstrukturen herausgearbeitet werden. Studien aus den 70er Jahren konnten bei den betroffenen Kindern Sprachentwicklungsverzögerungen, Koordinationsstörungen, geminderte Intelligenz und andere Störungen der Entwicklung nachweisen (Hersov, 1994). Häufig wird die Reinlichkeitserziehung als zwanghaft rigide oder als sehr inkonsistent beschrieben.

25.3 Schlafverhalten

Unter Schlaf verstehen wir eine Bewußtseinsminderung bei Erhaltenbleiben einer gewissen Wahrnehmungsbereitschaft gegenüber der Umwelt und einer jederzeitigen Erweckbarkeit durch geeignete Reize, begleitet von charakteristischen EEG-

Veränderungen. Wir unterscheiden beim Schlaf zwei Zustände, die sich durch bestimmte EEG-Veränderungen, den Muskeltonus und durch die Augenbewegungen charakterisieren: Der Non-REM-Schlaf (NREM) umfaßt die Stadien 1 bis 4 und reicht vom Einschlafstadium über den leichten Schlaf und den mittleren Schlaf bis zum Tiefschlaf. Der REM-Schlaf (rapid eye movement) bildet das Traumstadium (Stadium 5), bei dem sowohl Erweckbarkeit als auch Muskeltonus herabgesetzt sind. Der normale Schlaf beginnt mit einem kurzen hypnagogen Stadium, dem der Non-REM-Schlaf alternierend mit REM-Phasen folgt. Beim Neugeborenen dauern die Zyklen mit Non-REM- und REM-Schlafphasen 50 bis 60 Minuten, beim Erwachsenen ca. 90 Minuten.

Als Schlafstörung bezeichnen wir die *Ein- und Durchschlafstörungen* (Insomnie), die Störungen des *Schlaf-Wach-Rhythmus*, eine übermäßige *Schlafneigung* oder *Schlafanfälle* während des Tages (*Hypersomnie*), den *Pavor nocturnus*, das *Schlafwandeln* und die *Alpträume*. Ein- und Durchschlafstörungen, die Störungen des Schlaf-Wach-Rhythmus und die Hypersomnie werden als **Dyssomnien** bezeichnet, der Pavor nocturnus, das Schlafwandeln und die Alpträume als **Parasomnien**.

Die Prävalenzrate von Ein- und Durchschlafstörungen im frühen Kindesalter schwankt in der Literatur bei 1- bis 2jährigen Kindern zwischen 20 und 40% (Scott & Richards, 1990; Johnson, 1991). Insgesamt werden Durchschlafstörungen häufiger bei Kleinkindern als bei Schulkindern beobachtet. Etwa 40% der Kinder, die mit einem Jahr schlecht durchschlafen, wachen auch mit 3 Jahren regelmäßig auf (Sarimski, 1993). Häufig finden sich auch Auffälligkeiten in anderen Entwicklungsbereichen. Beim Pavor nocturnus, der etwa zwei bis drei Stunden nach dem Einschlafen in einer tiefen Non-REM-Phase auftritt und mit vegetativer Übererregbarkeit, heftigen Bewegungen, angstvollem Gesichtsausdruck und Schreien einhergeht, finden wir eine Prävalenzrate von maximal 3% bei ansonsten gesunden Kindern (Skuse, 1994). Beim Noctambulismus bzw. *Somnambulismus* (Schlafwandeln) wird die Häufigkeit des Auftretens bei mindestens einer Episode auf etwa 30% geschätzt (Skuse, 1994). Das Hauptalter liegt bei 5 bis 7 Jahren. Die Hypersomnie, d. h. eine übermäßige Schlafneigung oder Schlafanfälle während des Tages, tritt in der Regel erst zwischen dem 15. und 25. Lebensjahr auf. Angstträume wurden bei Kindern bis zum 5. Lebensjahr in einer Züricher Longitudinalstudie (Bühler & Largo, 1981) bei etwa 60% der Kinder beobachtet.

Die pathogenetischen Faktoren der Schlafstörungen im Kindes- und Jugendalter reichen von biologischen und perinatalen Faktoren, organischen Mitbedingungen über Temperamentsmerkmale bis hin zu elterlichen Verhaltensvariablen und Eltern-Kind-Interaktionsformen, die z. B. vorhandene Schlafprobleme verstärken können. Sarimski (1993) beschrieb ein entwicklungspsychopathologisches Modell von Schlafstörungen im frühen Kindesalter (s. Kap. 9.1).

Schlafstörungen treten neben erlebnisreaktiven Verursachungen auch häufig bei geistiger Behinderung, autistischen Syndromen, dem Tourette-Syndrom, dem

Rett-Syndrom, bei Depression und epileptischen Anfällen auf. Die Hypersomnie finden wir beim Kline-Levin-Syndrom und beim Prader-Willi-Syndrom. Zu den Hypersomnie-Syndromen zählen noch die *Narkolepsie* und die Schlafapnoe. Die Narkolepsie ist charakterisiert durch unkontrollierte Schlafattacken mit *Kataplexie* (plötzlicher Tonusverlust), Wachanfällen und hypnagogen Halluzinationen. Die *Schlafapnoe* ist definiert durch wiederholte Perioden von Atemstillständen während des Schlafes, die bis zu 30 Sekunden dauern können und mit einem übermäßigen Schlafbedürfnis während des Tages einhergehen.

KAPITEL 26

Somatisierung

Eine inkonsistente Terminologie bei der diagnostischen und nosologischen Zuordnung der ehemals als hysterische Krankheitsbilder benannten Störungen erschwert auch eine phänomenologische Beschreibung dieser Erkrankungen. So werden heute vielfältige psychosomatische Beschwerdemuster (ohne Organläsionen), wie z. B. die Somatisierungsstörung, Konversionsneurose, dissoziative Störung und hypochondrische Störung, zum Teil synonym oder ohne zureichende Abgrenzung voneinander verwandt. Günstig erscheint es, zwei Hauptgruppen, die der somatoformen Störungen und die der Konversionsstörungen (heute dissoziative Störungen), zu unterscheiden.

In der Definition des amerikanischen Klassifikationsschematas DSM-III-R (1987) zeigen *somatoforme Störungen* körperliche Symptome, die eine körperliche Erkrankung nahelegen, sich aber keine organischen Befunde oder pathophysiologische Mechanismen nachweisen lassen. Psychische Faktoren oder Konflikte müssen als Auslöser eruierbar sein. Die Symptombildung steht in Abgrenzung zur Simulation nicht unter willentlicher Kontrolle. Während die *hypochondrische* Befürchtung eine spezifische Störung der Wahrnehmung und den Glauben an ein körperlich verursachtes Unbehagen darstellt (Graham, 1991), präsentieren hingegen *Konversionsstörungen* sich mit einer sichtbaren körperlichen Symptomatik wie z. B. pseudoepileptische Anfälle und der Unfähigkeit, gehen oder stehen zu können.

26.1 Somatoforme Störungen

Somatoforme Beschwerden können sowohl bei Kindern als auch bei Jugendlichen rezidivierend auftreten und zur inadäquaten Inanspruchnahme medizinischer Behandlungen führen. Insbesondere wiederkehrende abdominelle Beschwerden führen gehäuft zu medizinischen oder sogar chirurgischen Eingriffen und können Kinder und Jugendliche dadurch iatrogen schädigen. Epidemiologische Untersuchungen (Campo & Fritsch, 1994) konnten in einem hohen Ausmaß somatoforme Beschwerden auch in nichtklinischen Populationen nachweisen. So fanden sich in unterschiedlichen Untersuchungen bei 10% bis 30% aller Kinder und Jugendlichen rezidivierende Beschwerden, wobei insbesondere Kopfschmerzen, Nachlassen der körperlichen Energien und muskuläre Schwachheit sowie abdominelle Beschwerden im Vordergrund standen. Im Kindesalter werden Bauchschmerzen am häufigsten angegeben, wobei diese häufig von gastrointestinalen Symptomen wie Übelkeit, Erbrechen und Diarrhoen begleitet werden. Somatisierungsstörungen im Sinne rezidivierender polysymptomatischer Beschwerden treten insbesondere bei Adoleszenten auf. Bei Adoleszenten nehmen gastrointestinale Beschwerden sowie Schmerzstörungen einen besonderen Stellenwert ein, wobei sexuelle und menstruelle Beschwerden hinzutreten. Somatoforme Beschwerden sind häufig von emotionalen Störungen begleitet, deren Leitsymptomatik überwiegend durch depressive Verstimmungen und Angstzustände geprägt ist. In der Situations- und biographischen Analyse sind somatoforme Beschwerden nicht nur häufig Ausdruck von Schulleistungsproblemen, sondern ziehen nicht selten nachlasssende Schulleistungen und Schulabbrüche nach sich. So ist die Schulphobie beispielsweise neben Trennungsängsten und depressiven Symptomen häufig von somatoformen Beschwerden begleitet. Auch ist eine erhöhte Somatisierungsneigung im Vorfeld suizidaler Handlungen bei Adoleszenten gehäuft beobachtet worden. Wenn somatoforme Beschwerden in der Regel transitorisch und im Zusammenhang mit aktuellen Stressoren auftreten, können diese Beschwerden doch nicht selten einen Indikator für familiäre Konflikte und — wie insbesondere Untersuchungen bei älteren Jugendlichen und jungen Erwachsenen gezeigt haben — einen Indikator für elterliche emotionale Vernachlässigung sowie körperlichen und sexuellen Mißbrauch darstellen (Brunner et al., 1994). Auch treten Selbstwertkrisen sowie ein anhaltend negatives Selbstkonzept bei Jugendlichen — im Kontext traumatisierender Lebenserfahrungen — gemeinsam mit multiplen somatoformen Beschwerden auf (Brunner et al., 1995). Somatoforme Erkrankungen sowie ein Alkoholmißbrauch und antisoziale Persönlichkeitsstörungen bei den elterlichen Beziehungsfiguren werden gehäuft im Umfeld von Kindern mit somatoformen Beschwerdebildern angetroffen. Diese Kinder tragen ein großes Risiko für weitere psychiatrische Erkrankungen, die auch mit suizidalem Verhalten einhergehen. Nach Campo & Fritsch (1994) treten somatoforme Beschwerden insbesondere in der späten Kindheit und frühen Adoleszenz auf, wobei sich bezüglich der Häufigkeit in der Kindheit keine Geschlechterdifferenz zeigt. Bei zunehmendem Alter dominiert das weibliche Geschlecht. Gerade der Beginn der Pubertät und die Menarche bei den Mädchen wurden im Zusammenhang mit der Entwicklung somatoformer Beschwerden gesehen. Obwohl *Schmerzstörungen* jeglichen Körperteil oder jegliche Funktion betreffen können, kommt insbesondere dem Kopfschmerz im Kindes- und Jugendalter eine besondere Bedeutung zu. Die *Kopfschmerzstörung* (Schmidt et al., 1992b) ist mit hohem Risiko verbunden — ohne eine spezifische Bindung an eine Diagnosegruppe zu zeigen — gleichzeitig mit anderen psychiatrischen Auffälligkeiten aufzutreten. Nach Bürgin (1993) „... zeigt sich die Somatisierung in einer Tendenz, somatisches Unwohlsein zu leben und zu teilen, das nicht mit pathologischen körperlichen Befunden einhergeht, aber solchen zugesprochen wird und für das medizinische Hilfe gesucht wird" (S. 59). Somit wird den somatoformen Beschwerden auch ein kommunikativer Aspekt unterstellt, der aber im Gegensatz zu den Konversionsstörungen einen weniger dramatischen Ausdrucksgehalt hat und auch nicht durchgängig (wie z. B. im Falle der Schmerzstörungen) auf die Aufmerksamkeit anderer Menschen abzielt. Wiederholt wurde die These vertreten, daß die Abnahme der klassisch konversionsneurotischen Störungsbilder zugunsten psychosomatischer Beschwerdebilder sich durch den gesellschaftlichen Wandel erklären ließe. So wurde der Symptomwandel insbesondere auf eine weniger sozial geächtete Symptomgestaltung im Sinne sozialer Unauffälligkeit und größerer Akzeptanz durch ärztlich-medizinische Einrichtungen bezogen. Es bleibt allerdings fraglich, ob nicht durch die Trennung der Fächer von Psychiatrie und Neurologie auch ein Teil der Konversionsstörungen anstelle einer psychiatrischen Behandlung eine organbezogene Therapie, vor allem in diagnostisch unklaren Fällen erhält.

26.1.1 Kopfschmerzstörungen

Die häufigste Form rezidivierender körperlicher Beschwerden bei Kindern sind Kopfschmerzen. 45–70% der 10–17jährigen leiden unter Kopfschmerzen, eine mittel- bis schwergradige (also behandlungsbedürftige) Intensität findet sich bei 5–20% (Frankenberg & Pothmann, 1995). Kopfschmerzen im Kindesalter sind in den meisten Fällen primär, d. h. ohne zugrundeliegende Erkrankungen wie Kopftraumen, Mißbildungen, Infektionen etc. und gehören meist zum Formenkreis der Migräne oder der Spannungskopfschmerzen. Die Prävalenz von Migräne und Spannungskopfschmerzen im Kindes- und Jugendalter nimmt immer weiter zu, gleichzeitig sinkt das Alter bei Erstmanifestation (Sillanpää & Anttila, 1996). Bereits 8% der Einschulungskinder sind betroffen, 0.5% in gravierendem Ausmaß. (Haffner et al., 1998a). Nach Ende der ersten Grundschulklasse hat sich die Kopfschmerzprävalenz in der beobachteten Stichprobe verdoppelt, so daß die Schule als erheblicher Einflußfaktor angesehen werden muß. Die Diagnose von Migräne und Spannungskopfschmerzen erfolgt allein aufgrund subjektiver Kriterien (IHS, 1988), zuverlässige objektive diagnostische Zusatzkriterien existieren bisher nicht. Im Kindes- und Jugendalter ist die Manifestation primärer Kopfschmerzen variabler (so werden z. B. rekurrierende Bauchschmerzen von manchen Autoren als Migräneäquivalente bewertet; Symon & Hockaday 1992) und die diagnostische Einordnung wegen der eingeschränkten Wahrnehmungs- und Verbalisierungsfähigkeit gerade jüngerer Kinder besonders schwierig.

Charakteristika von Migräne sind (IHS, 1988): Dauer der Kopfschmerzattacke unbehandelt zwischen 4 und 72 Stunden (bei Kindern unter 15 Jahren zwischen 2 und 48 Stunden), einseitiger Schmerz von pulsierender Qualität, dessen Intensität so stark ist, daß Tagesaktivitäten nur eingeschränkt oder nicht mehr möglich sind, Verschlimmerung der Schmerzen durch körperliche Aktivität, Übelkeit eventuell mit Erbrechen, Photophobie und Phonophobie.

10–15% der Migränepatienten erleben zumindest bei einem Teil ihrer Attacken sogenannte „Auren“, d. h. reversible neurologische Symptome, die über mehrere Minuten progredient sind und zumeist das visuelle System (Verschwommensehen, „blinde Flecken“, typische gezackte geometrische Figuren etc.) betreffen, seltener sensorischer oder motorischer Art sind (Taubheitsgefühle, Gefühlsstörungen,

Lähmungen etc.).

Die Kriterien für Spannungskopfschmerzen sind hingegen im wesentlichen ein Ausschluß der Migränekriterien (IHS, 1988): Dauer der Kopfschmerzen zwischen 30 Minuten und 7 Tage, drückender Schmerzcharakter (nicht pulsierend), geringere Intensität (Tagesaktivitäten sind schlimmstenfalls eingeschränkt, werden nie verhindert), beidseitiger Schmerz, der durch körperliche Aktivität nicht verschlimmert wird, keine Übelkeit oder Erbrechen, keine Photophobie und Phonophobie.

Die Pathophysiologie der Migräne ist bisher noch nicht vollständig geklärt, verschiedene Hypothesen liefern jedoch einige Bausteine zum Verständnis. Die vaskuläre Theorie geht im wesentlichen auf Wolff (1963) zurück, der die Migräneaura auf intrazerebrale Vasokonstriktion und die Kopfschmerzphase auf Vasodilatation der A. carotis externa zurückführte. Neuere Untersuchungen mittels funktioneller bildgebender Verfahren zeigen jedoch eine zeitliche Diskrepanz zwischen Änderungen der Hirndurchblutung und den klinischen Symptomen, so daß die vaskuläre Theorie allein die Migräne nicht ausreichend erklären kann. Die neuronale Hypothese der Migräne stützt sich u. a. auf das Modell der „spreading depression“ (Leao, 1944), dabei handelt es sich um ein Phänomen, bei dem durch spezielle Reizung am Kortex eine Depolarisation ausgelöst werden kann, die sich „kriechend“ mit 3–5 mm/min von okzipital nach frontal bewegt, einem Zeitverlauf, der gut zur Ausbreitung sensibler/motorischer Symptome bei der Migräneaura paßt. Die trigeminovaskuläre Hypothese wurde von Moskowitz (1991) erstmals aufgebracht. Der 5. Hirnnerv (N. trigeminus) innerviert motorisch die Kaumuskulatur, sensible Haut und Schleimhäute des Gesichts und die Hirnhäute mit den inliegenden Blutgefäßen. Trigeminale Nervenfasern können durch verschiedene Trigger aktiviert werden und setzen dann verschiedene Neuropeptide frei (Calcium-Gene-Related-Peptide (CGRP), Neurokinin A (NKA), Substanz P (SP), Vasoaktives intestinales Peptid (VIP)), die eine Vasodilatation der innervierten Hirnhautgefäße und eine sterile, neurogene Entzündung rund um diese Gefäße bewirken. Für einen genetischen Hintergrund spricht die kürzliche Entdeckung einer Genmutation bei der familiären hemiplegischen Migräne. Bei dieser speziellen Unterform der Migräne werden aufgrund einer Mutation des Chromosoms 19p13 pathologisch veränderte Calciumkanäle exprimiert (Ophoff et al., 1997). In der gegenwärtigen Forschung wird Migräne als zerebrale Informations-Verarbeitungs-Störung beschrieben, die mit — vermutlich zumindest teilweise angeborener — kortikaler Hypersensitivität (visuell, akustisch, Schmerzverarbeitung allgemein) assoziiert ist und durch erlernte Verhaltensmuster transformiert und aufrechterhalten wird (Gerber & Schoenen, 1998). Dafür sprechen sowohl Verhaltensstudien bei Kindern mit Migräne als auch neurophysiologische Untersuchungen (evozierte und ereigniskorrelierte Potentiale).

Die Migräneattacke selbst wird schließlich durch eine Art „Überreizung“ ausgelöst, die auf verschiedenen Ebenen angesiedelt sein kann, wobei eine hohe interindividuelle Variabilität besteht bei zugleich recht großer intraindividueller Konstanz. Es kann sich dabei um exogene Triggerfaktoren handeln, z. B. Substanzen (z. B. Tyramin in Rotwein und Käse, bestimmte Medikamente, chinesisches Essen) oder Sinnesreize (Flackerlicht, helle Sonne, bestimmte optische Muster, Lärm, Qualm etc.), oder um endogene Triggerfaktoren wie bestimmte Phasen bzw. Änderungen von endogenen Rhythmen (Menstruationszyklus, Änderungen des Schlaf-Wach-Rhythmus, Rhythmus von Arbeit und Erholung) oder emotionale Faktoren (positiv wie Freude oder Erwartung, aber auch negativ wie Wut oder Angst).

Die Tatsache, daß Migräneattacken klar definierte physische oder psychische Auslöser haben, schließt nicht aus, daß sie auch anderen, nicht unmittelbar erkennbaren Zwecken und Funktionen dienen können (Sacks, 1994): Die biologisch einfachsten und dynamisch gutartigsten Migränen dienen der Erholung. Diese Attacken weisen eine enge Analogie zum Schlaf auf und treten nach einer Periode von Überaktivität und Spannung z. B. als „Wochenendmigräne" auf. Diesen Migränen verwandt sind die Migränen, die der Regression dienen, allerdings haben sie eine stärker interaktive Funktion. Ihre typischen Merkmale entsprechen eher der Krankheit als dem Schlaf, die Attacken haben stark appellativen Charakter und zeichnen sich durch mitleiderregendes Leiden, Abhängigkeitsbedürfnisse und Hilferufe aus. Migräne kann weiter in Form von dissoziativen Attacken auftreten und damit bei manchem Patienten angehäufte emotionale Belastungen und Konflikte gleichsam in sich einbetten und als „physiologisches Drama" in Szene setzen. Solche Migränen haben einen engen Zusammenhang zu somatoformen und dissoziativen Störungen und finden sich auch häufig im Rahmen einer solchen. Eine genetisch mitvermittelte zugrundeliegende Migränebereitschaft kann so im Sinne einer Abwehr von unerträglichen Gefühlen und Schmerz im Sinne Egle (1993) (vgl. S. 386) genutzt werden, diese Gefühle binden und eingrenzen. Es kommt häufig vor, daß diese Patienten, beraubt man sie ihrer Migräne, anschließend an diffuser Angst oder anderen psychischen Symptomen leiden. Schließlich gibt es noch die aggressive Migräne, mit der sich viele Analytiker vorrangig beschäftigt haben (z. B. Fromm-Reichmann, 1937). Emotionaler Hintergrund ist hier eine starke, chronische, verdrängte, feindselige Wut. Die Migräneattacke selbst ist Angriff oder Racheakt und tritt häufig in Situationen starker emotionaler Ambivalenz auf, das heißt in Zusammenhang mit gleichermaßen geliebten und gehaßten Personen. Die Feindseligkeit kann sich auch nach innen richten, so daß die Migräneanfälle eine selbstbestrafende Funktion haben.

Neuere Studien haben ergeben, daß zwischen Migräne und anderen psychiatrischen Störungen wie Depression, bipolaren affektiven Erkrankungen und Angststörungen eine hohe Komorbidität besteht (Lipton, 1998), wobei sowohl eine vorbestehende Migräne das Risiko für eine der genannten psychiatrischen Erkrankungen erhöht als auch umgekehrt.

Bei Kopfschmerzen vom Spannungstyp ist über die Pathophysiologie noch recht wenig bekannt. Immer wieder wurden myogene Faktoren diskutiert, gegenwärtig werden Spannungskopfschmerzen v. a. mit einer Störung der Schmerz-

Dämpfungssysteme im Hirnstamm (Raphe-Kerne, periaquäduktales Grau) und der regionalen Regulation des Muskeltonus in Verbindung gebracht (Göbel et al., 1996).

Da Migräne im Kindes- und Jugendalter zu ca. 60% ins Erwachsenenalter hinein chronifiziert (Bille, 1981, 1997), ist eine frühzeitige Chronifizierungsprophylaxe angezeigt. Diese sollte neben einer suffizienten medikamentösen Akuttherapie, z. B. nach den Richtlinien der Deutschen Migräne- und Kopfschmerzgesellschaft (Soyka et al., 1992), auch verhaltensmedizinische Ansätze umfassen, deren generelle Wirksamkeit auch bei Kindern vielfach nachgewiesen wurde (Mohn et al., 1996). Dabei wird bezüglich des therapeutischen Vorgehens meist nicht zwischen Migräne und Spannungskopfschmerzen unterschieden. Psychologische Verfahren (Jacobson-Entspannung, Biofeedback) zeigten sich in einer Metaanalyse allen anderen Interventionen (pharmakologischer Prophylaxe, Placebo- und Wartekontrollgruppen) überlegen (Hermann et al., 1995), wobei theoriegeleitete psychologische Behandlungskonzepte bisher noch fehlen.

Exkurs: Egle (1993) stellte die psychoanalytischen Auffassungen von Schmerzstörungen zusammen und geht dabei von entwicklungspsychologischen Aspekten aus, daß nämlich die Schmerzstörung insbesondere durch eine primäre Umwandlung von Affekten in körperliche Spannungszustände gekennzeichnet ist. „Alle Affekte werden anfangs körperlich erlebt und erst im Laufe des Erwachsenwerdens „psychisiert". Dabei kann es bei mangelnder Desomatisierung oder auch bei einer ausgeprägten sekundären Resomatisierung zu vegetativen Spannungszuständen im Sinne von Affektäquivalenten kommen" (S. 295 ff.). Im Rahmen dieser vegetativen Spannungszustände kann es zu erhöhten Muskelspannungen als unspezifische Reaktion auf verschiedene Belastungssituationen kommen (und somit z. B. zum Spannungskopfschmerz führen). Die besondere Bedeutung des Schmerzes bei der Entwicklung des Körperbildes wird in Anlehnung an Engel (1959) beschrieben. Nach Engel trägt der Schmerz entscheidend zur Entwicklung eines Körperbildes und zum Erleben der Umwelt bei. Jeder Körper entwickelt sein eigenes Schmerzgedächtnis, welches vor allem durch frühe Erfahrungen in der Kindheit geprägt wird und das später bei neuen Schmerzerfahrungen zu assoziativen Verknüpfungen und symbolhaftem Ausdrucksverhalten führen kann. Nach Mahler et al. (1975) ist diese Körperich-Bildung ein erster wesentlicher Schritt der Desomatisierung, d. h. Psychisierung von Affekten. Somit könnte der Schmerz neben dem Schutz des Körpers vor Verletzungen entwicklungspsychologisch auch wie andere Affekte eine wichtige Rolle bei der Entstehung sozialer Beziehungen (s. S. 291) einnehmen. In seinen empirischen Untersuchungen zur Schmerzanfälligkeit von Menschen (pain-proneness) fand Engel (1959), daß der zu Schmerz neigende Patient häufig durch die folgenden biographischen Merkmale geprägt war: Die Kinder waren Zeugen elterlicher Partnerschaftskonflikte mit verbalen und physischen Aggressionen, nicht selten waren die Kinder selbst von emotionaler Vernachlässi-

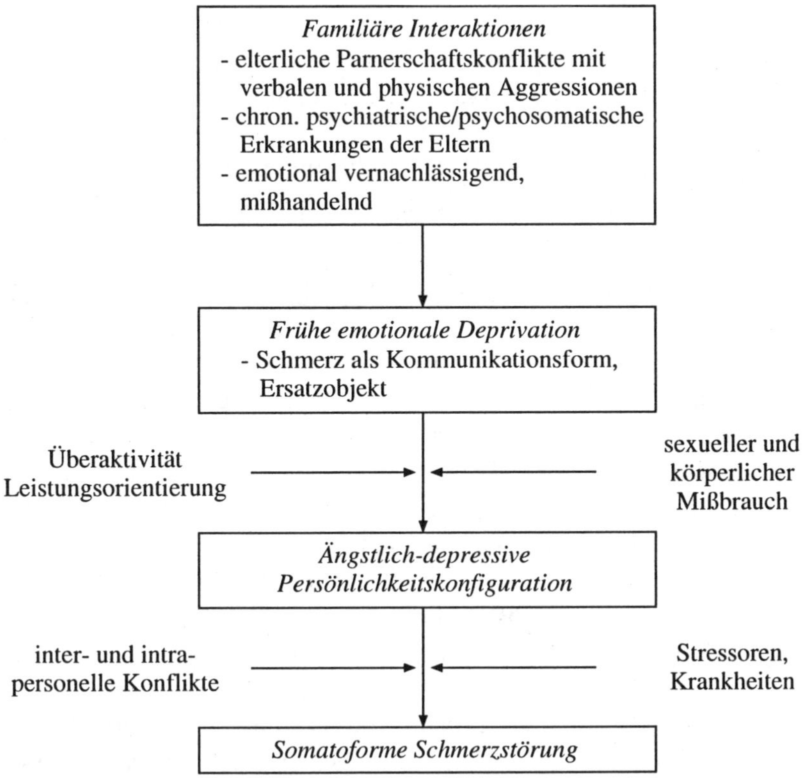

Abbildung 26.1: Psychodynamisches Modell für somatoforme Schmerzstörungen (nach Egle, 1993)

gung und körperlicher Mißhandlung betroffen gewesen. Eine Alkoholabhängigkeit der Väter sowie chronische Schmerzstörungen der Mütter mit einer nachfolgend krankheitsbedingten mangelnden Verfügbarkeit für die Kinder konnte ebenso gehäuft angetroffen werden. Nach Engel (1959) führten der Wechsel von Bestrafungen und Zuneigung zur Erfahrung des Kindes, daß Schmerz und Leid zu Zuneigung führten. Somit kann der Schmerz auch als Kommunikationsmuster eine beziehungsregulierende Funktion gewinnen. Egle (1993, S. 294) interpretiert analog der psychoanalytischen Vorstellung vom Konversionsmechanismus, daß unerträgliche Gefühle und Konflikte durch Schmerz abgewehrt werden können.

Ein pathogenetisches Modell aus psychoanalytischer Sicht für psychogene Schmerzstörungen stellt eine folgende an Egle (1993) orientierte Graphik dar (Abb. 26.1).

Obwohl psychosoziale Einflußfaktoren in der Pathogenese von somatoformen Schmerzstörungen im Kindes- und Jugendalter eine große Bedeutung erlangen, sind organisch-biologische Faktoren im Sinne der Mitbeteiligung an einer multifaktoriellen Genese mit zu bedenken. Auch wenn die Ätiologie und Pathophysiologie noch unzureichend geklärt sind, scheinen biochemische, psychophysiologische, neurogene und vaskuläre Mechanismen wichtig wie Karwautz et al. (1993) am Beispiel der idiopathischen Kopfschmerzformen (Migräne, Kopfschmerz vom Spannungstyp, Cluster-Kopfschmerz, chronisch paroxysmale Hemikranie) im Kindes- und Jugendalter beschrieben haben.

26.2 Konversionsstörungen (dissoziative Störungen)

Die häufigsten Symptome der konversionsneurotischen Störungen betreffen die Motorik und Sensorik in Form von Lähmungen, Gangstörungen, pseudoepileptischen Anfällen und Koordinationsstörungen. Sensibilitäts- und Empfindungsstörungen, Seh- und Hörstörungen sowie die Aphonie und Bewußtseinsstörungen zählen hinzu. Die genannten Störungen werden heute in den Klassifikationsschemata DSM-IV (1994) und ICD-10 (Dilling et al., 1991) der Gruppe der dissoziativen Störungen zugeordnet. Nach einer Definition des ICD-10 ist das allgemeine Kennzeichen der dissoziativen Störungen, der teilweise oder völlige Verlust der normalen Integration, die sich auf Erinnerungen an die Vergangenheit, Identitätsbewußtsein und unmittelbare Empfindungen sowie die Kontrolle von Körperbewegungen bezieht. Diese Auffassungen rekurrieren auf Modellvorstellungen von Janet (1889), der Ende vergangenen Jahrhunderts die Dissoziation als den bedeutsamen psychologischen Prozeß beschrieb, mit dem der Organismus auf ihn überwältigende traumatische Lebenserfahrungen reagiert.

Während Janet (1889) in seiner Modellvorstellung von einer durch Traumen ausgelösten Bewußtseinsstörung, oder in seiner Terminologie Bewußtseinsspaltung, ausging, postulierte Freud (1982) in seinem Konversionsmodell die Umsetzung eines seelischen Konfliktes in körperliche Symptome, wobei den Symptomen grundsätzlich ein Ausdruckscharakter zugesprochen wurde. D. h. die Symptome sind, nach Mentzos (1980), nicht zufällig, sondern sie weisen innerhalb des biographischen und momentanen psychosozialen Rahmens der Patienten deutliche Sinnzusammenhänge auf, die den Symptomen genaue symbolische Ausdrucksgebungs-, Mitteilungs- bzw. kommunikative Funktionen verleihen. Es kommen bevorzugt diejenigen Körperteile und -funktionen für Konversionen in Betracht, die früh im Leben in der Kommunikation zur Umwelt wichtig waren.

Das Einwirken von Traumen wird in der Entwicklung dissoziativer bzw. konversionsneurotischer Störungen bei Kindern und Jugendlichen heute wie auch damals als ein entscheidender ätiologischer Faktor angesehen. In zahlreichen empirischen Studien wurde auf das gehäufte Auftreten sexueller, überwiegend inzestuöser Übergriffe bei Kindern und Jugendlichen mit konversionsneurotischen Störungen hingewiesen (Shapiro, 1987). Die vorliegenden Befunde sind hinreichend bedeutsam, daß der Untersucher eine große Aufmerksamkeit zeigen sollte, ob eine unangemessene sexuelle Stimulierung oder sexueller Kontakt vorgelegen haben könnte. Trotz Vorliegen bedeutsamer Verdachtsmomente ist aber davor zu warnen, vorschnell im Einzelfall inzestuöse Übergriffe zu postulieren, um auch andere bedeutsame Ätiologien (wie z. B. körperliche Mißhandlung, Zeuge von Gewalttaten etc.) offenhalten zu können und eine Fehleinschätzung zu vermeiden. Die Konversionssymptome können auch losgelöst von einer eigentlichen weit zurückreichenden traumatischen Erfahrung wirken, so daß gerade diesen dann auch häufig kein Symbolgehalt zugeschrieben werden kann.

Die Dissoziation als allgemeine Traumabewältigung kann vielmehr auch als eine Art Abwehr-Mechanismus angesehen werden, der auch erhalten bleibt bei späterer Konfrontation mit Angst, Schmerz und bedrohlichen Ereignissen. Auch geringe Stressoren können den alten Mechanismus wieder wachrufen und dissoziative bzw. konversionsneurotische Phänomene herstellen. Als auslösende Ereignisse werden von Bürgin (1993, S. 82) gehäuft folgende Situationen beschrieben:

- schwere narzißtische Verletzungen (real oder befürchtet)
- Trennungserlebnisse und/oder Verlustängste (z. B. Scheidung der Eltern, unvollständige oder pathologische Trauerreaktion bei Tod eines Elternteils, Ablösungskonflikte in der Pubertät mit Ausbruchsschuld)
- schwer aggressive Konflikte (mit massiven Schuldängsten)
- traumatisierende Erfahrungen (z. B. Verkehrsunfälle, Kriegserlebnisse) — sexuelle (reale oder phantasierte) Verführungssituationen und Traumatisierungen (z. B. Inzest).

Ob Kinder und Jugendliche mit Konversionsstörungen gehäuft typische Persönlichkeitszüge im Sinne einer histrionischen (früher hysterisch genannten) Persönlichkeitsstörung aufweisen, wird kontrovers diskutiert. Während Untersuchungen zur Häufigkeit des Zusammenhangs von histrionischen Persönlichkeitszügen im Kindes- und Jugendalter und Konversionssymptomen unzureichend vorliegen, lassen sich nach einer Einschätzung von Bürgin (1993) häufig folgende histrionische Persönlichkeitszüge beobachten: eine leichte Erregbarkeit mit lebhafter Phantasietätigkeit und Neigung zu Regressionen von der Handlung zum Tagtraum. Egozentrizität mit dem Bedürfnis, die Aufmerksamkeit der anderen durch theatralische Expansion oder dramatische Selbstdarstellung zu erregen. Dieser extreme Ausdruck von Emotionen scheint oft der Abwehr von Gefühlen der Unwichtigkeit zu dienen. Großer Hunger nach emotionaler Zuwendung und geringe Kontrolle von Affekten sowie eine hohe Sensibilität, Suggestibilität und Identifikationsneigung. Ebenso die Neigung, Beziehungen zu erotisieren oder zu sexualisieren, wobei massive Sexualängste vorherrschen. Oft ist auch nach Bürgin (1993) ein freies Intervall zwischen dem bedeutungsvollen emotionalen Geschehnis und der Exazerbation der Konversionssymptomatik zu beobachten. Imitations-

und vor allem Identifikationsvorgänge spielten eine außerordentlich große Rolle, womit auch im Rahmen einer interindividuellen „Ansteckung" konversionsneurotische Phänomene (z. B. psychogene Ohnmachten in Schulklassen und bei Popkonzerten etc.) epidemische Ausmaße annehmen könnten.

Epidemiologische Untersuchungen zur Häufigkeit von Konversionsstörungen bei Kindern und Jugendlichen haben keine sicheren Daten gewinnen können, wohingegen Untersuchungen in kinder- und jugendpsychiatrischen Populationen (Lehmkuhl et al., 1989) eine Häufigkeit von 0.5% bis 10% aufweisen. Die Streuung in den Häufigkeitsangaben ist sicherlich auf das unterschiedliche Diagnoseverhalten der Kliniken zurückzuführen, das Ausdruck der terminologischen und diagnostischen Zuordnungsunsicherheit ist. Während die „klassischen" konversionsneurotischen Störungen im Sinne von psychogenen Anfällen und Lähmungen nur einen geringen Anteil an den kinder- und jugendpsychiatrischen Erkrankungen darstellen, sind konversionsneurotische Phänomene im Sinne einer psychiatrischen oder auch neurologischen Komorbidität häufiger anzutreffen. Insbesondere in neurologischen und pädiatrischen Kliniken dürfte der Anteil wesentlich höher liegen, wobei keine verläßlichen Daten über die Häufigkeit existieren. In kinder- und jugendpsychiatrischen Populationen (Lehmkuhl et al., 1989) waren unter den konversionsneurotischen Störungen die psychogenen Anfälle am häufigsten aufgetreten, gefolgt von Gangstörungen, Dämmerzuständen und Lähmungen. Während die Geschlechtsverteilung bei präpubertären Kindern ausgeglichen erscheint, dominieren die Mädchen etwa in einem Verhältnis von 2:1 gegenüber den Jungen im Jugendalter. Der Altersgipfel der Erkrankung liegt zwischen 9 und 13 Jahren. Das Auftreten der konversionsneurotischen Symptome vorwiegend erst ab dem 9. Lebensjahr deutet auf entwicklungsabhängige Einflüsse hin. Nach Strunk (1985) kann die mangelnde Trennung von Realität und Phantasie beim Kind eventuell verantwortlich sein für das Vorkommen sowohl bewußtseinsnaher und bewußtseinsferner sowie instabiler Symptome.

Konversionsstörungen bedürfen grundsätzlich einer genauen organdiagnostischen Abklärung, da sich sehr häufig die Symptomatik im weiteren Verlauf als Ausdruck einer organischen Grunderkrankung zeigte. Bei einer Analyse mehrerer Untersuchungen (Blanz & Lehmkuhl, 1986) zeigte sich ein Anteil von Fehldiagnosen je nach Studie zwischen 8.7% und 46%. Insbesondere monosymptomatische (wie z. B. die Lähmung eines Beines) sowie schleichend beginnende Erkrankungen weisen auf eine organische Symptomgenese hin. Insbesondere stellen epileptische Erkrankungen, tumoröse oder andere raumfordernde Prozesse sowie die Multiple Sklerose eine häufige organische Ursache dar. Auch kann es nicht selten zu einer Koinzidenz einer neurologischen und einer Konversionsstörung kommen, so z. B. bei einer Mischung von psychogenen Anfällen mit organisch bedingten epileptischen Anfällen (Hysteroepilepsie). Aufgrund der beschriebenen differentialdiagnostischen Unsicherheiten wurde eine für das Kindes- und Jugendalter angemessene diagnostische Kriterienbildung (Brunner & Resch, 1993) in Anlehnung an frühere Konzeptionen von Friedman (1973) und Strunk (1985) konzipiert, die trotz eingeschränkter Validität einzelner Kriterien in der Evaluation dieser Erkrankung wertvoll erscheinen, um die Verdachtsdiagnose einer konversionsneurotischen Störung erhärten zu können und damit zur größeren differentialdiagnostischen Sicherheit beitragen kann:

- Übernahme von Symptomen oder einer ähnlichen Symptomatik in Anlehnung an ein Modell (häufig für die betroffene Person eine emotional wichtige Beziehungsperson). Auch Erkrankungen von Mitpatienten im Rahmen einer stationären Behandlung gewinnen häufig Modellfunktion. Ebenfalls können Symptome aus früheren eigenen organischen Erkrankungen bedeutsam sein.
- Belle indifférence („ausgeprägter Mangel an subjektiver Betroffenheit im Kontrast zu den schweren körperlichen Störungen"). Die Belle indifference kennzeichnet also eine Diskrepanz zwischen der Schwere der Erkrankung und der Einstellung zur Erkrankung.
- Gehäuftes Auftreten von psychiatrisch-psychosomatischen Erkrankungen in der Familienanamnese.
- Bewältigungs- und Abwehrverhalten bei früheren vorangegangenen organischen Erkrankungen durch Somatisierung geprägt.
- Frühe Somatisierungsphänomene.
- Organische Erkrankungen am/vor/während des Beginns der Konversionssymptomatik.
- Symptomwechsel, -ausdehnung, -veränderung im Rahmen der medizinischen Untersuchungen.
- Primärer und sekundärer Krankheitsgewinn.
- Symbolgehalt/Ausdrucksgehalt der Symptomatik („Häufig sind insgesamt sinnvolle Bewegungsabläufe gestört" (Dauner, 1977) d. h. selten ist z. B. nur eine Extremität gelähmt, sondern häufig beide und somit die Funktion des Gehens und Stehens nicht mehr möglich).
- Körperliche Belastungen durch Deformitäten oder bleibende Krankheitsfolgen, z. B. nach Unfallereignissen.
- Manipulative Handlungen bis hin zu selbstverletzenden Handlungen.
- „Doctorshopping", häufiger Abbruch und Wechsel von Behandlungen.

- Persönlichkeitsentwicklungsstörungen (häufig eine Persönlichkeitskonfiguration vom Borderline-Typ).
- Traumatische Erfahrungen.

KAPITEL 27

Impulskontrolle

Impulskontrolle ist die Fähigkeit, spontane und/oder reaktive Handlungen aus Gründen höherer Motivationen und Zielvorstellungen zu unterdrücken oder zu unterlassen. Impulskontrolle stellt einen wesentlichen Faktor der Sozialisation und der zivilisatorischen Entwicklung des Menschen dar. Handlungen, die zwar unmittelbar dem Lustgewinn, der Beruhigung oder der aggressiven Selbstentfaltung dienen, werden durch selbstmotivierte Kontrolle unterdrückt, wenn andere Menschen oder der Betroffene selbst in irgendeiner Weise dadurch zu Schaden kommen könnten.

Störungen der Impulskontrolle und impulsive Handlungsmuster kommen in ganz unterschiedlichen psychopathologischen Zusammenhängen vor und können sich vor allem in aggressiven und autoaggressiven Verhaltensweisen ausdrücken.

Nach Taylor (1994) können wir folgende Dimensionen der Impulskontrollstörung unterscheiden (s. Abb. 27.1). Störungen der Impulskontrolle sind typischer Bestandteil der hyperkinetischen Störung, die zusätzlich noch durch Hyperaktivität und Aufmerksamkeitsdefizite gekennzeichnet ist. Hyperkinetische Syndrome können bei ungeeigneten Erziehungsbedingungen zu vermehrten Regelverstößen Anlaß geben und die Selbstentwicklung soweit beeinflussen, daß Impulskontrollstörungen bis ins Adoleszentenalter hinein nachweisbar sind.

Die zweite Dimension betrifft die Regelverstöße, die mit Impulskontrollverlusten einhergehen. Es werden immer Grenzen überschritten: Distanzgrenzen, Intimitätsgrenzen, Körpergrenzen oder auch Interessengrenzen und ethische Grenzen.

Die dritte Dimension beschreibt das Ausmaß an Aggressivität, die im Rahmen der Impulshandlungen zum Ausdruck kommt. Durch Regelübertretung und Aggressivität kann impulshaftes Verhalten auch vitale Gefährlichkeit für den Betroffenen und andere erlangen.

---

* Hyperaktivität
* Regelübertretung
* Aggressivität
* Spezifische Impuls-Motive
  - Eßattacken
  - Substanzmißbrauch
  - Automutilation

Abbildung 27.1: Verhaltensdimensionen der Impulskontrollstörung (nach Taylor, 1994)

Schließlich sind noch spezifische Impulsmotive zu nennen: z. B. Eßattacken, impulshafter Substanzmißbrauch oder Automutilation (Selbstverletzung).

Charakteristisch für eine Störung der Impulskontrolle sind wiederholte Handlungen ohne vernünftige Motivation, die im allgemeinen die Interessen der betroffenen Personen oder anderer Menschen schädigen. Die betroffene Person kann häufig den Impulsen nicht widerstehen, es kommt zu habituellen Verhaltensweisen. Charakteristisch ist auch, daß der Handlung eine Anspannung vorausgeht, daß während oder nach der Handlung ein Gefühl der Erleichterung eintreten kann.

Die Diskussion um die internalen und externalen Theorien der Aggression sind weitgehend einer integralen Sichtweise gewichen. So hatte die psychoanalytische Theorie der Aggression ein Modell für einen internalen Standpunkt geschaffen. Danach gibt es aggressive Instinkte und aggressive Impulse, die zur Entladung drängen, wobei Aggression damit ein feststehender Bestandteil der biologischen Ausstattung des Menschen wäre. Ähnliche Auffassungen wurden auch von Ethologen wie Konrad Lorenz (1981) vertreten. Aggression wäre damit ein Instinktverhalten, das in der biologischen Funktion wurzelt und Überlebensbedeutung hat. Nach dieser pessimistischen internalen Theorie unterscheidet sich der Mensch von anderen Arten durch fehlende Mechanismen wie Drohverhalten und ritualisiertes Kämpfen. Dazu in scharfem Gegensatz stand die Theorie des sozialen Lernens. Danach stand aggressives Verhalten unter der Kontrolle von auslösenden, erhaltenden und beendenden Umweltbedingungen. Nach dieser Theorie wird Aggression eher sozial als durch einen Instinkt kontrolliert. Die Aggressionstheorie des sozialen Lernens zeichnete ein optimistischeres Bild von Eingriffsmöglichkeiten, da aggressives Verhalten erworben, ausgeführt, aufrechterhalten und durch äußere soziale Wirkfaktoren mitbestimmt ist. Aus heutiger Sicht werden sowohl internale wie auch externale Faktoren bei der Entstehung und Aufrechterhaltung aggressiver Verhaltensweisen angenommen. Insgesamt erscheint die internale Verfassung des Organismus die Qualität und Intensität der Reaktion auf die Umgebung zu beeinflussen, während die Umweltreize und der situative Kontext wiederum auf den internalen Zustand des Organismus einwirken. Je nachdem, ob eine aggressive Handlung zu Grenzverletzungen und Regelverstößen führt, dient sie zwar der Spannungsabfuhr nach innen, erweist sich aber aus der Sicht von Entwicklung, Anpassung gemäß unseren kulturellen Vorgaben als dysfunktional und in gravierendem Falle sogar gefährlich (s. auch Kap. 29.2).

Im folgenden sollen körperliche Selbstbeschädigungshandlungen bis hin zu suizidalen Handlungen näher beleuchtet werden:

Impulskontrollverluste mit Selbstverletzungen werden als typisches Symptomverhalten insbesondere bei Jugendlichen mit Persönlichkeits- (entwicklungs-) Störungen vom Borderlinetyp mit dem Vorherrschen archaischer Abwehrmechanismen gesehen.

27.1 Selbstverletzung

Unter *Selbstverletzung* (Automutilitation) versteht man das Zufügen einer Verletzung am eigenen Körper, die mit einer Gewebeschädigung einhergeht, wobei keine bewußte suizidale Intention vorliegt (Simeon et al., 1992). Auch wenn in erster Linie keine suizidalen Intentionen gerade bei selbstverletzenden Handlungen im Rahmen von Persönlichkeitsentwicklungsstörungen vorliegen, wäre zu fragen, ob die Selbstverletzung bewußt intendiert oder eher Ausdruck eines unwillentlichen Impulskontrollverlustes ist. Sinnvoll erscheint aus klinischer Sicht eine allgemein differenzierende Betrachtung mit einer Einteilung in ichsyntone und ichdystone (als Fremdimpuls erscheinende) Impulskontrollstörungen.

Während repetitive autoaggressive Stereotypien bei geistig behinderten Kindern und Jugendlichen, autistischen Syndromen, hirnorganischen Störungen, schweren Stoffwechselstörungen (Lesch-Nyhan-Syndrom) vor allem in Formen von Schlagen, Beißen, Kratzen und Haareausreißen auftreten können, treten autoaggressive Handlungen im Rahmen psychotischer Störungen häufig nur einzeln mit schweren Ausprägungsgraden auf. Bei produktiv schizophren Erkrankten mit chronischen Verläufen oder in katatonen Zuständen können Selbstverstümmelungen (z. B. Augenenukleation, Kastration, Amputationen) auftreten. Diese autodestruktiven Handlungen treten im Zusammenhang mit Sinnestäuschungen oder Wahnideen religiösen oder sexuellen Inhalts gehäuft auf (Herpertz & Saß, 1994). Auch konnten im Zusammenhang drogeninduzierter Psychosen schwere Selbstverletzungen beobachtet werden.

Selbstverletzungen als Teilaspekt einer Persönlichkeitsentwicklungsstörung sind erst jüngst Gegenstand wissenschaftlichen Interesses geworden (van der Kolk et al., 1991; Resch et al., 1993a; Herpertz & Saß, 1994; Sachsse, 1987, 1994). Leichtere Formen offener Selbstbeschädigungen (delicate self cutting) wie vor allem oberflächliches Ritzen der Haut mit einer Rasierklinge oder anderen spitzen Gegenständen, aber auch weitflächige Kratzspuren, Akne excorieé (Aufkratzen), heftiges Schlagen des Kopfes und der Extremitäten, Manipulation von Wunden und schwere Formen (deliberate self harm syndrome) wie tiefe Schnittverletzungen, Verbrennungen, Bißwunden, Verletzungen im Genital- und Analbereich (Eckhardt, 1992; Herpertz & Saß, 1994) sind häufig vergesellschaftet mit Persönlichkeitsstörungen und sind durch eine Wiederholungsneigung charakterisiert. Charakteristisch erscheint dabei nach Herpertz & Saß (1994) die Offenlegung der selbst zugefügten Verletzungen, eine Verleugnung der Handlungen findet insbesondere gegenüber dem Arzt nicht statt. Heimliche oder vorgetäuschte Selbstbeschädigungen sind seltener und besitzen eine noch komplexere Dynamik von intrinsischen Motiven der Selbstberuhigung und sozial manipulativen Aufforderungen. Einschätzungen zur Prävalenz offener Selbstbeschädigungen gehen von 0.6% bis 0.75% der Allgemeinbevölkerung aus, während der Anteil von Selbstverletzungen bei psychiatrischen Patienten auf gut 4.3% geschätzt wird.

In selegierten Patientenstichproben fanden sich erheblich höhere Prävalenzraten (u. a. 13.6% bei institutionalisierten geistig Behinderten, 13% bei Persönlichkeitsstörungen mit Borderline-Konfigurationen, 24% bei Inhaftierten mit antisozialer Persönlichkeitsstörung, 25–40% bei Patienten mit Eßstörungen (Herpertz & Saß, 1994)). Selbstverletzende Handlungen treten also gehäuft als psychopathologische Begleitphänomene anderer psychiatrischer Grunderkrankungen auf, wobei zur Ausbildung dieses Symptoms eine Störung der Persönlichkeitsentwicklung mit archaischen Abwehrformen (Borderline-Störung) den wesentlichsten Mediator darzustellen scheint. Das Geschlechterverhältnis wird sehr divergierend, je nach Untersuchung (Herpertz & Saß, 1994; Sachsse, 1994), zwischen 2:1 bis 9:1 zugunsten weiblicher Patienten angegeben, wobei Prävalenzraten in kinder- und jugendpsychiatrischen Populationen bislang fehlen. Herpertz & Saß (1994) konnten zwei Gipfel einer Altersverteilung (in der Pubertät und im jungen Erwachsenenalter) erheben mit dem Befund, daß nicht selten selbstverletzende Handlungen bereits vor dem 12. Lebensjahr begannen.

Obgleich viele menschliche Verhaltensweisen süchtig entgleisen können, wird eine besondere Analogie zwischen süchtigem (stoffgebundenem) Verhalten und repetitiv selbstverletzenden Verhaltensweisen sichtbar, die nicht nur in der Phänomenologie, sondern auch in den ätiopathogenetischen Aspekten isomorph erscheint (Resch et al., 1993a). Für die Nähe zu den Suchterkrankungen zählt auch die Tatsache, daß selbstverletzende Verhaltensweisen bei Patienten häufig durch manifeste stoffgebundene Suchterkrankungen oder Eßstörungen, dort vor allem die Bulimie, abgelöst werden. So wird auch bei der Erörterung phänomenologischer, biographischer, psychodynamischer und neurobiologischer Aspekte bei offenen Selbstbeschädigungshandlungen die Nähe zu den Suchterkrankungen deutlich. Nach Herpertz & Saß (1994) gehen Selbstverletzungen mit typischen affektiven und kognitiven Phänomenen einher: bei einem großen Teil der Patienten gehen belastende zwischenmenschliche Erfahrungen den selbstverletzenden Handlungen voraus, die häufig über eine narzißtische Kränkung in einen affektiven Zustand einmünden, der weiter zu schnell eskalierenden dysphorischen Verstimmungen mit Wutgefühlen, Verzweiflung, Angst und absoluter Hilf- und Hoffnungslosigkeit führt. Kognitive Fähigkeiten, sich vom Affekt zu distanzieren, fehlen, hinzu kommen Leere- und Benommenheitsgefühle, Depersonalisations- und Derealisationsphänomene, dissoziative Erlebnisweisen mit Trancezuständen, Amnesien und Körpergefühls- und Bewegungsstörungen. Da Depersonalisationsphänomene angstinduzierend wirken können und durch den selbstverletzenden Akt häufig unterbrochen werden, wurde diskutiert, ob die wiederholten Selbstverletzungsakte der Verhinderung einer weiteren psychischen Desorganisation vorbeugen sollen, sozusagen als Schutz vor einer psychotischen Entgleisung (Sachsse, 1987). Selbstverletzungen werden oft in ritueller Weise durchgeführt, wobei Patienten ein vermindertes Schmerzempfinden im Sinne einer Hypo- oder Analgesie aufweisen. Selbstbeschädigungshandlungen können auch lustvolle Merkmale zeigen, selten werden sexuelle Stimulationen berichtet. Die Spannungsminderung durch den Akt der Verletzung führt nach einer Phase der Erleichterung bald wieder zu einer neuen Spannung durch Gefühle von Schuld, Scham und Trauer, die den Circulus vitiosus erneut auflädt (Herpertz & Saß, 1994).

Die Bedeutsamkeit traumatischer Lebenserfahrungen in der Kindheit bei Patienten mit selbstverletzenden Handlungen konnte wiederholt empirisch belegt werden (Walsh & Rosen, 1988), wobei als besondere Prädispositionen gelten: Verlust eines Elternteils durch Scheidung oder Fremdunterbringung, chronische Krankheit oder mehrfache Operationen, sexueller Mißbrauch und körperliche Mißhandlung, impulsive Verhaltensweisen auf seiten der Familienmitglieder (Alkoholismus), Gewalt zwischen den Familienmitgliedern. In der Adoleszenz scheinen weitere Bedingungen die Entwicklung von selbstverletzenden Verhaltensweisen zu begünstigen: ein rezenter Verlust einer bedeutsamen Beziehungsperson, Probleme mit Gleichaltrigen bei nicht bestehender Asozialität, eine Körperentfremdung, d. h., daß der automutilative Akt auch immer als Ausdruck einer Störung des Körperschemas zu bewerten ist, wie er auch typischerweise für die Anorexia nervosa postuliert wird (Resch et al., 1993a). Schließlich gelten als Auslöser von selbstverletzendem Verhalten auch andere Impulsdurchbruchs- und Kontrollverlustsyndrome wie z. B. Alkoholismus, Drogenabusus und Gewalttätigkeit. Warum die Motivation zur Selbstverletzung nicht an einer Grenze des Schmerzes und Integrität des eigenen Körpers halt macht, wird insbesondere durch schwere Störungen im Aufbau des Körperselbst interpretiert (Resch et al., 1993a).

Durch eine frühe Deprivation und kumulative Traumen (häufig körperliche und sexuell inzestuöse Mißhandlungen) kommt es über eine Störung der Körperwahrnehmung beim Kind zu einer unzureichenden Ausgestaltung eines integrativen Körperbildes, das weiter eine Störung der Persönlichkeitsentwicklung begünstigt. Der instrumentalisierende Umgang Erwachsener mit dem kindlichen Körper führt zu einer mangelnden Ausdifferenzierung seiner körperlichen und seelischen Bedürfnisse mit der Folge, daß Körpersensationen nicht mehr geordnet werden können und einen ängstigenden überschwemmenden Charakter gewinnen. Wünsche, Bedürfnisse, Affekte, Emotionen, sexuelle Impulse sind dort vorrangig mit gemeint. Die mangelnde Integration des Körperbildes führt zu einer ausgeprägten ichstrukturellen Schwäche, die wiederum zur Impulshandlung prädisponiert (Sachsse, 1987).

In neurobiologischer Hinsicht wurde u. a. diskutiert, daß durch die Selbstverletzung es zu einem erhöhten Output körpereigener Opiate (Endorphine) kommt und auf diese Weise eine Repetition des Verhaltens gebahnt wird. Jüngst wurde auch die Störung des Serotoninstoffwechsels mit uneindeutigen Ergebnissen diskutiert, wobei Medikamente, die zu einer Erhöhung des Serotonins im Hirnstoffwechsel führten, mit einem Rückgang selbstverletzenden Verhaltens verbunden schienen.

Ein weiteres häufiges — aber kaum wissenschaftlichen Betrachtungen bisher unterzogenes — Selbstbeschädigungsverhalten im Kindes- und Jugendalter stellt das Nägelkauen (Onychophagie), das habituelle Nagelbettreißen (Perionychophagie) sowie das Ausreißen der Haare (Trichotillomanie) dar.

Allen drei destruktiven Verhaltensweisen ist gemeinsam, daß zum Teil die Hautstücke, die zerstörten Fingernägelteile und die ausgerissenen Haare in den Mund aufgenommen oder/und heruntergeschluckt werden. Die ähnliche Phänomenologie zwischen den einzelnen genannten Verhaltensweisen hatte Hirsch (1991) zur Beschreibung einer einheitlichen Psychodynamik veranlaßt (s. u.).

Onychophagie: Der destruktive Vorgang äußert sich im Beißen, Abnagen, Kauen und zum Teil Essen der Fingernägel. Nach Nissen (1994a) liegt der Häufigkeitsgipfel zwischen dem 8. und 11. Lebensjahr, das Phänomen kann aber auch bei Jugendlichen und Erwachsenen beobachtet werden. Das Verhalten kann in Druck- und Spannungssituationen ausgelöst und verstärkt werden. Als typische Spannungssituationen beschreibt Nissen (1994a) vor allem Zeiten vermehrten Anpassungsdrucks auf die Kinder durch erhöhte soziale, emotionale und intellektuelle Anforderungen in bestimmten Lebensphasen. Psychodynamisch kann die Onychophagie als mögliche Selbstberuhigung oder Abfuhr für verbotene oder nicht gewagte Aggression angesehen werden. Deutungen des Phänomens als Selbstbestrafung bei starken Schuld- und Angstgefühlen oder als Ausdruck gegen sich selbst gerichteter sadomasochistischer Tendenzen erscheinen überzeichnet.

Die *Trichotillomanie* ist gekennzeichnet durch einen ständigen Impuls, Haare auszureißen, mit der Folge eines sichtbaren Haarverlustes. Dem Ausreißen der Haare geht häufig ein ritualisiertes Drehen und Ziehen voraus, wobei von betroffenen Kindern betont wird, daß dieses bestimmte Haar nicht richtig „gestimmt" habe, es falsch lokalisiert gewesen sei, zu strähnig, zu gelockt etc. (Swedo & Rapoport, 1991).

Zwei Subtypen der Trichotillomanie beschreiben Swedo & Rapoport (1991), wobei der eine Typ gutartig und zeitlich begrenzt vor allem zwischen dem 2. und 6. Lebensjahr auftritt, und einen weiteren Typ, der in der Adoleszenz beginnt und von größeren psychopathologischen Auffälligkeiten begleitet ist. Es handelt sich auch hierbei überwiegend um Mädchen, wobei Schätzungen ein Geschlechterverhältnis zugunsten der Mädchen von 4:1 vermuten. Trichotillomanie bei Kindern ist häufiger assoziiert mit Lernstörungen, geistigen Behinderungen und Eisenmangelzuständen, während bei Jugendlichen sich diese Symptomatik mit Angststörungen, depressiven Störungen, Eßstörungen, Zwangsstörungen und schizophrenen Erkrankungen zeigte. Eine Häufung affektiver Störungen und insbesondere von Zwangsstörungen zeigte sich bei Untersuchungen hinsichtlich psychiatrischer Erkrankungen in der Herkunftsfamilie. Psychodynamische Erklärungsansätze sahen die Trichotillomanie als pathogenen Versuch der Angstreduktion durch einen narzißtisch autoerotischen Mechanismus, wobei auch der Umgang mit den Haaren im Sinne eines Übergangsobjektes interpretiert wurde (Swedo & Rapoport, 1991). Hinsichtlich der Symptomgenese wurde vor allem auf „die auffällige Koppelung von verdrängten Wut- und Aggressionsimpulsen einerseits und auf ein sehr intensives Zärtlichkeits- und Anlehnungsbedürfnis hingewiesen" (Nissen, 1994a, S. 28). Ätiologisch wurden vor allem pathogene Elternkonstellationen und emotionale Störungen in der Mutter-Kind-Beziehung berichtet.

Als *Perionychophagie* definiert Hirsch (1991) in Anlehnung an die Onychophagie das Beißen der den Nagel umgebenden Haut. Bezieht sich das Beißen auf die Finger ohne Abreißen der Haut, spricht Hirsch von Perionychomanie in Anlehnung an die Trichotillomanie.

Auch bei diesen Formen der Selbstschädigungen der Haut überwiegt das weibliche Geschlecht. Nach Hirsch wird die Selbstbeschädigung oft durch zufällige kleine Verletzungen oder Risse gebahnt, von denen eine starke Anziehungskraft auszugehen scheint. „Das eigentliche Agieren besteht in einem dranghaften Schaben, Reißen und Aufbohren der Haut um den Nagel sowie ein Zurückschieben und Abreißen des Nagelhäutchens, dabei entstehen auch tiefe blutende Wunden." (Hirsch, 1991, S. 128) Die in der Anamnese häufig berichtete zeitliche Aufeinanderfolge von Daumenlutschen, Nägelkauen und Paronychophagie läßt nach Hirsch auf eine innere Verbindung der Symptome schließen. So haben alle selbstberuhigenden Körperaktivitäten, vom ersten quasi reflektorischen Daumenlutschen bis hin zum beabsichtigten Gebrauch des Daumens in Abwesenheit der Bezugspersonen als Ersatz- und Übergangsobjekt, eine Doppelfunktion. Nach Hirsch scheint die Haut als Kontaktorgan par excellence. Die Doppelfunktion als schützendes Integument und Wahrnehmungsorgan führt dazu, daß der Hautkontakt zur Voraussetzung des Gefühls wird, gehalten zu werden. Nach Hirsch enthält das Beißen und Verschlucken neben dem Schmerz und der Hautläsion eine Aggression, die sich letztlich auf Defizite im Bereich der interaktionellen Matrix zurückführen läßt. Hirsch faßt zusammen, daß ein destruktives Agieren mit dem eigenen Körper und seinen Teilen über regressive Zustände von psychosenaher Spannung und Leere hinweghilft, und daß das Gehaltenwerden im Falle der hier beschriebenen Symptome in der selbst geschaffenen Aktivität von Haut und Fingernägeln repräsentiert wird. Beruhigung und Autoaggression gehen dabei Hand in Hand.

Das **Münchhausen-Stellvertreter-Syndrom** (Münchhausen-by-proxy-syndrome) wurde bei Kindern 1974 erstmalig beschrieben, wobei bisher nur Einzelfalldarstellungen verfügbar sind. Dieses Syndrom wurde in Anlehung an das Münchhausen-Syndrom bei erwachsenen Patienten definiert als eine schwere Störung, bei der Mütter an ihren Kindern Krankheitssymptome vortäuschen, künstlich erzeugen oder aggravieren, um die Krankenhausaufnahme der Kinder und in der Folge zahllose, meist invasive medizinische Eingriffe, inklusive Operationen zu erreichen (Eckhardt, 1992). „Meist spiegeln Mütter körperliche Symptome ihrer Kinder vor oder induzieren durch Manipulationen zum Teil schwere Erkrankungen bei den Kindern wie epileptische Anfälle, Durchfall und Erbrechen, Dehydratation und Elektrolytverschiebungen, Blutungen, Sepsis, heimliche Vergiftungen, Hautartefakte, Hämaturie, Apnoe, Hypoglykämien und viele andere mehr“ (Günter & Boos, 1994, S. 307). Nach Plaßmann (1989) sind die eigentlichen Patienten die Mütter, „die eine Krankheit nicht am eigenen Körper, sondern am Körper des Kindes heimlich erzeugen oder erfinden“. Das Verhalten der Mütter wird vorrangig im Zusammenhang mit schweren Persönlichkeitsstörungen gesehen, wobei die Mütter selbst häufig Münchhausen-Patienten sind. Berechtigterweise führt die ICD-10 (Dilling et al., 1991) die Symptomatik unter der Rubrik Kindesmißhandlung.

27.2 Suizid, Suizidversuche, Suizidgedanken

Auch wenn suizidale Handlungen mit und ohne Todesfolge sowie Suizidgedanken miteinander in Beziehung stehen, erscheint es aufgrund der zum Teil eigengesetzlichen Dynamiken und Verläufe sinnvoll, alle drei Varianten der Suizidologie getrennt zu beschreiben.

Wenn der Tod durch eine selbst intendierte und selbst zugefügte Handlung eintritt, spricht man von einem vollendeten *Suizid* (Wekstein, 1979). Einschränkend muß hinsichtlich dieser Definition erwähnt werden, daß sowohl die Intention als auch die Einschätzung in die Letalität der begangenen Handlung gerade bei Kindern und Jugendlichen aufgrund spezifischer psychologischer und kognitiver Entwicklungsvoraussetzungen nicht so eindeutig definierbar sind. So können, wie allerdings auch bei Erwachsenen, ursprünglich als Suizidversuche angelegte Handlungen zu einem vollendeten Suizid führen. Nach einer Analyse von Nissen (1994c) begingen 1990 in den Bundesländern der alten BRD 9995 Menschen Selbstmord, wobei nach Altersgruppen getrennt 15 Kinder im Alter von 10 bis 15 Jahren sich das Leben nahmen (0.5:100 000). Zu vollendeten Suiziden kam es bei Jugendlichen (15 bis 20 Jahre) im gleichen Zeitraum bei insgesamt 218 Fällen (6.4:100 000). Seit 1970 verzeichnen beide Altersklassen einen Rückgang, wobei intensivmedizinische Maßnahmen insbesondere bei schweren Suizidhandlungen eventuell zum Rückgang der Suizidrate mit beigetragen haben könnten. Während bei Kindern Selbstmorde an 9. Stelle aller Todesursachen stehen, führt die in der Adoleszenz ansteigende Selbstmordhäufigkeit bereits zur zweithäufigsten Todesursache bei Jugendlichen. Vollendete Suizide sind häufiger bei Jungen als bei Mädchen (Geschlechterverhältnis ca. 3:1 bis 4:1) anzutreffen. Auch dominieren bei Jungen die harten Methoden wie Erschießen und Erhängen, während bei Mädchen Intoxikationen mit Tabletten führend sind. „Kulturspezifische Phänomene“, wie z. B. auch die Verfügbarkeit von Schußwaffen (z. B. in den USA) oder von Medikamenten, bedingen sehr wesentlich die Wahl der Selbstmordmethode. Psychotische Erkrankungen im allgemeinen, insbesondere affektive Störungen (major depression) sowie schizophrene Erkrankungen tragen ein erhöhtes Suizidrisiko. Nach Livingston & Bracha (1992) stellen visuelle Halluzinationen im Gegensatz zu den erwarteten akustischen Halluzinationen jenes wesentliche Symptom im Rahmen psychotischen Erlebens bei Kindern und Jugendlichen dar, das mit einem besonders erhöhten Suizidrisiko einherging. Inhaltlich beschäftigten sich die visuellen Halluzinationen mit verstorbenen Verwandten oder Beziehungsfiguren. Bei einer retrospektiven Untersuchung an 1103 Suizidenten in Bayern (Schmauß & Freisleder, 1992), waren 5.4% der untersuchten Suizidanten zum Zeitpunkt des Suizids 19 Jahre und jünger. In diesem Kollektiv konnte bei 48.3% eine psychiatrische Diagnose gestellt werden, wobei depressive Syndrome unklarer Ätiologie (16.7%), Alkohol- und Drogenerkrankungen (11.7%), Belastungsreaktionen (6.7%) und Schizophrenien (5%) die häufigsten psychiatrischen Diagnosen darstellten. Diese Verteilung erscheint insgesamt kongruent mit Untersuchungen im internationalen Vergleich (Shaffer & Piacentini, 1994). Suizidhandlungen bei schizophrenen Kindern und Jugendlichen sind ein sehr häufiges Phänomen, nach einer Schätzung von Eggers & Esch (1988) beträgt das Suizidrisiko etwa 25% und die Rate an geglückten Suiziden zwischen 4% und 5%. Unter den genannten psychiatrischen Erkrankungen stellen auch Verhaltensstörungen, häufig begleitet von einem Alkohol- oder Drogenmißbrauch, einen hohen Risikofaktor dar, wobei sich ein vorangegangener Suizidversuch als der spezifischste psychiatrische Risikofaktor für einen vollendeten Suizid bei Jungen erweist. Suizidhandlungen bei Kindern sind vor allem im Rahmen impulsartiger Reaktionen auf disziplinarische Strafen anzutreffen. Kinder und Jugendliche mit Suizidhandlungen kommen gehäuft aus unvollständigen Familien, weisen zum Teil schwer belastete familiäre Aufwuchsbedingungen sowie Heimunterbringungen auf. In etwa der Hälfte der Herkunftsfamilien konnten vollendete Suizide in der Anamnese erhoben werden. Bei Jugendlichen ging dem Suizid häufig eine öffentliche Kränkung oder Demütigung voraus, eine Trennung von einem Freund oder einer Freundin; ebenso waren depressive Verstimmungen sowie auch Medienberichte über Suizidhandlungen als Auslöser erhoben worden (Shaffer & Piacentini, 1994). Shaffers Beobachtung, daß über ein Viertel aller Kinder und Jugendlicher innerhalb von zwei Wochen um ihren eigenen Geburtstag herum sich das Leben nahmen, kann dafür sprechen, daß selbst Kinder und Jugendliche zu einem Bilanzselbstmord fähig sind, der allgemein wegen seines abwägenden Charakters und der planvollen Intention besonders schwerwiegend eingeschätzt werden muß. Gerade bei Jugendlichen wurde zum Teil ein Kontinuum von Suizidgedanken bis hin zur suizidalen Handlung gesehen, so daß diese Beobachtung gegen die zum Teil weit verbreitete Meinung des überwiegend appellativen Geschehens sprechen muß.

Die Häufigkeit von *Suizidversuchen* bei Kindern und Jugendlichen ist aufgrund von Erfassungsproblemen, die überwiegend durch eine vermutlich hohe Dunkelziffer bestimmt sind, wesentlich schwerer zu bestimmen. Nach einer Analyse von Schmidtke (1984) ist das Verhältnis zwischen Suizid und Suizidversuch bei Jungen 1:10 und bei weiblichen Jugendlichen etwa drei- bis viermal höher. Die Suizidversuche werden hauptsächlich durch eine Einnahme von Schmerzmitteln und Psychopharmaka begangen, die meistens mit einem geringen letalen Potential einhergehen. Der überwiegende Teil der Suizidversuche wird im elterlichen Haus verübt — in einer Studie von Remschmidt & Schwab (1978) betrug der Anteil 63%. Die Rettungswahrscheinlichkeit scheint allgemein die beste Korrelation mit der intendierten Letalität zu besitzen. Das Ausmaß und die Quantität der psychischen Störungen bei Kindern und Jugendlichen entsprechen im wesentlichen denen auch bei den vollzogenen Suiziden angetroffenen Erkrankungen, wobei die Häufigkeit an affektiven Störungen geringer schien. Der bedeutsamste Prädiktor für einen erneuten Suizidversuch ist ein bereits zuvor begangener Versuch, wobei in 50% aller Fälle es zu weiteren Suizidversuchen kommt und langzeitkatamnestische Untersuchungen ergaben, daß ca. 10% der männlichen und 3% der weiblichen Jugendlichen mit einem vorangegangenen Suizidversuch später suizidale Handlungen mit Todesfolge begingen (zusammengefaßt nach Eggers & Esch, 1988).

Nach Graham (1991) sind folgende Charakteristiken von Kindern und Jugendlichen, die Suizidversuche begingen oder am Suizid starben, zu beschreiben:

- In der Herkunftsfamilie sind gehäuft positiv psychiatrische Anamnesen anzutreffen mit vorranging depressiven Erkrankungen und Persönlichkeitsstörungen.
- Ebenso häufig ist ein inkonsistentes Erziehungsverhalten im Wechsel zwischen permissiver und restriktiver Haltung beobachtet worden.
- Die familiären Kommunikationsmuster zeichneten sich durch einen mangelnden Austausch an Gefühlen und Emotionen aus. Eltern wußten häufig nichts über die suizidalen Ideen ihrer Kinder.
- Weiter befanden sich die Kinder häufig in einer sozialen Isolation, sowohl innerhalb der Familie als auch in ihrer Peer-Gruppe.
- Auch chronisch körperliche Erkrankungen sowie Teenager-Schwangerschaften oder auch Kontakte mit anderen Jugendlichen, die Suizidversuche begingen, stellten einen besonderen Risikofaktor dar.

Die rapide Häufigkeitszunahme von Suizidversuchen im Jugendalter wird vor allem im Zusammenhang adoleszenztypischer Identitätsfindungsschwierigkeiten interpretiert, wobei Eggers & Esch (1988) davor warnen, daß die Selbstwertkrisen nicht nur entwicklungsphasische Ursachen besitzen, „sondern sehr viel häufiger tiefgreifendere Störungen der Familiendynamik, die die eigentlichen Bedingungsfaktoren für die Suizidhandlungen darstellen", beachtet werden sollten. Nach seiner Einschätzung konnten familiäre Kommunikations- und Interaktionsstörungen in 70 bis 80% bei suizidalen Jugendlichen beobachtet werden. Eggers & Esch (1988) benennen zehn persönlichkeitstypische Risikofaktoren für eine *Suizidalität*:

1. schnelle Verunsicherung des Selbstwerterlebens,

2. strenges und rigides Über-Ich (Gewissen),
3. hohes Ich-Ideal,
4. ambivalente, leicht störbare zwischenmenschliche Beziehungen,
5. Fehlen eines realitätsgerechten Umganges mit Aggressionen,
6. Neigung zu Aggressionsumkehr (Wendung gegen das eigene Ich),
7. Angst vor totaler Verlassenheit und Hilflosigkeit,
8. Verleugnung der Realität und Idealisierung der eigenen Person und der Umgebung,
9. Todesphantasien in Sinne von Harmonie, Ruhe und Geborgenheit,
10. Diskrepanz zwischen Todesphantasien und der Wirklichkeit des Todes.

Bei der Betrachtung der ersten acht Faktoren wird deutlich, daß diese Faktoren eher typisch für narzißtische Krisen sind, die insbesondere in der Adoleszenz auftreten und sicherlich einen besonderen Risikofaktor darstellen. Hieraus wird auch die Tatsache erklärbar, daß bei Jugendlichen akute Belastungsreaktionen im Gegensatz zu Erwachsenen häufiger zu Suizidversuchen führen, wobei diese gesteigerte Suizidalität insgesamt im Zusammenhang mit einer erhöhten narzißtischen Verletzlichkeit stehen könnte. Auch empirische Untersuchungen (Overholser et al., 1995) konnten belegen, daß Selbstwertdefizite bei Jugendlichen eng mit Gefühlen von Depression, Hoffnungslosigkeit und suizidalen Tendenzen verbunden waren. In diesem Zusammenhang erscheint ein psychodynamischer Deutungsversuch des präsuizidalen Syndroms im Modell der psychoanalytischen Narzißmustheorie sehr gewinnbringend für das Verständnis suizidaler Handlungen auch bei Kindern und Jugendlichen zu sein (Henseler, 1974). Henseler greift Vorstellungen von Ringel (1969) auf, der bei seinen Überlegungen zur Genese und Dynamik des präsuizidalen Syndroms eine neurotische Fehlentwicklung bereits in der Kindheit diagnostizierte, die zu einer grundsätzlich entmutigten Lebenseinstellung mit begleitender suizidaler Gefährdung führe. Nach Henseler (1974) ist das von Ringel (1969) beschriebene „gehemmte und entmutigte, schüchterne, unsichere, ängstliche und kontaktgestörte Wesen des Kindes nichts anderes als der Ausdruck einer narzißtischen Störung. Ein solches Kind hat kein krisenfestes narzißtisches System herausgebildet, so daß Kleinigkeiten genügen, um es zu erschüttern ... Der zum Suizid Disponierte ist ein Mensch, der Kränkungen durch die regressiven Mechanismen der Verleugnung und der Idealisierung kompensiert“ (S. 242). Nach Henseler (1974) kommt der suizidale Mensch mit seiner suizidalen Handlung „der drohenden narzißtischen Katastrophe aktiv zuvor und rettet für sein Empfinden sein Selbstgefühl. Die objektive Lebensgefährdung oder Selbsttötung bedeutet für sein psychisches Erleben einen Verzicht auf seine Individualität zugunsten einer Verschmelzung mit einem diffus erlebten frühen Objekt. Der Gewinn liegt für ihn in der illusionären ... Phantasie, endgültige Sicherheit, Geborgenheit, Ruhe und Seligkeit zu finden“ (S. 243). Kurz umrissen kann man das präsuizidale Syndrom — von Ringel (1969) beschrieben — auch auf Jugendliche in suizidalen Krisen übertragen. Ringel (1969) definiert das präsuizidale Syndrom als eine Einengung des gesamten seelischen Lebensbereiches sowie einer Aggressionshemmung nach außen und Richtung der Aggressivität gegen die eigene Person. Weiter ist das Syndrom definiert durch das Vorliegen von Todeswünschen und Selbstmordphantasien. Häufiges Nachdenken über Suizid sowie auch Pläne über einen möglichen eigenen Suizid lassen sich auch gehäuft bei Kindern und Jugendlichen in der Allgemeinbevölkerung finden. So ergab eine Untersuchung von Faust & Wolf (1983) bei einer Studie an 15- bis 20jährigen Jugendlichen, daß 38% der Befragten „schon einmal mehr oder weniger ernst daran [dachten], ihrem Leben ein Ende zu setzen“. Auch Suizidgedanken schienen geschlechtsspezifisch häufiger bei weiblichen Jugendlichen (42%) als bei männlichen Jugendlichen (30%) aufzutreten. 6% der Befragten (8% der Mädchen und 3% der Jungen) hatten bereits einmal Vorbereitungen für einen Suizid getroffen und 4% schon einen Suizidversuch unternommen (5% der Mädchen und 2% der Jungen) (zitiert nach Leyendecker & Petermann, 1993, S. 265).

In verschiedenen Lehrbüchern wird die Auffassung vertreten, daß aus kognitiv entwicklungspsychologischen Gründen bei Kindern Selbsttötungsabsichten erleichtert würden, weil ihnen „die Irreversibilität des möglichen Resultats ihrer Handlungen nicht klar sei“ (Habermas & Rosemeier, 1990, S. 274). Da auch die gegenteilige These vertreten wurde, „daß nämlich die kognitive Unreife des Kindes es vor Selbstmordabsichten und -durchführung schützen“ würde, haben Habermas & Rosemeier veranlaßt, sich mit der Entwicklung des Todesbegriffes bei Kindern auseinanderzusetzen. So besitzen nach Habermas & Rosemeier Vorschulkinder einen intuitiven Vorbegriff, in dem verschiedene Konnotationen des Erwachsenentodesbegriffes noch nicht voneinander differenziert sind. Die Entwicklung der Fähigkeit von Jugendlichen, sich selbstreflexiv von der eigenen Person zu distanzieren, gehört zu der Fähigkeit, nach dem Sinn des Lebens zu fragen, und könnte damit einen Faktor darstellen, daß Jugendliche eher an Selbstmord denken und ihn ausführen als Kinder. Trotz eines differenzierten Todesbegriffes können sich Jugendliche zumindest temporär magisch-illusionäre Vorstellungen über den Tod machen, vor allem können Jugendliche in Belastungssituationen Vorstellungen vom Tod als einen reversiblen Zustand, der als angenehm phantasiert wird, entwickeln. Aufgrund dieser Beobachtungen fragen Habermas & Rosemeier (1990), ob denn das kindliche Todesverständnis im Laufe der Entwicklung wirklich überwunden wird und die Todesvorstellungen nicht vielmehr auch bei Jugendlichen und Erwachsenen in emotional belastenden Situationen einer partiellen kognitiven Regression unterliegen (und somit suizidfördernd wirken könnte).

KAPITEL 28

Sexuelle Orientierung

Die psychosexuelle Entwicklung und ihre Störungen kann in drei Kategorien beschrieben und bewertet werden (s. Abb. 28.1). Die Entwicklungen der Geschlechtsidentität und der Geschlechtsrollenidentität sind stark abhängig von physiologischen und psychosozialen Einflüssen; ebenso die Entwicklung der sexuellen Orientierung, die im Laufe der Präpubertät erworben wird und trotz späterer heterosexueller Orientierung z. B. physiologische Phasen einer sogenannten Durchgangshomosexualität beinhalten kann.

Sinnvoll erscheint es, die Bedeutung des Sexualtriebes als des einzigen oder wesentlichen Motivationssystems in der Entwicklung des Menschen einzuschränken. Das Bedürfnis nach sinnlicher Freude, Genuß und sexueller Erregung stellt nur eines von mehreren primären Motivationssystemen dar (Mertens, 1992). Trotz der besonderen Bedeutung Freuds für die (Wieder-) Entdeckung der kindlichen Sexualität und seiner Beschreibungen und Annahmen zur polymorph-perversen Sexualität bei Kindern, die als Erklärungsfolie zu einem besonderen Verständnis für das Auftreten perverser Phantasien und Handlungen im Erwachsenenalter führte, sollte eine entwicklungspsychopathologische Sichtweise die Integration entwicklungspsychologischer, kognitionstheoretischer und epidemiologischer Erkenntnisse anstreben. Bei der Bewertung sexuellen Verhaltens nach Specht (1989) muß berücksichtigt werden, daß die jeweiligen Formen und Strukturen der sozialen Beziehungen Rahmenbedingungen für sexuelle Erwartungen, Vorstellungen und Verhaltensweisen abgeben, so daß deren Entwicklung in den einzelnen Kulturen und Gesellschaften unterschiedlich verlaufen kann. Damit würden sich auch unterschiedliche Bewertungen des individuellen Verlaufes sowie unterschiedliche Bewertungen des Wünschenswerten und der Toleranzgrenzen ergeben. In unserer Kultur sei nach Specht (1989) eine Entwicklungsrichtung wünschenswert,

- die dazu befähigt, in sexuellem Verhalten wechselseitiges Gefallen und Vergnügen zu verwirklichen,
- die sexuelles Verhalten und die sexuelle Gestaltung von Beziehungen an der Selbstbestimmung und Würde anderer ausrichtet, und

---

* Kerngeschlechtsidentität * Geschlechtsrollenidentität * Geschlechtspartnerorientierung

Abbildung 28.1: Geschlechtsidentität (nach Mertens, 1994)

- die es ermöglicht, Sexualität zu einem wesentlichen Element von Partnerschaften werden zu lassen, die auch Verantwortung für Kinder übernehmen.

Eine „normale" sexuelle Entwicklung des Jugendlichen stellt ein wichtiges Element der „Selbstkohäsion" dar (Mertens, 1992) und steht in einem engen Zusammenhang zur Selbstwertregulation. Somit könnte Schmidts Beurteilung (Schmidt, 1986) für die Bewertung sexueller Störungen bei Erwachsenen auch für Jugendliche Gültigkeit beanspruchen. Dieser beschreibt, daß hinter den sexuellen Störungen ein Leidensdruck steht, der weit über das Vermissen von sexueller Befriedigung hinausgeht: Angst vor dem Ungeliebtsein, vor dem Verlassenwerden und der Einsamkeit, eine tiefe Verunsicherung des Selbstwertgefühls, Sich-gedemütigt-Fühlen in der eigenen Männlichkeit oder Weiblichkeit (S. 64).

28.1 Sexuelle Identitätsstörungen

Die Störung der sexuellen Identität zeigt sich meistens schon während der frühen Kindheit und ist durch ein anhaltendes und starkes Unbehagen über das angeborene Geschlecht charakterisiert, zusammen mit dem starken Wunsch, zum anderen Geschlecht zu gehören. Es besteht eine beständige Beschäftigung mit der Kleidung oder den Aktivitäten des anderen Geschlechtes. Typischerweise beschäftigen sich Jungen mit entsprechenden Störungsmustern vom Vorschulalter an mit mädchenspezifischen Spielen und Aktivitäten. Oft tragen sie gerne Mädchen- oder Frauenkleider. Ebenso zeigen sie ein starkes Verlangen, an den Spielen und dem Zeitvertreib von Mädchen teilnehmen zu dürfen. Weibliche Puppen gehören zu ihrem Lieblingsspielzeug, Mädchen sind ihre liebsten Spielgefährten. Offenkundig feminines Verhalten kann während der frühen Adoleszenz nachlassen. Bei beiden Geschlechtern kann ein Nichtanerkennenwollen der eigenen Geschlechtsanatomie vorliegen — diese Einstellung ist aber nicht immer manifest.

Bei Mädchen kann sich dieses Erleben in wiederholten Behauptungen äußern, daß sie einen Penis haben oder daß ihnen einer wachsen würde. Sie lehnen es ab, sitzend zu urinieren, Brüste zu bekommen und zu menstruieren. Bei Jungen kann sich die Störung der Geschlechtsidentität in der wiederholten Behauptung äußern, daß sie sich körperlich zu Frauen entwickeln werden, daß Penis und Hoden abstoßend seien und verschwinden würden und daß es besser wäre, keinen Penis und keine Hoden zu haben. Bei Mädchen zeigt sich ebenso eine Bevorzugung von gegengeschlechtlichen Spielkameraden. Sie weisen ein lebhaftes Interesse an Sport, rauhem Spiel und Raufereien auf und zeigen nur wenig Interesse an Puppen. In Phantasiespielen übernehmen solche Mädchen nicht gerne weibliche Rollen.

Die Störung tritt deutlich häufiger bei Jungen auf; das Geschlechterverhältnis wird auf ca. 6:1 zugunsten der Jungen geschätzt. Zur Prävalenz liegen keine gesicherten Zahlen vor, vielmehr wird aus der Auftrittshäufigkeit transsexueller Personen auf die Häufigkeit der kindlichen sexuellen Identitätsstörung geschlossen, da beinahe alle transsexuellen Erwachsenen bereits in ihrer Kindheit eine sexuelle Identitätsstörung aufwiesen. Die Verhältniszahlen liegen bei Männern 1:24 000 bis 1:37 000 und bei Frauen 1:103 000 bis 1:150 000.

Über die Child Behavior Check List von Achenbach & Edelbrock (1983) wurde die Häufigkeit gegengeschlechtlichen Verhaltens bei Kindern und Jugendlichen erfragt mit dem Befund, daß im Altersbereich von 4 bis 11 Jahren sich 3% bis 6% der Jungen und 10% bis 12% der Mädchen bisweilen oder häufig sich wie das jeweils andere Geschlecht verhalten und 0% bis 2% der Jungen und 2% bis 5% der Mädchen bisweilen oder oft dem anderen Geschlecht angehören wollen. Da diese Beschreibungen auch physiologische Auseinandersetzungen mit Geschlechtsrolle und Geschlechtsidentität widerspiegeln, dürfen sie nicht als Prävalenzraten einer Störung der sexuellen Identität herangezogen werden. Verlaufsuntersuchungen bei Kindern mit eindeutiger Störung der Geschlechtsidentität ergaben nach Zucker (1985; zitiert nach Steinhausen 1993), daß knapp 46% der Jungen schließlich in eine Homosexualität oder Bisexualität mündeten, während 22% heterosexuell und 26% unsicher in der sexuellen Identität waren. Bei 5% fand sich eine Transsexualität und in 1% ein Transvestitismus.

Unter die Störungen der Geschlechtsidentität fällt der *Transsexualismus* und der *Transvestitismus* unter Beibehaltung beider Geschlechtsrollen. Bei dem Transsexualismus „besteht der Wunsch, als Angehöriger des anderen anatomischen Geschlechtes zu leben und anerkannt zu werden. Dieser geht meist mit dem Gefühl des Unbehagens oder der Nichtzugehörigkeit zum eigenen Geschlecht einher. Es besteht der Wunsch nach hormoneller und chirurgischer Behandlung, um den eigenen Körper dem bevorzugten Geschlecht soweit wie möglich anzugleichen" (Dilling et al., 1991, S. 226). Beim Transvestitismus wird gegengeschlechtliche Kleidung getragen, um zeitweilig die Erfahrung der Zugehörigkeit zum anderen Geschlecht zu erleben. Der Wunsch nach langfristiger Geschlechtsumwandlung oder chirurgischer Korrektur besteht nicht. Diese Störung ist dadurch vom fetichistischen Transvestitismus zu unterscheiden, daß das Umkleiden nicht von sexueller Erregung begleitet ist.

Die Häufigkeit von transsexuellem Verhalten und Erleben im Jugendalter ist nicht bekannt. Die Prävalenzzahlen dürften weit unter den eingangs für Männer und Frauen genannten Häufigkeitsschätzungen liegen. Ein transsexuelles Verhalten und Erleben haben aber ihre Ursprünge häufig in einer Störung der Geschlechtsidentität im Kindesalter. Thimm & Kreuzer (1984) weisen darauf hin, daß Beobachtungen, die auf Störungen der Geschlechtsrolle bei Kindern hinweisen, erst in einem ausführlichen diagnostischen Prozeß beurteilt werden könnten. So ist die Frage, welches Verhalten für ein Kind in welchem Alter geschlechtsspezifisch ist, in welchem Alter und in welchem Ausmaß es beispielsweise normal ist, daß Jungen Kleider der Mutter tragen, mit Puppen spielen oder im Familienspiel die Mutterrolle übernehmen oder sagen, sie möchten ein Mädchen sein, nicht eindeutig zu beantworten. Erst die Kombination mehrerer Faktoren scheinbar geschlechtsabweichenden Verhaltens — bei einem Jungen z. B. der völlige Rückzug von explorativer Aktivität, gepaart mit ausschließlichem Puppenspiel und ständigem Tragen von Mädchenkleidern sowie vollständiger Imitation der Mutter in Gestik und Mimik — kann Hinweise auf eine Geschlechtsidentitätsstörung geben (Thimm & Kreuzer, 1984, S. 74). Die Diagnose der Transsexualität wurde als eigenständige Diagnose im Rahmen der Störungen zur Geschlechtsidentität eingerichtet, da wesentlich für die Transsexualität die Diskrepanz zwischen angelegtem körperlichen und erlebtem bzw. gelebtem Geschlecht ist, also das Auseinanderklaffen von physischer und psychischer Geschlechtsidentität. Thimm & Kreuzer (1984) beschreiben nach Prince (1957) die drei Hauptaspekte der Transsexualität:

1. Der psychologische Aspekt: der Transsexuelle denkt und fühlt gegengeschlechtlich.

2. Der soziale Aspekt: der Transsexuelle möchte in der gegengeschlechtlichen Rolle anerkannt werden.

3. Der sexuelle Aspekt: der Transsexuelle liebt eine körperlich gleichgeschlechtliche Person, er wäre jedoch darüber entrüstet, ihn für homosexuell zu halten, da er sich ja selber gegengeschlechtlich sieht.

Die Beharrlichkeit, mit der das körperliche Geschlecht geleugnet wird und die Geschlechtsumwandlung gewünscht und betrieben wird, hat die Abgrenzung der Transsexualität von anderen psychiatrischen Erkrankungen nötig gemacht. Dennoch kann die Abgrenzung des Transsexualismus von Borderline-Störungen, Adoleszentenkonflikten sowie auch psychotischen Störungen schwierig sein. Eine neurotische oder psychotische Erkrankung stellt auch eine Kontraindikation für die chirurgische und hormonelle Geschlechtsumwandlung dar; im Jugendalter sind gesetzlich grundsätzlich geschlechtsumwandelnde Maßnahmen verboten. Nach Braun (1985) kommen Jugendliche im Gegensatz zu Erwachsenen selten zum Arzt, um konkrete geschlechtsumwandelnde Maßnahmen einzuleiten, sondern finden den Weg zu einem Therapeuten erst durch gescheiterte Beziehungsproblemlösungsversuche oder Suizidversuche, oder sie beharren in passiv erscheinender Unentschiedenheit. Die psychischen Störungen bei Transsexuellen werden eher im Zusammenhang des sozialen Drucks gesehen, der sie häufig zu einem Doppelleben zwingt mit einer häufig einhergehenden sozialen Isolation und depressiven Entwicklung. Suizidale Gefährdungen und auch Akte dramatischer Selbstverstümmelungen sind beschrieben worden. Für die Transsexualität konnte bisher noch keine organische bzw. genetische Ätiologie gefunden werden, vielmehr scheinen familientheoretische und psychodynamische Aspekte ausschlaggebend für die Entwicklung einer Transsexualität zu sein. Unter einer familientheoretischen Perspektive wird als Risikofaktor für die Entwicklung einer entsprechenden Störung beim Jungen die elterliche Ermutigung für feminine Verhaltensweisen gesehen. Auch der Rolle des Vaters wurde im Zusammenhang mit dieser Entwicklungsstörung besondere Aufmerksamkeit geschenkt, da häufig weniger maskuline Verhaltensweisen bei Jungen aus vaterlosen Haushalten auffielen und Vaterfiguren als Identifikationsfiguren für geschlechtstypisches Verhalten gelten (Green & Stoller, 1971). Stoller (1968) betrachtete als den wesentlichen psychodynamischen Faktor eine anhaltend symbiotische Beziehung zwischen Mutter und Sohn bis in die Adoleszenz hinein.

28.2 Sexuelle Verhaltensweisen

Störungen des sexuellen Verhaltens bei Kindern und Jugendlichen sollten insgesamt sehr vorsichtig beurteilt werden, da sexuelle Verhaltensweisen entwicklungsbedingt erlernt und erprobt werden müssen und insgesamt in engem Zusammenhang auch zur körperlichen und intellektuellen Reifung stehen. So wie individuelle Bandbreiten im Sexualverhalten zu beschreiben sind, bezieht sich dies auch auf die Stärke der sexuellen Bedürfnisse. Die Stärke des Sexualtriebs steht nach Graham (1991) auch insbesondere mit der körperliche Reifung in Zusammenhang und zeigt Abhängigkeiten von sexuell stimulierenden Erfahrungen. Graham (1991) definiert den Sexualtrieb als den Wunsch, eine sexuelle Befriedigung, Freude und Lust von der Stimulation der Genitalien zu erreichen. Diese Wünsche und Befriedigungsversuche seien von Geburt an da. Gelegentliche selbststimulierende Handlungen an den Genitalien werden bereits von den ersten Lebensmonaten an bei beiden Geschlechtern beschrieben. Auch orgasmusähnliche Phänomene treten gelegentlich ab dem 2./3. Lebensjahr auf. Die Stärke des Sexualtriebes stünde nach Graham (1991) in Abhängigkeit der Androgenproduktion, die deutlich in der frühen und mittleren Adoleszenz ansteigen würde und ihre höchsten Werte in der späten Adoleszenz und im jungen Erwachsenenalter erreichen würde. Zur Prävalenz von masturbatorischen Erfahrungen bei Mädchen und Jungen sowie zum allgemeinen Sexualverhalten Jugendlicher liegen nur unzureichende Untersuchungen vor. Ein gestörtes Sexualverhalten im Sinne einer exzessiven Masturbation wird nach Graham (1991) vor allem im Rahmen einer erhöhten Selbststimulation bei allgemeiner Unterstimulation in deprivierenden Lebensbedingungen gesehen. Auch können exzessive *Masturbationen* als Folge sexuell mißbräuchlicher Handlungen auftreten. Durch masturbatorische Handlungen induzierte Schuldgefühle sowie depressive Gefühle im Zusammenhang religiöser Moralvorstellungen seien in den letzten zwei Jahrzehnten in den Hintergrund getreten, können aber nach wie vor individuell große Bedeutung erlangen.

Das sexuelle Verhalten Jugendlicher ist bisher unzureichend untersucht. Schmidt et al. (1992a) beschreiben anhand zweier Interviewstudien aus den Jahren 1970 und 1990 an westdeutschen 16 und 17jährigen Großstadtjugendlichen die Veränderungen der Jugendsexualität in den letzten beiden Jahrzehnten: Nach einer deutlichen Vorverlegung heterosexueller Erfahrungen in den 60er Jahren ist es im Untersuchungszeitraum nur zu geringfügigen Veränderungen in der Verbreitung von Petting und Koitus im Jugendalter gekommen. Jungen erleben ihre Sexualität heute als weniger dranghaft und tendieren stärker dazu, Sexualität mit Liebe und Treue zu verbinden, als vor 20 Jahren; entsprechende Veränderungen finden sich auch bei den Mädchen, scheinen aber weniger ausgeprägt. Mädchen erleben Sexualität heute als weniger lustvoll und befriedigend und übernehmen in heterosexuellen Situationen stärker die Initiative als früher. 16 und 17jährige sind zu rund 3/5 pettingerfahren und zu 1/3 koituserfahren. 87% der Jungen und 41% der Mädchen gaben Masturbationserfahrungen an. Interessant erscheint, daß es bei den Jungen zu einem einschneidenden Rückgang gleichgeschlechtlicher sexueller Erfahrungen gekommen ist, während 1970 noch 18% über homosexuelle Erlebnisse berichteten, so waren es 1990 nur noch 2%. Bei den Mädchen hingegen zeigten sich keine Veränderungen, vielmehr gab jede 20. Befragte an, sexuelle Erlebnisse mit einem Mädchen oder einer Frau gehabt zu haben.

Der starke Rückgang homosexueller Erlebnisse wird nach Schmidt et al. (1992a) u. a. im Zusammenhang der Einführung der Koedukation interpretiert, da mangelnde Gelegenheit für heterosexuelle Kontakte die Bereitschaft für homosexuelle Kontakte verstärken kann. Passagere homosexuelle Betätigungen von Jungen in der Adoleszenz wurden von Bräutigam (1979) als eine sogenannte physiologische *Durchgangshomosexualität* beschrieben, die einer fixierten Homosexualität nicht gleichzusetzen sei. Diese früher beschriebene Durchgangshomosexualität scheint aber nach den Ergebnissen von Schmidt et al. (1992a) eine verschwindend seltene sexuelle Verhaltensform zu werden. Zur größeren heterosexuellen Orientierung könnte auch die freizügigere gesellschaftliche Beurteilung heterosexueller Beziehungen Jugendlicher beigetragen haben.

Die sogenannte *Pubertätsaskese* äußert sich darin, daß Jugendliche „sich außerstande sehen, die sexuellen Triebansprüche anzuerkennen und zu integrieren. Aus Angst vor der als Gefahr erlebten Sexualität werden auch andere lustvolle und lebenswichtige Ansprüche wie Essen und Trinken, Zärtlichkeiten und Lustgewinn jeder Art abgelehnt. Unterstützt wird diese Ablehnung der Sexualsphäre durch die als ekelerregend empfundene Ausbildung der körperlichen Reifungsmerkmale und die hormonal gesteuerten Funktionsabläufe. Zwischenmenschliche Bindungen werden als Gefahr erlebt und gemieden, und es kommt zur Dauerisolierung und Vereinsamung und Ausbildung von Ersatzbefriedigungen und Symptomen" (Nissen, 1994b). Dieses Störungsbild findet sich häufig als Ausdruck einer puberalen Sexualkrise und findet sich häufig als Mitursache anderer Adoleszentenkrisen.

Homosexualität wird heute nach einer Beschreibung der ICD-10 (Dilling et al., 1991) nicht mehr als Störung angesehen, sondern gewinnt nur dann einen Krankheitswert, wenn die Sexualorientierung als ichdyston erlebt wird. D. h. die Geschlechtsidentität oder sexuelle Präferenz ist eindeutig, aber die betroffene Person hat den Wunsch, diese wäre wegen der damit verbundenen psychischen oder Verhaltensstörungen anders und unterzieht sich möglicherweise einer Behandlung, um diese zu ändern. Die ICD-10 sieht noch eine weitere Kategorie vor, die in der Adoleszenz eine besondere Bedeutung spielt, nämlich die sexuelle Reifungskrise, bei der die betroffene Person unter einer Unsicherheit hinsichtlich ihrer Geschlechtsidentität oder der sexuellen Orientierung leidet, was zu Ängsten und Depressionen führen kann.

28.3 Störungen der sexuellen Präferenz (Paraphilien)

Die früher als Perversionen bezeichneten Störungen werden heute als Störungen der sexuellen Präferenz oder als Paraphilien bezeichnet. Hier eine kurze Zusammenfassung der wesentlichsten Paraphilien nach ICD-10 (Dilling et al., 1991), über deren Prävalenz unter Jugendlichen kaum Informationen vorhanden sind.

Beim *Fetischismus* dient der Gebrauch toter Objekte als Stimuli für die sexuelle Erregung und zur sexuellen Befriedigung. Viele Fetische stellen einen Ersatz für den menschlichen Körper dar (häufig einer früheren nahen Bezugsperson), z. B. Kleidungsstücke oder Schuhwerk. Der Fetischismus kommt wie ein großer Teil der Paraphilien fast ausschließlich bei Männern vor. Beim fetischistischen Transvestitismus wird zur Erreichung sexueller Erregung die Bekleidung des anderen Geschlechts getragen.

Beim *Exhibitionismus* besteht die wiederholte oder ständige Neigung, die eigenen Genitalien vor meist gegengeschlechtlichen Fremden (also Frauen) in der Öffentlichkeit zu entblößen, ohne zu einem näheren Kontakt aufzufordern oder diesen zu wünschen. Meist wird das Zeigen von sexueller Erregung begleitet und oft kommt es zur Masturbation. Wenn das Opfer erschrocken, ängstlich oder beeindruckt ist, erhöht dies häufig die Erregung des Exhibitionisten.

Beim *Voyeurismus* besteht ein wiederholt auftretender oder ständiger Drang, anderen Menschen bei sexuellen Aktivitäten oder Intimitäten, wie z. B. beim Entkleiden, zuzusehen. Dies passiert in der Regel heimlich und führt zur sexuellen Erregung und Masturbation.

Bei der *Pädophilie* handelt es sich um die sexuelle Präferenz für Kinder, die sich zumeist in der Vorpubertät oder im frühen Stadium der Pubertät befinden. Ein Sadomasochismus oder eine Zoophilie (oder Sodomie) ist bei Jugendlichen kaum beschrieben worden.

Die *Promiskuität* (nicht als diagnostische Einheit) bei Mädchen wird als häufig wechselnde Beziehungen von körperlich oft akzelerierten Mädchen in der Vorpubertät und Pubertät beschrieben, oft ohne erotische Empfindungen und ohne tieferreichende affektive Partnerbindungen. Sie ist Anzeichen für eine beginnende bzw. progressive sexuelle Verwahrlosung (Nissen, 1994b). Ätiologisch ist häufig ein hypersexualisiertes Kindheitsmilieu zu benennen, in dem ein latenter oder manifester Inzest nicht selten ist. Teenagerschwangerschaften entstammen zu einem hohen Prozentsatz aus inzestuösen Vater-Tochter-Beziehungen und weniger aus kurzen promiskuösen Beziehungen zu gleichaltrigen oder älteren Partnern (Graham, 1991).

Die Auftretenshäufigkeit und Art der *Sexualdelinquenz* bei Jugendlichen zeigt (Hummel, 1988) nach Angaben der angezeigten Sexualstraftaten in der Bundesrepublik Deutschland 1986 einen hohen Anteil an Jugendlichen (14.0 bis 17.11 Jahre) an Vergewaltigungen 7.1%, an sexueller Nötigung 16.9% und am sexuellen Mißbrauch von Kindern 14%. Nach Ausführungen von Klosinski (1991) kommt die jugendliche Sexualdelinquenz häufiger vor als die Sexualdelinquenz bei Erwachsenen gemessen an ihrem Anteil in der Bevölkerung. 1984 waren in der BRD annähernd jeder fünfte Exhibitionist und jeder vierte Vergewaltiger jünger als 21 Jahre alt. Hummel weist in der Einteilung der Sexualdelikte auf eine Unterscheidung von „hands on"-Handlungen und „hands off"-Handlungen hin. So werden unter hands on-Handlungen verstanden: Vergewaltigungen, sexuelle Nötigung, pädophile Handlungen und unter hands off-Handlungen: Exhibitionismus, Voyeurismus, Stehlen von Unterwäsche, obszöne Briefe und Anrufe. Bei den Untersuchungen bleibt meistens die Sexualdelinquenz weiblicher Jugendlicher unberücksichtigt. Zur Psychopathologie und Psychodynamik jugendlicher Sexualstraftäter finden sich weitere Ausführungen bei Hummel (1988) und Klosinski (1991).

KAPITEL 29

Soziale Interaktion

In diesem Kapitelabschnitt soll auf Störungen des sozialen Regelverhaltens und aggressive Verhaltensweisen ebenso eingegangen werden wie auf tiefgreifende Störungen der Kommunikation, die als Autismus bezeichnet werden.

29.1 Sozial- und Regelverhalten

Die Störungen des Sozialverhaltens sind psychiatrische Syndrome mit sich wiederholendem und andauerndem dissozialem, aggressivem oder aufsässigem Verhalten (ICD-10). In Tab. 29.1 sind die Störungen des Sozialverhaltens gemäß ICD-10 (Dilling et al., 1991) aufgelistet.

Die Begriffe Dissozialität, Verwahrlosung, Delinquenz und Kriminalität werden häufig synonym angewandt und nur unscharf voneinander abgegrenzt. Da diesen Begriffen auch ein ideologischer Gehalt zugeschrieben wird, ist eine genaue Begriffsdefinition notwendig: *Dissozialität* ist ein rein deskriptiver soziologischer Begriff zur Beschreibung regelverstoßenden Verhaltens, der nichts über die Motive und die Persönlichkeit des Handelnden aussagt. Er entspricht somit dem Überbegriff der Verwahrlosungserscheinung, wogegen *Verwahrlosung* als psychopathologisch ausgerichteter Begriff eine psychische Verwahrlosungsstruktur impliziert (Nissen, 1989). Der Begriff der *Delinquenz* aus dem angelsächsischen Schrifttum umfaßt alle Verhaltensweisen, mit denen die gesellschaftliche Ordnung gestört wird, unabhängig davon, ob sie einen Verstoß gegen die Strafgesetzgebung darstellen oder nicht. Der Begriff der *Kriminalität* umfaßt alle inkriminierten Abweichungen von der sozialen Norm. Verwahrlosung stellt nach Hartmann (1977) eine

F91.0	auf den familiären Rahmen beschränkte Störung des Sozialverhaltens
F91.1	Störung des Sozialverhaltens bei fehlenden sozialen Bindungen
F91.2	Störung des Sozialverhaltens bei vorhandenen sozialen Bindungen
F91.3	Störung des Sozialverhaltens mit oppositionellem, aufsässigem Verhalten
F91.8	andere
F91.9	nicht näher bezeichnete
F92.0	Störung des Sozialverhaltens mit depressiver Störung
F92.8	andere kombinierte Störung des Sozialverhaltens und der Emotionen
F92.9	nicht näher bezeichnete kombinierte Störung des Sozialverhaltens und der Emotionen

Tabelle 29.1: Störungen des Sozialverhaltens nach ICD-10

persistente und generalisierte Abweichung von der sozialen Norm dar. Steinhausen (1993) beschreibt anhand verschiedener empirischer Klassifikationsstudien zwei Dimensionen gestörten Sozialverhaltens, wobei der einen Dimension (Typ A) eher offene, dem Typ B eher verdeckte Verhaltensweisen zugeschrieben werden. Typ A zeigt:

- anhaltenden Ungehorsam,
- Widerspruch und Wutausbrüche,
- schlechte Schulleistungen,
- Probleme im Umgang mit Gleichaltrigen,
- häufige Konflikte mit Geschwistern, Eltern und Lehrern sowie
- schlechte Bereitschaft zur Pflichterfüllung.

Das Schulkind vom Typ B ist durch folgende Merkmale gekennzeichnet:

- anhaltender Ungehorsam,
- häufiges Lügen, bisweilen ohne jeglichen offensichtlichen persönlichen Gewinn,
- Diebstahl kleinerer Gegenstände, welche das Kind bisweilen schon besitzt oder auch regulär bekommen könnte,
- körperliche Auseinandersetzungen mit anderen Kindern,
- schlechte Schulleistungen,
- häufiges Streunen,
- Mangel an Unrechtsbewußtsein oder Schuldgefühlen,
- schwache soziale Bindungen an Gleichaltrige und
- Konflikte mit Eltern, Geschwistern und Lehrern.

Störungen des Sozialverhaltens sind die zweithäufigste Diagnose der kinder- und jugendpsychiatrischen Klinik (Steinhausen, 1993) und stellen für Jungen die häufigste Störung überhaupt dar (Earls, 1994). 4 bis 4.5% der Jungen weisen gegenüber 1 bis 1.5% der Mädchen diese Störung auf. Es besteht ein hohes Abhängigkeitsrisiko für Alkohol und Drogen. So spricht die Ontario-Child-Health-Study (Boyle et al., 1993) davon, daß die von Lehrern bei Kindern im Alter von 8 bis 12 Jahren festgestellten Verhaltensstörungen den Gebrauch von harten Drogen vier Jahre später vorhersagen lassen. Bei Inanspruchnahmepopulationen besteht eine Komorbitität zwischen Dissozialität und Drogenmißbrauch von gut 50% (Earls, 1994). Die Mannheimer Studie (Laucht et al., 1992) zeigt auf, daß eine expansive Störung bei 3jährigen in 50% bis zum Vorschulalter stabil bleibt. Mehr als 50% der 8jährigen mit dissozialer Symptomatik werden mit 18 Jahren ebenfalls als dissozial beschrieben. Vor allem Kinder mit hyperkinetischer Störung sind gefährdet, eine dissoziale Entwicklung zu nehmen. Das belegen mehrere Studien aus dem anglo-amerikanischen, aber auch aus dem kontinentaleuropäischen Raum. So zeigte sich in der Mannheimer Untersuchung, daß etwa 40% der 8jährigen mit der Diagnose eines hyperkinetischen Syndroms mit 18 Jahren eine dissoziale Symptomatik aufweisen. Inkonsistente Erziehungsmuster bei Kindern führen nach Patterson et al. (1989) zu aggressiven Verhaltensweisen im Sinne eskalierender Zyklen und zu einer Stabilisierung von oppositionell aggressivem Verhalten. Dadurch kommt es zu negativen Schulerfolgen sowohl auf dem Leistungssektor als auch zum sozialen Ausschluß in Gleichaltrigengruppen. Das soziale Netzwerk des Kindes wird enger, schließlich kommt es zum Anschluß an deviante Gleichaltrigengruppen, die entweder Gewalt verherrlichen oder einen niedrigschwelligen Einstieg im Sinne von Drogengruppen ermöglichen. Dadurch wird die Wahrscheinlichkeit für delinquentes Verhalten erneut erhöht. Neben konstitutionellen Faktoren spielen somit soziale Faktoren und familiäre Bedingungen sowie sozioökonomische Belastungen und kulturelle Aspekte bei der Entwicklung sozial abweichenden Verhaltens eine große Rolle (siehe auch Kap. 9.1).

29.2 Aggression

Der Begriff der Aggression wird in der Literatur unterschiedlich definiert eingegrenzt. Selg et al. (1988) spricht von einem „gegen einen Organismus oder ein Organismussurrogat gerichtetes Austeilen schädigender Reize“ das offen (körperlich, verbal) oder verdeckt (phantasiert), positiv (von der Kultur gebilligt) oder negativ (mißbilligt) sein kann. Dieses Verhalten muß als gerichtet interpretiert werden können. Unter autoaggressivem Verhalten verstehen wir die direkte Schmerz- bzw. Gewaltanwendung gegen den eigenen Körper.

Aggressivität stellt kein einheitliches Verhalten dar, und wenn wir uns um eine Systematik der Aggression bemühen, müssen wir, wie Selg et al. (1988) vorschlägt, eine äußerlich-formale von einer inhaltlich-motivationalen Betrachtungsweise unterscheiden. Er gibt folgende Aggressions-Systematisierung:

1. äußerlich-formale Einteilungen:

    (a) offene (körperlich, verbal) versus verdeckte (phantasierte) Aggressionen (eventuell körperliche, verbale, phantasierte und symbolische Aggression)

   (b) direkte versus indirekte Aggressionen (direkte versus verschobene Aggressionen)
   (c) Einzel- versus Gruppenaggressionen (Gruppenkrieg)
   (d) Selbst- versus Fremdaggressionen

2. inhaltlich-motivationale Einteilungen:

   (a) positive versus negative Aggressionen (legitime versus illegitime Aggressionen)
   (b) expressive („wütende") versus feindselige (hostile) versus instrumentelle Aggressionen
   (c) spontane versus reaktive versus Aggressionen auf Befehl (offensive versus defensive Aggressionen)
   (d) spielerische versus ernste Aggressionen

Bei Kleinkindern finden wir sehr häufig ungehemmte, aggressive Verhaltensweisen, die im „Trotzalter" ihren Höhepunkt finden. Oft sind es offene, körperliche und verbale Aggressionen, aber auch phantasierte und indirekte, die in Verweigerung, Trotz, Spott, Lügen und andere Kinder verpetzen ihren Niederschlag finden. Das aggressiv-gehemmte Kind (Schultz-Hencke, 1951) ist überangepaßt, zeigt wenig Vertrauen in die eigene Leistungsfähigkeit und neigt zu jähzornigen, aggressiven Durchbrüchen, da es nie gelernt hat, sein primäraggressives Verhalten spielerisch konstruktiv zu bewältigen (siehe auch Kap. 10.2).

Aggressionen bei Kindern lassen sich nicht isoliert von der Welt (Makrosystem), in der sie entstehen und von dem sozialen Umfeld des Kindes (Mikrosystem) betrachten. So sind sie *auch* ein Spiegel des Erziehungsverhaltens der Erwachsenen bzw. spiegeln die Wertewelt der Erwachsenen wider.

In sozialen Gemeinschaften kommen neben individuellen Faktoren des Kindes/Jugendlichen dem sozialen Klima und dem Gemeinschaftsgefühl sowie dem Verhalten der relevanten anderen bei der Entstehung problematischer Interaktionen eine entscheidende Bedeutung zu. So belegen verschiedene Studien einen Zusammenhang zwischen spezifischen kognitiven Defiziten des Kindes/Jugendlichen und aggressiven Handlungen als einem möglichen Einflußfaktor (Remschmidt, 1993). Aber auch die Fähigkeit zur Einschätzung sozialer Situationen und Interaktionen, sowie die Möglichkeit zur sozialen Perspektivenübernahme und Einfühlung in den anderen (Empathiefähigkeit) spielen eine Rolle. Das Sich-Erleben in Beziehung zu wichtigen anderen, die dem Kind Halt geben und Vorbild sind, für die es sich lohnt, sich an Regeln zu halten und Bedürfnisse aufzuschieben, ist ebenfalls ein wesentlicher Aspekt der normalen Persönlichkeits- und Moralentwicklung (s. Kap. 6.2.4), Störungen dieses Beziehungserlebens tragen bei zur Entstehung aggressiven und sozial störenden Verhaltens. Psychosoziale Belastungsfaktoren (Familie, sozioökonomischer Status, veränderte Lebenswelten) komplettieren das Set an möglichen Risikofaktoren für die Entwicklung gewalttätigen Verhaltens.

Bei einer Einschätzung des kindlichen Verhaltens aller Einschulungskinder des Schuljahres 1996/97 durch die Eltern im Rhein-Neckar-Kreis wurden expansive Verhaltensformen am häufigsten genannt (Haffner et al., 1998a). In ausgeprägter Form werden fast 14% der Kinder von den Eltern als streitsüchtig und oppositionell erlebt. Hier drückt sich jedoch in erster Linie die Spannung zwischen oppositionellem Verhalten zur Durchsetzung eigener Bedürfnisse und aufmerksamkeitsforderndem Verhalten zur Befriedigung emotionaler Bedürftigkeit aus. Aggressive, durch externalisierende Störungen auffallende Kinder sind somit oft auch enttäuschte, in ihrem Wunsch nach Beachtung frustrierte Kinder (Haffner et al., 1998a).

Aggressionen und Gewalttätigkeit tragen heute ganz offensichtlich die Zeichen einer schwieriger und spannungsvoller gewordenen Lebens- und Erziehungssituation. Über den Entwicklungsweg von aggressiven und dissozialen Risikoverhaltensweisen siehe Kapitel 9.

Pathogenese: Der Begriff der „Aggression" ist doppeldeutig: etymologisch (lat. ad gredi; oder aggredi) wird darunter sowohl herangehen, sich begeben, sich an jemanden wenden, jemanden zu gewinnen versuchen verstanden als auch angreifen, anfallen, überfallen. Auch wenn uns heute eine Fülle von Forschungsergebnissen aus den verschiedenen Wissenschaften (Psychologie, Medizin, Soziologie, Pädagogik) zur Verfügung steht, kann doch keine Theorie für sich in Anspruch nehmen, das Wesen der Aggression, ihre Entwicklung und ihre Äußerungsformen unter den verschiedenen kulturellen, sozialen, politischen und individuellen Bedingungen umfänglich geklärt zu haben (s. Kap. 27). Der Streit zwischen den Vertretern der Tiefenpsychologie, die Aggression als Folge früher Traumen und Konflikte vor dem Triebhintergrund betrachten, und den Verhaltensforschern, für die Aggressivität auf Lernprozessen in der Beobachtung und Nachahmung von Verhalten anderer beruht, ist immer noch aktuell. Dabei weisen bereits Verres & Sobez (1980) darauf hin, daß sich die Unversöhnlichkeit der verschiedenen Positionen in der Aggressionsforschung nicht selten als scheinbar erweist. Bei aggressiven Kindern und Jugendlichen sind häufig Entwicklungen zu beobachten, die ihren Ursprung in frühkindlichen Erfahrungen haben können, immer aber auch eine familiär-soziale und politisch-gesellschaftliche Betrachtung notwendig machen, wenn wir die Frage nach der Entstehung, der Förderung, der Aktualisierung und Aufrechterhaltung sowie nach der Weitergabe aggressiver Verhaltensweisen beantworten wollen. Betrachtet man die verschiedenen psychoanalytischen Schulen, so lassen sich folgende psychodynamische Aspekte der Entwicklung der Aggressivität zusammenfassen: Häufig findet man in der Lebensgeschichte aggressiver Kinder und Jugendlicher in ihren frühen Beziehungen seelische Verletzungen, Traumen, Trennungen und Defizite, wodurch keine stabilen Objektrepräsentanzen ihrer Bezugspersonen aufgebaut werden können. Somit erfolgt eine Spaltung in gute und schlechte Teilobjekte, und die Fähigkeit, den anderen als gut und böse zu erleben, ist nur unzureichend erworben. Aggression wird hier verstanden als ein abgespaltener Affekt, der sich gegen das „böse“ Objekt richtet. Neben dieser Objektbeziehungstheorie nach Kernberg (1988) postulierte Federn (1956) in seinem ich-psychologischen Ansatz, daß Kinder aufgrund ausgeprägter ichstruktureller Defizite nicht in der Lage sind, andrängende Triebimpulse zu integrieren und zu verarbeiten. Die Triebimpulse werden durch motorische Aktivität abgeführt, und die Kinder und Jugendlichen haben aufgrund ihrer ichstrukturellen Defizite zusätzliche Einschränkungen in der Realitätswahrnehmung, der Impulskontrolle, der Konzentrations- und Aufmerksamkeitsfähigkeit sowie der emotionalen Stabilität. Nach Kohut (1988) sind erhebliche Defizite in der narzißtischen Entwicklung des Kindes für das Auftreten aggressiven Verhaltens verantwortlich. Dies äußert sich in einer Fixierung auf der Ebene eines „grandiosen“ Selbst, das fragloses Akzeptiertsein von einem idealisierten Objekt fordert. Kränkungserlebnisse können nicht adäquat verarbeitet werden, sondern führen immer wieder zum Aufbau grandioser und realitätsfremder Vorstellungen von der eigenen Person. Somit wird verständlich, daß diese Kinder und Jugendlichen aufgrund ihres labilen narzißtischen Gleichgewichts in extremem Maße auf die Bestätigung eigener Macht und Omnipotenz angewiesen sind.

Mit aggressiven Verhaltensäußerungen gehen häufig eine Reihe anderer Symptome einher wie dominant-oppositionelles Verhalten, Ungehorsam, Lügen und Stehlen, Vagabundieren und gelegentlich auch Zündeln. Bei etwa 4 bis 8% der 10- bis 12jährigen Jungen liegen aggressive und dissoziale Verhaltensweisen vor (Steinhausen, 1993). Häufig finden wir Auffälligkeiten im Sozialverhalten bei hyperkinetischen Störungen, organischen Psychosyndromen, aber auch bei Psychosen und frühtraumatisierten Kindern und Jugendlichen.

Externalisierende Störungen werden als Verhaltensauffälligkeiten oft den internalisierenden Störungen — emotionalen Störungen (Angst, Depressivität) — gegenübergestellt. Externalisierende Verhaltensweisen sind durch Aggression, oppositionell-trotziges Verhalten und durch hyperkinetische Störungen gekennzeichnet.

Im Kindesalter findet sich bei Untersuchungen mit der Child Behavior Check List (Haffner et al., 1998a) eine hohe Interkorrelation zwischen externalisierenden und internalisierenden Verhaltensweisen, was nahelegt, daß auch Kinder mit schweren Verhaltensauffälligkeiten unter emotionalen Problemen leiden. Das aggressive Kind kann nur erreicht werden, wenn wir eine Vorstellung seines Innenlebens entwickeln, denn häufig sind aggressive Verhaltensweisen durch eine Verzerrung der sozialen Wahrnehmung, durch Fehlinterpretation der Umgebung als bedrohlich getriggert und von der Idee getragen, daß Gewaltanwendung zur Lösung von Konflikten geeignet sei. Grenzensetzungen bezüglich des expansiven Verhaltens sollten immer mit positiven Beziehungsangeboten einhergehen. Nicht zu vergessen ist, daß vor allem im Jugendalter expansive Verhaltensweisen als Risikoverhaltensweisen der Aufrechterhaltung von Selbstwert und Identität dienen können (s. Kap. 10.4). Bei aggressiven Verhaltensweisen finden wir unterschiedliche Entwicklungswege: So gibt es bei etwa 5% der männlichen Jugendlichen einen Verlauf mit stabil aggressivem Verhalten von der Kindheit bis ins Erwachsenenalter. Typischerweise sind diese Auffälligkeiten mit hyperkinetischen Störungen und Teilleistungsschwächen (z. B. Legasthenie) vergesellschaftet, so daß sie Kinder mit kumulativen Risikofaktoren kennzeichnen. Andererseits gibt es Kinder, die nur bis zum Grundschulalter einen aggressiven Interaktionsstil aufweisen oder erst später in der Adoleszenz im Sinne von Risikoverhaltensweisen Aggressivität zeigen. Nicht selten sind aggressive Verhaltensweisen auch mit sozialen Regelübertretungen verbunden. Wie in Kapitel 9 ausgeführt, finden wir häufig eine Eskalationsspirale von traumatisierenden Bedingungen familiärer Mikrosysteme und außerfamiliärer gesellschaftlicher Bedingungen einerseits sowie angeborener und biologischer Risikofaktoren andererseits. Expansive Verhaltensauffälligkeiten bei Kindern und Jugendlichen können also sehr unterschiedlicher Genese sein und bedürfen einer genauen differentialdiagnostischen Abklärung, um auch der emotionalen, traumatisierten und bedürftigen Seite Rechnung tragen zu können. Ziel ist neben der Verhaltensänderung auch eine motivationale Veränderung hervorzubringen. Neben den gesteigerten Selbstbehauptungstendenzen soll auch das Bindungsbedürfnis geweckt und gestärkt werden, denn nur durch Veränderung motivationaler Prozesse können längerfristig stabile Verhaltensänderungen erzielt werden (zu den Entwicklungswegen juveniler Aggression siehe Loeber & Stouthamer-Loeber, 1998).

29.3 Autismus

Schon im frühen 19. Jahrhundert gab es Beschreibungen von Kindern, die nach heutigen Kriterien als autistisch zu bezeichnen wären. Der aus Österreich stammende amerikanische Kinderpsychiater Leo Kanner (1944) beschrieb erstmalig elf Kinder, die er über fünf Jahre gesehen hatte, und an denen er die autistische Symptomatik detailliert beschreiben konnte. Bleuler (1975) führte den Begriff des Autismus in anderer Bedeutung für den Verlust des Kontaktes mit der Wirklichkeit beim Schizophrenen ein.

In früheren nosologischen Klassifikationssystemen (ICD-9) wurde die autistische Störung den kindlichen Psychosen zugerechnet. Aus heutiger Sicht wird der Autismus aber als tiefgreifende Entwicklungsstörung angesehen, die sich bereits ab der Geburt manifestiert und bereits vor dem 3. Lebensjahr durch eine beeinträchtigte Entwicklung in mindestens einem der drei folgenden Bereiche erkennbar wird: als Störung der rezeptiven und expressiven Sprache, wie sie in der sozialen Kommunikation Verwendung findet, als Störung der Entwicklung selektiver sozialer Zuwendung bzw. reziproker sozialer Interaktionen und/oder als Beeinträchtigung in dem Bereich des funktionalen oder symbolischen Spielens. Abbildung 29.1 zeigt Ihnen diagnostische Leitlinien der autistischen Entwicklungsstörung nach ICD-10. Neben dem Kanner'schen Autismus wird das *Asperger-Syndrom* beschrieben, bei dem eine klinisch eindeutige allgemeine Verzögerung der gesprochenen oder rezeptiven Sprache oder der kognitiven Entwicklung fehlt. Die qualitative Beeinträchtigung der sozialen Interaktion sowie repetitive und stereotype Verhaltensmuster sind jedoch auffindbar. Als Spezialform gilt das *Rett-Syndrom*, das durch eine schwere Störung der expressiven und rezeptiven Sprache mit psychomotorischer Verlangsamung und stereotypen Handbewegungen (Waschbewegungen) gekennzeichnet ist.

Bei Kindern und Jugendlichen mit einer autistischen Symptomatik finden wir Störungen der sozialen Beziehungen, der Kommunikation und des Verhaltens. Es finden sich kognitive Defizite in praktisch allen Fällen. Etwa 75% der autistischen Individuen sind mental retardiert (Rapin, 1997). Es finden sich kognitive Defizite im Sinne einer Überselektivität, einer Beeinträchtigung der Kohärenzfunktionen sowie Defizite in der Wahrnehmungsorganisation und Aufmerksamkeit. Defizite im sozial-kognitiven Bereich zeigen sich in einem Mangel an sozial ausgerichteten Affektäußerungen, einem Mangel an spontanem Lächeln, in einer Störung der emotionalen Wahrnehmung und in Defiziten beim Verständnis von Motiven und Zielen anderer Menschen sowie in den exekutiven Planungsfunktionen. Die Prävalenz des Autismus wird mit zwei bis fünf pro Zehntausend eingeschätzt. In weiteren Definitionen ist die Häufigkeit mit zehn bis zwanzig pro Zehntausend zu veranschlagen (Lord & Rutter, 1994; Rapin, 1997). Die Ursachen autistischen Verhaltens sind bis heute nicht vollständig geklärt, es muß jedoch davon ausgegangen werden, daß durch genetische und/oder cerebral-biochemische Faktoren eine tiefgreifende Entwicklungsstörung funktioneller neuronaler Netzwerke erfolgt. Bildgebende Verfahren haben bis jetzt kein kohärentes Muster funktioneller Defizite abbilden können (Rapin, 1997), neuroanatomische Veränderungen in cerebellären und limbischen Strukturen werden vermutet, wobei eine pränatale Dysgenese angenommen wird (siehe auch Gillberg & Coleman, 1992, 1996). Störungen der Wahrnehmungs- und Sprachfunktion werden der sozialen Interaktionsstörung zugrunde gelegt (siehe dazu auch Kapitel 1.10 oder 1.11 Evolutionäre Aspekte der Psychopathologie). Die frühe Störung der zwischenmenschlichen Kommunikation legt eine tiefgreifende Beeinträchtigung der Dekodierung und damit des subjektiven Interpretierens von Affekten nahe. Gestörte Eltern-Kind-Interaktionen erscheinen heute mehr als Folge denn als Ursache der autistischen Entwicklungsproblematik.

Zur Diagnosesicherung autistischen Verhaltens können folgende Beurteilungsskalen herangezogen werden (zitiert nach Steinhausen, 1993):

- Diagnostische Beurteilungsliste für verhaltensgestörte Kinder (Form E2) von Rimland (1971),

- BOS (Verhaltensbeobachtungsskala für Autismus) von Freeman et al. (1984),
- CARS (Autismus-Beurteilungsskala) von Schopler et al. (1980),
- Autismus-Verhaltensliste von Krug et al. (1980),
- RLRS (Ritvo-Freeman Reale Lebens-Beurteilungsskala von Freeman et al. (1986).

Differentialdiagnostisch ist die Abgrenzung gegenüber anderen Störungen der sozialen Interaktion häufig nicht einfach. Insbesondere muß der Autismus gegenüber den desintegrativen Psychosen, den Aphasien und dem elektiven Mutismus abgegrenzt werden.

* qualitative Beeinträchtigung der sozialen Interaktion
  - Unfähigkeit, Blickkontakt, Mimik, Körperhaltung und Gestik zur Regulation sozialer Interaktionen zu verwenden
  - Unfähigkeit, Beziehungen zu Gleichaltrigen aufzunehmen
  - Mangel an sozio-emotionaler Gegenseitigkeit
  - unangemessene Reaktionen auf Emotionen anderer
  - Mangel, spontan Freude, Interessen oder Tätigkeiten mit anderen zu teilen
* qualitative Auffälligkeiten der Kommunikation
  - Verspätung oder vollständige Störung der Entwicklung der gesprochenen Sprache, keine Kompensationsversuche durch Gestik oder Mimik
  - relative Unfähigkeit, einen sprachlichen Kontakt zu beginnen oder aufrechtzuerhalten
  - stereotype und repetitive Verwendung der Sprache, fehlender sozialer Gebrauch sprachlicher Fertigkeiten
  - Mangel an sozial imitierendem Spiel
  - fehlende Empathie
* stereotype Verhaltensmuster
  - stereotype Beschäftigung mit begrenzten Interessen
  - zwanghafte Anhänglichkeit an spezifische Handlungen oder Rituale
  - stereotype und repetitive motorische Manierismen (z. B. Fingerschlagen, Verbiegen der Hand, komplexe Bewegungen)
  - Interesse an Teilaspekten von Objekten (z. B. Geruch, Oberfläche, Geräuschproduktion)
  - Widerstand gegenüber Veränderungen

Abbildung 29.1: Diagnostische Leitlinien der autistischen Entwicklungsstörung nach ICD-10 (Dilling et al., 1991)

Literaturverzeichnis

Abelin, E. L. (1986). Die Theorie der frühkindlichen Triangulation. Von der Psychologie zur Psychoanalyse. In J. Stork (Hg.), *Das Weltbild in Kontinuität und Wandlung*, (S. 45–72). Stuttgart: Fromman-Holzboog.

Achenbach, T. M. (1990). Conceptualization of developmental psychopathology. In Lewis & Miller (1990), Kap. 1, (S. 3–14).

Achenbach, T. M. (1991). *Manual for the Child Behavior Checklist/4–18 and 1991 Profile*. University of Vermont, Department of Psychology, Burlington, VT.

Achenbach, T. M. (1997). What is normal? What is anormal? Developmental perspectives on behavioral and emotional problems. In Luthar et al. (1997), (S. 93–114).

Achenbach, T. M. & Edelbrock, C. S. (1983). *Manual for the Child Behavior Checklist and Revised Child Behavior Profile*. Univ. of Vermont, Dept. of Psychiatry, Burlington, VT.

Adler, A. (1977). *Studie über Minderwertigkeit von Organen. Nach dem Text von 1927*. Frankfurt a.M.: Fischer.

Adler, A. (1978). *Praxis und Theorie der Indiviualpsychologie (1930)*. Frankfurt a.M.: Fischer.

Adler, A. (1982). *Über den nervösen Charakter (1928)*. Frankfurt a.M.: Fischer.

Ainsworth, M. D. S., Blehar, M. C., Waters, E. & Wall, S. (1978). *Patterns of Attachment: a Psychological Study of the Strange Situation*. Hillsdale, NJ: Erlbaum.

Amelang, M. & Bartussek, D. (1990). *Differentielle Psychologie und Persönlichkeitsforschung*. Stuttgart: Kohlhammer.

Amelang, M. & Zielinski, W. (1997). *Psychologische Diagnostik und Intervention*. Berlin: Springer.

Anand, K. S., Eckstein, R. & Oberlander, T. F. (1997). Developmental character and long-term consequences of pain in infants and children. *Child Adolesc. Psychiatr. Clin. N. Am.*, *6* (4), 703–724.

Andrews, G., Pollock, C. & Stewart, G. (1989). The determination of defense style by questionnaire. *Arch. Gen. Psychiatry*, *46*, 455–460.

Angermaier, M. (1977). *Psycholinguistischer Entwicklungstest (PET)*. Weinheim: Beltz.

Angold, A. & Rutter, M. (1992). Effects of age and pubertal status on depression in a large clinical sample. *Development and Psychopathology*, *4*, 5–28.

Angold, A. & Worthman, C. W. (1993). Puberty onset of gender differences in rates of depression: a developmental, epidemiologic and neuroendocrine perspective. *J. Affective Disord.*, *29*, 145–158.

Antonovsky, A. (1987). *Unraveling the Mystery of Health*. San Francisco: Jossey-Bass.

Antonovsky, A. (1990). The salutogenic model of health. In Ornstein & Swencionis (1990), Kap. 19, (S. 231–243).

Asarnow, J. R. (1988). Children at risk for schizophrenia: converging lines of evidence. *Schizophr. Bull.*, *14*, 613–631.

Asarnow, J. R., Goldstein, M. J. & Ben-Meir, S. (1988). Parental communication deviance in childhood onset schizophrenia spectrum and depressive disorders. *J. Child Psychol. Psychiatry*, *29*, 825–838.

von Aster, M. (1996). *Die Störungen des Rechnens und der Zahlenverarbeitung in der kindlichen Entwicklung*. Zürich: Medizinische Fakultät der Universität Zürich. Habilitationsschrift.

Bakwin, H. (1961). Enuresis in children. *J. Pediatr., 58*, 806–819.
Bandura, A. (1977). Self-efficacy: toward a unifying theory of behavioral change. *Psychol. Rev., 84*, 191–215.
Barr, C. E., Mednick, S. A., Machon, R. A. & Cannon, T. D. (1991). Fetal neural development and adult schizophrenia. In C. Eggers (Hg.), *Schizophrenia and Youth*, (S. 52–65). Berlin: Springer.
Bastine, R. H. E. (1998). *Klinische Psychologie. Band 1*. 3. Aufl. Stuttgart: Kohlhammer.
Beck, A. T., Rush, A. J., Shaw, B. F. & Emery, G. (1981). *Cognitive Therapy of Depression*. 3. Aufl. New York: Guilford.
Bell, S. M. (1970). The development of the concept of the object as related to infant-mother attachment. *Child Dev., 41*, 291–311.
Bellak, L. & Bellak, S. S. (1955). *Handanweisung für den Kinder-Apperzeptions-Test (C.A.T.)*. Göttingen: Hogrefe.
Bellak, L. & Bellak, S. S. (1979). *Children's Apperception Test (Human Figures)*. 5. Aufl. Larchmont, NY: C.P.S.
Benedetti, G. (1978). *Psychodynamik der Zwangsneurose*. Darmstadt: Wiss. Buchgesellschaft.
Benton, A. L. (1981). *Der Benton-Test*. 5. Aufl. Bern: Huber.
Berger, C. (1996). Soziale Beziehungen von Kindern im Grundschulalter. Eine Untersuchung mit dem SOBEKI-Verfahren an acht- bis elfjährigen Grundschulkindern. *Prax. Kinderpsychol. Kinderpsychiatr., 45*, 102–110.
Berger, E., Friedrich, M. H. & Schuch, B. (1985). *Verhaltensbeurteilung bei Kindern und Jugendlichen*. Stuttgart: Thieme.
Berner, P. (1979). *Psychiatrische Systematik: ein Lehrbuch*. 2. Aufl. Bern: Huber.
Bernstein, G. A., Borchardt, C. M. & Perwien, B. A. (1996). Anxiety disorder in children and adolescents: a review of the past 10 years. *J. Am. Acad. Child Adolesc. Psychiat., 35*, 1110–1119.
Bettes, B. A. (1988). Maternal depression and motherese: temporal and intonational features. *Child Dev., 59*, 1089–1096.
Biederman, J., Faraone, S., Mick, E., Wozniak, J., Chen, L., Ouellette, C., Marrs, A., Moore, P., Garcia, J., Mennin, D. & Lelon, E. (1996). Attention-deficits hyperactivity disorder and juvenile mania: an overlooked comorbidity? *J. Am. Acad. Child Adolesc. Psychiat., 35*, 997–1008.
Biederman, J., Faraone, S. V., Marrs, A., Moore, P., Garcia, J., Ablon, S., Mick, E., Gershon, J. & Kearus, M. E. (1997). Panic disorder and agoraphobia in consecutively referred children and adolescents. *J. Am. Acad. Child Adolesc. Psychiat., 36*, 214–223.
Bierman, K. L. (1988). The clinical implications of childrens conceptions of social relationships. In Shirk (1988), Kap. 8, (S. 247–272).
Biermann, G. & Kos-Robes, M. (1986). Die Zeichentest-Batterie Baum — Mensch — Verzauberte Familie. *Prax. Kinderpsychol. Kinderpsychiatr., 35* (6), 214–222.
Bille, B. (1981). Migraine in childhood and its prognosis. *Cephalalgia, 1*, 71–75.
Bille, B. (1997). A 40-year follow-up of school children with migraine. *Cephalalgia, 17*, 488–491.
Binet, A. & Simon, T. (1905). Sur la nécessitée d'établir un diagnostic scientifique des états inférieurs de l'intelligence. *Année Psychol., 11*, 163–190.
Biringen, Z. (1994). Attachment theory and research: application to clinical practice. *Am. J. Orthopsychiatr., 64* (3), 404–419.

Birkel, P. (1990). *Grundwortschatz Rechtschreib-Test für 4. und 5. Klassen (GRT 4+).* Weinheim: Beltz.

Birkel, P. (1995). *Weingartener Grundwortschatz Rechtschreib-Test für erste und zweite Klassen (WRT 1+).* Göttingen: Hogrefe.

Birmaher, B., Ryan, N. D., Williamson, D. E., Brent, D. A. & Nelson, B. C. (1996). Childhood and adolescent depression: a review of the past ten years. Part I. *J. Am. Acad. Child Adolesc. Psychiat., 35,* 1427–1439.

Bischof-Köhler, D. (1998). Zusammenhänge zwischen kognitiver, motivationaler und emotionaler Entwicklung in der frühen Kindheit und im Vorschulalter. In *Entwicklungspsychologie,* (S. 319–376). Bern: Huber.

Black, B. & Uhde, T. W. (1995). Psychiatric characteristics of children with selective mutism: a pilot study. *J. Am. Acad. Child Adolesc. Psychiat., 34* (7), 847–856.

Black, D. W. & Noyes, R. (1990). Comorbidity and obsessive-compulsive disorder. In J. D. Maser & C. R. Cloninger (Hg.), *Comorbidity of Mood and Anxiety Disorders.* Washington, DC: American Psychiatric Press.

Blanz, B. (1994). Die psychischen Folgen chronischer Krankheiten im Kindes- und Jugendalter. *Kindheit und Entwicklung, 3,* 6–15.

Blanz, B. & Lehmkuhl, G. (1986). Konversionssymptomatik im Kindes- und Jugendalter. *Fortschr. Neurol. Psychiat., 54,* 356–363.

Bleuler, E. (1975). *Lehrbuch der Psychiatrie.* Berlin: Springer.

Block, J. M., Block, J. & Gjerde, P. F. (1986). The personality of children prior to divorce, a prospective study. *Child Dev., 57,* 827–840.

Bloom, L. (1973). *One Word at a Time: the Use of Single Word Utterances Before Syntax.* The Hague: Mouton.

Bohm, E. (1951). *Lehrbuch der Rorschach-Psychodiagnostik.* Bern: Huber.

Bolton, D. (1996). Annotation: Developmental issues in obsessive-compulsive disorder. *J. Child Psychol. Psychiatry, 37,* 131–137.

Bond, M., Gardner, S. T., Christian, J. & Sigal, J. J. (1983). Empirical study of self-rated defense styles. *Arch. Gen. Psychiatry, 40,* 333–338.

Bornstein, M. H., Gaughran, J. M. & Homel, P. (1986). Infant temperament: theory, tradition, critique, and new assessments. In C. E. Izard & P. B. Read (Hg.), *Measuring Emotions in Infants and Children,* Bd. 2, (S. 172–199). New York: Cambridge Univ. Press.

Bowlby, J. (1969). *Attachment,* Bd. 1 von *Attachment and Loss.* New York: Basic Books.

Bowlby, J. (1973). *Separation Anxiety and Anger,* Bd. 2 von *Attachment and Loss.* New York: Basic Books.

Bowlby, J. (1988). Developmental psychiatry comes of age. *Am. J. Psychiatry, 145* (1), 1–10.

Boyle, M. H., Offord, D. R., Racine, Y. A., Fleming, J. E., Szatmari, P. & Links, P. S. (1993). Predicting substance use in early adolescence based on parent and teacher assessments of childhood psychiatric disorder: results from the Ontario child health study follow-up. *J. Child Psychol. Psychiatry, 34* (4), 535–544.

Braun, H. (1985). Das transsexuelle Syndrom bei Kindern und Jugendlichen. *Z. Kinder-Jugendpsychiat., 13,* 138–154.

Bräutigam, W. (1979). *Sexualmedizin im Grundriß.* Stuttgart: Thieme.

Brem-Gräser, L. (1995). *Familie in Tieren.* 7. Aufl. München: Reinhardt.

Bremner, J. D., Scott, T. M., Delaney, J. I. & Southwick, S. M. (1993). Deficits in short-term memory in posttraumatic stress disorder. *Am. J. Psychiatry, 150*, 1015–1019.

Bretz, E., Bodenstein, F. & Petermann, F. (1994). Sexueller Mißbrauch von Kindern und Jugendlichen: Diagnostik und Prävention. *Kindheit und Entwicklung, 3*, 39–53.

Brickenkamp, R. (1981). *Aufmerksamkeits-Belastungs-Test (d2)*. 7. Aufl. Göttingen: Hogrefe.

Brickenkamp, R. (1997). *Handbuch psychologischer und pädagogischer Tests*. 2. Aufl. Göttingen: Hogrefe.

Bronfenbrenner, U. (1979). *The Ecology of Human Development*. Cambridge, MA: Univ. Press.

Bronfenbrenner, U. (1986). Ecology of the family as a context for human development: research perspectives. *Dev. Psychol., 22*, 723–742.

Brooks-Gunn, J. & Lewis, M. (1984). The development of early self recognition. *Developm. Rev., 4*, 215–239.

Brown, A. L. (1975). The development of memory: knowing, knowing about knowing, and knowing how to know. In H. W. Reese (Hg.), *Advances in Child Development and Behavior*, (S. 104–153). New York: Academic Press.

Bruch, H. (1960). Über die psychologischen Aspekte der Fettleibigkeit. *Medizinische Klinik, 55*, 295–300.

Bruner, J. (1987). *Wie das Kind sprechen lernt*. Bern: Huber.

Bruner, J. S. (1966). On cognitive growth I and II. In J. S. Bruner, R. R. Olwer & P. M. Greenfield (Hg.), *Studies on Cognitive Growth*, (S. 21–95). New York: Wiley.

Bruner, J. S. (1968). *Processes of Cognitive Growth: Infancy*. Worcester, MA: Clark Univ. Press & Barre Publ.

Brunner, M., Seibert, A., Dierks, A. & Körkel, B. (1999a). *Heidelberger Lautdifferenzierungstest (H-LAD)*. Wertingen: Westra Elektroakustik.

Brunner, R. & Resch, F. (1993). Zur stationären Behandlung konversionsneurotischer Lähmungen. Vortrag bei der 23. Wissenschaftlichen Tagung der Deutschen Gesellschaft für Kinder- und Jugendpsychiatrie in Köln, April 1993.

Brunner, R., Resch, F., Koch, E., Parzer, P. & Haffner, J. (1994). Dissociation and Somatization in Psychiatrically Disturbed Adolescents: a Pilot Study with the German Version of the Dissociative Experiences Scale. Vortrag bei dem 13. Kongreß der IACAPAP in San Francisco, Juli 1994.

Brunner, R., Resch, F., Parzer, P. & Koch, E. (1995). Somatization in Psychiatrically Disturbed Adolescents with Traumatic Life Experiences. Posterpräsentation bei dem 10. Kongress der ESCAP in Utrecht, September 1995.

Brunner, R., Resch, F., Parzer, P. & Koch, E. (1997). Dissoziation und Trauma: Psychotherapeutische Gesichtspunkte. In P. Hofmann, M. Lux, C. Probst, M. Steinbauer, J. Taucher & H.-G. Zapotoczky (Hg.), *Klinische Psychotherapie*, (S. 312–318). Wien: Springer.

Brunner, R., Resch, F., Parzer, P. & Koch, E. (1999b). *Heidelberger Dissoziationsinventar (HDI)*. Frankfurt a.M.: Swets.

Bucci, W. (1997). *Psychoanalysis and Cognitive Sciences. A Multiple Code Theory*. New York: Guilford.

Bühler, C. (1967). *Kindheit und Jugend*. 4. Aufl. Göttingen: Hogrefe.

Bühler, M. & Largo, R. H. (1981). Aspekte des Schlafverhaltens zwischen zwei und 18 Jahren. Longitudinale Studie. *Helv. Paediatr. Acta, 36*, 533–541.

Bullens, H. (1982). Zur Entwicklung des begrifflichen Denkens. In Oerter & Montada

(1982), Kap. 6, (S. 425–474).
Bürgin, D. (1993). *Psychosomatik im Kindes- und Jugendalter*. Stuttgart: Fischer.
Bürgin, D. (Hg.) (1998). *Triangulierung. Der Übergang zur Elternschaft*. Stuttgart: Schattauer.
Bush, J. P. & Harkins, M. (Hg.) (1991). *Children in pain: Clinical and research issues from a developmental perspective*. New York: Springer.
Buss, A. H. & Plomin, R. (1984). *Temperament: Early Developing Personality Traits*. Hillsdale, NJ: Erlbaum.
Campbell, S. B. (1989). Developmental perspectives. In T. H. Ollendick & M. Hersen (Hg.), *Handbook of Child Psychopathology*, 2. Aufl., Kap. 1, (S. 5–28). New York: Plenum.
Campbell, S. B. (1995). Behavior problems in preschool children: a review of recent research. *J. Child Psychol. Psychiatry*, *36* (1), 113–149.
Campo, J. V. & Fritsch, S. L. (1994). Somatization in children and adolescents. *J. Am. Acad. Child Adolesc. Psychiat.*, *33* (9), 1223–1235.
Cannon, T. D. & Mednick, S. A. (1993). The schizophrenia high risk project in Copenhagen: three decades of progress. *Acta Psychiat. Scand.*, *370* (Suppl.), 33–47.
Carlson, G. A. & Kashani, J. H. (1988). Phenomenology of major depression from childhood through adulthood: analysis of three studies. *Am. J. Psychiatry*, *145* (10), 1222–1225.
Carlson, J. G. & Hatfield, E. (1992). *Psychology of Emotion*. Fort Worth: Harcourt Brace Jovanovich College Publishers.
Cavalli-Sforza, L. L. (1992). *Stammbäume von Völkern und Sprachen*. Heidelberg: Spektrum der Wissenschaft.
Chomsky, N. (1965). *Aspects of the Theory of Syntax*. Cambridge, MA: MIT Press.
Chu, J. A. & Dill, D. L. (1990). Dissociative symptoms in relation to childhood physical and sexual abuse. *Am. J. Psychiatry*, *147*, 887–892.
Cicchetti, D. (1984). The emergence of developmental psychopathology. *Child Dev.*, *55*, 1–7.
Cicchetti, D. & Cohen, D. J. (Hg.) (1995). *Developmental Psychopathology*. New York: Wiley.
Cicchetti, D. & Toth, S. (Hg.) (1992). *Childmaltreatment, Child Development and Social Policy*. Norwood, NJ: Ablex.
Cicchetti, D. & Toth, S. L. (1995). A developmental psychopathology perspective on child abuse and neglect. *J. Am. Acad. Child Adolesc. Psychiat.*, *34* (5), 541–565.
Cicchetti, D. & Toth, S. L. (1997). Transactional ecological systems in developmental psychopathology. In Luthar et al. (1997), (S. 317–349).
Cierpka, M. (1987). *Familiendiagnostik*. Heidelberg: Springer.
Cierpka, M. (1989). *Zur Diagnostik von Familien mit einem schizophrenen Jugendlichen*. Heidelberg: Springer.
Cillessen, A. H., van Ijzendoorn, H. W., van Leishout, C. F. & Hartup, W. W. (1992). Heterogeneity amopng peer-rejected boys: subtypes and stabilities. *Child Dev.*, *63*, 893–905.
Ciompi, L. (1982). *Affektlogik über die Struktur der Psyche und ihre Entwicklung*. Stuttgart: Klett-Cotta.
Ciompi, L. (1988). *Außenwelt, Innenwelt: die Entstehung von Zeit, Raum und psychischen Strukturen*. Göttingen: Vandenhoeck & Ruprecht.

Ciompi, L. (1997). *Die emotionalen Grundlagen des Denkens. Entwurf einer fraktalen Affektlogik.* Göttingen: Vandenhoeck & Ruprecht.

Claparède, E. (1937). Le naissance de l'intelligence. In E. Claparède (Hg.), *Causeries psychologiques.* Genf: Librairie Naville.

Cloninger, C. R. (1994). Temperament and personality. *Curr. Opin. Neurobiol.*, *4*, 266–273.

Cloninger, C. R., Svrakic, D. M. & Przybeck, T. R. (1993). A psychobiological model of temperament and character. *Arch. Gen. Psychiatry*, *50*, 975–990.

Cohen, N. J. (1984). Preserved learning capacity in amnesia: evidence for multiple memory systems. In L. R. Squire & N. Butters (Hg.), *Neuropsychology of Memory*, (S. 83–103). New York: Guilford.

Cole, D. A. & Carpentieri, S. (1990). Social status and the comorbidity of child depression and conduct disorder. *J. Consult. Clin. Psychol.*, *58*, 748–757.

Conger, J. J. (1991). *Adolescence and Youth.* 4. Aufl. New York: Harper Collins.

Conrad, K. (1958). *Die beginnende Schizophrenie. Versuch einer Gestaltanalyse des Wahns.* Stuttgart: Thieme.

Cooke, J. & Williams, D. (1992). *Therapie mit sprachentwicklungsverzögerten Kindern.* Stuttgart: Fischer.

Coons, P. M. (1994). Confirmation of childhood abuse in child and adolescent cases of multiple personality disorder and dissociative disorder not otherwise specified. *J. Nerv. Ment. Dis.*, *182*, 461–464.

Coopersmith, S. (1967). *The Antecedence of Self-Esteem.* San Francisco: Freeman.

Cornwall, A. & Bawden, H. N. (1992). Reading disabilities and aggression. *J. Learn. Disabil.*, *25*, 281–288.

Cramer, P. (1991). *The Development of Defense Mechanisms. Theory, Research and Assessment.* New York: Springer.

von Cramon, D. Y., Mai, N. & Ziegler, W. (Hg.) (1993). *Neuropsychologische Diagnostik.* Neurologie. Weinheim: VCH.

Crittenden, P. M. (1992). Quality of attachment in the preschool years. *Development and Psychopathology*, *4*, 209–242.

Crow, T. J. (1995). A darwinian approach to the origin of psychosis. *Br. J. Psychiatry*, *167*, 12–25.

Crow, T. J. (1997). Is schizophrenia the price, that homo sapiens pays for language? *Schizophr. Res.*, *19*, 127–141.

Crowther, J. K., Bond, L. A. & Rolf, J. E. (1981). The incidence, prevalence and severity of behavior disorders among preschool-age children in day care. *J. Abnorm. Child Psychol.*, *9*, 23–42.

Cummings, E. M. & Davies, P. T. (1994). Maternal depression and child development. *J. Child Psychol. Psychiatry*, *35*, 73–112.

Cummings, J. L. (1993). Frontal subcortical circuits and human behavior. *Arch. Neurol. Psychiatry*, *50*, 873–880.

Damasio, A. R. (1994). *Descartes' Error. Emotion, Reason and the Human Brain.* New York: Avon books.

Damon, W. & Hart, D. (1982). The development of self-understanding from infancy through adolescence. *Child Dev.*, *52*, 841–864.

Dauner, J. (1977). Klinik und Therapie psychogener Angstörungen bei Kindern und Jugendlichen. *Prax. Kinderpsychol. Kinderpsychiatr.*, *26*, 203–208.

Davenport, Y. B., Zahn-Waxler, C., Adland, M. L. & Mayfield, A. (1984). Early child-rearing practices in families with a manic-depressive parent. *Am. J. Psychiatry, 141*, 230–235.

Demetriou, A., Efklides, A. & Platsidou, M. (1993). *The Architecture and Dynamics of Developing Mind*, Bd. 58 von *Monographs of the Society for Research in Child Development*. Chicago: Univ. of Chicago Press.

Deneke, F. W. & Hilgenstock, B. (1989). *Das Narzißmusinventar*. Bern: Huber.

DiClemente, R. J., Hansen, W. B. & Ponton, L. E. (Hg.) (1996). *Handbook of Adolescent Health Risk Behavior*. New York: Plenum.

Dilling, H., Mombour, W. & Schmidt, M. H. (Hg.) (1991). *Internationale Klassifikation psychischer Störungen (ICD-10)*. Bern: Huber.

Dix, T. (1991). The affective organization of parenting: adaptiv and maladaptive processes. *Psychol. Bull., 110*, 3–25.

Döpfner, M. (1995). Hyperkinetische Störungen. In Petermann (1995), (S. 165–217).

Döpfner, M. & Lehmkuhl, G. (1997). Von der kategorialen zur dimensionalen Diagnostik. *Prax. Kinderpsychol. Kinderpsychiatr., 46*, 519–547.

Döpfner, M., Lehmkuhl, G., Berner, W., Flechtner, H., Steinhausen, H.-C. & von Aster, M. (1991). *Psychopathologischer Befund bei Kindern und Jugendlichen*. Arbeitsgruppe Psychopathologischer Befund, Köln. 4. Revision.

Döpfner, M., Melchers, P., Fegert, J., Lehmkuhl, G., Lehmkuhl, U., Schmeck, K., Steinhausen, H.-C. & Poustka, F. (1994). Deutschsprachige Konsensus-Versionen der Child Behavior Checklist (CBCL 4-18), der Teacher Report Form (TRF) und der Youth Self Report Form (YSR). *Kindheit und Entwicklung, 3* (7), 54–59.

Dornes, M. (1993). *Der kompetente Säugling*. Frankfurt a.M.: Fischer.

Dornes, M. (1997). *Die frühe Kindheit. Entwicklungspsychologie der ersten Lebensjahre*. Frankfurt a.M.: Fischer.

Droste, H. J. & Büttner, W. (1992). Schmerzphysiologie bei Säuglingen und Kleinkindern. *Kindheit und Entwicklung, 1*, 6–12.

DSM-III (1984). *Diagnostisches und Statistisches Manual Psychischer Störungen*. 3. Aufl. Weinheim: Beltz. bearb. von Koehler, K. und Saß, H.

DSM-III-R (1987). *Diagnostic and Statistical Manual of Mental Disorders*. American Psychiatric Association, Washington, DC, 3. Aufl.

DSM-IV (1994). *Diagnostic and Statistical Manual of Mental Disorders*. American Psychiatric Association, Washington, DC, 4. Aufl.

Du Bois, R. (1995). *Kinderängste: erkennen — verstehen — helfen*. München: Beck.

Eagle, R. S. (1994). The separation experience of children in long-term care: Theory, research, and implications for practice. *Am. J. Orthopsychiatr., 64* (3), 421–433.

Earls, F. (1994). Oppositional-defiant and conduct disorders. In Rutter et al. (1994), (S. 308–329).

Eccles, J. C. (1979). *The Human Mystery*. Berlin: Springer.

Eckhardt, A. (1992). Artifizielle Krankheiten (selbstmanipulierte Krankheiten) — Eine Übersicht. *Nervenarzt, 63*, 409–415.

Edelman, G. M. (1993). *Unser Gehirn — ein dynamisches System*. München: Piper.

Eggers, C. (1969). Zwang und jugendliche Psychosen. *Prax. Kinderpsychol. Kinderpsychiatr., 18*, 202.

Eggers, C. & Esch, A. (1988). Krisen und Neurosen in der Adoleszenz. In K. P. Kisker, H. Lauter, J.-E. Meyer, C. Müller & E. Strömgren (Hg.), *Kinder- und Jugendpsychiatrie*,

Bd. 7 von *Psychiatrie der Gegenwart*, 3. Aufl., Kap. 2.2, (S. 317–347). Berlin: Springer.

Eggers, C., Lempp, R., Nissen, G. & Strunk, P. (1989). *Kinder- und Jugendpsychiatrie*. 5. Aufl. Berlin: Springer.

Eggers, C., Lempp, R., Nissen, G. & Strunk, P. (1994). *Kinder- und Jugendpsychiatrie*. 7. Aufl. Berlin: Springer.

Eggert, D. (1974). *Lincoln-Oseretzky-Skala, Kurzform (LOS KF 18)*. 2. Aufl. Weinheim: Beltz.

Egle, U. T. (1993). Psychosomatische Auffassungen von Schmerz. Historische Entwicklung, gegenwärtiger Stand und empirische Belege. *Nervenarzt*, *64*, 289–302.

Eiser, C. (1985). *The Psychology of Childhood Illness*. New York: Springer.

Elicker, J. & Sroufe, L. A. (1992). Predicting peer competence and peer relationship in childhood from early parent-child relationships. In R. Parke & G. Ladd (Hg.), *Family-Peer Relationship: Modes of Linkage*. Hillsdale, NJ: Erlbaum.

Elkind, D. (1967). Egocentrism in adolescence. *Child Dev.*, *8*, 1025–1034.

Ellis, A. (1962). *Reason and Emotion in Psychotherapy*. New York: Lyle Stuart.

Emde, R. (1981). Changing models of infancy and the nature of early development: remodeling the foundation. *J. Am. Psychoanal. Assoc.*, *29*, 179–219.

Emde, R. N. (1992). Individual meaning and increasing complexity: contributions of Sigmund Freud and Rene Spitz to developmental psychology. *Dev. Psychol.*, *28*, 347–359.

Engel, G. L. (1959). "Psychogenic" pain and the pain-prone patient. *Am. J. Med.*, *26*, 899–918.

Erikson, E. H. (1965). *Kindheit und Gesellschaft*. Stuttgart: Klett-Cotta.

Erikson, E. H. (1974). *Jugend und Krise*. Stuttgart: Klett-Cotta.

Erikson, E. H. (1976). *Identität und Lebenszyklus*. Frankfurt a.M.: Suhrkamp.

Erlenmeyer-Kimling, L., Cornblatt, B. A., Rock, D., Roberts, S., Bell, M. & West, A. (1993). The New York High-Risk Project: anhedonia, attentional deviance, and psychopathology. *Schizophr. Bull.*, *19*, 141–153.

Ernst, C. (1993). Frühe Lebensbedingungen und spätere psychische Störungen. *Nervenarzt*, *64*, 553–561.

Esquirol, J. E. D. (1938). *Des maladies mentales*. Paris: Lafayette.

Esser, G. (1991). *Was wird aus Kindern mit Teilleistungsschwächen? Der langfristige Verlauf umschriebener Entwicklungsstörungen*. Stuttgart: Enke.

Esser, G. & Schmidt, M. (1987). *Minimale Cerebrale Dysfunktion - Leerformel oder Syndrom? Empirische Untersuchung zur Bedeutung eines zentralen Konzepts in der Kinderpsychiatrie*. Stuttgart: Enke.

Esser, G., Schmidt, M. H. & Blanz, B. (1990). Epidemiology and course of psychiatric disorders in school-age children — results of a longitudinal study. *J. Child Psychol. Psychiatry*, *31*, 243–263.

Esser, G., Schmidt, M. H., Blanz, B. Fätkenheuer, B., Fritz, A., Koppe, T., Laucht, M., Rensch, B. & Rothenberger, W. (1992). Prävalenz und Verlauf psychischer Störungen im Kindes- und Jugendalter. *Z. Kinder-Jugendpsychiat.*, *20* (4), 232–242.

Evans, D. W., Noam, G. G., Wertlieb, D., Paget, K. F. & Wolf, M. (1994). Self-perception and adolescent psychopathology: a clinical-developmental perspective. *Am. J. Orthopsychiatr.*, *64* (2), 293–300.

Famularo, R., Kinscherff, R. & Fenton, T. (1991). Posttraumatic stress disorder among children clinically diagnosed as borderline personality disorder. *J. Nerv. Ment. Dis.*, *179*, 428–431.

Fast, I. (1991). *Von der Einheit zur Differenz. Psychoanalyse der Geschlechtsidentität.* Berlin: Springer.

Faust, V. & Wolf, M. (1983). Suizidale Impulse und Suizidversuche bei Schülern. In J. Jochmus & E. Förster (Hg.), *Suizid bei Kindern und Jugendlichen.* Stuttgart: Enke.

Federn, P. (1956). *Ich-Psychologie und die Psychosen.* Bern: Huber.

Fegert, J. (1992). Diagnostik und klinisches Vorgehen bei Verdacht auf sexuellen Mißbrauch bei Mädchen und Jungen. In J. Walter (Hg.), *Sexueller Mißbrauch im Kindesalter.* Heidelberg: Edition Schindele.

Feldmann, H. & Westenhöfer, J. (1992). *Vergewaltigung und ihre psychischen Folgen: ein Beitrag zur posttraumatischen Belastungsreaktion.* Stuttgart: Enke.

Fend, H. (1998). *Eltern und Freunde. Soziale Entwicklung im Jugendalter*, Bd. 5 von *Entwicklungspsychologie der Adoleszenz in der Moderne.* Bern: Huber.

Fergusson, D. M., Lynskey, M. T. & Horwood, L. J. (1993). The effect of maternal depression on maternal ratings of child behavior. *J. Abnorm. Child Psychol.*, *21*, 245–269.

Fiedler, P. (1995). *Persönlichkeitsstörungen.* 2. Aufl. Weinheim: Psychologie Verlags Union.

Field, T., Healy, B., Goldstein, S. & Guthertz, M. (1990). Behavior-state matching and synchrony in mother-infant interactions of nondepressed vs. depressed dyads. *Dev. Psychol.*, *26*, 7–14.

Finkelhor, D. (1984). *Child sexual abuse. New theory and research.* New York: Free Press.

Finkelhor, D. (1995). The victimization of children: a developmental perspective. *Am. J. Orthopsychiatr.*, *65* (2), 177–193.

Fischer, K. W. (1980). A theory of cognitive development: the control and construction of hierarchies of skills. *Psychol. Rev.*, *87*, 477–531.

Fish, B., Marcus, J., Hans, S. L., Auerbach, J. G. & Perdue, S. (1992). Infants at risk for schizophrenia: sequelae of a genetic neurointegrative defect. A review and replication analysis of pandysmaturation in the Jerusalem Infant Development Study. *Arch. Gen. Psychiatry*, *49*, 221–235.

Flack, W. F. & Laird, J. D. (1998). *Emotions in Psychopathology.* Oxford: Oxford Univ. Press.

Flämig, J. & Wörner, U. (1977). Standardisierung einer deutschen Fassung des Family Relations Test (FRT) an Kindern von 6 bis 11 Jahren. *Prax. Kinderpsychol. Kinderpsychiatr.*, *26* (2), 38–46.

Flavell, J. H. (1977). *Cognitive Development.* Engelwood Cliffs N. J.: Prentice Hall.

Flehmig, I., Schloon, M., Uhde, J. & von Bernuth, H. (1973). *Denver-Entwicklungsskalen (Testanweisung).* Hamburger Spastikerverein, Hamburg.

Flekkoy, K. (1987). Epidemiologie und Genetik. In K. P. Kisker, H. Lauter, J. E. Meyer, C. Müller & E. Strømgren (Hg.), *Schizophrenien*, Bd. 4 von *Psychiatrie der Gegenwart*, (S. 120–153). Berlin: Springer.

Fleming, A. S. & Corter, C. (1988). Factors influencing maternal responsivness in humans: usefullness of an animal model. *Psychoneuroendocrinology*, *13*, 189–202.

Flor, H., Elbert, T., Knecht, S., Wienbruch, C., Pantev, C., Birbaumer, N., Larbig, W. & Taub, E. (1995). Phantom-limb pain as a perceptual correlate of cortical reorganization following arm amputation. *Nature*, *375*, 482–484.

Flor, H., Schugens, M. & Birbaumer, N. (1992). Discrimination of muscle tension levels in chronic pain patients and healthy controls. *Biofeedback and Self-Regulation*, *17*, 165–177.

Flynn, J. R. (1987). Massive IQ gains in 14 nations: what IQ tests really measure. *Psychol. Bull.*, *101*, 171–191.

Foucault, M. (1993). Technologien des Selbst. In L. H. Martin, H. Gutman & P. H. Hutton (Hg.), *Technologien des Selbst*, Kap. 2, (S. 24–62). Frankfurt a.M.: Fischer.

Frankenberg, S. & Pothmann, R. (1995). Epidemiologie von Kopfschmerzen bei Schulkindern. *Psychomed.*, *7* (3), 157–163.

Freeman, B. J., Ritvo, E. R. & Schroth, P. C. (1984). Behavior assessment of syndrome of autism — behavior observation system. *J. Am. Acad. Child Adolesc. Psychiat.*, *23*, 588–594.

Freeman, B. J., Ritvo, E. R., Yokota, A. & Ritvo, A. (1986). A scale for rating symptoms of patients with the syndrome of autism in real life settings. *J. Am. Acad. Child Adolesc. Psychiat.*, *25*, 130–136.

Freud, A. (1965). *Normality and Pathology in Childhood.* New York: Internat. Univ. Press.

Freud, S. (1982). *Studienausgabe.* Frankfurt a.M.: Fischer.

Friedman, S. B. (1973). Conversion symptoms in adolescents. *Pediatr. Clin. North Am.*, *20*, 873–882.

Frijda, N. H. (1993). The place of appraisal in emotion. *Cognition and Emotion*, *7*, 357–388.

Fromm-Reichmann, F. (1937). Contributions to the psychogenesis of Migraine. *Psychoanal. Rev.*, *24*, 26–50.

Frostig, M. (1979). *Frostigs Entwicklungstest der visuellen Wahrnehmung (FEW).* Weinheim: Beltz.

Furth, H. (1972). *Intelligenz und Erkennen. Die Grundlagen der genetischen Erkenntnistheorie Piaget's.* Frankfurt a.M.: Suhrkamp.

Galaburda, A. M., Menard, M. T. & Rosen, G. D. (1994). Evidence for aberrant auditory anatomy in developmental dyslexia. *Proceedings of the National Academy of Science of the United States of America*, *91*, 1810–1813.

Gerber, W. D. & Schoenen, J. (1998). Biobehavioral correlates in migraine: the role of hypersensitivity and information-processing-dysfunction. *Cephalalgia*, *18* (Suppl. 21), 5–11.

Gillberg, C. & Coleman, M. (1992). *The Biology of the Autistic Syndromes.* 2. Aufl. London: Mac Keith Press.

Gillberg, C. & Coleman, M. (1996). Autism and medical disorders: a review of the literature. *Dev. Med. Child Neurol.*, *38*, 191–202.

Göbel, H., Dworschak, M., Kropp, P., Heinze, A. & Heuss, D. (1996). Exteroceptive suppression of activity of the temporal muscle in analysis of pain mechanisms. *Der Schmerz*, *10*, 121–129.

Goldman, S. J., D'Angelo, E. J., DeMaso, D. R. & Mezzacappa, E. (1992). Physical and sexual abuse histories among children with borderline personality disorder. *Am. J. Psychiatry*, *149*, 1723–1726.

Goldstein, M. J., Talovic, S. A., Nüchterlein, K. H., Fogelson, D. L., Subotnik, K. L. & Asarnow, R. F. (1992). Family interaction versus individual psychopathology. *Br. J. Psychiatry*, *161* (Suppl. 18), 97–102.

Golinkoff, R. M. & Harding, C. G. (1984). The development of causality: the distinction between animates and inanimates. Paper presented at the International Conference on Infant Studies, New Haven, April 1984.

Goodman, W. K., Price, L. H., Rasmussen, S. A., Mazure, C., Fleischmann, R. L., Hill,

C. L., Henninger, G. R. & Charney, D. S. (1989). The Yale-Brown Obsessive Compulsive Scale. I. Development, use and reliability. *Arch. Gen. Psychiatry*, *46*, 1006–1011.

Gore, S. & Aseltine, Jr., R. H. (1995). Protective processes in adolesence: matching stressors with social ressources. *Am. J. Community Psychol.*, *23*, 301–327.

Graham, P. (1991). *Child Psychiatry. A Developmental Approach.* 2. Aufl. Oxford: Oxford Univ. Press.

Graichen, J. (1979). Teilleistungsschwächen. *Sprache Stimme Gehör*, *3* (4), 158–166.

Gray, J. A. (1982). *The Neuropsychology of Anxiety: An Inquiry into the Function of the Septohippocampal System.* New York: Oxford Univ. Press.

Green, R. (1994). Atypical psychosexual development. In Rutter et al. (1994), Kap. 43, (S. 749–758).

Green, R. & Stoller, R. (1971). Two monozygotic (identical) twin pairs discordant for gender identity. *Archives of Sexual Behavior*, *1*, 321–327.

Greenspan, S. & Greenspan, N. T. (1985). *First Feelings.* New York: Viking.

Greitemann, G. (1993). Sprache. In von Cramon et al. (1993), Kap. 7, (S. 153–167).

Griffin, M. G., Resick, P. A. & Mechanic, M. B. (1997). Objective Assessment of peritraumatic dissociation: psychophysiological indicators. *Am. J. Psychiatry*, *154*, 1081–1088.

Grimm, H. & Schöler, H. (1978). *Heidelberger Sprachentwicklungstest (HSET).* Braunschweig: Westermann.

Groffmann, K. J. (1964). Die Entwicklung der Intelligenzmessung. In R. Heiss (Hg.), *Psychologische Diagnostik*, Bd. 6 von *Handbuch der Psychologie*, (S. 148–199). Göttingen: Hogrefe.

Günter, M. & Boos, R. (1994). Bedeutung der „abnormen Reaktionsbereitschaft" im Jugendlichen Münchhausen-by-proxy-Syndrom. *Nervenarzt*, *65*, 307–312.

Haan, N. (1977). *Coping and Defending.* New York: Academic Press.

Habermas, T. & Rosemeier, H. P. (1990). Kognitive Entwicklung und Todesbegriff. In J. Seiffke-Krenke (Hg.), *Krankheitsverarbeitung bei Kindern und Jugendlichen*, (S. 263–279). Berlin: Springer.

Haeckel, E. (1866). *Generelle Morphologie der Organismen.* Berlin: Reiner.

Haffner, J., Esther, C., Münch, H., Parzer, P., Raue, B., Steen, R., Klett, M. & Resch, F. (1998a). Veränderte Kindheit — Neue Wirklichkeiten. Verhaltensauffälligkeiten im Einschulungsalter. Ergebnisse einer epidemiologischen Studie. Gesundheitsamt Rhein-Neckar Kreis, Heidelberg.

Haffner, J., Zerahn-Hartung, C., Pfüller, U., Parzer, P., Strehlow, U. & Resch, F. (1998b). Auswirkungen und Bedeutung spezifischer Rechtschreibprobleme bei jungen Erwachsenen — empirische Befunde in einer epidemiologischen Stichprobe. *Z. Kinder-Jugendpsychiat.*, *26*, 124–135.

Hagendorff, H. (1985). Zur Struktur ereignisbezogenen Wissens bei Kindern im Alter von 4 bis 6 Jahren. *Z. Psychol.*, *7* (Suppl.).

Hallpike, C. R. (1984). *Die Grundlagen des primitiven Denkens.* Stuttgart: Klett-Cotta.

Hamilton, E. B., Jones, M. & Hammen, C. (1993). Maternal interaction style in affective disordered, physically ill, and normal women. *Fam. Process*, *32*, 329–340.

Hammen, C., Burge, D. & Stansbury, K. (1990). Relationship of mother and child variables to child outcomes in a high-risk sample: a causal modeling analysis. *Dev. Psychol.*, *26*, 24–30.

Handwerker, H. O. (1998). Nozizeption und Schmerz. In R. F. Schmidt (Hg.), *Neuro- und Sinnesphysiologie*, (S. 249–262). Berlin: Springer.

Harding, C. G. (1982). Development of the intention to communicate. *Hum. Dev.*, *25*, 140–151.

Harris, P. L. (1994). The child's understanding of emotion: developmental change and the family environment. *J. Child Psychol. Psychiatry*, *35*, 3–28.

Harter, S. (1986). Cognitive developmental processes in the integration of concepts about emotions and the self. *Social Cognition*, *4*, 119–151.

Harter, S. (1988). Developmental and dynamic changes in the nature of the self-concept. In Shirk (1988), Kap. 4, (S. 119–160).

Hartmann, K. (1977). *Theoretische und empirische Beiträge zur Verwahrlosungsforschung*. Heidelberg: Springer.

Havighurst, R. J. (1972). *Developmental Tasks and Education*. 3. Aufl. New York: McKay.

Hay, D. F. & Angold, A. (Hg.) (1993). *Precursors and Causes in Developmental Psychopathology*. Chichester: Wiley.

Hazan, C. & Shaver, P. R. (1994). Attachment as an organizational framework for research on close relationships. *Psychol. Inq.*, *5*, 1–22.

Hellbrügge, T., Coulin, S., Heiss-Begemann, E., Lajosi, F., Menara, D., Schamberger, R., Schirm, H., Ernst, B., Ernst, W. & Otte, H. (1994). *Münchener Funktionelle Entwicklungsdiagnostik. 2. und 3. Lebensjahr*. Deutsche Akademie für Entwicklungsrehabilitation, München, 4. Aufl.

Henry, J. P. (1982). The relation of social to biological processes in disease. *Soc. Sci. Med.*, *16*, 369–380.

Henry, J. P. (1986). Neuroendocrine patterns of emotional response. In R. Plutchik & H. Kellerman (Hg.), *Emotion: Theory, Research and Experience*, (S. 37–60). New York: Academic Press.

Henseler, H. (1974). Ein psychodynamischer Deutungsversuch des präsuizidalen Syndroms. *Nervenarzt*, *45*, 238–243.

Hermann, C., Kim, M. & Blanchard, E. B. (1995). Behavioral and prophylactic pharmacological intervention studies of pediatric migraine: An exploratory meta-analysis. *Pain*, *60* (3), 239–256.

Herpertz, S. & Saß, H. (1994). Offene Selbstbeschädigung. *Nervenarzt*, *65*, 296–306.

Herpertz-Dahlmann, B. & Remschmidt, H. (1994). Anorexia und Bulimia nervosa im Jugendalter. *Deutsches Ärzteblatt*, *91* (17), 906–911.

Hersov, L. (1994). Faecal soiling. In Rutter et al. (1994), (S. 520–528).

Herzog, W. (1991). Der „Coping Man" — ein Menschenbild für die Entwicklungspsychologie. *Schweiz. Z. Psychol.*, *50*, 9–23.

Hinshaw, S. P., Lahey, B. B. & Hart, E. L. (1993). Issues of taxonomy and comorbidity in the development of conduct disorder. *Development and Psychopathology*, *5*, 31–49.

Hirsch, M. (1991). Perionychomanie und Perionychophagie oder „habituelles Nagelbettreißen". Zur Psychodynamik eines häufigen Selbstbeschädigungsverhaltens. *Forum Psychoanal.*, *7*, 127–135.

Hirschberg, W. (1994). Kognitive Charakteristika von Kindern und Jugendlichen mit Störungen des Sozialverhaltens — eine Übersicht. *Prax. Kinderpsychol. Kinderpsychiatr.*, *43*, 36–45.

Høeg, P. (1995). *Der Plan von der Abschaffung des Dunkels*. München: Hauserverlag.

Hofer, M., Klein-Allermann, E. & Noack, P. (1992). *Familienbeziehungen. Eltern und Kinder in der Entwicklung*. Göttingen: Hogrefe.

Hoffmann, M. L. (1987). The contributions of empathy to justice and moral judgement. In

N. Eisenberg & J. Strayer (Hg.), *Empathy and its Development*. Cambridge: Cambridge Univ. Press.

Hofstadter, D. R. (1985). *Gödel, Escher, Bach: ein endlos geflochtenes Band.* Stuttgart: Klett-Cotta.

Holle, B. (1992). *Die motorische und perzeptuelle Entwicklung des Kindes. Ein praktisches Lehrbuch für die Arbeit mit normalen und retardierten Kindern.* 2. Aufl. Weinheim: Psychologie Verlags Union.

Hops, H., Sherman, L. & Biglan, A. (1990). Maternal depression, marital discord, and children's behavior: a developmental perspective. In G. R. Patterson (Hg.), *Depression and aggression in family interaction*, (S. 185–208). Hillsdale, NJ: Erlbaum.

Huber, G. & Gross, G. (1977). *Wahn*, Bd. 2 von *Forum der Psychiatrie*. Stuttgart: Enke.

Hummel, P. (1988). Der gegenwärtige Forschungsstand zur Sexualdelinquenz im Jugendalter. *Prax. Kinderpsychol. Kinderpsychiatr.*, *37*, 198–204.

Hurrelmann, K. (1990). *Familienstress, Schulstress, Freizeitstress.* Weinheim: Beltz.

Hüther, G. (1996). The central adaptation syndrome: psychosocial stress as a trigger for adaptive modifications of brain structure and brain function. *Prog. Neurobiol.*, *48*, 596–612.

IASP (1979). International Association for the Study of Pain. Pain terms: A list with definitions and notes on usage recommended by the IASP Subcommitee on Taxonomy. *Pain*, *6*, 249–252.

Igra, V. & Irwin, C. E. (1996). Theories of adolescent risk-taking behavior. In DiClemente et al. (1996), Kap. 3, (S. 35–51).

IHS (1988). Headache Classification Committee of the International Headache Society. Classification and diagnostic criteria for headache disorders, cranial neuralgias and facial pain. *Cephalalgia*, *8* (Suppl. 7), 1–96.

Irwin, H. J. (1994). Proneness to dissociation and traumatic childhood events. *J. Nerv. Ment. Dis.*, *182*, 456–460.

Izard, C. E. (1994). *Die Emotionen des Menschen.* 3. Aufl. Weinheim: Psychologie Verlags Union.

Jackson, H. (1932). Croonian lectures, 1884–1887. In *Selected Writings*. London: Hooddler Stoughton.

Jäger, R. S. & Petermann, F. (1992). *Psychologische Diagnostik: ein Lehrbuch.* 2. Aufl. Weinheim: Psychologie Verlags Union.

James, W. (1961). *Psychology: the Briefer Course*. New York: Harper & Row.

Janet, P. (1889). *L'automatisme psychologique*. Paris: Alcan.

Janet, P. (1936). *L'intelligence avant le language*. Paris: Flammacion.

Jänig, W. (1993). Biologie und Pathobiologie der Schmerzmechanismen. In M. Zenz & I. Jurna (Hg.), *Lehrbuch der Schmerztherapie*, (S. 17–33). Stuttgart: Wiss. Verlagsgesellschaft.

Janzarik, W. (1988). *Strukturdynamische Grundlagen der Psychiatrie*. Stuttgart: Enke.

Jaspers, K. (1973). *Allgemeine Psychopathologie*. 9. Aufl. Berlin: Springer.

Jensen, A. D. E. (1991). *Mythos und Kult bei Naturvölkern.* München: dtv.

Johnson, M. (1991). Infant and toddler sleep: a telephone survey of parents in the community. *J. Dev. Behav. Pediat.*, *12*, 108–114.

Johnson, S. B. (1988). Chronic illness and pain. In E. J. Mash & L. G. Terdal (Hg.), *Behavioral assessment of childhood disorders*, (S. 491–527). New York: Guilford.

Joraschky, P. & Cierpka, M. (1987). Zur Diagnostik der Grenzenstörungen. In Cierpka

(1987), Kap. 6, (S. 112–130).
Jung, C. G. (1952). *Die Dynamik des Unbewussten*, Bd. 8 von *Gesammelte Werke*. Zürich: Rascher.
Jungjohann, E. E. (1993). *Hilfen für mißhandelte Kinder*. Ratingen: Edition medical communication.
Kahle, L. R., Kulka, R. A. & Klingel, D. M. (1980). Low adolescent self-esteem leads to multiple interpersonal problems: a test of social adaptation theory. *J. Pers. Soc. Psychol.*, *39*, 496–502.
Kanner, L. (1944). Child psychiatry: early infantile autism. *J. Pediatr.*, *25*, 211–217.
Kant, E. (1904). *Kant's Werke*. Berlin: Globus.
Karwautz, A., Wöber-Bingöl, C. & Wöber, C. (1993). Idiopathische Kopfschmerzen im Kindes- und Jugendalter. *Nervenarzt*, *64*, 753–765.
Kastner-Koller, U. & Deimann, P. (1998). *Der Wiener Entwicklungstest (WET)*. Göttingen: Hogrefe.
Kazdin, A. E. (1997). Conduct disorder across the life-span. In Luthar et al. (1997), (S. 248–272).
Keitner, G. I. & Miller, I. W. (1990). Family functioning and major depression: an overview. *Am. J. Psychiatry*, *147*, 1128–1137.
Keller, I. & Grömminger, O. (1993). Aufmerksamkeit. In von Cramon et al. (1993), Kap. 4, (S. 65–90).
Kernberg, O. F. (1978). *Borderline-Störungen und pathologischer Narzißmus*. Frankfurt a.M.: Suhrkamp.
Kernberg, O. F. (1988). *Schwere Persönlichkeitsstörungen*. Stuttgart: Klett-Cotta.
Kernis, M. H. (Hg.) (1995). *Efficacy, Agency and Self-Esteem*. New York: Plenum.
King, N. J. & Ollendick, T. H. (1997). Annotation: Treatment of childhood phobias. *J. Child Psychol. Psychiatry*, *38*, 389–400.
Kiphard, E. J. (1975). *Wie weit ist ein Kind entwickelt? Eine Anleitung zur Entwicklungsüberprüfung*. 5. Aufl. Dortmund: Verlag Modernes Lernen.
Kleber, E. W. & Kleber, G. (1974). *Differentieller Leistungstest (DL-KE)*. Göttingen: Hogrefe.
Kleber, E. W., Kleber, G. & Hans, O. (1975). *Differentieller Leistungstest (DL-KG)*. Göttingen: Hogrefe.
Kleinginna, P. R. & Kleinginna, A. M. (1981). A categorial list of emotion definitions, with suggestions for a consensual definition. *Motivation and Emotion*, *5*, 345–379.
Klicpera, C. & Gasteiger-Klicpera, B. (1995). *Psychologie der Lese- und Schreibschwierigkeiten. Entwicklung, Ursachen, Förderung*. Weinheim: Psychologie Verlags Union.
Klix, F. (1983). Begabungsforschung — ein neuer Weg in der kognitiven Intelligenzdiagnostik. *Z. Psychol.*, *191*, 360–387.
Klix, F. (1992). *Die Natur des Verstandes*. Göttingen: Hogrefe.
Klopfer, B. & Davidson, H. H. (1974). *Das Rorschachverfahren. Eine Einführung*. 3. Aufl. Bern: Huber.
Klosinski, G. (1991). Anmerkungen zu psychodynamischen und interaktionellen Aspekten jugendlicher Sexualdelinquenz. In W. Rotthaus (Hg.), *Sexuell deviantes Verhalten Jugendlicher*, (S. 79–92). Dortmund: vml.
Klosterkötter, J. (1988). *Basissymptome und Endphänomene der Schizophrenie*. Berlin: Springer.
Knölker, U. (1987). *Zwangssyndrome im Kindes- und Jugendalter*. Göttingen: Vanden-

hoeck & Ruprecht.

Knölker, U., Mattejat, F. & Schulte-Markwort, M. (1997). *Kinder- und Jugendpsychiatrie systematisch.* Bremen: Uni-med Verlag.

Kobasa, S. C. O. (1990). Stress-resistant personality. In Ornstein & Swencionis (1990), Kap. 18, (S. 219–230).

Kochanska, G. & Kouczynski, L. (1991). Maternal autonomy granting: predictors of normal and depressed mothers' compliance and noncompliance with the requests of five-year-olds. *Child Dev., 62*, 1449–1459.

Kochanska, G., Kouczynski, L., Radke-Yarrow, M. & Welsh, J. D. (1987). Resolution of control episodes between well and affectively ill mothers and their young child. *J. Abnorm. Child Psychol., 15*, 441–456.

Kohlberg, L. (1974). *Zur kognitiven Entwicklung des Kindes.* Frankfurt a.M.: Suhrkamp.

Köhler, W. (1973). *Intelligenzprüfung an Menschenaffen.* 3. Aufl. Berlin: Springer.

Kohut, H. (1971). *The Analysis of the Self.* New York: Internat. Univ. Press.

Kohut, H. (1988). *Narzißmus: eine Theorie der psychoanalytischen Behandlung narzißtischer Persönlichkeitsstörungen.* 6. Aufl. Frankfurt a.M.: Suhrkamp.

van der Kolk, B., Perry, J. C. & Herman, J. L. (1991). Childhood origins of self-destructive behavior. *Am. J. Psychiatry, 148*, 1665–1671.

van der Kolk, B. A. & Fisler, R. E. (1994). Childhood abuse and neglect and loss of self-regulation. *Bull. Menninger Clin., 58*, 145–168.

van der Kolk, B. A. & Greenberg, M. S. (1987). The psychobiology of the trauma response: hyperarousal, constriction, and addiction to traumatic reexposure. In B. van der Kolk (Hg.), *Psychological Trauma*, Kap. 3, (S. 63–87). Washington, DC: American Psychiatric Press.

König, B. & Markl, H. (1988). Verhalten als Umweltanpassung. In K. Immelmann, K. R. Scherer, C. Vogel & P. Schmoock (Hg.), *Psychobiologie: Grundlagen des Verhaltens*, Kap. 2, (S. 43–74). Stuttgart: Fischer.

Krampen, G. (1982). *Differentialpsychologie der Kontrollüberzeugungen.* Göttingen: Hogrefe.

Krause, R. (1997). *Allgemeine psychoanalytische Krankheitslehre. Band 1: Grundlagen.* Stuttgart: Kohlhammer.

Krause, R. (1998). *Allgemeine psychoanalytische Krankheitslehre. Band 2: Modelle.* Stuttgart: Kohlhammer.

Kretschmer, E. (1967). *Körperbau und Charakter.* 25. Aufl. Berlin: Springer.

Kroger, J. (1990). Ego structuralization in late adolescence as seen through early memories and ego identity status. *J. Adolesc., 13*, 65–77.

Krug, D. A., Arick, J. & Almond, P. (1980). Behavior checklist for identifying severly handicapped individuals with high levels of autistic behavior. *J. Child Psychol. Psychiatry, 21*, 221–229.

Kubinger, K. D. & Wurst, E. (1991). *Adaptives Intelligenz Diagnostikum (AID).* 3. Aufl. Bern: Huber.

Kusch, M. & Petermann, F. (1993). Entwicklungspsychopathologie von Verhaltensstörungen im Vorschulalter. *Kindheit und Entwicklung, 2*, 6–16.

Kusch, M. & Petermann, F. (1995). Konzepte und Ergebnisse der Entwicklungspsychopathologie. In Petermann (1995), Kap. 2, (S. 53–93).

Landerl, K., Wimmer, H. & Moser, E. (1997). *Salzburger Lese- und Rechtschreibtest (SLRT).* Bern: Huber.

Lang, H. (1981). Zur Frage des Zusammenhangs zwischen Zwang und Schizophrenie. *Nervenarzt, 52*, 643.

Laszlo, E. (1994). *Wissenschaft und Wirklichkeit*. Frankfurt a.M.: Insel.

Laucht, M., Esser, G. & Schmidt, M. H. (1993). Psychische Auffälligkeiten im Kleinkind- und Vorschulalter. *Kindheit und Entwicklung, 2*, 143–149.

Laucht, M., Esser, G., Schmidt, M. H., Ihle, W. L., Stoehr, R. M. & Weindrich, D. W. (1992). „Risikokinder": zur Bedeutung biologischer und psychosozialer Risiken für die kindliche Entwicklung in den beiden ersten Lebensjahren. *Prax. Kinderpsychol. Kinderpsychiatr., 41*, 274–285.

van Lawick-Goodall, J. (1976). *Wilde Schimpansen: 10 Jahre Verhaltensforschung am Gombe-Strom*. Reinbeck: Rowohlt.

Lazarus, R. S. (1993). From psychological stress to the emotions: a history of changing outlooks. *Annu. Rev. Psychol., 44*, 1–21.

Leao, A. (1944). Spreading depression of activity in the cerebral cortex. *J. Neurophysiol., 7*, 359–390.

Leckman, J. F. & Mayes, L. C. (1998). Understanding developmental psychopathology: how useful are evolutionary accounts? *J. Am. Acad. Child Adolesc. Psychiat., 37*, 1011–1021.

LeDoux, J. E. (1989). Cognitive-emotional interactions in the brain. *Cognition and Emotion, 3*, 267–289.

Lehmkuhl, G., Blanz, B., Lehmkuhl, U. & Braun-Scharm, H. (1989). Conversion disorder (DSM-III 300.11): symptomatology and course in childhood and adolescence. *Europ. Arch. Psychiat. Neurol. Sci., 238*, 155–160.

Lempp, R. (1964). *Frühkindliche Hirnschädigung und Neurose*. Bern: Huber.

Lempp, R. (1984). *Psychische Entwicklung und Schizophrenie*. Bern: Huber.

Lethmate, J. (1977). *Problemlöseverhalten von Orang Utans (Pongo Pygmaeus)*. Berlin: P. Parey Verlag.

Lévy-Strauss, C. (1968). *Das wilde Denken*. Frankfurt a.M.: Suhrkamp.

Lewin, R. (1991). *Spuren der Menschwerdung*. Heidelberg: Spektrum der Wissenschaft.

Lewis, M. (1995). Memory and psychoanalysis: a new look at infantile amnesia and transference. *J. Am. Acad. Child Adolesc. Psychiat., 34* (4), 405–417.

Lewis, M., Feiring, C., McGuffog, C. & Jaskir, J. (1984). Predicting psychopathology in six-year-olds from early social relations. *Child Dev., 55*, 123–136.

Lewis, M. & Miller, S. M. (Hg.) (1990). *Handbook of Developmental Psychopathology*. New York: Plenum.

Lewis, M., Sullivan, M. W., Stanger, C. & Weiss, M. (1989). Self development and self-conscious emotions. *Child Dev., 60*, 146–156.

Leyendecker, P. & Petermann, U. (1993). Suizidalität im Denken und Erleben von Kindern und Jugendlichen. *Z. f. Klin. Psych. Psychopath. Psychother., 41*, 271–284.

Lichtenberg, J. D. (1991). *Psychoanalyse und Säuglingsforschung*. Berlin: Springer.

Lienert, G. A. & Raatz, U. (1994). *Testaufbau und Testanalyse*. 5. Aufl. Weinheim: Psychologie Verlags Union.

Linder, M. (1951). Über Legasthenie (spezielle Leseschwäche). Fünfzig Fälle, ihr Erscheinungsbild und Möglichkeiten der Behandlung. *Z. Kinder-Jugendpsychiat., 18*, 97–143.

Lipton, R. B. (1998). Comorbidity in migraine - causes and effects. *Cephalalgia, 18* (Suppl. 22), 8–14.

Lison, H. (1992). Die Rolle der Elten beim chronisch kranken Kind. *Schweiz. Med.*

Wochenschr., *122*, 112–116.

Livingston, R. & Bracha, H. S. (1992). Psychotic symptoms and suicidal behavior in hospitalized children. *Am. J. Psychiatry*, *149*, 1585–1586.

Loeber, R. & Stouthamer-Loeber, M. (1998). Development of juvenile aggression and violence. Some common misconceptions and controversies. *Am. Psychol.*, *53*, 242–259.

Lord, C. & Rutter, M. (1994). Autism and pervasive developmental disorders. In Rutter et al. (1994), (S. 569–593).

Lorenz, K. (1943). Die angeborenen Formen möglicher Entfaltung. *Z. Tierpsychol.*, *5*, 235–409.

Lorenz, K. (1981). *Das sogenannte Böse. Zur Naturgeschichte der Aggression.* 9. Aufl. München: dtv.

Ludwig, A. M. (1983). The psychobiological functions of dissociation. *Am. J. Hypn.*, *26*, 93–99.

Lugt-Tappeser, H. (1994). Können Kinder ihre Ängste schildern? Eine Interviewstudie zum Vergleich der Einschätzungen kindlicher Ängste durch Verhaltensbeobachtung, die Kinder selbst, deren Erzieherinnen und Mütter. *Prax. Kinderpsychol. Kinderpsychiatr.*, *43*, 194–203.

Luria, A. R. (1992). *Das Gehirn in Aktion. Einführung in die Neuropsychologie.* Reinbeck: Rowohlt.

Luthar, S. S., Burack, J. A., Cicchetti, D. & Weisz, J. R. (Hg.) (1997). *Developmental Psychopathology.* Cambridge: Univ. Press.

Lyons-Ruth, K., Alpen, L. & Repacholi, B. (1993). Disorganized infant attachment classification and maternal psychosocial problems as predictors of hostile-aggressive behavior in the preschool classroom. *Child Dev.*, *64*, 572–585.

Mahler, M. S. (1985). *Studien über die drei ersten Lebensjahre.* Stuttgart: Klett-Cotta.

Mahler, M. S., Pine, F. & Bergman, A. (1975). *Die psychische Geburt des Menschen.* Frankfurt a.M.: Fischer.

Main, M. (1991). Metacognitive knowledge, metacognitive monitoring and singular (coherent) vs. multiple (incoherent) models of attachment. In C. M. Parkes, J. Stevenson-Hinde & P. Marris (Hg.), *Attachment Across the Life Cycle*, (S. 127–159). London: Tavistock/Routledge.

Main, M. & Solomon, J. (1990). Procedures for identifying infants as disorganized/disoriented during the Ainsworth strange situation. In M. T. Greenburg, D. Cicchetti & E. M. Cummings (Hg.), *Attachment in the Preschool Years*, (S. 121–160). Chicago: Univ. of Chicago Press.

March, J. S. & Leonhard, H. L. (1996). Obsessive-compulsive disorder in children and adolescents: a review of the past 10 years. *J. Am. Acad. Child Adolesc. Psychiat.*, *35*, 1265–1273.

Marcia, J. E. (1993). The ego identity status approach to ego identity. In Marcia et al. (1993), Kap. 1, (S. 3–21).

Marcia, J. E., Waterman, A. S., Matteson, D. R., Archer, S. L. & Orlofsky, J. L. (Hg.) (1993). *Ego Identity: a Handbook for Psychosocial Research.* New York: Springer.

Maturana, H. & Varela, F. (1987). *Der Baum der Erkenntnis.* Bern: Scherz.

Maughan, B. & Yule, W. (1994). Reading and other learning disabilities. In Rutter et al. (1994), Kap. 36, (S. 647).

McKinnon, J. (1979). Two semantic forms: neuropsychological and psychoanalytic descriptions. *Psychoanal. Contemp. Thought*, *2*, 25–76.

McNally, R. J. (1995). Cognitive processing of trauma-relevant information in PTSD. *PTSD Research Quarterly*, *6*, 1–3.

Mednick, S. A., Parnas, J. & Schulsinger, F. (1987). The Copenhagen High-Risk Project, 1962-86. *Schizophr. Bull.*, *13*, 485–495.

van der Meer, E. (1989). Emotionale Bewertung von begrifflichem Wissen. In E. Roth (Hg.), *Denken und Fühlen. Aspekte kognitiv emotionaler Wechselwirkung*, (S. 81–97). Berlin: Springer.

van der Meer, E. (1990). Dynamics of knowledge structures: some underlying strategies. In W. Schneider & F. E. Weinert (Hg.), *Interactions among Aptitudes, Strategies, and Knowledge in Cognitive Performance*, (S. 134–146). New York: Springer.

Mehan, H. & Wood, H. (1983). *The Reality of Ethnomethodology*. Malabar Florida: Krieger.

Melchers, P. & Preuß, U. (1991). *Kaufman-Assessment Battery for Children (K-ABC)*. Amsterdam: Swets & Zeitlinger.

Melzack, R. & Wall, P. (1965). Pain mechanism: A new theory. *Science*, *150*, 971–979.

Melzack, R. & Wall, P. (1983). *The challenge of pain*. New York: Basic Books.

Mentzos, S. (1980). *Hysterie. Zur Psychodynamik unbewußter Inszenierungen*. München: Kindler.

Mertens, W. (1992). *Kompendium psychoanalytischer Grundbegriffe*. München: Quintessenz.

Mertens, W. (1994). *Entwicklung der Psychosexualität und der Geschlechtsidentität. Geburt bis 4. Lebensjahr*, Bd. 1. 2. Aufl. Stuttgart: Kohlhammer.

Minde, K. & Minde, R. (1986). *Infant Psychiatry. An Introductory Textbook*, Bd. 4 von *Developmental Clinical Psychology and Psychiatry*. Beverly Hills: Sage Publications.

Minuchin, S. (1977). *Familie und Familientherapie*. Freiburg: Lambertus.

Moggi, F. (1991). Sexuelle Kindesmißhandlung: Definition, Prävalenz und Folgen. *Psychopath. Psychoth.*, *39* (4), 323–335.

Mohn, U., Lykaitis, M., Pothmann, R. & Kröber-Herwig, B. (1996). Psychologische Behandlungsmöglichkeiten bei Kindern mit chronischen Schmerzen. In H. D. Basler, C. Franz, B. Kröner-Herwig, H. P. Rehfisch & H. Seemann (Hg.), *Psychologische Schmerztherapie. Grundlagen, krankheitsbilder, Behandlung*, 3. Aufl., (S. 655–682). Heidelberg: Springer.

Money, J. (Hg.) (1965). *Sex Research: new Developments*. New York: Holt, Rinehart & Winston.

Money, J., Hampson, J. & Hampson, J. (1957). Imprinting and the establishment of gender role. *Arch. Neurol. Psychiatry*, *77*, 333–336.

Montada, L. (1987a). Entwicklung der Moral. In Oerter & Montada (1987), Kap. 15, (S. 738–766).

Montada, L. (1987b). Themen, Traditionen, Trends. In Oerter & Montada (1987), Kap. 1, (S. 3–86).

Moskowitz, M. A. (1991). The visceral organ brain: implications for the pathophysiology of vascular head pain. *J. Neurol.*, *41*, 182–186.

Mowrer, O. H. (1960). *Learning Theory and Behavior*. New York: Wiley.

Mühlig, S. (1997). *Schmerz und Schmerzbehandlung bei Kindern und Jugendlichen*. Weinheim: Psychologie Verlags Union.

Müller, Ch. (Hg.) (1992). *Die Gedanken werden handgreiflich. Eine Sammlung psychopa-*

thologischer Texte. Berlin: Springer.

Müller, R. (1984). *Diagnostischer Lesetest zur Frühdiagnose von Lesestörungen (DLF 1–2)*. Weinheim: Beltz.

Müller, R. (1990). *Diagnostischer Rechtschreibtest für 1. Klassen (DRT 1)*. Weinheim: Beltz.

Mundt, Ch. (1984). Der Begriff der Intentionalität und die Defizienzlehre von den Schizophrenien. *Nervenarzt*, *55*, 582–588.

Mundt, Ch. (1985). *Das Apathiesyndrom der Schizophrenen. Eine psychopathologische und computertomographische Untersuchung*, Bd. 38 von *Monographien aus dem Gesamtgebiete der Psychiatrie*. Berlin: Springer.

Mundt, Ch., Goldstein, M. J., Hahlweg, K. & Fiedler, P. (1996). *Interpersonal Factors in the Origin and Course of Affective Disorders*. Dorset: Royal College of Psychiatrists, Dorset Press.

Murray, L., Kempton, C., Woolgar, M. & Hooper, R. (1993). Depressed mothers' speech to their infants and its relation to infant gender and cognitive development. *J. Child Psychol. Psychiatry*, *34*, 1083–1101.

Nannis, E. D. (1988). A cognitive-developmental view of emotional understanding and its implications for child psychotherapy. In Shirk (1988), Kap. 3, (S. 91–115).

Nathanson, D. (1987). A timetable for shame. In D. Nathanson (Hg.), *The Many Faces of Shame*, (S. 1–63). New York: Guilford.

Nelson, C. A. & Bloom, F. E. (1997). Child development and neuroscience. *Child Dev.*, *68*, 970–987.

Nelson, C. A., Henschel, M. & Collins, P. F. (1993). Neural correlates of cross-modal recognition memory by 8-months-old human infants. *Dev. Psychol.*, *29*, 411–420.

Nelson, K. (1981). Social cognition in a script framework. In J. H. Flavell & L. Ross (Hg.), *Social Cognitive Development: Frontiers and Possible Futures*, (S. 97–118). Cambridge, MA: Cambridge Univ. Press.

Neubauer, W. F. (1976). *Selbstkonzept und Identität im Kindes- und Jugendalter*. München: Reinhardt.

Nimgaonkar, V. L., Wessely, S. & Murray, R. M. (1988). Prevalence of familiality, obstetric complications and structural brain damage in schizophrenic patients. *Br. J. Psychiatry*, *153*, 191–197.

Nissen, G. (1989). Störungen des Sozialverhaltens. In Eggers et al. (1989), (S. 105–135).

Nissen, G. (1994a). Die normale psychische Entwicklung und ihre Varianten. In Eggers et al. (1994), Kap. 2, (S. 14–25).

Nissen, G. (1994b). Psychische Störungen in der Pubertät und Adoleszenz. In Eggers et al. (1994), Kap. 11, (S. 281–318).

Nissen, G. (1994c). Suizidversuche und Suizide. In Eggers et al. (1994), Kap. 12, (S. 319–328).

Noack, P. (1992). Freunde, Bekannte, Peers: die Familie und Beziehungen zu „Gleichen“. In Hofer et al. (1992), (S. 82–104).

Nüchterlein, K. H. (1987). Vulnerability models for schizophrenia. States of the art. In H. Haefner, W. F. Gattaz & W. Janzarik (Hg.), *Search for the Causes of Schizophrenia*, (S. 297–316). Berlin: Springer.

Oerter, R. (1987a). Entwicklung der Motivation und Handlungssteuerung. In Oerter & Montada (1987), Kap. 13, (S. 637–695).

Oerter, R. (1987b). Jugendalter. In Oerter & Montada (1987), (S. 265–338).

Oerter, R. & Montada, L. (Hg.) (1982). *Entwicklungspsychologie*. München: Urban & Schwarzenberg.

Oerter, R. & Montada, L. (Hg.) (1987). *Entwicklungspsychologie*. 2. Aufl. München: Psychologie Verlags Union.

Oerter, R. & Montada, L. (Hg.) (1995). *Entwicklungspsychologie*. 3. Aufl. Weinheim: Psychologie Verlags Union.

Oerter, R. & Schuster-Oeltzschner, M. (1987). Gedächtnis und Wissen. In Oerter & Montada (1987), Kap. 11, (S. 537–577).

Offer, D. (1984). Das Selbstbild normaler Jugendlicher. In Olbrich & Todt (1984), (S. 111–130).

Olbrich, E. (1984). Jugendalter — Zeit der Krise oder der produktiven Anpassung? In Olbrich & Todt (1984), (S. 1–68).

Olbrich, E. & Todt, E. (Hg.) (1984). *Probleme des Jugendalters — neuere Sichtweisen*. Berlin: Springer.

Ollendick, T. H., Mattis, S. G. & King, N. J. (1994). Panic in children and adolescents: a review. *J. Child Psychol. Psychiatry*, *33* (1), 113–134.

Olweus, D. (1980). Familial and temperamental determinants of aggressive behavior: a causal analysis. *Dev. Psychol.*, *16*, 644–660.

Ophoff, R. A., Terwindt, G. M., Vergouwe, M. N., Frants, R. R. & Ferrari, M. D. (1997). Wolff Award 1997. Involvement of a Ca2+ channel gene in familial hemiplegic migraine and migraine with and without aura. Dutch Migraine Genetics Research Group. *Headache*, *37*, 479–485.

Oppolzer, A. & Spiel, W. (1991). Frühe Kindheit und Familie als psychogenetische Störfaktoren. In G. Nissen (Hg.), *Psychogene Psychosyndrome und ihre Therapie im Kindes- und Jugendalter*, (S. 46–64). Bern: Huber.

Ornstein, R. & Swencionis, C. (Hg.) (1990). *The Healing Brain*. New York: Guilford.

Oswald, W. D. & Roth, E. (1978). *Der Zahlen-Verbindungs-Test (ZVT)*. Göttingen: Hogrefe.

Overholser, J. C., Adams, D. M., Lehnert, K. L. & Brinkman, D. C. (1995). Self-esteem deficits and suicidal tendencies among adolescents. *J. Am. Acad. Child Adolesc. Psychiat.*, *34* (7), 919–928.

Overmeyer, S., Blanz, B., Schmidt, M. H., Rose, F. & Schmidtbauer, M. (1995). Schulverweigerung — eine katamnestische Untersuchung zu dem diagnostischen Konzept von „Schulphobie" und „Schulangst". *Z. Kinder-Jugendpsychiat.*, *23*, 35–43.

Papoušek, M. (1987). Die Rolle des Vaters in der frühen Kindheit: Ergebnisse der entwicklungspsychobiologischen Forschung. *Kind und Umwelt*, *54*, 29–49.

Papoušek, M. (1989). Frühe Phasen der Eltern-Kind-Beziehung. *Prax. Psychother. Psychosom.*, *34*, 109–122.

Papoušek, M. (1994). *Vom ersten Schrei zum ersten Wort. Anfänger der Sprachentwicklung in der vorsprachlichen Kommunikation*. Bern: Huber.

Parker, J. G., Rubin, K. H., Price, J. M. & DeRosier, M. E. (1995). Peer relationships, child development, and adjustment: a developmental psychopathology perspective. In Cicchetti & Cohen (1995).

Patterson, G. R., Capaldi, D. & Bank, L. (1991). Early starter model for predicting delinquency. In D. J. Pepler & H. Rubin (Hg.), *The Development and Treatment of Childhood Aggression*. Hillsdale, NJ: Erlbaum.

Patterson, G. R., DeBaryshe, B. D. & Ramsey, E. (1989). A developmental perspective on antisocial behavior. *Am. Psychol.*, *44*, 329–335.

Patterson, G. R. & Stouthamer-Loeber, M. (1984). The correlation of family management practices and delinquency. *Child Dev.*, *55*, 1299–1307.

Pauen, S. (1997). Überlebt der Animismus? Kritische Evaluation einer Hypothese zum präkausalen Denken. *Z. Entwicklungspsychol. Paedagog. Psychol.*, *29*, 97–118.

Pellegrini, G. R., Kosisky, S., Nackman, D., Cytryn, L., McKnew, D., Gershon, E., Hamovit, J. & Cammuso, K. (1986). Personal and social resources in children of patients with bipolar affective disorder and children of normal control subjects. *Am. J. Psychiatry*, *143*, 856–861.

Perry, B. D., Pollard, R. A., Blakley, T. L., Baker, W. L. & Vigilante, D. (1998). Kindheitstrauma, Neurobiologie der Anpassung und „gebrauchsabhängige" Entwicklung des Gehirns: Wie „Zustände" zu „Eigenschaften" werden. *Analytische Kinder- und Jugendlichen-Psychotherapie*, *99*, 277–307.

Perry, J. C. (1994). Klinische Ratingskalen für Abwehrmechanismen. Revidierte deutsche Version: Tschuschke V., Klinikum der Univ. Ulm, Abteilung Psychotherapie.

Perry, J. C. & Cooper, S. H. (1989). An empirical study of defense mechanisms. *Arch. Gen. Psychiatry*, *46*, 444–452.

Person, E. L. & Ovesey, L. (1983). Psychoanalytic theories of gender identity. *J. Am. Acad. Psychoanal.*, *11*, 203–226.

Petermann, F. (1995). *Lehrbuch der Klinischen Kinderpsychologie*. Göttingen: Hogrefe.

Petermann, F., Noeker, M. & Bode, U. (1987). *Psychologie chronischer Krankheiten im Kindes- und Jugendalter*. München: Psychologie Verlags Union.

Peterson, A. C., Compas, B. E., Brooks-Gunn, J., Stemmler, M., Ey, S. & Grant, K. E. (1993). Depression in adolescence. *Am. Psychol.*, *48*, 155–168.

Piaget, J. (1973). *Das Erwachen der Intelligenz beim Kinde*. Stuttgart: Klett-Cotta.

Piaget, J. (1975). *Gesammelte Werke*. Stuttgart: Klett-Cotta.

Piaget, J. (1978). *Das Weltbild des Kindes*. Stuttgart: Klett-Cotta.

Piaget, J. & Inhelder, B. (1972). *Die Psychologie des Kindes*. Olten: Walter.

Pierce, J. W. & Wardle, J. (1993). Self-esteem, parental appraisal and body size in children. *J. Child Psychol. Psychiatry*, *34* (7), 1125–1136.

Plaßmann, R. (1989). Artifizielle Krankheiten und Münchhausen-Syndrome. In M. Hirsch (Hg.), *Der eigene Körper als Objekt. Zur Psychodynamik selbstdestruktiven Körperagierens*, (S. 118–154). Berlin: Springer.

Plutchik, R. (1970). Emotions, evolution and adaptive processes. In M. Arnold (Hg.), *Feelings and Emotion*, (S. 384–402). New York: Academic Press.

Posner, M. I. & Snyder, C. R. R. (1975). Attention and cognitive control. In R. Solso (Hg.), *Information Processing and Cognition: The Loyola Symposium*. Hillsdale, NJ: Erlbaum.

Post, R. M. (1992). Transduction of psychosocial stress into the neurobiology of recurrent affective disorder. *Am. J. Psychiatry*, *149* (8), 999–1010.

Poustka, F. (1980). Schulphobie. Differentialdiagnose und Behandlungsindikation. *Pädiatr. Prax.*, *23*, 575–586.

Poustka, F., Bästlein, M., Napirski, C., Schmeck, K. & Schmötzer, G. (1994). *Assoziierte aktuelle abnorme psychosoziale Umstände. Achse V des multiaxialen Klassifikationsschemas für psychiatrische Erkrankungen des Kindes- und Jugendalters (ICD-10)*. Frankfurt a.M.: Swets.

Preuß, U. & Landsberg, W. (Hg.) (1996). *Geschichten Erzählen — projektiv (GEp)*. Frankfurt a.M.: Swets.

Prince, C. V. (1957). Homosexuality, transvestism and transsexualism. Reflections on their etiology and differentiation. *Am. J. Psychother.*, *11*, 80.

Putnam, F. W. (1997). *Dissociation in Children and Adolescents. A Developmental Perspective.* New York: Guilford.

Pynoos, R. S. & Nader, K. (1993). Issues in the treatment of posttraumatic stress. In J. P. Wilson & B. Raphael (Hg.), *International Handbook of Traumatic Stress Syndroms*, Kap. 46, (S. 535–549). New York: Plenum.

Rapin, I. (1997). Autism. *N. Engl. J. Med.*, *337*, 97–103.

Rapoport, J. L., Swedo, S. & Leonard, H. (1994). Obsessive-compulsive disorder. In Rutter et al. (1994), (S. 441–454).

Räsänen, E. & Tamminen, T. (1991). Depression in der Präadoleszenz. *Acta Paedopsychiatr.*, *54*, 32–37.

Rathenow, P. (1979). *Westermann Rechtschreibtest 4/5.* Braunschweig: Westermann.

Rauch, S. L., Shin, L. M., Whalen, P. J. & Pitman, R. K. (1998). Neuroimaging and the neuroanatomy of posttraumatic stress disorder. *CNS Spectrums*, *3* (7), 31–41.

Reinecker, H. (Hg.) (1994a). *Lehrbuch der klinischen Psychologie.* 2. Aufl. Göttingen: Hogrefe.

Reinecker, H. (1994b). Zwangshandlungen und Zwangsgedanken. In Reinecker (1994a), Kap. 3, (S. 157–176).

Reinherz, H. Z., Giaconia, R. M., Lefkowitz, E. S., Pakiz, B. & Frost, A. K. (1993). Prevalence of psychiatric disorders in a community population of older adolescents. *J. Am. Acad. Child Adolesc. Psychiat.*, *32* (2), 369–377.

Reinken, L. & van Oost, G. (1992). Longitudinale Körperentwicklung gesunder Kinder von 0 bis 18 Jahren. Körperlänge/-höhe, Körpergewicht und Wachstumsgeschwindigkeit. *Klin. Pädiat.*, *204* (3), 129–133.

Remschmidt, H. (1993). Zyklen der Gewalt: Anmerkungen zur Gewalttätigkeit junger Menschen. *Deutsches Ärzteblatt*, *90*, 1889–1894.

Remschmidt, H. (1995). Grundlagen psychiatrischer Klassifikation und Diagnostik. In Petermann (1995), Kap. 1, (S. 3–52).

Remschmidt, H. & Schmidt, M. H. (Hg.) (1992). *Developmental Psychopathology.* Lewiston, NY: Hogrefe & Huber.

Remschmidt, H. & Schwab, T. (1978). Suizidversuche im Kindes- und Jugendalter. *Acta Paedopsychiatr.*, *43*, 197–208.

Renouf, A. G. & Harter, S. (1990). Low self-worth and anger as components of the depressive experience in young adolescents. *Development and Psychopathology*, *2*, 293–310.

Resch, F. (1992). *Therapie der Adoleszentenpsychosen: psychopathologische, psychobiologische und entwicklungspsychologische Aspekte aus therapeutischer Sicht.* Stuttgart: Thieme.

Resch, F. (1994). Magisches Denken und Selbstentwicklung. *Prax. Kinderpsychol. Kinderpsychiatr.*, *43* (5), 152–156.

Resch, F. (1995). Probleme der psychosozialen Entwicklung bei Kindern mit angeborenem Herzfehler. Sonderdruck der Kinderherzstiftung, Deutsche Herzstiftung e.V., Frankfurt a.M.

Resch, F. (1997). Zur präpsychotischen Persönlichkeitsentwicklung in der Adoleszenz. *Psychotherapeut*, *43*, 111–116.

Resch, F. (1998a). Entwicklungspsychopathologie und Krankheitsverständnis. *Funda-*

menta Psychiatrica, 12, 116–120.

Resch, F. (1998b). Stigma, Minderwertigkeitsgefühl und soziale Ängste bei Kindern und Jugendlichen. In H. Katschnig, U. Demal & J. Windhaber (Hg.), *Wenn Schüchternheit zur Krankheit wird. Über Formen, Entstehung und Behandlung der Sozialphobie*, (S. 81–89). Wien: Facultas Universitätsverlag.

Resch, F., Brunner, R. & Parzer, P. (1998a). Dissoziative Mechanismen und Persönlichkeitsentwicklung. In J. Klosterkötter (Hg.), *Frühdiagnostik und Frühbehandlung*. Berlin: Springer.

Resch, F., Haffner, J., Steen, R., Parzer, P. & Klett, M. (1999). Vulnerabilität und Symptom in der Entwicklungspsychopathologie: Aspekte der funktionellen Psychopathologie am Beispiel einer epidemiologischen Stichprobe von Einschulungskindern. *Psychomed.* in Druck.

Resch, F., Karwautz, A., Schuch, B. & Lang, E. (1993a). Kann Selbstverletzung als süchtiges Verhalten bei Jugendlichen angesehen werden? *Z. Kinder-Jugendpsychiat.*, *21*, 253–259.

Resch, F. & Koch, E. (1995). Adoleszentenkrisen — Adoleszentenpsychosen. In O. Frischenschlager, M. Hexel, W. Kantner-Rumplmair, M. Ringler, W. Söllner & U. V. Wisiak (Hg.), *Lehrbuch der Psychosozialen Medizin*, Kap. 6.2, (S. 489–501). Wien: Springer.

Resch, F., Mutschlechner, R., Salzer-Muhar, U., Hollmann, M., Schuch, B. & Wimmer, M. (1993b). Concept of self and body image in children with congenital heart disease. Vortrag anläßlich des meeting of the working group for psychosocial problems in pediatric cardiology 25.–27. Februar in Wien, 1993.

Resch, F. & Schuch, B. (1995). Äußere und innere Grenzen in der Psychotherapie. In T. Reinelt, B. Schuch & T. Bogyi (Hg.), *Lehrbuch der Kindertherapie*. München: Reinhardt.

Resch, F., Schulte-Markwort, M. & Bürgin, D. (1998b). Operationalisierte psychodynamische Diagnostik im Kinder- und Jugendalter. *Prax. Kinderpsychol. Kinderpsychiatr.*, *6*, 373–386.

Revers, W. J. & Allesch, C. G. (1985). *Handbuch zum Thematischen Gestaltungstest (Salzburg)*. Weinheim: Beltz.

Richman, N., Stevenson, J. & Graham, P. J. (1992). *Preschool to School: a Behavioral Study*. London: Academic Press.

Rimland, B. (1971). The differentiation of childhood psychoses: an analysis of checklists for 2218 psychotic children. *J. Autism Childhood Schizophrenia*, *1*, 161–174.

Ringel, E. (1969). *Selbstmordverhütung*. Bern: Huber.

Robson, P. J. (1988). Self-esteem: a psychiatric view. *Br. J. Psychiatry*, *153*, 6–15.

Rodier, P. M., Ingram, J. L., Tisdale, B., Nelson, S. & Romano, J. (1996). Embryological origin for autism: developmental anomalies of the cranial nerve motor nuclei. *J. Comp. Neurol.*, *370*, 247–261.

Rogers, C. R. (1951). *Client-Centered Therapy*. Boston: Houghton Mifflin.

Rohde-Dachser, C. (1990). Weiblichkeitsparadigmen in der Psychoanalyse. *Psyche*, *44*, 30–52.

Rohracher, H. (1965). *Kleine Charakterkunde*. 11. Aufl. Wien: Urban & Schwarzenberg.

Roos, J., Lehmkuhl, U., Berger, C. & Lenz, K. (1995). Erfassung und Analyse sozialer Beziehungsstrukturen von Kindern in der klinischen Praxis und Forschung: „Soziales Beziehungsverfahren für Kinder (SOBEKI)“. *Z. Kinder-Jugendpsychiat.*, *23* (4), 255–

266.

Rorschach, H. (1992). *Psychodiagnostik. Methodik und Ergebnisse eines wahrnehmungsdiagnostischen Experiments.* 11. Aufl. Bern: Huber.

Rosenberg, M. (1986). Self-concept from middle childhood through adolescence. In J. Suls & A. G. Greenwald (Hg.), *Psychological Perspective on the Self.* Hillsdale, NJ: Erlbaum.

Ross, C. A., Ryan, L., Anderson, G., Ross, D. & Hardy, L. (1989). Dissociative experiences in adolescents and college students. *Dissociation, 2*, 239–242.

Roth, H., Süllwold, F. & Berg, M. (1967). *Problemfragebogen für Jugendliche.* Göttingen: Hogrefe.

Rothbart, M. K., Posner, M. I. & Hershey, K. L. (1995). Temperament, attention and developmental psychopathology. In Cicchetti & Cohen (1995).

Rothenberger, A. (1971). *Wenn Kinder Tics entwickeln.* Stuttgart: Fischer.

Rothenberger, A. & Hüther, G. (1997). Die Bedeutung von psychosozialem Stress im Kindesalter für die strukturelle und funktionelle Hirnreifung: neurobiologische Grundlagen der Entwicklungspsychopathologie. *Prax. Kinderpsychol. Kinderpsychiatr., 46* (9), 623–644.

Rotter, J. B. (1966). Generalized expectancies for internal versus external control of reinforcement. *Psychol. Monogr., 80* (609), 1–28.

Rudolf, G. (1979). Intentionalität: Die Geschichte des Begriffs und seine heutige Bedeutung für das Verständnis kommunikativer Vorgänge. *Psychother. Med. Psychol., 29*, 39–45.

Rudolf, G. (1993). *Psychotherapeutische Medizin.* Stuttgart: Enke.

Rudolf, H. (1986). *Graphomotorische Testbatterie (GMTB).* Weinheim: Beltz.

Russell, G. F. M. (1979). Bulimia nervosa: an ominous variant of anorexia nervosa. *Psychol. Med., 9*, 429–448.

Rutter, M. (1985). Resiliance in the face of adversity: protective factors and resistance to psychiatric disorder. *Br. J. Psychiatry, 147*, 598–611.

Rutter, M. (1987a). Continuities and discontinuities from infancy. In J. D. Osofosky (Hg.), *Handbook of Infant Development*, 2. Aufl., (S. 1256–1296). New York: Wiley.

Rutter, M. (1987b). Psychosocial resilience and protective mechanisms. *Am. J. Orthopsychiatr., 57*, 316–331.

Rutter, M. (1990). Commentary: some focus and process considerations regarding the effects of parental depression on children. *Dev. Psychol., 26*, 60–67.

Rutter, M., Taylor, E. & Hersov, L. (Hg.) (1994). *Child and Adolescent Psychiatry.* 3. Aufl. Oxford: Blackwell Scientific Publications.

Rutter, M. L., Graham, P. J. & Yule, W. (1970). *A neuropsychiatric study in childhood*, Bd. 35/36 von *Clinics in Developmental Medicine.* London: Heinemann/Spastics International Medical Publications.

Sachsse, U. (1987). Selbstbeschädigung als Selbstfürsorge. Zur intrapersonalen und interpersonellen Psychodynamik schwerer Selbstbeschädigungen der Haut. *Forum Psychoanal., 3*, 51–70.

Sachsse, U. (1994). *Selbstverletzendes Verhalten. Psychodynamik — Psychotherapie.* Göttingen: Vandenhoeck & Ruprecht.

Sachsse, U., Eßlinger, K. & Schilling, L. (1997). Vom Kindheitstrauma zur schweren Persönlichkeitsstörung. *Fundamenta Psychiatrica, 11*, 12–20.

Sacks, O. (1994). *Migräne.* Hamburg: Rowohlt.

Sanders, B. & Giolas, M. H. (1991). Dissociation and childhood trauma in psychologically disturbed adolescents. *Am. J. Psychiatry, 148,* 50–54.

Sapolsky, R. (1996). Social subordinance as a marker of hypercortissolism: some unexpected subtleties. *Ann. N. Y. Acad. Sci., 771,* 626–639.

Sarimski, K. (1993). Aufrechterhaltung von Schlafstörungen im frühen Kindesalter: entwicklungspsychopathologisches Modell und Pilot-Studie. *Prax. Kinderpsychol. Kinderpsychiatr., 42,* 2–8.

Schacter, D. L. (1987). Implicit memory: history and current status. *Learning, Memory and Cognition, 13,* 501–518.

Scharfetter, C. (1991). *Allgemeine Psychopathologie.* 3. Aufl. Stuttgart: Thieme.

Schenk-Danzinger, L. (1988). *Entwicklungspsychologie.* 20. Aufl. Wien: Österreichischer Bundesverlag.

Scherer, K. R. (1993). Studying the emotion-antecedent appraisal process: an expert system approach. *Cognition and Emotion, 7,* 325–355.

Schlange, H., Stein, B., von Boetticher, I. & Taneli, S. (1973). *Göttinger Formreproduktions-Test (GFT).* 2. Aufl. Göttingen: Hogrefe.

Schmauß, M. & Freisleder, F. J. (1992). Suizid und psychiatrische Erkrankung unter besonderer Berücksichtigung von Jugendlichen und Heranwachsenden. In F. J. Freisleder & M. Linder (Hg.), *Aktuelle Entwicklungen in der Kinder- und Jugendpsychiatrie,* (S. 258–267). München: Medizin Verlag.

Schmidt, G. (1986). *Das Große Der Die Das.* 2. Aufl. Herbstein: März.

Schmidt, G., Klusmann, D. & Zeitzschel, U. (1992a). Veränderungen der Jugendsexualität zwischen 1970 und 1990. *Z. Sexualforsch., 5* (3), 191–218.

Schmidt, M. H. & Blanz, B. (1989). Angstsyndrome im Kindes- und Jugendalter. *Acta Paedopsychiatr., 52,* 36–43.

Schmidt, M. H., Blanz, B. & Esser, G. (1992b). Häufigkeit und Bedeutung des Kopfschmerzes im Kinder- und Jugendalter. *Kindheit und Entwicklung, 1,* 31–35.

Schmidt, S. & Strauß, B. (1996). Die Bindungstheorie und ihre Relevanz für die Psychotherapie. Teil 1. Grundlagen und Methoden der Bindungsforschung. *Psychotherapeut, 41* (3), 139–150.

Schmidtke, A. (1984). Zur Entwicklung der Häufigkeit suizidaler Handlungen im Kindes- und Jugendalter in der Bundesrepublik Deutschland 1950–1981. *Suizidprophylaxe, 11,* 45–79.

Schneider, W., Visé, M., Reimers, P. & Blaesser, B. (1994). Auswirkungen eines Trainings der sprachlichen Bewußtheit auf den Schriftspracherwerb in der der Schule. *Z. Pädagog. Psychol., 8,* 177–188.

Schopler, E. R., Reichler, R. J., DeVellis, R. F. & Daly, K. (1980). Toward objective classification of childhood autism: Childhood Autism Rating Scale (CARS). *J. Autism Dev. Dis., 10,* 91–103.

Schorin, M. Z. & Hart, D. (1988). Psychotherapeutic implications of the development of self-understanding. In Shirk (1988), Kap. 5, (S. 161–186).

Schultz-Hencke, H. (1951). *Lehrbuch der analytischen Psychotherapie.* Stuttgart: Thieme.

Schuri, U. (1993). Gedächtnis. In von Cramon et al. (1993), Kap. 5, (S. 91–122).

Schwartz, C. E., Dorer, D. J., Beardslee, W. R., Lavori, P. W. & Keller, M. B. (1990). Maternal expressed emotion and parental affective disorder: risk for childhood depressive disorder, substance abuse, or conduct disorder. *J. Psychiatr. Res., 24,* 231–250.

Scott, G. & Richards, M. (1990). Night-waking in 1-year-old children in England. *Child:*

care, health and development, 16, 283–302.

Seiffge-Krenke, I. (1994). *Gesundheitspsychologie des Jugendalters.* Göttingen: Hogrefe.

Seiffge-Krenke, I. (1998). *Adolescents' Health. A Developmental Perspective.* Mahwah, NJ: Lawrence Erlbaum.

Seitz, W. & Rausche, A. (1992). *Persönlichkeitsfragebogen für Kinder zwischen 9 und 14 Jahren (PFK 9-14).* 3. Aufl. Göttingen: Hogrefe.

Selg, H., Mees, U. & Berg, D. (1988). *Psychologie der Aggressivität.* Göttingen: Hogrefe.

Selmann, R. L. (1980). *The Growth of Interpersonal Understanding: Clinical and Developmental Analyses.* New York: Academic Press.

Selmann, R. L. & Schultz, L. H. (1988). Interpersonal thought and action in the case of a troubled early adolescent. In Shirk (1988), (S. 207–246).

Seyfried, H. (1990). *Lern- und Merkfähigkeitstest (LMT).* Wien: Ketterl.

Shaffer, D. (1994). Enuresis. In Rutter et al. (1994), (S. 505–519).

Shaffer, O. & Piacentini, J. (1994). Suicide and attempted suicide. In Rutter et al. (1994), (S. 407–424).

Shapiro, E. G. (1987). *The Somatizing Child. Diagnosis and Treatment of Conversion and Somatization Disorders.* New York: Springer.

Shaywitz, S. E., Escobar, M. D., Shaywitz, B. A. & Fletcher, J. M. (1992). Evidence that dyslexia may represent the lower tail of a normal distribution of reading ability. *N. Engl. J. Med., 326*, 145–150.

Shearer, S. L. (1994). Phenomenology of self-injury among patients with borderline personality disorder. *J. Nerv. Ment. Dis., 182*, 1050–1054.

Sherry, D. F. & Schacter, D. L. (1987). The evolution of multiple memory systems. *Psychol. Rev., 94*, 439–454.

Shirk, S. R. (Hg.) (1988). *Cognitive Development and Child Psychotherapy.* New York: Plenum.

Silbereisen, R. K. (1987). Soziale Kognition. Entwicklung von sozialem Wissen und Verstehen. In Oerter & Montada (1987), Kap. 13, (S. 696–737).

Silbereisen, R. K. (1995). Soziale Kognition: Entwicklung von sozialem Wissen und Verstehen. In Oerter & Montada (1995), Kap. 17, (S. 823–861).

Sillanpää, M. & Anttila, P. (1996). Increasing prevalence of headache in 7-year-olds. *Headache, 36* (8), 466–470.

Simeon, D., Stanley, B., Frances, A., Mann, J. J., Winchel, R. M. & Stanley, M. (1992). Self-mutilation and personality disorders: psychological and biological correlates. *Am. J. Psychiatry, 149*, 221–226.

Skuse, D. (1994). Feeding and sleeping disorders. In Rutter et al. (1994), (S. 467–489).

Sodian, B. (1995). Entwicklung bereichsspezifischen Wissens. In Oerter & Montada (1995), Kap. 13, (S. 622–704).

Sohni, H. (1991). Mutter, Vater, Kind — Zur Theorie dyadischer und triadischer Beziehungen. *Prax. Kinderpsychol. Kinderpsychiatr., 40*, 213–221.

Soyka, D., Diener, H. C., Pfaffenrath, V., Gerber, W. D. & Ziegler, A. (1992). Therapie und Prophylaxe der Migräne. Überarbeitete Empfehlungen der Deutschen Migräne- und Kopfschmerzgesellschaft. *Münch. Med. Wochenschr., 134*, 145–153.

Specht, F. (1989). Somato- und psychosexuelle Entwicklung im Kindes- und Jugendalter. In C. König (Hg.), *Gestörte Sexualentwicklung bei Kindern und Jugendlichen: Begutachtung, Straffälligkeit, Therapie*, (S. 7–28). München: Reinhardt.

Spiel, W. (1988). Dissozialität und Verwahrlosung. Ideengeschichtliche Überlegungen.

Acta Paedopsychiatr., *51*, 5–17.

Spiel, W. & Spiel, G. (1987). *Kompendium der Kinder- und Jugendneuropsychiatrie.* München: Reinhardt.

Spitzer, C., Freyberger, H. J. & Kessler, C. (1996). Hysterie, Dissoziation und Konversion. Eine Übersicht zu Konzepten, Klassifikation und diagnostischen Erhebungsinstrumenten. *Psychiatr. Prax.*, *23*, 63–68.

Squire, L. R. (1982). The neuropsychology of human memory. *Annu. Rev. Neurosci.*, *5*, 241–273.

Sroufe, L. A. (1983). Infant-caregiver attachment and patterns of adaptation in preschool: the roots of maladaptation and competence. In M. Perlmutter (Hg.), *Minnesota Symposium in Child Psychology*, (S. 41–81). Hillsdale, NJ: Erlbaum.

Sroufe, L. A. & Fleeson, J. (1986). Attachment and the construction of relationships. In W. Hartup & Z. Rubin (Hg.), *Relationships and development*, (S. 55–71). Hillsdale, NJ: Lawrence Erlbaum.

Sroufe, L. A. & Jacobvitz, D. (1989). Diverging pathways, developmental transformations, multiple etiologies and the problem of continuity in development. *Hum. Dev.*, *32*, 196–203.

von Staabs, G. (1964). *Der Scenotest. Beitrag zur Erfassung unbewußter Problematik und charakterologischer Struktur in Diagnostik und Therapie.* 4. Aufl. Bern: Huber.

Stanovich, K. (1994). Does Dyslexia exist? *J. Child Psychol. Psychiatry*, *35*, 579–595.

Steinberg, M. (1995). *Handbook for the Assessment of Dissociation. A Clinical Guide.* Washington, DC: American Psychiatric Press.

Steinberg, M., Rounsaville, B. & Cicchetti, D. (1991). Detection of Dissociative Disorders in Psychiatric Patients by a Screening Instrument and a Structured Diagnostic Interview. *Am. J. Psychiatry*, *148*, 1050–1054.

Steiner, H. & Lock, J. C. (1998). Anorexia nervosa and bulimia nervosa in children and adolescents. A review of the past 10 years. *J. Am. Acad. Child Adolesc. Psychiat.*, *37*, 352–359.

Steinhausen, H.-C. (1993). *Psychische Störungen bei Kindern und Jugendlichen.* 2. Aufl. München: Urban & Schwarzenberg.

Steinhausen, H.-C. (1994). Anorexia und bulimia nervosa. In Rutter et al. (1994), (S. 425–440).

Steinhausen, H.-C. (1996). *Psychische Störungen bei Kindern und Jugendlichen. Lehrbuch der Kinder- und Jugendpsychiatrie.* 3. Aufl. München: Urban & Schwarzenberg.

Steitz, E. (1993). *Die Evolution des Menschen.* Stuttgart: Schweizerbart.

Stern, D. N. (1985). *The Interpersonal World of the Infant.* Basic Books.

Sternberg, R. J. (1981). Peoples conceptualisations of intelligence. *J. Pers. Soc. Psychol.*, *41*, 37–55.

Stiensmeier-Pelster, J., Schürmann, M. & Duda, K. (1989). *Depressions-Inventar für Kinder und Jugendliche (DIKJ).* Göttingen: Hogrefe.

Stierlin, H. (1975). *Von der Psychoanalyse zur Familientherapie.* Stuttgart: Klett-Cotta.

Stierlin, H. (1979). Status der Gegenseitigkeit: die fünfte Perspektive des Heidelberger familiendynamischen Konzepts. *Familiendynamik*, *4*, 106–116.

Stierlin, H. (1986). Der schizophrene Jugendliche und seine Behandlung in der Familie. In G. Nissen (Hg.), *Psychiatrie des Jugendalters*, (S. 97–105). Bern: Huber.

Stilwell, B. M., Galvin, M., Kopta, S. M., Padgett, R. J. & Holt, J. W. (1997). Moralization of attachment. A fourth domain of conscience functioning. *J. Am. Acad. Child Adolesc.*

Psychiat., *36*, 1140–1147.
Stoller, R. (1968). *Sex and Gender*. New York: Science House.
Stone, M. H. (1980). *The Borderline Syndroms*. New York: McGraw-Hill.
Streeck-Fischer, A. (1988). Zwang und Persönlichkeitsorganisation im Kindes- und Jugendalter. *Prax. Kinderpsychol. Kinderpsychiatr.*, *37*, 366–373.
Strehlow, U. (1994). Katamnestic studies on dyslexia. *Acta Paedopsychiatr.*, *56*, 219–228.
Strobl, R. (1988). Die Desaktualisierungsschwäche Schizophrener und ihre Beziehung zur produktiv-psychotischen Symptomatik. *Nervenarzt*, *59*, 465–470.
Strunk, P. (1985). Konversionssyndrome. In H. Remschmidt & M. H. Schmidt (Hg.), *Kinder- und Jugendpsychiatrie in Klinik und Praxis*, Bd. 3, (S. 147–156). Stuttgart: Thieme.
Strunk, P. (1989). Emotionale Störungen mit vorwiegend somatischer Symptomatik. In Eggers et al. (1989), (S. 189–262).
Sturgis, E. T. (1984). Obsessional and compulsive disorders. In H. E. Adams & P. B. Sutker (Hg.), *Comprehensive Handbook of Psychopathology*. New York: Plenum.
Sullivan, H. S. (1953). *The interpersonal theory of psychiatry*. New York: Norton.
Svrakic, D. M., Whithead, C., Przybeck, T. R. & Cloninger, C. R. (1993). Differential diagnosis of personality disorders by the seven-factor model of temperament and character. *Arch. Gen. Psychiatry*, *50*, 991–999.
Swanson, D. W. (1984). Chronic pain as third pathological emotion. *Am. J. Psychiatry*, *141*, 210–214.
Swedo, S. E. & Rapoport, J. L. (1991). Annotation: trichotillomania. *J. Child Psychol. Psychiatry*, *3*, 401–409.
Sylva, K. (1994). School influences on children's development. *J. Child Psychol. Psychiatry*, *35* (1), 135–170.
Symon, D. N. K. & Hockaday, J. M. (1992). Is there a place for „abdominal migraine" as a separate entity in the IHS classification? *Cephalalgia*, *12*, 345–348.
Tangney, J. P. & Fischer, K. W. (Hg.) (1995). *Self Conscious Emotions. The Psychology of Shame, Guilt, Embarassment and Pride*. New York: Guilford.
Taylor, E. (1994). Syndromes of attention deficit and overactivity. In Rutter et al. (1994), Kap. 17, (S. 285–307).
Taylor, E., Sergant, J., Döpfner, M., Gunning, B., Overmeyer, S., Möbius, H. J. & Eisert, H. G. (1998). Clinical guidelines for hyperkinetic disorder. *Europ. Child Adolesc. Psychiatry*, *7*, 184–200.
Tewes, U. (1983). *Hamburg-Wechsler-Intelligenztest für Kinder - Revision 1983 (HAWIK-R)*. Bern: Huber.
Thimm, D. & Kreuzer, E.-M. (1984). Transsexualität im Jugendalter. *Prax. Kinderpsychol. Kinderpsychiatr.*, *33*, 70–75.
Thomas, A. & Chess, S. (1980). *Temperament und Entwicklung*. Stuttgart: Enke.
Thomas, A., Chess, S. & Birch, H. G. (1968). *Temperament and Behavior Disorders in Children*. New York: New York Univ. Press.
Thomsen, P. H. (1996). Treatment of obsessive-compulsive disorder in children and adolescents. *Europ. Child Adolesc. Psychiatry*, *5*, 55–66.
Thurner, F. & Tewes, U. (1975). *Der Kinder-Angst-Test K-A-T*. 3. Aufl. Göttingen: Hogrefe.
Tienari, P. (1992). Implications of adoption studies on schizophrenia. *Br. J. Psychiatry*, *161* (Suppl. 18), 52–58.

Tomkins, S. (1981). The quest for primary motives: biography and autobiography of an idea. *J. Pers. Soc. Psychol., 41*, 306–329.

Tschuschke, V., Denzinger, R., Gaissmaier, R. & Körner, M. (1994). Ulmer Coping Manual (UCM). Klinikum der Univ. Ulm, Abteilung Psychotherapie.

Tulving, E. (1983). *Elements of episodic memory.* Oxford: Clarendon Press.

Udwin, O. (1993). Annotation: children's reactions to traumatic events. *J. Child Psychol. Psychiatry, 34* (2), 115–127.

Vaillant, G. E., Bond, M. & Vaillant, C. O. (1986). An empirically validated hierarchy of defense mechanisms. *Arch. Gen. Psychiatry, 43*, 786–794.

Vasterling, J. J., Braily, K., Constans, J. I. & Sutker, P. B. (1998). Attention and memory dsyfunction in posttraumatic stress disorder. *Neuropsychology, 12*, 125–133.

Vaughn, C. E. & Leff, J. P. (1976). The measurement of expressed emotion in the families of psychiatric patients. *Br. J. Psychiatry, 121*, 241–258.

Verres, R. & Sobez, I. (1980). *Ärger, Aggression und soziale Kompetenz.* Stuttgart: Klett-Cotta.

Volkmar, F. (1996). Childhood and adolescent Psychosis: a review of the past 10 years. *J. Am. Acad. Child Adolesc. Psychiat., 35*, 843–851.

Wagner, H. & Baumgärtel, F. (1978). *Hamburger Persönlichkeitsfragebogen für Kinder (HAPEF-K).* Göttingen: Hogrefe.

Wahl, R. & Hautzinger, M. (Hg.) (1994). *Psychotherapeutische Medizin bei chronischem Schmerz — Psychologische Behandlungsverfahren zur Schmerzkontrolle.* Köln: Deutscher Ärzte-Verlag.

Walsh, B. W. & Rosen, P. M. (1988). *Selfmutilation. Theory, Research and Treatment.* New York: Guilford.

Walter, J. (1996). *Förderung bei Lese- und Rechtschreibschwäche: Grundlagenforschung, methodische Konsequenzen, Praxisbeispiele und mediendidaktische Anregungen auf der Basis empirischer Forschungsmethoden.* Göttingen: Hogrefe.

Warnke, A. (1990). *Legasthenie und Hirnfunktion.* Bern: Huber.

Warnke, A., Martinius, J. & Amorosa, H. (1996). Empfehlungen zu den Kriterien für das ärztliche Gutachten im Rahmen der Eingliederungshilfe nach §35a SGB VIII bei vorhandener oder drohender seelischer Behinderung. *Z. Kinder-Jugendpsychiat., 24*, 297–301.

Waterman, A. S. (1993). Developmental perspectives on identity formation: from adolescence to adulthood. In Marcia et al. (1993), Kap. 3, (S. 42–68).

Wechsler, D. (1964). *Die Messung der Intelligenz Erwachsener.* Bern: Huber.

Weidlich, S. & Lamberti, G. (1993). *Diagnosticum für Cerebralschädigung (DCS).* 3. Aufl. Bern: Huber.

Wekstein, L. (1979). *Handbook of Suicidology.* New York: Brunner/Mazel.

Welte, V. (1981). Der Mottier-Test, ein Prüfmittel für die Lautdifferenzierungsfähigkeit und die auditive Merkfähigkeit. *Sprache Stimme Gehör, 5*, 121–125.

Werner, E. E. (1989). High-risk children in young adulthood: a longitudinal study from birth to 32 years. *Am. J. Orthopsychiatr., 59*, 72–81.

Werner, E. E. & Smith, R. S. (1992). *Overcoming the Odds: High Risk Children from Birth to Adulthood.* Ithaca, NY: Cornell Univ. Press.

Werner, H. (1959). *Entwicklungspsychologie.* 4. Aufl. München: Barth.

Westhoff, K., Geusen-Asenbaum, C., Leutner, D. & Schmidt, M. (1982). *Problemfragebogen für 11- bis 14jährige.* Braunschweig: Westermann.

Wichstrøm, L. & Holte, A. (1992). Reciprocated self-disqualification among parents of schizophrenics. *Acta Psychiat. Scand.*, *86*, 201–206.

Winnicott, D. W. (1965). *The Maturational Process and the Facilitating Environment.* London: Hogart.

Wolff, H. G. (1963). *Headache and other head-pain.* New York: Oxford Univ. Press.

Wölk, W. (1992). Vergangenheit und Zukunft des Hysteriekonzeptes. *Nervenarzt*, *63*, 149–156.

Wygotski, L. S. (1964). *Denken und Sprechen.* Stuttgart: Fischer.

Wynne, L. C. (1988). *The State of the Art in Family Therapy Research: Controversies and Recommendations.* New York: Family Process Press.

Yehuda, R. (1998). Recent developments in the neuroendocrinology of posttraumatic stress disorder. *CNS Spectrums*, *3* (7), 23–29.

Ystgaard, M., Tambs, K. & Dalgard, O. S. (1999). Life stress, social support and psychological distress in late adolescence: a longitudinal study. *Soc. Psychiatry Psychiatr. Epidemiol.*, *34*, 12–19.

Yule, W. (1994). Posttraumatic stress disorders. In Rutter et al. (1994), Kap. 22, (S. 392–406).

Yule, W., Rutter, M., Berger, M. & Thompson, J. (1974). Over- and under-achievement in reading: Distribution in the general population. *Br. J. Educ. Psychol.*, *44*, 1–12.

Zahn-Waxler, C., Iannotti, R. J., Cummings, E. M. & Denham, S. (1990). Antecedents of problem behaviors in children of depressed mothers. *Development and Psychopathology*, *2*, 271–291.

Zanarini, M. C., Williams, A. A., Lewis, R. E., Bradford Reich, R., Vera, S. C., Marino, M. F., Levin, A., Yong, L. & R., . F. F. (1997). Reported Pathological childhood experiences associated with the development of borderline personality disorder. *Am. J. Psychiatry*, *154*, 154–158.

Zaworka, W. & Hand, I. (1981). Ein individuelles Verlaufs- und Indikations-Modell (IVIM) für (Zwangs-)neurotische Symptombildungen. Ein Modellansatz. In U. Baumann (Hg.), *Indikation zur Psychotherapie. Perspektiven für Praxis und Forschung.* München: Urban & Schwarzenberg.

Zeanah, C. H. & Emde, R. N. (1994). Attachment disorders in infancy and childhood. In Rutter et al. (1994), Kap. 28, (S. 490–504).

Ziegler, W., Vogel, M. & Schröter-Morasch, H. (1993). Sprechen. In von Cramon et al. (1993), (S. 187–224).

Zieglgänsberger, W. & Tölle, T. R. (1993). The pharmacology of pain signalling. *Curr. Opin. Neurobiol.*, *3*, 611–618.

Zimbardo, P. G. (1983). *Psychologie.* 4. Aufl. Berlin: Springer.

Zimmer, R. & Volkamer, M. (1987). *Motoriktest für vier- bis sechsjährige Kinder (MOT).* 2. Aufl. Weinheim: Beltz.

Zimmermann, M. (1991). Zur Frage der Schmerzempfindlichkeit des Fetus: Neuro-, psycho- und verhaltensphysiologische Aspekte. *Der Schmerz*, *5*, 122–130.

Zimmermann, M. (1993). Plastizität im Nervensystem — biologische Mechanismen der Schmerzchronifizierung? *Verhaltenstherapie*, *3* (Suppl. A9).

Zimmermann, M. (1994). Physiologische und pathophysiologische Mechanismen chronischer Schmerzen. In Wahl & Hautzinger (1994), (S. 23–32).

Zlotnick, C., Shea, M. T., Pearlstein, T., Simpson, E., Costello, E. & Begin, A. (1996). The relationship between dissociative symptoms, alexithymia, impulsivity, sexual abuse, and self-mutilation. *Compr. Psychiatry*, *37*, 12–16.

Zucker, K. J. (1985). Cross-gender-identified children. In B. W. Steiner (Hg.), *Gender Dysphoria*. New York: Plenum.

Zucker, K. J. & Green, R. (1992). Psychosexual disorders in children and adolescents. *J. Child Psychol. Psychiatry*, *33* (1), 107–151.

Zweig-Frank, H., Paris, J. & Guzder, J. (1994). Psychological risk factors for dissociation and self-mutilation in female patients with borderline personality disorder. *Can. J. Psychiatry*, *39*, 259–264.

Index